구약신학논문 선집

Selected Essays in Old Testament Theology

Selected Essays in Old Testament Theology
Edited and translated by Rev. Young Tark Yune, D.D.

Copyright ⓒ 2012 Hapdong Theology Seminary Press
Published by Hapdong Theological Seminary Press
Kwangkyojungang-ro 50, Yeongtong-gu, Suwon, Korea
All rights reserved

구약신학논문 선집

1판 1쇄 인쇄 | 2012년 12월 21일
재판 1쇄 발행 | 2017년 12월 21일

편찬 & 번역 | 윤영탁
발행인 | 정창균
펴낸곳 | 합동신학대학원 출판부
주　소 | 16517 수원시 영통구 광교중앙로 50(원천동)
전　화 | (031)217-0629
팩　스 | (031)212-6204
홈페이지 | www.hapdong.ac.kr
출판등록번호 | 제22-1-1호
인쇄처 | 예원프린팅 (031)957-6551
총　판 | (주)기독교출판유통(031)906-9191

정가 19,500원

ISBN 978-89-97244-10-2
*잘못된 책은 교환해드립니다

이 도서의 국립중앙도서관 출판시 도서목록(CIP)은 e-CIP 홈페이지
http://www.nl.go.kr/cip.php에서 이용하실 수 있습니다.
(CIP제어번호: CIP 201212569)

저작권법에 의하여 한국 내에서 보호를 받는 편집 및 번역 저작물로, 원저자들의 승인을 얻어 번역하였습니다.
역자나 출판사의 허락없이 내용의 무단복사 또는 Digital化하여 배포, 전송하는 행위를 금합니다.

구약신학논문 선집

윤영탁 역편

합동신학대학원 출판부

1979년 구약신학논문집 제1권이 나온 이래 평균 2년 반에 한 권 꼴로 2002년까지 10권에 달하는 약 80여 논문들을 번역하여 출판하였다. 이 논문들은 신학생들이 참고자료의 부족으로 어려움을 겪고 있었으므로 강의 시에 보조자료로 사용하기 위한 목적으로 번역하였던 것이다. 이번에 이 논문들 중에서 26편과 새롭게 번역된 3편의 논문들(지 반 흐로닝겐, "여호수아-열왕기하: 신명기 기자의 것인가? 제사장 계 기자의 것인가? 예언적 기록인가?"; 그리고 잭 피 루이스, "말라기 4:2[3:20]에 나타난 '의로운 해': 그 해석사"; 게르할드 마이어, "레위기의 성격과 메시지")을 합해서 29편을 선별하여 출판하게 되었다. 우리말 성경은 성경전서 개역개정판을 사용했고 히브리어 음역은 *TWOT*를 따랐다.

이 책을 출판할 수 있도록 허락해 준 정창균 총장과 재정적 지원을 해 준 온누리교회의 이재훈 목사에게 감사한다. 여러모로 도움을 준 김영철 목사에게 또한 감사한다. 그리고 신학생들에게 귀하게 읽히도록 귀한 논문들의 번역을 흔쾌히 허락해 준 아래의 여러 저자들과 편집자들에게 심심한 감사를 표하는 바이다.

Timothy. J. Cole, "Enoch, a Man Who Walked with God," *BibSac* (July-September 1991): 288-97; **Jack P. Lewis**, "The Offering of Abel (Gen 4:4): A History of Interpretation," *JETS* 37/4 (1994): 481-96; **Jack P. Lewis**, "Sun of Righteousness (Malachi 4:2): A History of Interpretation," *SCJ* 2 (Spring 1999): 89-110; **O. Palmer Robertson**, "Current Critical Questions Concerning the 'Curse of Ham' (Gen 9:20~27)," *JETS* 41/2 (June 1998): 177-88,481-96; **Gerhard Maier**, "The Character: The Character and Message of the Book of Leviticus," (1995년 한국 초청 강연); **G. van Groningen**, "Joshua-II Kings; Deuteronomic? Priestly? or Prophetic Writing?" *JETS* 12 (1969): 3-26; **Raymond B. Dillard**, "Reward and Punishment in Chronicles: The Theology of Immediate Retribution," *WTJ* 46 (1984): 164-72(**Mrs. R. B. Dillard**

의 허락); **Alex Luc**, "Interpreting the Curses in the Psalms," *JETS* 42/3 (1999): 395-410; **Walter C. Kaiser, Jr.**, "The Promise of the Arrival of Elijah in Malachi and the Gospel," *GTJ* 3 (1982): 221-33; **Derek Kidner**, "The Origins of Israel," *TSFB* (Summer 1970): 3-12; **Sidney Greidanus**, "The Necessity of Preaching Christ also from Old Testament Texts," *CTJ* 34 (1999): 188-97; **Sidney Greidanus & CRC Publications**, "Application in Preaching Old Testament Texts," *Reading and Hearing the Word, From Text to Sermon, in Honor of J. H. Stek*, ed. A. C. Leder (Grand Rapids: Calvin Th. Seminary & CRC Publications, 1998), pp. 233-44.

*Bibliotheca Sacra*의 **Roy B. Zuck**: Bruce K. Waltke, "The Creation Account in Genesis 1:1~3," Part II, Part III, *BibSac* 132 (1975): 136-44,216-28; Allen P. Ross, "Jacob at the Jabbok, Israel at Peniel," *BibSac* 142 (1985): 338-54; Bruce K. Waltke, "The Book of Proverbs and Old Testament Theology," *BibSac* 136 (1979): 302-17; Charles R. Gianotti, "The Meaning of the Divine Name YHWH"). ***Bulletin / Journal of Evangelical and Theological Studies*의 A. J. Kötenberger:** R. L. Alden, "Lucifer, who or what?," *BETS* 11 (1968): 35-39; John W. Hilber, "The Theology of Worship in Exodus 24," *JETS* 39/2 (1996): 177-89. ***Calvin Theological Journal*의 Lyle Bierma:** John L. Thompson, "The Immoralities of the Patriarchs in the History of Exegesis: A Reappraisal of Calvin's Position," *CTJ* 26/1 (1991): 9-46. ***Evangelical Quarterly*의 I. Howard Marshall:** J. Stafford Wright, "The Interpretation of Ecclesiastes," *EQ* XVIII (1946): 18-34. ***Faith and Thought*의 A. Brian Robins:** D. J. A. Clines, "Purpose and Theology of the Chronicler," *FT* 93 (1963): 64-73. **Presbyterian & Reformed Publication Company의 Bryce H. Craig & S. G. Craig:** Yoshiaki Hattori, "Divine Dilemma in Ezekiel's View of the Exodus: An Exegetical Study of Ezekiel 20:5~29," *The Law and the Prophets. Old Testament Studies Prepared in Honor of Oswald T. Allis*, J. H. Skilton et al., eds. (NJ: PRP, 1974), pp. 413-24; F. C. Kuehner, "Emphases in Malachi & Modern Thought,"

The Law and the Prophets, pp. 482-93; Benjamin B. Warfield, "The Spirit of God in the Old Testament," *Biblical and Theological Studies*, ed. S. G. Craig (Phila.: PRP, 1946), pp. 55-91; Laird R. Harris, "The Pronunciation of the Tetragram," *The Law and the Prophets*, pp. 215-24.

그리고 이지키엘 홉킨스, "십계명의 이해"는 **Ezekiel Hopkins**, "Understanding the Ten Commandments," Introduction, pp. 7-48, *An Exposition of the Ten Commandments*. Revised & Slightly Abridged (NY: American Track Society, 2004); 에른스트 빌헤름 헹스텐베르크, "욥기 이해"는 **E. W. Hengstenberg**, "Interpreting the Book of Job," *Commentary on Ecclesiastes* (Edinburgh: T. & T. Clark, 1869), pp. 309-39; 제임스 오르, "구약성경에 나타난 부활사상"은 **James Orr**, "Immortality in the Old Testament," *Christian View of God and the World*, Appendix to Lecture V (Edinburgh: A Elliot, 1902, Kregel, 1989 repr.); 윌리엄 헨리 그린, "오경에 나타난 '엘로힘'과 '여호와'의 용법"은 **William H. Green**, "The Use of 'Elohim' and 'Jehovah' in the Pentateuch," *The Biblical Student and Teacher* (April 1906): 258-65; (May 1906): 337-43에서 각각 옮겼다.

2017년 12월

윤 영 탁

▌ 약어표

AB : Anchor Bible.

AJSLL : *The American Journal of Semitic Languages and Literature.*

ALUOS : *Annual of Leeds University Oriental Society*

ANEP : *Ancient Near East in Pictures.* 2nd ed., Edited by J. B. Pritchard. Princeton: Princeton University, 1969^2

ANET : *Ancient Near Eastern Texts Relating to the Old Testament.* 3rd ed., Edited by J. B. Pritchard. Princeton: Princeton University, 1974^3

ANF : Ante-Nicene Fathers

APOT : *Apocrypha and Pseudepigrapha of the Old Testament*

ASV : American Standard Version

AUSS : *Andrew University Seminary Studies*

BA : *Biblical Archaeology*

BAGD : *A Greek-English Lexicon of the New Testament and Other Early Christian Literature*

BDB : F. Brown, S. R. Driver, and C. Briggs, *A Hebrew and English Lexicon of the Old Testament.* Oxford: Clarendon, 1907, repr. 1959.

BETS : *Bulletin of the Evangelical Theological Society*

Bib : *Biblica*

BibOr : Biblica et orientalia

BibSac : *Bibliotheca Sacra*

BKAT : Biblischer Kommentar Alten Testament

BN : *Biblische Notizen*

BT : *The Bible Translator*

BW : *The Biblical World*

BWANT : *Beiträge zur Wissenschaft vom Alten und Neuen Testament*

BZAW : *Beihefte zur Zeitschrift für die alttestamentliche Wissenschaft*

CBSC : Cambridge Bible for Schools and Colleges

CBQ : *Catholic Biblical Quarterly*

CH : *Church History*

CO : *J. Calvini Opera quae supersunt omnia* from the *Corpus Reformatorum*

CR : *Corpus Reformatorum,* ed., C. G. Bretschneider and H. E. Bindseil. Halle: 1834-60.

CSEL : Corpus Scriptorum Ecclesiasticorum Latinorum

CT : *Christian Thought*

CTJ : *Calvin Theological Journal*

CTM : *Concordia Theological Monthly*

CTS : Calvin Translation Society

EBC : *The Expositor's Bible Commentary,* General Ed., F. E. Gaebelein. Grand Rapids: Zondervan, 1979-86.

EL : *Ephemerides Liturgicae*

EQ : *Evangelical Quarterly*

ET : *Evangelische Theologie*

ExpT : *The Expository Times*

FT : *Faith and Thought*

GCS : Die griechischen christlichen Schriftsteller der ersten drei Jahrhunderte

GTJ : *Grace Theological Journal*

HAR : *Hebrew Annual Review*

HAT : Handbuch zum Alten Testament

HSM : Harvard Semitic Monographs

HTR : *Harvard Theological Review*

HUCA : *Hebrew Union College Annual*

ICC : International Critical Commentary

IDB : *Interpreter's Dictionary of the Bible*

Int : *Interpretation*

JAOS : *Journal of the American Oriental Society*

JBL : *Journal of Biblical Literature*

JBR : *Journal of Bible and Religion*

JDT : *Jahrbücher für deutsche Theologie*

JE : *The Jewish Encyclopedia*

JETS : *Journal of the Evangelical Theological Society*

JIH : *Journal of Interdisciplinary History*

JJS : *Journal of Jewish Studies*

JNES : *Journal of Near Eastern Studies*

JPOS : *Journal of Palestine Oriental Society*

JPSA : Jewish Publication Society of America

JQR : *Jewish Quarterly Review*

JSOT : *Journal for the Study of the Old Testament*

KB : Ludwig Koehler and Walter Baumgartner, *Lexicon in Veteris Testamenti Libros,* 1953.

LCL : Loeb Classical Library

LQ : *Lutheran Quarterly*

LXX : Septuagint

LW : American Ed. of *Luther's Works*, J. Pelikan and H. T. Lehmannm, gen. eds. Phila. and St. Louis: 1955-86.

MT : Masoretic Text

NAB : New American Bible

NB : *New Blackfrairs*

NBD : *New Bible Dictionary*

NCB : New Century Bible

NEB : New English Bible

NICOT : New International Commentary on the Old Testament

NIV : New International Version

NJB : New Jewish Version

NLT : New Living Translation

NPNF[1] : A Select Library of the Nicene and Post-Nicene Fathers, first series

NPNF[2] : A Select Library of the Nicene and Post-Nicene Fathers, second series

NRSV : New Revised Standard Version

NT : *Novum Testamentum*

NTS : *New Testament Studies*

NTT : *Norsk Teologisk Tidesskrift*

OS : *Oudtestamentische Studiën*

OTL : Old Testament Library

PG : Patrologia Graeca, ed. J. P. Migne, 162 vols. Paris:1844-64.

PL : Patrollogia Latina, ed. J. P. Migne, 221 vols. Paris: 1907ff.

PRR : *The Presbyterian and Reformed Review*

PTR : *Princeton Theological Review*

RB : *Revue Biblique*

RHR : *Revue d'Histoire et des Religions*

RTP : *Revue de théologie et de philosophie*

RTR : *Reformed Theological Review*

SBL : Society of Biblical Literature

SBT : Studies in Biblical Theology, London and Naperville, Ill.

SE : *Sciences Ecclesiastiques*

SCJ : *Stone Campbell Journal*

ST : *Studia Theologia*

TDNT : *Theological Dictionary of the New Testament*

TDOT : G. Botterweck and H. Ringgren, eds., *Theological Dictionary of the Old Testament*. 10 vols. Translated by G. W. Bromiley. Grand Rapids: Eerdmans, 1964-76.

TEH : *Theologische Existenz Heute*

ThLZ : *Theologische Literaturzeitung*

TJ : *Trinity Journal*

TL : *Theologische Literaturzeitung*

TOTC : Tyndale Old Testament Commentary

TSF : Theological Student's Fellowship

TSFB : *Theological Student's Fellowship Bulletin*

TSK : *Theologische Studien und Kritik*

TWOT : R. L. Harris, et al., eds., *Theological Wordbook of the Old Testament*. 2 vols. Chicago: Moody, 1980

TynBul : *Tyndale Bulletin*

TZ : *Theologische Zeitschrift*

VC : *Vigiliae Christianae* (Amsterdam, 1947ff.)

VT : *Vetus Testamentum*

WA : M. Luthers Werke. *Weimarer Ausgabe,* ed. J. C. F. Knaake and others (Weimar, 1883 ff.)

WBC : Word Biblical Commentary

WMANT : *Wissenschaftliche Monographien zum Alten und Neuen Testament*

WTJ : *Westminster Theological Journal*

ZAT : *Zeitschrift für Alttes Testament*

ZAW : *Zeitschrift für die alttestamentliche Wissenschaft*

▌ 차례

I. 모세 오경

1
창세기 1:1 ~ 3에 나타난 창조기사

부르스 케이 윌키
(Bruce K. Waltke)

I. 서론

창세기 1:1~3에 나타난 창조론을 주제로 다룬 문헌들에서는 대부분 다음과 같은 세 가지 이론을 받아들이고 있다.

(1) **복구설**. 이 견해는, 하나님께서 우주를 완전하게 창조하신 이후에, 창세기 1:2에 기록된 혼돈이 발생하였다는 주장이다.
(2) **원(原) 혼돈설**. 이 견해는, 창조가 진행되는 도중에 창세기 1:2의 혼돈이 발생하였다는 주장이다.
(3) **창조 전 혼돈설**. 이 견해는, 성경에서 말씀하는 창조가 시작되기 이전에 창세기 1:2의 혼돈이 있었다는 주장이다.

정리하면, 첫째 견해에 의하면 혼돈은 처음 창조 이후에 발생하였고, 둘째 견해에 의하면 처음 창조하는 과정에서 혼돈이 발생하였고, 끝으로 셋째 견해에 따르면 처음 창조 이전에 혼돈이 있었다는 것이다.

1. 본 연구의 필요성

본 주제는 변증학적 이유에서도 신학적 이유에서도 마찬가지로 매우 중요하다. 창세기의 첫 장에 대한 과학의 도전에 대처하려면, 변증학자는 성경적인 창조론을 분명하게 이해하고 있어야 하기 때문이다. 페인(Payne)은 "과학의 도전을 고려할 때에는…… 성경 해석이 가장 중요하다”[1]라고 말하였다. 더욱이 우리가 창세기 1:1~3의 구문을 어떻게 이해하느냐에 따라서 우리의 신학에 미치는 영향이 의미심장해지기 때문이다. 폰 라드(Von Rad)는 “1~3절에 나타난 특정한 진술들의 논리적인 순서를 어떻게 보느냐에 따라, 그 의미를 충분히 다 이해할 수 없을 만큼, 언급해야 할 것이 수없이 많을 것이다”[2]고 지적하였다.

2. 연구 방법

따라서 올바른 유형의 창조론을 가지려면 우리는 창세기 1장에 대해 특별한 주의를 기울여야 한다. 그 이유는, 창조를 언급한 다른 성경 구절들은 시적이고 상상적이고 감정을 불러일으키기는 하지만 교훈적이지는 않은 반면에, 창세기 1장은 정확한 산문으로 기록되어 있기 때문이다. 창세기의 문체에 대하여 폰 라드는 이렇게 말하고 있다.

> 여기에는 우연이라고는 하나도 없다. 따라서 모든 것을 조심스럽고 신중하고 정확하게 고려해야 한다. …… 본문에는 어느 곳에도 암시적이거나 상징적이거나 비유적인 시적 표현이 전혀 없다. 따라서 주해하려면, 한 문장 한 문장 정말 한 단어 한 단어씩 촘촘하게 묶인 꾸러미 같으며 다소 비밀스러운 교리 같기도 한, 이 본문을 풀어헤쳐놓는 매우 힘든 작업을 해야만 한다.[3]

그리고 바로 이 힘든 작업이 주석가에게는, 자신이 과연 하나님의 말씀을 제대로 다룰 수 있는 능숙한 직공(職工)인지를 입증할 수 있는 기회이다. 필자는 이 중요한 본문을 주해하기 위해, 먼저 위에 언급한 세 가지 견해를 차례로 제시하고 그것들을 평가한 후에 결론으로서 그 중 하나를 타당한 견해로 제시할 것이다.

II. 복구설(The Restitution Theory)

---

[1] D. F. Payne, *Genesis One Reconsidered* (London: Tyndale, 1964), p. 8.
[2] G. von Rad, *Genesis*, trans. J. H. Marks (Phila.: Westminster, 1961), p. 46.
[3] Ibid., p. 45.

창세기 1:1~2를 문법적으로 분석하는 데에는 두 가지 방법이 있는데 서로 대조가 되는 이 두 방법이 모두 복구설을 주장하는 근거가 된다. 복구설을 주장하는 대다수의 학자들은 2절을 1절의 연속절로 생각하지만, 엉거(M. F. Unger)는 복구설을 주장하면서도 2절을 1절의 상황절로 본다.4

1. 창세기 1:2가 1절의 연속절로 보는 입장

성경의 창조를 복구설로 이해하는 대다수의 학자들은 다음과 같이 주장한다. 창세기 1:1은 본래 완전하게 창조되었다는 사실을 말한다. 그런데 이 세상의 지배자인 사탄이 이사야 14:12~17에 기록된 대로 반역함으로써, 죄가 이 세상에 들어오게 되었다. 그 결과 하나님께서 세상을 심판하셔서, 창세기 1:2의 기록처럼 이 세상이 혼돈하게 되었다. 그 후에 하나님께서 창세기 1:3~31의 서술대로, 이 세상을 다시 창조하셨다는 것이다. 따라서 1절과 2절 사이에는 우리가 알지 못하는 상당한 기간의 간격이 존재한다. 그래서 이 견해를 전통적으로 "간격설"(gap theory)이라고 한다. 이 견해는 스코필드 레퍼런스 바이블(*The Scofield Reference Bible*)의 각주를 통해 널리 퍼졌다. 스코필드는 창세기 1장에 사용된 "창조하다"(bārā')라는 단어에 대해, "이것은 기한이 없는 과거를 가리키며 그 범위는 모든 지질학적 년대까지 미친다"라고 하였으며, "혼돈"에 관해서도 다음과 같이 말하고 있다.

> 예레미야 4:23~26과 이사야 24:1과 45:18을 보면, 분명히 이 땅은 하나님의 심판의 결과로서 대격변을 겪었다. 그래서 이 땅의 도처에는 대격변의 흔적들이 남아 있다. 그리고 그 대격변이 이전의 천사들의 시험과 타락에 연관되어 일어난 것임을 암시하는 증거들이 적지 않다. 에스겔 28:12~15와 이사야 14:9~14를 보라. 이 말씀들은 분명히 두로 왕과 바벨론 왕만이 아니라 그 이상을 언급하고 있다.5

그래서 이 견해를 지지하는 학자들은 창세기 1장 첫 구절을 이렇게 번역한다. "태초에 하나님이 천지를 창조하셨으며, 그 다음에 그 땅은…… 되었다" (and then the earth became...)

---

4 M. F. Unger, "Rethinking the Genesis Account of Creation," *BibSac* 115 (January-March 1958): 27-35.

5 *The Scofield Reference Bible* (NY: Oxford University, 1909), p. 3.

(1) 지지하는 이유

우리가 알아야 할 것은, 이 견해가 단지 과학의 도전에 대처하기 위해 간격설을 생각해낸 것이 아니라는 사실이다. 페인(Payne)은 이렇게 진술하였다.

> '간격설' 자체는 성경 주해의 문제로서 과학의 도전이 일어나기 이전에 생겼으나, 과학의 도전으로 말미암아 새로운 추진력을 얻게 되었다.[6]

쿠스탄스(Custance)는 자신의 책(*Without Form and Void*)에서, 이와 같은 해석이 초기 유대 전통에 뿌리를 두고 있으며 교회 역사 전반에 걸쳐서 나타났다는 점을 입증하려고 시도한다.[7] 그러나 불행하게도 이 책은, 유익한 정보들을 많이 제공하고는 있으나, 터무니없는 오류들이 많아서 사용할 수가 없을 정도이다.

또한 이 견해의 옹호자들은 자신들의 견해가 논리와 언어학과 신학에 근거하고 있다고 한다. 1절의 "천지"는 "잘 정돈된 우주"를 의미하고, 2절에서는 우주가 혼돈상태에 빠진 것에 대해 언급하며, 또 3~31절에서는 우주가 다시 잘 정돈된 것에 대해 말하고 있으므로, 사실 1~3절은 이 땅의 역사에 있어서 연속된 세

---

6 D. F. Payne, ibid., p. 7, n. 1.

7 A. C. Custance, *Without form and Void* (Brockville, Canada: Custance, 1970). W. W. Fields는 *Unformed and Unfilled: A Critique of the Gap Theory of Genesis 1:1,2* (Winona Lake, IN: Light and Life, 1973)에서 Custance의 주장에 응수하고 있다. Custance는 "간격설"을 가장 완벽하게 방어하고 있다. 그의 책 제 1장에서 Custance는 이 해석의 오랜 역사를 추적한다. 그런 다음 그는 동사 hāyâ("이다")가 "되다"를 의미할 수 있다는 사실을 증명하기 위해, 10개나 되는 부록들을 써가며 뒷받침이 될 만한 토론을 광범위하게 제시하고 있다. 그러나 "히브리어의 과거완료"라는 제목의 제 3장에서 그는 오히려 자신의 논증이 그릇된 것임을 드러내고 있다. 히브리어의 절(節)에 대해 뛰어나게 잘 논하고 있는 이 장에서 그는 본문이 와우+명사+동사의 문장 구조를 가지고 있기 때문에 그 '와우'(wāw)는 분리(disjunctive)접속사로 보아야 한다고 정확하게 잘 논증하고 있으며, 또 만일 동사 '하야'가 상태의 의미가 아니라 능동적 의미를 갖는다면 그 동사는 과거완료로 해석해야 한다고 논증하였다. 따라서 그는 본 절을 이렇게 번역하고자 하였다. "그러나 땅은 황폐하게 되었다"(p. 41). 그러나 만일 그의 논증대로 '하야'를 과거완료로 보아야 한다면, 이 동사의 동작은 주동사인 1절의 "창조하였다"(to create)보다 먼저 일어났어야 하므로 황폐하게 된 것은 창조 이후에 일어난 일이 아니라는 결과가 된다. 이러한 결과에도 불구하고 그는 그렇게 모순되게 결론을 내렸다.

만일 천지가 질서정연한 우주(cosmos)로 창조되었고 그 후에 이어서 땅이 혼돈하게 되었다면, 우리는 정확하게 2절에서 히브리어가 나타내고 있는 바로 그 구문의 표현이 필요하다. '하야'를 분명히 과거완료로 보아야 한다면 그러한 결론에 이를 수는 없다. 더욱이 성경의 저자가 자신의 글을 과거완료로 시작하려 하였을 것 같지는 않다. 이것은 전혀 있을 법하지 않은 상황이기에 그 어떤 권위 있는 번역본에서도 2절의 동사를 그런 식으로 해석한 일이 없다. 이와 병행구조를 가지고 있는 3:1의 '하야'를 참조하여 보라. 그러므로 필자의 결론은, '하야'가 분리접속사인 '와우' 뒤에서는 상태의 의미를 갖는 상태 동사로 보아야 한다는 것이다.

단계를 서술한다고 보는 것이 바람직하다.

더구나 전치사 lᵉ⁻가 없이 hāyâ("이다")만으로도 "되다"(to become)를 의미할 수 있다는 것은, "그는 모든 산 자의 어머니가 되었다"라는 창세기 3:20을 통해서 입증할 수 있다.

더 나아가, 성경에서 창세기 1:2외에 "혼돈하고 공허하며"(tōhû wābōhû)라는 두 단어가 함께 사용된 곳이 예레미야 4:23과 이사야 34:11, 이 두 곳뿐인데 거기서 이 운율이 맞는 합성어는 하나님의 심판으로 초래된 상태를 서술하고 있다. 이처럼 이 구절들에서 그 표현은 하나님의 심판과 관련하여 사용되었으므로, 창세기 1:2의 경우에도 같은 결론이 도출되어야 한다고 주장한다.

마지막으로 이 견해 때문에 우리는 이 견해가 아니었다면 신비로만 남고 말았을, 사탄의 내력에 대해 이해할 수 있게 되었다.

> 너 아침의 아들 계명성(Lucifer)이여 어찌 그리 하늘에서 떨어졌으며,
> 너 열국을 엎은 자여 어찌 그리 땅에 찍혔는고(사14:12).

이와 같은 이사야의 환상을 설명하면서 스코필드(Scofield)는, "이 매우 중대한 구절은 이 세상에서 죄가 어떻게 시작되었는지를 보여주고 있다"[8]라고 말하였다. 창세기 3장의 "인간의 타락"에 대한 기록에서, 사탄이 소개도 없이 갑자기 등장하는데, 이는 사탄이 이미 세상에 존재하고 있다고 전제하고 있기 때문이다. 그러면 사탄은 어디로부터 온 것인가? 간격설의 주장자들은 다음과 같이 제안한다. 이사야가 언급한 사탄의 타락이, 창세기 1:2에서 암시한 세상의 심판과 연관이 있다고 보아야 하지 않을까? 창세기 1:2의 도움과 그 밖의 구절들을 체계적으로 생각해보면, 사탄의 내력은 위와 같다고 말할 수 있다.

(2) 반대하는 이유

그러나 대다수의 주석가들은 이러한 해석을 받아들이지 않아 왔다. 그 이유는, 문법적으로 면밀하게 분석해보면 이 해석의 근거가 튼튼하지 않기 때문이다. 예를

---

[8] *The Scofield Bible*, p. 726.

들면, 이 해석은 2절과 3절의 맨 앞에 있는 접속사 "와우"(wᵉ -. 우리말성경에는 접속사가 모두 번역되지 않았다 -역자 주)가 동일한 의미를 가지며, 따라서 두 접속사가 모두 "그리고 나서"라는 연속 개념을 갖는 것이 당연하다고 생각한다. 그러나 원문을 살펴보면 2절과 3절에 사용된 두 접속사는 용법이 서로 다르다. 사실은, 3절을 도입하는 '와우'는 연속을 나타내는 것으로, 문법학자들이 소위 "와우 접속법"(wāw consecutive)이라고 부른다. 반면에 2절을 도입하는 '와우'는 그 형태와 기능이 3절의 '와우'와는 다르며, 문법학자들은 이 '와우'를 "와우 접속사"(wāw conjunctive)라고 부른다. '와우 접속사'가 다양한 형태의 절들을 이끌 수는 있지만(후에 논할 것임), 독립된 연속절을 이끌지는 않는다. 만일 모세가 연속을 나타내려고 의도하였다면, 자신이 얼마든지 사용할 수 있는 다른 구문적인 표현들을 마다하고, 굳이 연속 개념을 나타내지 않는 표현을 사용하였다고 생각하기는 매우 어렵다.

그러면 이제 성경의 다른 곳에서 하나님의 진노하심이 '토후 와보후'라는 결과를 초래하였으므로 2절의 '토후 와보후' 역시 하나님의 심판으로 말미암아 일어난 상태를 나타내는 것으로 보아야 한다는 주장에 대해 비판적 입장에서 재평가해보자.

이 히브리어 단어들은 예레미야 4:23에도 나타난다. 앤더슨(Anderson)은 예레미야 4:23~26에 대해 이렇게 말한다. "위협적인 혼돈에 대한 이 감동적 묘사는 틀림없이 고대 이스라엘 예언 문학 가운데서 가장 뛰어난 표현 중의 하나이다. 그리고 이 점에 관한 한, 세계 문학 전체에서도 그러하다."9

예레미야가 본 끔찍한 환상은 다음과 같다.

> 보라 내가 땅을 본즉 혼돈하고 공허하며(tōhû wābōhû)
> 하늘에는 빛이 없으며
> 내가 산들을 본즉 다 진동하며 작은 산들도 요동하며
> 내가 본즉 사람이 없으며 공중의 새가 다 날아갔으며
> 보라 내가 본즉 좋은 땅이 황무지가 되었으며 그 모든 성읍이
> 여호와의 앞 그의 맹렬한 진노 앞에 무너졌으니(렘 4:23~26).

---

9 B. W. Anderson, *Creation versus Chaos* (NY: Association, 1967), p. 12.

학자들은 이 구절들이 창세기 첫 장의 짝이 될 만한 것임을 알았다. 휘쉬베인
(Fishbane)은 그 두 본문들 사이에 서로 병행되는 것들을 다음과 같이 목록으로
작성하였다.[10]

[창 1:1~2:4a]		[렘 4:23~26]
창조 전 tōhû wābōhû		tōhû wābōhû
첫째 날	빛	빛
둘째 날	하늘	하늘
셋째 날	마른땅(뭍)	산과 언덕들(작은 산)
넷째 날	발광체들	빛
다섯째 날	새들	새들
여섯째 날	인간	인간
일곱째 날	안식	맹렬한 진노

그러나 거의 감당할 수 없는 어휘들을 사용하여 예레미야는 창조주께서 자신의
지으신 작품을 파괴하시는 것을 묘사한다. 이제 우주(cosmos)가 거꾸로 대격변의
혼돈 상태로 되돌아간 장면을 주목하라.

땅	tōhû wābōhû
하늘	빛이 없음
산들	진동(다시 혼돈상태가 돌아올 때 마지막으로 세상이 흔들리는 것을 나타내는 전문용어의 하나)[11]
사람	사람이 없음
새들	날아가고 없음
좋은(과실 맺는) 땅	황무지
성읍들	무너짐

예레미야가 본 이 환상이 유다가 다시 건국 이전의 상태로 돌아갈 것에 대한
비유로서 의도된 것인지,[12] 아니면 마지막 때에 있을 우주적 파멸에 대한 묵시로서

---

10 M. Fishbane, "Jeremiah IV 23:26 and Job III 3:13: A Recovered Use of the Creation Pattern,"
VT 21 (April 1971): 152.

11 B. S. Childs, "The Enemy from the North and the Chaos Tradition," *JBL* 78 (1959): 197.

12 B. W. Anderson, ibid., p. 13.

의도된 것인지[13]는 이 글의 목적상 굳이 지금 그것을 판단할 필요는 없을 것이다. 여기에서 요점은, 땅에 임할 심판이 창조의 질서를 깨뜨리거나 파괴하는 형태를 취할 것이라는 사실이다. 그러나 이러한 사실에서, 창조 이전의 상태 자체가 하나님의 진노의 결과라고 분명하게 결론짓기는 어렵다.

간격설을 주장하는 학자들이 사용한 논법에 오류가 있다는 점은 다음과 같은 예로 설명할 수 있을 것이다. 한 어린아이가 새로운 조립장난감 세트를 선물 받았다고 가정하자. 그 아이는 장난감 상자에서 부품 몇 개를 꺼내어 기중기를 만든다. 그러나 잠시 후 그 기중기가 잘 세워지지 않자, 불만스러워 하다가 결국 화가 나서 자신이 만들던 것을 해체하여 부품들을 다시 상자에 마구 집어넣는다. 그러면 그 어떤 사람이, 그 아이가 화가 나서 장난감 세트를 해체시켜서 원래 있던 상자에 다시 집어넣어 버린 사실을 근거로 삼아, 선물세트를 만든 제작자도 역시 화가 나서 그것을 해체시켜 그 부품들을 처음에 있던 상자 속에 넣었다고 결론을 내리려고 하겠는가? 물론 제작자가 그렇게 했을 가능성은 있다고 인정할 수 있겠으나, 그 아이의 그러한 행동에 근거해서 제작자가 그렇게 했다고 확실하게 증명할 수는 없다.

그러므로 우리는 예레미야 4:23~26을 근거로 삼아 창세기 1:2가 하나님의 진노와 심판의 결과라고 입증하려는 것은 논리적인 잘못이라고 결론지어야 한다. 따라서 그들의 결론은 불합리한 추론이다.

이와 같은 논리는 '토후 와보후'를 사용한 이사야의 구절에도 적용된다. 이사야 34:11의 전후 문맥을 보면 이사야는 에돔의 멸망을 내다보고 있다. 그는 생생한 이미지를 사용하여 에돔의 멸망을, 집을 부수어서 짓기 이전의 상태로 변해버린 상황에 비유한다. 그는 하나님께서 에돔을 멸망시키실 것을 다음과 같이 예언한다. "당아새와 고슴도치가 그 땅을 차지하며 부엉이와 까마귀가 거기에 살 것이라. 여호와께서 혼란(tōhû)의 줄과 공허(bōhû)의 추를 [에돔]에 드리우실 것인즉." 여기서는 건축자가 사용하는 줄과 추(다림줄)가 건물을 세우는 데 사용되지 않고 오히려 헐어버리는 데 사용되었다. 다시 여기서도 하나님의 심판이 그분의 진노의 대상으

---

[13] B. S. Childs, ibid., p. 197.

로 하여금 창조 이전의 본래 상태로, 즉 무의 상태 혹은 형성되지도 않았던 상태로 되돌아가게 하는 결과를 초래하고 있다. 그러나 이것에서도 우주가 형성되지 않은, 창조 이전 상태 자체가 하나님의 심판의 결과라는 결론이 나올 수는 없다.

그러나 우리는 여기에서 잠시 멈추고, 위에서 살펴본 두 구절들에서 드러난 '토우 와보후'의 의미에 주목해야 한다. 우리는 이 운율이 맞는 합성어가 창조 이전의 물질 상태를 가리키는 것이라고 추론할 수는 있겠다. 그러기에 칠십인역은 예레미야 4:23에서 이 합성어를 '우덴'(outhen), 즉 "무(無)"라고 적절하게 번역하였다. 이 번역은 그 합성어의 의미를 본질적으로 잘 나타낸 것으로 보인다. 다시 말하면, 물질이 존재하지 않았다는 의미라기보다는 아직 정돈된 배열, 창조행위나 질서 체계 같은 것이 발생하지 않았다는 의미에서 적절한 번역이다. 한편 '토후'가 "혼돈"(formlessness)이라는 뜻을 가졌다는 것은 '보후'와 별도로 사용된 예들에서 찾아 볼 수 있다(그러나 이와 대조적으로 '보후'는 결코 '토후' 없이 독자적으로 사용되지 않는다). 키드너(Kidner)는 '토후'의 의미와 용례를 다음과 같이 요약하고 있다.

> '토후'(without form)는 성경의 다른 곳들에서는 눈에 보이는 것을 나타내는 용어로서, 삭막한 불모지(예, 시 32:10; 욥 6:18), 공허(욥 26:7), 혼란(사 24:10; 34:11; 45:18.)의 의미로 사용되었으며, 비유적으로는 쓸모없거나 헛된 것(예, 삼상 12:21; 사 29:21)을 나타내는 데 사용되었다.[14]

제이콥(Jacob)은 "그것[tōhû wābōhû]이 나타난 곳(사 34:11; 렘 4:23)에서 [그것은] 창조와는 정반대가 되는 것을 의미하지, 단순히 창조 보다 열등한 단계를 의미하지는 않는다"[15]라고 결론지었다.

그러므로 우리는, '토후 와보후'가 질서 없이 물질만 있는 상태, 또는 그 물질이 어떤 실체로 빚어지거나 형성되지 않고 그대로 물질만 있는 상태를 의미한다고 결론 내린다.

마지막으로 우리는 신학적 주장, 즉 사탄이 하나님을 거역하였으므로 하나

---

[14] D. Kidner, *Genesis* (Chicago: Inter-Varsity, 1967), p. 44.
[15] E. Jacob, *Theology of the Old Testament* (London: Hodder & Stoughton, 1958), p. 144, n. 2.

님께서 사탄에게 내리는 심판의 일부로서 이 세상을 파괴하셨다고 이사야와 에스겔이 우리에게 가르쳐주고 있다는 주장을 비평적으로 재평가해보자. 필자의 견해로는 이사야 14장에서 바벨론 왕으로 묘사된 루시퍼(Lucifer)가 사탄을 지칭하는 것 같지는 않다. 그러나 여기에서는 지면이 허락하지 않기 때문에 그 근거는 충분히 제시하지 못하고 다만 그런 견해만 언급하고자 한다. 얼랜드 슨(Erlandsson)[16]과 알덴(Alden)[17]도 역시 루시퍼가 사탄을 지칭하는 것이 아니라고 믿는다. 그러나 에스겔 28장의 두로 왕의 경우에는 사탄을 염두에 두었을 만하다. 하지만 고도의 시적 표현들과 상상력이 풍부한 에스겔 28장에서 사탄을 염두에 두었는지 아닌지를 논하는 것은 본 논문의 범위를 벗어나므로 다룰 수가 없다.

그러나 핵심은, 그 어느 구절에서도 이 두 왕들이 일어나 교만하게도 하나님의 통치에 대항하였고 그래서 하나님께서 이 세상을 심판하셨다고 말하지 않는다는 점이다. 사실 우리는 성경의 어느 구절에도 그러한 사건에 대한 언급을 찾을 수 없다. 혹시 베드로후서 3:5~7을 근거로, 우리는 하나님께서 분명히 창세기 1장 이전에 완벽하게 창조된 세계를 멸망시키셨다는 진술을 찾으리라고 기대할 수도 있을 것이다. 왜냐하면 하나님께서 하늘과 땅을 멸망시키신 사실을 언급하고 있기 때문이다. 그러나 베드로가 여기서 언급하고 있는 것은 이 세상에 대한 두 가지 심판뿐이다. 첫째는 하나님께서 홍수로 세상을 멸하신 과거의 심판이고 둘째는 하나님께서 불로 세상을 멸하실 미래의 심판이다. 그러므로 이제 누가 이 구절들에서 물로 인한 멸망이 창세기 1:2의 물을 가리키는 것이라고 주장한다면, 베드로가 말한 것은 노아의 홍수일 가능성이 훨씬 더 크다고, 그리고 노아의 홍수는 성경의 다른 곳에서 분명하게 언급하고 있지만 루시퍼(Lucifer)의 홍수는 그 어느 곳에서도 말하지 않는다고, 대답하면 될 것이다.

따라서 이제 우리는 창세기 1:1~2에 대한 이 널리 퍼져있는 해석은 언어학적 근거로나 신학적 근거로나 모두 불가능하다고 결론을 내릴 수밖에 없다.[18]

---

[16] S. Erlandsson, *The Burden of Babylon: A Study of Isaiah 13:2~14:23* (Lund, Sweden: CWK Gleerup, 1970).

[17] R. J. Alden, "Lucifer, Who or What?" *BETS* 11 (Winter 1968): 35-39.

2. 창세기 1:2절이 1절의 상황절이라는 견해

이제 간단히 엉거(Unger)의 견해를 살펴보기로 하자. 그의 해석에 따르면, 창세기 1:1~2를 문법적으로만 본다면 이 두 구절이 복구설을 지지하지는 않는다고 한다. 그는 이렇게 기록하였다.

> [이] 해석은…… 문법적인 문제점과 어원적인 문제점을 일으킨다. 원문을 보면 창세기 1:2는 세 개의 상황절로 구성되어 있고, 이 세 상황절 모두 1절의 주(主) 행동이 있었던 때의 상태나 상황을, 혹은 그 행동에 대한 이유를 묘사한다.[19]

그는 자신의 견해를 뒷받침할 만한 근거로 이사야 45:18과 욥기 38:4~7을 제시한다. 그는 이렇게 말했다.

> 어찌 완전하신 창조주께서 처음부터 불완전하고 혼돈한 세상을 창조하실 리가 있겠는가? 그러한 사실은 이사야 45:18에 계시된 진리에 의해서 명백히 거부되며, 욥이 서술한 것처럼 (욥 38:4~7), 태초의 땅이 창조주의 손에서 완전한 상태로 만들어지자 그 완성을 보고 모두 황홀할 만큼 즐거워하였다는 사실과도 전혀 맞지 않는다.[20]

그러나 이러한 엉거의 논리는 적어도 다음과 같은 세 가지 이유 때문에 성립될 수 없다. 1) 2절은 결코 1절의 상황절이 될 수 없다. 이 점은 다음 호에 실릴 논문에서 입증될 것이다. 2) 이사야 45:18은 6일의 마지막에 완성된 창조를 언급한 것이다. 이점 역시 다음 논문의 "원(原) 혼돈설"(아래의 III. 1.을 참조하라 -역자 주)과 관련해 살펴볼 것이다. 3) 욥기 38:4~7에 서술된 "땅"의 창조는, 창세기 1:2에 나타난 땅의 상태에 대한 묘사보다는, 오히려 창세기 1:9,10에 묘사된 제 3일에 있었던 "뭍"이라고 한 마른 땅의 창조와 가장 잘 조화될 수 있다.

---

[18] 또한 *JTVI* 78 (1946): 13-37에 게재되어 있는 P. W. Heward와 F. F. Bruce 간의 토론을 참조하라. "간격설"에 대한 폭넓은 비평에 대해 알기 원한다면 B. Ramm의 *The Christian View of Science and Scripture* (Grand Rapids: Eerdmans, 1955), pp. 134-44를 참조하라.

[19] M. Unger, ibid., pp. 115-28.

[20] Ibid.

III. 원(原) 혼돈설(The Initial Chaos Theory)과
창조 전 혼돈설(The Precreation Chaos Theory)

본 논문 시리즈 중 바로 앞 논문[21]에서 우리는 성경의 창조론에 관한 세 가지 이론들 가운데 첫 번째 것을 논의한 바 있다(위의 I과 II를 말함 -역자 주). 그 이론은 복구설로서 소위 "간격설"이라고도 널리 알려져 있다. 이제 본 논문에서는 원 혼돈설과 창조 전 혼돈설이라 불리는 나머지 두 이론을 논의하기로 하겠다.

1. 원 혼돈설

원 혼돈설에서는 창세기 1:1이, 하나님께서 무로부터 천지라 불리는 원 물질을 창조하셨음을 선포하는 것으로 해석한다. 또한 2절은 그 원 물질이 하나님의 손으로부터 처음 나타났을 때에 그것이 아직, 형체를 이루지 못하고 또 채워지지 못한 상태임을 설명하는 것으로 해석한다.

문법적으로 따지자면, 1절은 독립절로 보며, 2절은 땅이 처음 존재하게 되었을 때의 상태를 설명해 주는 세 개의 상황절로 본다. 그래서 칼빈은 이렇게 기록하였다.

> 이는 모세가 단순히 세상이 천지의 공허하고 혼돈한 상태로 창조되었음을 주장하려고 한다기보다는 오히려 이 세상의 처음 상태가 오늘날 볼 수 있는 모습처럼 완전한 상태가 아니었음을 주장하려고 의도하고 있기 때문이다.[22]

대부분의 학자들은 1~5절이 시간적 연속성을 지닌 단일체라고 생각하는 반면, 이 이론을 주장하는 일부 학자들은 1,2절이 시간적 연속성을 가진 단일체이기는 하지만 3절에 서술된 첫째 날의 시간 간격에 의해 구별되는 것으로 보고 있다.

(1) 지지하는 이유

이것은 전통적 견해이다. 하젤(Hasel)에 의하면 대다수의 유대인 학자들 과 기독교

---

[21] B. K. Waltke, "The Creation Account in Genesis 1:1~3, Part II: The Restitution Theory" *BibSac* 132 (April-June 1975): 136-44.

[22] J. Calvin, *A Commentary on Genesis,* trans. J. King (London: Banner of Truth Trust, 1965), p. 69.

학자들이 이 견해를 지지하고 있다고 한다. 비록 오늘날에도 이 이론이 여전히 지지를 받고 있기는 하지만 그 지지자의 수가 감소하는 추세에 있고 한다.[23] 더욱이 게제니우스-카우치-카울리(Gesenius-Kautzsch-Cowley)의 히브리 문법책에서는 2절을 1절의 상황절로 해석하였다.[24] 또한 이러한 창조 개념은 엄격한 유일신론적 우주관과 잘 맞는다.

이 관점은 하나님께서 만물보다 먼저 존재하셨으며, 또 그분께서 생명체로 발전할 잠재력을 지닌 물질을 창조하셨다고 믿는다. 루터(Luther)는 이 견해에 대해 다음과 같이 기록하였다.

> (여기에서) 모세가 말하고 있는 내용의 명백하고도 단순한 의미는, 존재하고 있는 모든 것들을 하나님께서 창조하셨으며, 첫째 날이 시작될 때에 하나님께서 세상에 빛을 넣어 주심으로써 대낮의 빛이 비취게 되어 모양이 형성되지 않은 상태의 천지를 볼 수 있게 되었다는 것이다. 그 때에 천지는 그것으로부터 여러 가지 것들이 나오고 생산될 수 있는, 모양이 형성되지 않은 조야한 씨와 다름없었다.[25]

(2) 반대하는 이유들

이 이론을 비평적으로 평가해 보면 그것이 명백하고 단순한 의미를 지닌 것만은 아니라는 사실을 알게 된다. 사실 이 이론은 도저히 지지하지 못할 만한 심각한 문제점들을 안고 있다.

이 해석은 우리로 하여금 성경의 다른 곳에서 "천지"라는 표현에 대해 부여하는

---

[23] G. Hasel, "Recent Translations of Genesis 1:1," *BT* 22 (October 1971): 163. 하젤은 영(Young)을 이 견해를 주장하는 학자들에 포함시키는 오류를 범하고 있다. 그러나 Young의 견해는 선명하지가 않다. 한편, Young은 이렇게 기록하고 있다. "창세기의 첫 절은 천지가 창조 되었다는 사실에 대한 폭 넓고 개괄적 선포이며……, 그런 다음 하나님께서 원물질(the original material)로부터 오늘 볼 수 있는 형태의 질서정연한 우주를 어떻게 만드셨는가에 대한 상세한 기사가 이어지고 있다. 그러나 이 세부적 기사에도, 그것으로부터 우리가 알고 있는 조직적 우주가 형성된……, 바로 그 원시물질(primeval material)의 창조에 대한 분명한 기록은 없다. 1절은 그 자체로 하나의 완결된 이야기이다. 마찬가지로 2～31절도 그 자체로 하나의 이야기를 형성하고 있다." (E. J. Young, *Studies in Genesis One* [Phila.: PRP, 1964], pp. 9-11). 그러나 1절과 2절이 별개의 이야기라고 인정하였고, 또 본문에서 하나님께서 2절에 서술한 상태를 창조하셨다고 말하고 있지 않다는 것을 인정하였음에도 불구하고 영(Young)은 "2절은 땅이 창조주의 손으로부터 온 것임을 진술하고 있다"(ibid., p. 14)라고 결론을 내렸다.

[24] E. Kautzsch, *Gesenius' Hebrew Grammar*, rev. A. E. Cowley (Oxford: At The Clarendon, 1910), p. 455 (paragraph 142, c).

[25] M. Luther, *Luther's Commentary on Genesis*, trans. J. T. Müller (Grand Rapids: Zondervan, 1958), p. 9.

의미와는 색다른 의미를 부여하도록 요구하고 있다. 2절의 '토후 와보후'와 마찬가지로 "천지"는 단일 개념으로 연구되어야 하는 합성어구이다. 2절의 이 합성어구에 관해 카쑤토(Cassuto)는 이렇게 논평하고 있다.

> 화학에 있어서와 마찬가지로 언어에 있어서도 하나의 합성은 각 구성요소들에서는 찾아볼 수 없는 특성들을 소유하고 있는 것으로 나타날 수 있다. 예를 들면, "방송하다"(broadcast)라는 단어가 무슨 뜻인지 모르는 사람이 이 단어를 구성하고 있는 별개의 단어들인 "넓은"(broad)과 "던지다"(cast)로부터 이 단어의 뜻을 추측할 수는 없을 것이다.[26]

이와 마찬가지로 "하늘"이라는 단어와 "땅"이라는 두 단어를 서로 떼어서 연구한다는 것은 잘못된 것임이 입증될 것이다.

더 나아가 "하늘과 땅"이라는 합성어구의 의미를 규정하려 하면서, 고든(Gordon)은 한 쌍으로 된 반의어들이 종종 "모든 것" 혹은 "모든 사람"을 의미한다고 지적하였다. 그 예로, 영어에서 "빈부귀천을 막론하고 그들이 왔다"(they came great and small)는 표현은 곧 "모든 사람들이 왔다"라는 의미이다.[27] 히브리어에는 그렇게 한 쌍으로 된 반의어들이 많이 있는데 이를 '메리즘스'(merisms)라고 부른다. 예를 들면, 시편 기자는 복 있는 자는 하나님의 율법을 "주야로" 즉 "항상" 묵상한다고 말하고 있다. 그러므로 본문의 "천지"는 "모든 것" 좀 더 구체적으로는 "정돈된 우주(universe) 곧 질서와 조화의 우주(cosmos)"를 가리키는 반의어의 합성인 것이다. 사실 솔로몬의 지혜서에서는 창세기 1:1을 언급하는 데에 '호 코스모스'라는 헬라어 표현을 사용하고 있다.[28]

의심의 여지없이 바로 이것이 창조기사를 끝맺는 요약적 서술에 나타난 합성어구의 의미라고 할 수 있을 것이다("천지와 만물이 다 이루니라", 창 2:1). 이 합성어구는 우주창조 시에 인간에 관한 이야기를 도입하는 요약적 서술에서도 또 다시 이러한 의미로 사용되고 있다. "이것이 천지가 창조될 때에 하늘과 땅의 내력이니 여호와 하나님이 땅과 하늘을 만드시던 날에"(창 2:4). 이상의 두 요약적 서술들은

---

[26] U. Cassuto, *A Commentary on the Book of Genesis*, trans. Israel Abrahams, 2. vols. (Jerusalem: Magnes, 1961), 1:22.

[27] C. H. Gordon, *The World of the Old Testament* (Garden City, NY: Doubleday, 1958), p. 35.

[28] *Wisdom of Solomon* 11:17.

모두 하나의 세계를 염두에 두고 있다. 챠일즈(Childs)는 이 합성어구가 결코 무질서한 혼돈을 의미하는 일이 없고 항상 질서 정연한 세계를 의미한다고 결론을 내렸다.[29] 이와 마찬가지로 스키너(Skinner)도 "비록 그 어구가…… 전체로서의 우주를 총괄하여 나타내는 표현이기는 하지만, 그 표현은 그것으로부터 질서 있게 정돈된 우주가 형성될 수 있는 혼돈 상태의 물질을 가리키는 것이 아니라, 다만 질서정연하게 잘 정돈된 우주를 가리키는 것이며, 또 실제로도 그렇게 표현될 수 있다."[30] 이러한 이해가 창조기사 자체와 성경의 다른 곳에서 사용된 폭 넓고도 분명한 용법에 근거하여 인정된다면, 창세기 1:2는 상황절로 볼 수가 없다. 왜냐하면 우리는 서로 모순되는 두 개념, 즉 하나님께서 질서정연한 천지를 창조하셨는데, 땅은 질서 있게 정돈되지 않았다고 하는 모순된 개념을 논리적이라고 받아들일 수 없을 것이기 때문이다. 그래서 쁠레시(Plessis)는 "만일 천지가 질서 있게 정돈된 우주를 나타내는 것이라면, 어떻게 그것이 또다시 하늘과 땅이 혼돈 상태에 있다고 표현할 수 있겠는가?"라고 옳게 지적하였다.[31]

과거에 많은 주석가들이 이 점에서 오류에 빠졌었다. 그들은 이 어구가 우주가 발전하게 된 원 물질을 가리킨다고 주장했다. 예를 들면, 칼빈은 이렇게 말하였다.

> 모세가 바로 뒤(2절)에서 물이라고 칭하고 있는 혼돈된 덩어리를 가리켜 천지라고 이름 붙이고 있는 것이 의심할 나위없다.[32]

그러나 이러한 주장은 사전 상의 뒷받침이 없는 독단적 선언에 불과하다. 그리고 그와 같은 견해를 가지고 있는 칼빈과 알더스(Aalders)에 대한 답변으로서 영(Young)은 이렇게 간략하게 언급하였다.

> 성경의 다른 곳에서 이 어구는…… 질서 정연하게 잘 정돈된 우주, 즉 '호　코스모스'를 나타낸다.[33]

---

[29] B. S. Childs, ibid., p. 197.

[30] J. Skinner, *A Critical and Exegetical Commentary on Genesis* (Edinburgh: T. & T. Clark, 1910). p. 14.

[31] *Supplément au Dictionnaire de la Bible* (Paris: Letourzyu, 1928), s.v. "Babylone et la Bible," J. Plessis, col. 716.

[32] J. Calvin, ibid., p. 70.

한편 그륀타너(Gruenthaner)는 "천지"가 장차 당면할 운명 때문에 예기적(豫期的)으로 이러한 명칭을 얻게 되었을지도 모른다고 주장함으로써 이 난제를 피해보려고 시도하였다. 그는 이러한 어법의 실례로서 창세기 2:7에서 사람이라는 칭호를 예기적으로 사용하여, 생명이 없이 단순히 진흙으로 모양만 빚어 놓은 상태임에도 불구하고 그것을 가리켜 "사람"(원문은 'ādām)이라고 칭하고 있다는 사실에 주의를 환기시키고 있다.[34]

그러나 이러한 해석은 억지로 수단과 방법을 가리지 않는 시도에 불과하다. 아마도 "천지"라는 말 대신에 "집"이라는 단어를 넣어보면, 누구나 이러한 시도가 얼마나 대담한 것인지를 잘 알 수 있을 것이다. 그러면 본문은 "하나님께서 집을 창조하셨다"가 될 것이다. 정상적 사고력을 가진 독자라면 그 누가 이 표현에서 "집"이라는 단어가 예기적으로 사용된 것이며, 실제적으로는 이 단어가 하나님께서 앞으로 집을 만드실, 그러나 아직 정돈되지 않은 재료들을 창조하신 것을 의미한다고 생각하겠는가? 더욱이 창세기 2:7에 사용된 표현은 이러한 견해를 뒷받침할 만한 적절한 유추 근거가 된다고 볼 수 없다. 왜냐하면 이곳에서 사람은 사실 생기만 없다 뿐이지 완성된 형태를 가지고 있었기 때문이다.

보이어(Boyer)와 쾌니히(König)[35]는 1절의 "천지"라는 표현에 있어서 "하늘"은 인간의 눈으로 볼 수 있는 하늘과는 대조적으로 천사들의 영역을 포함하는 완전한 위 하늘을 가리키며, 땅은 2절에 서술한 혼돈 상태를 가리킨다고 주장하였다. 쾌니히는 1절의 "하늘"(hashshāmayim)에는 관사가 나타나고 있는 반면 8절의 "하늘"에는 관사가 빠져있다(shāmayim)는 사실을 지적함으로써 자신의 주장을 뒷받침하려 하였다. 이렇게 하여 그는 1절과 8절의 두 하늘이 서로 별개의 것이라고 결론을 내리고 있다. 더 나아가 그는 "하늘의 궁창"에 대해 언급하고 있는 14절에서 추가적인 확증을 찾았다. 그는 여기에서 사용된 소유격이 부분을 나타내는 소유격이며, 따라서 궁창 혹은 아래 하늘은 위 하늘의 일부라고 말하였다. 한 걸음 더 나아가 그는 창세기 1장에서 가시적 하늘인 궁창에 속한 창조물들에 대해서는

---

[33] E. J. Young, ibid., p. 10, n.17.

[34] M. J. Greunthaner, "The Scriptural Doctrine on First Creation," *CBQ* 9 (1947): 54.

[35] C. Boyer, S. J., *Tractatus de Deo Creante et Elevante* (Roma: Unv. Greg: 1933), pp. 22-25; E. König, *Die Genesis* (Gütersloh: Bertelsmann, 1925), pp. 136ff.

충분히 묘사된 반면 "하늘" (hashshāmayim)에 대해서는 다시 언급되지 않고 있다고 주장하였다.

그러나 이 주장 역시 설득력이 없다. 10절에서는 마른 땅(뭍)을 관사 없이 단순히 "땅"('ereṣ)이라고 칭하고 있는데, 그 이유는 그것이 고유한 명칭이기 때문이다. 따라서 병행 구절인 8절의 궁창도 고유한 명칭이기 때문에 관사 없이 "하늘"이라고 불린 것이다. 더욱이 14절의 소유격은 대개 한정 소유격(attributive genitive)으로 분석된다. 그러므로 어떤 가정에 근거하여 '하샤마임'과 '샤마임'을 구분하는 것은 의심을 불러일으키기에 충분한 것이 될 뿐이다.

이처럼 2절을 1절의 상황절로 보는 견해에 불리하게 작용하는 것은 '하샤마임 웨하아레쯔'(hashshāmayim wehā'āreṣ)라는 합성어만이 아니다. 하나님께서 땅을 '토후'의 상태로 창조하지 않으셨다고 하는 이사야의 진술 역시 이 설명에 대해 반증이 된다. 창조가 그 첫 단계로서 불완전하게 이루어졌다고 주장하는 학자들은, 이사야가 여호와께서 땅으로 하여금 쓸모없는 것(waste)이 되게 하실 목적으로 지으시지는 않았다는 점을 나타내려는 의도이었다고 이해한다. 앨리스(Allis)는 병행구절을 비교한 결과, "우리는 이사야 45:18을 '그분은 쓸모없는 것이 되게 하려고 창조하지 않으셨으며 그보다는 오히려 그곳에 살게 하기 위해 그것을 지으셨다'라고 번역해야 한다"고 결론을 내렸다.[36] 그러나 만든다는 것을 나타내는 동사 뒤에 이중 목적격이 올 경우 대개는 이러한 의미를 나타내지 않는다. 오히려 이 경우에 있어서 정상적 의미는 대부분의 번역들에서 나타나는 것과 같이 "여호와께서 그것을 혼돈한 덩어리로 창조하지 않으셨다"라는 뜻이 될 것이다.

그밖에도 '토후 와보후'가 창조와는 정반대의 상태를 나타낸다는 사실은 이미 예레미야 4:23과 이사야 34:11로부터 입증된 바 있다.[37] 그러므로 창세기 1:2를 상황절로 보는 것은 다음과 같은 모순을 드러낸다. 즉 "그가……를 창조하셨는데, 땅은 창조되지 않았다."

---

[36] O. T. Allis, *God Spoke by Moses* (Phila.: PRP, 1958), p. 156.
[37] B. K. Waltke, ibid., pp. 136-44.

또한 우리는 성경의 다른 곳에서 하나님께서 말씀으로 만물을 창조하셨다고 언급하고 있음을 알고 있다. 예를 들면, 찬양의 시편에서 우리는 이러한 말씀을 찾아볼 수 있다. "여호와의 말씀으로 하늘이 지음이 되었으며 그 만상을 그의 입 기운으로 이루었도다.…… 그가 말씀하시매 이루어졌으며, 명령하시매 견고히 섰도다"(시 33:6,9). 또 히브리서 기자는 이렇게 기록하고 있다("믿음으로 모든 세계가 하나님의 말씀으로 지어진 줄을 우리가 아나니……" 히 11:3). 그러나 성경의 그 어느 곳에서도 2절에서 언급한 혼돈 상태나 흑암 상태, 혹은 물로 뒤덮인 상태를 하나님께서 생기게 하셨다고 언급하지는 않고 있다.

마지막으로, 장차 올 새롭고 완전한 세상에서는 바다가 다시 있지 않을 것이라는 사실(계 21:2)과 그 새롭고 완전한, "세상에 존재하게" 될 새 예루살렘에는 흑암이 없을 것이라는 사실(계 21:25)은 매우 의미심장하다고 하지 않을 수 없다. 왜냐하면 새로운 세상에 대한 이 계시는 2절에 나타난 깊음과 흑암이 바람직하지 못한 것들이며, 따라서 선하신 질서의 하나님께서 그것들을 존재하도록 하시지는 않았으리라는 사실을 암시하고 있기 때문이다.

그러므로 비록 구문론적 근거 위에서는 2절을 상황절로 보는 것이 가능하지만, 언어학적 근거 위에서는 그것이 불합리하며, 또 신학적 근거 위에서도 그렇게 보아서는 안 된다고 결론을 내릴 수 있다. 왜냐하면 상황절로 볼 경우 그것은 곧 하나님으로 하여금 무질서와 흑암과 깊음의 상태, 즉 완전한 세상에서는 도저히 용납될 수 없으며 또 그러한 것이 존재하도록 하나님께서 말씀으로 명령하신 일이 있다고 성경에 기록된 일이 전혀 없는, 그러한 상태를 지으신 창조주가 되게 하기 때문이다.

2. 창조 전 혼돈설

창세기 1:1~3을 근거로 하는 창조론 중의 하나인 창조 전 혼돈설에는 두 가지 형태의 견해가 있는데, 이들의 차이는 본문을 문법적으로 서로 다르게 분석하는 데에 기인한다. 즉 어떤 학자들은 창세기 1:1을 종속절로 간주하는 반면 다른 한 부류의 학자들은 1절을 1장의 나머지 부분에 상세하게 설명된 내용의 요약적 진술로 보는 것이다.

(1) 1절이 종속절이라는 견해

1절이 종속절이라는 견해는 오늘 학계에서 널리 주장되는 것이다. 이 견해는 유대인, 로마 가톨릭교, 개신교 할 것 없이 각기 그들이 출간한 최근의 세 역본들도 받아들이고 있다.

NJV(1962)에서는 이렇게 기록하고 있다.

> 하나님께서 천지를 창조하기 시작하셨을 때에 (When God began …)
> 땅은 혼돈하고 공허하였으며, 깊음의 표면 위에는 흑암으로 덮여 있었으며,
> 하나님께로부터 온 바람이 수면 위를 휩쓸고 있는데,
> 하나님께서 이르시되……)

NAB(1970)에서는 이렇게 기록하고 있다.

> 태초에 하나님께서 천지를 창조하셨을 때에, (In the beginning, …)
> 땅은 혼돈하여 황무지였으며, 흑암은 깊은 심연을 덮었으며 강한 바람이 수면을 휩쓸고 있는 사이,
> 그 때에 하나님께서 이르시되……)

NEB(1972)에서는 이렇게 옮기고 있다.

> 창조의 처음에, 하나님께서 하늘과 땅을 지으셨을 때에(In the beginning of creation, …),
> 땅은 공허하고 혼돈하였으며, 깊은 심연의 표면 위에는 흑암으로 덮여 있었으며, 수면 위를 휩쓰는 강한 바람이 있었다.
> 하나님께서 이르시되……

그러나 많은 학자들이 1절을 종속절로 받아들이는 데에는 그다지 이견이 없지만, 1절을 전제절(protasis)이나 독립절로 받아들이는 데에 대해서는 완전히 일치하는 견해가 없다. 유대인 학자 이븐 에즈라(Ibn Ezra)는 2절을 독립절로 간주하였다.

따라서 그는 창세기 1:1을 전제절("하나님께서 ……를 창조하기 시작하셨을 때에")로 여기며 2절을 귀결절("땅은 ……이었다")로 받아들이고 있다.[38] 그러나 이러한 견해는 널리 받아들여지지는 않고 있다. 그 이유는 2절에 나타난 어법이 이 견해를 뒷받침해주지 못하기 때문이다. 만일 2절이 1절의 귀결절이라면, 2절은 예레미야 26:1; 27:1; 28:1('베레쉬트'의 연계형); 호 1:2('테힐라트' -연계형)에 나타나는 것처럼 '하에타 하아레쯔'라고 시작되어야 할 것이다.

또 다른 하나는 라쉬(Rashi)[39]에 의해 처음 주장된 것으로서, 3절을 귀결절 (apodosis)로 보고 2절은 삽입절로 보는 견해이다. 그렇다면 본문은 다음과 같이 분석된다.

　1:1 전제절 ; 하나님께서……를 창조하기 시작하셨을 때에
　1:2 삽입절 ; 땅은……이었다(the earth being / was …).
　1:3 귀결절 ; 하나님께서 말씀하시기를……

이 견해가 훨씬 더 널리 받아들여지고 있으므로, 이하에서 계속되는 논의에서는 전제절-삽입절-귀결절로 이어진다는 이 견해를 분석하는 데에 논의의 범위를 제한 하도록 하겠다.

올린스키(Orlinsky)에 따르면, 산재해 있는 사전적 그리고 구문론적, 문맥적 증거로 보나, 또한 비교 연구에 의한 증거로 보나 그 구절들을 이렇게 해석하는 것이 타당성이 있다고 한다.

(가) 사전적 문법적 논증들

여기에서 제일 먼저 다루어야 할 문제점은 1절 초두에 나타나는 bᵉrēʼshît("태초")가 연계형이냐 절대형이냐 하는 것이다. 만일 이것이 연계형이라면 1절은 반드시 종속절로 이해되어야 한다. 그러나 만일 그것이 절대형이라면 전통적 번역이 그대

---

38 Cited by G. Hasel, ibid., p. 157.
39 A. Ben Isaiak, B. Sharfman, and H. M. Orlinsky, *Genesis, vol. 1, The Pentateuch and Rashi's Commentary : A Linear Translation into English* (1949), pp. 1ff.

로 유지될 수 있을 것이다.

성경의 첫 단어인 '베레쉬트'가 연계형이라는 사실을 입증하기 위해 다음과 같은 두 가지 논의가 제안되어 왔다. a) 이 단어의 용례에 대한 사전적 통계 분석[40], b) 관사가 없다는 사실.

움베르(Humbert)는 '레쉬트'가 50회 혹은 51회 사용되었으며, 단 한 번의 경우를 제외하고는 모두 연계형으로 사용되었다고 주장하였다.[41] 바로 그 한 예외는 이사야 46:10인데, 그곳에서 이사야는 하나님에 대해 그분이 '처음부터'(mērē'shît) 종말을 선포하고 계신 것으로 언급하고 있다. 그러나 리델보스(Ridderbos)가 지적하는 것처럼, 이 예외는 이 단어가 절대형으로 사용되어 시간적 의미를 나타낼 수 있음을 보여주는 것이므로 상당히 유익한 예외라고 할 수 있다.[42] 비록 연계형이 동사와 함께 사용될 수 있는 것이 사실이기는 하지만,[43] 성경 히브리어의 그 어떤 곳에서도 '메레쉬트'가 연계형으로서 동사와 함께 사용되는 일이 전혀 없다. 그러므로 '메레쉬트'의 다른 용례들도 창세기 1:1의 이 용례('베레쉬트')와 완전히 같은 것은 없다. 여기에서 우리는 이와 비슷한 병행구조를 가지고 있는 창세기 2:4에서 모세가 정형시제형(a finite tense form) 보다는 오히려 분명한 부정사 연계형 (infinite construct. bᵉhibār°'ām)을 사용하였음에 주목할 필요가 있다. 만일 참으로 모세가 독자들이 '베레쉬트'를 연계형으로 보기를 원하였다면, 왜 그가 창세기 2:4에서처럼 덜 모호한 구문을 사용하지 않았겠는가? 2:4의 병행구절 때문에 많은 학자들이 1:1 본문의 모음을 변조시키면서까지 그 이론에 억지로 맞추려 하고 있지만, 사실상 본문을 수정해야 할 필요가 있다는 사실 자체가 그들의 해석에 취약점이 있음을 나타내고 있는 것이다.[44] 그러나 본문을 수정하지 않고 그대로 둠으로써 그러한 모호성은 오히려 특별한 의도가 있는 것으로 받아들일 수 있으리라는 것이 필자의 결론이다.[45]

---

[40] P. Humbert, "Trois notes sur Genèse I," *NTT* 56 (1955): 85-96.

[41] Ibid.

[42] N. H. Ridderbos, "Genesis I 1 und 2," *OS* 12 (1958): 217.

[43] 참조. 호 1:2.

[44] R. Kittel, ed., *Biblia Hebraica*, 3rd ed. (Stuttgart: Wurttembergische Bibelanstalt, 1961), concerning Genesis 1:1.

[45] E. J. Young, ibid., p. 6.

그러면, 관사가 없이 사용되었다는 점에 대해서는 어떻게 할 것인가? 쾌니히 (König)와 하이델(Heidel) 두 학자가 이미 부사적 표현으로 시간을 나타낼 경우에는 관사를 필요로 하지 않는다는 사실을 입증하였으므로, 하젤(Hasel)의 주장[46]은 큰 설득력을 가지지 못한다. 하이델은 이렇게 서술하고 있다.

> rē'shît("시작"), rō'sh("처음"), qedem("옛날"), 그리고 'ôlām("영원")과 같은 용어들은 부사적 표현으로 사용되었을 경우, 거의 항상 관사 **없이** 쓰이며, 게다가 절대형으로 사용된다.[47]

'베레쉬트'를 절대형으로 해석해야 한다는 사실을 더욱 확신케 해주는 것은 모든 고대 역본들(LXX, Vulgate, Aquila, Theodotion, Symmachus, Targum Onkelos)에서 그 단어를 절대형으로 보고 있으며, 1절을 독립절로 간주하고 있다는 사실이다. 하젤은 오늘날 우리에게까지 전해 내려오는, 히브리어 본문을 헬라어로 음역한 역본과 사마리아어로 음역한 역본에서 창세기의 첫 단어가 관사를 가진 것('바레쉬트')으로 발음된 것처럼 보인다는 사실을 지적하였다. 따라서 그는 '브레쉬트'(בראשית)가 관사를 붙이든지 붙이지 않든지 아무런 의미의 차이 없이 사용될 수 있다고 결론을 내렸다. 그러나 이 역본들의 이러한 음역상의 변화는, 이 음역을 채택한 자들이 절대형은 관사의 사용을 필요로 한다는 생각에서 구전('베레쉬트')을 변형시킨 것일 가능성이 매우 크다. 하지만 이러한 사실조차도 전통적으로 그 단어를 절대형으로 이해하였음을 알려주는 부차적 증거를 제공해 주고 있다.

영(Young), 하젤(Hasel)을 비롯한 다른 학자들은, 잠시 호흡을 멈출 것을 나타내는 분리 악센트인 '티프하'(tiphā')가 나타나고 있다는 사실은 곧 마소라 학자들로부터 전해 내려온 구전에서 그 단어를 절대형으로 이해하였음을 입증하는 것이라고 주장한다. 그러나 비록 연계형 단어들이 연결 악센트를 취하는 것이 일반적 사실이기는 하지만 예레미야 26:1; 27:1; 28:1에서는 rē'shît가 연계형이면서도 분리 악센트를 가지고 있다. 따라서 악센트 '티프하'가 반드시 1절을

---

[46] G. Hasel, ibid., pp. 158-59를 보라.
[47] Alex. Heidel, *The Babylonian Genesis*, 2d. ed. (Chicago: University of Chicago, 1963), p. 62. 진한 글씨체는 그의 것이다.

독립절로 보아야 한다는 사실을 입증해 주는 것으로 볼 수는 없다.

지금까지 다룬 자료들을 정리한다면 다음과 같은 두 가지 사실이 드러난다.

① 유대교와 기독교에서 전해내려 온 바는 한결같이 성경의 첫 단어를 절대형으로 이해하였으며, 또 1절은 독립절로 간주하였다는 사실이다.
② 모세가 다른 구문 표현을 사용하지 않고 이렇게 표현한 것은 첫 단어가 절대형이라는 점을 나타내기 위해서였을 것이며, 만일 연계형임을 분명하게 나타내려 하였다면 다른 구문 표현을 사용할 수 있었을 것이다. 그러므로 우리는 우리에게 전해내려오는 본문을 독립절로 이해해야 하며 종속절로 이해해서는 안 된다는 결론이 내려진다.

(나) 구문론적 논증들

벨하우젠(Wellhausen)은, 자신이 표현한대로 "이 해석(첫 글자를 연계형으로, 그리고 1절을 종속절로 보는 해석 -역자 주)은 수단 방법을 가리지 않는 것이다"[48]라는 이유로 1절을 종속절로 보기를 거부하였다. 카쑤토(Cassuto) 역시 자신이 말한 것처럼,[49] 1절이 종속절이었다면 2절에서 '하야'(hāyâ)가 생략되었어야 하였을 것이라는 이유로 1절을 종속절로 보기를 거부하였다(참조. 삼상 3:2~4). 그러나 비록 이들 두 학자가 구문론적 근거 위에서 그 구문 표현을 종속절로 보기를 거절하였지만 사실 그들의 논거는 근거가 빈약하다. 벨하우젠의 경우 이 구문이 해결할 길이 없는 것으로 보고 있지만, 사실 창세기 1:1~3을 분석한 결과 아주 유사한 병행구절을 창세기 2:4b~7에서 찾아 볼 수 있으며, 또 고대의 창조기사들 가운데에서도 찾아볼 수 있으므로, 그 점에 있어서 벨하우젠은 분명히 오류를 범하고 있다.

창세기 2:4b~7의 구조는 다음과 같이 창세기 1:1~3에 대해 제시된 것과 거의 일치하게 보인다.

---

[48] J. Wellhausen, *Prolegomena to the History of Ancient Israel* (Cleveland: Meridian Books, 1957), p. 387.
[49] U. Cassuto, ibid., p. 20.

2:4b 전제절; "여호와 하나님이 땅과 하늘을 만드시던 날에……"

2:5~6 삽입절; "…… 들에는 초목이 아직 없었고……"

2:7 귀결절; "여호와 하나님이…… 사람을 지으시고……"

또한 스파이저(Speiser)는 '에누마 엘리쉬'(*Enuma elish*)에 나타나 있는 매우 유사한 병행 구조를 지적하고 있다.

시간적 종속절;

높은 곳에(when on high) 하늘이 아직 이름 붙여지지 않고
아래에 굳은 땅도 아직 이름이 불리지 않았던 때에(1~2행)

삽입절;

…… 그리고 뭄무 티아맛(Mummu Tiamat), 그녀가
그것들 모두를 낳았으며……(3~8행)

주절;

그것들 가운데에 신들이 지음을 받은 것은 바로 그 때였다(9행)

또 카쑤토의 주장에 대해서는, 와우+명사+동사 형태의 이접적(離接的) 절들에서도 종종 계사(copula)가 나타난다는 사실을 간과해서는 절대로 안 된다. 수많은 예를 들 수 있겠지만 그 가운데에서 둘만 인용해 보기로 하자.

요나가…… 니느웨로 가니라.
(니느웨는…… 큰 성읍이더라, wenînwēh hāyetâ) ……(욘 3:3)
여호와께서 사탄에게 이르시되……
(여호수아가 더러운 옷을 입고, wîhôshua' hāyâ lābûsh)……(슥 3:2~3)

따라서 구문론적 근거 위에서는 이 해석에 반대할 만한 그 어떤 주장도 일어날 수 없다는 결론이 된다.

그러나 스파이저(Speiser)[50]와 올린스키(Orlinsky)[51]가 창세기 2:4b 및 '에뉴마 엘리쉬'가 창세기 1:1~3과 완전히 똑같은 구조를 가지고 있다고 말한다면, 그들의 주장은 과장된 것임을 주목해야 할 필요가 있다. 조금도 틀림없는 것은 아니다. 왜냐하면 그 한 가지 이유로서 2:4를 병행구조로 보는 것은 문학 비평의 원리에 입각하여 2:4a와 2:4b를 구분함으로써 인위적으로 페어 맞춘 것이기 때문이다. 그러나 뒤에서 살펴보게 될 것이지만, 우리가 1:1을 독립절로 보고, 또 2:4를 단일절로 취급해야만 1:1~3과 2:4~7 사이의 병행구조를 완전히 같은 것으로 볼 수 있다.

더욱이 1:1은 독립절일 가능성이 큰 반면 2:4b에서는 부정사 연계형에 의해 분명하게 종속절임이 표현되고 있다. 그렇다면 '에뉴마 엘리쉬' 역시 1:1~3의 구조와 완전히 일치되는 것으로 볼 수 없다. 종속절을 도입하기 위해 바벨론 신화에서는 '에누마'(enuma) 혹은 '이누마'(inuma)를 사용하며, 또 수메르 신화에서는 종종 '운다'(udda)로 시작한다는 사실에 비추어 본다면, 이것들은 단지 2:4b에만 일치하는 것이지 1:1에까지 일치하는 것으로 볼 수는 없다. 그러므로 이것들 가운데에서 어느 것도 창세기 1:1의 bᵉrē'shît("태초에")에 상응하는 단어로 시작하지는 않는다. 사실 창세기 1:1은 고대 근동의 신화들 가운데 나타난 내용과 유사한 것을 전혀 가지고 있지 않다. 궁켈(Gunkel)은 이미 오래 전에 "다른 민족의 창조 설화들은 성경의 첫 단어에 해당할 만한 단어를 가지고 있지 않다"[52]고 하는 사실을 인정하였다. 그러므로 하이델(Heidel)은 다른 설화들과 비교하여 성경의 첫 절을 종속절로 간주하려는 주장은 의심스러운 것이라고 결론을 내렸다.[53]

(2) 1절이 요약적 서술이라는 주장

2절에 기록된 혼돈 상태가 성경에 언급된 창조 이전에 있었던 것으로 보는 또 다른 견해에서는, 1절을 독립절로, 2절을 3절과 연관된 상황절로 이해한다. 이 견해에 의하면 1절은 요약적 서술, 혹은 형식적 도입 문구로서, 그 기사의

---

[50] E. A. Speiser, *Genesis, AB* (Garden City, NY: Doubleday, 1964), p. 12.

[51] H. M. Orlinsky, "The New Jewish Version of the Torah: Toward a New Philosophy of Bible Translation," *JBL* 82 (September 1963): 253.

[52] H. Gunkel, *Genesis*, 7th ed. (Göttingen: Vandenhoeck & Ruprecht, 1966), p. 101.

[53] Alex. Heidel, ibid., p. 96.

나머지 부분에서 구체적 내용이 보충 설명되고 있다고 한다. 필자의 생각으로는 이 주장이 히브리어 문법의 요구를 완전히 만족시켜 주는 유일한 견해인 것으로 보인다.

1절을 독립절로 보는 것이 가장 타당하다는 사실은 이미 앞에서 bᵉrē'shît에 대해 논의할 때에 입증된 바 있다. 하지만 2절을 주절인 3절에 부속된 상황절로 보아야 한다는 사실은 좀 더 설명해야 할 필요가 있다.

앞에서 논의했던 바와 같이, 사전적 근거나 논리적 근거 위에서 2절을 1절의 상황절로 볼 수는 없다. 그러면 2절을 3절에 종속되는 것으로 보아야 한다는 데에는 어떤 긍정적 근거가 있는가? 이 물음에 대한 대답은 먼저 인간 창조기사를 우주의 창조기사에 연결시켜 주고 있는 두 번째 기사의 도입부분을 검토해 봄으로써 얻을 수 있을 것이다. 2절의 구조를 잘 분석해 보면 다음과 같은 형식이 나타난다.

(가) 도입하는 요약적 서술.

"이것이 천지가 창조될 때에 하늘과 땅의 내력이니"(2:4).

(나) 창조 이전의 부정적 상황을 서술하는 와우+명사+동사 (hāyâ) 형태의 상황절.[54]

"…… 들에는 초목이 아직 없었고……"(2:5～6).

(다) 창조를 서술하는 '와우' 연속법+전접 변화형(prefixed conjugation) 형태의 주절.

"여호와 하나님이…… 사람을 지으시고……"(2:7).

이것이 1:1～3에 나타난 것과 똑같은 형식을 가지고 있다는 사실은 다음과 같이 쉽게 입증될 수 있다.

(가) 도입하는 요약적 서술.

"태초에 하나님이 천지(cosmos)를 창조하시니라"(1:1).

---

54 부사인 ṭerem("아직") 뒤에는 반드시 후접형 대신에 전접형을 사용해야 한다.

(나) 창조 이전의 부정적 상황을 서술하는 와우+명사+동사 (hāyâ) 형태의 상황절.

"땅이 혼돈하고……"(1:2).

(다) 창조를 서술하는 와우 연속법+전접 변화형 형태의 주절.

"하나님이 이르시되……"(1:3).

이와 유사한 형식의 구문이 창세기 3장의 서론에 해당하는 부분에서도 나타난다. 그러나 그 기사에는 도입하는 요약적 서술이 나타나지 않고 있는데, 그 이유는 그 기사가 2:4에 의해 도입된 인간의 창조기사에 부속된 이야기이기 때문이다. 여기에서도 똑같은 형식이 나타난다.

[(가) 도입하는 요약적 서술: (2:4)]

(나) 와우+명사+동사(hāyâ) 형태의 상황절.

"(wāw) 뱀은 가장 간교하니라"(wᵉhannāḥāsh hāyâ 'ārûm. 3:1a).

(다) 죄가 처음 나타나는 것을 서술하는 와우 연속법+전접 변화형 형태의 주절.

"뱀이…… 이르되……"(3:1b).

게다가 영(Young)은 상황절이 본동사보다 앞에 나타나는 여러 가지 용례들을 인용할 수 있다고 한다.55 또한 이러한 분석은 비록 창세기 1:1에서처럼 도입하는 간략한 서술의 형태를 지니고 있지는 않지만, 고대 근동의 창조 설화들의 구조와도 완전히 일치한다. 예를 들어, '에누마 엘리쉬'(*Enuma elish*)의 구조를 주의하여 살펴보자.

(가) 창조 이전의 부정적 상황을 서술하는 상황절.

"높은 곳에 하늘이 아직 이름 붙여지지 않았을 때에…… ('에누마 엘리쉬' I,1～8)

---

55 E. J. Young, ibid., p. 15. '와우'가 이 분석에 불리하게 영향을 미친다고 하는 하젤의 독단적 진술(p. 154)은 근거가 없는 것임이 명백할 것이다.

(나) 주절.

"…… 신들이 지음을 받은 것은 바로 그 때였다"('에누마 엘리쉬' I,9).[56]

그러므로 이러한 증거는 1절을 하나님께서 천지를 창조하셨다는 사실에 대한 폭넓은 개괄적 선포로 보아야 한다는 것과, 이 선포를 1장의 나머지 부분에서 상세하게 설명하고 있다는 증거는 신빙성이 있다고 여겨진다. 이러한 형식은 먼저 일반적 진술을 서술하고 나서, 그 다음에 특수한 면들을 구체적으로 설명하는 정상적인 셈족 사고방식을 반영하고 있다. 또한 이러한 사고 구조는 폭넓은 개괄적 설명에 이어 구체적 설명이 뒤따르는 히브리 문법 및 셈족 문화와도 일치한다.

이상에서 창세기 1:1의 구문 형식을 논증하였으므로 이제는 동사 hāyâ의 의미를 고려해 보아야 할 것이다. 쿠스탄스(Custance)는 '하야'가 "되다"라는 능동적 의미를 가져야 하며, 또 과거 완료 시제의 의미를 가져야 한다고 주장한다. 따라서 그는 2절을 "그러나 땅은…… 되었다"[57]라고 번역하고자 하였다. 비록 이러한 해석을 결정적으로 반박하기는 어려우나, 그러한 주장이 가능성이 희박하다는 사실만은 틀림없다.

여기서 우리는 2절과 병행하는 상황절들인 2:5와 3:1에서 동사 '하야'는 능동적 의미보다는 오히려 상태를 나타내는 것이 거의 틀림없다는 사실에 주목할 필요가 있다. 또한 요나서 3:2; 스가랴서 3:2~3; 사사기 8:11 등도 비슷한 구조를 가지고 있는데, 그 곳들에서도 동사 '하야'는 "되었다"라기보다는 "……이었다"라고 정상적으로 번역되고 있다.

과연, 고금을 막론하고 그 어떤 역본들도 그 '하야'("이다") 동사를 "되었었다"(had become)라는 의미로 해석한 일이 없다. 어떤 저자가 자신의 이야기를 도입하면서 과거완료로 시작한다는 것은 매우 어색한 일이 아닐 수 없다.

---

[56] J. B. Pritchard, ed., *Ancient Near Eastern Texts* (Princeton, NJ: Princeton University, 1955), p. 61.

[57] A. C. Custance, *Without Form and Void* (Brockville, Canada: Custance, 1970), p. 41 et passim.

따라서 천지 창조의 기사는 다음과 같은 구조를 갖는 것으로 결론을 내리게 된다.(*)

I. 도입하는 요약적 서술, 1:1.

II. 창조 이전 상태, 1:2.

III. 창조기사, 1:3〜31.

IV. 결론적 요약 서술, 2:1.

V. 맺는 말: 안식일의 휴식, 2:2〜3.

2

아벨의 제물(창 4:4): 그 해석사

잭 피 루이스
(Jack P. Lewis)

'헤벨'(hebel)이라는 이름(창 4:2,4,8~9,25; 억양표 '아트나흐'가 있을 때에는 '하벨'[hābel, 4:2])은 구약에서 설명하지 않는다. 그러나 실명사 '헤벨'은 마소라 텍스트에 73회 나타나는데, "입김, 증기, 허무"를 뜻한다.[1] 그 이름과 실명사간에 연관이 있는지는 논쟁의 대상이 되고 있다. 몇몇 영어성경들(the Great Bible, the Bishop's Bible)은 그 이름을 '하벨'로 기록하고 있으나, 두에이 성경(Douay Bible)은 KJV와 주요 영어성경이 지금까지 그러한 것처럼 '아벨'로 기록했다.

전술한 바 없이 제사 관례를 가정하고 있는 아벨이 제물을 드린 이야기는 평이하게 전해졌다. 아벨은 양을 치는 자이다.

> 아벨은 자기도 양의 첫 새끼와 그 기름으로 드렸더니 여호와께서 아벨과 그의 제물은 받으셨으나(창 4:4).

'보'(bô')의 '힢일'형은, 제사 드리는 문맥들에 국한된 것은 결코 아니지만 거기에 너무나 자주 나타나기에 목록 작성[2]이 필요한 동사인데, 가인과 아벨이 제물들을 "가져옴"을 묘사한다. 헬라어 역은 양쪽 모두 '훼로'의 부정과거(aorist)에 의해 번역되는 반면, 라틴어 역은 양쪽 모두에 다른 형인 '오훼로'를 사용하고 있다.

히브리어 성경의 이야기는 아벨의 제물을 묘사하는 데에 있어서, 가인의 제물인 "땅의 소산"에서는 발견되지 않는 두 개의 중요한 단어를 사용한다. 그것들은 "첫 새끼"(bᵉkōrôt; 참조, 출 34:19; 신 12:6; 14:23)와 "기름"(fat, ḥēleb; 참조, 민

---

[1] K. Seybold, "hebel," *TDOT* 3.313; V. P. Hamilton, "hebel," *TWOT*, ed. R. L. Harris (Chicago: Moody, 1980) 1.204-205; 사 49:4를 보라.

[2] H. D. Preuss, "bô'," *TDOT* 2.25.

18:17)이다. 어쩌면 설명적인[3] 어형변화에 의해 결합된 이 두 단어 모두는, 이후의 모세율법에 제시된 제사 지시 사항들에 있어서 의미심장한 단어들이다. 그 이야기는 이중적 교차 대구법적 배열을 지니고 있어서, 시작과 끝이 가인을 언급한다(창 4:1~5).

shā'â 동사("집중하여 응시하다")는 구약에서 하나님이 주어로 15회 나타난다 (욥 7:19; 14:6; 시 39:14 등).[4] 데오도시온(Theodotion)은 empyrizo("불붙다")어근 형을 사용하는데 아마 yāsha'와 'āshâ의 혼동에서 기인한 듯하다[5](4절의 wayyisha'를 참조하라 -역자 주). 텍스트에서는, 여호와께서 아벨과 그의 제물은 받으셨으나 가인과 그의 제물은 받지 아니하셨다고 기록하고 있다.

이 이야기(창 4:3~5) 이외에서, 제물(minḥâ)은 창세기에 야곱이 에서에게 바친 예물들(32:14,19,21~22; 33:10)과 야곱의 아들들이 애굽에 가지고 간 예물들 (43:11,15,25~26)에 대해 사용되었고, 예배의 배경에서는 다시 나타나지 않는다.[6] 가인과 아벨 양쪽의 제물들을 구별 없이 묘사한 이 용어는 "조공, 예물"을 뜻할 수 있다(왕상 4:21[원문은 5:1]; 10:25). 그것은 통상적으로 예배의 배경들에서 소제(cereal offering, 참조, 레 2:1~3 등)에 대해 사용된다. 그러나 그것은 역시 짐승을 드리는 제물을 언급할 수 있다(참조, 삼상 2:17; 26:19; 말 1:10,13; 2:13).[7]

가인에 의해 아벨이 살해된 후에, 아벨의 피 소리가 땅에서부터 호소한다고 기록되었다(창 4:10). 하와는 셋을 아벨 대신에 하나님께서 주신 아들로 간주했다 (4:25). 아벨은 후손이 없었기 때문에, 성경의 계보들에서는 그의 이름이 나타나지 않는다. 그가 드린 제사는 구약에 다시 언급되지 않는다.

칠십인 역(LXX)에서는, 가인과 아벨이 하나님께 드린 제물들에 대한 동사로서 ἕνεγκεν을 사용했고, "제물"이라는 단수 minḥâ가 아벨의 제물에 대해서는 δῶρον의 복수로 되어있다. 하지만 가인의 제물에 대해서는 thusia가 사용되었다. 벌겟 역 (Vulgate)에서는 동사 wayyisha'가 respicere로 번역되었고, minḥâ는 양쪽 모두

---

[3] *Gesenius-Kautzsch-Cowley* 154a, 1b를 보라.

[4] C. Westermann, *Genesis 1~11* (Minneapolis: Augsburg, 1984), p. 296; J. J. Austel, "shā'â," *TWOT* 2.944-45. '샤아' 동사가 출 5:9; 사 17:7~8에서 인간의 관심을 나타낸다.

[5] Litterai Sociitatis Jesu, 549.

[6] J. Pedersen, *Israel*, III-IV (London: Oxford University, 1940), p. 330.

[7] G. L. Carr, "minḥa," *TWOT* 1.514-15.

munus로 되어있다. 창세기 4:7에 대한 칠십인 역의 번역은, 가인이 제의적 과오를 범하였다는 것을 암시한다. "만일 네가 너의 제물을 옳게 드렸다 할지라도, 그것을 옳게 쪼개지 않았으니 (ουκ εαν ορτηōσ προσενεγκēσ, ορτηōσ δε μē διελēσ), 네가 죄를 지은 것이 아니냐? ,ηēμαρτεσ; …)"

I. 초기 유대인 저자들

아벨은 벤 시라(Ben Sira)가 과거의 유명 인사들에 관한 개관을 하는 데 포함되지 않았다. 그의 제사는 에녹 1서(*1 Enoch*)나 희년서(*Jubilees*)에 언급되지 않았다. 그러나 라파엘(Raphael)은 에녹에게 죽은 자의 영혼들을 위해 창조된 움푹 파인 장소들을 보여준다. 거기에서 아벨을 내놓은 영이 가인을 상대로 소송을 제기한다.[8] 첫째로, 에녹서에서는 아담이 검은 황소가 붉은 황소를 뿔로 받는 것을 본 환상으로 가인과 아벨의 이야기를 풍유화한다. 검은 색이 죄를 상징한다면, 붉은 색은 순교를 상징한다. 암소인 하와가 붉은 황소를 찾으나 만나지 못하고 크게 애도한다.[9] 희년서에서는 아벨이 살해된 것을 셋째 희년의 첫 해로 잡고, 그의 죽음에 대한 설명을 다음과 같이 한다. "이는 (하나님께서) 아벨의 제사는 받으시고 가인의 제물은 받지 않으셨기 때문이다."[10] 이 글에서 그 차이점에 대한 설명은 없이, 하나는 제사로 나타나고, 다른 하나는 제물로 나타낸다. 아담과 하와는 아벨을 위해 4주씩 여러 해에 걸쳐 애곡한다.[11]

아벨은, 알렉산드리아의 필로(Philo of Alexandria)에 의해 광범위하게 다루어 졌다.[12] 아벨의 이름은, 필멸의 것들은 고통으로, 불멸의 것들은 행복으로 충만함에 대한 표상이다.[13] 가인과 아벨의 제사들은 필로가 쓴 논문(*De Sacrificiis Abelis et Caini*) 전체의 주제인데, 그 일부만 우리 연구에 관련이 있다. 필로는 창세기 4:3에 가인이 나타나기 이전에 아벨이 먼저 언급된 것을 발견하는데, 비록 그가

---

8 *1 Enoch* 22:7.
9 *1 Enoch* 85:4~6.
10 *Jub.* 4:2.
11 *Jub.* 4:7.
12 E. Stein, *Philo und der Midrash* (Giessen: A. Toepelmann, 1931), pp. 10-12.
13 Philo, *De Migratione Abrahami*, 74 [13].

더 어리지만, 미덕이 악덕보다 가치 면에서는 더 오래 (비록 시간적으로는 그렇지 않으나) 되었기 때문에 그렇다고 한다. 필로는 미덕이 자기의 주장들을 마음에 깊이 느끼게 하는 것으로 풍유화한다. 아벨이 그랬던 것처럼, 마음은 목자가 되어 비합리적인 것들을 조정한다는 것이다. 필로는 창세기 텍스트에서 가인에게는 첫 새끼라는 언급이 빠진 것을 근거로 하여 이 사건 전체를 가정하면서, 가인이 그의 농사의 만물은 놓아두고 "다만 늦깎이 열매들을" 바친 것으로 그를 특징짓는다. 아벨은, 나중에 태어난 가축이 아니라 첫 새끼를 바쳤고, 그의 행동에 의해 다음과 같이 고백했다는 것이다. "인과 관계에서 더 높이 이르는 원인들은, 가장 높고 무엇보다도 첫째 되는 원인(the Cause) 덕분에 존재한다."14

필로는, "즉시"와 대조되는 "세월이 지난 후에"(창 4:3)라는 술어를 발전시키면서, 가인이 적절하지 않은 때에 제물을 바쳤다고 비난한다. 헬라어 역본을 근거로 주장하면서, 그는 또한 가인이 "소산으로부터"(apo ton karpon) 바쳤지, 가장 이른 소산들로부터(apo ton prōtotokon karpon) "혹은 한 단어로는 만물들을" (protogennemata)15 바치지 않았다고 그를 나무란다. 필로는 "소산의 첫 산물"(firstlings)과 "첫 번째 소산" (first-fruits)을 구분하고, 가인은 우선적 영예를 피조물에게 돌리고 하나님께는 다만 2차적 영예를 돌리는 것으로 보았다.16 풍유적으로 필로는, 모세가 가인이라는 이름 하에서 모든 것이 하나님의 소유라기보다는 자신의 것이라는 마음과 느낌을 표현한다고 본다.17

아벨이 양의 첫 새끼를 바쳤다는 데에 관한 필로의 언급은, 그로 하여금 출애굽기 13:11~13에 초태생을 드리는 것에 관한 설교로 이끌리게 했는데, 여기에 대해 우리가 상술할 필요는 없다. 그래서 그는 "대속된 것"이라는 말을 거론하게 되었고, 레위 인들의 대속과 관련되는 주제로 빗나가게 되었다.

그는 다시금 아벨과 그의 제물을 언급하면서, 다음과 같이 논평했다. 첫 새끼와 기름은 "영혼의 기쁨과 윤택함, 보호하고 즐거움을 주는 것이 모두를 하나님을 위해 구별해 놓아야 한다"는 것을 보여준다.18 필로는 "기름"을 제물의 기름, 콩팥들

---

14 Philo, *De Confusione Linguarum,* [25] 124.
15 Philo, *De Sacrificiis Abelis et Caini,* [13] 52; 참조, [20] 72.
16 Philo, *De Mutatione,* 195.
17 Philo, *De Cherubim,* 65.

그리고 간에 덮인 *꺼풀*(레 3:3 이하)과 연관시키고, 그것들에 관해 별도로 언급하겠다고 약속한다. 그러나 그는 거기에서 벗어나서, 뇌(지배적 원리의 좌표)는 제사의식에서 언급되지 않았다고 논평한다. 뇌는, 오직 타락하려는 경향들이 제거되었을 때에만 온전한 번제의 적절한 부분으로 받아들여질 수 있다고 한다.

필로는 그의 저서 『창세기에 관한 문답』에서, 왜 성경이 먼저 동생의 행동과 그가 인정받은 것을 서술하는가에 대해 다시 질문한다. 그의 대답은 다음과 같다.

> 비록 의로운 자가 시간적으로는 악한 자보다 어리지만, 그래도 그는 행동에 있어서는 노련하다. 그런 이유로 이제 그들의 행동들이 평가될 때에 그가 순서적으로 먼저 위치하게 된 것이다. 그들 중에 한 사람은 생축들을 비록 그것들이 이성이 없는 동물들이나 고생하며 돌보아, 통치권과 왕권에 대한 준비과정인 목자의 일을 기쁨으로 감당한다. 그러나 다른 한 사람은 땅에 속하고 생명이 없는 것들에 몰두해 있다.[19]

필로는, 참여자들의 한 사람은 자신을 사랑하는 자이고, 다른 한 사람은 하나님을 사랑하는 자로 본다. 그는 "즉시"라는 말 대신에 "세월이 지난 후에," 그리고 "양의 첫 새끼" 대신에 "땅의 소산"으로 나타나는 말을 가인 편에서의 큰 사악함을 암시하는 것으로 본다. 아벨은 "전혀 지체하거나 그의 하늘 아버지에 대해 거부당함 없이 첫 새끼와 잘 자란 짐승들을 바쳤다." "아벨의 제물은 생명이 있었고, 가인의 것은 생명이 없었다. 아벨의 것은 년 수나 가치에 있어서 일등급이었고, 가인의 것은 2등급일 뿐이었다. 아벨의 것은 힘세고 뛰어난 기름이 있는 것이었고, 가인의 것은 약할 뿐이었다."[20]

필로 역시, 왜 가인이 창세기 4:4~5에서 두 번째로 언급되었는지를 알고 싶어 한다. 그는 시간이 그 이유라고 생각하지는 않는다. 그러나 첫째가 되는 것은 "제 때에 건전한 몸가짐으로 오는 사람이다." 두 인물이 있었는데, 한 사람은 선했고, 다른 한 사람은 악했다. 하나님께서는 선한 사람에게 향하시고 그를 관찰하셨는데, 그 사람은 선과 미덕을 사랑하는 사람이었기 때문이다. 먼저 하나님께서는 악한 자가 본질의 순서에 있어서 다른 쪽으로 기우는 것을 보시고 그에게서 돌이키

---

18 Philo, *De Sacrificiis,* 136.
19 Philo, *Questions and Answers on Genesis 1.59* (Cambridge: Harvard University, 1953), 36.
20 Philo, *De Sacrificiis,* 88 [27].

셨다. 필로는, 하나님이 제물들을 보시는 것과, 그가 예물들을 드리는 자들을 보시는 것 간의 구분을 둔다. 사람들은 예물들의 양을 보고 그것들을 인정하나, 하나님은 영혼의 진실함을 보시므로 교만과 아첨으로부터 돌이키신다.

필로는 헬라어 텍스트(dōron과 thusia)에서 작업을 시작하여, 예물과 제물의 차이가 무엇인지 질문한다. 그의 답은 이렇다. 후자는 제물을 죽인 사람이 그것을 쪼갠 후에 제단 위에 피를 붓고 고기를 집으로 가져가는 것이다. 그러나 예물로 어떤 것을 드리는 사람은, 그 전체를 그것을 받으시는 그 분에게 드리는 것으로 보인다. 자신을 사랑하는 사람은 가인처럼 제물을 쪼개는 사람[21]인데 비해, 하나님을 사랑하는 사람은 아벨이 드렸던 것처럼 드리는 사람이다. 필로의 입장은 후에 암부로스(Ambrose)에게 영향을 끼쳤다. 아벨이 자신의 예물이 받아들여진 것을 어떻게 알았는지를 설명하지 않은 채, 필로는 가인이 아마도 자신의 비탄 때문에 거절당했음을 알고 있었다고 본다. "이는 어떤 것을 순수하고 흠 없게 제물로 바치는 자에게는 즐거움과 기쁨이 오기 마련이기 때문이다."[22]

필로 위서(僞書)의 『성경 고사』(Pseudo-Philo's *Biblical Antiquities*)는 가인과 아벨의 기간을 다루는 데에 있어서, 다만 아담의 아들들과 딸들의 이름들을 단순히 기재하기만 한다. 더 나아가서 "가인은, 그가 동생 아벨을 죽인 후에 하나님께서 그를 위해 지정해 주신대로 전율의 땅에서 살았다"라고 적고 있다.[23]

요세푸스(Josephus)[24]는 가인과 아벨의 이야기를 다루면서, 두 형제를 도덕적으로 설명하고 대조시킨다. 그리고는 아벨의 이름은 "무(無)"를 의미한다고 하는데, 그것은 창세기에 나타나지 않는 어원이다. 그러나 헬라어 ouden은 과연 이사야 49:4에서 hebel을 번역한 것인데, 거기에서 hebel은 이름이 아니다. 요세푸스는 아벨에게 찬사를 보낸다. "동생 아벨은 정의, 미덕 실천을 존중했고, 자신이 하는 모든 일에 하나님께서는 함께 하시고 미덕에 관심을 기울이신다고 믿어 목자의 생활을 했다. 가인은 "전적으로 악했다." 오직 이익을 보는 눈이 있었고, 제일

---

[21] 필로는 헬라어 텍스트를 주해하고 있는데, 거기에서는 7절의 lappetaḥ를 부정형으로 취급하여 "옳게 쪼개다"(ορτηōσ δε μē διελēσ)로 번역한다. *Agricultura*, pp. 127-28을 보라.

[22] Philo, *Questions and Answers*, 1.62-63.

[23] Pseudo-Philo, *Bib. Ant.* 1.1; 2.1(*APOT* 2.304-305).

[24] Josephus, *Ant.* 1.2.1 §52-55; T. W. Franxman, *Genesis and the "Jewish Antiquities" of Flavius Josephus* (BibOr 35; Rome: Biblical Institute, 1979), pp. 65-68.

먼저 땅을 경작할 생각을 한 사람이었다. 요세푸스는 칠십인 역에서 빗나가, 가인의 제물이 개간한 땅과 과목의 소산에서 바쳐진 것으로 묘사한다. 오경에는, 과목의 열매가 삼 년이 지난 후에는 여호와께 드릴 수 있고, 다섯째 해에는 먹을 수 있다고 되어 있다(레 19:23~25).

요세푸스는 아벨이 살해된 것을 다음과 같이 설명한다.

> 두 형제가 하나님께 제물을 바치기를 결정하고, 가인은 개간한 땅과 과목의 소산을 바쳤지만, 아벨은 가축의 밀크와 첫 새끼를 바쳤다. 이것이 더 하나님의 마음에 든 제물이었는데, 하나님은 욕심 많은 인간의 교묘함에 의해 자연으로 부터 강제적으로 된 소산들에 의해서보다는, 자연법칙에 따라 자연스럽게 자라는 것들에 의해 영광을 받으신다.

요세푸스는 ḥēleb("기름")에 모음을 달리 붙여서 ḥālāb("우유")로 읽음으로써, 헬라어 성경을 따르지 않고 있음을 보여준다. 분명히 요세푸스의 견해로는, 가축으로 드리는 제물들이, 땅을 개간하여 그것의 부를 약탈하려는 탐욕적 행동보다 본질적으로 나은 면이 있다는 것이다.[25] 이와 유사한 견해가 후에 미드라쉬(*midrash*)에 상세하게 설명된다.[26]

II. 신약 성경

아벨은 마태복음과 누가복음의 종말론적 장들에서, 피를 흘린 의인들 중의 첫 번째 사람으로 주목을 받는다(마 23:35; 눅 11:49~51). 히브리서 저자는 새 언약의 피와 그의 피를 대조하면서 "아벨의 피보다 더 낫게"(히 12:24)라고 하였다. 즉 복수를 해달라고 땅에서 소리치는 피보다 낫다는 것이다(참조 창 4:10).[27] 히브리서 저자는, 믿음 있는 자들의 목록에서 아벨을 첫째로 포함시키면서 다음과 같이 기록한다.[28]

> 믿음으로 아벨은 가인보다 더 나은 제사를 하나님께 드림으로 의로운 자라 하시는 증거를

---

[25] J. L. Kugel, "Cain and Abel in Fact and Fable: Genesis 4:1~16," *Hebrew Bible or Old Testament?*, ed. R. Brooks and J. J. Collins (Notre Dame: University of Notre Dame, 1990), p. 175.

[26] *Gen. Rab.* 22:3.

[27] K. G. Kuhn, "Abel-Kain," *TDOT* 1.6-8.

[28] "polys," *BAGD* 689를 보라.

얻었으니 하나님이 그 예물에 대하여 증언하심이라 그가 죽었으나 그 믿음으로써 지금도 말하느니라(히 11:4).

요한일서의 저자는 3:12에서, "가인 같이 하지 말라. 그는 악한 자에게 속하여 그 아우를 죽였으니 어떤 이유로 죽였느냐? 자기의 행위는 악하고 그의 아우의 행위는 의로움이라"라고 경고한다. 유다서 역시 가인을 악한 사람으로 간주한다(유 11~12).

III. 초기 기독교 저술가들

초기 기독교 저술가들은, 아벨의 제물의 해석에 대한 것보다는 그가 살해된 데에 더 관심을 가졌다. 로마의 클레멘트(Clement of Rome)는 질투에 관한 훈계를 제시하면서, 가인과 아벨에 관한 상황에서 아벨이 양의 첫 새끼와 기름을 바친 것에 주목한다. 저자 클레멘트는 헬라어 텍스트를 따라서, 하나님께서는 아벨과 그의 예물들(dōrois)을 "관찰하신다." 하지만, 가인과 그의 "제물들"(thusiai)은 존중하시지 않으시는 것(ou proseschen)으로 취급했다.[29] 저스틴(Justin)은 주장하기를, 만일 할례가 필요했다면, 하나님께서는 할례를 받지 않았을 때의 아벨과 그가 바친 예물들을 기뻐 받지 않으셨을 것이라고 했다.[30]

이레네우스(Irenaeus)는 아벨의 제물이 존중되었는데, 아벨은 한결같은 마음과 의로 드렸으나, 가인은 질투와 악의로 마음이 분열되었기 때문이라고 본다.[31] 하나님께서는 가인의 숨은 생각들을 책망하실 때에, 다음과 같이 말씀하셨다고 한다. "비록 네가 옳게 드린다고 하자, 그럼에도 불구하고 만일 네가 옳게 쪼개지 아니한다면, 네가 죄를 지은 것이 아니냐? 잠잠하라"[창 4:7의 칠십인 역]. 이레네우스는 더 나아가서, 바리새인들처럼 질투심을 지녔던 가인이 드린 위선적 제물에 대한 설교를 한다. 비록 하나님께서 잠잠하라고 충고하셨는데도, 가인은 "그의 동생이 받을 권리가 있는 몫에 대한 공정한 분배를 하지 않고, 질투와 악의로 동생을

---

[29] *1 Clem.* 4:1-2.
[30] J. Martyr, *Dialogue with Trypho,* 19.3.
[31] Irenaeus, *Adv. Haer.* 4.18.3 (ANF 1.485).

좌지우지할 수 있을 것으로 생각하여, 묵종하지 않을 뿐만 아니라 죄에 죄를 더함으로 그의 행동에 의해 그의 마음 상태를 나타냈기 때문이다.”[32] 살해당한 의인 아벨은 주님의 예표라고 한다.[33]

발렌틴(Valentine) 그노시스 주의자들은 이 창세기의 이야기를 풍유화하여, 그 인물들이 인간성의 특성들을 나타내는 것으로 만들었다. 구원을 거부당한 물질적 본성은 가인에게 돌리고, 다른 희망들 사이에서 동요하는 동물적 본성은 아벨에게 돌리고, 확실한 구원이 예정된 본성은 셋의 것으로 돌린다. 아카모트(Achamoth)는 우월한 존재들에게 은혜로 허락된 이 영적 본성을 선한 영혼들에게 비를 내리는 것에 비유해 고취한다.[34] 제물은 거론되지 않고 있다.

『요한의 외경』(*Apocryphon of John*)에서, 아벨은 첫 아르콘(Archon)에 의해 창조된 일곱 번째 영겁(aeon)이다.[35] 이 첫 아르콘은 (하와가 그에게 낳아 준) 아들들 가운데 하나를 Yave라고 작명했는데, 그가 불과 바람을 다스린다고 한다. 이 의인은 아벨이라고 불린다.[36] 『아르콘들의 실체』(*Hypostasis of Archons*)에는 아벨이 그의 양들 가운데에서 제물을 드리고, 하나님께서는 아벨의 봉헌 제물들을 관찰하시는 것으로 되어 있다.[37]

터툴리안(Tertullian)에게 있어서는, 성급함이 가인 문제의 근원이 되어, 그로 하여금 동생을 죽이게 만들었다는 것이다. 하나님께서 그의 제물을 받기를 거절하신 것에 의해 자극을 받아 가인은 격분했다고 한다.[38] 터툴리안은, 아벨이 할례를 받지 않았고 안식일도 지키지 않았을 때에, 그의 제물을 “천진난만한 마음으로 바쳤다”고 확언한다. 바치는 것을 옳게 쪼개지 않은 가인은 거절당했다.[39] 터툴리안은, 처음부터 영과 제사들이 예시되었다고 주장하면서, 가인의 제물은 유대 백성의 제물들의 묘사로, 아벨의 제물들은 기독신자들을 뜻하는 “우리 백성의” 것들로

---

[32] Ibid. 3.23.4 (ANF 1.456).

[33] Ibid. 4.34.4 (ANF 1.512); *Demonstration,* 17.

[34] Tertullian, *Against the Valentinians* 29.2 (ANF 3.517).

[35] *Ap. John* 2.110, 36 (*The Nag Hammadi Library in English,* ed. J. M. Robinson (San Francisco: Harper, 1981], p. 104); *Gos. Eg.* 3.2.58 [17] (*Nag Hammadi* 201).

[36] *Ap. John* 2.1.24-25 (*Nag Hammadi* 112).

[37] *Hyp. Arch.* 2.4.91 (*Nag Hammadi* 156).

[38] Tertullian, *On Patience,* 5 (ANF 3.710).

[39] Tertullian, *An Answer to the Jews,* 2.2 (ANF 3. 153).

간주한다.[40]

데오도시온(Theodotion)의 헬라어 번역에 의하면, 하늘에서 불이 내려와 아벨의 제물을 태웠으나, 가인의 것은 그렇지 않았다고 한다.[41] 히브리 단어들에 대한 혼동에 근거한 이 견해는, 제롬(Jerome)과 가자의 프로코피우스(Procopius of Gaza)에게도 알려져 있었다.[42] 그 출처가 무엇이든지 간에, 그것은 중세 주석서들의 덕분으로 매우 영향력이 있었다.

주후 3세기 『사도의 교훈』(*Didascalia Apostolorum*)에는 이상한 왜곡에 의해, 출애굽기 20:15와 신명기 27:5의 묘사로부터 제단의 금지를 추론해냈고, 그래서 가인과 아벨은 제사 드리라는 명령을 받지 않았으나, 그들이 자발적으로 제물들을 바쳤다고 주장한다. 그들의 제물들이 아우를 살해하는 결과를 초래했다는 것이다.[43]

시리아 사람 에프라엠(Ephraem)은 빛이 아벨(세상의 구주)의 상징이었다고 단언했다. 에프라엠은 아벨 이야기의 예표적 의미에 관심이 있었다. 그래서 그는 제사를 드리는 자에서 제물로 바쳐진 어린 양 아벨로 옮겨가는데, 그에게 있어서 아벨은 어린 양으로서의 그리스도의 그림이다. 아벨의 죽음이 그리스도의 죽으심을 예표하는 것이다.[44]

카르타고의 키프리안(Cyprian of Carthage, 주후 200-250년)은 터툴리안을 따라서 가인을 성급함의 예로 취급한다. "그리고 가인은 그의 동생을 죽게 하기 위해, 그의 제사와 예물에 대해 성급해 했다."[45] 키프리안은 위협들과 공포들을 거론하면서 언급하기를, 이 세상에서 최초로 의로운 아벨을 살해한 것은 다른 사람이 아닌 형이었다고 한다.[46] 키프리안은, 가인과 아벨의 제사들에서 하나님은 그들의 예물들이 아닌 그들의 마음들을 감찰하셨다고 강조한다.

---

40 Ibid. (ANF 3.156).

41 F. Field, *Origenis Hexapla* (Oxford: Oxford University, 1875; reprinted, Hildesheim: Georg Olms, 1964), 1.17.

42 V. Aptowitzer, *Kain und Abel in der Agada, den Apokryphen, der hellenistischen, christlichen und muhammedanischen Literatur* (Wien und Leipzig: R. Loewit, 1922), p. 42.

43 R. H. Connolly, *Didascalia Apostolorum* (Oxford: Clarendon, 1929), p. 220.

44 T. Kronholm, *Motifs from Genesis 1~11 in the Genuine Hymns of Ephraem the Syrian* (Lund: Gleerup, 1978), pp. 135-49.

45 Cyprian, *Treatise 9*, "On the Advantage of Patience," 19 (ANF 5.489).

46 Cyprian, *Ep.* 54[59].2 (ANF 5.339).

그래서 마음이 받아들여질 수 있는 그 사람의 예물이 받아들여진 것이다. 하나님께 결백한 가운데 평화롭고 의롭게 제사 드리는 아벨은, 역시 다른 사람들이 그들의 예물을 제단에 드릴 때에도 하나님을 경외함으로, 순진한 마음으로, 의의 법으로, 일치된 평화로 드리도록 가르침을 주었다.[47]

평화(마 11:25)에 관한 설교에서, 키프리안은 다음과 같이 말했다.

이는 하나님께서 가인의 제물들은 존중하지 않으셨던 것이다. 왜냐하면 가인은 하나님과 평화로운 관계를 가질 수 없었기 때문인데, 그는 질투심이 강한 불화 때문에 그의 동생과 평화로운 관계를 유지하지 못했다.[48]

로마의 히폴리투스(Hippolytus of Rome)는 지적하기를, 페라타이 종파(the Peratae sect)는 그들의 풍유에서, 모세가 미디안 광야에서 파멸의 신들을 뱀들로 명명했다고 묘사한다. 그 파멸의 신들은 모세를 애굽에서 대적할 때에 마술사들이 지팡이를 가지고 뱀들이 되게 했다고 한다. 그 일반적 뱀은 가인에게 준 표인데, 가인의 제사는 이 세상의 신이 받지 않으셨다. 그러나 아벨의 피 있는 제사는 그가 인정하셨다. 이 세상의 통치자는 피의 제물을 기뻐하신다고 한다.[49]

올림푸스의 메토디우스(Methodius of Olympus, 주후 312년 사망) 역시 가인의 행동을 그의 질투의 탓으로 돌린다. "그러므로 나는 당신이 가인의 질투를 모방하지 않고, 모든 시기를 떨쳐버리고 나에게 경청하기를 감히 청한다"라고 그는 말한다.[50] 메토디우스는 아벨이 바친 제물의 본질은 다루지 않고 있다.

『도마의 행전』(the Acts of Thomas)에서는, 가인이 그의 동생을 죽이도록 불타게 하고 흥분시킨 것은 뱀이라고 한다.[51]

유세비우스(Eusebius)는 헬라 주장 즉 최초의 인간들은 동물 제물들을 드리지 않았고, 다만 채소들을 바쳤으며, 동물 제물들은 사악한 시대인 그 다음 단계에 이루어졌다는 주장을 부정했다. 유세비우스는 히브리 성경에 나타난 가인과 아벨의

---

[47] Cyprian, *Treatise 4,* "On the Lord's Prayer," 24 (ANF 5.425).
[48] Cyprian, *Treatise 1,* "On the Unity of the Church," 13 (ANF 5.62-63).
[49] Hippolytus, *The Refutation of All Heresies* 5.11 (ANF 5.62-63).
[50] Methodius of Olympus, *Concerning Free Will* (ANF 6.356).
[51] *Acts of Thomas,* 32.

이야기에서 이 세상의 초기에 동물 제물들을 바쳤음을 지적한다. 그 기록에서는, 동물을 제물로 바친 사람은 하나님에 의해, 땅의 소산을 바친 사람보다 더 잘 받아들여졌다(창세기의 텍스트는 가인의 제물이 만물들이었는지는 언급하지 않는다). 유세비우스는, 아벨이 바친 것과 같은 제물들은 그리스도께서 바친 제물로 종식되었다고 한다.[52] 유세비우스는 "아벨"이란 이름의 뜻이 "비탄"(penthos)이라고 제안하는데, 이것은 전에 필로(Philo)에 의해 제안된 어원[53]으로서, 아벨이 그의 부모에게 그러한 고통을 주는 원인이 되었기 때문이라고 한다. 유세비우스는 그 이름이 신적 통찰력에 의해 아벨이 태어날 때에 부모에 의해 주어졌다고 보았다.[54]

암브로스(Ambrose)는 가인과 아벨 이야기에 관한 설교집을 썼다.[55] 아벨의 제물은 거론할 것이 별로 없음을 가정하고, 암브로스는 가인의 제물에 집중했다. 그는 필로와 오리겐(Origen)의 영향을 받아, 성경의 3중적 의미를 취했다. 그러나 그는 설교자로서 도덕적, 풍유적 해석을 선호한다. 암브로스의 풍유적 방법은, 그로 하여금 교회를 위한 그의 설교들을 성경 이야기에서 끌어내기보다는 오히려 그 방법에 의존하도록 해주었다.

암브로스는, 아벨은 그가 받은 모든 것을 창조주에게 속한 것으로 돌렸으나, "손에 넣기"(getting)라는 뜻의 이름을 가진 가인은 자신을 위해 모든 것을 손에 넣었다. 이 두 사람은 사상의 두 학파를 상징하는데, 그 중의 한 사람만 하나님을 창조주로 인정하고 그 분의 이끄심에 복종한다.[56] 그러나 그것은 역시 하나님께 굳게 결합하는 교회와, 주님을 십자가에 못 박게 한 유대인들에 대한 상징이다.[57] 창세기 4:3에 먼저 아벨이 언급되었는데, 그것은 그가 미덕에 있어서 월등하기 때문이라고 한다. 땅을 개간하는 것은 목축업보다 명성이 저급하다고 한다.[58] 신비주의적 해석에 있어서, 아벨이 목자라는 사실은, 어리석은 자들이 기피하는바 덕 있는 원리들과 행실들이 하나님께 바치는 적절한 제물들임을 가르쳐준다고 한다.[59]

---

52 Eusebius, *Proof of the Gospel* 1.10[34d].
53 Philo, *De Migratione Abrahami,* 74[13].
54 Eusebius, *The Preparation of the Gospel,* 11.6.24[p. 518b] (GCS 43.2.17).
55 Ambrose, *De Cain et Abel* (CSEL 32/1.339-409; FC 42. 359-437).
56 Ibid., 1.3-4.
57 Ibid., 1.5.
58 Ibid., 1.11.

암브로스는 가인이 그의 제물을 바칠 때에 실수한 것으로 보는데, 이는 그 제물이 땅의 소산이고, 그것이 첫 열매들이 아닌 열등한 질에 속하고, 그것이 부분들로 쪼개지지 않았기 때문이라고 한다.[60] 신속한 헌신의 예들과 대조되는 것으로서, 암브로스는 가인이 제물을 바치는 데에 지체한 것을 나무란다. 그러한 지체함이 그의 태만과 외람됨의 표시라고 한다.[61] 초기의 저술가들은, "세월이 지난 후에"라는 표현이 역시 아벨이 제물을 바친 때를 묘사할 수도 있다는 것을 인식하지 못한 듯하다. 첫 열매들에 관한 언급이 빠진 것에 착안하여 암브로스는, 가인이 첫 열매들은 자신을 위해 쓰고 나머지를 하나님께 바쳤다고 가정한다.[62] 그는 첫 열매들을 영혼의 첫 열매들로 풍유화하는데, 그것들은 모든 선한 생각들과 행동들과 관련된 정서들이라고 한다. 아벨이 드린 첫 새끼들은 윤이 나고 기름진 것들로서, 후에 모세 율법에서 요구하는 것들과 일치한다는 것이다(참조, 출 13:11~13).[63] 그는 그 제물이 생명체들이었다는 데에 의미심장함을 발견한다. 생명이 있는 것이 우선으로 여겨졌고, 그것에 영이 부여되었다고 한다. 암브로스는, "기름"이 "최고품"의 개념을 시사하고, 여위고 수척한 것과 대조된다고 한다.[64]

창세기 4:7에 나타난 여호와의 말씀을 근거로, 암브로스는 다음과 같이 추론한다. "하나님께서는 바쳐진 예물들에 의해서가 아니고, 바치는 자의 마음에 의해 만족해하신다."[65] 가인의 슬퍼함이, 옳은 것이 무엇인지에 관해 자신이 의식하고 있었음을 증거해주며, 그의 실패의 표시이다. 가인은 그의 예물을 공정하고 바르게 쪼개지 않았다고 한다. 암브로스는, 하늘에 속한 것들이 땅에 속한 것들보다 우선해야 한다고 설교한다.[66]

암브로스는 가인과 아벨의 성격들을 대조시킨다. 공정하고, 순진하고, 충성스러운 아벨은 아직 젊은 나이에 죽었다. 불공정하고, 악하고, 불충성스러운 가인은

---

59 Ibid., 1.24.
60 Ibid., 1.25; 2.21.
61 Ibid., 1.40.
62 Ibid., 1.41.
63 Ibid., 2.42.
64 Ibid., 2.17.
65 Ibid., 2.18.
66 Ibid., 2.23.

하나님의 면전에서 쫓겨난 후, 죄책감으로 사는 벌로 고통당하며 나이 많은 고령에 이르기까지 살았다는 것이다.[67]

어거스틴(Augustine)은 인간을 두 그룹으로 분류한다. 즉 그들은 사람의 생각을 따라 사는 사람과 하나님의 뜻을 따라 사는 사람이다. 그는 그들을 신비화하여 두 도성이라고 부른다. "비탄"을 상징하는 아벨은 하나님의 도성에 속한다.[68] 어거스틴은 가정하기를, 의심의 여지없이 하나님께서 두 제물들을 구별하신 어떤 가시적 표시(그가 상세히 설명하지는 않는)가 있었다고 했다. 어거스틴은 그의 관심을 가인의 과실 쪽으로 기울이면서 말하기를, 가인은 올바른 생활을 하고 있지 않아서 그의 제물이 받아들여지기에 합당하지 못했다는 것이다.[69] 어거스틴은 양의 목자인 아벨이 그리스도를 예표한다고 말한다. 반면에 가인은 그리스도를 살해한 유대인들을 예표한다고 말한다. 가인은 지상 도성의 창건자이었다고 한다.[70]

시리아어로 된 『보물동굴의 책』(*Book of the Cave of Treasures*)은 가인이 그의 쌍둥이 여동생과 결혼하기를 원했다고 기록하고 있다(그것은 가인이 [아벨의 쌍둥이인] 다른 딸과 결혼하라고 제안한 아담의 계획에 위배되어서, 그의 소원은 아담에 의해 범죄로 비난을 받았다는 것이다). 그러나 그 논설에서는 두 아들이 아담에 의해, 과수의 열매들과 새끼 양을 가지고 보물동굴에 가서 제물들을 바치라는 지시를 받았다는 것이다. 가인이 가고 있을 때에 사탄이 가인의 마음속에 들어가 아벨을 죽이도록 설득했다고 한다. 그 여자 문제와 자신의 제물이 거절당한 것에 대해 아벨에게 품은 질투가 가인의 비난받을 행동을 유발했다는 것이다.[71]

『아담의 유언』(*Testament of Adam*)도 동일한 전설을 반영한다.[72] 『이삭의 유언』(*Testament of Isaac*)에서 이삭은 다음과 같이 기도한다.

> 우리 조상 아담과 아벨에게 공급해주신 하나님께서 …… 저와도 함께 해 주옵소서. 제가 드리는 제물을 받아주소서.[73]

---

[67] Ibid., 2.37.

[68] Augustine, *City of God,* 15.1,18.

[69] Ibid., 15.7.

[70] Ibid.,

[71] E. A. Wallis Budge, *The Book of the Cave of Treasures* (London: Religious Tract Society, 1927), pp. 69-70.

[72] *Testament of Adam* 3.5 (*The Old Testament Pseudepigrapha,* ed., J. H. Charlesworth [Garden City: Doubleday, 1983], 1.994).

IV. 유대인의 해석

탈굼 옹켈로스(*Targum Onkelos*)는 마소라 텍스트의 이야기에 중요한 첨가를 하지 않는다. 탈굼 요나단 위서(*Targum Pseudo-Jonathan*)는 가인이 "여호와께 드릴 초산물들의 의무인 아마(flax)를 가져온 것"으로 간주한다. 특별히 주목할 것은, 이 탈굼이 그 제물을 "처음 것들"이라고 부른 점이다. 이 두 탈굼이 가인이 바친 것을 "제물"이라고 부르는 반면, 탈굼 네오휘티 I(*Targum Neofiti I*)은 처음으로 가인이 바친 것을 "예물"이라고 부른다. 그러나 네오휘티와 탈굼 예루샬미(*Targum Yerushalmi*)를 포함한 모두가, 여호와께서 받으시거나 거절하시는 것에 대해 말할 때에 "봉헌물"(qorbān)이라고 부른다.[74] 탈굼 네오휘티는 실제 이야기에 두드러진 첨가를 하지 않으나, 그 다음에 들에서 가인과 아벨 사이에 가진 대화 전체를 언급하고 있는데, 거기에서 가인은 정의가 부패했다고 주장한다.[75] 아벨이 대답하기를, 사태들이 사람들의 선한 행실들에 일치하게 조치되었다고 주장하면서 이렇게 말한다. "나의 제물이 호의적으로 받아들여졌으나, 너의 제물이 그렇지 못한 것은 나의 행실들이 너의 행실들보다 낫기 때문이었다." 가인이 대답하기를, 심판은 없고 신적 심판자도 없다고 했다. 탈굼의 기자가 그 이야기에, 당시의 모티브들을 공급하고 있는 것이 자명하다.

결국 코란(Qur'ān)이, 아담의 아들들 중의 하나가 다른 아들을 죽였는데, 이는 그의 동생의 제물은 받아들여졌으나 자신의 제물은 그렇지 못했기 때문이었다고 전하는 것은, 유대인의 영향 하에서 되었을 가능성이 있다.[76]

『아담과 하와의 생애』(*Life of Adam and Eve*)에서는, 하와가 아벨의 운명에 대한 꿈을 꾼 것으로 되어 있다. 그 후에 아담과 하와는, 가인은 농부가 되고

---

[73] *Testament of Isaac* 4.37-38 (*Old Testament Pseudepigrapha* 1.908).

[74] G. Vermes, "The Targum Versions of Genesis IV 3~16," *ALUOS* (1961-62): 80-83.

[75] B. Chilton, "A Comparative Study of Synoptic Development: The Dispute Between Cain and Abel in the Palestinian Targums and the Beelzebul Controversy in the Gospels," *JBL* 101 (December 1982): 553-62; J. M. Bassler, "Cain and Abel in the Palestinian Targums," *JBL* 17 (June 1986): 56-64; S. Isenberg, "An Anti-Sadducee Polemic in the Palestinian Targum Tradition," *HTR* 65 (1970): 433-44를 보라.

[76] Sura 5:27-30.

아벨은 목자가 되게 하여 그들이 헤어져 살도록 했으나 그 일이 수포로 돌아갔다는 것이다.[77] 『열두 족장의 유언』(*Testaments of the Twelve Patriarchs*)에서, 잇사갈(Issachar)은 여호와께서 지금에 이르기까지 성도들에게 아벨이 바친 첫 열매들 때문에 축복하시는 것에 대해 언급한다.[78] 베냐민(Benjamin)은 가인을 책망하는데, 그의 모든 악한 행동들의 결과로 인한, 그의 동생 아벨의 일 때문에 그렇게 했다는 것이다.[79] 『이사야의 순교』(*Mart. Isa.*) 9:8,28에서는, 이사야가 칠층 천에 있는 "거룩한 아벨"을 본다. 그는 아담, 아벨 그리고 셋이 여호와를 예배하는 것을 본다. 마카비 4서(*Fourth Maacabees*) 18:11은 "가인에게 살해된 아벨"에 관해 말하고 있다. 지혜서(*the book of Wisdom*)에서는, 가인이 화를 내어 지혜로부터 떠난 "불의한 사람으로" 불린다.[80]

주후 150-300년 사이로 추정되는 유대인 회당의 기도문에서는, 여호와께 다음과 같이 아뢴다. "주께서는 의인들의 예물들을 그들의 세대에서 받으셨습니다. 특별히 주께서 아벨을 관찰하시고 그의 제물을 받으셨습니다."[81] 또 다른 기도는 이렇게 아뢴다. "그리고 주께서는 과연 경건한 사람인 아벨로부터는 호의적으로 제물을 받으셨지만, 동생의 살인범인 가인으로부터는 저주받은 사람의 것으로서 그 제물을 외면 하셨습니다."[82]

랍비식 주해는 가인이 농업을 매우 좋아하는 것을 나무란다. 그리고 주장하기를, 가인은 가장 저질인 소산을 바쳤는데, 마치 자신은 처음 익은 무화과 열매를 먹고 왕에게는 끝물 무화과 열매로 예우하는 사람과 같다는 것이다.[83] "그것들의 기름진 부분들"(이것은 원문 mēḥelebēhen의 직역이다)이라는 표현은 다른 의견들에 의해 논쟁의 대상이 되었다.[84] 아벨은 이 세상에 오십일밖에 있지 못했다고 한다.[85] 그는 가인보다 힘이 셌으나 가인에게 속아 죽음에 이르게 되었다고 한다.[86]

---

[77] *The Life of Adam and Eve* 23 (*Old Testament Pseudepigrapha* 2.266).

[78] *T. Issachar* 5:4.

[79] *T. Benjamin* 7:4.

[80] Wis, 10:3.

[81] "Hellenistic Synagogal Prayers" (*Old Testament Pseudepigrapha* 2.684).

[82] Ibid., 2.693.

[83] *Gen. Rab.* 22:5. 그 개념이 이전에는 Philo의 *Questions and Answers on Genesis* 1.60에 이렇게 나타난다. "그들 중의 하나가 만물의 열매는 자기를 위해 취하고 불경건하게 생각하기를, 하나님은 (다만) 2등급 열매들을 받으실 자격이 있다고 여겼다."

[84] b. *Zebaḥ* 116a.

가인은 욕심 많은 사람으로 여겨졌다. 그는 세상을 지배하기를 원했고, 그것이 그로 하여금 아벨을 죽이는 데까지 이르게 했다고 한다.[87]

피르케 랍비 엘리에제르(Pirqe Rabbi Eliezer)는 두 형제가 각자의 소산을 먹고 살았다고 한다. 유월절 절기의 저녁에 아담이 그들에게 창조주께 제물들을 바치라고 제안했다. 가인은 먹다 남은 볶은 곡식과 아마(亞麻)의 씨를 바쳤다. 아벨은 그의 양의 첫 새끼를 바쳤다. 그는 또한 털을 깍지 않은 숫양들의 기름진 부분들을 바쳤다고 한다. 이 사건이, 아마와 양털을 섞어서 옷을 짜지 말라는 금기로 발전되었다.[88]

라쉬(Rashi, 주후 12세기)는 아벨이 목자가 되고 땅 경작을 그만두었는데, 땅이 저주를 받았기 때문이었다고 생각한다. 라쉬는, 오직 동사 wayyišša'에 대해서만 논평하는데, 그 동사가 pānâ와 동일한 "그것이 바친 제물의 거절을 묘사한 부정적인 뜻으로 쓰일 경우에는 "……로부터 돌이켰다"(turn from)라는 뜻이라고 한다. 라쉬는 pānâ의 평행구절들을 출애굽기 5:9; 욥기 14:6에서 찾는다. 라쉬에게는, 불이 하늘에서 내려 아벨의 제물을 깨끗이 핥아버렸다는 것으로 이해된다.[89] 동일한 전설이 이븐 에즈라(Ibn Ezra)와 다양한 미드라쉼(midrashim)에 나타난다.[90] 나는 이 전승의 기원을 추적할 수가 없었으나, 그것은 이전에 데오도시온과 제롬에게 알려져 있었다. 압토윗저(Aptowitzer)는 추측하기를, 그 전승은 기독교와 이슬람 전설에서 하가다(haggadah)에 전해졌다고 한다. 그러나 그는 또한 데오도시온 이전에는 중간기 유대 자료들을 무시한 것이 유대인 전설이었을 것이라고 추측한다.[91] 그는 그것이 쎄페르 하야샤르(Sepher ha-Yashar) 혹은 아가다트 쉬르 하쉬림(Aggadat Shir ha-Shirim)에서 기인했다고 추측한다.[92]

나흐마니데스(Nachmanides)는 논평하기를, 가인과 아벨은 노아가 그러했던 것처럼 제사들과 곡물 제물의 비밀을 알고 있었다고 한다. 그는 또한 첫 번째

---

85 *Gen. Rab.* 22:4; *Exod. Rab.* 31:7.

86 *Num. Rab.* 22.

87 *Gen. Rab.* 22:4.

88 *Pirqe R. El.* 21.

89 J. H. Lowe, *"Rashi" on the Pentateuch: Genesis* (London: Hebrew Compendium, 1928), p. 81.

90 Aptowitzer, *Kain* 145 n. 181.

91 Ibid., 42-43.

92 Ibid., 43.

사람은 수소와 황소를 제물로 바쳤다고 생각한다. 그는 강조하기를, 이 사실들이
제사들에 대해 무의미한 말들을 하는 사람들을 침묵시킬 것이라고 했다.[93]

『세드락의 묵시록』(*Apocalypse of Sedrach*)은 주후 1,000년에 마무리 된 것인
데, 하나님의 사랑이 아벨 속에 임재했다고 주장한다.[94]

이런 과정에서, 가인과 아벨의 제사는 미술의 모티브가 되었다. 알레스(Arles)의
두 석관(石棺)에는 하나님 앞에 아벨이 그의 어린양을 바치고 가인은 그의 소산을
바치는 그림이 그려져 있다.[95] 다른 그림들은 호빙그(Hovingh)[96]에 의해 목록이 제시되
었고, 유대백과사전(*Encyclopaedia Judaica*)의 "가인"이라는 논제에 명시되었다.

V. 중세

아르메니아의 『아담 전설 전집』(*Armenian Adam Cycle*)은 약 7-14세기 사이에
속한 것인데, 아담이 그의 아들들에게 제안하기를, 하나님을 위해 그들이 수고한
것들의 일부를 구별하라고 했다는 것이다. 아벨은 1,001개의 작은 반점들이 있는
어린양을 바치며 다음과 같이 기도 드렸다고 한다. "모든 좋은 것들의 창조주
여호와 하나님이시여, 주께서 우리에게 공급해 주신 잘 창조된 선물들의 일부로서
제가 드리는 이 제물을 받으시기를 기도드립니다. 주께서 공급해 주신 좋은 것들에
서 주께 기쁨으로 드리기 위해 바칩니다(11절)." 즉시 은은한 산들바람이 불고,
하늘로부터 빛이 비쳐 아벨의 얼굴을 조명했다. 그리고 하늘에서 음성이 들렸다.
"너의 기도를 들었고, 너의 제물은 받아들여졌다." 빛나는 광채가 아벨에게 보호가
되어 주었고, 아벨이 바친 어린양은 하늘로 취해졌다고 한다.[97]

랑톤(Langton)은 진술하기를, 삭개오, 과부, 가인 그리고 아벨의 경우에서처럼,
하나님의 보상은 바친 액수에 근거하지 않고, 본래의 소유에서 바친 액수에 근거한

---

[93] J. Newman, *The Commentary of Nachmanides on Genesis Chapters 1 ~6* (Leiden: Brill, 1960),
p. 81.

[94] *Apocalypse of Sedrach* 1.18 (*Old Testament Apoclypha* 1,609).

[95] F. Cabrol and H. Leclercq, *Dictionnaire D'Archéologie Chrétienne et de Liturgie* (Paris: Letouzey
et Ané, 1907) 1. 61-62.

[96] P. F. Hovingh, "La Fumée du sacrifice de Caïn et d'Abel et *L'Alethia* de Claudius Marius Victorius,"
VC 10 (1956): 43-48.

[97] W. Lipscomb, *The Armenian Apocryphal Adam Literature* (Atlanta: Scholars, 1990), pp. 158-61.

다고 했다.[98]

VI. 종교 개혁시대

루터(Luther)는 오직 믿음으로 구원받는다는 그의 주장의 예증으로서 가인과 아벨 이야기를 주해했다. 하나님은 일의 양이나 그것의 질 혹은 가치는 중히 여기지 않으시고, 오직 개인의 신앙을 중히 여기셨다. 하나님은 자신이 명령하신 일들에 있어서까지, 그것들이 믿음으로 행해지지 않으면 관심을 갖지 않으신다는 것이다.

마소라 텍스트의 '민하'(minhâ, 비록 이것이 창세기 여기에 처음 언급되었으나)는 제사가 세상의 시초부터 존재했음을 루터에게 암시해 준다. 제사는 은혜의 표로서, 인류는 여전히 하나님의 관심사임을 의미한다. 루터는 농부로서의 가인의 위치가 주인의 자리에 있는 것으로 보았으나, 양을 치는 아벨의 위치는 종의 자리로 보았다. 자신이 장자라고 하여 교만한 가인은 그의 아버지의 교훈을 업신여기고, 하나님은 가인 자신의 명성 때문에 그의 행동에 찬성하실 것으로 추측했다는 것이다. 아벨은 그의 이름이 의미하는 바와 같이 아무것도 아니어서, 약속을 믿는 믿음으로 그의 제물을 바쳤다고 한다(참조, 히 11:4).

루터는 가인이 쭉정이만을 바쳤다는 리라(Lyra)의 제안을 거부한다. 과오는 바친 물질에 있는 것이 아니고, 제물을 드리는 사람의 인격에 있다는 것이다. 신앙은 아벨의 제물에 가치를 더해주었다. 가인은 그의 동생을 하찮고 가치 없는 존재로 무시하는 동시에 자신의 장자권을 신뢰하고 있었다는 것이다.

텍스트가 하나님께서 아벨의 제물에 어떻게 호의를 나타내셨는지를 진술하지 않는다는 것을 인정하지만, 루터는 하늘에서 불이 내려 그 제물을 삼킴으로 그렇게 했다고 추측한다. 하나님은 아벨의 마음을 감찰하셨다고 한다. 어거스틴이 그러했던 것처럼(*City of God*, 15.1), 루터는, 아벨은 하나님의 도성의 시초이지만 가인은 세상 도성의 시초로 취급한다. 가인은 교황과 교회의 아버지가 되기를 원했다고 한다.

창세기 4:4의 표현방식에서, 루터는 하나님께서 받아들일 수 있는 것은 사람이

---

[98] S. Langton, "On Will and Deed" (LCC 10.358).

지, 사람의 행위가 아니라는 것을 발견한다. 만일 사람들이 선하면, 그들의 행위는 여호와를 기쁘시게 해드린다. 만일 그렇지 못하면, 그들의 행위는 여호와를 불쾌하게 해드리는 것이다. 하나님은 아벨을 중히 여기셨으나, 가인은 중히 여기지 않으셨기 때문에 그의 제물을 중히 여기지 않으셨다. 행위가 하나님을 기쁘시게 해드리는 것은 그 사람 때문이고, 사람이 그 행위 때문에 하나님을 기쁘시게 해드리는 것은 아니다. 루터는 그의 입장이 히브리서 11:4와 조화를 이룬다는 것을 발견했다. 가인이 믿음을 소유했었다면 하나님을 불쾌하게 해드리지 않았을 것이라고 한다.[99]

칼빈(Calvin)은 추론하기를, 아벨이 믿음으로 제물을 바친 것(히 11:4)은, 제사에 관한 하나님의 사전 지시를 암시하며, 동시에 언제나 그러하듯, 순종이 제사보다 낫다는 것(참조, 삼상 15:22)을 암시한다고 했다. 비록 하나님께서는 단지 육체적 외형적인 예배는 기뻐하지 않으시지만, 그럼에도 불구하고 이러한 제사들을 받음직한 것으로 간주해 주신다. 하나님은 생명의 나무를 거두어 가실 그 때에, 다른 방법에 의해 자신이 사람들을 위한 화목제물을 준비하신다고 선포하시는 것이다.

칼빈은, minhâ라는 단어가 사용되었으나 제사에 관한 명령이 시초부터 내렸다는 자신의 생각에 아무런 장애를 거기에서 발견하지 못한다고 한다. 제사에서는 모두가 자신들이 하나님의 소유물이고, 그들이 가진 모든 것이 하나님으로부터 받은 것이라고 고백한다. 또한 제사에 관한 하나님의 명령은 그들 모두가 하나님과 화목할 필요가 있음을 훈계한다. 사람들이 가축을 제물로 바칠 때에, 그들은 그들의 눈앞에 죽음을 직면하게 되는 한편 하나님께서는 화목제물을 준비하신다는 것을 상기하게 된다고 칼빈은 생각한다.

본문(창4:4)은 하나님께서 아벨을 중히 여기셨다고 언급하는데, 그것은 행동하는 자가 하나님께 인정받아서 받아들여지지 않은 경우에는, 하나님이 그 어떤 행위도 호의를 가지고 보시지 않으실 것임을 나타낸다. 하나님은 마음을 감찰하신다(참조, 삼상 16:7). 그는 악인의 제사들을 싫어하신다. 믿음 없이 하는 모든 행위는 오직 여호와께 거슬리는 죄일 뿐이다. 믿음은 하나님의 은혜로운 선물이라고 한다.

---

[99] M. Luther, "Lectures on Genesis," *Luther's Works,* ed., J. Pelikan; St. Louis: Concordia, 1958), 1.246-59.

칼빈은 가인이 위선자로서 행동하면서, 자신을 하나님께 바칠 의도는 전혀 없이 외적 제사들에 의해 하나님을 달래기를 바랐다고 본다. 하나님께서는 그 위선을 간파하시고, 가인의 행위를 멸시하사 받지 않으셨다. 가인이 거절당한 것은, 흠 있는 소산들을 바쳤기 때문이 아니라 마음이 불순하기 때문이었다. 아벨의 제물들은 믿음의 좋은 향기로 충만하기에, 좋은 냄새를 풍기는 향기를 지녔다. 따라서 칼빈은 제물들의 차이를 무엇이 바쳐졌는가에서 찾는 것이 아니라, 바치는 자의 마음 상태에서 찾는다.[100]

VII. 현대

아벨의 제물이 후기 모세 율법의 요구와 완전히 조화를 이루는 탓으로 가축과 그 기름을 바치는 제물은 고대 주석자들로부터 거의 논평을 이끌어내지 못했다. 그들의 관심을 이끌었던 것은 첫 열매들이었다. 여호와께서 두 참여자들의 성격에 근거해서 취사 선택하셨다는 것을 그 이유로 설명하지 않은 사람들은, 가인의 제물이 첫 열매들이 아니었다는 언급이 결여된 것을 근거로 하여 그렇게 추론했던 것이다.

클라크(Clark)는 켄니코트(Kennicott)의 견해를 선호한다. 그것은 "자기도 …… 드렸다"(hēbî' gam hû')라는 표현에 근거하여, 아벨이 그의 밭에서 거둔 minhâ에 제물을 추가하여 드렸다는 것이다. 클라크는 히브리서 11:4의 pleiova(πλ ειova)를 "더 뛰어난"(KJV)보다는 오히려 "더" 혹은 "더 많은"(greater)을 의미한다고 이해한다. 그는 또한 복수 dōrois(히 11:4)에 의해 확인된 복합적 제물들을 바쳤다는 견해를 발견한다. 그는 그 제물을 하나님의 어린양의 제물에 관한 전형으로 본다. 아벨은 그의 제물에 의해 자신이 죄인임을 인정했다는 것이다.[101]

카일과 델리취(Keil and Delitzsch)는 그 제물들이 명령에 의해서보다는 형제들의 본성의 자유로운 동기에서 드려졌다는 것을 발견했다. 제물들의 차이는 하나님

---

[100] J. Calvin, *Commentaries on the First Book of Moses* (1847; reprinted, Grand Rapids: Eerdmans, n. d.), pp. 193-96.

[101] A. Clark, *The Holy Bible Containing the Old and New Testaments: A Commentary and Critical Notes* (NY: Abingdon-Cokesbury, n.d.), 1.58-59.

을 향한 그들의 마음 상태에 있었다는 것이다. 카일과 델리취는 피 없는 제사와 피 있는 제사를 비교하는 의견을 거부한다. 그들은 첫 열매들을 바치는 것과 그 반대로 열매의 단지 한 부분을 바치는 것 사이를 구분하는 견해를 선호한다.[102]

딜만(Dillmann)은, 저자가 아벨이 "고대 제사들에서 흔히 나타나는 것과 같은 모종의 외적 징조들 중의 하나에 의해" 선택되었다는 것을 가인이 알고 있다고 생각하기 때문에 저자가 그것을 서술할 필요를 느끼지 않았다고 한다. 딜만은 다른 모든 제안들을 거부하면서, 두 사람의 전제된 성향에서 그들의 차이를 발견하는데, 그는 히브리서 11:4에 호소한다.[103]

20세기에는, 데오도시온(Theodotion 그리고 그의 추종자들)의 제안을 순전히 전설이라고 간단히 처리해 버린다. 그 제안은, 하늘에서 불이 내려와 제물을 태움에 의해, 연기가 올라감에 의해, 가축들이 증가되는 다산과 감소되는 땅의 소출에 의해,[104] 혹은 제물을 바친 자의 행복에 의해 아벨은 자신의 제물이 받아들여졌다는 것(참조, 삿 6:21; 왕상 18:28; 대하 7:11)을 알았다는 것이다. 그러나 폰 라드(Von Rad)의 추측- "고대 근동 전체가 제물이 받아들여지거나 거부되는 것을, 희생된 제물을 검사함으로써 알게 되기 때문에, 여기에서도 그런 어떤 방법을 가정해야 된다" -은 더 큰 설득력을 갖지 못한다.[105]

호빙그(Hovingh)와 샤이버(A. Scheiber)는 주장하기를, 아벨의 제사가 받아들여진 표시로서 연기가 하늘로 올라갔다는 모티브는, 다만 12세기 문학과 미술로 소급해야만 가능하다고 했다.[106]

이렇게 광범위한 토론은, 두 제물간의 차이에 관한 복잡함에 전혀 새로운 공헌을 하지 못했다. 그러나 합의를 본 점은, 일부가 생략된 그 이야기의 성격이 질문에 대한 답을 위한 자료를 제공해 주지 못한다는 것이니, 가인에게 준 표의 본질(창 4:15)을 설명해 주지 못한다는 것과 다를 바 없다. 제안된 답은, 주석가가 그 이야기

---

[102] C. F. Keil and F. Delitzsch, *Biblical Commentary on the Old Testament* (reprinted, Grand Rapids: Eerdmans, 1951), 1.110.

[103] A. Dillmann, *Genesis Critically and Exegetically Expounded* (Edinburgh: T. and T. Clark, 1897), 1.184-85.

[104] S. H. Hooke, *The Siege Perilous* (London: SCM, 1956), p. 68.

[105] G. von Rad, *Genesis,* OTL (London: SCM, 1961), p. 101.

[106] P. F. Hovingh, "La Fumée" 44-48; A. Scheiber, "A Remark on the Legend of the Sacrificial Smoke of Cain and Abel," *VC* 10 (1956): 194-95.

에 어떤 취지를 끌어들이는가에 달렸다고 한다. 제안들은 수많은 방법으로 상대방을 서로 거부하면서 계속 이어진다.

베스터만(Westermann), 브리그만(Brueggemann), 그리고 후프몬(Huffmon)은, 하나님의 방법이 변덕스럽거나 설명할 수 없다고 본다.[107] 본문의 이야기는 어떤 불변성을 말하고 있다. 그것은 하나님에 의해 그러하도록 운명지어졌기에 설명되지 않은 채 그대로 두어야 한다는 것이다.[108]

그 기록이 농부들보다는 목자들을 선호한 사람들을 통해 내려온 것이라고 주장하는 또 다른 경향이 있는데,[109] 그 입장은 이전의 기록이 아담의 직업으로 가정된 것으로서 농업을 제시하고 있기 때문에 지탱하기가 힘들다. 대개의 경우는, 두 직업들이 공히 존재했음을 발견할 수 있을 것이다.

어떤 이들은 가정하기를, 하나님께서는 이미 아벨이 가인보다 더 나은 태도를 지닌 것을 아시고 계셨는데(참조, 잠 21:27), 가인의 제사를 거절한 것은 다만 그 사실을 더 밝히 드러낸 것뿐이었다고 한다.[110] 이 경우에 있어서는, 제사보다 올바른 정신을 강조하는 구약의 성구가 영향을 끼쳤다(삼상 15:22; 시 50:8~15; 사 1:11~17). 카쑤토(Cassuto)가 그 대표적 인물이라고 할 수 있다.

> 아벨은 그의 소유에서 가장 좋은 것을 고르는 데 관심을 갖고 있었지만, 가인은 무관심했다. 환언하면, 아벨은 그의 종교적 의무를 이상적으로 완수하려고 진력했지만, 가인은 다만 그의 의무를 수행하는 것으로 만족했다.[111]

---

[107] C. Westermann, *Genesis 1~11: A Commentary* (Minneapolis: Augsburg, 1984) 1.296; W. Brueggemann, *Genesis* (Atlanta: John Knox, 1982), p. 56; H. B. Huffmon, "Cain, The Arrogant Sufferer," *Biblical and Related Studies Presented to Samuel Iwry,* ed., A. Kort and S. Morshauser (Winona Lake: Eisenbrauns, 1985), pp. 109-13.

[108] C. Westermann, ibid., 1.297.

[109] E. W. Altvater, "Cain and Abel: Gen. 4:3~8," *BW* 32 (October 1908): 277-280; H. Gunkel, *Genesis (*Göttingen: Vandenhoeck and Ruprecht, 1910; reprinted, 1964), p. 43; Pedersen, *Israel,* p. 665.

[110] H. E. Ryle, *The Book of Genesis* (Cambridge: Cambridge University, 1914), p. 71; R. F. Youngblood, *The Book of Genesis* (Grand Rapids: Baker, 1991), p. 61; N. M. Sarna, *Understanding Genesis* (NY: Jewish Theological Seminary of America, 1966), p. 29. 싸르나는 결론을 내리기를, 아벨은 가인이 갖지 못한 마음과 생각의 질을 드러냈다: "아벨의 예배 행위는 열린 마음, 집중된 헌신이 뒷받침하는 내적 체험이었다. 가인의 숭고한 목적은 하나님과의 영적 도관을 막는 자아의 강요, 결함에 의해 더럽혀졌다."

[111] U. Cassuto, *A Commentary on the Book of Genesis* (Jerusalem: Magnes, 1961) 1.205.

"우리의 본문은, 제사들이 받아들여지려면, 정신이 그것들을 고무해야만 가능하다는 견해를 반영한다."112 신약 독자들은, 아벨은 믿음으로 바쳤고(히 11:4), 가인의 행동은 악했던 반면 아벨은 의로웠다(요일 3:12)고 선언한 바에 의해서 한층 더 그러한 암시를 발견한다.

월키(B. Waltke)는 가인의 예물이 거절당한 것이, 가인의 흠 있는 성격 때문이었는데, 그것이 그로 하여금 다만 이름뿐인 예물을 바치도록 이끌었음을 발견한다.113 헥크(J. D. Heck)는 가인의 문제가 태도의 문제라고 강조한다.114

어떤 이들은 본문의 침묵에 근거한 옛 제안 즉 아벨은 가인이 바친 것보다 더 나은 질의 제물을 첫 새끼 가운데에서 바쳤다는 제안을 계속한다.115 그러나 만일 우리가 본문의 침묵을 크게 이용하려 한다면, 오직 가인의 제물과 연관하여 "여호와께 드렸다"라고 언급한 것을 관찰할 만하다. 비록 그런 표현이 아벨의 제물에 대해서는 구체적으로 서술되지 않았다는 것이 확실히 이해되어야 하지만 말이다. 골딘(Goldin)은 가인의 제물에서 열등한 질을 찾아내려는 노력에 반대한다.116 그러나 하밀톤(Hamilton)은 "그것들의 가장 살진 부분들"이라는 표현이, 아벨의 제물이 가인의 것과 대조적으로 가장 뛰어난 질의 것으로 바쳐진 것임을 암시할 수 있다고 제안한다.117

하지만 또 다시, 여호와께서는 고기 요리의 냄새를 채소 요리의 냄새보다 선호하셨다고 제안되기도 했다.118

한편, 위에서 주장된 모든 견해들이, 아벨의 제물이 피 제사이었기 때문에

---

112 Ibid., 1.207.

113 B. K. Waltke, "Cain and His Offering," *WTJ* 48 (Fall 1986): 363-72.

114 J. D. Heck, "Was Cain's Offering Rejected by God Because It Was Not a Blood Sacrifice? No," *The Genesis Debate,* ed., R. F. Youngblood (Grand Rapids: Baker, 1990), pp. 130-47.

115 E. A. Speiser, *Genesis,* AB (Garden City: Doubleday, 1964), p. 30: "현저한 대조는 …… 아벨이 바친 아낌없는 제물과 가인의 최소한의 기부 사이에 있다." 라일(Ryle, *Genesis,* p. 70)과 스키너(Skinner)가, 가인의 제물이 첫 열매들이 아니었다고 성경의 침묵으로부터 추론하려는 의지에 있어서는 고대 랍비들보다 덜 하다.

116 J. Goldin, "The Youngest Son, or Where Does Genesis 38 Belong," *JBL* 96 (March 1977): 33.

117 V. P. Hamilton, *The Book of Genesis 1 ~17* (NICOT; Grand Rapdis: Eerdmans, 1990), p. 223.

118 S. Levin, "The More Savory Offering: A Key to the Problem of Gen 4:3~5," *JBL* 98 (March 1979): 85.

받아들여졌다는 주장을 거부하는가 하면, 다른 한편으로, 다른 이들은 그 제물이 바로 그러한 이유 때문에 받아들여졌다는 견해를 격렬하게 옹호한다.[119] 그 주창자들은 "피 흘림이 없은즉 사함이 없느니라"(히 9:22)라는 말씀을 특별히 언급한다. 그러나 그 사례는, 이 기록에서 형제들이 그 이전에 죄를 범했다는 암시가 없다는 사실을 고려하여야 할 것이다. 그 사례는 신약(히 11:4)이, 바친 것에 대한 히브리 단어 minhâ를 번역하면서 칠십인 역을 따라 thusia를 사용했다는 사실에 달려 있다. thusia가 아니었더라면, 그 사례는 이루어지지 않았을 것 같다. 하지만 잊어서는 안 될 것은, 헬라어 창세기에서는 thusia가 아벨의 제물이 아닌 가인의 제물을 가리킨다는 사실이다.

<h2 style="text-align:center">결론</h2>

우리가 따라온 꾸불꾸불한 오솔길은, 성경 저자가 제공하지 않은 추측된 자료에 의해 공급된 것에 대한 무익함을 예증해 준다. 그러나 또한 그것이 번역 주해에 얼마나 큰 영향을 끼치는가를 어느 정도 보여 준다. 칠십인 역이 가인의 제물에 대해 thusia를 사용하지 않았더라면, 그리고 그의 행위에 대해 ορτηōσ δε μē διελēσ ("옳게 쪼개지 않았다," 창 4:7)를 사용하지 않았더라면, 해석사는 퍽 달랐을 수도 있었을 것이다.(*)

---

[119] H. H. Hobbs, "Was Cain's Offering Rejected by God Because It Was Not a Blood Sacrifice? Yes," *Genesis Debate,* pp. 130-44.

3

하나님과 동행한 인물 에녹

티모시 제이 콜
(Timothy J. Cole)

아담에서 시작하여 일곱 번째 나오는 인물인 에녹에 관한 이야기는, 창세기의 셋째 부분에 나오는데,[1] 창세기의 주요 구조를 구분 짓는 낱말로서 흔히 "……의 계보가 이러하니라"로 번역된, '톨레도트'(tōlᵉdôt)라는 낱말로 시작한다. 그러나 와우드스트라(Woudstra)가 논증한 바와 같이[2] '톨레도트'로 시작하는 구조는, 언급된 선조에서 시작된 역사의 발전을 알려주는 것이므로 "이것은 (인명)……가 어떻게 되었다" 혹은 "이것은 (인명)~의 계보에 일어난 일이다"를 의미하는 것으로 이해해야 한다. 따라서 창세기 5:1은 "이것은 아담의 계보가 어떻게 되었는지에 관한 책이다"라고 이해해야 한다.

과연 아담의 계보에 어떤 일이 일어났는가? 인류에게는 어떤 일이 벌어졌는가? 죽음에 관한 약속(2:16,17)은 실현되었는가? 저주(3:19)에 관해서는 어떤 일이 발생했는가? 인간은 그의 반역 때문에 결국 죽게 되는가? 창세기 5:1 이전에는 아무도 죽지 않았다. (비록 아벨이 그의 형에게 살해되고 라멕은 자신이 상처를 입었다고 사람을 죽였고 부상을 당했다고 소년을 죽였지만 말이다. 4:23).

창세기 5장의 주제는 생의 종말이다. 그래서 클라인즈(Clines)는 이렇게 진술한다.

> 창세기 5장을 읽는 사람은 누구나 …… '그리고 그가 죽었더라'라고 되풀이되는 어구에 깊은 인상을 받을 수밖에 없는데, 이와 같은 어구로써 홍수 이전에 살았던 인물들 개개인의 삶이 끝났음을 대담하게 강조하고 있다. 이렇게 규칙적인 형식으로 종말을 알리는 통보는 그 전체가 죽음을 향하여 움직여 나아간다."[3]

---

[1] 첫 부분은 1:1~2:3이고 둘째 부분은 2:4~4:26이다.

[2] M. H. Woudstra, "The Toledot of the Book of Genesis and Their Redemptive-Historical Significance," *CTJ* 5 (1970): 185.

환언하면 아담의 족보에 어떤 일이 벌어졌는가? 혹은 인류에게 어떤 일이 벌어졌는가?에 대한 대답은, 그들 모두가 죽었다는 것이다. 그러면 죽음에 관한 하나님의 약속("네가 먹는 날에는 정녕 죽으리라," 2:17)이 실현되었는가? 그렇다. 아담의 계열이 연달아 죽었다. 저주에 관해서는 어떤 일이 벌어졌는가? "그 대답은, 인간의 성취(4장에 나타난 성취)에도 불구하고 아담의 때로부터 시작하여 여러 세대에 걸쳐 죽음의 저주가 왕으로 군림하였다는 것이다."4

그렇다면 하나님과 동행한 에녹의 이야기는 죽음이 통치하는 한복판에 위치한 것이다. 이 죽음이라는 주제는, 창세기 1～11장 전체에 걸쳐서 저자가 말하려는 주제- 죄의 확산과 은혜의 확산 -와 잘 어울린다.5 "이처럼 창세기 5장은 과도기 같은 것을 묘사하는데 이 기간에는 죄로 야기된 죽음으로 인하여, 원래의 인간 본성의 강력한 물리적 저항도 서서히 부수어져 가고 있을 뿐이다."6 환언하면 인간의 발전, 문명과 번영에도 불구하고, 인간의 열망에도 불구하고 인간은 죽었다.7 그래서 하나님과 동행한 에녹 이야기의 배경은, 죽음으로 끝나버리는, 죄의 확산이다.

이야기체의 두 가지 주요 구성요소는 등장인물과 사건이다.8 사건이란 플롯(plot)을 이루고 등장인물은 그 플롯을 전개하는 배우이다. 창세기 5장의 플롯, 곧 "그리고 그가 죽었더라"(여러 차례 반복됨)라는 단조로운 반복 어구와 아담의 족보(열 명)를 구성한 등장인물이 나오는, 이 플롯은 "에녹이 하나님과 동행하였다"라는 주목할 만한 문장을 받쳐주는 뛰어난 배경막이다. 조종(弔鐘)이 잇따라 애도의 저음을 울리는 이러한 플롯에서는 소망의 빛이 끊길 듯 끊길 듯 하며 이어지는데 이것도 죄-의-확산(spread-of-sin)과 은혜-의-확산(spread-of-grace)이라는 주제 때문이라는 또 하나의 실례이다. 이 플롯은 다음과

---

3 D. J. A. Clines, *The Theme of the Pentateuch* (Sheffield: Sheffield University, 1978), p. 66.

4 A. P. Ross, *Creation and Blessing* (Grand Rapids: Baker, 1988), p. 171.

5 D. J. A. Clines, ibid., pp. 64-73.

6 G. von Rad, *Genesis: A Commentary*, rev. ed., trans. J. H. Marks (Phila.: Westminster, 1973), pp. 69-70.

7 A. P. Ross, "The Exegetical Exposition of the Pentateuch: Genesis" (class notes in 117 *Exegesis in the Pentateuch*, Dallas Theological Seminary, Fall 1983), p. 18.

8 S. Bar-Efrat, "Some Observations on the Analysis of Structure in Biblical Narrative," *VT* 30 (1980): 155-73.

같이 펼쳐진다.

이 "죽음의 계보"의 서문(5:1~2)에서는 아담의 창조를 생각나게 한다. 모세는, 하나님의 모양대로 남자와 여자로 창조된 사람이 하나님에게 복을 받고 "사람"이라 불리게 되었다고 기록했다(이렇게 불리게 된 사실은 창세기에서 처음으로 언급되었다). 아담 역시 자기 모양대로 한 아들의 아버지가 되었는데(이 사실도 창세기에 처음으로 언급됨), 그 아들은 아담의 형상을 닮은, 셋이라고 불리게 된 아들이다(3절).

세일하머(Sailhamer)가 지적한 바와 같이, 이 서문의 취지는 하나님에게 아버지의 역할을 하시도록 맡기는 것이다.9 하나님은 자신의 모양대로 아들을 만드셨다. 그는 자신의 아들의 이름을 지어주셨다. 그는 자신의 아들에게 복을 주셨다. 하나님은, 자기 자녀들에게 그렇게 한 창세기의 족장들과 같으시다. 똑같은 패턴(pattern)이 아담에 의해 반복되었다. 이처럼 창세기 5장에 있는 계보 명단에서 중요한 점 하나가 부각되는데, 그것은 곧 하나님께서 온 인류의 아버지로 나타나셨다는 사실이다.

이러한 플롯은 계보에서 길게 계속되다가(3~32절) 마침내 9:28~29에서 (홍수 이야기가 아담에서 노아까지의 기록에 끼어듦으로써) 끝을 맺는다. 창세기 5장의 계보는 다음과 같은 패턴을 갖는다.

> 구성요소 1: A는 X세에 B를 낳았다.
> 구성요소 2: A는 B를 낳은 후 Y년을 지내며 자녀를 낳았다.
> 구성요소 3: A는 X+Y년을 향수하고 죽었다.

똑같은 패턴이 셈(노아의 아들)으로 시작하며 11:10~26에서 다시 이어진다. 하지만 에녹의 기록에는 셋째 구성요소가 빠졌다. 죽음에 관한 언급이 없다. 그러나 5장의 다른 족장들에게는 죽었다는 사실이 강조된다. 예를 들면, 죽었다는 것이 기정사실인데 왜 "그리고 그는 죽었다"라는 말을 첨가하는가? 만일 한 사람의 일생이 X세를 산 것으로 되어있다면 (논리상) 그는 죽은 것으로 가정된다. 그런데도 저자는 각 사람의 죽음을 "그리고 그는 죽었다"('와야모트')라는 말을 반복 사용하

---

9 J. H. Sailhamer, *Genesis*, 2 vols., EBC (Grand Rapids: Zondervan, 1990), 2:70.

여 강조한다. 그 목적은 에녹의 이야기를 대조시켜 돋보이게 하는 데 있다. 그래서 아담의 계열에서 일곱 번째 인물인 에녹은 구조적인 패턴을 다음과 같이 깨뜨린다. 그는 살지 않았고(구성요소 1), 하나님과 함께 걸었다(우리말성경에서는 '동행하다'로 번역하였다 – 역자 주). 그는 죽지 않았고(구성요소 3), 하나님과 함께 걸었으며 하나님께서 그를 데려가셨다. 여기서 반전(反轉)이 뚜렷해지고 신학적 진리가 터져 나온다. 저자는 이 반전을 통해 신학적인 해설을 가하려고 이런 식으로 재치를 발휘한 것이 분명하다.[10] 저자는 삶과 (저주 아래의) 죽음에 관한 신학적 진리를, 이와 같은 반복적인 문학 패턴과 이어서 이 패턴을 깨뜨리는 방법을 통해서 가르쳐 준다. 이러한 패턴은 저자의 가치 체계를 표현해주는 것이다.[11]

서문(1~2절)에 이어서 죽음의 명단을 알려주는 계보가 단조롭게 이어지는데 (3~32절), 이 서문에는 서로 반대되는 두 가지 주제가 나란히 놓여있다. 창조주 하나님의 아들들과 딸들, 하나님의 형상대로 지음 받은 자녀들, 아버지가 사랑하고 돌보는 자녀들을 축복하듯이 하나님에게 복을 받게 되어있는 자녀들이, 오히려 저주의 먹이가 되고 말았다. 이전에 복을 받았던 자들이 이제는 저주를 받고 있다. 하나님의 모양대로 지음 받은 자들, 살도록 지음 받은 자들이 이제는 죽을 운명에 처하였고, 흙으로 돌아감으로써 흙을 먹을 뱀(창 3:14)의 희생물이 된 것이다. 하나님 아버지의 모든 자녀들이 죽게 된 것이다.

이처럼 죄의 확산 주제는 분명히 드러나 있다. 그러나 이에 동반되는 은혜의 확산 주제는 어디에 있는가? 이렇게 온통 죽음뿐인데 어디서 한 가닥 소망이라도 찾을 수 있는가?

1. 아담의 일곱째 후손 에녹의 이야기

에녹의 이야기(창 5:21~24)는 창세기 5장의 패턴에서 예외이다. 부드럽게 반복되며 연결되어 가던 계보의 패턴이 갑자기 창세기 5:22에서 깨지고 만다. "그리고

---

[10] M. Sternberg, *The Poetics of Biblical Narrative* (Bloomington, IN: Indiana University, 1985), p. 120.
[11] R. Alter, *The Art of Biblical Narrative* (NY: Basic Books, 1981), p. 95.

에녹은……을 살았다"(이렇게 표현했다면 이것은 규칙적인 패턴이다)라고 하는 대신에, 모세는 "(에녹은) 삼백 년을 하나님과 동행하며"라고 기록했다. 또한 24절에서도 저자는 규칙적인 표현인 "그리고 그가 죽었다"를 빼고 "그리고 에녹이 하나님과 동행하더니 하나님이 그를 데려가시므로 세상에 있지 아니 하였더라"로 바꾸었다.

이처럼 22절과 24절에서 갑작스럽게 변화를 추구한 것은 본 장에서 계속 이어지는 규칙적인 패턴에서 에녹의 삶을 벗어나게 하기 위함이다. "창세기 저자의 스타일을 연구한 결과, 저자는 자신이 이전의 주제를 훨씬 좁혀서 새로 어떤 특별한 주제를 시작하고 싶을 때에는 이처럼 일종의 패턴을 깨뜨리는 기교를 사용한다는 사실이 드러났다."[12] 따라서 구조의 변화가 있으면 그 부분은 전체 이야기와는 다른 예외적인 부분이라는 의미이다. 살다가 죽었다는 형식으로 표현된 다른 사람들과는 달리, 에녹은 하나님과 함께 걸었다(동행하였다). 그는 단순히 '살았던' 것이 아니라 하나님과과 함께 걸었다. 이것은, 하나님과 함께 걸었다는 동행은 단지 살았다고 표현한 삶보다는 한 단계 높은 삶이라는 사실을 암시한다.[13] 더욱이 에녹은 죽지 않았다. 그는 하나님과 동행하였고(두 번째 언급되었다), 하나님께서 그를 데려 가셨다.

'할라크'(hālak) 동사의 '히트파엘'형('와우'+'히트파엘'의 과거형)은 하나님께서 에덴동산에서 거니셨다는 사실(창세기 3:8)을 연상케 하며('히트파엘'의 분사형),[14] 어떤 면에서는 그 사실과 일치한다.[15] 창세기(와 오경)의 저자가 '할라크'의 '히트파엘' 어근을 사용할 때마다 이야기체의 주어들 중의 하나는 하나님이시다(유일한 예외는 출애굽기 21:19이다). 에녹처럼 노아도 하나님과 함께 걸었다(창 6:9). 아브라함이 "그 땅"에 이르렀을 때에, 저자는 한 번 다시 '걸음'에 대한 생각을 끄집어내어 이렇게 표현한다. "너는 일어나 그 땅을 종과 횡으로 걸어라(walk about)." [우리말성경에는 '행하여 보라'로 표현됨 – 역자 주]. "너는 내 앞에서 걸어라." [우리말 성경에는 '행하여'로 표현됨 – 역자 주](창 17:1; 참조. 24:40;

---

[12] J. H. Sailhamer, "Exegetical Notes: Genesis 1:1~2:4a", *TJ* n. s. 5 (1984): 76.

[13] A. P. Ross, *Creation and Blessing*, p. 175.

[14] G. J. Wenham, *Genesis 1~15*, WBC (Waco, TX: Word Books, 1987), p. 127.

[15] A. Dillmann, *Genesis*, trans. W. B. Stevenson, 2 vols. (Edinburgh: T. & T. Clark, 1897), 1:224-25.

48:15). 하나님과 걷는다(동행)는 표현에는 계속적인 행동으로 또는 삶의 습관으로 그렇게 한다는 개념이 들어있으며, 이러한 모든 실례들에는 '히트파엘' 어근이 사용되었다(참조. 신 23:14).

이와 같은 동사에 가세(加勢)한 것은 에녹의 동행 기간이 300년이라는 언급이다. 따라서 "하나님과 함께 걸었다"라는 표현은 저자가 에녹의 삶을 요약한 표현이다. 불린저(Bullinger)는, "걷는다"라는 용어는 "사람의 행동과 삶의 지속적인 노정 즉 습관적인 버릇과 삶의 방식을 의미하려고 사용되었다"라고 언급한다.16 따라서 오늘날 우리는, 하나님과 함께 걷는 것이 에녹의 삶의 양식이었다고 말할 수 있겠다.

그런데 왜 모세는 에녹이 하나님과 함께 걸었다고 두 번이나 진술했는가? 반면에 왜 모세는 에녹 이전과 이후의 족장들의 경우에는 죽음을 강조하였는가? 세일하머 (Sailhamer)가 이 질문들에 대하여 설득력 있게 대답한다.

왜 저자는 에녹을 한 특별한 예외로서 꼭 집어 말하려고 하였는가? 그것은 단지 그가 죽지 않았기 때문이 아니다. 물론 그런 사실 자체만으로도 특별한 주목을 충분히 끌만하다. 그러나 이 경우에는 그것이 저자의 목적을 충분히 설명해주지 못한다. 저자의 목적은, 반복을 통해서 에녹이 "하나님과 함께 걸었다"(22,24절)는 사실을 강조한 방식에서 더 잘 나타난다. "하나님과 함께 걸었다"라는 문구로써…… 저자는 분명히 무언가를 의미한다. 왜냐하면 저자는 똑같은 표현을 사용하여, 노아는 "의인이요 당세에 완전한 자"(6:9)로, 아브라함과 이삭은 하나님의 충성된 종들(17:1; 24:40; 48:15. 역자 주: 이 구절들에서 '할라크'의 '히트파엘'형이 사용됨)로 묘사하고 있기 때문이다. 따라서 이러한 용례를 보면, 저자는 그 문구를 에녹이 죽지 않은 이유로 제시한 것이다. 에녹은 아담의 운명("너는 죽으리라")을 겪지 않은 사람으로 묘사되었는데, 그 이유는 에녹이 다른 이들과는 달리 "하나님과 함께 걸었기" 때문이다.17

그러나 여기 죄(죽음은 죄의 결과)가 확산되는 한복판에 한 줄기 은혜의 빛이 비취고 있다. 여기서는 더 이상 조종이 울리지 않는다. 한 사람이 하나님과 함께 걸었고 하나님께서 그를 데려가셨다.18 그는 죽음의 손아귀에서 벗어났다. 분명히

---

16 E. W. Bullinger, *Figures of Speech Used in the Bible* (London: Eyre and Spottiswoode, 1989; reprint, Grand Rapids: Baker, 1968), p. 832. 역시 E. A. Speiser, "The Durative Hithpael: A Tan-Form," *JAOS* 75 (1955): 118-21을 보라.

17 J. H. Sailhamer, *Genesis*, p. 74.

18 "하나님이 그를 데려가셨다"라는 동일한 용어가 엘리야가 죽음을 면하고 영광으로 옮겨진 사건에도 사용되었다(왕하 2:1,5,9∼10).

삶에 이르는 길, 사람이 사망의 독침을 피해서 여행해야 할 길은 오직, 하나님과 함께 걷는 순례자의 길뿐이다.

이 지점에서 모세는 하나님과 함께 걷는다는 것이 무슨 뜻인지 설명하지 않았다. 그는 그렇게 하는 방법이나 형식을 열거하지도 않았다. 비록 그가 다른 사람들이 따라야 할 모범으로서 에녹을 제시하였으나, 이 "걸음"에 대해서는 아무런 설명도 하지 않았다. 모세는 에녹 이야기의 뒷부분에 이르기까지 설명을 억제했다. 하지만 그는 과거와 미래 간의 본래부터 가지고 있는 관계를, 하나님의 백성의 삶들을 사용하여 밝혀주었다. 이처럼 "과거에 하나님의 백성에게 발생한 일들은 미래에 나타날 사건들의 전조(前兆)이다."[19] 그러기에 에녹의 걸음은, 비록 신학적으로는 설명되지 않았으나, 저자가 훗날 어느 때에 제시할 교훈이다. 이 (과거로부터) 계획된 교훈은 하나님 백성의 미래 세대들이 배워야 할 것이다. 왜냐하면 그들 역시 저주 아래에서 살 것이기 때문이다.

이러한 하나님과의 동행에는 몇 가지 신학적 사상들이 섞여 있다. 첫째로, 하나님과 함께 걷는 사람은 하나님의 모양대로 지음 받은 피조물이며 아버지와 아들의 관계로써 창조주와 연결되어 있다. 둘째로, 하나님과의 동행은 죽음이 통치하는 동안에 일어났다. 이로써 동행은 삶과 죽음이라는 전형적인 패턴의 예외이다. 이처럼 단순히 살다가 죽는 삶이란 질적인 면에서 기준 이하로 묘사된다. 그리고 반대로 하나님과 동행하는 삶은 단순한 삶보다 한 단계 높다. 그리고 이 삶은 저주를 극복하는 길이다. 셋째로, 동행이란 생활방식 즉 계속성과 지속성을 지닌 삶의 패턴을 묘사한 것이다. 넷째로, 이런 동행 또는 생활방식은 미래의 하나님의 백성을 위한 교훈으로서 의도되었다.

에녹의 삶을 기록할 때 모세의 목적은 희망을 전달하려는 것이다. 죽음이 최종적 해답은 아니다. 왜냐하면 에녹을 위해 하나님께서는 죽음을 취소하셨기 때문이다. 인류 위에서 맴도는 죽음의 검은 구름, 하나님 자신이 약속하신 구름, 저주의 본질을 보여주는 검은 구름이, 에녹의 삶에서 비추는 찬란한 빛으로 인해, 그

---

[19] J. H. Sailhamer, "The Canonical Approach to the Old Testament: Its Effect on Understanding Prophecy," *JETS* 30 (September 1987): 311.

틈이 활짝 벌어졌다. 죽음으로부터 구출의 길이 열렸다. 저주의 효력으로부터 구출의 길이 열린 것이다. 이제 희망이 있다. 에덴동산으로 되돌아갈 수 있는 길이 생긴 것이다. 그 동산을 지키는 그룹들과 두루 도는 화염검을 피할 수 있는 방법이 생긴 것이다. 생명의 나무로 다가갈 수 있는 길이 열린 것이다. 그래서 사람이 참으로 영원히 살 수 있게 되었다. 이로써 마침내 그 동산에서 다시 주 하나님과 교제하고 그분을 경배하는 것이 가능하다. 어떻게? 하나님과 함께 걸음으로써 가능하다. 따라서 (죽음의 계보에 속했던) 에녹에 관한 교훈은 이렇다: 생명은 하나님과 함께 걷는 데서 오는 것이다.

2. 목회적 반응

가나안 땅 가까이에 이른 이스라엘 백성에게는 에녹의 삶에 관한 교훈이 필요했다. 그들 자신의 역사에는, 한 세대 전체가 광야에서 (죽어) 사라져버린 (참조. 민수기; 고전 10:1~13) 비극적인 이야기가 새겨져있다. 그 세대가 하나님과의 삶(영생)은 하나님과 함께 걸음으로써 얻는 것이라는 교훈을 간과하거나 무시하였기 때문이다. 에녹의 삶은 또한 하나님의 새 언약 백성이 그들의 지상 순례의 길에서 따라야 할 모델이다.[20] 죄로 인해 생겼고 창세기의 계보에서 위력을 과시한 죽음이 모든 것을 끝내버렸지만 사실상 최종적인 것은 아니다. 사람은 죽기 위해 태어난 것은 아니기 때문이다. 그는 살기 위해 태어났고, 그 삶은 하나님과 함께 걷는 데서 온다. 창세기 1~11장 전체(1:1~2:3을 제외)에 걸쳐서, 음울한 분위기를 불러일으키는[21] 저주의 촉수(觸手)가 아담의 일곱 번째 후손에 와서 꺾였다. 하나님과 함께 걸음이 저주의 사슬을 푸는 열쇠이다. 더욱이 하나님과의 함께 걸음은 단순히 그저 사는 것 보다는 한 단계 위의 삶이다. 이것은 또한 인간의 절실한 필요와 (죽음에 대한) 최고의 공포에 대한 해답이다. 이와 같은 에녹의 삶에 대해 신약성경은 신학적 해설을 제공한다.

---

[20] A. P. Ross, *Creation and Blessing*, p. 174.
[21] D. J. A. Clines, ibid., p. 66.

(1) 하나님과 동행함에는 그분을 믿는 믿음이 들어있다.

히브리서 기자는, 믿음이야말로 고난의 용광로 속에서도 견디게 하는 열쇠(히 10:32~39)라는 사상을 알려줌으로써, 그의 독자들의 마음을 든든하게 하였다. 그는 믿음에 관해 간략하게 정의한 후(11:1), 하나님의 인정을 받았으며(2절) 믿음으로 영적인 승리를 얻은 분들의 감명 깊은 이름들을 열거했다. 믿음이 있기에 성도들은 창조(히 11:3은 창 1~2장을 가리킴)를 이해할 수 있다. 아벨은 믿음으로 하나님과의 관계에서 의롭다 함을 얻었다(히 11:4는 창 4장을 가리킴). 그리고 그 다음이 에녹이다. 믿음으로 "에녹은 죽음을 보지 않고 옮겨졌으니 하나님이 그를 옮기심으로 다시 보이지 아니하였느니라. 그는 옮겨지기 전에 하나님을 기쁘시게 하는 자라 하는 증거를 받았느니라"(히 11:5). 그 다음 구절은 (창세기에서 하나님과 함께 걸었다고 언급한 두 사람, 에녹과 노아 사이에) 정밀하게 놓였으며 신학적으로 의미심장하다. "믿음이 없이는 하나님을 기쁘시게 하지 못하나니 하나님께 나아가는 자는 반드시 그가 계신 것과 또한 그가 자기를 찾는 자들에게 상주시는 이심을 믿어야 할지니라"(히 11:6).

히브리서 11:5~6은 창세기 5:22~24에 관하여 하나님의 영감으로써 기록된 주석(註釋)이다. 에녹이 하나님과 동행한 것에 대해 분석한 이 주석은 하나님에 대한 그의 믿음에 초점을 맞추고 있다. 믿음은 그의 동행함에 대한 신학적 설명이며, 하나님을 기쁘시게 하는 유효한 원인이었다. 에녹의 믿음에 관해서는 두 가지 특징을 강조하였다. 하나님의 실재를 믿음("이는 하나님께 나아가는 자는 반드시 그가 계신 것," 6a)과 하나님의 응답을 믿음("또한 자기를 찾는 자들에게 상주시는 이심을 믿어야 할지니라." 6b)이다. 이처럼 하나님과의 동행에는 그를 믿는 것, 곧 그가 실제로 존재하심을 믿는 믿음과 (믿음에 대한) 그가 실제로 응답하심을 믿는 믿음이 반드시 있어야 한다. 따라서 하나님과의 동행은 성도들로 하여금, 자신들의 현재의 신앙과 삶에 기초하여 하나님께서 미래에 주실 상급을 바라볼 수 있도록 격려해준다.

히브리서 기자는 에녹이 하나님에 대해 생각해 보았다거나 그에 대해 사색해 보았다고 말하지 않는다. 에녹은 하나님에 관한 책을 읽어본다거나 하나님에 대해 이야기해보고 이로써 그의 은총을 얻은 것이 아니다. 좀 더 정확히 말하면 에녹은 하나님을 믿었고 이로써 하나님을 기쁘시게 한 것이다.

그렇다면 (에녹의 삶을 소개한) 창세기 저자의 의도는, 믿음의 사람이며 의의 본보기이며 하나님의 뜻에 성실하게 순종한 아브라함의 이야기를 기대하게 하려는 것이다. 왜냐하면 아브라함은 저자가 믿음의 의미에 관해 제시하려는 훌륭한 실례(實例)이기 때문이다. 그래서 저자는 독자를 격려하여 그로 하여금, 하나님과 동행한다는 것이 무엇인지를 질문할 수 있도록 만들려고, 에녹을 사용하였다.

(2) 하나님과의 동행은 그를 기쁘시게 한다.

창세기 5장에서 칠십인 역은 "에녹이 하나님과 함께 걸었다"라는 말씀을 "에녹이 하나님을 기쁘시게 하였다"로 번역했다. 노아의 경우도 마찬가지이다. 히브리 본문은 "노아가 하나님과 함께 걸었다"로 되어 있으나 칠십인 역은 "노아가 하나님을 기쁘시게 하였다"(6:9)라고 번역했다. 아브라함의 이야기에서도 칠십인 역은 똑같이 번역했다(17:1; 24:40; 48:15). 브루스(Bruce)는 제안하기를 이러한 변화들은 "의심할 바 없이 그 용어를 덜 신인동형화하려는 소원에서" 비롯되었을 것이라고 했다.[22] 히브리서 기자는 (칠십인 역을 근거로 해서) "하나님과의 함께 걸음"을 "하나님을 기쁘시게 함"이라는 이 해석을 따랐다(믿음이 하나님을 기쁘시게 하는 유효한 원인이라는 개념과 뗄 수 없게 연결되어 있다). 이 사실을 통해 에녹의 삶에서 중요한 교훈을 얻을 수 있다. 즉 하나님과 함께 걷는다는 것은 믿음으로 사는 것이며 하나님의 은총을 입게 된다는 것이다. 하나님은 신자들이 그를 믿을 때, 그들이 믿음으로 살 때 기뻐하신다. 따라서 "여호와를 기쁘시게 하는 것과 그와 함께 걷는 것은 불가분리의 요인들이다."[23]

(3) 하나님과의 동행은 기계적으로 율법을 지키는 것이 아니다.

율법주의와 믿음에 관한 심오한 교훈을 에녹의 이야기에서 터득할 수 있다. 세일하

---

[22] F. F. Bruce, *The Epistle to the Hebrews* (Grand Rapids: Eerdmans, 1964), p. 287.
[23] F. S. Parnham, "Walking with God," *EQ* 46 (1974): 118.

머(Sailhamer)가 이 점에 대해 이렇게 언급한다.

> 오경의 저자에게는 "하나님과의 동행"이 단지 일련의 율법들을 "지키는 것"을 의미했을 리가 없다는 사실을 우리가 아는 것이 중요하다. 오히려 저자는 일련의 율법들을 받지 못한 사람들과 "하나님과의 동행"이라는 주제를 연관시킨다. 그러한 사람들을 택해서 "하나님과의 동행"을 예시함으로써 저자는, 단순히 율법을 기계적으로 지키는 삶보다 더 나은 삶을 가르치려는 자신의 바람을 나타낸다. …… 그에게 있어서 삶에 이르는 길은 에녹("에녹이 하나님과 동행하였다," 5:22), 노아("그가 하나님과 동행하였다," 6:9)나 아브라함("아브라함이 여호와를 믿으니 여호와께서 이를 의로 여기셨다," 15:6)과 같은 인물들에게 가장 잘 예시되었다. 창세기의 저자는, 하나님을 믿고 의지한 사람들의 모델로서 시내 산에서 율법을 받기 오래 전에 살았던 족장들을 예시한다.[24]

매일매일 - 어떤 상황에서든지 불문하고 - 믿음으로 살아야 한다는 메시지는 목회사역에서 하나님의 백성에게 계속 전해야 한다. 믿음은 구원과 성화 이 둘 다의 활동 방식이다. 그러므로 믿음은 하나님의 양떼를 위해서 준비되고 제공할 모든 음식의 주식(필요불가결한 요소)이 되어야 한다. 만일 믿음이 철로를 달리는 기관차를 움직이는 보일러의 증기라고 한다면, 그리스도인 지도자들은 자신들의 성도들의 마음에 믿음의 불을 계속해서 성실하게 지펴야 한다.

예배는 이처럼 믿음을 북돋는 과정에 이바지하도록 계획되어야 한다. 찬송가와 성경강해는 양떼의 믿음이 자라도록 확실하게 먹여야 한다. 중보 기도를 위한 집회들도 마찬가지로 성도들이 기도드리는 그분에 대한 믿음을 북돋는데 도움이 되어야 한다. 성도들이 -자신들이 직면한 어려운 문제점들과 그것들의 본질을 보고- 좌절한 마음으로 기도회를 떠나게 내버려두기보다는, 지도자들은 성도들의 마음의 초점을 주님의 이름에 맞추게 해야만 한다("환난 날에 여호와께서 네게 응답하시고 야곱의 하나님의 이름이 너를 높이 드시며…… 우리 하나님의 이름으로 우리 기를 세우리라…… 우리는 여호와 우리 하나님의 이름을 자랑하리로다"(시 20:1,5,7). 주님의 (그의 모든 속성들의 총칭으로서) 이름에 초점을 맞추는 것이 하나님에 대한 성도들의 확신과 신뢰를 북돋는 데에 도움을 준다(참조. 마 21:18~22).

---

24 J. H. Sailhamer, *Genesis*, p. 74.

목회자들과 기타 그리스도인 지도자들은 성경의 삼위일체 하나님에 대한 성도들의 믿음을 북돋아주어야 한다. 성도들의 믿음을 북돋아주는 것은 그들이 하나님과 동행하는 데에 도움을 준다. 그들이 하나님과 동행하도록 돕는 것은 하나님의 은총을 입게 하는 것이다. 하나님께서는 그들을 기뻐하신다. 그들의 믿음의 걸음, 신뢰하며 걷는 그들의 순례의 걸음에 영양을 공급함으로써, 그들은 약해지지 않고 하나님과 함께 계속 걸을 수 있는 영원 속으로 곧장 걸어들어 갈 것이다 -영원히. 에녹에 관한 스펄전(Spurgeon)의 설명을 여기에 소개하는 것이 적절하다.

그 얼마나 멋진 동행인가! 300년간의 동행이라니! 만일 다른 사람과 동행했다면 동행자를 바꾸고 싶은 생각이 들었을 수도 있겠다. 그러나 하나님과 3세기 동안을 동행하는 것이 너무나 달콤하여 그 족장은 계속 걸었다. 시공을 초월해서 낙원 속으로 걸어 들어갔다. 그리고 여기 하나님의 동일한 사회 속에서도 그는 여전히 행진을 계속하고 있다. 그는 지상에서 하늘을 소유했고, 그러므로 그가 지상을 활공하듯 떠나 하늘로 그렇게 쉽게 가버린 것은 그리 [유별난] 일은 아니었다.[25]

(4) 하나님과의 동행은 사망을 이기고 생명을 얻는다.

하나님께서 에녹을 위해 사망을 무효하게 하신 이유는 에녹이 하나님과 함께 걸었기 때문이다. 하나님과 함께 걷는 것이 삶에 이르는 길이요, 오늘과 내일을 위하여 저주를 물리치고 승리하는 길이다. 에녹의 삶은, 사망의 통치가 끝나고, 신실한 자들이 예수 그리스도를 통하여 삶을 통치할 것이라는 사실을 묘사해준다 (롬 5:12~21).

3. 결론

하나님과의 동행에는 그분을 믿는 믿음이 들어있기에 이 믿음이 하나님을 기쁘시게 한다. 하나님과의 동행은 영원한 삶에 이르는 길이요, 하나님의 존전(尊前)으로 돌아가는 길이요, 그분을 경배하고 그분과의 교제를 영원히 즐기는 길이다.

에녹이 하나님과 동행함에 관하여 다드스(Dods)는 자신의 주석에서 이 논제에

---

[25] C. H. Spurgeon, *The Treasury of the Old Testament* (London: Marshall, Morgan & Scott, 1934), p. 135.

대해 다음과 같이 적절한 결론을 제시한다.

"에녹이 하나님과 동행하더니 하나님이 그를 데려 가시므로 세상에 있지 아니하였더라."
이 말씀은 의미로 가득 차있다. 에녹은 하나님과 동행하였다. 왜냐하면 그는 하나님의
친구였고 그분의 일행이 된 것을 좋아했기 때문이다. 그는 하나님과 같은 방향으로 가고
있었기 때문이다. 그는 하나님께서 가시는 길에 놓인 것 외에는 그 어떤 것도 바라지
않았다. 우리의 모든 생각 속에 하나님이 계실 때에 우리는 그와 동행하게 된다. 이는
우리가 항상 의식적으로 하나님을 생각하기 때문이 아니라, 우리가 생각하는 모든 경우에서
그분이 자연적으로 우리에게 생각나게 되기 때문이다. 마치 어떤 인물 혹은 계획 혹은
개념이 우리에게 중요할 때, 우리가 어떤 생각을 하건 간에 우리의 생각은 항상 이 중요한
대상으로 되돌아가는 것과 같다. 마찬가지로 경건한 성도에게는 모든 것이 하나님과 연관이
있고, 이러한 연관성에 의해 지배된다. 자신의 상황에 어떤 변화가 있을 것이라고 생각될
경우에, 그는 먼저 그 예상되는 변화가 하나님과의 연관성에 어떤 영향을 끼칠 것인지를
판단해야 한다. 즉 그의 양심에 여전히 가책이 없을 것인지, 그가 하나님과 변함없는
친근 관계를 유지할 수 있을 것인지 등등. 그러나 그가 죄에 빠지게 되면, 그는 하나님과
함께 있던 자기 자리를 되찾을 때까지 그는 쉴 수가 없다. 이것이 하나님과의 동행이
갖는 일반적인 성격이다. 그것은 우리의 삶 전체를 개방하여 하나님께서 점검하시도록
하며, 그분의 뜻에 일치하도록 끊임없이 애쓰는 것이며, 우리와 하나님 사이에 어떤 오해를
일으키는 것이 있다면 기꺼이 포기하려는 것이다. 또한 그것은, 만일 우리가 하나님과
교제를 유지하려는 노력에서 만족이 없을 때 느끼는 고독감, 우리가 하나님을 불쾌하게
하는 어떤 일을 하고 있음을 의식할 때 느끼는 참담하고 비참한 느낌이다. 그러기에 하나님
과의 동행은 필연적으로 삶과 인격 전체에 영향을 미친다. 당신이 친구의 감정을 거스를
만한 주제들을 알고 직감적으로 피하고 자연적으로 동료의 마음에 들려고 노력하듯이,
당신이 하나님의 임재를 중요하게 의식하기 시작하면, 당신은 그분이 기뻐하지 않는 생각들
을 억제하며 그분을 기쁘시게 하려고 직감적으로 노력하고, 그분의 속성이 반영된 성품을
기르도록 애쓸 것이다.26

이처럼 하나님과 동행한다는 것은 우리 자신의 모든 목적과 희망사항들을 모두
다 하나님에게 공개하는 것이요, 우리 자신의 삶의 설계와 행복관에 대해 그분의
판단을 구하는 것이요, 하나님과 친밀한 관계를 철저히 유지하는 것이다.(*)

---

26 M. Dods, *The Book of Genesis*, The Expositor's Bible (NY: A. C. Armstrong & Son, 1893),
pp. 51-52.

4

현재 "함(Ham)의 저주"(창 9:20 ~ 27)에 관해 제기되고 있는 중요한 질문들

팔머 로벗슨
(O. Palmer Robertson)

백여 년 전에 스코틀랜드의 다작 소설가 뷰칸(Buchan)은 소설 속에 등장하는 한 젊은 인물의 입을 빌어 다음과 같이 말하였다.

> 성경은 함의 자손들이 우리의 종이 될 것이라고 말한다. 따라서 만일 내가 목사라면 나는 [그 흑인을] 강단에 올라오지 못하게 하겠다. 나는 그에게 주일학교 이상은 허용하지 않겠다.[1]

적어도 20세기에는 사회적으로 진보하였기에 성경을 이런 식으로 곡해해서 읽는 일이 멈췄을 것이라고 생각할 것이다. 그러나 여전히 창세기 9:20 ~ 27을 왜곡하여 흑인들을 모욕할 수 있게 해석하는 일이 벌어지고 있다는 증거가 광범위하게 계속해서 확인되고 있다. 전해진 바에 의하면, 근래에 일어난 살인 사건의 재판에서, 피고인의 논증은 이 본문에 근거를 두었다고 한다. 더 넓게 살펴보면, 에티오피아의 기독교인들이 전한 바에 의하면 수년 동안 그들의 나라를 지배한 공산주의자들은 이 성경 본문에 근거하여 자신들의 반기독교적인 선전(宣傳)의 논증을 펼쳤다고 한다. 이처럼 기독교인들이 아프리카인들은 함의 저주의 결과로서 열등한 종족이라고 가르치는데 에티오피아인들이 왜 성경에 대해 호감을 가져야 하겠는가? 따라서

---

[1] J. Buchan, *Prester John* (Oxford: Oxford University, 1994), p. 9. 창세기의 이 말씀에 관해 계속 야기되는 혼동은 뷰칸의 소설에 나타난 이 언급에 대한 다니엘(D. Daniell)의 해설에서 찾아볼 수 있을 것이다. "창세기에 의하면 9장과 10장에서 노아의 세 아들 가운데 함은 가나안의 아버지였다. 따라서 그는 아랍 민족들 특히 북아프리카에 있는 민족들의 조상이다. 그 이야기는…… 그 후손들을 '종들의 종'으로 만든다"(ibid., p. 209). 하지만 아랍세계의 엄청난 인종적 다양성을 고려할 때에 성경이 그들을 가나안의 후손들이요 저주 아래에 있는 것으로 나타낸다는 사실을 확증하기는 전혀 불가능할 것이다.

창세기에 나오는 이른바 "함의 저주"에 대한 재검토가 반드시 필요하다.

　위와 같은 연관을 갖게 한 사건의 배경이 성경본문에는 단순하게 제시되었다(창 9:18~19). 하나님께서 무지개로써 노아와 언약을 확정하셨음을 기록한 후에 본문은 노아의 아들들의 이름이 셈, 함, 야벳이라고 말한다. 가정하건대 이 세 아들이 인류 보존을 위한 언약의 복을 누리는 후사들이 될 것이다. 그러나 본문은 특별히, 함이 가나안의 아버지(18절 하)라는 사실을 밝힌다. 그리고 노아의 세 아들이 이 땅에 두루 퍼질 세상 모든 거민들의 근원이 될 것이라고 언급했다. 이처럼 겉보기에는 아무런 흥밋거리가 되지 못할만한 과도기적인 내용이 온 세상 나라들의 먼 장래를 위한 무대가 되었다.[2]　앞으로 닥칠 심판들과 축복들이 이 과도기적 구절들안에 내포되어 있다. 노아의 후손이 번성하여 땅을 가득 채울 것이나, 또한 그들은 불화로 인해 흩어질 것이다(11:9 참조).

　노아가 자신의 아들들과 그들의 후손들에 대해 말한 예언의 말씀은 이러한 문맥에서 나온 것이다. 아마도 노아는 포도주의 마비시키는 효력에 대해 무지하였기에 만취한 상태에 빠지고 또한 자기 장막에서 알몸을 들어내게 되었을지 모른다. 그렇다고 해서 그의 무지함 자체가, 하나님께서 창조하신 좋은 것들을 남용한 데에 대한 변명이 되지는 못한다.[3]　이렇게 천한 모습으로 드러난 그는, 그의

　2　카수토는 특별히 언급하기를, 창세기의 이 부분이 초두에서는 노아의 세 아들로부터 태어난 후손들로서 민족들의 "흩어짐"(창 9:18~19)에 관한 언급에 의해, 그리고 끝에서는 바벨에서 민족들의 "흩어짐"(11:9)에 관한 언급에 의해 통합된다고 했다. U. Cassuto, *A Commentary on the Book of Genesis*, vol. 2 (Jerusalem: Magnes, 1984), p. 141.

　3　어떤 주석가들은 노아의 만취에서 아무런 죄도 찾아내지 못했다. 예를 들면, B. Vawter, *On Genesis: A New Reading* (Garden City: Doubleday, 1977), p. 139: "노아가 '**취하다**'(21절)라는 표현은 사실에 대한 단순한 서술이지 도덕적 판단은 아니다." 그의 만취는 바우터의 묘사에 의하면 죄가 아닌 사회 활동의 실수라는 것이다. 동시에 그는 노아의 벌거벗음을 "그 자체로서는 수치스러운 일"로 간주한다. 텍스트를 더 정확하게 이해한 것은 키드너의 언급이다. D. Kidner, *Genesis: An Introduction and Commentary* (Leicester: Inter-Varsity, 1967), p. 103 n. 1. 술의 잠재력에 대한 그의 인식에 따라 노아의 유죄 혹은 무죄를 평가할 수 있을 것인데, 키드너는 RSV의 "노아는 농토의 맨 처음 경작자이었다. 그는 포도나무를 심었다"(9:20)라는 번역이 부당하다는 것을 특별히 언급했다. 히브리 원문이 최대한으로 허용하는 번역은 "노아, 경작자는……, 포도나무를 처음 심은 사람이었다"이다. 텍스트는 문자적으로는 "노아, 농토의 (그)사람은, 시작했다. 그리고 포도나무를 심었다"로 되어 있다. 키드너는 "시작했다. 그리고"라는 표현은 본문과 스 3:8에만 나타나며, 그와 유사한 "~을 하기 시작했다"는 표현은 전부 40회 사용된 중에서 "~을 한 첫 사람이었다"를 뜻하는 것으로서는 4회만 나타난다는 데에 주목한다. NIV의 번역이 아주 충족하고 적절하다: "노아, 농토의 사람이, 포도나무를 심기 시작했다." 비록 시간의 흐름을 감안할 때에 십중팔구는 그가 술의 잠재력을 알고 있었을 듯하나 텍스트는 노아가 이때에 그것을 알았는지에 대해서는 불분명하다. 알더스는 말하기를 "우리가 판단하기로는 노아가 그의 행동에 대한 책임을 변명할 근거는 없다"고 했다. G. Ch.

아들 함에게 한층 더 심한 수치를 당한다. 그의 천박한 모습이 그의 다른 두 아들 셈과 야벳에 의해 가리어지기는 했지만 말이다. 이러한 배경을 염두에 두고 다음 세 가지 문제들을 아주 상세하게 검토하려고 한다.

I. 함의 죄는 무엇이었는가?

함의 죄에 대해서는 근본적으로 두개의 견해를 제시할 수 있을 것이다. 하나는, 함이 그의 아버지를 경멸하는 태도로 대함으로써 죄를 지었다고 보는 견해이다. 함은 그의 아버지가 만취해서 수치스러운 상태에 있는 것을 보자 이것을 그의 형제들에게 신이 나서 퍼뜨렸다. 그러나 함은 그의 아버지의 수치스러움을 폭로하기보다는 오히려 이 사실을 자신만 알고 지나갔어야 했다.[4]

또 다른 견해는, 함의 죄를 성적인 것으로 본다. 그러나 만일 함의 죄가 성적인 것이었다고 한다면, 그의 실제 범죄는 다양하게 이해할 수 있겠다. 아버지를 존경하여 그의 형제들이 보인 조심성 있는 태도에 반해서, 함이 당돌하게도 아버지의 벗은 몸을 들여다 본 사실 자체를 죄로 이해할 수 있을 것이다. 모세의 율법에서 다른 사람의 나체를 들여다보는 것을 금지한 성구들에 근거할 때에 이 견해는 찬성할 만하다. 제사장은 제단에 제물을 바칠 때에 계단에 오르면 안 되었는데 이는 하체가 드러나지 않게 하기 위함이다(출 20:26). 조심성 있는 태도는 여호와의 언약 백성으로서 마땅히 취해야 할 태도이다. 이런 식으로 함이 저지른 죄의 본질을 이해할 수 있는 것은, 함과는 대조적으로 그의 두 형제가 노아를 조심성 있게 대한 사실에 의해서도 강하게 뒷받침된다. 셈과 야벳은 자신들의 아버지의 나체를 가려드리려고 손에 옷을 들고 뒷걸음을 쳐서 장막으로 들어갔다. 그들은 장막의 어둑어둑한 내실로 조금씩 뒷걸음질을 쳐서 들어갈 때에 아버지의 수치스러운

Aalders, *Genesis* (Grand Rapids: Zondervan, 1981), p. 202.

4 웬함은 제안하기를 이스라엘 백성들은 우가릿 아크하트 서사시(*Ugaritic Aqhat epic*)에 동의할 것이라고 했다. "거기에 서술하기를 아들은 그의 아버지가 '취했을 때에는 그의 손을 붙들어드려야 하고 그가 만취했을 때에는 그를 업고 가야[원문대로]한다' (A 1:32-33, *ANET*, p. 150)." 즉 그는 아버지의 어리석은 행동을 덮어드리려고 최선을 다해야 한다는 것이다. 그러나 함은 바로 그런 일을 하지 않았다. G. J. Wenham, *Genesis 1~15* (WBC; Waco: Word, 1987), p. 200.

나체를 보지 않으려고 극도로 조심하였다(창 9:23).

그러나 "나체를 본다"라는 문구는 심각한 성적인 죄를 완곡한 말씨로 표현한 것일 수 있다.[5] 모세오경에 있는 다른 성구들을 보면 사실상 성적인 죄를 완곡하게 표현하기 위해 이 문구를 사용하고 있다. 이스라엘 남성은 자기 자매를 데려다가 "그 여자의 하체를 보면" 안 된다(레 20:17). 그러나 이러한 금지는, 남자에게 단순히 자기 자매의 옷 벗은 것 이상의 어떤 것을 금하는 것임이 분명해 보인다. 그 다음 절(20:18)에는, 남성이 월경 중에 있는 여인의 "하체를 범하는 것"(uncovering the nakedness)에 대해 말하고 있다. 문맥을 보면 이것도 단순히 월경 중에 있는 여인의 나체를 바라보는 것 이상을 금하는 것인 듯하다. 더욱이 그 다음 절(20:19)에서는, 이모나 고모의 "하체를 범하는 것"을 금지하는데, 이것 역시 또 다시 단순히 가까운 친척의 나체를 바라보는 것 이상임을 암시한다.

이처럼 레위기에 나타난 이 구절들에서는 어떤 사람의 "하체를 범하다"라는 표현이 그 사람과 성적 관계를 가진다는 것을 완곡한 말씨로 나타낸 것이 분명하다. 그래서 NIV는 이 구절들을 각각 그런 뜻으로 번역하고 있다.

레위기에 나타난 성적 관계에 관한 이러한 금지 표현은 함의 죄를 묘사하기 위해 사용된 표현과 매우 비슷하다. "아버지의 하체를 보고"라는 표현은 "(어떤 여인의) 하체를 보다"나 "(어떤 여인의) 하체를 범하다"와 같은 목적으로 사용되었다. 그러한 행동을 함으로써 함은 가장 심각한 죄를 범한 것이다. 그는 자기 아버지가 만취한 상태인 것을 발견하고 그와 동성애적인 관계를 시작한 것으로 보인다. 성경적 표현방식의 온건성은 이해할만하다. 그 예로서, 결혼관계의 친밀성을 가리킬 때에 어떤 사람을 "알았다"라는 용어를 사용하는 것을 들 수 있다(창 4:1,17,25 참조). 함의 죄의 본질에 대한 이런 결론은, 그가 엄중한 저주를 받았다는 사실로써 뒷받침된다. 더욱이 노아가 깨어났을 때에 그는 자기 아들이 자기에게 행한 일을 "알았다"고 한 표현에 주목할 필요가 있다. 노아가 만취 상태에 있을 때 자기

---

5 폰 라드는 창세기의 기록자가 "단순히 바라보는 것보다 더 혐오감을 느끼게 하는 그 어떤 것"을 억제했을 가능성의 여지를 남긴다. 그는 24절에 노아는 "그의 작은 아들이 자기에게 행한 일을 알았다"라는 문구에 연관시켜서 그렇게 생각한다. G. von Rad, *Genesis: A Commentary* (OTL; Phila.: Westminster, 1972), p. 137. 카수토는 지적하기를, 어떤 이들은 이 이야기가 본래 함이 저지른 가중한 죄를 묘사했는데 그것이 삭제되었다고 제안하였다. Cassuto, ibid., pp. 150-51.

아들이 단지 그를 바라보기만 한 것을, 술이 깬 후에 기억해내었다는 것은 전혀 있을 법하지 않다.[6]

함의 죄를 동성애적 행동으로 보는 것을 반대하는 가장 강한 논증은 함의 두 형제의 행동을 묘사한 내용에서 찾을 수 있다. 이 논증은, 그들이 아버지를 덮어드리면서 아버지의 나체를 보려고 하지 않았다는 사실에서, 함의 죄가 이와는 정반대의 행동이었거나 아버지를 "뚫어지게 본" 것이었다고 이해해야 한다고 제안한다.[7] 하지만 그들이 그렇게 극도로 조심했음을 다른 방법으로 더 설득력 있게 설명할 수도 있을 것이다. 장성한 두 사람이 아버지의 나체를 덮어드리려고 어둑어둑한 장막 안으로 들어갈 때 뒷걸음하여 들어감으로써 극도의 존경을 보였는데 어째서 이렇게 행동하였을까? 그들은 아버지와 함께 오랫동안 살면서 틀림없이 어느 때에는 그가 벗은 몸으로 있는 것을 본 적이 있었을 것이다. 그런데 어째서 그들은 그렇게 극도로 조심스럽게 행동하였을까?

이와 같은 그들의 행동은, 그들의 형제가 실제적으로 성적인 행동으로 아버지를 더럽혔다고 결론을 내려야 가장 잘 설명될 수 있을 것이다. 아버지는 자기 아들에게 굴욕을 당한 후에 아직도 노출된 몸으로 누워있었다. 이러한 이유 때문에 그들은 정상적인 상황에서보다 훨씬 더 조심스러운 태도를 보여야 한다고 느꼈던 것이다. 자신들의 형제의 행동에 대하여 크게 수치심을 느꼈기 때문에 셈과 야벳은 아버지의 수치를 가려드리려고 그의 장막으로 뒷걸음쳐서 들어갔던 것이다. 조금 전에 자신들의 형제가 모욕적 행동을 저질렀기 때문에 그들은 아버지가 계신 쪽을 힐끔 처다보는 것조차도 자제한 것이다.

---

6 일반적으로 함이 자기 아버지의 나체를 단순히 바라보는 것 이상의 죄를 범했다는 생각을 거부하는 주석가들은, 노아가 자기 아들이 그에게 무슨 일을 했는지를 어떻게 알게 되었는지 설명하기를 거절한다. 카수토는 이렇게 말한다. "그가 어떻게 알았는지 우리에게 알려지지 않았다. 그리고 성경이 서술하지 않는 것을 제안함으로써 결정하려는 시도는 불필요하다. 저자의 목적에는 그것이 중요하지 않기 때문이다." Cassuto, ibid., p. 164. 본문 서술에 대한 이러한 논법은 오히려 불충분해 보인다. "노아는……그의 작은 아들이 행한 일을 알아냈다"라고 한 NIV는 성경의 표현 이상의 번역을 한 것이다. 본문은 다만 "노아는 ……그의 아들이 행한 것을 알았다"라고 진술할 뿐이다.

7 카수토는 이렇게 말한다. "만일 몸을 가려드린 것이 적절한 처사였다면, 함의 못된 행동은 바라보는 것에 한정된다." Cassuto, ibid., p. 151. 참조. Wenham, ibid., p. 200. 스파이저는 진술하기를 그 용어는 노출과 관련되며 "그리고 반드시 성적 범죄를 내포하는 것은 아니다"라고 했다. E. A. Speiser, *Genesis: Introduction, Translation, and Notes* (AB; Garden City: Doubleday, 1964), p. 61.

요약하자면, 함의 죄는 자기 아버지에 대한 성적 학대거나 혹은 희롱일 수 있다. 그러나 더 가능성이 높은 해석은 함이 성적인 죄, 아마도 자기 아버지의 벗은 몸을 단순히 "보는" 것보다 훨씬 무거운 죄를 범했다고 보는 해석이다.[8]

II. 왜 함 자신이 아니라 그의 아들이 저주를 받았는가?

노아가 이때 말한 내용에는 인간이 발설한 첫 번째 저주가 들어있으며 아주 멀리까지 그 결과가 미치는 말들도 포함되어 있다. 첫째로, 가나안은 히브리 어법으로 가장 천한 노예를 가리키는, "종들의 종"이 되리라고 진술되었다(창 9:25). 그리고 가나안은 그의 형제들의 종이 될 것이라는 사실이 연속되는 세 구절에서 세 번 반복되었다(25~27절). 한 걸음 더 나아가, 가나안은 그의 두 형제에게 종이 될 것인데, 먼저는 일반적으로(25절) 그 다음은 구체적으로(26~27절) 그렇게 될 것이라고 명백하게 진술되었다.[9] 그러나 어째서 함 자신이 아니라 함의 아들이 저주를 받았는가? 그리고 하필 어째서 이 아들인가?

이 질문들에 대하여 다음과 같이 몇 가지 가능한 대답을 제시할 수 있을 것이다.

(1) 만일 함의 죄가 부모의 권위에 대한 일종의 반역이었다면, 함 자신이 아니라 함의 아들이 저주를 받은 사실에 대해 다음과 같이 설명할 수 있을 것이다. 이로써 함은 자기 자신이 저지른 죄에 상응하는 심판을 경험하게 될 것이다. 그도 자기 아버지를 반역하여 저지른 것과 같은 종류의 반역 행위를 견뎌내야만 할 것이다.

(2) 가나안에게 내린 저주는 가나안 자신이 범한 죄 때문이었다고 말할 수도 있다.

---

8 함이 저질렀다고 제안된 모든 죄를 다음과 같이 결합시킬 수 있다. 한 주석가에 의하면 "함은 아마도 그의 아버지의 나체를 불순하게 바라봄으로써, 우리가 무엇인지는 알지 못하는 행동을 함으로써, 그러고 나서는 그 버릇없는 행동을 두루 퍼뜨림으로써 그를 모욕한 것으로 묘사되었다"는 것이다(D. Atkinson, *The Message of Genesis 1~11: The Dawn of Creation* [Leicester: Inter-Varsity, 1990], p. 169).

9 히브리어 lāmô는 단수이거나 복수일 수 있다: "그에게" 혹은 "그들에게" 종이 될 것이다(참조, Cassuto, ibid., p. 167). 어느 경우에든지 셈과 야벳 양자 모두에게 종이 될 것이 암시되었다.

그래서 비평학자들은 아버지에게 죄를 범한 자로서 함보다는 오히려 가나안이 연관되도록 본문을 수정하여야 한다고 제안한다.[10]   그러나 이 난제를 이렇게 편리하게 해결하려는 방법은 원문상의 뒷받침이 부족하여서 실패하고 만다.

(3) 함의 아들 가나안은 그가 앞으로 범할 죄 때문에 저주를 받았다고 제안할 수 있을 것이다. 가나안이 받은 저주는 아버지가 그의 이름을 택해서 지어줄 때에 이미 예견된 바라고 제안한 바가 있다. "가나안"은 히브리어로 "몸을 굽히다" 혹은 "복종하다"라는 동사에서 파생했을 수 있다.[11]   이런 이름의 호칭은 그가 당할 저주를 예견하는 것으로 이해할 수 있다.

성경은 아버지의 죄들이 그의 자손들에게도 미칠 것이라고 말씀한다(출 20:5). 그렇다면 함의 아들들은 양쪽에서 저주를 받을 수도 있다. 하나는 아버지에게 내리는 심판으로 인해서, 다른 하나는 아버지의 죄가 그 아들의 삶에도 미치게 된다는 사실에 비춰볼 때 그럴 수 있다.[12]   창세기의 다음 장을 보면 이렇게 이해하는 것이 타당함을 확인해 준다. 민족들의 이름이 수록된, 이 유명한 창세기 10장의 목록에는 가나안의 후손들이 "소돔과 고모라와 아드마와 스보임"에 거주했다고 명백하게 진술되었다(창 10:19). 여기서 요단 평야에 있는 도시들을 언급한 이 구절은 의도적인 것으로 보이는데, 이는 그 도시들이 그들의 "남색" 때문에 파멸되었기 때문이다.   이처럼 아버지의 사악한 죄는 가나안 계열을 통해 태어나는 그의 후손들에게 반영되었다. 이러한 관점은 또한, 창세기 15장에서 아브라함의 후손은

---

10   참조, Von Rad, ibid., p. 135. 웬함(Wenham)은 특별히 언급하기를 벨하우젠(Wellhausen)에서 부터 폰 라드에 이르기까지 수많은 주석가들이 텍스트가 본래 "가나안이 그의 아버지의 벌거벗은 몸을 보았다"로 되어 있다고 제안해 왔다. 그러나 문제에 대한 이 교묘한 해결안을 뒷받침할 원문상의 증거가 없다는 사실에 추가해서, 성경은 노아가 셈, 함 그리고 야벳의 아버지이지 결코 셈, 가나안 그리고 야벳의 아버지는 아니라고 한결같이 말하고 있다.

11   C. F. Keil and F. Delitzsch, *Biblical Commentary on the Old Testament* (Grand Rapids: Eerdmans, n. d.), p. 156.

12   앳킨슨은 말하기를 "한 사람(함)의 죄들이 뒤를 잇는 후대들(가나안)에게 방향을 정해줄 수 있다"고 했다. Atkinson, ibid., p. 170. 동일한 맥락에서 카수토는 이렇게 말했다. "가나안 족속은 함의 죄들 때문이 아니고 그들 자신이 함처럼 행동했고, 그들 자신의 범죄들 때문에 저주와 속박을 받게 되었는데, 이 은유에서 그것들은 함이 저지른 죄들과 유사하다. Cassuto, ibid., p. 155.

아모리 족속(가나안 족속의 일부)의 죄악이 아직 관영하지 않았기 때문에 약속의 땅 밖에서 사백년을 유리해야 한다고 하나님께서 아브라함에게 말씀하신 사실과 부합될 것이다(15:13,16). 그러므로 가나안에 대한 저주가 온전히 실현되려면 가나안 족속들의 사악함이 가득 찰 때까지 기다려야 할 것이다. 한 주석가는 이렇게 말했다.

> 가나안 족속의 성적인 타락상은 자주 그들의 종교적인 섹스 파티들과 연관되어 있는데, 그런 것들은 하나님의 백성이 피해야할 행위로서 열거되었다. 레위기 18:3에서는 '너희는…… 가나안 땅의 풍속과 규례도 행하지 말라'고 말씀하셨다. 그리고 나서는 여호와의 백성의 삶과 일치하지 않는 성적인 악행들의 목록이 이어진다.[13]

따라서 이 견해가 가장 권장할만한 것으로 보인다. 아무튼, 노아의 세 아들 모두와 연관하여 언급한 이 말씀들은 예언적인 맥락에서 선포되었다. 복을 받은 자는 셈의 계열이고, 야벳의 후손들은 셈의 장막에 거할 것이라고 했다. 비슷한 방식으로, 함 자신이 아니라 함의 아들의 후손들 혹은 더욱이 함의 아들 가나안이 궁극적으로 그 저주를 경험하게 될 것이다.

함의 아들 가나안에게 임한 이 저주를 생각할 때, 주목해야 할 점은, 이 본문에서는 심판 못지않게 은혜가 중요한 역할을 한다는 사실이다. 왜냐하면 함의 자손 모두가 저주를 받은 것이 아니기 때문이다. 함의 자손들 중에서 하나만 저주를 받았다는 이 사실은, 타락하고 죄 된 종족에게 베푸신 하나님의 은혜가 풍성함을 나타낸다. 비록 모든 인간이 하나님의 진노와 저주를 받아 마땅하나, 하나님께서는 은혜롭게도 각 나라와 종족 과 민족 가운데서 수많은 사람들이 그것을 면하도록 결정하셨다.

III. 이 본문은 정치적-인종적 맥락에서 이해해야 하는가? 혹은 구속사적인 맥락에서 이해해야 하는가?

이렇게 해석학적으로 더 넓게 물어보아야 이 본문이 우리에게 주는 의의(意義)를

---

13 Atkinson, ibid., pp. 169-70.

바르게 이해하는 데 도움을 얻을 수 있다. 역사의 긴 세월동안 어떤 해석자들은, 흑인이 함의 후손이기에 하나님께 저주를 받았다고 생각해왔다. 북아프리카 어느 나라의 선교사 한 분이 전한 바에 의하면, 현지인들은 성경의 이 본문대로 자신들이 저주를 받았다고 묘사하였다고 한다. 그래서 그들은 다른 민족들이 자신들을 지배한 것은 피할 수 없는 운명의 결과였다고 결론을 내렸다는 것이다. 또한 북미의 역사에서도 이 본문을 이용하여 흑인을 노예로 삼는 것을 정당화하였다는 사실은 잘 알려져 있다.[14]

아주 분명한 사실은 이 본문과 연관하여 어떤 해석학적 관점을 취하는가가 매우 중요하다는 점이다. 노아가 한 말들을 정치적-인종적으로 해석해야 할 것인가 혹은 구속사적으로 해석해야 할 것인가? 즉 노아의 말들은 세속적 관점에서 어떤 민족들과 나라들이 여러 세기에 걸쳐서 서로 관계를 맺어가는 방식들을 예견한 것인가? 혹은 이 예언적 말씀들이, 하나님께서 죄의 저주에서 사람들을 구원하시려고 계획하신 구속적인 프로그램에 참여하게 될 변수(變數)들의 윤곽을 보여준 것인가?[15]

우리가 이 대안들을 생각해보면, 이 본문은 순수하게 또는 원리적으로 정치적-인종적 의미에서, 특히 그것을 새 언약 시대와 연관될 때에, 해석될 수는 없을 것 같다. 왜냐하면 저주의 본질 자체를 볼 때 이 본문은 구속사적 관점에서 해석되어야 하기 때문이다. 여기에서 말하는 저주는 단순히 정치적으로 노예가 되는 저주가 아니다. 이와는 달리 본문이 말하는 저주는 하나님의 구속사역에서 떨어져나간다는

---

14 창 9:25~27을 북미 흑인들의 노예화에 적용한 사실에 대한 유익한 개괄은 L. R. Bradley, "The Curse of Canaan and the American Negro," *CTM* 42/2 (February 1971): 100-10을 보라.

15 본문과 연관된 흥미로운 요약은 J. Skinner, *A Critical and Exegetical Commentary on Genesis* (ICC; Edinburgh: T. & T. Clark, 1930), p. 186에서 찾아볼 수 있다. "세 개의 요점이 확정되었다고 간주할 수 있을 것이다: 셈은 히브리인들 자신들이 속한다고 간주하는 집안이다; 가나안은 팔레스타인의 이스라엘 이전 주민들을 나타낸다; 가나안이 셈에게 종살이한다는 것은 적어도 가나안 족속이 이스라엘에 의해 왕국의 초기에 종속되었음을 **내포한다**." 비록 본문으로부터 확실시되는 것을 더 이상 이끌어낼 수 없음을 고집하면서도, 스키너는 이 조항들에서조차 본문은 이스라엘 역사의 놀랍고 간결한 진술을 내포하고 있다고 인정했다. 만일 이 말씀이 이러한 역사를 수백 년 앞서서 예견한다는 것을 받아드린다면, 그것은 과연 놀라운 일이고 그 기원에 있어서 반드시 신적일 수밖에 없다. 그러나 분명히 이러한 대안을 고려하지 않으면서, 스키너는 본문의 연관성의 충분한 설명들을 거부하고 아주 불가지론적 방식으로 결론을 내리기를 "셈과 야벳의 이름들을 어떤 역사적 연관성 가운데서 실제로 발견하지 않는 한, 가장 만족스러운 추측들일지라도 결코 문제의 해결에 영향을 줄 수 없을 것이다"라고 했다(ibid., p. 187).

의미의 저주이다. 언약의 주님께서 노아의 후손들의 어떤 이들에게는 하나님이 되셔서 그들의 삶에 복을 내리실 것이지만, 동시에 노아의 후손들의 다른 이들은 이 동일하신 하나님에 의해 저주를 받을 것이다.[16]

더욱이 그 이후의 성경 기록들을 보면 정치적-인종적 계열이 너무나 많이 교차되고 뒤섞이기 때문에, 이 본문을 원칙적으로 국가나 종족의 근거에서 해석하기는 불가능하다. 셈, 함, 야벳 계열을 광범위하게 추적해보면, 다소 흥미로운 결론이 나타난다. 우선 첫째로, 구약성경에서 셈 족속이 모두 다 하나님의 복을 받은 백성 가운데에 포함되지는 않았다는 사실에 주목해야 한다. 그러나 다음 두 장(창 10~11장)에서는 셈 계열의 어떤 아래 계열이 하나님의 구원의 목적과 연관되었음을 주목해야 한다. 이처럼 구원의 목적과 연관된 것은 셈 계열 모두가 아니라 에벨의 가족이고 그 다음에는 데라의 가족이다. 이와 같이 하나님 자신에게로 한 민족을 구속하시려는 하나님의 언약의 특별한 복을 받은 것은, 셈 족속 가운데서 에벨 가족이고 에벨 가족 가운데서 데라 가족이고 마지막으로 데라 가족 가운데서 아브라함의 자손이다. 더욱 나아가서, 아브라함의 육신의 후손들마저도 모두 다 하나님의 구원의 복을 받는 것이 아니다. 하나님께서 야곱에게는 구속적 사랑을 표현하시지만 그의 쌍둥이인 에서에게는 그냥 지나쳐 버리신다(창 25:22~23).

이와는 반대되는 관점에서 볼 때, 아브라함과의 언약은 처음부터, 셈 족속이 아닌 자일지라도 아브라함의 신앙을 받아들이고 할례의식을 받으면 온전한 자격을 갖춘 이스라엘 사람이 될 수 있다는 점을 매우 분명히 했다. 창세기를 주석한 유대인 주석가는 이렇게 언급했다.

[할례]를 받는 외국인은 누구나 아브라함을 자기 선조로 영접한 것이고 이스라엘 사람이 된 것이다.[17]

---

16 폰 라드(Von Rad, *Genesis*, p. 137)는 비록 이 본문이 메시아적 의의를 갖고 있다는 것을 부인하면서도 그 본문을 구속사적 문맥에서 설명한다(ibid., p. 138). 그는 이 일이, 가나안 족속이 자신들의 타락함을 내보이고 이스라엘은 하나님의 총애를 받은 사실이 드러난 후에 제시됐다고 본다. 그는 노아의 아들들에 대한 노아의 "예언적 말씀들"을 언급하지만, 그는 자신의 의향을 따라 텍스트를 수정해서 "함"대신에 "가나안"을 대치하고 "셈"은 실제적으로 "이스라엘"에 관한 언급이라고 생각한다. 비록 그는 이 명칭이 "구약에서는 사실 단수(單數)"라고 인정하면서도 말이다.

그리고 같은 주석가가 아래와 같이 더 언급했다.

> 사실 이스라엘 민족은 순수한 혈통이라는 개념을 알지 못하기에 타민족 사람이
> 종족이 다르다는 이유로 이스라엘 사람이 되지 못한 적이 없다. …… 이방 출신인
> 사람을 이스라엘 사람이 되게 만드는 것은 할례이기 때문이다(출 12:48).[18]

이제 셈에게서 시작하는 이 계열과 짝을 이루는 새 언약 파트너에 대해 생각해보면,
그 파트너는 그리스도 안에 있는 모든 신자들이다. 이는 그들을 아브라함의 후손이
며 따라서, 먼 옛날 셈의 계열에게 주신 복까지 거슬러 올라가는 하나님의 모든
구원 약속들의 상속자로 간주해야 한다는 사실이 분명하기 때문이다. 이 사실에
대해 바울은 다음과 같이 아주 명확하게 말하였다.

> 만일 너희가 그리스도께 속한 자면, 그러면 너희[복수, 유대인과 이방인들이 마찬가지로]는
> 아브라함의 자손[단수]이요, 약속대로 유업을 이을 자니라(갈 3:29. 저자의 영어 역).

셈족이기 때문이 아니고 이스라엘 사람이기 때문도 아니라, 그리스도를 믿으므로
그리스도에게 속하게 된 유대인들과 이방인들이 되었기 때문에, 이들은 셈의 계열
에 속한 복을 받는 것이다. 이처럼 분명히 복을 받는 계열은 기본적으로, 정치적이거
나 인종적 공동체와 연관된 것이 아니라, 모든 나라들 가운데서 믿음으로써 구세주
와 연합된 백성으로 이루어지는 것이다.

다음으로 야벳의 계열을 생각해보도록 하자. 이 계열의 시초는 창세기 10:2∼5에서
전개되었다. 야벳 족속은 누구인가? 일반적으로 그들은 오늘날 인류 중에서 비(非)
셈 족속이며 비유대인인 이방 세계에 속한 자들로 생각되고 있다. 그러나 야벳의
후손들이 이방 세계의 전체를 대표할 수는 없다. 이는 셈족이지만 아브라함 계열에
속하지 않은 어떤 사람들도 이방인으로 간주되기 때문이다. 게다가 함의 후손들도
역시 이방 세계 에 포함시켜야 하기 때문이다. "이방인"이란 본질적으로 아브라함

---

17 E. Jacob, *The First Book of the Bible: Genesis* (NY: KTAV, 1974), p. 115.
18 Ibid., p. 233.

과 그의 계열에서 나오지 않은, 세상의 모든 민족들을 언급하기 때문이다.

이 예언의 말씀은 하나님께서 야벳을 "창대하게 하사" 야벳이 셈의 "장막에 거하게"하실 것이라고 한다(창 9:27). 그가 "창대하게 된다"(yapt')는 이 복을 발음할 때, 노아는 야벳(yepet, 역자 주: '예페트'가 아트나흐 액센트에 의해 yāpet가 된 것은 창 10:1의 '야페트'를 참조하라)의 이름에 근거하여 언어유희를 한 것이다. 야벳이 셈의 장막에 거한다는 언급은 얼핏 보면 소유물을 평화롭게 공유한다는 뜻인 듯이 보일 수 있다. 그러나 성경의 다른 곳에서는, 사울의 통치 때에 이스라엘 백성들이 하갈 사람들을 정복하여 길르앗 전역에 걸쳐서 "그들의 장막에 거하였다"라고 했다(대상 5:10). 따라서 이러한 표현은, 이스라엘이 하갈 사람들을 정복함으로써 그들의 모든 복을 소유하게 되었다는 의미한다. 이처럼 비슷한 형식으로 노아의 예언은 야벳 족속이 역사의 과정 속에서 셈의 장막에 들어감으로써 언약의 주님의 복을 차지하게 될 것을 시사한다.[19] 이렇게 정복으로써 그들은 복의 상속자들이 될 것이다.

이 예언이 이어지는 이스라엘의 역사에서 성취되었음을 찾아내려는 수고가 수없이 되풀이되었다. 이를테면, 블레셋 족속이 크레타(Crete)에 와서 이스라엘에 속한 영토를 차지하였는데, 이것을 야벳의 후손들이 셈의 장막에 거하게 될 것이라는 예언의 성취라고 제안하기도 하였다.[20] 그러나 이 가설은, 블레셋 족속이 함의 후손으로 분류된다는 사실(창 10:14)로 인하여 무너진다. 부정적인 비판을 가하는 비평학계가 여차하면 '그럴 수도 있다'며 마치 신앙처럼 믿는 그 가능성을 뛰어넘어서 우리가 확실하게 말할 수 있는 사실은, 구속적 영역에서 언약의 주님께서는 마침내 노아의 아들들에게서 나온 모든 인종들로부터 자신에게로 한 백성을 이끌어내시리라는 사실이다. 모든 나라들의 발전에 관한 내용을 담고 있는, 이 광범위하고 포괄적인 예언은, 세상 도처에 퍼져 있는 이방 세계로부터 나아온 비(非)유대인들마저도 예수 그리스도를 통해서 제공된 복들을 공유하게 될 날을 예견하고 있다(엡 2:11 ~ 13; 3:6 참조). 그래서 노아가 예언한 말씀에는 야벳이 창대케 되리라는

---

19 앗킨슨(D. Atkinson, ibid., p. 170)은 조심스럽게 질문 형식으로 이 가능성을 제시한다. "여기에……언젠가는 '외부사람들'까지도 하나님의 백성 가운데로 기쁘게 맞아들일 수 있다는……암시가 있는가?"

20 참조, Von Rad, ibid., p. 134.

내용이 들어있는 것이다. 따라서 옛 언약에 속한 이 예언은, 하나님의 복들을 '셈'이라는 한 종족에게 국한시키기커녕, 새 언약 시대를 특징짓는 넓고 포괄적인 하나님의 구원 사역을 예견하고 있는 것이다. 예수 그리스도께서 말씀하신 바와 같이, 하나님의 나라가 침략을 당하고, 침략하는 자가 힘으로 그 나라를 취할 것이다.[21] 이런 방식으로 야벳의 후손들은 정복함으로써 셈의 장막의 복에 참여하게 된다.

하지만 야벳 족속 모두가 셈의 하나님과 이런 복된 관계에 들어가는 것은 아니라는 사실을 인식해야 한다. 궁극적으로, 오직 믿음으로써만 이방 세계의 일부가 셈에게 선포된 복에 들어오게 된다는 사실이 명백해졌다.

이 계열들의 계보가 복잡하다는 사실을 통해 우리는, 노아의 아들들에게서 나온 인류를 이렇게 분류하는 것이, 비록 옛 언약의 맥락 안에서는 어느 정도 인종적 패턴을 따라 이루어졌지만, 지금도 계속해서 인종적 계열에 따라 이루어질 수는 없는 것임을 알 수 있다. 특히 옛 언약에서 이렇게 선포한 예언이 새 언약에서 성취되었다는 사실을 볼 때, 인종적 이거나 정치적 측면으로 그 예언을 억지로 해석해서는 안 된다. 오히려 이 예언의 말씀은, 구원역사에서 인류를 향하신 하나님의 목적들과 연관된 원리들을 광범위하고 포괄적으로 개괄하고 있다. 그러나 이러한 다양한 연관 관계들은 어떤 구체적인 정치적-인종적 계열들을 따라 좁게 정의할 수는 없는 것이다.

끝으로, 함의 계열을 생각해 보라. 함은 너무나도 자주 하나님에게 저주받은 계열로 간주되었다. 함의 후손들 가운데 북아프리카의 거주자들인 애굽인과 에티오피아인은 포함되었을 가능성이 있다(창 10:6~20 참조).

그러나 창세기 9장에서, 함이 저주받은 인물이 아님을 아주 분명하게 진술한다. 그 대신에 저주를 받은 자는 함의 아들 중 하나인 가나안이었다. 분명히 말해서, 가나안 계열의 특성이 미래에 어떻게 발전할는지를 예견하는 일은 어떤 인간적 방법으로도 알 수 없다. 오직 하나님의 성령만이 노아를 지도하셔서 이 예언을

---

21 참조 마 11:12 "세례 요한의 때부터 지금까지 천국은 침노를 당하나니 침노하는 자는 빼앗느니라."

선포하게 하셨을 것이다.[22]

저주받은, 함의 아들 가나안의 계열을 추적할 수 있는 데까지 해보면, 그의 정치적-인종적 계열은 팔레스타인의 거주자들에게까지 이른다. 그 다음 장인 창세기 10장에 기록된 나라들 목록에서 이 사실을 아주 구체적으로 지적한다.

> [15]가나안은 장자 시돈과 헷을 낳고 [16]또 여부스 족속과 아모리 족속과 기르가스 족속과 [17]히위 족속…… [18]……을 낳았으니 이후로 가나안 자손의 족속이 흩어져 나아갔더라. [19]가나안의 경계는 시돈에서부터 그랄을 지나 가사까지와 소돔과 고모라와 아드마와 스보임을 지나 라사까지였더라(창 10:15~19).

이 목록에서 인물과 장소가 가나안 땅과 연결된 사실이 아주 명백히 드러난다. 가나안이라는 땅 이름은 그곳에 가나안의 후손들이 거주하였다는 사실에서 유래되었다. 여호수아에 의해 가나안 족속이 멸망한 것은 이 예언의 주요한 성취로 이해해야 한다. 그러나 이 저주에 흑인종이나 아프리카 사회가 포함되지 않았다는 사실은 아주 명백하다.

한 번 다시 주목해야 할 점은, 함 자신이 아니라 함의 아들들 중의 하나가 저주받았다는 것은 함의 다른 아들들을 아끼신 하나님의 은혜를 보여준다는 사실이다. 동시에 분명한 사실은, 가나안에 대한 저주가 가나안 족속의 각 사람을, 궁극적으로 셈의 계열을 지나서 아브라함에게 이른 구속의 복들을 경험하는 데에서 제외시키지 않았다는 점이다. 가나안 족속 중에서 구속의 첫 열매는 이스라엘의 하나님을 믿는다고 고백한 가나안 기생 라합과 그 가족이다. 라합은 자신의 온 가족과 함께 하나님의 언약백성에 포함되었고, 궁극적으로는 메시아에게 이르는 후손의 직계(直系)에 포함되는 특권을 얻게 되었다(수 2:8~13; 6:25; 참조. 마 1:5). 이처럼 한 가나안 여인을 메시아의 계열에 들여온 것은, 다윗 왕과 그의 모든 후손들은 물론 예수 그리스도 자신까지도 혈통으로는 가나안 사람으로 간주해야 함을 의미한다. 그러니까 저주받은 가나안의 계열로부터 약속된 구세주께서 오신 것이다. 이것 이외의 다른 방법으로는 죄 많은 인류 전체에게 미치는 하나님의

---

22 참조. J. Calvin, *Commentaries on the First Book of Moses Called Genesis,* vol. 1 (Grand Rapids: Eerdmans, 1948), p. 306.

은혜를 이렇게 극적(劇的)으로 생생하게 보여줄 수는 없을 것이다. 인류 가족의 모든 식구들에게까지 이 우주적인 복을 베푸시기 위해, 구세주 자신께서 저주받은 자, 즉 사람들 가운데서 "종들의 종"이 되셨다. 바울이 지적한 바와 같이 예수 그리스도께서 자기를 비어 스스로 종의 본질을 취하셔서(빌 2:7), 가나안에 대해 말씀하신 원래의 저주의 값을 온전히 담당하셨다.

가나안에 대한 이 저주의 다른 한 편에는 셈에 대한 복이 있다. 본문에서는 사실 "셈을 찬송하리로다"[원문에서는 '찬송하리로다'가 아니라 '복 받으리로다'이다. - 역자 주]가 아니라 "셈의 하나님, [언약의] 주님이 복 받으시리로다"라고 말한다(창 9:26). 이렇게 복은 셈이라기보다는 오히려 셈의 언약의 주님에게 선포되었다.23 언약의 주님께서, 함의 행동에서 드러난 바대로 인류가 타락으로 물들어있음에도 불구하고, 셈의 계열을 유지하시는 은혜로 인하여 칭송을 받으신 것이다. 그러나 셈도, 주님께 선포된 복의 반사(反射)를 통해 그 복을 향유하게 된다.24 이처럼 은혜로우신 언약의 주님께서 셈의 하나님이시라면, 셈도 틀림없이 큰 복을 받은 것이다. 이 하나님의 모든 능력이 셈과 그의 후손들을 위해 역사하기 때문이다.25

그러나 이미 시사한 바와 같이, 언약의 주님과의 관계에서 생기는 이 복들은 셈 족속의 독점적 소유물이 아니다. 그 복들은 또한 야벳의 계열과 심지어 가나안의 계열의 후손들에게까지 미친다.

이와 같이 셈의 복 안에 함의 아들 가나안의 후손들도 포함된다는 것은, 가나안이 받은 저주가 그것이 어떤 것이든지 간에 하나님의 구원의 은혜를 받는 일에

---

23 멜기세덱이 아브라함의 하나님에게 선포한 복(창 14:20)과 모세가 갓이라는 인물보다는 "갓을 광대하게 하시는" 자이신 하나님에게 선포한 복(신 33:20)을 비교하라.

24 셈에게라기보다는 주님에게 선포된 복을 주목하면서, 한 주석가는 다음과 같이 잘 지적했다. "그것은 셈이 하나님께 무엇을 보태드리기 때문이 아니다. 만일 하나님이 복을 받으신다면, 하나님께서 셈 안에서 행하신 일과 세상에 미치는 그 일의 의미 때문이다. H. G. Stigers, *A Commentary on Genesis* (Grand Rapids: Zondervan, 1976), p. 119.

25 이미 지적한 바와 같이, 언약의 하나님을 나타내는 이름[여호와]은 오직 셈에게 선포된 예언의 말씀과 연관해서만 사용된다. 하나님의 이 특별한 이름에 관한 의도적 암시가 셈(shēm, "이름"을 뜻함)의 이름에 내포되어 있다. 창 11:10~32에서 발견되는 바와 같이, 셈의 계보 바로 다음에 나타난 구원 계열의 이야기는 동일한 이름에 대한 암시로써 시작한다.: "[언약의 하나님] 여호와께서 아브라함에게 말씀하셨다"(12:1). 참조. Kidner, ibid., p. 104.

가나안 족속 모두를 제외시키지는 않는다는 사실을 분명하게 보여준다. 환언하면, 또한 어떤 가나안 사람들은 셈의 장막에 들어가서 예수 그리스도 안에 있는 구원의 복을 받는 것이다. 이처럼 새 언약의 성취는, 모든 종족과 언어와 혈족과 민족으로부터 오는, 아무도 셀 수 없을 만큼 많은 무리에게 구원의 복이 임한다는 사실을 강조한다. 따라서 분명한 것은 가나안 족속 모두가 셈의 복에서 제외되었다고 말할 수 없다는 사실이다.

이러한 관찰을 통해서 우리는, 가나안이 받은 저주를 순전히 정치적-인종적 계열에 따라서 해석하는 것은 성경 텍스트를 완전히 오해하고 잘못 적용한 것임을 알게 되었다.26 그리고 "세대가 거듭되더라도 인간 사회의 기본은 새 세대가 옛 세대를 존경하는 관계여야 한다는 점을 인정해야만 인간의 경험은 건전할 수 있다"27 는 것을 이 본문의 주요 목적과 취지라고 보는 것은, 본문의 메시지를 정당하게 다룬 것이라고 할 수 없다.

구약의 모든 계시의 경우에서와 마찬가지로, 이 예언은 실체를 그림자의 형태로 보여주는 것이기에 그림자가 갖는 제한성을 지닌다. 그러기에 비록 이 예언의 폭넓은 윤곽들을 통해 이후의 역사를 예견할 수는 있지만, 이 예언을 딱딱하고 고정된 방식으로 적용할 수는 없다. 특히 옛 언약 시대에서 새 언약 시대로 바뀜에 따라, 동일한 정치적-인종적 의미들조차도 유지될 수 없다. 왜냐하면 이제는 셈 계열에게 선포된 복들을 가장 풍성하게 소유하고 있는 이들은 야벳 족속과 함 족속(가나안 족속을 포함해서)이기 때문이다.28 동시에 셈 족속에 속한 사람들이,

---

26 키드너(D. Kidner, *Genesis*, p. 104)는 말하기를 "저주는 함 족속의 한 지류에만 국한되었다. 그렇기 때문에 일반적으로 함의 민족들이 하급 인생이 될 운명이라고 간주하는 사람들은 구약과 또한 신약을 오해한 것이다. 가나안 족속이 이스라엘에게 정복된 것도 역시 그 예언을 충분히 성취한 것일 수 있다(수 9:23; 왕상 9:21)."

27 C. Westermann, *Genesis 1~11: A Commentary* (London: SPCK, 1984), p. 494.

28 이 본문을 분석한 현대의 어떤 유대인이, 이 예언의 말씀이 메시아적인 문맥에서 완전히 성취되었다는 사실을 부인하는 입장을 취했다는 것은 어느 정도 이해할 만하다. 제이콥에 의하면, 셈의 장막에 야벳이 들어간다는 것은, "야벳이 셈의 하나님을 믿는 신앙으로 개종한다는 것인데 이것을 메시아적 소망으로 이해해서는 안 된다"(B. Jacob, *Genesis*, p. 69)고 한다. 하지만 그는 그 다음 페이지에서 설명하기를, 이 예언에 의해 셈은 노아와, 주님을 믿는 믿음이 계속 살아있게 하는 아브라함과의 연결고리라고 한다. 그리고 이것이 "그 이야기에서 가장 중요한 사상" (ibid., p. 70)이라고 한다. 만일 아브라함에게서 찾아 볼 수 있는 가장 큰 의미가 메시아를 탄생시키는 것이라고 한다면, 이 예언에 의한 셈에서 아브라함까지의 연결에는 주된 요인으로서 메시아적인 의미를 가져야만 한다. 만일 노아의 아버지가 "여인의 후손"(창 5:29; 참조 3:15)에 관한 약속에 근거하여 자기 아들에게 땅의 저주로부터 구원될 기대를 걸 수 있었다면, 노아 자신도

함 족속(가나안 족속을 포함해서)에 속한 사람들과 야벳 족속과 더불어, 이제는 믿음으로써 하나님의 참 줄기에 접붙여지고 있기 때문이다(롬 11:5,23).

이와 같이 이 예언은 하나님의 구원 목적과 연관하여 나라들의 역사에 대하여 주목할 만하게 넓고 큰 윤곽을 제공해 준다. 그러나 그림자와 같은 옛 언약의 관점과 새 언약의 성취라는 실체를 구별해야만 한다. 새 언약의 관점에서 볼 때, 셈의 후손들에게서 시작된 복음이 이제는 가나안 족속을 포함한 모든 나라들에게 선포되고 있다. 그래서 누구든지 믿음으로 반응하는 자는, 셈의 하나님을 자신들의 하나님으로 삼게 되는 이 복된 상태로 편입된다. 그러나 하나님께서 사백년 동안 참으셨는데도 끝까지 회개하지 않았던 팔레스타인의 가나안 거민들과 똑같은 심령을 내보이는 나라들과 민족들과 개인들은 모두 다, 여호수아 시대에 가나안 땅의 거민들 위에 내리신 똑같은 저주를 받을 것이다. 언약의 주님이신 셈의 하나님에게서 소망을 찾지 못하는 이들은 불가피하게 하나님의 심판에 완전히 굴복할 수밖에 없다.(*)

확실히 그 동일한 첫 약속에 근거하여 자기 아들에게 메시아에 대한 기대를 걸 수 있었을 것이다.

5
얍복 강가의 야곱, 브니엘에서의 이스라엘[*]

알렌 피 로쓰
(Allen P. Ross)

1. 들어가는 말

어찌해서 수많은 하나님의 백성들이 그들 자신의 노력으로 하나님의 복을 받으려고 시도하는 것인가? 놀라운 기회나 도전할 만한 힘든 일에 직면할 때에, 성도들에게는 문제들을 손수 처리하고, 자신들의 마음대로 어떤 수단 방법이라도 써보려는 경향이 있다. 이 모든 일에 있어서 파렴치하고 기만적 행동들을 하면서 일시적 흥미까지 느낄 수 있는데, 특히 절망적 상황에서 그러하다.

야곱이 이와 매우 흡사했다. 그의 일생동안 그는 그럭저럭 잘 지내왔다. 그는 그의 어리석은 형을 교묘하게 두 번이나 속였는데, 장자권을 확보하고 축복을 확보함으로 그렇게 했다. 그리고 그는 결국 라반을 능가하는 솜씨로 부자가 되어 떠나오게 되었다. 확실히, 이것은 하나님께서 복 주신 또 하나의 징표이다. 그는 다만 이따금씩 이 모든 일들을 통해 하나님께서 역사하셨다는 것을 깨닫곤 했다. 그러나 결국에는 그는 이 사실을 얍복 나루에서의 야간 격투에서 가장 생생하게 깊이 인식하게 되었다.

얍복 강가에서 야곱은 정체불명의 인물과 날이 샐 때까지 씨름해서 그에게 이겼다. 비록 야곱이 절름거릴 정도의 타격은 받았으나, 일단 자신의 공격자가 초자연적 존재라는 것을 알아차린 그는 끝까지 버텨서 축복을 받고야 말았다(창 32:22~32, 원문은 23~33). 이 축복이 하나님께서 족장 야곱을 "이스라엘"로 개명하시는 전조(前兆)가 되었다. 그러자 야곱은 그 장소를 "브니엘"이라고 부름으로써 답례했다. 하지만 그 사건을 겪고 나서 그가 절뚝거리게 되었기 때문에, "이스라엘 사람들"이 음식 금기(禁忌)법을 지키게 되었다.

이 이야기를 고대 신화와 비교하면서 궁켈(Gunkel)은 이 이야기의 모든 특색들 즉 신적 존재에 의해 밤에 공격을 받는 것, 거기에 내포된 신비한 사건, 강가라는 위치, 일대일의 격투 등이 그 이야기의 높은 질을 확립한다고 이해한다.[1] 이 비범한 요소들이 분명히, 하나님께서 인간들을 다루시는 고대 기록들과 조화를 잘 이룬다. 확실히, 이렇게 비범한 내용들이 기록되어서, 독자에게 즉시 다음과 같은 여러 질문들이 떠오를 것인데, 아마도 그것들의 더러는 만족스러운 답을 얻을 수 없을 것이다.[2] 그 신비한 공격자는 누구였는가? 왜 그는 야곱과 겨루었으며, 왜 그는 그 족장을 이길 수 없었는가? 왜 그는 날이 새는 것을 두려워하는 듯이 보였는가? 왜 그는 야곱의 환도 뼈를 쳤는가? 왜 그 음식 금기법이 모세 율법에 포함되지 않았는가? "이스라엘"이라는 이름의 의미는 무엇인가? 이 전승(傳承)의 중요성은 무엇인가?

폰 라드(Von Rad)는 그 의미를 알려고 조급하게 추구하거나 그릇된 기대를 갖는 것에 대해 경고한다. 왜냐하면 그는 다른 많은 이들과 같이, 그 기록을 형성하고 해석하는 데에 기나긴 전승이 내포되었다고 확신하기 때문이다.[3] 텍스트의 현재 형태를 이해하기 위한 더 중요한 시도들 즉 해석들에 관한 개관을 보면 난제들이 많다는 것을 잘 알 수 있을 것이다.

2. 여러 해석들

---

* 본 논문에서 저자가 창 32장의 절 순서를 마소라 텍스트를 따라 기록하지 않았으므로, 그 순서는 우리말 성경과 동일하다. 마소라 텍스트의 창 32:1은 우리말 성경의 창 31:55이다. 따라서 히브리 원문은 창 32장이 1~33절로 되어 있다 - 역자 주.

[1] H. Gunkel, *Genesis* (Göttingen: Vandenhoeck und Ruprecht, 1917), p. 361. 궁켈은 이런 특징들이, 종교적 이야기의 어떤 형태 즉 그 이야기에서는 영웅들이 신과 싸운다는 형태의 독특성이라는 것을 알고 있다. 그 이야기의 고대성에 관한 그의 관찰은 이런 관련에서 이해해야 할 것이다.

[2] 슈미트(N. Schmidt)는 지적하기를, 본문은 관습들과 전통들에 관한 어떤 의문점들을 답하려고 의도되었다고 한다. 하지만, 더 면밀히 읽어보면, 다른 많은 문제점들이 부각된다고 한다("The Numen of Penuel," *JBL* 45[926]: 265).

[3] G. von Rad, *Genesis: A Commentary*, trans. J. Marks (London: SCM, 1972), p. 319.

몇몇 해석가들은 제안하기를, 이것은 꿈 이야기이라고 한다. 요세푸스(Josephus)가 이것을 꿈으로 이해하는데, 그 꿈속에서 환영(幻影, pantasma)이 소리와 말을 활용했다는 것이다.[4] 로셔(Roscher)도 근본적으로는 그와 같은 생각을 갖는다. 그러나 그는 그것이 부화(incubation)의 경우처럼, 호흡기관들의 장애에 의해 야기되어, 마치 고대에 인간들이 '판 에피알테스'(Pan Epialtes)와 싸우는 것과 같은 생생한 꿈을 연출한다는 것이다.[5]

다른 이들은 그 이야기를 은유적으로 해석한다. 필로(Philo)는 여기에서 문학적 용어들로 나타낸 영적 갈등 즉 영혼이 자신의 악덕 및 정욕과 싸우는 것을 발견한다.[6] 야곱의 공격자는 로고스(Logos)이시라고 한다.[7] 야곱의 미덕이 한 때 절름거리게 되었다고 한다. 이 은유적 접근법은 부분적으로 알렉산드리아의 클레멘트(Clement of Alexandria)가 받아들였다. 클레멘트는 그 공격자가 로고스이시라고 말했다. 그러나 그 로고스는 그 씨름에서 이름이 알려지지 않은 채로 있었는데, 그 이유는 그 로고스가 아직 육신으로 나타나지 않았기 때문이라고 그는 이해했다.[8]

제롬(Jerome)을 필두로 해서 많은 이들이 본문을 길고 간절한 기도를 묘사하는 것으로 이해했다. 슈미트(Schmidt)는 움브라이트(Umbright)의 견해를 아래와 같이 전한다. 전능자와 겨룬다는 개념에 대한 반응으로서, 움브라이트는 이 견해를 확대시켜, 그것은 신적 임재 속의 묵상, 죄의 회개, 용서와 갱생에 대한 열망 그리고 영적 교제에 대한 갈망 등을 내포한 기도라고 말한다.[9]

하지만 유대인의 문학은 실제적 격투가 그 이야기의 핵심에 있다는 것을 인정한다. 랍비 하나나(R. Hama b. R. Hanina)는 말하기를, 그것은 실제로 투쟁이었다고

---

4 Josephus, *Antiquities,* 1. 331.
5 W. H. Roscher, "Ephialtes," *Abh. d. phil.-hist. Classe d. k. Sachsischen Ges. d. Wissenschaften* 20 (1906). 이것은 Schmidt, "The Numen of Penuel," p. 263에서 인용했음.
6 Philo, *Legum allegoriarum,* 3. 190.
7 Philo, *De mutatione nominum,* p. 87.
8 Clement of Alexandria, *Paedagogus,* 1. 7. 57.
9 Schmidt, "The Numen of Penuel," p. 263.

한다. 그러나 그것은 에서(Esau)의 천사와 벌인 투쟁이었다.[10] 라쉬(Rashi)도 이 설명을 따랐고, 유대 신비교의 정경인 조하르(Zohar 170a)는 에서의 군대장관이 천사 사마엘(Samael)이라고 그 이름을 밝혔다.

본문이 비평적 분석의 대상으로서도 역시 문젯거리임이 드러났다. 슈미트(Schmidt)는 다음과 같이 설명한다.

> 통례적 기준은 더 이상 통하지 않는다. '여호와'라는 성호는 전혀 나타나지 않으며, 이스라엘로 개명된 영웅의 입술에서조차 나오지 않는다. 온통 '엘로힘'이 나타난다. 그러나 통상적으로는, 성호 '여호와'를 사용하는 저자에게 있어서까지도 불가능하지 않았을 정도였는데, 그토록 나타나지 않는다. 분석에서 일반적으로 의존했던 용어들과 숙어들이 결정적이지 못함을 보여준다.[11]

그 결과로, 비평학자들 간에는 의견의 일치가 거의 없었다. 크노벨(A. W. Knobel), 딜만(A. Dillmann), 델리취(Friedrich Delitzsch)와 로셔(W. H. Roscher)는 본문을 E 문서(문서설의 '엘로힘' 자료들)로 배당했다. 그리고 데 베테(W. M. L. De Wette), 훔펠트(H. Hupfeld), 퀴넨(A. Kuenen), 슈투더(G. Studer), 벨하우젠(J. Wellhausen), 드라이버(S. R. Driver), 스키너(H. Skinner), 카우취(E. Kautzsch), 프록크쉬(O. Procksch)와 아이히로트(W. Eichrodt)는 본문을 J 문서로 배당했다. 이들 중에 더러는 창세기 32:23과 29절을 E 문서로, 그리고 32절은 주석자의 것으로 배당했다. 뮐러(W. Max Müller)는 주요 등장인물들의 위장(僞裝) 때문에 문서 자료상에 혼동이 생겼다고 애써 설명했다. 그는, 25a의 어법이 모호한데, 벨트 아래를 친 반칙 펀치는 야곱이 날린 것으로 되었어야 했다고 주장한다. 그렇다면, 호세아 12:4("천사와 겨루어 이기고 울며 그에게 간구하였으며……")에 기록된 울음은 천사의 울음이었어야 했다는 것이다(Meyer의 견해). 요컨대, 이러한 해결책들은 그 기록이 오랜 전승 속에서 개정작업을 거쳤다는 제안에 근거를 둔 것이다.

궁켈(Gunkel)은 그 이야기 자체 내에서, 오래된 이야기에 관한 두 개의 교정본들

---

¹⁰ *Midrash Genesis* 77. 3.

¹¹ N. Schmidt, ibid., p. 267.

이 합쳐졌다는 증거를 찾아내 보여주려는 시도를 했는데, 그 내용은 다음과 같다.

(1) 25a는 타격에 의해 허벅지 뼈가 어긋났다고 수록되었으나, 25b에서는 그 일이 씨름할 때에 우연히 발생했다고 암시한다. (2) 26~28절은 개명하는 것이 축복이라고 제시하나, 29절은 공격자가 야곱을 축복했다고 선언한다. (3) 28절은 야곱이 승리한 것으로 나타나나, 30절은 그가 도피하여 생명을 보존했다고 기록한다.[12]

이렇게 팽팽한 난제들과 "여호와"의 이름이 그 이야기에 나타나지 않는 점 때문에 현대 비평학자들은, 야곱 이야기에 적용했을 법한 이야기 즉 신들이 영웅들과 겨루는 고대 신화의 이야기를 찾아내려고 시도해왔다. 후레이저(J. G. Fraser), 벤넷(W. H. Bennett), 궁켈(H. Gunkel), 키텔(R. Kittel) 등은 그것이 강의 신에 관한 옛 이야기인데, 그 원수인 일신(日神)이 햇빛으로 강물을 (특히 여름에) 줄게 했다고 한다. 환언하면, 히브리 전승은, 그 누구도 건너지 못하게 하려한 얍복이란 이름을 가진 강의 신에 관한 옛 신화에 근거한 "순전히 만들어낸 이야기" 였다는 것이다(슈미트). 브니엘은 강의 신의 신전이었다고 한다.[13]

그 신은 또한 가나안 땅의 신인 엘(El)신과 동일시되었다. 매켄지(Mckenzie)는 제안하기를, 야곱의 이야기는 한 때 그 "인물"이 확인되었던 옛 가나안 신화를 따랐다고 한다. 야곱이 그 이야기와 결부되나, 그렇게 이름을 지녔던 가나안 신은 고의적으로 이름 없는 존재로 전락되어 신비로운 존재로 대체되었는데,[14] 그는 "여호와"이거나 또는 그렇지 않을 수도 있다고 그는 주장한다. 매켄지는 제안하기를, 이것이 애매해진 것은, 그러한 행동들을 "여호와"께서 하셨다고 하기를 주저했기 때문이라고 한다. 그 이후에, 그 역할은 에서의 천사와 같은 신인(神人)의 중간적 존재들의 몫이 되었다고 한다.

그러나 그 이야기가 그런 어떤 고대 신화에서 점차적으로 발전했다고 말하는

---

12 다른 한편으로, 그러한 팽팽한 문제들이 그럴 듯하게 조화될 수 있다. 즉 25b는 25a의 자연적 결과일 수 있고, 이름을 지어주는 것은 축복의 증표이고, 승리는 인간적 방책들의 무능력함(절름거림)을 내포할 수 있다.

13 N. Schmidt, ibid., p. 269.

14 J. L. McKenzie, "Jacob at Penuel: Gen. 32:24~32," *CBQ* 25 (1963): 73.

것은, 이스라엘 역사에 있어서 매우 중요한 점을 크게 약화시키는 것이고, 기존하는 팽팽한 난제들도 전혀 해결하지 못한다. 게빌쯔(Gevirtz)는 텍스트에 관한 공시적 (共時的) 연구를 지정학적(地政學的) 중요성과 결부시키면서 더 건설적 접근 방법을 제공해 준다.

> 본문은 단순히, 야간의 귀신, 강의 신령 혹은 강을 건너는 것을 방해하는 지역 수호신과 겨룬다는 것, 그리고 거기에다 제의적 관심사에 관한 "이차적" 내용들이 첨가된 하나의 민속전승을 채용하거나 적용한 것에 불과하다고 해서 일축해버릴 수 있는 것이 아니다. 본문은 오히려 야곱이란 이름으로 그들의 시조가 된 그분의 후손이라고 주장하는 백성에게 뚜렷하고 독특한 의미를 지니는 것으로 이해되어야 한다. 야곱이 어디에서 언제 그리고 어떻게 이스라엘이 되었는가 하는 것은 이스라엘 사람인 저자나 그의 청중에게 관심사가 아닐 수는 없다.[15]

야곱의 비범한 체험에 관한 이 고대 전승은 이스라엘 백성들을 위해 기록되었는데, 이는 그 족장의 생애에 관한 사건들이 이스라엘 역사에서 발생한 사건들 즉 이 경우에는 땅에 관한 축복을 받는 사건들을 예견하거나 예시하는 것으로 이해되었기 때문이다.

3. 본문 분해

(1) 관찰 사항들

몇 가지 관찰 사항들이 그 이야기의 해석의 방향을 우리에게 제시해 준다.

첫째, 지정학적 배경이 중요하다. 씨름을 한 사건이 약속의 땅 입구에서 발생했다. 야곱은 에서로부터 축복을 빼앗으려고 씨름을 하다가 그를 피해 떠난 이후 줄곧 그 땅 밖에 있었다.

둘째, 그 이야기를 하나로 묶어주는 요소는 개명 즉 야곱을 이스라엘이 되도록 만든 데에 있다. 그 새 이름은 단순히 옛 이야기에 첨가된 것이 아니라, 그 옛

---

[15] S. Gevirtz, "Of Patriarchs and Puns: Joseph at the Fountain, Jacob at the Ford," *HUCA* 46 (1975): 50. 이러한 제안들에 대한 게빌쯔의 반응이 도움이 되기는 하나, 그 자신의 해석은 다소 공상적이다. 이에 관해서는 아래에서 언급하게 될 것이다.

이야기로써 새 이름을 설명한 것이다.

셋째, 그 이야기는 브니엘이라는 지명과 연결되어 있다. 브니엘(창 32:30), 마하나임(창 32:1~2) 그리고 숙곳(창 33:17) 등의 지명들은 야곱이 가나안으로 돌아오면서 각각 지었고 또 어원 설명도 했기 때문에 그 이야기에서 중요하다.

넷째, 그 이야기는 이스라엘 자손들을 위한 음식 금기법과 연결되었다. 이 금기는 하나의 사건의 근거 위에서 형성된 관습이었으나, 율법의 일부는 아니었다. 전승 속에서 그 사건은 그 금기를 만들어내고 또 설명도 했다.

(2) 본문의 중요성.

그 이야기의 주제는 씨름이다. 그 누구도 다른 것을 제시하지 않는다. 하지만, 그 이야기를 야곱에 관한 일련의 이야기의 문맥과 동떨어져서 연구할 수는 없다. 그 관련성은 용어들의 언어유희에 의해 즉시 강화된다. 우선 야곱(ya'āqōb)이란 이름, 얍복(yabbōq)이란 장소, 그리고 그가 씨름한(wayyē'ābēq) 행동 등이 그러하다. 이렇게 유사음의 용어들이 독자의 관심을 끈다. "야곱"이란 사람이 "얍복"을 건너 복지에 가기 전에, 그는 겨루어야 한다. 그는 또다시 그의 상대자를 딴죽걸려고 시도했다. 왜냐하면, 그 시점에서 그는 자신과 일대 일로 겨루기를 원하는 어떤 사람과 마주쳐서 그 시합에 억지로 걸려들게 되었기 때문이었다. 호켈만 (Fokkelman)은 이렇게 말한다.

> 야곱에게 있어서, 같은 인간의 발꿈치를 걸어 넘어뜨리는 것('āqab) 은 극단적 결과를 초래했다. "사람"과 씨름하는 일('ābaq)은 야곱에게 있어서 그의 일생에 가장 충격적 체험이었다. 그 사실은 그가 그 이후에 일생을 통해 이름이 바뀌고 따라서 성품도 변화된 사람으로서의 삶을 진행하고, 그 새 이름하에 그는 "이스라엘 백성들"의 족장이 된 사실에서 밝히 드러난다(이 사실은 31절[영어성경은 30절]에 기록된 야곱 자신의 고백에서 더 강하게 나타난다).[16]

라일(Ryle)은 지적하기를, 야곱이 입은 신체적 장애는 영적 승리의 기념, 그리고

---

16 J. Fokkelman, *Narrative Art in Genesis* (Assen, Amsterdam: Van Gorcum, 1975), p. 210.

하나님께서 인간을 대면하실 때에 그 위기에 처한 인간 능력의 나약함에 대한 상징으로서의 역할을 한다.[17]

(3) 본문의 구조.

그 이야기에 기록된 사건으로 인하여 두 개의 이름이 새로 나타나는데, 하나님께서 야곱을 개명하신 "이스라엘"과, 이스라엘이 그 장소에 붙인 이름인 "브니엘"이다. 그리고 분명히 이 이름들에게는 하나님의 축복 때문에 새로운 지위가 반영되었다. 그러므로 그 기록의 모든 요소들은, "이스라엘"이라는 이름을 부여하는 사건을 향하여 나아간다. 또한 "브니엘"이란 이름을 부여한 일도, 야곱이 이해한 것처럼, 그 대결 전체가 의미심장한 사건임을 드러내준다.

이 본문의 구조를 유익하게 분석한 글에서, 발테(Barthes)는 이름을 바꾼 일을 다음과 같이 평가한다.[18]

1. 이름을 밝히라는 요구   야곱의 응답(27절) 결과 -- 이름 바꿈(28절)
   하나님이 야곱에게(27절)
2. 이름을 밝히라는 요구   간접적 응답(29절) 결과 -- 결정
   야곱이 하나님에게(29절)   이름 바꿈 -- 브니엘(30절)

이 병행적 배열이 도움을 준다. 야곱이 공격자에게 직접적으로 한 응답이 자신의 이름이 "이스라엘"로 개명되는 결과를 초래했다. 그러나 그 공격자의 간접적 응답은 야곱으로 하여금 그 장소를 "브니엘"이라고 이름 짓게 하였다. 이는 하나님께서 그("이스라엘")와 대면("브니엘", penî'ēl···pānîm 'el ⁻pānîm - 역자 주)해서 겨루셨다는 것을 깨달았기 때문이었다. 한 이름은 하나님께서 야곱에게 주셨고, 다른 이름은 야곱이 여호와께 복종하여 지었다.

이 내용은 서언과 결어를 포함하여 세 부분으로 나눌 수 있다. 이 세 부분에서,

---

17 H. E. Ryle, *The Book of Genesis* (Cambridge: At the University, 1914), p. 323.

18 R. Barthes, "La Lutte avec L'Ange," *Analyse structurale et Exégese Biblique*, by R. Barthes, F. Bovon, F. J. Lâeenhardt, R. Martin-Achard, & J. Starobinski, *BT* (Neuchatel: Delachaus et Niestlé Éditeurs, 1971), p. 35.

첫 부분(사건, 24b~25절)은 둘째 부분(축복, 26~28절)을 위한 준비이고, 셋째 부분(평가, 29~30절)은 앞의 두 부분을 반영하고 있다.

4. 본문의 이야기

(1) 서언(32:22~24a)

이 도입 구절들에서는 야곱과 그의 가족이 얍복 강을 건너는 것을 기록하고 있다. 22~32절은 가나안으로 야곱이 돌아오는 그 중간의 내용을 제공해 주기 때문에,[19] 이 구절들 전체가 하나의 단위이고 따라서 각 부분도 그렇게 다루어야 한다. 첫 절인 22절은 온 부족이 강을 건너는 것에 관해 요약적으로 진술한다. 이어서 그 도강(渡江) 이야기는 23~31절에서 발전해나간다. 23절이 그 이야기를 도입하고, 31절이 그것을 마무리한다. 야곱이 그의 가족을 건너보내고, 그가 그들과 다시 합류할 사이에 씨름과 축복 사건이 발생했다.

야곱이 홀로 남은 데(24a)에 대해서는 설명이 없다. 어떤 제안에 의하면, 그는 에서를 만나기 전에 밤을 새워 기도할 의도였다고 한다. 이 제안은 그 씨름에 대한 은유적 견해와 조화를 이루는 셈이다. 하지만 그보다는 오히려 야곱이 에서와의 마주침을 예상하고 있었고, 그리하여 그는 그 땅에서 자신의 터를 확립하기 위해 밤에 강을 건너기 시작했음직하다.[20] 그가 밤에 어떤 사람과 마주칠 것을 예상했는지 아니면 그런 일을 당한 것뿐인지는 말하기 힘들다. 만약 야곱이 뒤에 남아서 모두 안전하게 건넜는지를 확인하려 했다면, 그가 당면한 사건은 완전히 불시에 그에게 닥친 일이었다.[21] 그가 홀로 있을 때에, 그는 어떤 사람에게 공격을 받았다. 그래서 그는 꼼짝없이 그와 겨룰 수밖에 없었다.

여하간 그 이야기는 야곱을 강 한쪽에 격리시켜놓으려고 장황하게 진술한다. 그의 계획들은 그 이야기에 있어서 무관하다. 요점은 그가 홀로 있었다는

---

[19] J. Fokkelman, ibid., p. 211.

[20] 얍복 강은 Wadi ez-Zerka로서 "파랗다"는 뜻이니 즉 산에서 흐르는 맑은 하천이다. 그것은 그 땅의 변경에 있다.

[21] Ibid.

데에 있다.

(2) 싸움(32:24b~25)

히브리 원문으로는 다만 세 문장이 그 싸움을 다루기 위해 사용되었다. 그것에 관한 아무런 상술이 없는데, 이는 그 겨룸은 다만 가장 중요한 부분인 그 대화에 대한 서론에 불과하기 때문이다. 하지만 이 싸움은 실제적이고 몸으로 하는 것이었다. 딜만(Dillmann)은 말하기를, 그가 절름거린 것은 그 싸움이 실제 세계에서 일어난 육체적 사건이었음을 보여준다고 했다.[22] 밤에 이스라엘이 절름거리며 살아남은 것에 대한 기념으로 음식 금기법을 제정하게 된 것은 그 사건이 현실에서 일어난 실재임을 입증해 준다.

씨름을 묘사하려고 사용한 동사는 '아바크'('닢알'형)이다(wayyē'ābēq, "그리고 그가 씨름을 했다"). 그 단어는 희귀하여, 오직 여기 24절과 25절에만 나타난다. '아바크'('ābaq)라는 명사가 "먼지"를 뜻하기 때문에 이 지시동사는 아마도 "씨름할 때에 먼지투성이가 된다"라는 개념을 지니고 있는 듯하다. 스퍼렐(Spurrell)은 제안하기를, 그 단어는 '하바크'(ḥābaq, "껴안는다")와 연관 가능성이 있든지, 아니면 이것의 언어유희를 위해 생긴 변증법적인 변형일 가능성이 있다고 했다.[23]

마틴-아카드(Martin-Achard)는 결론을 내리기를, 이 희귀한 동사 '아바크'('ābaq)는 '얍보크'('얍복', yabbōq)와 '야아콥'('야곱', ya'ăqōb)의 유사음 때문에 선택되었는데, b/v와 k/q가 이야기의 초두에서 강한 두운(頭韻)을 형성한다고 한다.[24] 그 동사는 강의 이름을 가지고 하는 언어유희로서, 마치 "얍복"이 "씨름하는, 엉키는" 강이라는 의미인 "야아보크"와 같다고 말하는 것처럼 말이다.[25] 그 언어유희는 강의 이름을 활용하여 그곳에서 여태까지 일어난 적이 없는 가장

---

[22] A. Dillmann, *Genesis, Critically and Exegetically Expounded*, trans. B. Stevenson, 2 vols. (Edinburgh: T. & T. Clark, 1897), 2:281.

[23] G. J. Spurrell, *Notes on the Text of the Book of Genesis*, 2d ed. (Oxford: At the Clarendon, 1906), p. 282.

[24] R. Martin-Achard, "Un Exégète Devant Genesis 32:23~33," *Analyse structurale et Exégèse Biblique*, p. 60.

[25] 궁켈은 다음과 같이 말한다. '예아베크'(yē'ābēq)는 여기와 26절에만 나타나는데, 얍복이란 이름의 설명을 찾기에는 암시적이고 비약적이다"(*Genesis*, p. 326).

중요한 사건에 대해 영구적으로 생각나게 하려는 것이다.

이 처소에서 "어떤 사람이 야곱과 씨름했다." '이쉬'('îsh)라는 용어는 여러 가지 해석들을 야기할 수 있다. 그것은 신비를 암시하나 밝혀주는 것은 전혀 없다.26 하지만 그 "사람"이 자신을 직접 밝히기를 거절하기 때문에 이 단어는 아주 적절하다. 그 단어 선택의 효과는 독자가 야곱의 상황으로 빠져든다는 데에서 나타난다. 야곱은 한 남성 적대자가 그에게 다가오고 있었다는 것만을 감지했다. 독자는 그 적대자의 정체를, 야곱이 그러했던 것처럼 그 사람의 말들과 행동들을 통해서 알게 된다.

그 싸움의 상대는 이중적으로 중요하다. 한편으로, 그 싸움이 밤에 있었다는 것이 흥미롭다. 어둠은 적대자의 정체를 감춰준다. 그가 동틀 때에 떠나가기를 원했다는 사실은, 그가 밤에 찾아오도록 계획했음을 알려준다. 후에 드러난 바와 같이, 만약 그 적대자가 대낮에 왔더라면, 야곱은 그 사람의 특별한 권위(29절)와 정체(30b)를 알아차렸을 것이다. 만약 야곱이 누구와 싸워야 했는지를 미리 알아차렸다면, 그는 아예 그 싸움을 시작하지도 않았을 것이고, 그의 특이한 고집으로 계속 물고 늘어지는 일은 더더욱 없었을 것이다.27

또 다른 한편으로, 그 씨름이 동틀 때까지 계속되었다는 사실은, 그 싸움이 길고 백중지세임을 암시한다. 따라서 요점은 그 적대자가 어떤 비상한 조치를 취하지 않고는 승리할 수 없다는 데에 있다.

그 긴 싸움의 전환점은 분명하다. 긴 백중지세의 싸움 후에, 그 사람은 야곱을 쳤다. "친다"(nāga')는 것은 실제로는 일격을 가한다는 것인데, 그는 야곱의 허벅지 관절을 어긋나게 했다.28 그러나 텍스트는 부드러운 용어(touched)를 사용하여 그것이 초자연적 활동이었음을 증명해 준다(사 6:7에서, 이사야의 입술에 "대다"를 참조하라).

---

26 J. Fokkelman, ibid., p. 213.

27 Von Rad, ibid., p. 320.

28 '야카'(yāqa') 동사는 분리 혹은 탈구(脫臼)를 내포한다. 그 단어는 비유적으로 렘 6:8과 겔 23:18에 사용되었다. '힢일'형에서는 형벌의 집행에 관한 모종의 형식을 나타내는데, 그 정확한 형식은 확실하게 알 수 없다. 삼하 21:6에 나타난 7인에 대한 처형은 목매어 달거나 말뚝으로 찌르는 형일 수 있다.

이 타격의 효과는 분명하다. 야곱은 이미 그의 적수가 되지 못했기 때문에, 그 적대자는 이 족장에 비해 불공평하게도 우월한 위치를 차지했다. 이제 다른 사람을 이용해먹을 것으로 기대할 만했던 그 자신이 적대자로부터 초자연적 타격을 받아 절룩거리게 된 것이다. 요컨대, 자신의 과거 수많은 경쟁자들에게서 겪었던 것처럼, 야곱은 이제 자신으로서는 전혀 준비되지 않은 상황에 부딪치게 되었다는 것이다.

(3) 축복(32:26~28)

그 타격은 야곱에게 뜻 깊었다. 이름 모를 적대자의 진정한 모습이, 물리적 어둠이 걷히기 시작하자 그에게 알려지기 시작했다. 그분은 인간사를 주장하시는 능력의 소유자가 아니신가! 그분은 "나를 가게 하라. 날이 새기 때문이다!"(저자의 번역)라고 말씀하셨다. 그러나 정도(正道)를 벗어난 투사에서 솔직 불굴의 투사로 변화된 야곱[29]은 축복을 받기 위해 그를 붙잡고 늘어졌다.[30] "당신이 내게 축복하지 아니하면 가게 하지 아니 하겠나이다"(26절)라고 그는 말했다.[31] 호켈만(Fokkelman)은 야곱의 특징을 다음과 같이 진술한다. "가장 처참한 상황에서, 그는 풍요해진 사람으로 나타나기를 원한다."[32] 야곱은 함축된 모든 의미를 알지 못했을지 모르나(그 이야기를 전개하는 사람은 확실히 알았을 것이다), 그는 축복의 근원을 알고 있었다.

야곱이 간청하던 축복은 바뀐 이름에서 나타난다. 그 적대자가 먼저 족장에게 "네 이름이 무엇이냐"(27절)라고 질문했는데, 의심할 여지없이 그것은 수사학적인 질문이었다. 질문의 목적은 옛 이름과 새 이름을 대조하는 데에 있었다. 우리가 이름의 의미를 기억한다면, 그 요점은 분명해진다. 고착된 성품, 삶의 고정적 패턴은 철저히 되돌려져야 하는 것이다! 자기 이름을 알려주면서 야곱은 자신의 본바탕을 밝혀야 했다. 이 이름은 적어도 이 이야기에서는 교활한 꾀로 남을

---

29 E. A. Speiser, *Genesis* (Garden City, NY: Doubleday, 1971), p. 255.

30 Von Rad는 제안하기를, 이것은 인성의 근본적 모습이라고 했다. 절망 상태에서, 야곱은 하나님께 매어 달려서 도움을 청했다(ibid., p. 321).

31 우리가 살펴야 할 것은, 그의 기도는 싸움이 끝난 후에 드려지기 시작했다는 점이다. 그래서 그 싸움이 간절한 기도를 가리킨다고 할 수 없다.

32 J. Fokkelman, ibid., p. 215.

속이는 자를 가리킨다. 여기에서, "발꿈치를 잡는 자"는 꼼짝없이 붙들려서, 그가 축복을 받기 전에 자신의 진정한 본바탕을 밝혀야만 했다.[33]

> 그가 이르되 "네 이름을 다시는 야곱이라 부를 것이 아니요 이스라엘이라 부를 것이니 이는 네가 하나님과 및 사람들과 겨루어 이기었음이니라"(28절) (저자는 "Not Jacob shall your name be called from now on …"으로 번역해서, 주어가 도치된 원문을 잘 드러냈다. 역자 주)

야곱의 이름이 개명된 것은, 그 공격자가 새 생명과 새 신분을 수여할 수 있는 권위를 가졌음을 나타낸다(왕하 23:34; 24:17을 참조하라).

"이스라엘"이란 이름의 의미는 무엇인가? 창세기 32:28과 호세아 12:3 두 곳 모두 그 이름의 의미를 "싸우다"라는 동사로 해석한다.[34] 그렇다면 "이스라엘"의 의미는 "하나님이 싸우신다, 하나님이여 싸우소서, 계속하소서"라고 정의할 수 있겠다.[35] 이처럼 창세기의 문맥에 근거해서, 그 동사는 싸움의 의미에서 이해해야 한다.

쿠트(Coote)는 창세기 32:28b(원문은 29b)를 분석하고[36] 결론을 내리기를,

---

[33] 야곱이란 이름은 아마도 "그가 지켜주시기를 원한다"이거나, 생략하지 않은 꼴인 '야코브-엘'(Jacob-el)은 "하나님이 지켜주시기를 원한다"일 것이다[M. Noth, *Die israelitischen Personennamen im Rahmen der gemeinsemitischen Namengebung* (Stuttgart: Verlag von W. Kohlhanmer, 1928), pp. 177-78. 역시 W. F. Albright, *From the Stone Age to Christianity* (Garden City, NY: Doubleday, 1957), p. 237, n. 51을 참조하라. 지켜준다는 것은 후위(後衛)를 지킴을 뜻하는데, 무리의 뒤에서 지켜준다는 것이다. 갓난아이에게 이름을 지어줌에 있어서(창 25장), 야곱의 어머니는 동생이 그의 형의 발꿈치를 붙잡은 것을 금방 연상할 수 있는 이름을 선택했다(ya'āqōb / 'āqab). 어쨌든 어머니는 그 쌍둥이에 관한 계시를 미리 받았기에, 그러한 비범한 일들이 발전해 나가는 것을 주목했을 것이다. 그러나 부모가 아기의 이름을 "꾀로 속이는 자(overreacher)" 혹은 "기만적이다"라고 지을 리가 없다. 하지만 야곱은 그의 생애에서 그의 형을 두 번 "딴죽 걸었다(tripped)." 그래서 에서는 그의 이름을 재해석한 것이다. "그의 이름을 야곱이라 부름이 합당하지 아니하니이까? 그가 나를 속임이 이것이 두 번째니이다(창 27:36, 저자의 번역). 그러한 사건들 이후에는, 그 이름의 의미가 속이는 자, 다른 사람의 발꿈치를 미행하다 딴죽 걸어서 부당한 이득을 취하는 자가 되어버렸다. 예레미야는 그 후에 "형제마다 야곱이다"(렘 9:4, 저자의 번역)라고 말할 정도였다(역자 주. 원문은 3절인데, 개역개정판은 "형제마다 완전히 속이며['āqōb ya'āqōb]"라고 하여 원문의 의도를 잘 나타냈다).

[34] R. B. Coote, "Hosea XII," *VT* 21(1971): 394.

[35] 다른 이름들의 유추에 의하면, yiśrā'ēl은 단축형으로서 "하나님이 싸우시게 하라"이거나, 단순한 미완료형으로서 "하나님이 싸우신다/싸우실 것이다"라는 뜻일 것이다(G. H. Skipworth, "The Tetragrammaton: Its Meaning and Origin," *JQR* 10[897-98]: 666). 역시 Th. Noldeke, "Personal Names," *Encyclopedia Biblica*, 3:3271-3307을 참조하라.

[36] R. Coote, "The Meaning of the Name Israel," *HTR* 65 (1972): 137.

(a) 음절의 운율은 8/8; (b) 병행법적으로 짝을 이룬 낱말들은 '싸라' // '야콜'(sārâ // yāqōl), '임' // '임' ('im // 'im)과 '엘로힘' // '아나쉼'('ĕlōhîm // 'ănāshîm) (c) 동사 어형변화의 접미사와 접두사의 고대 병행법이 있으며 (d) 배열은 교차적이다 ('싸라' // '투칼'[sārâ // tûkal]).37 이 마지막 단어는 문장을 묶기 위해 고립되었다 (아래는 저자의 번역):

카¯싸리타 임¯엘로힘(ky¯śryt 'm¯'lhym): 이는 네가 하나님과 싸웠고
웨임¯아나쉼 와투칼(w'm¯'nšym wtwkl): 그리고 사람들과, 그리고 네가 이기었다.

그러므로 어근 '싸라'(sārâ)는 '이쓰라엘'(yiśrā'ēl)을 설명하기 위해 사용되었는데, 그 발음이 같고, 같은 이야기에서 기인되었고, 그리고 그밖에는 그 용도가 흔하지 않기 때문이다.38 그리고 '야콜' 동사는 '싸라-'의 결과를 설명하기 위해 사용되었다.

따라서 그 이야기는 '이스라엘'(원어 발음은 '이쓰라엘'이다. - 역자 주)이란 이름이 "하나님께서 싸우신다"를 의미한다는 것을 나타낸다. 그것은 마치 '이쓰라 ¯ 엘'이라고 말하는 것과 마찬가지이다. 그 개념은 'YHWH 쩨바오트'라는 칭호와 유사하다.39 그러나 그 이름의 의미는 요소들의 삽입을 통해서 드러난다. 즉 "하나님께서 싸우신다"를 "네가 하나님과 싸웠다"는 표현에 의해 설명하는 것이다. 따라서 그 이름은, 승리와 성공의 보증이 되는 복을 움켜쥐게 된 사실을 나타내는 표어이며 그 사실을 기억나게 하는 것이다.40 궁켈(Gunkel)은 진술하기를, 그 이름의 의미에 관한 이 설명은, 그 민족의 본성이 불굴적이고 의기양양함을 보여주기 위해 자애롭게 자랑스럽게 사용되었다고 한다. 따라서 하나님의 도우심으로

---

37 C. Gordon, *Ugaritic Textbook* (Rome: Pontifical Biblical Institute, 1965), par. 1334. 역시 J. L. Kugel, *The Idea of Biblical Poetry* (New Heaven, CT: Yale University, 1981), pp. 19-23을 참조하라.

38 R. Coote, "Hosea XII," p. 394.

39 로벗슨 스미스(R. Smith)는 다음과 같이 진술한다. "이스라엘이란 바로 그 이름이 전투적이어서 '하나님(El)이 싸우신다'를 의미한다. 그리고 구약의 여호와는 만군의 여호와로서 이스라엘 군대의 여호와이시다. 여호와의 임재가 가장 분명하게 이루어진 것은 전쟁터에서였다 ……"(*The Prophecy of Israel* [Edinburgh: Adam and Charles Black, 1882], p. 36).

40 J. Skinner, *Genesis* (Edinburgh: T. & T. Clark, 1913), p. 409.

이스라엘은 전 세계를 대상으로 싸울 것이고 필요하다면 하나님 자신과도 싸울 채비가 되었다는 것이다.[41]

그러나 많은 이들이 이러한 설명에서 생기는 난제들로 곤혹스러워 한다. 첫째로, 만약 그 이름이 "하나님께서 싸우신다"를 의미한다면, 어떻게 야곱이 하나님과 싸운다고 거꾸로 말할 수 있는가? 그 이름은 셈어의 이름 형성의 근거에서 설명되어야만 한다. 그 결과로서 그 이름의 꼴은 네슬(Nestle)이 오래 전에 지적한 대로,[42] 미완료형 더하기 명사(주어)로 되어 있다. 따라서 '엘'(El)을 목적어로 하는 해석은 어떤 것이든지 그 이름의 형태학적 어원으로서 고려할 대상에서 제외된다.[43]

둘째로, '싸라' 동사는 매우 희귀해서 명확한 정의를 내리기가 어렵다. 그 동사는 오직 이 사건과 관련해서 나타난다. 그러나 '싸라'의 의미는 "겨루다"이고 "싸우다"는 아닌 듯하다. 하나님은 적수가 없으시기 때문에, 그러한 이름은 미증유(未曾有)이고 생각조차 할 수 없다.[44]

셋째로, 역본들은 '싸라'와 '싸라르'("통치하다")의 차이점을 전혀 이해하지 못하고 있다. 칠십인 역(LXX)은 enischusas, 아퀼라(Aquila)는 ērxas, 심마쿠스(Symmachus)는 ērxō, 그리고 벌겟역(Vulgate)은 fortis fuisti로 번역한다. 이러한 문제점은 호세아 12:4에 나타난 동사형 '와야싸르'(wayāśar)의 구독법에서 기인한 것으로 추적할 수 있는 듯하다. 그 꼴을 자음반복동사인 '싸라르'(śrr, Symmachus, Aquila, Onkelos)로 이해한 듯하다. 그 결과 역본들과 주석서들이 "통치하다" 혹은 "겨루다, 대항하다"(Josephus)라는 개념을 따르게 된 것이다.[45]

---

[41] "Es ist ein grossartiger und sicherlich uralter Gedanke Israels, es sei im Stande, nicht nur die ganze Welt mit Gottes Hülfe, sondern auch wo nötig Gott selber zu bekampfen und zu überwinden"(*Genesis*, p. 328). 궁켈은 1917년 판에서 이것을 다음과 같이 재천명했다. "왜냐하면, 그 자신이 하나님을 이길 수 없다면 그 어떤 원수도 압도할 수 없기 때문이다!"

[42] M. Noth, ibid., p. 208.

[43] W. F. Albright, "The Names 'Israel' and 'Judah' with an Excursus on the Etymology of Todah and Torah" *JBL* 46 (1927): 159. Nestle의 토론은 *Die israelitischen Eigennamen*에 실렸다. 물론 대하 29:12의 '예할렐렐(yᵉhallel'ēl)과 같은 예외가 있다.

[44] W. F. Albright, ibid.

[45] '이스라엘'의 모음 자체가 예상 밖인 것은 '레쉬'(ר) 밑에 '쉐와'가 예상되기 때문이다. 올브라이트는 헬라어 전통의 영향을 받은 2차적 발전이라고 제안한다(올브라이트는 M. Margolis, "The Pronunciation of the שׂוא according to New Hexaplaric Material," *AJSLL* (1909]: 66을 따른다). '쉐와'는, 후음(喉音)이 뒤따라올 때에 헬라어에서는 *a* 음을 받는다(Ισραηλ). 그래서 '쉐와'가 마소라 이전 시대에는 약한 후음

'이스라엘'의 어원에 대한 그 밖의 다양한 제안들이 있어 왔다.[46] 할달(Haldar)
은 제안하기를, 그 어근은 išr / 'šr("행복한")인 바, 그것이 가나안의 신 아세라
(Asherah)와 연관되었을 가능성이 있다고 했다.[47] 이 견해대로라면, 그 개명은
두 종교의 융합을 표시하는 것이라 하겠다.

야콥(E. Jacob)은 그 이름을 어근 '야샤르'(yšr, "올바른, 옳은")와 연결시킨
다.[48] 그는 이 개념에 대한 확증을 "여수룬"(신 32:15; 33:5; 33:26; 사 44:2)
즉 이스라엘에 관한 시적 호칭인 동시에 민족의 옛 노래모음집(수 10:13; 삼하
1:18)인 "야살의 책('세페르 하야샤르')의 글에서처럼 그 명사에서 발견한다. 야콥
(E. Jacob)에 의하면, 이것은 이스라엘의 책, 의로운 자, 하나님의 영웅이었을 수
있다고 한다.[49] 그러나 이 해석의 주된 문제점은, 그것이 마찰음 Ś(שׂ)을 Š(שׁ)으로
바꾸었다는 데 있다.

올브라이트(Albright)는, 그 이름이 '야싸르'(yaśar, "자르다, 켜다")에서 발전한
의미의 "치유하다," "하나님께서 치유하신다"에서 온 것으로 본다.[50] 그는 아랍어
의 wašara("자르다, 켜다"); 아카드어의 šararu("빛나다," šarru["왕"]을 참조하라);
그리고 에티오피아어의 šaraya ("고치다, 치유하다") 등을 가장 그럴듯한 어근들로
본다. 아랍어 어근 wašara와 관련해서, 올브라이트는 아랍어 어근 našara("소생시키
다, 회복시키다")가 I-Waw와 I-Nun 어근들의 형태상 혼합 때문에 그것과 동일시할
수 있을 것이라고 지적한다. 그는 주장하기를, 그 원래의 이름은 *Yaśir-'el인데,
그것은 동사 어간 '야샤르'(yšr)에서 기인하여 "치유하다"로 발전된 의미에서 그렇
다고 했다("치유하다"는 에티오피아어 šaráya와 아랍어의 wašara를 가리키는

앞에서 *a* 음색을 지녔다. 마소라 학자들은 아람어의 영향을 받아 개음절의 짧은 *a*를 '쉐와'로
약화시켰으나, 약화시키기에는 너무나 잘 확정되고 잘 알려진 두 이름 '이스라엘'과 '이스마엘'은
예외였다(W. F. Albright, ibid., p. 161).

46 세밀한 토론은 G. A. Danell, *Studies in the Name Israel in the Old Testament* (Uppsala: Appelbergs
Boktryckeri, 1946), pp. 22-28을 참조하라.

47 A. Haldar, "Israel, Name and Associations of," *IDB* (Nashville: Abingdon, 1962), p. 765.

48 "엘(El)은 옳으시고 의로운 분이시다"(E. Jacob, *Théologie de L'Ancient Testament* [Neuchâtel:
Delachaux et Niestlé Éditeurs, 1955], p. 155 [영어로는 p. 203]). 야콥은 말하기를, 창세기에 제공된
설명은 언어학적으로 불가능하다고 했다.

49 Ibid., p. 50.

50 W. F. Albright, ibid., p. 166.

našara의 동등화/교체에 의해 뒷받침됐다). 그는 다음과 같이 진술한다.

> 어간 yašar가 성경 히브리어에서 발견되지 않는 사실이 그 둘이 결합됐다는 것을 지지해
> 준다. 왜냐하면 그 어간의 사라짐이 그 이름의 의미가 그렇게 철저하게 잊혔다는 점을
> 설명해 줄 법하기 때문이다.[51]

쿠트(Coote) 역시 강한 자음을 sr(I-Yod, I-Nun, 한 쌍의 자음이 중복되었거나 III이 약한 자음)를 사용해서, 아카드어의 어근 wašaru를 선택하고, 자르기 > 결정하기 > 조언하기(아랍어 'ašara, "조언하다, 상담하다"와 mušîr, "조언자")의 의미론적 발전을 추적한다.[52] 그는 어근 ḥtk("자르다")가 "결정하다 혹은 결심하다"라는 의미로 발전한다는 데에 주목한다. 그의 생각은 ḥtk와 śry가 어근의 뜻이나 발전에서 병행적이라는 것이다.

쿠트는 이사야 9:6~7에서 확증을 발견하는데, 거기에 창세기 32장에서처럼, śar와 śry("왕"과 "정사[政事]"를 참조하라 - 역자 주)의 합류가 나타난다고 한다. 그는 결론을 내리기를, '이스라엘'이라는 이름은 "하나님(El)께서 심판하신다"를 의미하며, 그 어근은 yśr 혹은 śry이라고 한다. 그것은 법령을 내리시든지 심판을 하심(시 82:1)으로써 통치하신다는 의미를 지니고 있다는 것이다.

노트(Noth)는 그것을 셋째 자음이 약한 어간 '싸라'(śārâ)에서 이루어진 것으로 간주하고, "통치하다, 주인 행세를 하다"라는 뜻이라고 제안한다.[53] 이런 뜻에서, 하나님께서 이 세상에서 행동을 취하시고 특히 그 자신의 소유를 도우신다. 그렇다면, "이스라엘"은 "하나님께서 통치하실 것이다" 혹은 "하나님께서 통치하소서"라는 뜻이 된다고 한다.

이 셈어 어근들 중의 하나가 그 이름과 어원적으로 연관되었고, 그 이름이 한 때에는 "심판하다" 혹은 "치유하다"와 같은 그러한 의미이었을 가능성이 확실히 있다(이는 에블라[Ebla] 자료가 암시하는 바와 같이, 그 이름이 이 시기 이전에

---

51 Ibid., p. 168. 물론, 어근 '싸라-'("겨루다")가 희귀하다는 사실이 그 의미를 반대하는 이유이었다. 그러나 희귀성에 근거한 논조는 호소력을 상실한다.

52 R. Coote, "The Meaning of the Name Israel," p. 139.

53 M. Noth, ibid., pp. 191,208.

나타나기 때문이다).[54]   창세기에 나타난 통용적 어원은 그 이름의 중요성을 제공해 준다.[55]   그러나 이 외의 여러 제안들은 창세기 텍스트에 제공된 통용적 어원보다 더 유력하지 못하다. 그 단어가 희귀하다는 사실이 그것이 경쟁자로서 "겨루다" 혹은 "우열을 다투다"를 의미한다고 가정해서는 안 된다. 따라서 하나님께서 어떤 사람과 싸우신다는 개념은 확실히, 그 본문 자체가 문제가 되지 않는 것처럼, 더 이상 문제가 되지 않는다. 그리고 설명에서 강조("하나님께서 싸우신다"에서 "하나님과 싸운다"로)가 바뀌는 것은 통용적인 어원들의 성격 때문에 그렇다. 그리고 그 어원들은 그것의 의미를 표현하기 위해 그 이름의 발음이나 의미를 가지고 언어유희를 하는 것을 좋아한다.

그 이름은 그 싸움을 기억나게 해주는 역할을 한다. 그 이름("하나님께서 싸우신다")은 자유로이 해석해서 말하자면, 하나님은 야곱의 싸움 대상이시라는 것이다.[56] "이스라엘"이라는 이름을 들을 때에, 누구나 야곱이 하나님과 씨름해서 이긴 사건을 회상하게 될 것이다. 이 말들은 이스라엘 백성들에게 희망으로 가득하게 만들어주었다. 딜만(Dillmann)은 말하기를, 그 이후 내내 그 이름은 이스라엘 백성들에게, 야곱이 하나님과 성공적으로 겨루었을 때에 그는 사람과의 전투에서 승리했다는 사실을 말하고 있다고 했다.[57]   따라서 "하나님께서 싸우신다"는 이름과 "네가 이겼다"라는 통용적 설명은 미래의 싸움들을 위하여 중요한 의미를 갖는다.

(4) 야곱의 반응(32:29 ~ 30)

야곱은 그 후에 그의 적대자의 이름을 알아보려고 시도했다. 그 "사람"은 막강한

---

54 G. Pettinato *The Archives of Ebla* (Garden City, NY: Doubleday, 1981), p. 249.

55 통용적 어원들은 단어 간의 느슨한 연관에도 만족한다. 창 30:23~24에 나타난 요셉(yosēp, "그가 더해 주시기를 원한다")에 관한 설명에서처럼, 그것들은 정확한 어원인 경우가 드물다. 그것들은 가장 흔히 언어유희에 의해 느슨하게 연결된 소원이나 정서를 표현한다. 예를 들면, "셋"은 "그가 지명하셨다"라는 shāt, 시므온은 "그가 들으셨다"라는 shāma'로, 에브라임은 "그가 나를 열매가 풍성하게 하셨다"라는 hiprani 로, 레위는 "그가 나와 연합할 것이다"라는 yillāweh로, 유다는 "내가 찬양할 것이다"라는 'ôdēh로 설명되었다. 이따금씩, 그 통속적 어원은 완전히 다른 어근을 사용한다. 예를 들면, 야베스(ya'bēṣ)는 '오쩨브'('ōṣeb "고통")라는 단어, 그리고 르우벤은 "그가 나의 괴로움을 돌보셨다"라는 '라아 베온이'(rā'āh be'onyî로 설명한다. 그러한 통용적 어원들은 그 이름의 전문적 어원보다는 그 의미에 더 관심이 있다.

56 Von Rad, ibid., p. 322.

57 A. Dillmann, ibid., 2:279.

힘을 갖고 행동했고 권위 있게 말했다. 그는 야곱의 정체의 진상을 철저히 파악해버렸다. 그러나 그는 필멸(必滅)적 존재 같지가 않았다. 그래서 야곱은 그분의 이름을 알려고 애썼던 것이다. 그러나 대답은 경고적이었다. "너는 어찌 내 이름을 묻느냐?"(저자의 번역).

한편으로, 그것은 마치 그가 야곱에게 "생각해 보라. 그러면 그 답을 알 것이다!"라고 말한 것과 같다.[58] 그러나 다른 한편으로는, 자신의 이름을 야곱이 제멋대로 사용하도록 공개하기를 원하지 않았다. 성호는 요청에 의해 알 수 있는 것이 아니고, 헛되게 일컬어져도 안 될 것이다. 왜냐하면 그렇게 될 경우 그 이름이 주술적 조작 가능성에 방치될 것이기 때문이다.[59]

야곱은 신적 존재라고 알아차린 어떤 "사람"의 방문으로 만족해야만 했다. 야곱은 아브라함이 그러한 능력을 가진 "사람들"의 방문을 받았음(창 18장)을 상기했을지도 모른다. 롯 역시 밤에 그 사람들을 영접해서, 동틀 때에 생명을 건졌다(창 19장). 분명히 이것은 창세기에 나타난 여호와의 현현 방식이었다.

야곱은 하나님을 대면해서 뵙고 생명을 보존했기에 그 장소를 "브니엘"이라고 이름 지었다. 이것이 이 이야기의 기본 구조의 둘째 부분이다. 먼저, 하나님께서는 이름을 대라고 요구하시고 그의 이름을 바꾸어주셨다. 야곱이 그분의 신적 이름을 전해 듣지는 못했다. 그러나 그는 그 사건을 기념하기 위해 그 장소에 이름을 지었다. 그가 그 영역권은 소유했으나 그 영역을 뻗어나가게 할 수는 없었다. 그 장소의 이름을 근거하여 그가 언어유희를 한 것이 분명하다: 하나님을 "대면하여" 보고 그는 그 장소를 '브니엘' 즉 "하나님의 얼굴"이라고 이름 지었다.[60]

---

58 J. Fokkelman, ibid., p. 218.

59 A. S. Herbert, *Genesis 12 ~50: Introduction and Commentary* (London: SCM, 1962), p. 108.

60 여기에서 그 단어는 철자가 '페니엘'(pᵉnîʾēl)로 되어 있으나, 후에는 '페누엘'(pᵉnûʾēl. LXX은 '에이도스 데우')이 되었다. 결합시키는 모음인 '와우'(ו)와 '요드'(י)는 아마도 옛 격어미(格語尾)들인 듯하다(E. Kautzsch and A. E. Cowley, eds., *Gesenius' Hebrew Grammar*, 2d ed. [Oxford: At the Clarendon, 1910], p. 254, para. 900 그리고 Spurrell, *Notes on the Text of the Book of Genesis*, p. 284를 참조하라). 스키너(Skinner)는 제안하기를, 그 장소가 얼굴과의 유사점 때문에 그런 이름을 지녔을 가능성이 있다고 한다(*Genesis*, p. 410: Strabo는 그러한 'theou prosōpon'['하나님의 얼굴' - 역자 주] [16.2.15-16]이라는 베니게의 갑[岬. promontory]을 언급한다). 그렇다면, 그 이야기는 그러한 현상을 설명하려는 원인론적 이야기이라는 것이겠다. 그러나 오히려 그 이름은, 경험을 그 이름에 맞추려 하기보다는, 그 경험에 그 이름을 맞추기 위해 사용되었다고 보는 것이 옳을 것이다.

그 싸움은 야곱에게 충격적인 영향을 미쳤다. 하나님을 뵙는다는 것은 그 누구도 살아남을 수 없는 대단한 일이다(창 48:16; 출 19:21; 24:10; 삿 6:11,22; 13장). 그러나 그 "사람"의 출현은 족장의 생명보존을 보증해 주었다. 하나님께서는 야곱이 상상하기에 가장 가깝게 그에게 오셨던 것이다. 야곱은 외쳤다 - "내가 하나님과 대면하여 보았고 내 생명이 보존되었다"(창 32:10, 저자의 번역). 본문의 뜻은 "그럼에도 불구하고" 내 생명이 보존되었다는 것보다는 오히려 "그리고 내 생명이 보존되었다"(nāṣal)는 것이다. 그가 에서의 손에서 건져달라고 드린 기도(32:9~12)는 하나님에 의해 이렇게 얼굴과 얼굴의 대면과 축복으로 응답되었다.[61] 하나님을 "대면"하여 뵙는다는 것은, 이제 야곱이 에서를 똑바로 쳐다보게 되었다는 것을 의미한다.

(5) 결어(32:31~32)

31절은 그 이야기의 결론을 제공해 준다. 동이 트자 야곱은 절름거리며 브니엘을 떠나 건너편으로 갔다. 에발트(Ewald)는 말하기를, 그는 다친 허벅지 때문에 절룩거렸는데, 그것은 "마치 이전에 약삭빠른 야곱의 도덕적 본성에 들러붙었던 구부러진 본성이 이제는 다만 외부의 신체적 특징으로만 남았다"는 것과 같다고 한다.[62]

그 이야기의 마지막 절은, 이 사건 때문에 발전된 음식 금기를 설명하는 편집상의 주해이다. 야곱의 허벅지 관절이 상한 것이 "이스라엘 사람들"로 하여금 "오늘날까지" 둔부의 힘줄을 먹지 않게 했다. 이 법은 시내 산 법규의 일부를 형성하지 않는다. 따라서 어떤 학자들에 의하면, 그것은 그 이후에 이스라엘에 있게 된 관습이었을 것이라고 한다. 이것은 그 언급이 "이스라엘 자손들"보다는 이스라엘 사람들과 관련되었기에 그 관습이 시내 산 이후의 시기에 속한다는 사실에서 주장된 것이다.

"오늘날까지"라는 표현은 통상적으로 원인론적 주해에 관한 확실한 표로

---

[61] J. Fokkelman, ibid., p. 219.

[62] H. Ewald, *The History of Israel*, trans. R. Martineau, 8 vols. (London: Longmans, Green and Co., 1876), 1:358.

간주된다. 챠일즈(Childs)는 결론을 내리기를, 대부분의 경우에서, 그것은 받아들인 전승, 기존 관습들에 대한 주해에 첨가되고 확인되는 사적 증언의 표현이라고 한다.[63] 그는 결론짓기를, 이 제의적 관습은 그 이야기에 부가적으로 소개되었다고 한다. 그것은 그 관습적 금기에 대한 원인적 관계를 제공한다는 것이다.[64]

5. 요약

(1) 야곱의 본질

야곱이 이스라엘이 된 일의 특별한 중요성은 그의 성격의 정화에 있다. 브니엘은 그의 생의 고상한 요소들이 저속한 요소들에 대해 개가를 올린 것을 특징짓는다. 하지만 만약 그것이 고상한 요소들의 승리라면, 그것은 저속한 요소들의 패배인 것이다. 따라서 그 싸움의 결과는 하나의 역설이다. 그 승리자("네가……이겼음이니라," 창 32:28)는 울었고(호 12:4), 축복을 간구했다. 일단 축복을 받고 나니, 그는 허벅지 관절이 어긋나 절룩거리는 신세가 되었다. 이것이 어찌 승리요 축복이 될 수 있다는 것일까?

(가) 야곱의 패배

야곱은 저지른 잘못이 있기 때문에 그의 형을 두려워했는데, 적대자 하나님과 그만 맞닥뜨리고 말았다. 야곱은 자기가 속였던 에서를 만날 준비를 하고 있었다. 그러나 그 족장은 하나님을 먼저 만나야 했다. 하나님께서는 진정한 힘에 대한 약속을 하시며 그를 축복하시기 전에 야곱의 힘을 꺾어버리셨다(강조점은 하나님의 활동에 있다).

하나님께서 야곱의 제일 센 힘줄을 치셨을 때에, 그 씨름꾼은 오그라들게 되었고, 그리됨으로써 야곱의 고집 센 자부심도 그렇게 되었다.[65] 그의 육체적 무기들이

---

63 B. S. Childs, "A Study of the Formula, 'Until This day'," *JBL* 82 (1963): 292.

64 Ibid., p. 288.

65 M. Dods, *The Book of Genesis* (London: Hodder & Stoughton, 1892), p. 300.

불구가 되었고 무용지물이 되어버렸다. 그것들은 그가 하나님과 겨룰 때에 그에게 실망을 안겨주었던 것이다. 그는 여태까지 자신이 노력만 하면 그 결과는 항상 틀림이 없었다. 그러나 그 자신의 적나라하게 드러난 무기들의 힘을 신뢰한다는 것은 이제 아무 가치가 없게 되었다.

(나) 야곱의 승리

그가 과거 20년 동안 생각해온 바가 이제 그에게 이해되기 시작했다. 자신은 싸워보았자 허사인 그분의 수중에 있었다는 것을 깨달았다. 사람은, 상대에게 승산이 있다고 생각할 때에만 겨룬다. 일격을 받아 절룩거리게 되자, 야곱의 싸움은 새 국면에 이르렀다. 산산조각 났지만 여전한 끈덕짐으로 그의 상대자이신 분에게 복을 주시라고 붙잡고 놓지 않았다. 그의 목표는 이제 달라졌다. 본래의 힘이 무력해진 그가 이제는 신앙적으로 담대해진 것이다.

이와 같이 싸움은 중대한 용기를 내보인 일이 되었다. 야곱은 그의 이름이 바뀌는 것을 수반하는 복을 획득했다. 여기서 강조해야 할 점은, 그가 강의 신령이나 에서(Esau) 혹은 그의 옛 자아와 씨름한 것이 아니라, 그에게 복을 주실 수 있으신 분과 씨름한 것이라는 사실이다.

그는 그 싸움을 거쳐서 변화된 사람으로 나타났다. 하나님으로부터 복을 정당하게 획득한 후에, 에서와의 위험은 사라졌다. 그는 생명을 보존하게 되었다.

(2) 야곱에게 주신 약속들

그러면 족장사의 구조 안에서 이 이야기의 중요성은 무엇인가? 그 싸움에서 약속과 성취에 대한 강조가 위협받은 듯이 보였다. 벧엘에서는 약속이 주어졌다. 그러나 압복에서는, 하나님께서 야곱이 그 땅으로 돌아가는 것을 저지하셔서 그 성취가 막히는 듯이 보였다. 땅을 주시겠다고 약속하신 여호와 편에서 태도를 바꾸신 것인가? 아니면, 이것은 단순히 하나의 테스트였는가?

이와 유사하면서도 내용이 다른 이야기가 있는데, 거기에서는 모세가 하나님의 뜻에 부합하게 행동하지 않았기 때문에 하나님께서 그를 만나셨다(출 4:24). 하지만 야곱에게 있어서 싸움과 개명은 더 중요하다. 왜냐하면 그는 아브라함의 후손(seed)에게 약속된 땅의 변경에 있었기 때문이다. 그 땅의 진정한 소유주이신 하나님께서는 그가 "야곱"으로서 들어가는 것을 저지하셨다. 만약 그가 단지 힘으로 그 일을 해결하려고 했다면, 하나님은 야곱이 결코 그 땅에 들어갈 수 없다는 것을 알려주신 것이다.[66]

그러고 나서 그 이야기는 그 약속에도 불구하고 거의 파멸 상태에 처한 교활한 야곱에 대한 도덕적 평가를 제공해 준다. 야곱이 복을 받으려고 달라붙은 사실로 미루어 볼 때에, 그 족장도 자신을 그와 같이 평가한 것이 틀림없다.

(3) 야곱의 후손들

표면상으로는 그 이야기가 이스라엘의 선조들의 육신적 힘과 담대한 정신을 칭찬하는 것처럼 보인다.[67]   하지만, 족장사의 대부분이 그러한 것과 마찬가지로, 그것은 이스라엘 즉 그 민족이 때때로 하나님과의 관계에서 체험한 바의 예표라는 점에서 명백하다.[68]   개인으로서 "이스라엘"의 역사는, 그 민족의 삶에 대한 실제적인 비유로서 역할을 하는데, 그 속에서 하나님과 동행한 민족의 전(全)역사가, 동이 틀 때까지의 싸움인 양 거의 예언적으로 제시되었다.[69] 그 족장은, 그 민족이 하나님의 복을 받고 강한 모습으로 나타나기까지 하나님과 끈덕지게 겨룬 민족의 진정한 정신을 묘사해 준다. 결과적으로 그 민족은 어느 특징들이 지배하느냐에 따라 야곱 혹은 이스라엘로 언급된다.

약속의 땅에 들어가는 이스라엘 민족을 위한 그 이야기의 요점은 분명하다. 이스라엘의 승리는 민족들이 권력을 차지하는 통상적 방법들로는 이루어지지 않고, 하나님의 복으로 말미암는 능력에 의해 이루어질 것이다. 그리고 그 후의 역사에서,

---

66 A. Dillmann, ibid., 2:280.

67 야곱의 인물상이 사 41:8; 44:1,2,21; 48:20과 49:3에서 높이 평가되었다. 왕상 18:31에서 야곱과 이스라엘이 병치된 것과도 비교하라.

68 Von Rad, ibid., p. 325.

69 이것에 대해 게빌쯔(Gewirtz)가 취한 방향은 확실히 지나치다. 그는 주장하기를, 허벅지 힘줄(gîd hannāsheh)은 얍복 강을 공동경계로 소유한 갓과 므낫세에 대한 암시라고 한다. 그렇다면 이 암시가 주는 교훈은 이스라엘의 출현이 갓과 므낫세의 동맹에 달려있다는 것이겠다.

이스라엘은 그 땅을 회복하는 것은 힘으로 되지 아니하며 능으로 되지 아니하며 오직 자기 백성을 위해 싸우시는 여호와 하나님에 의해 이루어진다는 것을 상기하게 된 것이다(슥 4:6). 하나님의 복은 그의 은혜롭고 능력 있는 공급에 의해 내리는 것이지, 단지 육체적 힘이나 교활함에 의해 받게 되는 것이 아니다. 그래서 사실 하나님께서는 그의 종들의 자연적인 힘을 불구가 되게 하시어, 그들로 하여금 신앙으로 담대하게 만드실 때가 종종 있다.(*)

6

해석사에 나타난 족장들의 부도덕성: 칼빈의 입장의 재평가

존 엘 톰슨
(John L. Thompson)

"본보기가 없이는 하나님을 믿기가 힘들다"고 루터가 역설한 바가 있다. 그러기에 역할표준인물(role model)이 전혀 없이 자신의 믿음으로 홀로 선다는 것은 거의 아무도 겪어보지 못한 불행이다.[1] 그런데도 루터가 보기에는, 그렇게 홀로 서야했던 전형적 인물은 족장 아브라함이었다. 하지만 아이러니(irony) 하게도, 아브라함에게는 본받을 인물이 없었으나 그 자신은 교회에 본보기 이상의 역할을 감당하였다. 그래서 바울은 성경말씀 로마서 4장에 의롭다함을 받은 믿음의 원형(原型)으로서 아브라함을 제시하였다. 마찬가지로 주석가들은 항상 구약을, 신앙생활의 온갖 시련과 불확실성 가운데에서 모범적이고 개척자적이었던 신실한 남자들과 여자들에 관한 책으로서 소중하게 여겼다. 아브라함은 이상적인 남편이라고, 그리고 그와 사라의 결혼은 이상적인 결혼이라고 격찬을 받는다. 암브로스(Ambrose)는 아브라함, 이삭, 야곱에게서 "어떻게 살아야 하는가에 대한 귀감을," 즉 "그들의 미덕으로써 우리를 위해 열어 놓은 무흠한 길로 그들의 빛나는 발자취를 따라"갈만한 삶의 귀감을 우리가 발견하였던 것이다.[2] 칼빈의 시대에 제네바 사람들은 구약 성도들을 모범으로 삼아서 살아가야 한다는 격려를 받았다. 그러한 사실은 그들의 자녀들에게 지어 준 이름에도 반영되었다.[3] 그러나 불행하게도 암브로스, 루터, 칼빈 그리고

---

[1] Luther, *Lecture on Psalm 45* (1532); H. Bornkamm, *Luther and the Old Testament* (Phila.: Fortress, 1969), p. 26에 의하여 인용되었다.

[2] Ambrose, De Joseph patriarcha 1.1 (PL 14.673, FC 65.189).

[3] 구약 인물들의 이름이 일시적 인기가 있었던 일에 대하여 제네바(1550-1570)에서 통계적으로 요약된 E. W. Monter, "Historical Demography and Religious History in Sixteenth- Century Geneva," *JIH* 9 (1979): 412-14 참조. 자녀들에게 (로마 가톨릭의 성인들보다 오히려) 구약 인물을 따라 이름을 지어 주는 내용은 아마도 역시 마터(Peter Martyr)의 창세기 3장에 관한 네 번째 제안 (*Loci Communes* [London,

거의 모든 주석가들이 인정하는 바와 같이, 족장들의 발자취들은 종종 미덕의
황금빛보다는 번지르르하지만 사실은 하찮은 진흙 색으로 칠해진 것으로 드러났다.
아브라함은 겁에 질려서 사라가 자신의 아내임을 부인하여 그녀가 간음죄를 저지를
뻔하게 만들었는데, 그것도 한 번이 아니라 두 번이나 그러하였다. 또 그 후에
그는 중혼(重婚)자가 되기도 하였다. "찬탈자"라는 야곱의 이름은, 그가 일련의
거짓과 영리한 흥정으로 자신의 인생과 부를 쌓아 올렸음을 암시하고 있다. 그리고
그 밖의 구약의 용장들도 종종 그 이상으로 높이 평가받지 못하고 있다. 놀랍게도
이렇게 수상쩍은 인물들이 역시 그리스도의 족보에 나타나거나 히브리서 11장과
다른 곳에 신앙의 영웅으로 기록되어 있다. 그러나 교회는 차지하고라도 사도들이
어떻게 그러한 사람들 즉 기독교의 윤리적 기준을 전혀 알지 못하는 듯한 이들을
크리스천의 신앙과 생활의 모범으로 권장할 수 있다는 말인가?

　　역사가들은, 기독교와 유대교 주석가들이 구약 성도들의 분명한 도덕적 실수들
을 전통적으로 변호하거나 변명해 온, 다양하고 다각적인 논증들을 일상적으로
그저 흘깃 살펴보곤 하였다. 하지만 이러한 논증들은, 한 주석가의 연구의 차원을
넘어서, 조직적으로 종합적으로 연구한 학자는 거의 없었다.4　그래도 이 문제를
비교적 가장 잘 개괄한 영어 논문은 베인튼(Roland Bainton)의 논문인데, 이와
함께 언급해야할 것은 윌리암스(Arnold Williams)가 르네상스 시기의 주석들을
정리한 저서이다. 거기서 저자는 족장들의 비행(非行)들에 대한 견해들을 요약하여
놓았다.5　그 밖의 연구들도 주의를 기울일 만한데, 여기에 일부는 특히 아브라함에
게 초점을 둔 것과 또 다른 것들은 루터의 견해를 다룬 것들을 포함할 수 있다.6

1583], p. 1003) 이후에 나타난 듯하다.

　4　예를 들면, 족장들의 비행들에 대한 루터의 연구방법을 본캄이 *Luther and the Old Testament*,
pp. 18-25에서 잘 개관하였다.

　5　R. H. Bainton, "The Immoralities of the Patriarchs According to the Exegesis of the Late Middle
Ages and of the Reformation," *HTR* 23 (1930): 39-49; 그리고 A. Williams, *The Common Expositor:
An Account of the Commentaries on Genesis*, pp. 1527-1633 (Chapel Hill: Univ. of North Carolina,
1948), 특히 pp. 166-73.

　6　H. Bornkamm (*Luther and the Old Testament*, pp. 23-25)은 독자들에게 그러한 몇몇 연구물들을
잘 소개하여 준다. 하지만 도발적 주제인 "Abrahams Lüge," (Hans Hellbardt, *TEH* 42 [1936]: 4-23)는
독일 교회가 제 3 공화국에 어떻게 흡수되었는가에 대한 얄팍한 위장술의 풍유이다. 반박들이
재빨리 1936년에 A. Schaltter ("Allegorienklingende Schellen, tönendes Erz," *ET* 3 [1936]: 422-29)와
1938년에 E. Haenchen 1938 (reprinted in *Die Bible und Wir* [Tübingen: J. C. B. Mohr, 1968], pp.

그런데 칼빈의 견해에 관한 연구는 아주 드물게 나타난다.[7] 따라서 이 공백을 메우기 위한 시도로서 본 논문은, 구약의 믿음의 용장들의 행동들을 변명하기 위한 이러한 전통적 논조들을 칼빈이 어떻게 사용하거나 기피하는 지를 탐구할 것이다. 이를 위하여 칼빈이 창세기에 나타난 족장들의 비행들을 취급한 것을, 그의 선배들과 동시대의 주석가들의 견해들과 비교할 것이다.

위에 언급한 연구들 중에서 이 주해적 문제를 가장 조직적으로 연구한 것은 아직까지는 베인튼의 논문이라고 하겠는데 그는, 신학자들과 주석가들이 소위 "족장들의 부도덕성"을 족장들의 모범적 위치와 조화시켜온 네 가지 방법을 알아내었다.

(1) 첫째로, 옛 언약의 용장들은, 오늘날에는 반복되지 않는, 하나님의 특별한 명령이나 계시를 받았다.

(2) 하지만 어떤 이들은, 이런 계시들이 다시 있을 수도 있다고 생각하였다.

(3) 다른 이들은, 그런 계시들에 대해서는 아니지만 구약의 도덕적인 어떤 면들의 부흥에 관심을 갖기에, 자연법과 필요의 법칙과 아리스토텔레스적인 관용정

28-49에 제기되었다. 아브라함의 거짓말(그리고 아마도 저자 자신의 거짓말)에 대한 루터의 입장을 이해하는 데에 더 유용한 연구 논문인 W. Köhler, *Luther und die Lüge* (Schriften des Vereins für Reformationsgeschichte 109-10; Leipzig: Rudolf Haupt, 1912)이다. 쾰러의 논문은 그 당시에 도리어 루터를 논쟁적으로 다룬 로마 가톨릭의 몇몇 해석들에 의하여 자극을 받아 나오게 된 저작들 가운데 하나이다 (특히 H. Denifle의 것이 그러하다). 루터가 지닌 족장들의 관례들에 대한 실생활적 이해는 H. Eells, *The Attitude of Martin Bucer Toward the Bigamy of Philip of Hesse* (New Haven: Yale Univ., 1924)에 의하여 더 광의적 관점에서 조명되었다. 족장들에 대한 보다 더 주해적 역사적인 연구방법은 W. Völker의 간략한 논문 "Das Abrahamsbild bei Philo, Origines und Amborosius," *TSK* 103 (1931): 199-207과 D. C. Steinmetz, "Luther and the Drunkenness of Noah" *Luther in Contest* [Bloomington: Indiana Univ., 1986], pp. 98-111) 그리고 "Calvin and Abraham: The Interpretation of Romans 4 in the Sixteenth Century" (*CH* 57 [1988]: 443-55)에 의하여 제공되었다.

7 이미 인용한 베인튼과 윌리암스의 저작들 이외에 G. Harkness, *John Calvin: The Man and His Ethics* (Nashville: Abingdon, 1931)에서 유용한 설명을 발견할 수 있다. 칼빈의 해석과 석의에 관한 문헌의 증가에도 불구하고 족장들의 부도덕성 문제는 거의 논평을 불러일으키지 못하였다. 창세기에 관한 칼빈의 설교를 밀도 있게 연구한 Richard Stauffer (*Dieu, la création et la Providence dans la prédication de Calvin* [Bern: Peter Lang, 1978을 보라])는 이 문제를 언급하지 않는다. 칼빈이 구약의 "예들"을 조심스럽게 다룬 사실은 M. H. Woudstra가 아래의 논문에서 언급하였다. "The Use of 'Example' in Calvin's Sermons on Job," *Bezield Verband* ed. M. Arntzen et al. (Kampen: Van den Berg, 1984), pp. 344-51 그리고 "Calvin Interprets What 'Moses Reports': Observations on Calvin's Commentary on Exodus 1~19," *CTJ* 21 (1986): 170-73. 족장들의 거짓말을 칼빈과 다른 이들이 다룬 것을 몇몇 주안점에서 최근에 연구한 P. Zagorin의 *Ways of Lying: Dissimulation, Persecution, and Conformity in Early Modern Europe* (Cambridge, MA: Harvard University, 1990)

신(epieikeia)에 근거하여, 족장들과 자신들을 정당화하였다.

(4) 네 번째 해결책은 정의를 내림으로써 피해 보고자 하는 것이다. 족장들은 실제로 속이지 않았고 살인하거나 도적질을 하지 않았다는 것이다.[8]

이러한 베인튼의 4중 분석은 유용한 방편이기는 하나 그의 연구방법에는 약간의 기만성이 있다. 첫째로, 그가 적용한 네 가지 해결책은 주제들을 마치 모든 주석가들이 이 네 범주 중 하나에 꼭 들어맞는 듯이 틀에 짜 넣는 경향이 있다. 베인튼 자신도, 이 연구방법이 이 해결책 가운데 몇 개를 적용하고 있는 루터의 경우에는 맞지 않는다는 것을 인정한다. (실제로 거의 모든 주석가들이 하나 이상의 해결책이나 설명을 적용하고 있음을 발견하게 된다. 그런데 도덕적으로 불안정한 입지에서 사물을 보게 되면 자신이 제공하는 도움이 사방에서 환영받는 것으로 보일 수 있다!) 둘째로, 베인튼이 역시 시인하는 바와 같이, 그의 넷째 범주는 때때로 첫째나 셋째 범주와 분리하기가 불가능하다. 예를 들자면, 상황을 참작하여야 한다고 호소한다면, 이것이 정의를 내리는 방편(#4)에다 호소하는 것인지 혹은 필요의 법칙(#3)에다 호소하는 것인지? 그리고 덧붙여서, 베인튼의 둘째 범주는 다른 종류의 고려 사항 즉 나머지 세 가지 변명 중의 **어느** 것이 오늘날 아직도 유효한지에 대해서 훨씬 덜 분명한 입장을 보이는 변명이다. 마지막으로, 베인튼의 분석은 실제로 족장들의 행동들이 변명될 여지가 있는지에 대한 문제를 무시하는 것처럼 보인다.[9] 특히 이 마지막 질문과 관련해 볼 때, 베인튼의 연구는 과연 주석가들 중에 구별해볼 만한 의견의 스펙트럼이 있는가를 의심하게 만든다. 만일 있다면 개개인의 주석가- 예를 들면 존 칼빈 -는 어디에 속하는가?

칼빈과 약 열 여덟 명쯤 되는 칼빈의 "동역자들"[10] 의 글들을 분석함에 있어서,

---

8 Bainton, ibid., pp. 39-40. 목록 작성은 필자의 것.

9 윌리암스는 지나가는 말로 이 취사선택에 대하여 언급한다(*Common Expositor*, p.167).

10 칼빈과 비교하기 위하여 검토한 주석들(주로 창세기)은 Origen, Ambrose, Jerome, Chrysostom, Augustine, Nicolaus of Lyra, Denis the Carthusian, Melanchton, Luther, Bucer, Bullinger, Musculus, Oecolampadius, Pellican, Martyr, Zwingli, Cajetan, 그리고 Erasmus, 종종 Philo, Josephus, Peter Lombard 와 Rashi도 함께 참조하였다. 나의 선택은 남김없이 총망라한 것은 아니나 칼빈이 아마도 사용하였거나 적어도 알고 있었던 저작물들 혹은 칼빈이 읽었던 것으로 알려진 다른 이들에 의하여 저술된 석의적 글들에 초점을 두었다. 나는 여기에서 T. H. L. Parker가 존 칼빈은 저술가요 주석들을 애독한 인물이라고 말한 *Calvin's New Testament Commentaries* (Grand Rapids: Eerdmans, 1971), 특히 pp. 27,85-88. 그리고

우리는 변명하는 입장을 가진 다수의 논증들을 단순하게 두 그룹으로 나누는 분류 방식을 따를 것이다. 즉 모종의 특별한 하나님의 개입을 전제하는 그룹과 전제하지 않는 그룹이다. 족장들의 부도덕성에 관한 에피소드는 창세기 한 권 안에서만도 많은데[11] 그들의 행동을 호의적으로 꾸미거나 변명하려는 논증들이 종종 사건 사건에 따라 약간 변화를 가했을 뿐이다. 그러므로 우리는 이렇게 다양한 논증들을 개관하고 검토함으로써, 주석가들과 이야기들을 유의하여 분류하면서 각각의 논증에 특별한 변호나 비방이 있는지를 세밀히 살필 것이다. 그리고 이렇게 개괄하는 과정에서 족장들의 도덕성에 관한 주석가들의 결론들도 살펴 볼 것이다. 그러나 그러한 결론들을 결코 이미 알고 있는 것으로 여기고 그냥 넘어가지는 않을 것이다. 왜냐하면 족장들을 극도로 비판하는 자들까지 적어도 부분적인 변명은 하고 있으며, 그리고 족장들의 유죄의 정도에 대하여서는 주석가들의 견해가 뚜렷하게 일치하지 않기 때문이다. 이렇게 상세하게 개관한 후에 우리는 칼빈이 다른 성경 주석가들 특히 그와 동시대의 주석가들과 관련하여서 어떤 입장을 취하였는지를 알아볼 것이다.

I. 하나님의 특별한 허용에 근거한 변명들

하나님의 특별한 재가를 받았다고 주장함으로써 의심스러운 행동을 변명한다는

역시 칼빈 아카데미의 도서목록 A. Ganoczy, *La Bibliotheque de l'Academie de Calvin: Le Catalogue de 1572 et ses Enseignments* [Geneva: Droz, 1969])의 도움을 받았다. 일반적으로 인정하듯이, Geneva Academy의 이 목록에 나타난 책들은 단지 칼빈이 읽었을 것이라든지 혹은 접할 수 있었을 것이라는 암시적인 것들뿐이지 결정적인 것들은 아니다. 어쨌든 나의 관심사는 영향력의 경향이 아니라 단순히 칼빈 자신의 견해에 관한 그럴 법한 석의적 정황을 마련하려는 데에 있다.

11 창세기에 관한 주석들을 개관함에 있어서, 우리가 다루는 비교를 위하여 다음의 성구들이 검토되었다. 창 12:10~20 그리고 또다시 20:1~18에서 아브라함이 사라가 누구인지를 숨긴 내용과 창 26:6~11에서의 이삭의 유사한 행동; 창 14:11~16에 아브라함이 롯의 생포자들을 공격한 내용; 창 16:1~6에 나타난 아브라함의 일부다처, 역시 30:1~4에 나타난 야곱의 일부다처; 창 19:8에 나타난 롯이 광란하는 동성애자들에게 자기 딸들을 내어놓겠다고 제안한 일, 그리고 그 후에 19:30~38에 자기 딸들과의 근친상간; 창 27:1~46에서 야곱이 에서에게 주기로 되어 있는 복을 받기 위하여 이삭을 속인 내용; 창 29:21~30에 야곱이 결혼하는 날 밤에 라반이 라헬 대신 레아로 대치한 내용; 창 30:25~40에 야곱이 자기 소유를 불리기 위하여 라반의 양떼를 교묘하게 조작한 내용; 창 31:1~31에 야곱의 아들들이 세겜 사람들에 대하여 위약을 한 내용; 창 38:8~26에 나타난 오난의 죄 그리고 유다와 다말과의 근친상간; 그리고 요셉이 애굽에서 형들을 속인 내용.

것은 참으로 더 이상 상상할 수 없는 변명에 호소하는 것이다. 창조주는 법을 초월하신다(princeps legibus solutus est). 자연만상의 창조자이신 동시에 온 피조물의 법 제정자와 심판자이신 하나님께서는 자신의 뜻에 합당하다고 여기시면 통상적 질서를 따르지 않을 수도 있으시다. 비록 그 이유가 우리에게는 분명하지 않지만 말이다. 따라서 족장들의 잘못에 관하여는 그들이 하나님으로부터 특별한 허락을 받았다거나 혹은 성령의 은밀한 의도를 받았다고 일반적으로 주장한다. 그래서 하나님께서 허락하신 바가 필멸(必滅)적 존재에 불과한 인간들에 의하여 정죄될 수 없다는 것은 자명한 일로 생각된다는 것이다.

그러나 이러한 주장에도 불구하고 주석가들은 어떤 한계를 발견하였다. 베인튼이 지적한 바와 같이, 클레어보의 버나드(Bernard of Clairbaux), 보나벤투르(Bonaventure), 그리고 스코투스(Scotus)는 주장하기를 하나님께서 십계명의 둘째 석판에 기록된 요구에 대한 의무를 면제하도록 허락하실 수 있을지는 몰라도, 그렇게 되면 이웃에 대한 것보다는 하나님에 대한 의무를 내포하고 있는 첫째 석판의 계명을 위반하도록 명령하시는, 실질상의 자기모순에 빠지게 되실 것이라고 하였다.[12]

그러나 거짓말은 한 개인의 이웃에게 저지르는 행동이어서 반드시 첫째 석판의 법을 위반하는 것은 아니다. 따라서 족장들이 말한 여러 거짓말들이 하나님의 명령에 의하여 행하여졌을 경우에는 그 거짓말들이 죄가 아니라고 대부분의 주석가들은 의견을 같이한다. 그래서 쯔윙글리(Zwingli)는 아브라함이 사라를 자기 누이동생이라고 말하였을 때에 거짓말을 하였으나 그의 행위가 하나님의 지도를 받았으므로 죄가 아니었다고 생각한다. 쯔윙글리는 아브라함의 행동을 베드로가 그리스도를 부인한 것과 비교하기까지 하는데, 두 사람이 다 섭리 가운데 이끌림을 받았다는 점에서 그렇다는 것이다.[13] 주석가들의 판단에 따르면 구약에서 가장 "변명이

---

12 Bainton (ibid., pp. 40f.) 역시 하나님의 증오(*odium Dei*)의 가능성에 관한 Ockham의 견해를 간략하게 언급한다.

13 Zwingli, *Farrago annotationum in Genesim* 12:13; 31:33 (CR 100.7f, 205); 이후로는 Zwingli, *Comm. Gen.*로 인용한다(이러한 약어는 혼동이 야기되는 경우를 제외하고는 첫 번째로 인용된 모든 주석들에 사용될 것이다). 어거스틴, 크리소스톰, 라이라, 데니스, 그리고 오이콜람파디우스도 역시 아브라함이 하나님으로부터 사라가 보호될 것이라는 특별한 인도와 확약을 받았다고 가정한다. *Augustine, Contra, Faustum* 22.33 (PL 42.422, NPNF[1] 4.285); Chrysostom, *Hom. 32.4 on Gen. 12:10* (PG 53.297), Hom. 45 on

통하는” 거짓말 중의 하나는 야곱이 에서로 가장함으로써 아버지로부터 장자의 축복을 획득한 속임수이다. 야곱이 이삭에게 “나는 아버지의 맏아들 에서로소이다”14 라고 말한 것은 부인할 수 없는 거짓말이었다. 그러나 무스쿨루스(Musculus)처럼 이러한 거짓말이 “그 자체에 있어서”는 가장 비난할 만하다고 말하는 사람들까지도, 만일 그것이 하나님의 명령에 따라 되었다면 칭찬할 만하다고 용납한다.15 루터는 야곱의 거짓말을 이스라엘 백성이 출애굽 전날 밤에 애굽인들의 물건들을 취하는 것과 비유하면서, “하나님께서 여러분에게 주신 것을 다른 이를 속여서 취하는 것은 죄가 아니다’라고 진술한다. (만일 하나님의 명령에 의하여 이루어졌다면) 이는 오히려 “덕이 높은 것이며, 합법적이며 또한 칭찬할 만한 거짓”이 되는 것이라고 한다. 과연 루터는 야곱의 계교를 그리스도께서 마귀를 속이심으로써 우리를 구속하신 그 속임수에 비유하였다.16   요셉이 애굽에서 자기 형제들을 속인 일도 역시 호의적으로 보는 편이다. 즉 극소수의 주석가들만 그의 속이 들여다 보이는 행동을 나무라나 대부분의 주석가들은 요셉이 여기에서 하나님의 특별한 인도하심을 받았다고 말한다.17

베인튼까지도 (위에서 언급한) 십계명의 두 석판의 차이점에 관하여 진술한 바와 같이 특별 면제의 적용 문제는 다른 경우들에 있어서는 덜 분명하다. 족장들의 일부다처의 경우에 있어서는 특별 면제를 본연의 권리에 호소하였다. 그러나 그것은 족장들의 예표적 지위 혹은 하나님의 백성을 보존하여야 하는 그들이 받은 특수 명령과 같은 어떤 다른 개선적 고려 사항 이외에는 호소된 바가 거의 없는데

Gen. 20 (PG 54.416-22), Hom. 51.3 on Gen. 26:10f (PG 54.455); Lyra, *Postilla Super Totam Bibliam* on Gen. 20:11 (Strassburg, 1492; fascimile reprint; Frankfurt am Main: Minerva, 1971), sig. F ix^v; 창 20:11에 대한 데니스의 견해는 *Doctoris Ecstatici D. Dionysii Cartusiani Opera Omnia*, vol. 1 (Mostrolii, 1896), p. 279b; Oecolampadius, *Enarrationes in Genesium* 12:9 ~ 15 (Basel, 1536), fol. 131^v, 132^{v}를 보라.

14 “저는…입니다”와 “에서” 사이에 굉장한 생략이 있다고 가정하는 라시(Rashi)의 믿어지지 않는 석의(Lyra, *Comm. Gen.* 27:19 sig. G ix^{r}에 의하여 소개됨)에도 불구하고 말이다. 이 제안은 후에 주석가들이 받아들이지 않았다.

15 Musculus, *Mosis Genesim … Commentarii*의 27:15 이하(Basel, 1554), p. 630. 역시 어거스틴, 루터, 쯔윙글리, 그리고 마터도 그렇게 진술한다.

16 M. Luther, *Primum Librum Mose Enarrationes* 27:34f (WA 43.531f; LW 5.149).

17 속이 들여다보이는 요셉의 거짓말을 다룬 여덟 주석가들(즉 Ambrose, Lyra, Denis, Cajetan, Luther, Zwingli, Pellican, 그리고 Musculus) 가운데에서 Lyra를 제외하고 모두는 결국 그를 변명한다. 그리고 카제탄과 루터를 제외한 모두가 특수 면제 혹은 인도하심에 근거하여서 그렇게 한다.

이러한 고려 사항들에 관하여는 아래에서 거론될 것이다. 어떤 주석가들은 둘째 석판에 대한 무관설마저도 용납하려고 하지 않는다. 아브라함이 간음죄의 면제를 받았다는 피터 콤스터(Peter Comester)의 주장을 반박하는 글에서 데니스(Denis)는 성경에서 그 어떤 사람도 결코 하나님으로부터 간음죄를 면제받은 일이 없다고 역설한다.[18] 그렇다면 일부다처보다 흉악하다고 생각되는 범죄 곧 아브라함이 자기 아내를 위험에 빠뜨리게 한 일, 롯이 자기 딸들로 하여금 남에게 강간당하기를 쾌히 제안한 일, 그리고 롯과 유다가 범한 근친상간 죄 등에 관하여서는 비록 그 비행들이 나쁘지 않은 결과를 초래하였다고 자주 인정함에도 불구하고, 거의가 다 그 자체를 특수 면제라고 긍정적으로 가정하려고 하지 않는다.[19] 이러한 행동들을 더 수치스럽게 보는 관점은 일반적으로, 아브라함이 사라를 위험에 빠뜨리게 한 일 그리고 다말이 유다를 성적 유혹에 빠뜨리게 한 일과 연관하여 이중적으로 주해한 데서 나타난다. 이렇게 주해하면서 주석가들은 아브라함과 다말의 성적 비행보다는 그들의 거짓말에 대하여 더 변명하려고 한다. 후자의 경우에 있어서, 루터는 다말의 거짓말을 변명하면서 그것을 야곱이 자기 아버지를 속인 것과 비유하고 있는데 그는 다말의 음란죄를 용납하지 않는 데니스의 입장을 반영하고 있다: "성령께서는 그 어느 누구도 간음죄와 근친상간 죄를 짓도록 감동하거나 몰아넣지 않으신다."[20]

---

[18] 물론 데니스는 계속하여 논증하기를 하나님께서 아브라함을 면제하여 주신 것은 간음죄 이외의 어떤 것이라고 한다. 그의 *Comm. Gen.* 30:4 (p. 338b)를 보라.

[19] 약간의 예외는 있다. 쯔윙글리(*Comm. Gen.* 19:31; CR 100.126)는 롯의 근친상간의 근본 원인으로서 하나님께서 어떤 때에는 경건한 자가 총애를 잃도록 **정하신다**고 암시하며 하나님의 면제를 이끌어 들인다. 같은 사건에 있어서 크리소스톰은 하나님께서는 롯이 유죄로 나타나지 않도록 자기 딸들과 동침할 때 만일 술 취하지 않았다고 할지라도 그것을 감지하지 못하기를 원하셨다고 암시한다. 어쨌든 성경은 "분명히" 롯에게 변명을 제공하기를 의도한다는 것이다(*Hom. 44.5* on Gen. 19:33, PG 54.411f). 가장 주목할 만한 것은 펠리칸(Conrad Pellican)인데 그는 롯이 자기 딸들을 내어놓았다고 한 것이 일반 섭리에 의하여 조정된 것으로 제시할 뿐만 아니라 또한 롯의 딸들과 다말이 임신한 것도 다말이 쌍둥이를 낳은 것이 증명하듯이 하나님의 축복으로 된 것이라고 역시 믿는다. 이러한 근친상간들에 대한 그의 석의는 크리소스톰과 오리겐의 취향을 풍긴다. 창 19:8; 19:31, 그리고 38:13~27에 대한 펠리칸의 견해는 그의 *Commentaria Bibliorum*, vol. 1 (Zürich, 1532), fol. 24ʳ-25ᵛ, 50ᵛ-51ʳ을 보라. 칼빈이 쌍둥이는 좋은 것 혹은 나쁜 것을 의미할 수도 있다고 역설한 것은 펠리칸의 견해를 교정하고 있는 듯하다. 칼빈의 *Comm. Gen.* 38:27 (CO 23.500; ET는 그의 *Comm. Gen.*인 두 권으로 된 CTS판[이후로는 CTS] 2. 289에서 찾아볼 수 있다)을 보라.

[20] M. Luther, *Comm. Gen.* 38:16ff (WA 44.324. 330; LW 7.31, 39); Lyra는 *Comm. Gen.* 19:32 (sig. F viiiᵛ)에서 근친상간에 대하여 유사한 입장을 제시한다. 우리는 칼빈이 자신의 *Comm. Hosea* 1:2 (CO 42.203ff, CTS pp. 43ff)에서, 호세아가 문자적으로 창녀와 결혼하였다고 간주하기를 거부한 것을

족장들의 거짓말하기, 일부다처 그리고 유사한 범죄를 언급함에 있어서 주석가들을 살펴본 바에 의하면, 칼빈만큼 특별 면제에 호소하기를 매우 달갑지 않게 여기는 주석가는 거의 없다. 예외적으로 그는 족장들의 이러한 위반 행위들에 대하여 일관성 있게 그들의 잘못을 혹독하게 지적할 뿐만 아니라 족장들의 책임을 회피시키기 위한 이런 식으로 하나님의 개입에 호소하기를 거절한다. 이와 반대되는 증거가 전적으로 없다고 할 수는 없으나 극히 드물다. 따라서 아브라함이 사라에 관하여 거짓말을 한 것을 칼빈이 처음으로 주석할 때에 그는 호의적으로 고려해야 할 사항을 약간은 인정하나 특별 면제만큼은 그 중에 포함시키지 않는다. 아브라함과 이삭이 이 어리석은 행동을 되풀이하였을 때 거기에서는 변명을 찾아볼 수 없다. 칼빈은 그 어디에서도 특별 면제라는 근거에서 야곱이 자기 아버지를 속인 것을 변명한 적이 없다. 그리고 요셉의 속이 들여다보이는 행동에 관하여서까지 칼빈은 하나님의 특별한 영향의 가능성 정도 이상은 허용하지 않는다.21 이 텍스트들에서 이러한 설명이 결여된 것은, 내 생각으로는 칼빈이 고의적으로 빠뜨린 것 같다. 왜냐하면 다른 한 곳에서는 그가 특별 면제에 호소하기 때문이다. 일부다처에 대한 그의 가장 이른 언급에서 칼빈은 아브라함이 그러한 면제를 힘입었다고 인정하였다.22 하지만 이 인정이 주목할 만한 가치가 있는 것은 일부다처(적어도 25년간 십여 차례)에 대한 그의 후기 토론에서 칼빈은 이 논조를 전혀 되풀이하지 않는데 아마도 그가 약간 재고하였음을 암시하는 듯하다.23 말할 나위도 없이 칼빈은 롯과 그 딸의 관계의 경우에서든 유다와 다말의 관계의 경우에서든 간에 특별 면제를 발견하지 못한다.24

상기하게 된다.

21 이 족장들에 대한 설명들은 그의 *Comm. Gen.* 12:11, 20:2, 26:7, 27:1~19, 42:4, 44:1 (CO 23.184,286f,359,372-76,530,547; CTS 1. 359f; 2.61,82-89,339,66f)에서 찾아볼 수 있다.

22 칼빈이 피그나에우스(Pignaeus)에게, 1538년 10월에 보낸 글(CO 10b. 257-59, #144).

23 칼빈이 아브라함을 위하여 특수 면제를 동원하는 것은 어쨌든 잘 생각한 것 같지가 않다. 아브라함이 아무리 무식하였다 하더라도 하나님(그분만이 면제하실 수 있으신데)께서 그 약속이 하갈이 아닌 사라에게서 성취될 것을 확실히 알고 계신 터에 그 약속을 보존하기 위하여 아브라함이 일부다처의 면제를 받았다는 것이 무슨 이치에 닿는 말이 되겠는가? 칼빈은 그 면제가 약속을 보존하기 위함(이것은 이치에 닿지 않는다)인지 혹은 그 약속을 보존하려는 아브라함의 소원 때문인지 우리를 의아하게 만든다. 그럼에도 불구하고 아브라함에 대한 이렇게 느슨한 논증을 칼빈만 적용한 것은 아니다.

24 롯, 유다, 그리고 다말에 관하여서는 칼빈의 *Comm. Gen.* 19:8,19:31~37 (CO 23. 269f, 282-85; CTS 1.499f) 그리고 38:13 (CO 23. 496f, CTS 2.282f)을 보라.

이미 언급한 바와 같이 특별 면제에 호소하는 것은 모든 반대 고려 상황들을 반론할 수 있었던 논증이었는데, 우리가 의심하는 바는 그것을 족장들의 추문들이 야기한 모욕을 제거하기 위하여 더 자유롭게 적용하지 않았는가 하는 점이다. 이에 대한 답은 어렵지 않게 얻게 되는데 그 이유는, 이 이야기들의 대부분이 그러한 면제가 전제되어야 하는 하나님의 개입을 언급하고 있지 않기 때문이다. 하나님께서 아브라함에게 자기 아내에 관하여 거짓말을 하라고 명령하셨거나 이삭 에게도 그렇게 하라고 명령하신 것으로 나타나지 않는다. 하나님께서 야곱에게 자기 아버지를 속이라고 특별히 명령하신 증거가 없다. 비록 데니스(Denis)는 그러 한 명령이 야곱의 어머니에 의하여 전달되었다고 암시할지는 모르며, 그리고 다른 이들은 이삭의 "심히 크게 떨람"(창 27:33)이 그가 어떤 하나님의 확인을 받았다는 증거라고 생각하기는 하지만, 그렇지가 않다. 비록 어떤 이들은 사라가 일부다처적 결합을 제안할 때에는 그녀가 그렇게 하라는 명령을 받았음에 틀림이 없다고 아브라함이 "가정하였다"고 생각하지만, 역시 여기에서도 아브라함이 하갈과 결혼 하라는 특별 지시가 내렸다는 증표가 없다. 이렇게 많은 주석가들이 기록되지 않은 특별 면제들에 대하여 너무나 많이 알고 있는 듯이 보이는 데에는 두 가지 관찰이 필요하다.

첫째로, 칼빈이 변명으로서의 특별 면제를 인정하기를 삼가는 근본적 이유가 여기에 있는데 곧 그가 변명의 필요를 발견하였을지는 몰라도 그는 위로부터 그러한 것이 실제로 허용되었다는 증거를 발견하지 못하고 있다는 것이다. 그러나 누구든지 칼빈을 옳게 판단하려면, 그가 도덕적 문제에 하나님의 개입을 믿지 않았다고 결론짓지 않도록, 그를 바르게 이해하는 분별력을 갖추어야 할 것이다. 오히려 칼빈은 그러한 하나님의 개입을 믿고 있지만 일반적으로 텍스트에서 그것을 발견할 때에만 그러하다. 칼빈의 창세기 주해에서는 보기 흉한 행동들을 변명하기 위하여 특별 면제에 호소하는 세 경우가 나타난다. 예를 들면, 아브라함이 창세기 14:13 이하에서 행동한 것처럼 개인으로서는 무장하여 공적인 전투를 벌일 처지가 아닌데, 그는 "자기의 소명의 한계를 넘어서지 않도록 위로부터 내린 명령으로 무장하였다"고 한다.25 또한 칼빈은 아브라함의 종이 이삭의 아내감을 찾으려고 "점술"에 의존하는 것을 인정하지 않지만, 그는 유익한 결과에 비추어 볼 때에 그 종이 "성령의 은밀한 감동에 의하여" 행동하였음에 틀림이 없다고 생각한다.[26] 그리고 야곱이 라반의 가축 떼를 유전자로 교묘하게 조작한 일에 관하여 칼빈은 야곱이 받은 특별 명령에 비추어서 그의 영리함을 정당화한다.[27] 이 세 경우의 윤리적 문제에 대한 논평에 관한 한, 다른 주석가들(다 그런 것은 아니나)의 해결책 과 칼빈의 해결책도 다를 바 없다. 하지만 여기에서 주목할 사실은 첫째와 셋째의 사례에서 주해적 전통은 하나님의 면제에 대해 본문상의 지지를 발견할 수 있다고 보는 입장이다. 칼빈 자신의 주해도 이 전통을 반영하고 있다. 따라서 아브라함이 전투를 감행하도록 특별한 명령을 받았다는 것을, 칼빈과 다른 이들에 의하면, 멜기세덱의 칭찬("너희 대적을 네 손에 붙이신 지극히 높으신 하나님을 찬송할지로 다" - 창 14:20)에 근거를 두며 그래서 "그 승리가 하나님의 인도하심으로 이루어졌 다"는 것이다. 한편 야곱이 속임수와 유사한 방법으로 라반의 가축 떼를 교묘하게 조작하여 속인 데에 대한 특별 명령은, 야곱의 행동을 기록한 곳에는 전혀 나타나지 않으나 칼빈은 모세가 나중에 그렇게 기록하였다고 주장한다.[28] 아브라함의 종이 세운 계책은 그러한 명령을 받은 것처럼 보이지 않음에도 불구하고, 칼빈은 그 이야기의 좋은 결과에 근거하여 그렇게 추론한다.

둘째로, "기록되지 않은" 면제에 호소하는 경향에 관한 관찰에서 이러한 경향은 족장들을 궁지에서 벗어나게 하려는 것이 분명하므로, 다른 형태로 나타나는 것을 볼 수 있다. 사실은 베인튼이 제안한 바와 같이 몇 가지 다른 변명을 하는 논증들이 있으나 그것들은 이 주제의 변형일 뿐이다. 그래서 필자는 1. 풍유법, 2. 예표론, 3. 족장들의 특수 임무, 4. 족장들의 특수 은사 등에 근거한 변명들을 포함하는

---

25 *Comm. Gen.* 14.13 (CO 23.198f, CTS 1.383f) 그리고 *Serm. Gen.* 14:13〜17 (CO 23. 643-46). 아브라함의 군사작전은 구약의 더 잘 알려진 도덕적 논쟁거리의 하나는 아니지만, 칼빈이 그것을 특히 모세가 애굽인들을 죽인 일 그리고 사사들의 행동들(기드온, 입다, 그리고 삼손)에 비추어 동시에 다루고 있기 때문에 중요하다.

26 Calvin, *Comm. Gen.* 24:12 (CO 23.334, CTS 2.18).

27 Calvin, *Comm. Gen.* 30:37 (CO 23.417, CTS 2.155f).

28 칼빈은 출처를 밝히지 않는다. 주로 주석가들은 야곱의 사기에 대한 두 가지의 변명을 제시한다. (1) 하나님으로부터 특별 명령 그리고 (2) 노동자가 자신의 임금에 대한 자연적 권리(아래의 "분별력"이란 항을 보라). 하지만 라이라는 그 면제를 야곱이 창 31:10〜13에서 꾸었다고 알려주는 꿈에서 증거를 찾는다. Lyra, *Comm. Gen.* 30:37 (sig. H iii ')을 보라. 같은 텍스트를 무스쿨루스가 인용하였다. Musculus, *Gemm. Gen.* 31:10〜12 (p. 669), 그리고 칼빈의 언급을 보면, 칼빈 자신도 야곱이 후에 꾼 꿈을 염두에 둔 것을 암시하는 듯하다.

네 가지 변명으로 분류하고자 한다.

1. 풍유법에 근거한 변명들. 잘 알려진 바와 같이 풍유법은 구약의 "덕이 못되는" 양상의 스캔들을 축소시키는 방편으로서 일반적으로 성경주해에서 사용된다. 고대나 중세 주석가들 가운데에서 이 방편이 더 흔하고 공공연하게 사용되었던 것이 사실이나, 종교 개혁자들이 풍유법을 전적으로 포기한 것은 결코 아니었다. 지금 우리가 검토하기 위한 목적상, 풍유법을 예표론과 구분하려고 하는데 풍유법은 본문을 더 개괄적, 도덕적으로 해석하는 데에 비하여 예표론(아래를 참조하라)은 텍스트의 해석을 그 역사적 맥락과 그다지 분리시키지 않는다. 우리가 거론하는 주석가들이 다른 상황들에서는 어떻게 풍유법을 사용하였거나 피하였든지 간에 여하튼 거의 모두가 족장들의 부도덕성을 변명하는 방편으로서 풍유법에 호소하기를 거부한다. 이 점에서 특기할 만한 예외는 오리겐(Origen)인데 아브라함이 사라와의 관계를 숨긴 것에 대한 그의 언급은 그의 일반적 주해 방법을 대표하는 것이다.

> 아브라함 곧 그렇게도 위대한 족장이 아비멜렉 왕에게 거짓말을 하였을 뿐만 아니라 또한 그에게 자기 아내의 정절을 넘겨 버린 일에 관하여 읽을 때에 우리는 어떤 덕을 세우는 교훈을 얻는가? 그처럼 위대한 족장의 아내를 만일 결혼 생활에서 제멋대로 함으로 말미암아 더럽히도록 방치한다고 가정한다면, 그것이 우리에게 어떤 덕을 세우는가?

족장의 일부다처에 대한 오리겐의 논평도 유사하다.

> 그러면 무엇이라고 말할 것인가? 육체적 충동들이 그처럼 위대한 족장(즉 아브라함)에게서 넘쳐났다고 가정하여야 하는가? …… 혹은 이미 우리가 종종 말하였듯이 족장들의 결혼이 어떤 신비하고 성스러운 면을 암시하는가?

오리겐은 계속 해석하여 나가면서 족장들의 일부다처주의를 그들의 다양한 미덕으로 보며, 그의 청중이 자신들의 아내들에게 가능한 한 그러한 미덕을 적용할 것을 격려한다.[29] 따라서 그는 이러한 도덕화를 선호하여 역사적 이야기의 모든 주해를 포기한다. 그렇다면 오리겐이 롯의 근친상간에 대하여 논평을 하면서 풍유법을

---

[29] Origen, *Hom. Gen.* 6.3 그리고 11.1 (PG 12.197f; FC 71.126, 168).

동원하지 않고 롯과 그의 딸들을, 그들의 가치 있는 동기(動機)에 호소함으로써 변명하려는 그의 시도에는 호기심이 덜 간다. 하지만 더 큰 관심을 끄는 것은 오리겐 이후의 주석가들에게 있어서 이런 종류의 풍유법이 극히 희소하다는 사실이다.

2. 예표론에 근거한 변명들. 비록 대다수의 주석가들이 오리겐이 적용한 그러한 풍유법을 기피하였다고 할지라도 그들은 다른 종류의 비유적 주해를 사용하기를 주저하지 않았는데 그것은 곧 예표론이었다. 어거스틴(Augustine)은 이 방법을 족장들의 일부다처에 대한 몇몇 변명중의 하나로 동원하고 있다. 특히 족장들은 "예표"를 위하여 자녀를 낳아야 할 **의무가 있었다**는 것이다. 어거스틴은 여기에서 갈라디아 4장에 바울이 제시한 전례를 염두에 두었는데 갈라디아 4장에서는 아브라함의 두 아내가 두 언약으로 비유되었다. 하지만 오리겐과는 달리 어거스틴은 문학적 혹은 역사적 이야기를 제쳐놓지 않고 오히려 예표론을 역사 그 자체로 포용하며, 참으로 그것이 족장들의 행동에서 보이지는 않으나 결정적 요인으로 받아들인다. 그것은 어거스틴이 역사적 측면을 보존하기를 원하는 증거이다. 그가 아무리 숨기려고 하여도, 족장들이 이 드라마 속에서 자신들의 역할에 대한 충분한 인식을 하였다고까지 그는 생각하고 있다.

> 우리는 그 당시의 거룩하고 영적인 인물들 곧 족장들과 선지자들이 세속적 일들에 사로잡혔다고 믿지 않는다. 그 이유는 하나님의 성령의 계시에 의하여 그 때에 무엇이 적절하였는지 그리고 하나님께서 어떻게 이 모든 발언들과 행동들을 미래의 예표와 예언으로 지정하셨는지를 **그들은 이해하였다.** 그들의 대망은 신약에 있었으나 그들은 그런 예언들 가운데서 역할을 수행 하여야 할 개인적 의무가 있었다. ……그래서 이 인물들의 삶과 마찬가지로 그들의 말도 예언적이었다.[30]

어거스틴은, 족장들이 그들의 "개인적 임무"에 따라 "그러한 예언들 안에서 수행하기 위하여" 행동하였다는 데 호소하면서, 보기에는 흉하게 나타나지만 신약의 진리를 예시하여 주는 행동에 착수하도록 하는 하나님의 특별한 허락이 그들에게

---

[30] Augustine, *Contra Faustum* 4.2 (PL 40.218f, NPNF[1] 4.162). 짙은 서체는 강조를 위한 첨가이다.

있었다고 본다. 확실히 그러한 면제들에 관하여서 텍스트 자체는, 해석자가 예표들에 민감하게 작용하는 것보다 덜 결정적인 듯이 보인다. 어거스틴에게 있어서 더 자극적인 성구들 중의 하나는 모세가 애굽 사람을 살해한 내용이 담긴 구절로서, 그 예언적 중요성에 비추어 볼 때에 변명이 가능하다고 말하는 곳이다. 그러나 만일 그(어거스틴)가 무엇인가를 생각해 낼 수 있었다면 좋겠으나 그렇게 할 수 없기 때문에, 그 변명은 가능하지 않다.[31]

이처럼 족장들의 부도덕성을 변명하기 위하여 예표론을 사용한 것은 종교 개혁자들보다는 교부들에게서 더 흔한 일이었다. 어거스틴은 아브라함이 사라에 관하여 거짓말을 한 것을 설명하기 위하여 예표론을 동원하였는데, 마치 교회가 그리스도의 비밀한 배우자인 것처럼 사라가 아브라함의 "비밀한 배우자"이라는 것이다. 더구나 그는 이렇게 말한다.

> 마찬가지로 야곱이 한 일들은 속임수가 아니라 신비이다. ……그 일들이 거짓으로 여겨지는 까닭은 단지 사람들이 말하여진 것들을 통해 **진정한** 것들이 **예시되었음**을 이해하지 못하기 때문이다. [오히려] 그들은 [문자적으로] 이야기된 헛된 것들을 믿는다.[32]

그래서 야곱이 자신의 팔을 염소 새끼의 가죽으로 꾸민 것은 우리의 죄를 지신 그리스도의 예표이다. 예표론은 더욱 자주 일부다처에 대한 변명으로서 동원되는데 저스틴(Justin), 암브로스(Ambrose), 제롬(Jerome), 어거스틴이 이를 적용하였으며, 또한 롬바르드(Lombard), 리라(Lyra)를 비롯한 다른 중세 주석가들도 적용한 것으로 안다. 크리소스톰(Chrysostom)은 이러한 변명을 별로 사용하지는 않는데, 예외로 그러한 변명을 다말에게는 확대 적용하고 있음을 볼 수 있다. 그는 다말의 쌍둥이(창 38:27～30)에게서 교회와 유대인 회당의 예표를 발견한다. 펠리칸(Pellican)과 마터(Martyr)가 이러한 사례를 따르는 것으로 보이는데, 아마도 크리소스톰의 권위적 위력에 영향을 받아 그런 것 같다. 족장들을 변명하기 위하여 예표론, "신비," 혹은 "예언적 중요성"을 꾸준히 적용하는 유일한 종교 개혁자는 쯔윙글리

---

31 Augustine, *Contra Faustum* 22.70 (PL 40.444, NPNF[1] 4.299).

32 Augustine, *Contra mendacium* 10.24 (PL 40.533. NPNF[1] 3.491f), 짙은 서체는 강조를 위하여 필자가 첨가하였다. 참조, *De mendacio* 4.5-5.7 (PL 40.491; NPNF[1] 3.460).

(Zwingli)이다.[33] 그는 거의 모든 것을 이 점에 근거하여 변명한다. 그밖에 미터와 또 한 사람 무스쿨루스(Musculus)[34] 를 제외하고는 종교 개혁자들 가운데(쯔윙글리가 그러하였다고 할지라도) 아무도 그러한 변명에 호소하지 않았다. 그리고 마터는 자신이 이따금씩 나타내는 논리적 일관성의 결여에도 불구하고 예표론적 변명의 결점을 가장 잘 드러내 준다. 롯의 근친상간에 관하여 그는 이렇게 말한다.

> 족장들이 저지른 비행들을 어떻게 하여서라도 옹호하기를 원하는 사람들은 말하기를, 그러한 [행동들]은 용서되어야 하는데 그 이유는 그것들은 미래의 일들의 예표요 그림자이기 때문이라고 한다. 그러므로 그들은 여기에서 그러한 [행동들이] 예시하는 바 그 이상을 찾아내려고 하여서는 안 된다고 생각한다. 그러나 그것들이 합법적이건 아니건 간에 그렇다는 것이다. 하지만 자유로이 징표들, 예표들, 그리고 그림자들을 포용하는 우리들은 그래도 역사를 소홀히 하면서까지 그렇게 하지는 않는다.[35]

3. 족장들의 특수 사명에 근거한 변명들. 하나님의 면제라는 측면에서 조장된 논증의 또 다른 형식은, 족장들이 특수 사명을 지녔다는 것이다. 즉 그들로 하여금 여러 가지 부적당하게 보이는 듯한 행동들을 하도록 의무를 지운, 일련의 "규정된 명령들"이 있었다는 것이다. 그러한 의무 중의 하나가 예표론을 위하여 다수의 아내를 취할 의무였다고 볼 수 있는데, 아마 이외에도 세 가지를 더 들 수 있을 것이다.

첫째로, 아담과 하와에게 "생육하고 번성하라"는 명령이 주어졌다. 사실 이 명령은 족장들의 거짓말과는 별로 관련이 없지만 족장들의 일부다처에 관계된 명령으로서 인용되었다. 따라서 야곱으로 하여금 종족을 퍼뜨리기 위하여 다수의

---

[33] 쯔윙글리는 사라에 관한 아브라함의 거짓말, 야곱의 일부다처와 양떼 불리기 그리고 라헬이 라반의 우상들을 훔친 일들을 변명하기 위하여 예표론을 제시한다. 그는 추가적으로 말하기를 그 변명은 일반적으로 모든 족장들에게 적용이 가능하다고 한다. 그의 *Comm. Gen.* 29:30, 30:40, 31:33 (CR 100.189,198,205)을 보라.

[34] 마터는 아브라함의 일부다처를 예표론적으로 변명하면서 예표론을 야곱의 양떼 번식시킴의 대안적 설명으로 제공한다. 한편 무스쿨루스는 예표론을 요셉의 거짓말의 (여럿 가운데의) 한 변명으로써 제공한다. Peter Musculus의 창 16:2 그리고 30:33의 설명은 *In Primum Librum Mosis ··· Commentarii* (Zürich, 1569), fol. 65[v], 126; 그리고 Musculus, *Comm. Gen.* 42:8 (p. 783)을 보라.

[35] Martyr, *Comm. Gen.* 19:31 (fol. 78[v]). 칼빈이 예표론적 호소에 가장 가깝게 접근한 것은 그가 야곱의 거짓말에 대하여 설명하면서 그 사건은 우리가 축복 받는 것이 우리 자신들이 아닌 그리스도 안에서라는 사실에 대한 예표라고 감탄할 때이었다.

아내를 취하도록 허락하였다고 크리소스톰은 보는데 그러한 변명은 더 이상 우리에게는 적용되지는 않는다고 한다. 유사한 논증을 어거스틴과 제롬이 인증하였다. 이 경우에도 역시 견해가 다양하다. 암브로스는 족장들의 일부다처적 결혼을 그들의 환경들에 호소함으로써 변명을 하였는데 홍수 이후 이 세계의 인구가 감소된 상태에 호소하였다. 롬바르드 역시 홍수 후기에 일부다처의 합법적 제도에서 그 근거를 찾는 것으로 보인다. 다만 그의 관심은 일반적 인구 감소가 아니라 하나님의 백성의 부족함에 있었다. 그래서 일부다처는 참 종교와 바른 예배를 보존하기 위하여 허용되었다는 것이다.[36] 그러나 "생육하고 번성하라"는 명령이나 우리가 위에서 살펴본 다양한 변명들을, 종교 개혁자들은 족장들의 일부다처에 대한 타당한 변명들로 포용하지 않았다. 하지만 의미심장하게도 바로 이 명령은 뮌스터(Münster)에 있는 베르나르드 로트만(Bernard Rothmann)이 일부다처를 변호하기 위하여 내세운 논증의 초석이 되었다. 그리고 곧 종교 개혁자들의 논의에 해독을 끼친 유일한 예가 된 셈이다.[37]

하지만 족장들의 "특수 임무"에 관한 두 번째 착상은, 종교 개혁자들 가운데에서 더 흔히 볼 수 있는 것이었다. 생육하고 번성하라는 더 일반적인 명령에 호소하기를 거부하면서도, 그들은 기독론적 형식이라고도 부를 수 있는 유사한 논증을 현저하게 수용하고 있음을 볼 수 있다. 이 논증의 근원은 어거스틴의 글에 나타난다. 그는 주장하기를, 족장들은 그렇게 결혼할 의무가 있었는데 단지 하나님의 백성을 증가시키기 위하여서 뿐만 아니라 또한 "그들을 통하여 모든 백성들의 왕(Prince)과 구주가 태어나셔야 할……" 백성을 증가시키기 위하여서라고 한다. 따라서 족장들은 남편들과 아버지들이었는데 "이 세상을 위하여서가 아니라 그리스도를 위하여" 그러하다는 것이다.[38] 그러나 어거스틴이 일부다처에 대한 변명으로서 그것을

---

36 Chrysostom, *Hom.* 56.3 on *Gen.* 29:25~28 (PG 54.489); Augustine, *Civ. Dei* 16.38 (CC 48.544); Jerome, *Contra Jovinianum* 1.24 (PL 23.243, NPNF[2] 6.364); Ambrose, *De Abraham* 1.4.24 (PL 13.451f); Lombard, *4 Sent* 33.1. 롬바르드의 논증은 Denis (*Comm.* Gen. 30, 0.342a); 그리고 Martyr (*Comm.* Gen. 29:27, fol. 121r)에 의하여 인용되었다. 마터는 다른 곳에 일부다처를 찬성하는 22 논증들과 반대하는 16 논증들의 목록을 수집하여 놓았다.

37 G. H. Williams, *The Radical Reformation* (Phila.: Westminster, 1962), p. 512, 참조 pp. 372,378.

38 Augustine, *De bono conjugali* 9.9,26.35 (PL 40.380,396; NPNF[1] 3.403,413). 유사한 논조가 라헬이 자녀를 갖기 원한다는 라이라의 설명에서 간략하게 대두된다(*Comm. Gen.* 30:1, sig. H ii[v]).

적용하는 것처럼 보이지는 않는다. 비록 그가 아브라함과 야곱에 관하여 명백하게 언급하고 있으므로 그런 뜻을 함축하고 있음을 부정하기가 어렵기는 하지만 말이다. 어쨌든 간에, "약속의 후손(seed)"을 얻기 위하여 자녀를 낳는다는 일은 루터에 의하여 아담과 하와의 일부일처적 연합에 있어서 뿐만 아니라 또한 아브라함과 야곱의 일부다처적 결혼에 있어서도 칭찬할 만한 동기라고 인증되었다. 동시에 루터는 명백한 사실 곧 이 약속이 성취였음으로 이 동기가 우리에게는 더 이상 적용되지 않는다는 사실을 지적한다.[39] 동일한 논증이 다른 종교 개혁자들에게 사용되었다. 칼빈에게는 그것이 소극적 역할을 하였는데 그의 일부다처제에 대한 1538년도의(위를 참조하라) 주해에서 나타난다. 그리고 사라가 하갈을 아브라함에게 이끌어다 준 동기에 대한 그 이후의 설명에서는 그 점이 덜 분명하게 나타난다. 그러나 어느 정도 유사한 내용이 사라의 신분을 감춤으로써 그녀를 위태롭게 한 아브라함의 심리 상태를 칼빈이 설명하려고 의도할 때에 나타난다. 칼빈은 진술하기를, 아브라함은 자기 아내를 염려하였으나 그보다 한층 더 자신에게 주신 약속과 자신의 후손에 대하여 염려하였는데 그 순간에는 그것이 전적으로 그 자신의 생존에 달려 있는 것으로 여겨졌다는 것이다. 하지만 칼빈은 그러한 고려 상황들은 이 두 사건들의 그 어느 하나에서도 아브라함이나 사라를 변명하기에 충분하지 않다고 결론을 내린다.[40]

족장들의 특수 임무에 대한 세 번째 착상이 있는데 이것도 역시 그들의 의심스러운 행동들의 일부를 변명하고 설명하기 위하여 마련되었다. 아브라함의 임무라는 개념은 (비록 창시자는 아니지만) 크리소스톰에 의하여 발전되었는데, 그는 아브라함을 일종의 구약의 사도로 묘사한다. 아브라함의 "임무"는 참 종교를 펴뜨리는 것이며, 이 목적을 위하여 하나님께서는 이 장소에서 저 장소로 그를 옮기실 뿐만 아니라 또한 여러 가지 고생에 처하게 하셨고, 그를 구출하시고 옹호하심으로써

---

[39] Luther, *Comm. Gen.* 4:1,16:1f,30:1,30:3 (WA 42.176,578-81,43. 655,659; LW 1.237, 3. 42-46,5.328,334). 루터는 창 3:15의 일명 "원시복음"을 창 1:28의 재확인으로 본다.

[40] J. Calvin, *Comm. Gen.* 12:11, 16:1 (CO 23.184,222f; CTS 1.359, 423f). 족장들이 약속된 후손을 소원하였다는 근거에서 족장들의 일부다처를 변명하는 종교 개혁자들 가운데는 쯔윙글리 (*Comm. Gen.* 29:30, CR 100.189), Pellican (*Comm. Gen.* 30:4f; fol. 39ᵛ) 그리고 Martyr (*Comm. Gen.* 29:27, fol. 121r)가 포함된다. Denis (*Comm. Gen.* 38:14, p. 387b)와 Martyr (*Comm. Gen.* 38:11, fol. 155ʳ) 역시 이러한 근거들에서 다말이 유다를 유혹한 것을 호의적으로 말한다.

아브라함의 덕망이 두드러지게 하셔서 그것을 듣는 모든 사람의 마음에 하나님을 경외함이 주입되게 하셨다는 것이다.[41] 아브라함의 "임무"라는 이 개념은, 족장들의 일부다처가 아니라, 아브라함과 이삭이 자신의 아내가 자신과 어떤 관계인지에 대하여 속인 일에 주로 적용되었다. 그러나 다시 말하건대, 특수 임무에 호소하는 것은 사실 특수 면제를 동원하는 또 다른 방편에 불과하다. 즉 아브라함의 행위들과 의도들은 하나님의 계획에게 자리를 양보하게 되었다. 그래서 그것이 그보다 덜한 차원의 도덕적 관심사보다 우위를 차지하게 된 것이다. 이 논증은 또한 아브라함을 사건의 결과에 의하여 옹호하는 경향을 지녔다. 마치 결과가 하나님에 의하여 지배되었다면 방편은 사소한 문제인 것처럼 말이다. 아브라함의 특수 임무에 근거한 그런 변명은 역시 부르고스의 바울(Paul of Burgos), 데니스, 펠리칸, 마터, 무스쿨루스, 그리고 루터에 의하여 인증되었다. 그러나 칼빈은 그렇지 않았다.[42]

4. 족장들의 특별 은사에 근거한 변명들. 아브라함의 운명을 아브라함 모르게 하나님께서 통제하시는 것이 가능하다면, 비록 신적인 통찰력에 의한 것이겠지만 아브라함이 자신의 운명을 같은 방법으로 계획하고 이끌어가는 것도 가능하다. 따라서 소수의 주석가들은 아브라함의 비행을 그의 미래를 아는 지식에 호소함으로써 변명한다. 만일 아브라함이 간음 사건이 발생하지 않으리라고 사전에 알고 있었다면, 어찌 그가 자기 아내로 하여금 간음죄를 지을 위험에 빠뜨렸다고 비난당할 수 있겠는가? 어거스틴은 말하기를, 하나님께서는 (어떤 성경에 기록되지 않은 방편을 통하여) 아브라함에게 사라가 능욕을 당하지 않을 것이라고 확언하여 주셨다고 한다. 라이라와 부르고스 두 사람 다 한 걸음 더 나아가 주장하기를, 선지자로서 (참조. 창 20:7) 아브라함은 자신의 계책이 사라의 능욕 당함이 아니라 그녀와 자신을 구출하는 결과를 가져올

---

41 *Hom. 32.4 on Gen.* 12:10 (PG 53.297), *Hom. 45 on Gen.* 20 (PG 54.416-22) 그리고 *Hom. 51.3 on Gen.* 26:10f (PG 54.455)를 보라.

42 부르고스(라이라의 "교정자")는 이 변명을 라이라의 설명에 첨가한다. *Comm. Gen.* 12:13 (sig. E ix^r). 역시 Denis, *Comm. Gen.* 12:16 (p. 211a); Pellican, *Comm. Gen.* 12:10~20 (fol. 16^v ~ 17^r); Oecolampadius, *Comm. Gen.* 12:9~15 (fol. 132); Martyr, *Comm. Gen.* 12:10, 13,20 (fol. 49^v ~ 50^v), 20:1,8 (fol. 79^v, 81^r); Musculus, *Comm. Gen.* 12:10 (p. 308); M. Luther, *Comm. Gen.* 20:4f (WA 43.114; LW 3.333)를 보라.

것이라는 예지(豫知)를 가졌을 것이라고 하였다. 펠리칸과 마터 역시 이런 견해를 취한다.[43] 여기의 이 논증은 분별력에 근거한 논증 혹은 아브라함이 섭리(아래를 참조하라)를 비범하게 신뢰하였다는 논증과 겹치기 시작할 수 있다. 예언적 예지, 분별력이 있는 통찰력 혹은 섭리적 확신, 그 어느 것에 호소하든 이 세 가지 모두에 있어서 아브라함의 행동들은 있음직한 결과들에 대한 자신의 예리하고 확실한 지식에 근거한 것이었다는 관점에서는 꽤 합리적으로 보인다. 그럼에도 불구하고 특별 은사라는 논증은 대다수의 종교 개혁자들에게는 거의 인증되지 않았다. 오히려 그러한 전제를, 아브라함은 하나님으로부터 자신을 인도하시는 말씀을 받지 않았다고 루터가 진술함으로써 암시적으로 반박하였다. 역시 무스쿨루스는 그 논증을 한층 더 노골적으로 강하게 공박하면서, "아브라함 자신의 말들이 예언적 영에 의한 것이 아니라 자신의 죽음을 두려워하는 것임을 들어낸다!"고 주장하였다. 한편 칼빈은, 아브라함의 예지에 관하여 언급하지는 않으나, 아브라함의 "선지자 직분"이 아비멜렉을 위한 그의 중보기도에 주의를 환기시키는 영예로운 방편으로서 작용하였다고 설명한다. 하지만 이러한 논증들에도 불구하고 칼빈에게는 여전히 아브라함의 계책은 변명의 여지가 없다.[44]

Ⅱ. 자연적 고려 상황에 근거한 변명들

초자연적 변명과, 그보다는 자연적 요인들에 근거를 둔 변명과의 주된 차이점은, 그것을 오늘날에 적용이나 모방할 수 있느냐 여부에 달린 것으로 보인다. 예를 들면, 예언적 예지에 근거한 변명은 통찰력에 근거한 변명과 동일한 기능을 할 수도 있다. 그러나 후자는 대부분의 사람들에게 가능하다! 여기서는 족장들을 위하는 입장에서 일반적으로 인증된 두 번째에 속한 변명들을 검토할 것이다.

---

43 Augustine, *Contra Faustum* 22.23 (PL 42.422, NPNF[1] 4.285); Lyre 그리고 Burgos, *Comm. Gen.* 12:12, 20:7,11 (sig. E ix[r], F ix[v]); Pellican, *Comm. Gen.* 20:3 (fol. 25[v]); Martyr, *Comm. Gen.* 12:20 (fol. 50[v]-51[r]). 이것은 마터가 펠리칸의 견해를 반영하는 몇몇 예들의 하나이다.

44 M. Luther, *Comm. Gen.* 20:2 (WA 43.104, LW 3.320); Musculus, *Comm. Gen.* 12:13 (p. 309); J. Calvin, *Comm. Gen.* 20:7 (CO 23.289f, CTS 1,525f,).

이러한 변명의 근거를 다섯 가지 범주로 정리할 수 있겠다. 1. 정상참작을 할 만한 이유, 2. 의향 혹은 정의(定義), 3. 본성, 관습, 그리고 법, 4. 분별력, 필요성, 혹은 자연적 권리 5. "영웅적" 지위.

1. 정상참작을 할 만한 이유에 근거한 변명들. 족장들의 명백한 비행들을 변명하려고 해석가들이 몇몇 이유를 열거하였다. 아브라함이 자기 아내의 순결을 위태롭게 한 일은 종종 그가 자신의 생명을 잃을까 두려워서 행동하였다는 근거에서 호의적으로 표현된다. 어떤 주석가들은 그것이 충족한 변명이라고 생각하나, 다른 이들은 신앙의 전형인 아브라함이 왜 죽음을 두려워하여야 하였는지 의아하게 생각한다. 따라서 크리소스톰은 아브라함이 두려워한 데에 대한 핑계를 아래와 같은 근거에서 생각하여냈다. 즉 그리스도께서 오시기 이전에는 죽음에 대한 두려움이 더 강하였는데 아마도 부활에 관한 가르침이 덜 분명하였기에 그렇다는 것이다.[45] 데니스는 아브라함이 하나님께서 자기를 죽음에서 일으키실 것은 알았으나 그럼에도 불구하고 그는 "자연적으로" 죽음을 두려워하여 그것을 피하려고 애썼다고 역설한다.[46] 가끔 어려운 점은, 동일한 주석가가 정상참작을 할 수 있는 이유를 어디까지 확대할지를 우리가 알아차리기 힘들다는 점이다. 예를 들면, 마터가 아브라함의 두려움이 그의 행동들을 설명하여 주는 데에 도움은 되어도 그것들을 변명하기에는 도움이 되지 못한다고 주장한 적이 있다. 그리고 그는, 이것이 또한 크리소스톰의 결론이기도 하다고 생각한다. 하지만 크리소스톰은, 족장의 그 어떤 행동도 정죄하기를 꺼려한 나머지, 아브라함이 두려움 때문에 거짓말을 하였으니 비난을 면해야 한다고 암시하였다. 그러나 공식적으로 마터 자신은 독자들에게 그리스도 역시 두려움을 경험하셨음을 상기시키면서 아브라함이 전혀 잘못이 없다고 주장한다.[47] 아래에서 알게 될 것이지만, 아브라함의 두려움에 대한 마터의 상반적(相反的)인 평가

---

45 Chrysostom, *Hom. 32.5,45.2 on Gen.* 12:11ff, 20:2 (PG 53.299, 54.416). 크리소스톰의 견해는 펠리칸(*Comm. Gen.* 20:11, fol. 26ʳ) 그리고 마터(*Comm. Gen.* 12:20, fol. 50ᵛ-51ʳ)에게로 이어진다.

46 Denis, *Comm. Gen.* 12:11f (p. 209a). 루터는 아브라함이 소유한 부활 신앙의 증거로 히 11:19를 인용하면서 *Comm. Gen.* 12:11ff (WA 42.472, LW 2.293f)에서 유사한 견해를 제시한다.

47 Chrysostom, *Hom. 45.4 on Gen.* 20:12f (PG 54.419); Martyr, *Comm. Gen.* 12:20, 20:11 (fol. 51ʳ,81ᵛ).

는 드문 일이 아니다. 루터는 아브라함이 분별력을 활용한 일을 다루면서 유사한 방침을 따르고 있다. 칼빈은 여기에 대하여 모든 이들보다 더욱 가혹하다. 그는 아브라함의 두려움이 바로에게 거짓말을 하게 된 요인임을 시인하면서도 그것으로써 변명하지 않는다. 그리고 그는 아브라함과 이삭이 이러한 거짓말을 되풀이한 일에 있어서 전혀 변명의 여지를 허락하지 않는다.[48]

유사한 정상참작이 롯이 자기 딸들을 희생시키겠다는 제안과 그 후에 있은 자기 딸들과의 근친상간을 호의적으로 꾸미기 위하여 열거되었다. 특별히 롯의 부당한 제안에 대한 일반적인 변명은 그가 협박 하에서, 또 정신적 당혹감에서 그렇게 행동하였다는 것이다. 이러한 변명은 어거스틴, 라이라, 데니스, 루터, 쯔윙글리, 마터, 그리고 무스큘루스가 제시하였으나 칼빈은 이를 언급하지를 않았다. 롯의 근친상간의 죄에 대한 책임을 벗겨 주려고, 칼빈을 포함하여 사실상 모든 이들이 그 죄를 술 취함의 탓으로 돌린다. 그렇다고 할지라도 그의 만취에 대하여는 예외 없이 비난하였다. 역시 어떤 이들은 술 취함의 이유로서 (특히 자기 아내를 잃은 데에 대한) 롯의 슬픔과 의기소침이 그로 하여금 음주에서 위로를 얻어 보려고 하게 만들었다고 제시한다. 그러나 칼빈은 이러한 변명을 허용하지 않는다.[49]

롯의 만취는 그 자체가 무지에 의하여 발생하였다는 것도 변명의 한 변형이다. 어거스틴은 아브라함의 일부다처가 무지에서 기인하였다고 제시한다. 그의 논증은 이렇게 전개된다. 즉 아브라함은 자신에게 아들이 약속된 것을 알기는 하였으나, 사라로서는 그도 그렇거니와 사라 자신도 그 아들의 어머니로서 정하여졌는지를 확실히는 몰랐다는 것이다. 이처럼 확실한 암시가 없었으므로 아브라함은 자신의 무지 가운데에서 그 약속을 성취하려고 노력하였다는 것이다. 이러한 어거스틴의 논증은 데니스, 루터, 펠리칸, 그리고 마터가 이어받았다.[50]

---

48 J. Calvin, *Comm. Gen.* 12:11f, 20:2, 26:7 (CO 23.184f,359; CTS 1. 359-62,521f,2.61). 그의 *Serm. Gen.* 26:6~10 (CO 58.103,112)에서 칼빈은 진술하기를, 아브라함과 이삭 둘 다 이방 왕을 두려워하였다는 이유로 책망을 받았는데 왜냐하면 (이삭의 경우에 있어서) "그는 더 명예롭게 교정될 가치가 없었기 때문이다"라고 하였다. 이 점에 있어서 칼빈의 신랄함이 무스큘루스와 약간 비슷하다. 후자의 *Comm. Gen.* 12:13, 20:2 (pp. 309,489)를 보라.

49 J. Calvin, *Comm. Gen.* 19:33 (CO 23.283f).

50 Augustine, *Contra Faustum* 22.32 (PL 42.421, NPNF[1] 4.285); Denis, *Comm. Gen.* 16:1f (p. 236a); M. Luther, *Comm. Gen.* 16:1f (WA 42.578, LW 3.42f); Pellican, *Comm. Gen.* 16:2 (fol. 19ᵛ); Martyr, *Comm. Gen.* 16:2f (fol. 65ʳ). 칼빈은 여기에서 침묵을 지킨다.

마지막으로 주목할 만한 정상참작은 아담만큼이나, 그리고 모든 사건 뒤에는
여자가 있다는 격언만큼이나 오래된 논증이다. 몇몇 주석가들은 명백하게 진술하기
를, 일부다처 제도는 아브라함이나 야곱 자신이 먼저 시작한 것이 아니고 다만
각각 자기 아내의 요청에 응한 것뿐이라고 한다. 이러한 관찰의 "경중"(輕重)은
주석가들마다 서로 다르다. 양극의 한 편에 속한 펠리칸과 마터는, 아브라함은
사라가 하나님의 특별한 지시에 이끌림을 받은 것으로 생각한다고 가정한다. 또
다른 편에 속한 무스쿨루스는, 자기 아내의 말을 따른 아브라함의 실수를 아담
자신의 실패와 비교한다. 하지만 그는 아담이 하나님의 금령(禁令)을 무시하고
행동한 반면 아브라함은 그렇지 않았다고 한다.[51] 한편 칼빈은 여기에서 사라의
계획을 나무라고, 그 계획을 그녀의 믿음이 부족한 탓으로 돌린다. 그러나 칼빈은
사라 때문에 발생한 아브라함의 허물을 극소화하는 것처럼 보이지는 않는다. 하지
만 그는 한 텍스트에서는 야곱의 일부다처의 책임의 일부를 라반에게 돌린다.[52]

2. 선한 의향(意向)에 근거한 변명들. 고대인은 우리 현대인 못지않게 마음의
의향이 어느 행동의 유죄를 결정하는 데에 있어서 결정적 요인이 된다는 것을
잘 알고 있다. 따라서 이 문제의 성구들을 주해하는 대다수의 사람들은 족장들의
행동들이 어떻게 나타나 보이든지 간에 그들이 해를 끼치거나 악을 저지르려고
의도하지 않았음을 입증하는 데 몰두하였다. 우리가 위에서 정상참작이라고 묘사한
일부도 여기에 포함될 수 있는데, 예를 들면 롯의 술 취함은, 비록 그것이 사실은
그의 행동의 골자이지만, 그로 하여금 근친상간을 의도하지 않은 것으로 만드는
것이다. 여기에 다른 예들을 첨가할 수 있을 것이다. 그 중의 하나는 다수의 아내를
취하는 족장들의 동기와 관련된다. 족장들이 그러한 관습으로 되돌아가는 것이라고

---

[51] Pellican, *Comm. Gen.* 16:2 (fol. 19ᵛ); Martyr, *Comm. Gen.* 16:2f, 29:27 (fol. 65.120ᵛ); Musculus, *Comm. Gen.* 16:2 (pp. 383,386). 그 논증은 대체로 아브라함의 범죄성을 감소화하기 위하여 사용되었다. 역시 Augustine이 *Civ. Dei* 16:38 (CC 48.5444)에서 아브라함이 여기에서는 고린도전서 7:4에 기록된 대로 "부부간의 빚"을 갚을 의무가 있어서 그리 하였다고 한다. 역시 Denis, *Comm. Gen.* 16:1f (p. 236a, Williams of Paris를 인용하면서) 그리고 M. Luther, *Comm. Gen.* 16:3 (WA 42.581. LW 3.45f)을 보라.

[52] J. Calvin, *Comm. Gen.* 16:2, 29:27, 31:50 (CO 23.224,403,412; CTS 1.426,2.133,147); 그리고 *Serm. 1 Tim.* 3:2 (CO 53.249).

주장하는 이들과는 달리, 실질적으로는 아브라함과 야곱은 형식상으로 말할 때에 정욕적인 동기로 그렇게 한 것이 아니었다고 강조되었다. 하지만 두 저자들은 이러한 비난을 받는 족장들을 옹호하지 않는다. 그 중 한 사람은 아그립바 폰 네테샤임(Agrippa von Nettesheim)인데 그는 "선정적인" 족장들을 그들의 순결하고 금욕적 아내들과 대조한다.[53] 또 한 사람은 칼빈인데 그는 아브라함이 정욕에 이끌리지 않았다고 변명하지만, 야곱에게는 기탄없이 비난을 가한다.[54] 그러나 칼빈의 주안점에 부언할 것은, 아브라함의 동기는 (그가 정욕으로 인하여 행동한 것이 아니기 때문에) 비난받을 바가 아니나 하갈과의 일부다처 관계는 그 자체가 그리고 그것 때문에 여전히 죄가 된다는 것이다.[55] 족장들이 정욕에 의하여 움직이지 않았다는 변명은 대부분의 주석가들에 의하여 롯과 그의 딸들, 또 다말의 문제에까지 적용되었다. 칼빈은 여기서도 대체로 그 주안점은 시인하지만 그 누구도 결백하다고 말하지는 않는다.[56]

"선한 의향"이라는 논증은 또한 아브라함이 바로와 아비멜렉에게서 거짓말을 하였다는 비난을 받는 것을 면하게 하는 데에 적용되었다. 몇몇 주석가들은 어거스

---

53 아그립바- 르네상스 시대의 문필가인데 칼빈이 한 번은 그를 "회의주의자" 그리고 "저 불결한 개"라고 특징지은 바가 있다 -는 여(女)족장들이 정숙하다고 평가하는데, 이는 두 가지 사실, 즉 그들의 불임이 일단 분명해지면 동침을 멀리한다는 사실과 그들 가운데에는 일처다부가 없다는 사실이 자신의 평가를 지지하는 것이라고 생각한다. Agrippa, *Declamatio de nobilitate et praecellentia foeminei sexus*, ibid., Opera, vol. 2 (Lyon, n.d.; reprint ed.; Hildesheim, 1970), p. 523을 보라.

54 칼빈은 피그나데우스에게 쓴 1538년 편지에서 아브라함은 변명하고 야곱은 나무란다(CO 10b.258f). 그는 역시 그의 *Serm. 1 Tim.* 3:2 (CO 53.249)에서 아브라함을 변명하고 그리고 아마도 그의 *Comm. Mal.* 2:15 (CO 44.453, CTS p. 555)에서도 그런 듯하다. 하지만 후에 야곱은 부패, 방종, 죄, 간음죄, 그리고 하나님의 법을 폐기한 책임이 있다고 하였다. *Comm. Gen.* 29:27, 30:3, 30:15 (CO 23.403,409,412; CTS 2.133. 142.147)를 보라.

55 칼빈의 마음속에는 아브라함에 대하여 호의를 지닐만한, 드러나지 않게 은밀히 간직한 허술한 틈새도 없었다는 것이 역시 그가 아브라함이 그두라와 결혼한 일에 대한 논평에서 증명되었다. 칼빈은 (롬 4:19에서) 아브라함의 몸이 "죽은 것 같음"이라고 한 바울의 묘사와 아브라함과 그두라가 드러낸 다산력을 어떻게 조화시킬 것인가에 대한 전통적 문제를 가지고 씨름을 한다. 창 25장의 이야기는 이 결혼을 사라가 죽은 후의 일로 여기나, 칼빈은 그것을 사라의 생전에 있었다고 봄으로써 바울의 기사와 조화시킨다. 이 해결책은 자신으로 하여금 아브라함이 일부다처의 죄를 두 번째로 범하였다고 인정하도록 몰아넣기까지 하는데도 말이다! 그럼에도 불구하고 칼빈은 더 나아가서 이러한 "음란한 결혼"으로 말미암아 그가 "하나님으로부터 복 받을 가치가 없게" 만들었다고 아브라함을 헐뜯는다. *Comm. Gen.* 25:1 (CO 23.342f, CTS 2.33ff)을 보라.

56 따라서 칼빈은 롯의 딸들 그리고 다말 역시도 정욕 문제에 있어서 죄가 없다고 변명한다. 비록 그는 롯이 술 취함으로 말미암아 롯 스스로가 자신의 정욕에 이용당하게 되었다고 말하기는 하였다. *Comm. Gen.* 19:31,33, 38:13 (CO 23.282-84, 496f; CTS 2.282f)을 보라.

턴에게서 비롯되었다는, 세 종류의 거짓말을 적용한다.57   그것은 익살스러운 거짓말, 유해한 거짓말, 그리고 호의적 거짓말이다. 첫 번째는 아무에게도 해를 끼치지 않으며 다만 농담으로 하는 것이다. 두 번째는 의도적으로 해를 끼치는 것이다. 그리고 마지막 것은 이웃의 유익을 의도한 것이어서 변명의 여지가 있는 것으로 용인된다. 루터는 두 설명 사이에서 오락가락하지만, 아브라함이 호의적으로 거짓말을 하였다는 것을 인정하는 쪽을 선호한다. 즉 아브라함의 거짓말은 칭찬할 만한 예지(豫知)의 일부로서 죄를 방지하려는 의도로 한 것이었기 때문에, 죄를 짓지 않고 그렇게 하였다는 것이다. 무스쿨루스와 오이콜람파디우스(Oeco-lampadius)는 어거스틴의 이러한 엄밀한 구분을 열거하지는 않지만, 둘 다 아브라함이 거짓말을 하였다는 사실을 인정하고 나서, 그가 선한 의도에서 그렇게 하였다고 변명한다.58   동일한 논증을 몇몇 주석가들이 야곱에게도 적용하였는데, 야곱이 자기 아버지에게 거짓말을 한 것이 그의 효성스러운 의도에서 한 것이므로 변명의 여지가 있다고 한다.59   주석가들은 더더욱 요셉이 자기 형들에게 거짓말을 한 것이 그의 존경스러운 의도에서 그랬다고 변명하는 경향이 있다.60

선한 의도에 대한 호소는 또한, 베인튼이 일컬은 "정의의 방편에 의한 도피"에도 그 저변에 잠재하여 있다.61   즉 아브라함의 경우에 있어서 그가 실제로는 거짓말을 하지 않았다는 것이다. 이것은 호의적 거짓말이라는 개념에 호소하는 것보다 더 흔하다. 특히 어거스틴 자신은 여덟 가지를 거짓말로 가정할 수 있다고 하였는데 그는 그 모두를 인정하기를 거절하였다.62   어거스틴은 (재)정의하는 방식을 선호

---

57   *De mendacio* 14.25 (PL 40.505, NPNF[1] 3.469)에 여덟 가지 거짓말이 묘사되었다. 어거스틴이 거론하는 호의적 거짓말들은 Letters 40,82 (PL 33.155,285; FC 12.173.408)에 나타난다. 그것들은 성경에서 성도들이나 사도들이 거짓말을 한 적이 있는지 그리고 거짓말이 허용되었는지에 관하여 그가 제롬과 논쟁한 내용을 기록한 것이다. 그 논쟁은 자고린에 의하여 잘 요약되었다. Zagorin, *Ways of Lying*, pp. 16-20 (역시 pp. 21-25).

58   M. Luther, *Comm. Gen.* 12:1ff (WA 42.470f, LW 2.291f); Musculus, *Comm. Gen.* 12:13 (p. 308); Oecolampadius, *Comm. Gen.* 12:51 (fol. 131ᵛ).

59   역시 Ambrose, *De Jacob* 2.1,4 (PL 14.646, FC 65.148); Denis, *Comm. Gen.* 27 (pp. 324f); Cajetan, *Commentarii…in Quinque Mosaicos libros*의 Gen. 27:9∼12 (Paris, 1539), p. 116.

60   역시 라이라, 데니스, 카제탄, 루터, 쯔윙글리, 그리고 무스쿨루스.

61   Bainton, ibid., pp. 40,42.

62   예를 들면, 라이라(아마도 루터에게 영향을 미친 듯하다)는 말하기를, 야곱의 행동은 단순히 호의적 거짓말을 한 것이지만 어쨌든 그것은 경한 죄라고 하였다(*Comm. Gen.* 27:19, sig. G ixʳ). 마찬가지로 펠리칸은 아브라함이 호의적 거짓말을 하였다고 생각하는데 루터와는 달리 그는, 그렇다고 하여서 아브라함

하였기에 "진실을 감추는 것과 거짓말을 발설하는 것은 동일하지 않다"고 주장하였다. 아브라함은 사라가 자기 아내라는 것을 부인하지 않았다. 그는 단지 그녀가 자기 누이라고 주장한 것뿐이었는데, 이것은 확대된 의미에서는 사실이었다. 어거스틴의 논증(즉 아브라함이 말한 바는 법적으로 말할 때에 거짓이 아니었다는 것)을 역시 라이라, 데니스, 마터, 그리고 분명히 카제탄(Cajetan)도 제시하였다. 그러나 대개는 심각하게 망설이면서 그 논증을 제시 하였다.[63]

호의적 거짓말과 "재정의"(再定義)에 의하여 위장(僞裝)이 죄로 간주되지 않는다는 개념은 모두 칼빈이 거부하였다. 그것은 칼빈이 그 의도의 중요성을 무시하여서가 아니라, 지나치게 약삭빠른 주석가들이 족장들의 의도를 흐리게 하는 방법에 격분하였기 때문인데, 칼빈의 생각에 그것은 부적절한 것이었다. 따라서 칼빈은, 침묵을 지키는 것이 거짓말을 하는 것이 아니라는 사실을 아브라함 자신이 인식한 것으로 보이며 또 아브라함의 말이 실제적 사실과 모순되지 않는 한, 어거스틴이 아브라함의 심적 태도를 읽은 것에 대하여 문제를 삼을 것이 없다고 본다. "그럼에도 불구하고 이렇게 매번 변명들을 늘어놓을 때에 남는 문제는, 아브라함을 위한 방어는 천박하든지 혹은 기껏해야 너무 미약하다.…… 비록 그가 말로는 거짓말을 하지 않았으나…… 그의 위장은 암시적으로 말한 거짓말이다." 다른 곳에서 칼빈은 선언하기를, "하나님은 궤변가가 아니시다"라고 하면서, 이삭의 의도 곧 그가 아비멜렉을 속이기 위한 바로 그 의도를 나무란다. 그리고 히브리 산파들이 모세를 살리기 위하여 한 거짓말에 대하여 진술하면서, 칼빈은 호의적 거짓말이라서 죄를 발견하지 못한다는 이들에 반대하여, "나는 무엇이든지 하나님의 속성에 거슬리는 것은 죄가 된다고 간주한다. 그리고 이 근거에서 말로나 행동으로 된 위장은 정죄된다"라고 역설하였다. 그러나 칼빈은 산파들의 의도마저

의 행동을 변명하지는 않으며 그것이 단지 좋은 말로 꾸며졌다고 여긴다. Pellican, *Comm. Gen.* 12:13 (fol. 16[v])을 보라. 마터 역시 호의적 거짓말을 옹호하나 결국은 그것이 바울이 정죄한 "보정(補正)적 악"(아래의 논증들을 참조하라)의 경우가 아니라고 하여 변명을 불허한다. 마터의 논평은 삿 3:30에 대한 변명들이 담긴 그의 *In Librum Iudicum* … *Commetarii* (Zürich, 1561), fol. 63r에서 찾아볼 수 있다.

[63] Augustine, *Contra mendacium* 10.23 (PL 40.533, NPNF[1] 3.491); Lyra, *Comm. Gen.* 12:13, 20:11 (sig. E vii[v], F ix[v]); Denis, *Comm. Gen.* 12:13 (p. 209b); Martyr, *Comm. Judg.* 3.30 (fol. 63[v]); Cajetan, *Comm. Gen.* 12:11 (p. 69).

부인하지는 않는다. 왜냐하면 그가 암시하기를 그들의 선한 의도가 하나님으로 하여금 정당하게 정죄하실 수 있었던 바를 관대하게 여기시도록 하는 근거가 되었다고 하였기 때문이다. 칼빈이 산파들에 대하여 취한 태도와 동일한 면이 있는데 곧 그가 관심을 불러일으킨 요셉의 의도(애굽에서 자기 형들을 속일 때)인바 이는 "모든 적개심 그리고 앙심이 없는" 것이었다고 한다.[64]

어느 범주에 포함시키기는 힘들어도 선한 의도의 변명으로 간주할 수 있는 또 다른 논증은, 족장들의 위대한 신앙과 섭리의 신뢰에 근거한 것이다. 그러나 여기에서 언급되지 않은 것은, 굳센 믿음은 하나님을 움직일 수 있다는 개념이다. 물론 신앙으로 보이는 것이 단순한 추정 혹은 그와 반대도 될 수 있다. 여하간 아브라함은 하나님께서 사라를 보호하여 주실 것으로 믿었다거나 혹은 야곱 또는 요셉이 위대한 신앙으로 행동하였다는 논증은, 단순한 찬사로서가 아닌 변명으로서 그 이후의 라이라, 데니스, 카제탄, 루터, 그리고 펠리칸과 같은 주석가들이 조장하였다. 루터는 이 논증을 너무나 좋아하여서 그것을 롯에게까지 적용하도록 허용한다. 롯이 자기 딸들을 내어놓기로 한 것은 그들을 안전하게 보호하여 줄 것이라는 섭리에 대한 대단한 신뢰의 동기에서 나왔으니 그는 결백한 것으로 간주되어야 한다는 것이다. 하지만 무스쿨루스는 아브라함의 선지자적 은사에 찬사를 보내는 이들에게보다는 아브라함의 위대한 신앙을 추켜올리는 이들에 대하여서는 인내심이 거의 없다. 무스쿨루스는 아브라함의 말 그 자체가 신앙이나 예지가 없음을 나타내며 그에게는 그 어느 것도 결여되었다고 강조하였다! 칼빈 역시 여기에서 해석학적 근거로 찬성하지 않는다. 비록 칼빈은 다른 주석가들의 연구 결과들을 언급하지는 않고 있으나 그는 아브라함, 이삭, 그리고 야곱의 비행들은 그들의 위대한 신앙 때문에 변명되기보다는 오히려 그들의 불신앙 때문에 비난을 받아야 한다는 것을 분명히 하였다.[65]

64　J. Calvin, *Comm. Gen.* 20:12 (CO 23.292f, CTS 1.530); *Serm. Gen.* 26:6～10 (CO 58.104); *Comm. Gen.* 44:1 (CO 23.547, CTS 2/366f); *Comm. Exod.* 1:18 (CO 24.19, CTS 1.34f). 애굽에 있는 히브리 산파들에 대한 칼빈의 혼란한 개관은 어거스틴, 그라티안(Gratian), 아퀴나스, 그리고 그 밖의 다른 이들과 두드러지게 다를 바가 없다. Zagorin, *Ways of Lying*, pp. 21,23,27 그리고 30 이하를 보라.

65　M. Luther, *Comm. Gen.* 19:9 (WA 43.61, LW 3.260); Musculus, *Comm. Gen.* 12:13 (p. 309); Calvin, *Comm. Gen.* 20:2, 27:19 (CO 23.286f,376; CTS 1.521f,2.88f) 그리고 *Serm. Gen.* 26:6～10

3. **본성, 관습, 그리고 법에 근거한 변명들**. 비록 거짓말이 어느 시기나 어느 곳에서 온전히 받아들여진 적이 있다는 생각에서 거짓말에 대한 변명을 제시한 사람은 없으나, 이 점은 일부다처의 문제에 관한 한 중요하다. 어떤 주석가들은, 족장들이 특수 면제의 수혜자라고 해석하기보다는 오히려 그들이 일부다처가 일반적으로 실시된 때에 살았기 때문이라고 주장한다. 과연 어거스틴이 이해하고 있듯이, 이러한 논증은 하나님의 개입과 관련시키지 않고도, 가능한 것이다.

> [다수의 아내를 취하는 것은] 관습이 그러할 때에는 죄가 아니다. 그러나 지금은 그것이 관습이 아니기 때문에 죄이다. 본성을 거슬리는 죄, 관습을 역행하는 죄, 그리고 법을 어기는 죄들이 있다. 이 세 가지 죄 중에서 야곱이 어느 것을 범하였는가? 제발, 말하여 보라. …… 본성에 관련하여서라면, 그는 여인을 육욕적 만족을 위하여 사용하지 않고 자녀를 얻기 위하여 그리하였다. 관습에 관련하여서라면, 그 때의 주변 국가들의 일반적 관례가 그러하였다. 법에 관련하여서라면, 당시에는 금령이 없었다. 지금 그렇게 하는 것이 범죄가 되는 이유는 관습과 법이 그것을 금하기 때문이다.[66]

따라서 어거스틴은 세 가지 기준을 설정하는데 이것들 모두 족장들의 일부다처를 찬성한 것이다. 이것들 중에서 관습과 법은 한 때 다수의 아내를 허용하였으나, 이러한 관습과 법이 변경되었다고 한다. 어거스틴은 세 번째 기준인 본성을 유사한 방법으로 제시하면서, 일부다처도 역시 본성상 한 때 허용되었다고 시인하였다. 그럼 본성도 역시 바뀌었는가? 어거스틴은, 사람들은 이제 족장들이 지녔던 순수한 의도에 비하여 타락하였음을 애써 암시적으로 말한다. 즉 부부 관계의 주된 그리고 자연적 결과는 자녀를 낳는 것이다. 따라서 성욕의 만족만 추구하고 후손을 둘 동기가 없는 성관계는 본성에 위배되는 것으로 본다. 이론상으로는, 만일 어떤 사람이 정욕을 충족시키려는 것이 아니라 순수하게 자녀를 얻기 위하여 두 번째 아내를 취한다면 결혼의 "본바탕"은 손상 없이 유지된다는 것이다. 어거스틴은 자신의 세 번째 논증의 지주(支柱)인 "본성"이 더 이상 일부다처를 허용하지 않는다는 것을 완벽하게 하기 위하여 주장하기를, 이제는 더 이상 족장들이 보여준 영웅적 자제력을 불러일으키기가 불가능하며 그리고 남성으로서 현대의 일부다처

(CO 58.103).

[66] Augustine, *Contra Faustum* 22.47 (PL 42.428, NPNF[1] 4.289).

주의자들은 그들의 정욕적인 동기들 때문에 본성에 위배된다고 하였다.

이것은 일반 섭리에 관한 논증에 문제점이 되는 조항이다. 예전에는 관습과 법이 허용되었다는 것은 다소 경험에 입각하여 논증이 가능한 반면에, 본성과 자연 법칙의 허용이라는 것은 자연의 창조자의 허용과 연결되어 있어서 입증하기보다는 가정하기가 훨씬 더 쉬운 것이다! 많은 주석가들(예를 들면, 루터, 멜란히톤, 부쩌, 마터, 그리고 무스쿨루스)은 기독교 이전 시기의 관습들과 법들에 관한 어거스틴의 의견에서 족장들의 일부다처를 변명할 편리한 방편을 발견하였으나, 우리가 그러한 관례로 전반적으로 복귀하는 것은 불허하였다. 하지만 결혼의 "본바탕"에 의한 어거스틴의 논증은 거의 무시되었다. 카제탄이 유일하게 족장들을 단순히 관습에서가 아니고 자연법에 근거하여 변명을 시도한다. 요컨대, 카제탄은 여기에서 자연법을 족장들의 관례에 비추어서 설명한다. 그러나 그것과 반대로 설명하지는 않는다. 즉 카제탄은 주장하기를 구약의 의인들에 의하여 실행된 일부다처는 자연법에 위배되는 것이 아니라고 한다. 그래서 그는 비합법적이다라고 할 수 있는 것은 아브라함이 자연법을 위배하였다고 믿는 것이라고 맞섰다![67]

본성, 관습, 그리고 법에 근거한 고려 상황들, 그 어느 것도 일부다처를 가장 강하게 반대한 주석가들에게는 영향을 전혀 주지 못하였다. 이들 가운데에서 하인리히 불링거(Heinrich Bullinger)[68] 를 손꼽겠지만 실은 바로 칼빈이 특히 관습과 법이 실제로 일부다처를 재가(裁可)하였는지에 대한 반론을 제기한 인물이었다. 사실, 칼빈은 동양인들에게서 한 때 일부다처가 관습이었을 수 있음을 인정한다. 그러나 그의 요점은 그것이 나쁜 관습이며 하나님의 재가를 받은 것이 전혀 아니었

---

[67] Cajetan, *Comm. Gen.* 16:2, 31:19 (pp. 79,127). 따라서 카제탄은 아퀴나스와 의견을 달리한다. 아퀴나스는 일부다처는 자연법의 첫 명령을 위반하는 것이 아니라는 사실에도 불구하고 면제가 필요하다고 느꼈다. 카제탄은 Summa에 관한 자신의 해석에서 아퀴나스가 제시한 구분은 유지하나 자신의 성경 주석에서는 그것을 포기한 것으로 보인다. D. Doherty, *The Sexual Doctrine of Cardinal Cajetan* (Regensburg: Friedrich Pustet, 1966), pp. 200-205를 보라.

[68] 불링거는 그의 『마태복음 주석』(1542)에서 일부다처의 "현대의" 옹호자들을 공격한다. 한편 불링거는 족장들의 일부다처를 특수 면제에 의하여 변명하면서도 그는 역시 아브라함과 야곱이 다처들을 하나님의 허락으로 취한 것이 아니라 인간의 실수로 그리하였다고 말한다(즉 사라의 추정과 라반의 사기). Der Christlich Eestand (1579) 제 3판에서 불링거는 주님께서 마 19장에서 일부 일처제도를 재제정하셨다고 주장한다(아마도 칼빈을 따르는 듯하다. 아래를 참조하라). H. Eells, Attitude of Bucer, pp. 181,213-17을 보라.

다는 것이다. 역시 일부다처가 구약에서 합법화되지 못하였다는 것이다. 왜냐하면 칼빈은 장황하게 주장하기를, 마태복음 19장에 나타난 예수님의 말씀이 결혼에 관한 하나님의 명령의 회복이 아니라 재확인이며, 모세가 마치 관대히 여긴 것처럼 보이는 이혼 문제(역시 칼빈이 논박한다!)까지도 포함하여서, 그 명령은 하나님께서 결코 중지하신 적이 없다는 것이다.[69] 분명히 칼빈은 이 점에 있어서는 한 치의 양보도 없다.

4. 분별력, 필요성, 그리고 자연적 권리에 근거한 변명들. 아마도 가장 흥미로운 동시에 가장 우려되는 변명들은, 오늘날 족장들의 행동들을 모방하는 것을 정당화하려고, 가장 손쉽게 그것들이 동원될 수 있다는 점이다. 자연적 통찰력과 자연적 권리에 근거한 변명들이 바로 그러한 것들이다. 우리는 이 주제에 대한 세 개의 변형들, 곧 분별력을 행사할 의무, 자연적 권리에 대한 호소, 그리고 보정적(補正的) 악에 관한 문제를 고찰하여 볼 것이다.

이러한 변명용 논증들 가운데 첫 번째는, 아브라함이 자기 아내가 자신과 어떤 관계가 있는가를 숨긴 것을 변호하는 면에서 어거스틴은 조직적으로 잘 표현하였다.

> 사람이 자신의 역량으로 할 수 있는 방편이 있을 때 자기의 주 하나님을 시험하여서는 안 된다는 것은 건전한 교리의 일부이다. …… 따라서 아브라함이 낯선 사람들 가운데 있었을 때, 그리고 사라의 빼어난 미모 때문에 자기 생명과 그녀의 순결이 위태로웠을 때, 그가 보호할 수 있었던 것은, 이들 둘 다가 아닌 다만 하나, 즉 자기 생명이었기 때문에 하나님을 시험하는 것을 피하기 위하여 그가 할 수 있는 바를 하였다. 그리고 그가 할 수 없는 것은 하나님께 의탁하였다. 자기 아내의 순결을 하나님께서 보존하여 주실 것을 믿으면서 자신이 남자임을 숨길 수가 없어서 죽임을 당하지 않으려고 자신이 남편임을 숨겼던 것이다.[70]

따라서 도덕적 생활이란 수동적이 아니라고 어거스틴은 주장한다. 아브라함은

---

69 칼빈이 Pignaeus에게 (CO 10b.258); *Comm. Gen.* 21:1, 22:19, 26:34 (CO 23. 223,320, 370; CTS 1.424,1.573f,2.77); *Comm. Matt.* 19:7 (CO 45.529f); 그리고 *Serm. Eph.* 5:31ff (CO 51.775f)를 보라.

70 Augustine, *Contra Faustum* 22.36 (PL 42.423f, NPNF[1] 4.286).

그가 할 수 있는 최상의 계획을 고안하였고 그 나머지는 하나님께 의탁하였다. 그것이 어찌 잘못일 수 있는가? 아브라함이 분별력을 합법적으로 사용하였다는 데에 대한 일반적 호소와 관련하여서, 이 경우에 족장이 그렇게 행동하는 데에 도움을 준, 두 가지 실제적 통찰력을 들 수 있다. 첫째는 애굽인들의 방종과 부도덕성의 악명 높은 평판에 대한 그의 우려[71] 이고, 둘째는 왕이 사라를 가까이하려면 12개월의 성결 기간이 필요하다는 것을 알고 있던 그의 지식이다.[72] 이러한 두 가지 고려 상황은 아브라함의 행동들이 이성과 분별력과 한층 더 조화를 이룬다는 것을 보여주기 위하여 자주 제시되었다. 그럼에도 불구하고 이러한 논증을 가장 적절하게 표현한다고 할 수 있는 것은 어거스틴의 "격언"이다. 즉 '**임의로 활용할 수 있는 방편을 소홀히 하는 것은 하나님을 시험하는 것이다.**' 이 논증을 이러한 기본적 형태로 라이라, 데니스, 오이콜람파디우스, 마터, 무스쿨루스, 그리고 루터 가 적용하여 아브라함의 명백한 거짓말을 무죄하다고 입증하였다. 사실 칼빈은 이런 식의 적용을 반박하겠지만 그렇다고 하더라도, 그것이 일반적으로 통용되는 분별력이라는 점은 시인할 것이다.[73]

아브라함의 분별력에 관한 루터와 무스쿨루스의 논평들은 어떤 일반적 규칙들 을 제시하기에, 상당히 흥미롭다. 확실히 루터의 논평들은 모호성에 관한 연구거리 가 된다. 그는 아브라함의 거짓말이 변명의 여지가 있으나 그가 사라를 간음죄의 위험에 노출시킨 것은 그렇지 않다고 선언한다. 그리고 나서 그는 두 방향의 생각을 계속하여 나간다. 즉 먼저 그는 아브라함이 하나님의 말씀을 잊어버리고, 믿음을

---

71 이러한 판에 박힌 민족적 관념은 만일 창세기 텍스트 자체에 없다면 요세푸스에게서 그 근거를 찾아낼 수 있을 것이다. F. Josephus, *Antiquities*, 1.162,2.201 (LCL pp.80,250). 라이라(sig. E vii'), 펠리칸 (fol. 16'), 그리고 오이콜람파디우스 (fol. 131')는 창 12:10~20에 관한 자신들의 설명에서 이것을 호의적으로 꾸미는 요인으로 제시한다. 하지만 그러한 판에 박힌 관념은 데니스 (p. 209b), 루터 (WA 42.479f. LW 2.305), 그리고 무스쿨루스 (p. 308)에 의하여 도전을 받는다.

72 오로지 에스더 2:12에 근거한 이 논증은 제롬에게서 비롯된 듯하다. Jerome, *Quaestiones in Genesim* 12:51f (PL 23.957f). 그것은 어거스틴 (*Quaestiones In Heptateuchum* 1:26, PL 34. 555) 그리고 여러 다른 이들 (모든 *Comm. Gen.* 12:13~20) 라이라 (sig. E vii'), 마터 (fol. 51'), 그리고 루터 (WA 2.304)를 포함하여 모두가 받아들이고 있다.

73 Lyra, *Comm. Gen.* 12:13 (sig. Evii'); Denis, *Comm. Gen.* 20:11 (p. 279b); Oecolampadius, *Comm. Gen.* 12:11 (fol. 131); Martyr, Prop. 5n on Genesis 13~14 (ibid., p. 1006). 무스쿨루스는 원칙적으로는 동의하나 그것의 적용에는 이의를 제기한다; *Comm. Gen.* 12:10 (p. 308). 루터는 *Comm. Gen.* 12:11~13 (WA 42.472. LW 2.294)에서 어거스틴의 격언을 전제로 한다. 칼빈에 대하여 서는 *Instiues* 1.17.4와 이하를 보라.

버리고, 자신의 이성에 의존하고, 그리고 두려움과 연약함으로 범죄하였다고 한다. 그리고 루터는 아브라함은 범죄한 것이 아니라 세상의 위험을 피하기 위하여 적절하게 자기 이성을 사용함으로써 약속을 방어하려고 믿음으로 행한 것일 수도 있다고 제안한다. 그의 말로는 이것이 자신이 선호하는 설명이라고 한다.[74] 이 두 진술 모두에서 아브라함의 이성이 계속적인 역할을 하는 것이 주목할 만하다. 하지만 창세기 20장에서 아브라함이 이 책략에 있어서 주춤하였을 때 루터는 아래와 같이 진술한다.

> 이러한 과정에 따라 그리고 안전한 방편일 것으로 가정하고 아브라함은 자기 아내를 위험에 노출시킨 것이다. 그리고 그는 그러한 계획에 의존함으로써 범죄한 것은 아니다. 왜냐하면 위로부터 우리를 인도하는 말씀이 없을 경우 우리의 이성을 따르는 것은 옳은 일이기 때문이다. 그러나 나는 세속적인 일들에 관하여 말하고 있다. 영적 일들에 관한 한 하나님께서는 모든 것을 그의 말씀에서 넘치도록 분명하게 보여주셨다. 그러나 외적이고 육체적 일들은 하나님께서 이성의 지배하에 두셨다. 단순히 말하자면 그런 것들에서는 성령님의 권고가 불필요하다. 필요한 것은 근면, 불굴의 노력, 그리고 관심이다. 그렇게 하지 않는다면 우리는 하나님을 시험하는 것이 된다.[75]

아브라함이 위기에 처하였을 때 사용한 분별력을 루터가 명쾌하게 변호하는 것이 그의 무죄함을 입증하려는 것처럼 보일 것이다. 그러나 루터의 옹호는 그리 오래가지 않았다. 루터는 아브라함이 범죄하였다고 재확인하였기 때문이다. 그가 후에 "아브라함이 자기 꾀에 의하여 곤경에 빠졌을 때에 그는 약속에 의하여 구출되었다" 즉 하나님께서 그를 구출하셨다고 말할 정도까지 후퇴한 것은 말할 나위도 없다.[76] 확실히 루터는 적어도 이 에피소드를 두고, 도덕적 생활에서 이성의 잠재적 역할에 관하여 두 마음을 품고 있다! 하지만 더 중요한 점은, 루터가 분별력과 이성의 역할을 중요하게 여긴다는 사실이, 아브라함은 이 점에 있어서 우리가 본받아야 할 본이 아니라고 한 자신의 말을 철회하든지 계속 주장하든지 간에, 전적으로

---

[74] M. Luther, *Comm. Gen.* 12:11ff (WA 42.470-72, LW 2.291-94).

[75] M. Luther, *Comm. Gen.* 20:3 (WA 43.107, LW 3.323).

[76] 루터가 아내를 위험에 빠지게 하는 것을 시민 사회적 그리고 외적 문제로 구분하는 반면에, 롯의 (자신의 딸들을 위험에 처하게 한) 매우 유사한 행동은 영적 문제로 평가하는 것은 더더욱 어려움을 가중시킨다. *Comm. Gen.* 19:9 (WA 43.60, LW 3.258)를 보라.

약해지거나 없어지지 않는다는 점이다.

그러나 무스쿨루스는 루터보다 덜 모호하다. 그의 주해는 자신의 선배들의 논증들을 꼼꼼히 파헤치는 것으로 구성되어 있다. 우리는 위에서 무스쿨루스가, 증거가 없다는 이유로, 아브라함이 예언적 영에 감동되었다는 개념과 하나님의 섭리를 믿은 위대한 신앙 때문에 변명의 여지가 있다는 생각을 버린 사실을 살펴보았다. 부언하자면, 무스쿨루스는 분별력에 호소하는 "라이라"의 ("아브라함이 하나님을 시험하면 안 된다는") 호소를 허용하지 않았는데, 그는 다음과 같은 근거에서 그렇게 한 것이다. 즉 분별력이라는 것은 다만 그것이 하나님을 거슬러 행동하거나 타인의 복리에 반하든지 혹은 예절에 반하여 행동하지 않을 때에 활용할 의무가 있는 것인데, 아브라함은 이 셋을 모두 거슬렀다는 것이다. 따라서 무스쿨루스는 분별력의 "의무"라는 원칙에 도전하여 "하나님의 약속을 획득하기 위하여 부정직하고 불명예스러운 일을 하는 것은 신앙적 과업이 아니다"라는 금언을 명료하게 표현하였다. 따라서 간단히 말하자면 아브라함에게는 변명의 여지가 없다는 것이 가장 확실한 설명이라고 무스쿨루스는 결론을 내린다.[77] 더욱이 아브라함은 그런 일을 거듭함으로써 자기 죄를 가중시켰다. 아브라함은 애굽에서 온당하지 못하였던 자신의 행동에서 교훈을 삼기보다는, 오히려 한 번 작용한 것은 다시 작용할 것으로 보고, 자기 아내가 바로에게서 빠져나온 것은 자신의 계획을 하나님께서 승인하신 것이라고 가정하였다는 것이다. 그러나 무스쿨루스는 진술하기를, 혹 어떤 사건이 하나님의 은혜로 결말이 좋다고 하여서 우리 편에서 지은 죄가 없다고 결론을 내리는 것은 적절하지 못하다고 하였다.[78] 바꾸어 말하자면, 실제적으로 말하여서 비록 전에는 통한 것처럼 보일지라도 하나님께서 약속하신 것을 받으려면 부정직하고 불명예스러운 것은 피하여야 한다는 것이다.

이제 분별력에 관한 칼빈의 이론적 진술(위에서 언급함)로 우리의 관심을 전환하게 되면, 그의 다음과 같은 진술을 발견하게 되는데, 그가 차라리 어거스틴이 파우스투

---

[77] Musculus, *Comm. Gen.* 12:13 (p. 309). 마터는 유사한 금언을 제안한다. "비록 하나님께서 어떤 일이 일어날 것이라고 계시하여 주신다고 할지라도 그렇다고 하여 그 일의 결과를 서둘러 가져오려고 신적 법 혹은 올바른 이성을 거슬러서 행동하는 것은 정당하지 못하다" (Prop. 1n on Gen. 25~27; ibid., p. 1012).

[78] Musculus, *Comm. Gen.* 20:2 (p. 489).

스(Paustus)를 비판하여 말한 바를 인용하는 편이 나았을 것으로 보인다.

> 우리의 의무가 무엇인지 매우 분명하다. 따라서 만일 주님께서 우리의 생명을 보호하도록 우리에게 의탁하셨다면 우리의 의무는 그것을 보호하는 일이다. 만일 도움을 주신다면 그것들을 활용할 것이며, 만일 주님께서 위험에 대하여 미리 통고하여 주신다면 무모하게 거기에 뛰어들지 말아야 하며, 만일 주님께서 구제책을 마련하여 주신다면 그것들을 등한시 하지 말아야 하는 것이 우리의 의무이다. …… 주님께서는 인간에게 분별하며 조심하는 재능을 북돋아 주셔서 그로 말미암아 생명 자체를 보존함으로써 그분의 섭리에 응하도록 하셨다.[79]

그러나 만일 이러한 칼빈의 이론에서 어거스틴이 생각난다면 (혹은, 이 문제에 있어서는 루터이겠지만) 족장들에 대한 그의 주해는 무스쿨루스를 예상케 한다. 아브라함의 거짓말(마찬가지로 그의 일부다처)에 관하여 칼빈은 아브라함의 재치를 칭찬하지 않고 도리어 자기 자신의 방법들을 신뢰한 것을 나무란다. 칼빈은 그 방법들을 "불법적"이라고 보았다. 그러나 칼빈은 전적으로 아브라함을 정죄하기를 거부한다. 왜냐하면 그의 목적은 적합하였기 때문이다. 그러나 다른 주석가들이 하나님을 신뢰한 아브라함의 위대한 신앙을 칭찬하는데 반하여 칼빈은 아브라함이 자신의 염려를 하나님께 맡기지 않음으로써 실수하였다고 말한다. 다른 주석가들이 분별력의 사용을 합법적이라고 보는데 반하여, 칼빈은 그것을 무분별하고 외람된 것으로 본다. 실제로 칼빈은 아브라함이 그런 일들을 피하기는커녕 도리어 하나님을 시험하였다고 결론을 내린다.[80]

이 논증과 약간 다른 형태의 논증이, 라반의 양떼의 청지기로서 반(半) 사기적 거래를 한 야곱을 변명하기 위하여 널리 적용되었다. 여기에서는 한 두 개의 흔한 논증이 자연적 권리나 필요성에 대한 호소를 수반한다(어거스틴과 크리소스톰이 사용한 또 다른 논증은 특수 면제에 호소한다). 따라서 제롬은, 야곱의 행동을 그 자신의 분별력과 솜씨의 결과로 돌린다. 그리고 야곱이 그것 때문에 역시 "정당성과 공평성을 보존하였다"고 역설함으로써, 제롬은 야곱이 저지른 악행의 모든 오점을 완화시킨다. 데니스가 글을 쓸 때에는 그가 어거스틴의 해결책을 알려줄

---

[79] J. Calvin, *Institutes* 1.17.4 (LCC 20.216).

[80] Calvin, *Comm. Gen.* 12:11, 20:2 (CO 23.184,286f; CTS 1.360, 521f).

수 있었다. 뿐만 아니라 데니스는, 야곱이 양떼를 교묘하게 조작함으로 권리 상 자신의 소유였던 것을 되찾고 있었는데 (즉 하나님께서 그에게 영감을 주서서) 이는 마치 이스라엘 사람들이 애굽 사람들을 약탈할 때에 그들의 노예 노동에 의하여 정당하게 번 것을 되찾는 것과 같다고 기록할 수 있었다.[81] 특별히 야곱의 이 사건이 루터에게는 인상적이었다. 그의 견해로는, 야곱의 속임수는 라반의 "부당한 강탈" 때문에 "필요한" 것이었다고 한다. 루터는 후에 부언하기를, 자기 자신의 가정을 돌보는 것은 하나님의 법과 인간의 법, 이 두 가지 모두에 해당하는 문제라고 하였다. 끝으로 야곱이 라반을 속였는지의 여부를 언급할 때에 루터는 세 가지 변명을 제시한다.

> 야곱은 다음과 같은 근거에서 변명될 수 있다. (1) 인권에 근거하여 그러하다 (자연법과 민사법도 마찬가지이다). 여기에 따르면 노임을 지불하지 않는 부당한 주인 밑에서 일하는 사람들은 주인에게 손해를 끼치도록 행동하지 않는 한 그들의 몫을 되찾을 수 있다. 루터는 애굽 사람들을 약탈한 일이 여기에서 좋은 예가 된다고 생각한다. 야곱은 역시 (2) 신적 권위의 근거에서 변명될 수 있다(일반적으로 동원되는 특수 면제에 관한 것). 그리고 (3) 극단적 필요성에 근거하여서 그러하다. 이것은 첫째 변명의 사실상의 결과이다. 이러한 변명들의 후속 조치로서 루터는 야곱의 고생과 또한 라반에게 끼친 유익들에 관하여 오래 검토하면서 야곱의 상황이 얼마나 드물고 그리고 다른 그 어느 누구도 그를 본받으려고 자청하기란 전혀 있음직하지 않음을 역설한다. 그럼에도 불구하고 자연적 권리에 호소한 것은, 한 번 말한 이상 루터도 부인하거나 철회할 수 없는, 억압에 저항하기 위한 이론적 근거를 암시적으로 마련한 격이 되고 말았다.[82]

이 텍스트에 대하여 설명한 다른 종교 개혁자들은 모두 "분별력"과 "특수 면제" 둘을 결합하여 적용하였다. 펠리칸, 마터, 쯔윙글리, 불링거 그리고 무스쿨루스가 그들 중에 속한다.[83] 마지막의 세 주석가들은 가족의 생계를 유지하여야 하는

---

[81] Jerome, *Quaestiones in Genesim* 30:32f,41f (PL 23.984); Denis, *Comm. Gen.* 30:42 (p. 346); 라이라도 역시 두 해결책 모두를 보고한다(*Comm. Gen.* 30:37, sig. H iii ᵛ).

[82] M. Luther, *Comm. Gen.* 30:25~43 (WA 43.680,684,694; LW 5.365,371,385). 자고린 (*Ways of Lying*, p. 160)이 지적하기를, 이것이 바로 16세기 후반과 17세기의 로마 가톨릭 궤변가들이 그렇게도 느슨하게 적용한 이론적 원리라고 하였다. 그러나 필요성을 (일례로서) 도둑질에 대한 이론적 근거로서 논하게 된 것은 그 보다 더 오래 전이다. 그라티안(Gratian) 혹은 그보다 이른 시기로 거슬러 올라 갈 수 있을 것이다. 그리고 루터가 "극단적 필요성"에 관하여 언급한 것은 Alexander of Hales가 만든 전문적 용어를 반영하는 듯하다. H. Charles Lea, *A History of Auricular Confession and Indulgences in the Latin Church*, 3 vols. (Phila.: Lea Brothers, 1896), 2.392f를 보라.

[83] 불링거의 설명은 *Der Christlich Eestand* (Zürich, 1540), sig. L iᵛ에서 찾아볼 수 있다. 다른 이들의

것이 의무라는 말씀을 뒷받침하기 위하여 루터처럼 하나님의 법- 여기에서는 디모데전서 5:8("누구든지 자기 친족 특히 자기 가족을 돌보지 아니하면 믿음을 배반한 자요 불신자보다 더 악한 자니라") -에 호소하지만, 루터처럼 광범위하게 주해하지는 않는다. 이제 칼빈의 해석을 염두에 두고, 루터의 견해를 살펴보고 싶은 충동이 생긴다. 칼빈 역시 일찍이 자기 가정을 돌보는 것은 자연의 법칙에 따라 정하여져 있는 것이라고 주장하였다. 그렇지만 비록 칼빈이 원리상으로는 동의한다고 하여도 그것을 적용하는 데에 있어서는 그리 열중하지 않았다. 왜냐하면 야곱이 단순히 자신이 손해 본 것을 되찾는다는 논조에는 "약간의 구실"이 가능하기는 하나, 우리가 당한 손해에 보복하는 것이 우리에게 허용되지 않았기 때문에 "하나님 앞에서[그 논조]는 견고하거나 타당하지 못하다." 따라서 칼빈은 반드시 "선으로 악을 이기라"고 로마서 12:21에 지시한 규칙에서 야곱이 이탈하였음을 설명하기 위하여 하늘의 명령에 호소한다. 그런데 칼빈은, 루터의 논조가 그 당시 사람들이 자칫하면 모방하기가 너무나 쉽다고 하여, 이 점에서 그와 거리를 두는 것인가? 어쨌든 칼빈은, 야곱의 경우와 창세기 전체에서 나타난 모든 경우에서 분별력 혹은 자연법에 근거한 논증에 무게를 두기를 거부함으로써 그의 동시대 주석가들 중에서 독특한 존재로 남는다.[84]

분별력에 근거한 변명의 마지막 변형은, 보정(補正)적 악에 관한 논증이다. 이것은, 만약 더 심각한 악을 피할 수 있다면 보다 덜한 악을 저지르는 것이 무방하다는 것이다. 이것은 그 죄 됨을 거부하려는 과정에서 너무나도 자주 제시된다는 점 때문에 별난 논증이기도 하다. 이 논증을 진지하게 대변하는 듯한 유일한 저술가는 암브로스이다. 그는, 롯이 자기 딸들을 내놓으려고 한 것을 (남성) 동성애자들에게 롯의 남자 손님들을 욕보게 하는 것보다는 여자들이 그렇게 되는 것이 덜

설명들은 *Comm. Gen.* 30~33: C. Pellican, fol. 40ᵛ; Martyr, fol. 126ʳ; Zwingli, CR 100.195; Musculus, p. 662를 보라.

[84] J. Calvin, *Comm. Gen.* 30:30,37 (CO 23.415,417; CTS 2.152.155). 칼빈이 그럭저럭 자연 혹은 신적 권리에 호소하는 데가 한 곳 있는데 아브라함이 네 왕들과 전쟁을 벌이는 것(위의 각주 25에서 거론함)에 대하여 설명하면서 그러하였다. 아브라함의 비행(개인이 사적으로 공적 전쟁을 수행함)에 대한 대안적 변호로서 그가 제공하는 것은 아브라함에게 공적 지위를 전가하기 위하여서다. 즉 가나안이 아브라함과 그의 후손들에게 약속되었기 때문에 그는 아직 왕관을 쓰지 않은 그곳의 왕이다. 따라서 마치 모세가 하나님께서 부여하신 권위에 대한 예정적 과시로서 애굽인을 죽인 것처럼 아브라함은 그의 왕권에 의하여 그렇게 행동하였다는 것이다(*Comm. Gen.* 14:13).

부자연스러울 것이라는 근거에서, 호의적으로 말하고 있다. 어거스틴은 남자보다는 여자가 욕보는 것이 덜 악하다는 암브로스의 판단을 논박하지는 않으나 보정적 악에 근거하여 롯을 정당화하는 것을 피하려고 노력한다. 그래서 그는 롯이 정신적으로 동요되었다는 말로 그를 변명하기를 선호한다.[85] 이 맥락에서 보정적 악에 근거한 변명은 데니스, 카제탄, 마터, 무스쿨루스, 그리고 칼빈 등이 언급은 하였으나 배격하였다. 이들의 다수는 로마서 3:8("…… 그러면 선을 이루기 위하여 악을 행하자 하지 않겠느냐…… 그들은 정죄 받는 것이 마땅하니라.")을 그 변명의 위법성에 대한 증거로 인용하였다.[86] 오직 루터만이 보정적 악의 두 가지 적용을 구분함으로써 그 논의를 진전시킨다.

> 온몸을 보존하기 위하여 손가락 하나 혹은 팔 하나를 잘라 버리는 것이 옳다. 물질과 관련된 상황들에서는 더 심각한 악을 피하기 위하여 그보다 덜한 악을 택하여야 한다는 일반적 규칙이 들어맞는다. 그러나 영적 용무에 있어서는 상황이 다르다. 그래서 선한 결과를 초래하기 위하여 악행을 하여서는 안 된다. 자기 아내를 죽이는 것은 죄이다. 비록 간음을 통하여 그녀를 죽음에서 구할 수 있다고 할지라도 그런 일은 결코 행하여서는 안 된다.

루터는 말하기를, 롯이 덜 악한 쪽을 택한 것은 사실이나, 요점은 그가 선택한 그러한 악 자체가 하나님으로부터 금지되었다는 것이다. 루터는 유사한 이유로 사창가를 허용하지 않는다. 왜냐하면 그는 더 큰 악을 그렇게 함으로써 피할 수 있다는 것에 동의하지 않을 뿐만 아니라 또한 (이것은 확정적인데) 매춘이 하나님의 법에 위배되기 때문에 허용하지 않는다. 그런데도 우리가 이미 살펴본 바와 같이 (각주 76) 루터는 무엇이 육체적인 일들과 영적인 일들을 구별 짓는지에 대하여는 항상 분명하지 않다.[87]

---

[85] Ambrose, *De Abraham* 1.6.52 (PL 14.462); Augustine, *Contra mendacium* 9.20-22 (PL 40.529-32, NPNF[1] 3.489f) 그리고 *Quaestiones in Heptateuchum* 1.42-4 (PL 34.559f). 어거스틴은 어떤 임박한 신체적 피해도 거짓말을 하는 것을 정당화할 수 없다고 하면서도 그가 결국 남색을 피하는 데에 대하여서는 예외를 두는 듯이 보이는 것은 주목할 만하다. *De mendacio* 9.15,14.25,20.4f (PL 40.499f,505,515f; NPNF[1] 3.465,469,475f)를 보라.

[86] *Comm. Gen.* 19:8f; Lyra, sig. F. viii[r]; Denis, p. 268b; Cajetan, p. 92; Martyr, fol. 76[r]; Musculus, p. 461; 그리고 Calvin, CO 23.270 (CTS 1.5000) 모두 그러하다.

[87] 루터가 육체적 영적 문제들 그리고 매춘행위에 관하여 거론한 내용들은 여기에서 이미

5. "영웅적" 지위에 근거한 변명들. 끝으로 검토할 논증은 실질적으로 구분해보려는 시도들을 힘들게 만든다. 그것은 특수 면제의 파생적 결과로 볼 수 있으나, 하나님의 개입이 동원될 필요가 있다는 점에 있어서는 다르다. 그것은 또한 단순히 우회적이라고 볼 수도 있다. 이런 변명의 방법을 어거스틴이 다음과 같이 제시하고 있다.

> 위대한 정신을 가진 사람들의 어떤 미덕들이 좀스러운 마음을 가진 사람들의 악덕들과 아주 밀접하게 유사하지만, 그것은 외견상으로만 그렇지 실제로는 그렇지 않다. …… 따라서 학생들이…… 가장 뛰어난 라틴 시인들에게서 [그들의 문법적 파격어법 때문에] 흠을 잡는다. …… 그러나 유식한 자들의 시적인 어휘 구사가 무식한 자들의 문법 위반과 파격적인 구문과는 다르듯이 그 나름대로, 선지자들의 비유적 행동들은 부도덕한 사람들의 선정적 죄악과는 다른 것이다.[88]

족장들에게는 우리의 이해를 초월하는 지혜가 있다고 어거스틴은 생각하기 때문에, 그들의 행동들이 우리에게 비행으로 나타나 보인다고 한다. 루터 역시 문법적 예외가 족장들의 예외의 좋은 유추가 된다고 본다. 라틴어 명사 '포에마'(poema는 중성 명사에 여성 어미가 붙을 경우) 영웅적 혹은 이적적이라는 뜻을 지닌 것처럼, 족장들도 "영웅적" 혹은 "이적적 인물들"이라는 것이다. 그들을 예외적이라고 하여 루터는 그들의 소명의 독특성과 불가해성을 강조한다.

> 아브라함은 애굽에서 네 왕을 죽인다. 그는 두 번이나 자기 아내를 그녀의 정절과 관련하여 위험에 처하게 할 뻔했다고 한다. 그리고 롯은 자기 딸들의 몸이 더럽히도록 하는 제안을 한다. 왜 그들이 그런 일들을 하는가 하는 것은 여러분이 상관할 바가 아니다. 왜냐하면 하나님께서는 이런 방법으로 자신의 지혜와 능력을 보여주시려고 하기 때문이다. 그러므로 나는 이러한 행위들에 놀라워 할 수는 있으나 그런 일들을 모방할 수는 없다. 마찬가지로 우리는 베드로가 물위로 걸어가고 그리고 그리스도와 모세가 사십 일을 금식하는 것을 보고 놀랍게 여긴다. 그러나 우리는 그런 일들을 모방하지는 않는다.

따라서 루터의 "영웅들의 문법"에 의하면 비록 '포에마'(poema)와 아브라함이 규칙에는 맞지 않으나 그 어느 경우에 있어서도 잘못을 저지른 일이 없게 된다. 동시에 우리는 우리 스스로의 규칙들을 인출할 수 있는 동등한 승낙은 받은 바

라이라에 의하여 언급된 주제들로 발전된다(*Comm. Gen.* 19:8, sig. F vii^v∼viii^r).

[88] Augustine, *Contra Faustum* 22.25 (PL 42.417, NPNF^1 4.282f).

없으나, 문법이건 윤리이건 간에 우리는 공통적 관습, 규칙, 그리고 법의 규제를 받는다. 그런데 비록 "이런 영웅들은 드물고 거의 없다"고는 하지만 루터는 그러한 특별한 필요가 재 발생할 가능성을 부인하지 않는다. 다른 한편으로 루터가 인정하는 재 발생 가능성의 예는 뮨쩌(Münzer)의 것인데, 그는 자신이 구약의 사사들과 왕들을 모방할 수는 있으나 다만 그 자신에게 멸망을 초래할 것뿐이라고 생각하였다.[89]

족장들의 예외적 위치와 행위들은 역시 오이콜람파디우스와 마터에 의하여 "영웅적" 용어로 꾸며지고 변명으로서 동원되었다. 그렇지만 루터의 설명이 가장 충실한 것으로 남아있다. 이러한 변명이 어떻게 새로운 논증을 추가할 수 있는지는 이해하기가 어렵다. 그러나 문법과 고전문학(율리시스, 아킬레스 그리고 다른 인물들이 다양하게 인용되었음)에 호소함으로써 주석가들은 이러한 예외들의 합법성을 강조함과 동시에 그 어떤 관례도 부인하는 이 두 가지를 할 수 있는 것이다.[90] 칼빈도 분명히 이러한 의도에 동정하고 싶었을 것이나 그는 그 어디에서도 (루터처럼) 족장들을 영웅들과 비교하거나 (어거스틴을 따라) 그들의 부당함을 위대한 정신을 가진 사람들의 적은 실수라고 변명하지 않는다.[91]

III. 칼빈과 "족장들의" 예외들

칼빈 이전 시대와 동시대의 주해적인 자료들을 개괄하면서 필자는 족장들의 실수들을 변명하려고 사용한 다양한 논증에 초점을 두었다. 누구든지 같은 근거에서 매 사건 즉 창세기에 나타난 일 하나하나를 분석함으로써 그것들을 다룰 수도 있을 것이다. 하지만 필자의 판단으로는, 주석가가 사용하거나 기피하는 종류의

---

[89] M. Luther, *Comm. Gen.* 19:9; 29:28~30 (WA 43.62,640-44; LW 3.261f, 5.307-13). 본캄과 다른 이들에 의하면 영웅적 예외들이 하나님의 지혜를 나타낸다는 루터의 교리는 "족장들의 죄에 대한 스코트파의 유명론적(the Scotist-Nominalistic) 전통에서 발견되는 해석으로 이어졌다." *Luther and the Old Testament*, p. 25 n. 57을 보라.

[90] Oecolampadius, *Comm. Gen.* 12:9~15 (fol. 131ᵛ-132ᵛ); Martyr, *Comm. Judg.* 3:30 (fol. 63-64ʳ).

[91] 칼빈이 『기독교강요』에서 영웅들에 관하여 든 세 실례들 중의 그 어느 곳에서도 족장들을 유추하여 말하지 않는다. 하지만 불링거에게 보낸 서신에서는 드보라가 "영웅적 정신"을 소유하였다고 묘사하였다(CO 15.125).

논증은, 족장들에 대한 자신의 전반적 의향에 관하여 분명한 지표를 제시하여 준다. 그리고 이것은 더 중요하게는 이 족장들을 관례로 동원할 수도 있는, 현대적 "예외"에 관해 주석가의 성향을 제시하여 준다고 본다.

그럼에도 불구하고 만일 족장들의 여러 가지 실수들에 대한 주석가들의 결론적 평가를 점수 기록표로 작성한다면 (즉 일정한 실수가 어느 정도까지 변명될 수 있는지) 그 결과 역시 흥미로울 것이다. 요컨대, 족장들의 모든 비행들에 대하여 **살펴본 칼빈의 판단은, 그의 이전 시대와 동시대 사람들의 판단들보다 뚜렷하게 가혹하다.** 따라서 족장들의 일부다처에 대한 칼빈의 입장은, 그것이 그들 편에서의 실수요 죄라고 그가 칭하는 한, 거의 타협이 없다. 족장들의 거짓말에 대한 그의 견해도 역시 확고부동하다. 다만 야곱이 양떼를 번식시킨 일과 요셉의 속이 들여다 보이는 행동은 특수 면제에 근거하여 변명의 여지가 있다. 어느 일정한 비행에 관련하여 말할 때에는, 족장들의 죄가 그들의 탓으로 드러난 대로 그들이 범죄하였 다고 보는 주석가들을 일반적으로 발견할 수 있다. 그러나 고발의 냉혹성 바로 이것이 칼빈이 다른 주석가들과 다른 점이다.

족장들에 대한 칼빈의 엄격함은, 다른 주석가들이 족장들을 보다 낮게 조명하려 고 전통적으로 적용한 개별적 논증들에 대한 그의 성향에서 한층 더 밝혀졌다. 요컨대, **칼빈은 이러한 변명적 논증들을 거의 다 거부한다. 그리고 대부분의 경우는 경멸하면서** 말이다. 극소수의 경우에 그는 명백한 비행들을 정당화하려고 특수 면제에 호소하지만, 그러나 풍유, 예표, 혹은 족장들의 특수 사명 혹은 은사에 근거한 변명을 포함하여 다양한 변명들을 적용하지 않는다. 또 그는 마음의 의향이 라는 것이 어떤 행동의 범죄성의 정도를 결정한다는 것을 인정하면서도, 족장들에 게서 악한 의도 그리고 믿음의 부족-- 아브라함에게서는 겁, 이삭에게서는 거짓 그리고 야곱에게서는 강한 욕망 --을 발견함으로써 종종 의견을 달리한다. 관습의 재가(裁可)라는 구실은 칼빈에 의하여 법정에서 부결된다. 그리고 그는 분별력에 근거한 변명들을 믿을 수 없고 타협적인 대안이라는 것을 비난하기 위하여 열거할 뿐이다. 그가 『기독교강요』에서 그와 반대되는 (혹 이론적) 언급을 하였음에도 불구하고 말이다. 칼빈은 역시 호의적 거짓말과 보정적 악도 명백하게 비난한다.[92]

그렇다면 족장들에 대한 칼빈의 주해에서 어떤 예외의 여지가 있는 것인지?

하나님의 법이나 자연적 법의 통례적인 도덕적 요구들을 일시 중지하거나 알맞게 바꾸는 것을 정당화할 수 있는, 어떤 상황들이나 변명들은 있는 것인가? 족장들의 비행들에 대한 칼빈의 엄격한 (법률적이기까지 한) 평가를 고려한다면 긍정적 답을 기대하지 말아야 할 듯하다. 따라서 우리는 칼빈에게서, "주님께서는 우리에게 자유로이 베풀어주시는 것은 전적으로 그분 스스로의 뜻에 의한 결과임을 우리에게 가르쳐 주시기 위하여, 고의적으로 자연법을 변경하신다"93 고 역설한 것을 발견하게 되는데, 이것은 약간 놀라운 일이다. 얼핏 보면 칼빈이 여기서 예외들에 관한 이론적 근거를 제공하는 것으로 생각하는 사람이 있을지 모른다. 그는 다소 그러기도 한다. 그러나 칼빈이 여기서 염두에 둔 자연법은 야곱이 므낫세로부터 에브라임에게 옮겨 준 장자권이다. 칼빈은 자기의 동시대 주석가들처럼 장자의 신분은 자연의 질서요 과연 하나님께서 제정하신 질서라고 이해한다. 그래서 이 질서가 뒤바뀌는 것은 사소한 일이 아니다.94   그럼 우리가 이 텍스트로부터 유추하여 일반적 예외들을 입증할 수 있다는 것인가? 부분적으로는 그럴 수 있다. 칼빈이 "자연 질서의 뒤바뀜"에 관하여 말할 때에 통상적으로 그는 자연의 창조자께서 제정한 질서를 악용하는 어떤 극악한 범죄를 언급하는 것이다. 그러나 약간의 경우에 있어서는 칼빈이 그 개념을 경멸적이 아니라 호의적으로 사용한다. 이 경우들이란, 노아의 구출, 이삭의 이적적 임신, 리브가에게 주신 야곱과 에서에 관한 계시, 그리고 에서와 므낫세가 경험한 장자 신분의 뒤바뀜과 같이 구원 역사에

---

92 내가 이 두 항목에서 내린 결론들은 위장에 관한 특정한 문제를 다룬 자고린의 연구에서 더욱 확증되었다. 사실 거의 모든 권위 있는 종교 개혁자들이 니코데미즘(Nicodemism)과 연관이 있는 위장을 반대하지만, 자고린은 칼빈이 유별나게 혹독하다는 것을 발견한다(*Ways of Lying*, pp. 68-82; 참조 pp. 100-107). 더욱이 많은 종교 개혁자들(어거스틴, 아퀴나스 그리고 다른 이들도 그러하다)도 역시 족장들이 유죄라는 것을 발견하면서도 이 주석가들의 대부분은 족장들의 죄를 다른 변명들에 호소함으로써 호의적으로 꾸미기를 원한다. 그렇다면 칼빈을 구별 짓는 것은 그가 전통적 변명들을 고려하는 것조차 거절할 정도라는 데에 있다.

93 J. Calvin, *Comm. Gen.* 48:17 (CO 23.586, CTS 2.431). 루터가 하나님의 목적은 "자신의 능력과 지혜를 드러내기 위한 것"이라고 말한 것을 제외하고는 그의 유사한 언급이 *Comm. Gen.* 19:9 (WA 43.62, LW 3.261f)에 나타난다.

94 루터는 장자 신분을 하나님께서 바꾸신 일의 중요성에 대하여 뚜렷한 태도를 보인다. 그것은 아마도 더 이상 지역적 관습이 아니기 때문인 듯하다. 그의 *Comm. Gen.* 4:2, 27: 5～10, 37:9, 48:17f, 49:3 (WA 42.181, 43.252,702,730; LW 1.243f. 5.112,6.337,8.169f,8.208 n.7)을 보라. 칼빈은 하나님께서 이 권리를 폐기하실 수도 있다는 것에 동의를 한다. 그러나 그것의 법적 신분에 대한 그의 태도는 확고하다. 하나님의 허락 없이 장자의 신분을 침해하는 것은 도적질의 죄를 범하는 것이며 그리고 하나님의 특권도 박탈하는 것이 된다고 한다. *Comm. Deut.* 21:15 (CO 24.709, CTS 3.174)를 보라.

있어서 중요한 순간들과 일정불변하게 관련되어 있다.95 이 모든 경우에 있어서 하나님께서는 교회의 구원의 창시자로서 자신의 역할을 뚜렷하게 나타내시기 위하여 통상적인 자연 질서에 반하여 그리고 일반 규칙과 법을 거슬러서 사건들을 잘 배합하신 것이다.

칼빈이 예증으로 제시하는 족장들이 비난받을 만한 행동들의 긴 목록에는 또 다른 것이 첨가되는데, 그것은 칼빈이 비난하지 않는 더 짤막한 예외적 행동들에 관한 목록이다. 칼빈의 예외에 대한 "이론"에 관한 한, 그가 칭찬할 만하다고 보는 "자연 질서"의 뒤바뀜에는 일반적으로 두 가지 기준이 있음을 볼 수 있다. 첫째로, 뒤바뀐 일들은 인간의 활동과 의도적 행위가 별로 중요하지 않거나 결여되거나 혹은 무시된 사건들이다. 환언하면 오직 하나님께서만 자연 질서에 반하는 행동들을 주도하신다. 이 첫째 기준인 "하나님의 주도권" 이외에, 칼빈의 칭찬할 만한 예외인 두 번째 기준은 도덕적 비열함이 없는 것이다. 칼빈이 말하는 자연 질서의 뒤바뀜 대부분은 여기에도 쉽사리 적용된다(예를 들면, 사라의 이적적 임신). 그리고 칼빈은 어느 쪽이라고 결정하기 어려운 모든 사건들에 대하여 그 합법성을 역설하기에 애쓴다.96 이 두 기준이 언제나 동등하게 분명하게 나타나지는 않는다. 그러나 칼빈은 성경 본문이 둘을 다 제시할 때에 가장 기뻐하는 것 같다.

하지만 칼빈이 말하는 "하나님의 주도권"과 "도덕적 타당성"이라는 두 기준 사이에는, 칼빈의 동시대인들이 자주 허용하는 족장들의 예외들 그리고 전통적인

---

95 이 텍스트들은 칼빈의 *Comm. Gen.* 6:14, 16:1, 25:19~23, 48:17 (CO 23.123,223f,347-50,586; CTS 1.257,425,2.41-45,431)에서 찾아볼 수 있다.

96 따라서 칼빈이 특수 면제를 연상시킬 때조차도 역시 아브라함과 모세의 공적 직분에 대한 그의 논증에서처럼 행동의 도덕성에 대한 그럴듯한 변호를 제공한다. 장자 신분의 뒤바뀜도 역시 특수 면제에 따른다. 그러나 칼빈은, 장자는 하나님께서 그 권한을 허락하시지 않으시는 한 선천적 권리가 없다는 것과 그리고 하나님께서 자신의 선물을 합당히 여기시는 대로 재분배하실 수 있다는 추가적 주장을 내세운다. 세겜 사람들을 약탈한 것을 루터가 정당화한 것처럼 (*Comm. Gen.* 34:27ff; WA 44. 158f, LW 6.214) 칼빈도 동일한 논증을 사용하여 애굽 사람들을 약탈한 것을 정당화 한다(*Comm. Exod.* 3:21f, 11:2, CO 24. 49f,131; CTS 1.81f,213f). 칭찬할 만한 예외에 대한 칼빈의 두 번째 기준은 역시 왜 루터가 하나님께서 자신의 능력과 지혜를 드러내시기 위하여 규칙을 정지시키시는 사례로서 롯을 생각할 수 있었는지를 설명하여 준다. 그렇지만 칼빈에게는 롯의 죄 그 이상은 보이지 않았던 것이다. 칼빈에게 있어서는, 그 누구도 결코 거짓말 혹은 도둑질을 한다든지, 자기 아내를 위험에 빠뜨리거나 한꺼번에 두 아내를 취하라고 부름 받은 적이 없다.

변명들의 긴 목록이 들어갈 약간의 여지가 있기는 하다. 실로 칼빈은 위에서 언급한 소수의 칭찬할 만한 예외들을 제외하고는 족장들의 비행들을 변명하는 데에 거의 무관심하다. 칼빈은 어거스틴 그리고 다른 이들이 족장들의 의심스러운 점 하나 하나를 유리하게 해석하고 또 어떻게 하여서든지 그들을 변명하여 주려는 경향에 동참하기는커녕 -비록 자신은 그들을 절도 있게 대한다고 생각하지만- 그는 족장들에 대한 엄격한 기준을 유지하였다고 하여도 무방하다.

> 구약 성도들의 행위를 평가함에 있어서 우리가 공정하고 인도적인 해석자들이 되어야 하는 것처럼, 또한 그들의 결점들을 덮어 주려는 미신적 열의도 역시 피하여야 한다. 이는 그것이 종종 성경의 분명한 권위를 침해할 수 있기 때문이다. 그리고 과연 신실한 신도들은 범죄에 빠질 때마다 자신들이 거짓 변호에 의하여 거기서 구출되기를 원하지 않는다. 왜냐하면 그들의 칭의는 자신들의 죄의 용서를 위해 간구하는 단순하고 자유로운 요청으로 이루어지기 때문이다.[97]

칼빈은 족장들을 괴롭히기를 원하지 않는다. 그러나 그는 역시 그들에게 어떤 특별한 후의를 베풀기를 원하지도 않는다. 바로 이러한 극단적 면들을 피함으로써 칼빈은 드디어 자신의 가장 당면한 관심을 들어낸다. 위에서 우리는 족장들의 부도덕한 행동들을 변호하는 자칭 변호자들을 칼빈이 "궤변자들"이라고 낙인을 찍은 것을 보았다. 이런 모욕적 언사에다가 그는 가일층하여 이런 변호자들이 "미신적 열의"로 가득한 자들이며, "성경의 권위"를 멸시하는 자들이라고 비난하였다. 이러한 두 가지 비난을 볼 때 우리는, 칼빈이 족장들의 비행들에 대한 전통적 설명을 단호히 거부하기 위해 말한 두 가지 설명에 주목하게 한다.

한편으로 칼빈은, 족장들이 요구하는 것은 자신들의 비행들을 합리화시켜 달라는 것이라기보다는 오직 용서일 뿐이라고 주장한다. 이러한 주장을 칼빈의 프로테스탄티즘의 산물, 즉 **오직 믿음으로만**(sola fide) 칭의를 얻는다는 관점에서 이해하려는 것이라고 할 수도 있다. 그러나 칼빈은 이 텍스트를 반교황적 논쟁의 기회로 삼지 않는다. 오히려 우리는 칼빈이 더 실제적이고 목회적임을 느끼게 된다. 그는, 족장들이 자주 크리스천들에게 모범적 위치에 있을 뿐만 아니라, 또한 족장들에

---

[97] J. Calvin, *Comm. Exod.* 1:18 (CO 24.19, CTS 1.35).

대한 자신의 해석 그 자체가 그러한 비행을 어떻게 설교해야 하는가를 보여주는 본보기가 될 것을 예리하게 인식하고 있다. 따라서 족장들에 대한 칼빈의 해석은 자신의 교인들과 독자들에게, (일례로서) 아브라함의 혐의 없는 용서를 고취시키기보다는, 아브라함의 그릇된 행위가 유익한 결과에도 불구하고 모방할 만한 중요한 것이 아님을 강조하는 데에 관심이 있다. 이것을 더 넓은 맥락에서 말하자면, 칼빈은 당시의 종교적 극단주의자들의 자유사상과, 그가 여기에서 "미신적 열의"라고 묘사하는 것 사이에 있는 미묘한 줄 위를 걷고 있는 것이었다. 아마도 그는, 만일 그의 선조들이 심각한 범죄에 빠진 사실이 드러나면 복음이 손상될 것을 우려하여, 그런 것 같다. 족장들의 죄들을 (변명하기보다는) 단순하게 받아들이는 데에 칼빈은 전적인 혁신자는 아니다. 루터가 이 점에서는 그보다 앞서 있다. (루터는 양면을 모두 좋아한다. 예를 들면, 그는 롯이 은혜로 용서 받은 죄인이니 변명이 불필요하다는 점을 시인하고 나서, 여하튼 계속하여 모든 전통적 근거에서 롯을 변명한다).[98] 그리고 족장들의 비행들에 어떤 전례가 되는 사정을 봐주기를 거부함에 있어서 칼빈이 더더욱 풍부한 선례들을 가지고 있는 것은, 그와 유사한 설명들을 거의 모든 주석가들이 발설하였기 때문이다. 하지만 칼빈이 사실상 독보적인 것은 (이미 살펴본 바처럼) 그가 전통적 변명들을 열거하는 것조차도 거부한 때문인데, 마치 그의 청중들이 어리석게도 보잘것없는 구실까지라도 모방할 정당한 이유로 볼 것을 우려하기나 한 듯이 그렇게 하였다.

이와 동시에, 위에서 인용한 텍스트는 또 다른 사항에 관하여 증거를 제시하는데, 그것 역시 칼빈이 족장들의 부도덕한 행동들과 그들의 도덕적 실수들을 좋게 말하는 논증들을 혹독하게 다루었다는 사실을 입증 하는데 기여하는 듯하다. 칼빈은 역설하기를, 그러한 비행을 변명하는 것은 아무래도 "성경의 명백한 권위"를 논박하는 것이라고 하였다. 칼빈의 말은 무엇을 뜻하는가? 비록 그가 확실히 이 점에 있어서 더 명확히 할 수 있었겠으나, 그는 분명히 족장들의 표면상의 잘못에도 불구하고 성경이 침묵하는 점을 제기하고 있는 것이다. 대부분의 칼빈의 동료 주석가들은 어거스틴을 따라 성경의 침묵을 족장들에게 동정적인 쪽으로 주해한다.

---

[98] M. Luther, *Comm. Gen.* 19:9 (WA 34.59ff. LW 3.258ff).

어떤 이들은 족장들의 미덕을 열거하거나 암시하는 "증거 성구들"에 근거하여 자신들의 동정심을 정당화하는가 하면 또 다른 이들은 성경 자체가 족장들에게 변명들을 마련하여 주기를 "의도한다"고 생각한다.[99] 그러나 칼빈은 성경의 침묵을 달리 읽는다. 분명하지 않은 것은 분명한 것에 비추어 해석한다는 해석학적 원칙에 따라, 칼빈은 하나님의 법이나 하나님의 속성에 조금이라도 익숙한 사람이라면 누구나 무엇이 죄이고 무엇이 죄가 아닌지를 알 것이라고 생각한다.[100] 환언하면, 많은 사람들이 족장들의 비행들을 (정당하다고 하지는 않더라고) 넌지시 변명하는 것으로 성경을 해석하지만, 칼빈은 이러한 흐름을 거슬러 올라간다. 왜냐하면 성경의 이러한 침묵은 성경 다른 곳에서는 그토록 소리 높여 비난하는 바로 그 죄인데, 그것을 변명으로 읽는다는 것은 성경의 명예를 손상시키기 때문이다.

그러나 우리가 간과하여서 안 될 것은, 칼빈의 성경관은 오직 하나님께서 자신의 규칙들을 변경하실 수 있으시다는 자유를 희생시킴으로써만 그 일관성을 달성할 수 있다는 것이다. 즉, 칼빈은 **원칙적으로** 예외들을 사용하기를 좋아하지 않는데, 아마도 그의 성경관의 당연한 결과로서 그럴 것이다. 우리가 고작 할 수 있는 말이라고는 칼빈의 주해는 텍스트가 증거를 제시할 때에는 특수 면제를 부인하지 않으며, 그리고 증거가 없을 때에는, 성공적 결과가 그것을 시인하는 증거라고 호소함으로써 면제로 돌리는 경우가 극히 드물다는 것이다. 하지만 그 당시에 관한 한, 칼빈은 자신의 독자들이나 교인들 중 한 사람이라도 족장들이 그러한 면제를 받을 수 있었음을 암시하는 것조차 분명히 기피한다. 그가 그런 표현을 두 번 사용한 경우가 있기는 하나, 그가 그렇게 한 것은 적극적 의도에서라기보다는 실수에서 그런 것이다.[101] 칼빈은 할 수 있는 한, 자신과 다른 이들을 하나님의 말씀에 계시된 바에 제한하도록 하려고 한다. 참으로 그는 새로운 말씀이나 징표나

---

99 이 문제에 관하여서는 Augustine, *Contra Faustum* 22.34 (PL 40.422, NPNF[1] 4.286); Chrysostom, *Hom.* 44.5 on Gen. 19:33 (PG 54.411, FC 82.465); Cajetan, *Comm. Gen.* 19:5~8 (p.92); Luther (앞의 각주); Martyr, *Comm. Gen.* 16:3 (fol.65); 그리고 Musculus, *Comm.Gen.* 16:3(p. 384)을 보라.

100 *Comm. Exod.* 1:18(CO 24.19, CTS 1.35)에 나타난 칼빈의 설명을 보라.

101 첫 번째는 요셉의 속이 들여다보이는 거짓말에 관해서인데, "우리가 적개심을 갖지 않을 수 없는 한" 그것을 모방하여서는 안 된다는 것이다(*Comm. Gen.* 44:1 [CO 23.547, CTS 2.366f]). 두 번째는 아브라함의 전쟁인데, "우리도 역시 그 정신" - 아브라함이 가졌던 것으로서 - "곧 하나님께서 우리를 그렇게 부르셨다는 확신을 우리가 가지고 있지 않다면" 우리가 그 일을 일으켜서는 안 된다는 것이다(*Serm. Gen.* 14:13~17 [CO 23.645]). 만일 이것들이 오히려 하찮은 양보로 보인다면 - 그 내용 면에서는 실제로 금기로서 의도된 것인데 - 그것은 다만 칼빈이 얼마나 그러한 변칙들을 자신의 독자들과 청중들에게 제안하기조차 원하지 않았는가를 증거하여 준다.

이적들도 역시 기대하지 않는다.

> 그 때에는 하나님께서 자신의 뜻을 계시에 의하여 알려주셨다. …… 그러나 우리에게는 다른 방법이 보편화되어 있다. 오늘날에는 하나님께서 미래를 그러한 이적들로 계시하시지 않으신다. 그리고 지혜의 완성을 구성하고 있는 율법과 선지자와 복음의 가르침이 **우리 인생 여정의 규칙이 되기에 넉넉히 충족하다.**[102]

여기에 나타난 칼빈의 태도는 다른 주석가들과 어느 정도 대조를 이룬다. 새로운 계시에 대한 당시의 주장에 무비판적 태도를 나타낸 사람들은 거의 없었으나 (설사 있었다 하더라도) 칼빈이 여기에서 보여준 것처럼 그것을 송두리째 배제하는 사람은 극소수였다.

* * * * * * * *

요컨대 우리가 족장들의 비행들에 대한 칼빈의 평가와 그의 이전 시대와 동시대의 주석가들과 비교한 바에 의하면, 칼빈은 전통적으로 족장들을 변명하려고 사용한 그러한 족장들의 예외와 논증에 적대적이었을 뿐만 아니라, 또한 칼빈은 소수 의견, 아마도 소수파에 속하는 단 한 사람이다. 족장의 비행들에 대한 칼빈의 견해 그리고 이와 유사한 당시의 예외들에 대한 그의 취미 결여는 모두 다음의 두 요인에 의하여 결정된 듯이 보인다.[103] 첫 번째 요인으로서, 그 어떤 논증이나 변명도 하나님의 속성과 성품과 반대되는 행동은 정당화될 수 없다는 것이 그의 신념이다. 원인이 아무리 의롭다고 하더라도 그 누구도 고상한 목적을 성취하기 위하여 불법적 방법을 결코 사용하여서는 안 된다는 것이다. 우리가 살펴본 대로 그러한 불법적 방법 중에는 거짓말, 사기, 그리고 타인의 복리를 위태롭게 하는 일 뿐만 아니라 또한 권리가 없는 자가 공직을 빼앗는 일 등이 열거되어 있다. 두 번째 요인은 모든 상황에서 성경은 크리스천들의 행위를 규정하기에 전적으로 적절하다는 그의 신념이다. 하나님께서 족장들의 시대에 도덕적 질서에 있어서

102　J. Calvin, *Comm. Gen.* 25:22 (CO 23.349, CTS 2.43). 짙은 글씨체는 필자의 것이다.

103　이 두 가지 요인들은 역시 회풀(Harro Höpfl)이 대중의 항거에 대한 자신의 이론을 전개하는 가운데에서 칼빈의 비타협적 태도를 거론하는 것을 보게 된다. 그의 *The Christian Polity of John Calvin* (Cambridge: Cambridge University, 1982), p. 210을 보라.

사소한 변화를 만드시려고 개입하실 수는 있으시나 (예를 들면, 장자의 신분을 뒤바꾸심) 이러한 하나님의 뒤바꾸심마저도 성경에 이후에 성문화된 도덕률에 위배되지 않는다는 것이다. 어쨌든 오늘날 우리는 어떤 특별한 말씀을 주시기를 기대하여서는 안 된다. 하나님의 기록된 말씀이 충족시킬 것이며 충족시켜 주셔야 한다. 칼빈은 이 마지막 격언을 남기고 전체를 마무리 짓는다. 왜냐하면 성경은 이로써 하나님 자신의 속성이 요청하는 도덕성에 대한 유일하고 최종적인 길잡이가 되기 때문이다. 따라서 칼빈은, 족장들을 성경의 규범적인 규칙에 대한 칭찬할 만한 예외들이 아니라, 그것으로부터 정도를 벗어난 실례들로 해석한다. 십계명의 밝은 길에서 이미 빗나간 족장들은 칼빈에게 있어서 성경의 또 다른 교훈, 즉 잘 알려진 회개와 용서의 패턴 - 그리고 이 패턴 안에서만이 그들의 꾀부리기가 우리에게 전례로서 도움이 된다는 것을 그는 더욱 깨달았다. 그렇다면 우리가 약간의 과장을 섞어 말해서, 칼빈은 성경이 규정한 규칙에서 벗어나는 어떤 예외도, 그가 궁극적으로 성경 자체에서 전혀 발견하지 못하기 때문에, 허용하지 않을 것이라고 결론을 내려야 할 것이다.(*)

7

십계명의 이해

이지키엘 홉킨스
(Ezekiel Hopkins)

신자가 성숙하려면 일반적으로 두 가지가 필요하다. 첫째는 신자의 의무에 대해 분명하고 뚜렷한 지식을 가져야 하고, 둘째는 그 지식에 일치하는 의식적 실천이 있어야 한다. 그리고 이 두 가지는 똑같이 필요하다. 왜냐하면 순종 없이는 영원한 구원에 대한 확고한 소망을 가질 수 없고, 또한 지식이 없이는 순종에 대한 확실한 기준을 세울 수 없기 때문이다. 그러므로 우리의 임무와 직책은 권면뿐 아니라 가르치는 것이며 사랑을 고무시킬 뿐 아니라 심판에 대하여 지적해 주는 것이다. 우리는 이러한 일들을 따뜻하면서도 분명하게 해야 한다.

사실, 지식이란 실천 없이도 소유할 수 있는 것이다. 게다가 우리 시대에는 명상만 하는 신자들로 가득 차 있다. 그들의 신앙은 마치 꼽추와 같이 머리는 큰데, 가슴은 좁다. 그들의 두뇌는 개념들로 가득 차 있는데, 그들의 심장은 하나님을 향해 굳어 있다. 그리고 태양 빛에 타서 변색되어 버린 것처럼 그들의 생애는 어둡고 볼품이 없다. 이처럼 지식은 실천 없이도 있을 수 있으나, 경건의 실천은 지식 없이는 있을 수 없다. 왜냐하면 우리가 죄와 의무의 한계를 모른다거나, 요망사항과 금지사항에 무지하다면 타락한 본성을 가진 우리는 수많은 극악한 죄악에 빠져 버릴 수밖에 없기 때문이다.

그러므로 우리가 당연히 행할 것과 피할 것을 알도록 하기 위해, 위대한 통치자 이시요 의로운 재판장이신 하나님은 우리의 행동을 규정하는 법을 제정하시기를 기뻐하셨다. 그리고 그 법의 본질에 대해 우리가 무지하지 않도록 하기 위해, 자신의 말씀으로 공포하셨다. 원래 우리의 가슴에 새겨진 자연법이 불행하게도 파손되어, 그 명령들의 많은 부분들을 더 이상 읽을 수 없으므로 하나님께서는 무한한 지혜와 자비로써 그 법을 거룩한 성경 안에 써 넣으실 뿐 아니라, 이전에 부과되지 않았던 적극적인 명령과 규례들을 더 부연하시기를 기뻐하셨다. 그러므로 성경은 하나님 왕국의 법령(法令)책으로서 그 안에는 하늘의 법의 총체(總體)와 거룩한 생활에 관한 완전한 법칙과 영광스러운 것에 대한 확실한 약속들이 가득 담겨 있다.

Ⅰ. 십계명은 하나님께서 직접 기록하신, 요약된 법이다.

열 개의 명령은 우리가 기억하기 쉽도록 또한 우리가 하나님을 경외할 수 있도록 요약적으로 압축된 것이다. 이는 이 간결한 계명들이 하나님의 장엄하심에 가장 잘 어울리기 때문이다. 표현은 간략하지만 그 안에 담긴 충만하고 다양한 진리들을 생각해 본다면, 우리는 이 계명들이 하나님의 권위를 가졌음을 인정할 수밖에 없고, 인간의 모든 의무를 그렇게 간단명료하게 압축한 기교와 예술성에 놀랄 수밖에 없게 된다. 이처럼 어휘의 수가 적은 까닭에 '언약의 말씀' 혹은 '십계'(decalogue)라고 한다(출 34:28). 그렇지만 그 안에 깃든 뜻과 내용은 방대하고 무한하다. 성경의 나머지 부분들은 이것에 대한 주석(註釋)에 불과하다. 그리고 역사서 속에 기록된 예들을 통해 우리로 하여금 순종하도록 논증으로서 권면하든가 약속으로 고무시키든가 위협으로 죄에 대한 경고를 하던가 하며 어떤 것에는 흥미를 북돋우고 다른 것은 억제시킨다.

1. 어떤 사람이 아래와 같이 질문한다고 하자.

율법에 대해 이처럼 긴 설명이 도대체 무슨 쓸모가 있는가? 율법은 그리스도의 오심으로 완전히 폐지되지 않았는가? 우리와 우리 조상들도 짊어질 수 없었던 무거운 속박의 멍에 아래로 우리를 또다시 들어가게 하는 것이 아닌가? 성경은 여러 곳에서 우리가 율법 아래 있지 않고 은혜 아래 있다고 증거하지 않는가? 주님은 율법 아래 있는 자들을 자유롭게 하시려고 친히 율법 아래 나신 것이 아닌가? 그런데도 사람의 양심을 율법의 권위로써 무겁게 하고 공포에 떨게 해서

되겠는가? 그런 것은 복음을 율법시대의 틀에 집어넣는 것이다. 우리 주님이 옹호해 주시는 크리스천의 자유에 도무지 합당하지 않다. 구주께서는 자신의 순종으로 율법을 완성하시고 죽으심으로 율법을 폐지하지 않으셨던가?

2. 이러한 질문에 대해 필자는 다음과 같이 대답한다.

모든 신자는 이러한 '율법폐지'라는 부패하고 썩은 개념에서 생겨나는 어떠한 방탕 속에도 자신을 빠뜨려서는 결코 안 된다. 왜냐하면 주님께서 오심으로써 결코 율법이 폐지된 것이 아니기 때문이다. 오히려 그가 율법을 "폐하러 온 것이 아니요 완전하게 하려 함이라"(마 5:17)라고 우리에게 명백히 말씀하신 바와 같이, 주님은 율법을 이행하시기 위해서 또 완성하고 성취하시기 위해서 오셨기 때문이다. 주님은 "천지가 없어지기 전에는 율법의 일점일획도 결코 없어지지 아니하고 다 이루리라"(마 5:18)라고 말씀하셨다. 다시 말하자면, 만물의 완성과 성취 때까지 율법의 영향력은 계속 행사되며, 그때가 되면 이 땅에서 우리의 법이던 것이 하늘에서 우리의 본성이 될 것이다.

그러므로 바울이 종종 율법의 폐지와 무효성에 관해 언급할 때에, 우리는 그가 율법에 대해서 무엇을 가르치고 율법의 폐지에 대해서는 무엇을 가르치는가를 주의 깊게 살펴서 분별해야 한다.

3. 모세를 통해 하나님께서 주신 율법에는 의식법, 재판법, 도덕법, 이렇게 세 종류가 있다.

의식(儀式)법은 희생제물과 제사를 드리는 데에 관계된 법으로서 정결하게 하고 씻는 여러 방법들을 취급하는데, 이것들은 그리스도의 모형으로서 주님의 희생을 상징한다. 오직 주님의 희생만이 죄를 제거할 수 있다.

재판(裁判)법은 유대인들의 사회규율과 국가의 법으로서 하나님이 제정해주신 항구적 법이다. 이 법으로서 당사자들 간에 발생하는 모든 사건과 소송들이 재판에 부쳐지고 판결이 내려진다. 다른 국가들과 마찬가지로 사회 속에서 일어나는 분규들을 판단하는 특별한 법들과 규정들이 이스라엘에도 있었다.

그러나 도덕(道德)법은 교훈들의 총체로서 보편적이고 자연적인 정당성을 가지고 있다. 이 법은 이성의 빛과 양심의 소리에 너무나도 일치하므로 그 법들이 선포되고 이해되면 우리는 그것들을 정당하고 올바른 것으로 인정하여야 한다.

이 세 종류의 법이 일반적으로 모세법의 이름으로 우리에게 알려진 것들이다. 이 법들은 각각 다음과 같은 특징을 지니고 있다. 의식법은 장차 오실 메시아를 예시하고, 재판법은 다른 국가와는 구별된 국가로서의 정치적 사회적인 통치를 하는 데에 꼭 필요하며, 도덕법은 하나님에 대하여 경건하고 이웃에 대하여는 의를 세우는 데에 필요한 덕목과 의무를 기록하고 있는데, 이 도덕법은 이스라엘에게 뿐만 아니라 모든 인류에게 공통적으로 적용된다.

이제 필자가 율법의 폐지와 계속적 준행에 관해 아래에 제시하는 몇 가지 명제에 독자들이 유의해 주기 바란다.

1) 의식법은 유대인들에게 완전히 폐지되어 그 의무와 권위가 전적으로 상실되었다.

우리는 바울의 주장을 이러한 뜻에서 이해해야 한다. 그의 서신에 자주 나타난 율법의 폐지와 무효성은 의식법과 아론의 규례에 대한 것이다. 이러한 법과 규례는 그리스도께서 완전히 성취하셨으므로 폐지되었다. 그런데도 불구하고 계속하여 율법이 요구하는 희생제물, 결례(潔禮)와 피 뿌림 등의 필요성을 주장한다면, 그것은 그리스도의 죽으심을 허무하게 만드는 것이다. 또한 그런 주장은, 모든 부패에서 우리를 깨끗하게 하시는 그분의 피 흘리심을 부정하는 것이므로, 결국 그림자만 붙잡게 되고 실체는 놓치는 격이다.

2) 의식법이 이방인의 후손인 우리에게는 원래부터 적용되지 않았다.

이방인의 후손인 우리들에게는, 의식법이 완전히 폐지되었다고 말하는 것보다는 오히려 이 법은 원래부터 우리에게 전혀 적용되지 않았었다고 하는 것이 타당하다.

왜냐하면 원래부터 의식법은 유대인에게 국한된 것이었고 이방인과는 무관한 것이었기 때문이다. 게다가 이 법은, 이방인들이 개종한 후에도 자신들의 영원한 행복을 위해, 꼭 지켜야 한다는 규례로서 하나님께서 의도하시지도 않았다. 하나님은 의식법 아래에 있는 모든 사람에게 일 년에 삼차 예루살렘으로 와서 하나님 앞에 보이라고 명백히 명하셨으나(출 34:23,24), 멀리 떨어진 나라에 사는 자들에게는 이것이 불가능한 일이었다. 또한 제의적 예배의 중심부를 이루는 모든 제물들과 봉헌들은 오직 예루살렘에서만 드리도록 되어 있었으므로, 만일 이 제물을 드리라는 명령이 전 세계에 흩어져 사는 사람들에게 의무화하도록 하나님께서 의도하셨다면, 이것도 역시 전혀 불가능한 일이었다. 따라서 의식법의 준수는 구약시대에 유대인들에게만 적용되었음이 틀림없다.

더욱이 예수님께서 오시기 전에도 유대인들은 모든 개종자들에게 의식법의 준수를 강요하지 않았음을 볼 수 있다. 왜냐하면 두 종류의 개종자가 있기 때문이다. 하나는 전적 개종자(Proselyti Legis)로서 이들은 종교 면에서 완전한 유대인이 된다. 이들은 유대인 속에서 살면서 모든 율법을 다 준수한다. 다른 하나는, 부분적 개종자(Proselyti Portae)이다. 이들은 참 하나님을 알고 경배하나 레위법의 요구에 따라 살지 않아도 되는 자이다. 이들이 창조주 하나님에 대한 신앙고백과 "노아가 명한 일곱 가지 규례"[1] 와 함께 자연법대로 살기만하면, 유대인들은 자신들과 똑같은 소망과 구원에 동참하도록 용납했다.

따라서 우리는 바울이 자신의 서신에서 의식법의 준수를 맹렬히 반대하면서도 어떤 의식은 지키는 것을 볼 수 있다(행 21:26; 16:3). 그는 그렇게 함으로써, 유대인이었던 신자가, 비록 준수의 필요성에서는 해방되었지만 합법적으로 아론의 규례를 지킬 수도 있음을 제시하였다. 바울은 특히 다른 사람을 실족하지 않게 하기 위해 이와 같이 하는 것은 바람직한 일로 여겼다. 그가 교회의 화평을 위해서 얼마나 섬세한 관심을 기울였는가!

그러나 이방인들에 관해서는 다르다. 그리스도가 오시기 전에는 이방인들이

---

1 "노아의 일곱 가지 규례": 1) 우상숭배 2) 근친성교 3) 피 흘림 4) 하나님의 이름 모독 5) 정의 6) 도둑질 7) 산 동물의 살과 사지를 베는 것. -*Genesis Rabba*, Noah, xxxiv. 이 규례는 유대주의문헌들에서 서로 다르게 소개된 면도 없지 않으나 모두 대동소이하다. -역자 주.

완전한 개종자가 되려면 모세의 모든 법에 복종해야 했지만, 그분께서 오신 후에는 거짓 선생들이 교리화한 명령에 복종할 필요가 없게 되었다. 그 거짓 선생들은 이방인 신자들도 할례를 받고 의식법을 지켜야 구원을 얻는다고 하였다. 그러나 예루살렘 공의회는 "다만 우상의 더러운 것과 음행과 목매어 죽인 것과 피를 멀리하라……."는 것만을 금지 조항으로 결의하였을 뿐이다(행 15:20). 후커 (Richard Hooker)가 적절하게 해석한 바와 같이, 여기에서 말하는 음행이란, 금지된 근친성교로 인한 결혼일 것이다. 사도들에 의해 이방인들에게 정해진 이 모든 규례들이 바로 노아의 규례이다. 그러나 할례와 다른 의식법들은 준수할 필요도 없을 뿐더러 지켜서도 안 된다. 왜냐하면 그것은 그들의 영혼을 전복(顚覆)시키는 행동이기 때문이다(행 15:24). 그래서 동일한 사도가 유대인의 어머니를 가진 디모데에게는 할례를 베풀었고, 또 이방인들에게 편지를 쓸 때에는 "너희가 만일 할례를 받으면 그리스도께서 너희에게 아무 유익이 없으리라"(갈 5:2)라고 주장했음을 발견하게 된다.

우리는 이 첫 명제에서 의식법이 어디까지 폐지되었고, 어떤 뜻에서 폐지되었는지를 보았다.

3) 재판법은 유대인들의 사회 질서를 위해 주어졌으므로 그들에게는 완전히 폐지된 것이 아니다.

그러나 재판법은 결코 우리의 의무규정으로 주어진 것이 아니다. 각 나라의 법이 유대 법에 종속될 필요도 없다. 왜냐하면 각 나라는 그 나라의 정치적 목적을 달성하는 데에 가장 적절한 법률을 형성할 자유가 있기 때문이다. 하지만 이 재판법이 유대인에게는 폐지되지 않았다. 비록 지금은 그들이 흩어진 상황 속에서 국가를 형성하지 못하고 있으므로 그 법의 효력을 상실하고 있지만, 그들의 이산이 끝나고 다시 한 국가로 세워질 때에는, 옛날 그들이 축복받은 창성한 국가를 형성했을 때처럼 이 법이 다시 그들의 법이 될 가능성이 짙다.[2]

---

2 이것은 1948년의 이스라엘 건국보다 훨씬 이전인 1701년도의 논문이다. 역자 주.

4) 도덕법은 폐지된 면도 있으나 폐지되지 않은 면도 있다. 몇 가지 경우에 있어서 이 법이 폐지되었으나 본질과 권위와 의무에 있어서는 폐지되지 않았다.

(1) 신자에게 도덕법은 행위언약처럼 폐지되었다.

하나님께서 사람을 처음 창조하셨을 때 그 마음속에 이 법을 기록하셨다. 그리고 이 법대로 행하면 살고 그렇지 않으면 죽을 것이라는 제재(制裁)를 더하셨다. 하지만 모든 인류는 아담 안에서 형벌을 받았고 이로써 그 법을 순종하는 것은 전적으로 불가능하게 되었으므로 이제 우리는 모두 그 법의 의로운 선고(宣告)에 따라 망하게 되었다. 그러나 우리를 망하지 않도록 하시려고 하나님께서는 은혜롭게도, 우리의 부패하고 상실된 상태를 회복시킬 구세주를 약속하시고 또한 믿음과 복음에 대한 순종이라는 더 쉬운 방법을 통하여 우리에게 영생을 허락하시려고, 우리를 다른 언약 안에 들어가게 하셨다. 그러나 예수 그리스도에 대해 들어본 적이 없거나, 그분을 거절한 자들은 여전히 행위언약으로서의 율법 아래 있다. 따라서 이들은 비참하고 통탄할만한 상황에 처해있는 것이다. 이들은 율법을 범한 자이므로 이들에게 유익한 것이라고는 아무 것도 남아있지 않고, 다만 그들을 기다리는 것은 그들을 삼켜버릴 두렵고 불같이 맹렬한 하나님의 진노뿐이다. 그러나 진정한 신자들은 더 좋은 언약 아래 있다. 이 은혜언약 아래 있는 신자들에게 하나님께서는 그들의 믿음을 통하여 영생을 약속하셨다. 따라서 신자들은 소망의 확신을 갖고, 말할 수 없는 기쁨과 위로를 얻으며, 이 언약의 성취를 기대할 수 있게 된 것이다.

(2) 그러므로 신자에게 도덕법은 정죄하는 힘에 있어서 효력을 상실했다.

비록 그것이 모든 죄인을 향해 사망을 언도하고, 그 안에 기록된 모든 것을 계속 실행하지 않는 자에게 저주를 선언하고 있지만, 그리스도께서 율법의 요구를 만족시키셨고 또 순종하셨기 때문에 그의 중보를 통해 신자들의 죄는 은혜로 사함을 받았다. 그래서 그 저주는 끝났다. 그 죄의 대가는 전적으로 그리스도에게 넘겨지고 십자가에 달리신 그의 몸에 다 쏟아졌다. "그리스도께서 우리를 위하여 저주를 받은 바 되사 율법의 저주에서 우리를 속량하셨으니……"(갈 3:13).

그러므로 우리는 사도 바울과 함께 "그러므로 이제 그리스도 예수 안에 있는 자에게는 결코 정죄함이 없나니"(롬 8:1)라고 승리에 넘친 개가를 부를 수 있다.

(3) 도덕법은 우리에게 순종을 요구하는 법칙으로서 양심을 구속(拘束)할 힘을 가졌기에 여전히 효력과 권위가 있다.

도덕법은 아직도 우리가 무엇을 행해야 할 것에 대해 지시해 준다. 그것을 준수하도록 양심을 붙들어 맨다. 우리가 이 법을 범하면 영혼에 죄책감을 가져다준다. 그래서 비통한 회개를 하도록 하거나 아니면 영원한 정죄를 받지 않으면 안 되게 만든다. 이 점에 있어서, 천지가 없어질지라도 율법의 일점일획은 폐할 수 없는 것이다.

그러므로 율법폐기론(Antinomianism)은 증오스러운 사상이다. 그것은 율법의 참된 가치와 타당성을 격하시켜 버리고, 율법의 모든 가치와 행동지침들이 신자에게는 무가치하다고 주장한다. 그래서 그리스도 안에 있는 사람에게는 감사의 법 이외에는 의무로서 실행해야 할 법칙이란 있을 수 없다고 한다. 율법폐기론자들은 계속 주장하기를, 하나님은 진노가 무섭고 두려워서 순종하는 그런 정도의 저차원적이고 옹졸한 복종을 원하지 않으시고, 오히려 사랑의 원리에서 흘러나오고 감사와 순진한 정신에서 쏟아지는 순수한 마음을 가진 순종을 요구하실 뿐이라고 한다. 사실 이것은 무서운 독을 머금은 교리이다. 이것은 율법의 울타리를 다 뽑아버리고 온갖 종류의 방종과 방탕으로 하여금 크리스천 사회에 난입하도록 대문을 열어놓는 것이다.

그러나 도덕법이란 태초에 인간의 마음속에 새겨놓은 자연법에다가 몇 가지 실제적인 명령이 더 추가된 것이므로 인간이면 누구나 당연히 이 법의 명령에 순종할 의무가 있는 것이다. 따라서 이 법의 모든 부분에 순종해야 함을, 복음서에서 우리에게 경고하며 동일한 약속으로 우리를 권고하며 강조하고 있다. 또 복음서에서는 우리 주님 자신께서 상세하고 엄격하게 이 법들을 해석해 주셨는데 이것은 우리에게 큰 유익이 아닐 수 없다. 이처럼 우리는, 율법시대에서 뿐만 아니라 복음시대에도, 우리에게 동일한 행동법칙과 동일한 의무를 요구하며 동일하게 금지된 죄들을 볼 수 있다.

하지만 이와 동시에, 복음시대에 살고 있는 사람들에게는, 율법적인 모형과 상징으로써 복음의 은혜를 모호하게 그림자처럼 나타내던 시대의 사람들보다, 더 차원 높은 순종이 요구된다. 그리스도께서 오시기 전에 살았던 이스라엘 백성도 역시 오늘날의 우리들과 마찬가지로 행위언약 아래서 살지 않았던 것은 사실이나, 그럼에도 불구하고 그들에게는 은혜언약이 우리들에게보다 훨씬 덜 분명하게 나타났다. 그러므로 그들보다 우리는 이 법에 더욱 순종해야 할 의무가 있다. 왜냐하면 우리는 무엇을 행해야 할 것인가를 아는 면에서 그들보다 더 밝은 빛을 소유하고 있을 뿐 아니라, 말로 다 할 수 없는 성령의 은혜로써 더 큰 실행 능력과 더 나은 약속을 가졌고, 하나님의 영접하심에 대하여 더 확실한 증거를 가졌고, 우리의 보상에 대한 확신을 갖고 있기 때문이다. 이와 같이 우리는 선조들보다 하나님의 도우심과 혜택을 더 크게 입었으므로 우리의 성결 생활과 순종이 그들보다 더 뛰어나도록 노력해야 마땅하다. 주님의 은혜로 우리의 멍에가 더 쉬워지고 우리의 짐이 더 가벼워졌으니 더욱 자진해서 민활하게 하나님을 섬겨야 한다.

그러므로 우리는 순종의 의무에서 벗어난 것이 결코 아니라, 그 의무가 그리스도께서 이 세상에 오심으로 더 심화되었음을 알아야 한다. 도덕법을 어기는 어떤 범죄든지 더 큰 벌과 죄책을 받게 된다. 이는 도저히 침해할 수 없는 하나님의 명령의 권위를 범하는 것이기 때문이며, 더욱이 우리의 중보자이며 구속자이신 주님께서 자신의 분명한 명령으로 이 법에 활력을 주셨고, 자신의 성령으로 하여금 우리를 도우서서 지키고 준행할 수 있도록 하시겠다고 약속하셨기 때문이다.

II. 십계명의 바른 이해와 해석을 위한 몇 가지 일반법칙

이 일반법칙들은 십계명의 깊이와 넓이를 이해하는 데에 큰 도움을 줄 것이다. 시편 저자는 다음과 같이 우리에게 읊어준다. "…… 주의 계명들은 심히 넓으니이다"(시 119:96). 계명은 인간의 마음속에서 솟아나는 불법적 욕정과 욕심이 이끄는 방종과 탐닉에 대해서 매우 엄격하다. 이제 하나님의 법의 넓이와 깊이를 알기 위해 몇 가지를 고찰해 보자.

1) 성경 속에 흩어져 있는 모든 율례들과 우리의 생활과 행동을 관장하는 모든 규례들은, 비록 십계명 속에 조문으로 언급되지는 않았다 하더라도, 십계명의 어느 한 계명으로 매우 적절하게 요약할 수 있다.

십계명 중 적어도 어느 하나와 관련이 없이 요구된 의무나 금지된 죄는 없다. 때로는 하나 이상의 계명들과 관련된다. 그러므로 십계명을 참되고 올바르게 해석하려면, 우리는 선지자들과 사도들 그리고 주님 자신이 가르치신 바를 그것에 대한 설명과 주석으로 받아들여야 한다. 이는 십계명이 올바른 예배와 도덕적 정의에 대한 모든 가르침의 축약이기 때문이다.

참으로 우리 주님께서도 십계명으로 요약된 도덕법 자체를 또 요약하셔서 두 마디로 나타내셨다. 즉 하나님을 사랑하라. 이것은 첫째 돌비에 새긴 모든 말씀을 집약한 것이다. 그리고 네 이웃을 사랑하라. 이것은 두 번째 돌비에 깃든 모든 말씀의 집약이다. 그래서 주님은 우리에게 "…… 이 두 계명이 온 율법과 선지자의 강령이니라"(마 22:37~40)라고 말씀하셨다. 진실로, 하나님과 이웃에 대한 사랑은 하나님에 대한 모든 종교적 의무와 이웃에 대한 공의(公義)를 주의 깊게 수행하게 하는 원동력이다. 그것은 우리로 하여금 하나님의 영광에 위배되거나 이웃의 권리를 침해하는 어떤 잘못도 범하지 못하게 한다. 그러므로 사도 바울은 말하기를 "…… 사랑은 율법의 완성이니라"(롬 13:10), 그리고 "이 교훈의 목적은…… 사랑"(딤전 1:5)이라고 하였다. 계명의 완성과 성취, 즉 그 목적은 바로 하나님과 이웃에 대한 사랑이다.

2) 십계명의 대부분은 부정적이거나 금지하는 말씀으로 주어졌고 오직 넷째와 다섯째 계명만이 긍정적이고 적극적 표현으로 되어 있으므로, 여기에서 우리는 아래와 같은 명제를 얻을 수 있다. 즉 긍정적 명령은 이와 반대되는 죄의 금지를 포함하며, 부정적 명령은 그와 반대되는 의무를 행하라는 명령을 포함한다.

다시 말해서, 하지 말라는 금지 명령은 그와 반대가 되는 것까지 해야 하는 것으로 받아들여야 하고, 하라는 명령은 그와 반대가 되는 것을 하지 말라는 금지로 받아들여야 한다. 예를 들면, 하나님은 세 번째 계명에서 그의 이름을 망령되게 부르지 말라고 하셨다. 그러므로 결국 그 안에 포함된 명령은, 그의 이름을 공경하고 거룩하게 하라는 것이다. 넷째 계명은 안식일을 거룩하게 하라는 것이므로 안식일을 더럽히는 행동까지 금지하는 것이다. 다섯째 계명은 부모를 공경하라는 것인데, 그 안에는 불손종과 반항이 금지되어 있다. 나머지 계명도 이와 마찬가지로 이해해야 한다.

 3) 모든 부정적 명령은 항상, 매 순간 구속력을 가진다. 그러나 긍정적 명령은, 늘 순종해야 한다는 점에서는 항상 구속력을 가지나, 늘 그 명령만 실천하고 있으라는 뜻은 아니다.

예를 들어 쉽게 설명해 보자. "너는 나 외에는 다른 신들을 네게 두지 말라"(출 20:3)라는 첫째 계명은 항상 지켜야 하며 어떤 순간에도 구속력을 가진다. 그러므로 누구든지 어떤 순간에라도 주 여호와 외에 다른 신을 세우고 경배하면 그는 우상숭배자가 된다. 그러나 이 부정적 계명 안에 포함된 긍정적 명령, 즉 하나님을 경배하고 사랑하고 의지하며 기도하라는 것은 우리가 항상 시행해야 하며(왜냐하면 이 일에 관해서는 결코 달리 행할 수 없기 때문이다), 또한 사랑과 신앙과 경배의 습관에 관해서는 매 순간마다 이렇게 할 의무가 있다. 그렇지만 이러한 행동을 항상 쉬지 않고 하도록 의무화하지는 않는다. 왜냐하면 계속해서 끊이지 않고 기도하고 찬송하며 경배한다는 것은 실제로 불가능한 일이기 때문이다. 하나님은 그런 요구를 하시지 않으신다. 만일 그런 식으로 된다면 다른 의무와 상충하며 조화가 이뤄지지 않기 때문이다.

이와 같이 넷째 계명은 "안식일을 기억하여 거룩하게 지키라"(8절)는 긍정적 명령으로서 항상 구속력을 가진다. 그리고 누구든지 그 어느 때에라도 안식일을 범하는 사람은 율법을 어긴 죄를 짓는 것이다. 그러나 이것은 어느 순간이든지 지켜야 한다는 의미는 아니다. 왜냐하면 안식일은 일주일에 한 번 돌아오는 날이요, 매 순간 순간이 다 안식일은 아니기 때문이다.

또한 "네 부모를 공경하라"는 다섯째 계명도 적극적인 명령으로서 항상 구속력을 가진다. 그러므로 그 어느 순간에라도 이 법에 반항하고 불순종해서는 안 된다. 하지만 그 어느 순간이든지 부모를 공경하는 행동을 한다는 것은 불가능할 뿐만 아니라 우스꽝스러운 것이 된다.

그러나 부정적 명령은 어느 순간에든지 구속력을 가진다. 누구든지 그 어느 순간에라도 지키지 않으면 죄에 빠지고 유죄하게 되어 하나님 앞에 범죄자가 되고 만다. 이러한 부정적 명령들이란 "너는 네 하나님 여호와의 이름을 망령되게 부르지 말라", "살인하지 말라", "도둑질 하지 말라", "간음하지 말라" 등이다. 그래서 그 어느 순간에나 상황에서도 이 명령에 대한 위반이 허용될 수 없고, 또 위반하면 죄책을 면할 도리가 없다. 성급한 맹세나 속되고 버릇없는 발언을 함으로써 하나님의 이름을 망령되게 부르거나, 무죄한 사람의 피를 흘리거나, 다른 사람의 정당한 소유를 도둑질하거나, 어떤 부정한 죄에 빠지는 사람은 그 누구를 막론하고 어느 때에든지 어느 장소에서든지 어떤 모양으로든지 간에, 그가 감정에 못 이겨서 했든, 고의로 했든, 실수로 했든지 간에 그러한 일을 행한 사람은 율법을 범한 사람으로서, 악을 행한 사람에게 상응하는 하나님의 저주를 받으며 죽음의 벌을 받아야 한다.

반면에 긍정적 계명들은 구속력을 가지지 못하는 어떤 때와 상황이 있어서, 우리가 우리에게 부여된 다른 의무들을 수행할 수 있다. 필자는 이것이 예외 없는 명백한 사실이라고 생각한다.

4) 외부적인 죄의 행동을 금하는 계명은 마음속에 있는 내부적 죄의 욕망과 동기도 마찬가지로 금하는 것이다. 그리고 외부적 의무의 실천을 요구하는 계명 역시 그 행동에 합당한 마음의 진실한 사랑을 요구한다.

예를 들면, 하나님을 경배하라고 요구하는 계명은, 나로 하여금 입술과 무릎의 외적 경배뿐 아니라 내 영혼의 내적 공경심과 사랑까지도 요구한다. 그리하여 내 몸 뿐만 아니라 내 마음 전체를 하나님의 발 앞에 엎드리게 해야 한다. 위대하신 하나님을 두려워할 뿐 아니라 그분을 나의 지고(至高)의 선으로 여겨 사랑하며, 그분에게 도취된 자로서 민감성과 애정으로 그분과 연합되고, 그분을 나의 유일한 기쁨과 행복으로 알고 찬양해야 한다. 그러므로 마음은 하나님으로부터 멀리 떠나 있으면서도 다만 몸으로만 하나님을 경배하는 자는, 이 계명을 범하는 큰 죄에 빠지게 된다. 세상과 정욕에 경배의 참된 진수와 본질은 다 빼앗겨 버리고 의무감의 겉모양과 형식만 드리는 자들은, 비록 그들이 참 하나님을 섬기고 경배하고 있다 하더라도, 우상숭배의 죄에 빠지는 것이다. 왜냐하면 그들은 하나님의 뜻을 묻는 중에도 마음에는 그들의 우상을 품고 있기 때문이다. 에스겔은 이 점을 책망하였다 (겔 14:7). 이와 같이 긍정적 명령인 "네 부모를 공경하라"라는 말씀도, 우리의 부모와 우리를 다스리도록 높은 지위를 부여받은 모든 사람에게, 모든 합법적 명령에 따라 외적으로 순종할 뿐 아니라, 마음속에서 우러나오는 내적 사랑과 존경과 공경을 요구한다. 사람들은 나타난 행동 이상은 깨달을 수가 없기 때문에 우리의 행동이 정상적으로 보이면 인간의 법은 그것에 대해 만족감을 가지지만, 하나님은 우리의 마음과 영혼을 감찰하시며 판단하시는 분이시므로 외적 행동만으로는 하나님의 법에 충분한 만족을 주지 못한다. 또한 하나님의 법은 다른 모든 법보다 더 큰 권세를 가지고 있어서 우리의 사상과 욕망과 진심에 대해 권위를 가지고 복종을 요구한다.

이제 부정적 명령들에 대해서 생각해 보자. 이것들은 외적인 죄의 행동뿐 아니라 내적 탐욕과 죄의 욕망 그리고 악한 정욕까지도 금하고 있다. 이 사상을 성경에서 분명하게 발견할 수 있다(마 5장). 특히 우리 주님은 서기관들과 바리새인들의 조잡한 억지 해석을 깨뜨리시고, 도덕법을 옹호하시며 천명하기 위해서 산상설교에서 이 주제를 중점적으로 다루셨다. 그리고 율법의 권위는, 마치 그 때의 패역한 세대가 생각하던 것처럼 죄의 행동만을 금지하는 것이 아니라, 죄를 짓게 하는 동기까지 금한다고 가르치셨다. "옛 사람에게 말한바 살인하지 말라. 누구든지 살인하면 심판을 받게 되리라 하였다는 것을 너희가 들었으나"(마 5:21)라고 하신 말씀은 서기관들이 계명을 피상적으로 해석하는 데 그친 나머지 비록 마음에는 분노와 악독과 복수로 가득차도 피만 흘리지 않으면 잘못이 없다고 이해했음을 보여준다. 그러나 우리 주님은 22절에서 무엇이라고 말씀하셨는가? 주님께서는 "나는 너희에게 이르노니 형제에게 노하는 자마다 심판을 받게 되고 형제를 대하여 라가라 하는 자는 공회에 잡혀가게 되고 미련한 놈이라 하는 자는 지옥 불에 들어가게 되리라"라고 말씀하셨다. 여기에서 율법이 무서운 살인죄를 금할 뿐 아니라 마음속 깊숙이 담긴 동기까지도, 즉 그 분노가 마음속에 잠재하고 있든지 또는 언어로 표현되어 노출되든지 간에 금하고 있음을 알 수 있다.

이 모든 말씀 속에서 우리 주님께서 의도하신 바는 아래와 같다. 비록 서기관들과 바리새인들이 살인하지 말라는 계명을 실제적인 살인으로만 국한해서 해석하여 마치 공개적 폭행과 유혈 외에는 별다른 것을 금하지 않는 것처럼 생각하나, 우리 주님은 그와 정반대로 극악하고 야만적 살인죄 뿐 아니라 다만 마음속에서만 끓어오르는 성마르고 이유 없는 분노와 더욱 그것이 욕설로 가득 찬 언어로 뱉어지는 것도 "살인하지 말라"는 계명 속에 포함시키셨다. 이 모든 것들이 다 영원한 죽음의 대가를 받을 만하다. 유대인들의 사회에서 어떤 죄는 가벼운 벌을 또 다른 어떤 죄는 무서운 형벌을 받는 것처럼, 최후의 심판 때에도 그러할 것이다. 우리 가슴 속의 분노는 영원한 심판으로 정죄될 것이다. 그러나 그 분노가 욕설적인 표현으로 터져 나올 때 그에 대한 정죄는 더 견디기 힘들 것이며 죄가 중할수록 힐책은 훨씬 더 가혹하며 노골화 될 것이다.

간략하나마 이렇게 이해하는 것이 우리 구주께서 남기신 심오한 말씀의 진정한 의미라고 느낀다. 이 말씀은 전반적으로, 누추한 죄의 행동뿐 아니라 죄에 대한 내적 성향과 부패한 정욕 그리고 죄를 향한 그 어떤 종류의 경향까지도 하나님의 거룩한 율법은 금하고 경고한다는 사실을 보여준다.

"27또 간음하지 말라 하였다는 것을 너희가 들었으나 28나는 너희에게 이르노니 음욕을 품고 여자를 보는 자마다 마음에 이미 간음하였느니라"(마 5:27~28). 여기에서도 역시 주님은 마음속의 음욕까지 금하신다. 비록 부끄러움과 두려움 때문에 더 추한 행동을 못했다고 해도 마음과 눈의 죄가 있다고 말씀하신다. 그러므로 외적 죄의 행동을 금지하는 법은 내적 욕망과 동기도 금하고 있음을 알 수 있다.

사실 이렇게 이해할 충분한 이유가 있다. 왜냐하면 우리에게 율법을 주신 하나님은 영이시기 때문이다. 그분은 감찰하시며 우리의 영혼을 향해 말씀하신다. 우리의 영혼을 스쳐 지나가는 조그만 생각도, 우리의 상상에 투영되는 작은 그림자조차도, 우리의 마음에서 숨 쉬는 미세한 욕망도 하나님이 모르시는 것은 없다. 그분은 우리의 마음 깊은 곳에 있는 사상의 깊은 원천의 밑바닥에 있는 것을 보신다. 그분은 그 원인과 근거를 모두 다 보신다. 시편의 말씀과 같이 우리의 생각을 멀리서도 통촉하신다. 우리가 서로의 얼굴을 보는 것보다도 더 명확하고 분명하게 우리의 영혼을 주시하신다. 그러므로 그분의 법이 그분의 지식에서 유래하는 것은 당연하고 자연스러운 일이다. 그리고 그분께서 법을 제정하시며, 누구든지 법을 어길 때에는 이를 관찰하시며 벌하심도 역시 당연하다.

바울은 가장 자유롭고 제지받지 않는 인간의 마음과 정신에까지도 영향을 미치는 이 율법의 힘을 생각하며, 그것을 신령한 법으로 알아, "우리가 율법은 신령한 줄 알거니와……."(롬 7:14)라고 했다. 또한 살피며 확신을 갖도록 하는 율법의 힘이 우리 영혼 속에 깊이 침투하여 우리의 생각을 드러내고 욕망을 책망하고 욕정을 정죄하기 때문에 신령한 법이라고 한다. 그리고 이 세상에 있는 어떤 법도 이런 능력을 발휘하지 못하며 오직 이 신령한 법만 그렇게 할 수 있다. 그러므로 "하나님의 말씀은 살아 있고 활력이 있어 좌우에 날선 어떤 검보다도 예리하여 혼과 영과 및 관절과 골수를 찔러 쪼개기까지 하며 또 마음의 생각과 뜻을 판단하나니"(히 4:12)라고 히브리서 기자는 말했다.

이처럼 계명의 범위와 폭을 올바로 이해하기 위한 네 번째 명제는 외적 죄의 행동을 금하는 법은 내적 죄의 동기와 욕망도 금한다는 것이다.

5) 십계명은 분명하게 언급된 죄뿐 아니라 그 죄로 이끄는 모든 원인과 유인(誘因)도 금한다.

우리는 어느 한 계명 속에 분명하게 금지되지 않은 죄들이 있음을 볼 수 있다. 그러나 그 어느 한 계명을 범하는 것은 결국 다른 죄들을 범할 원인의 기회를 주기 때문에, 결국 환원적으로 매 계명에서 이것들을 금지한 것이다. 다시 말해서, 어떤 한 가지 죄가 다른 여러 죄들을 유발할 기회가 될 수 있으므로, 십계명의 각 계명은 그 여러 죄를 금하고 있다고 말할 수 있다.

이와 같은 예를 두 가지만 지적한다. 즉 악한 무리들과 교제하는 것과 술 취하는 것이다. 악한 무리와의 교제에 대해서는 그 어느 계명도 특별히 금지하고 있지 않는 것이 사실이나, 그것은 모든 계명을 깨뜨릴 수 있는 큰 시험과 유혹이 된다. 그러므로 이것은 모든 율법에 저촉되는 죄이다. 악마에게 있어서는 악한 벗들만한, 할 수 있는 대로 자신들의 악을 최대한 많은 사람들에게 침투시키려고 하는, 확고부동한 매개적 요인은 없다. 그러므로 무신론자, 우상숭배자, 맹세하는 자, 안식일을 범하는 자, 불순종하는 반역자, 살인자, 음탕한 자, 도둑, 위증(僞證)자, 그리고 탐욕스러운 부랑아 등과 사귀기를 기뻐하는 당신은 이와 관련된 계명들을 범하는 자가 되는 것이다. 왜냐하면 당신 자신을 마귀의 올무에 빠지게 하고, 악한 무리들인 그들을 그렇게 만든 것과 같은, 바로 그 길을 당신이 걷기 때문이다. 그러므로 이같이 불경건하고 방탕한 죄에 탐닉한 자들과 사귀는 것은 계명이 그들의 불경건을 금한 것처럼, 그것이 어떤 종류이건 간에 역시 우리에게 금지되어 있다.

술 취함에 대하여 말하자면, 사도 시대에는 이방인들도 스스로 술 취해 흥청대는 것을 부끄러워하여 낮에는 단정히 행하고 주로 밤에 취했던 것을 알 수 있다(살전 5:7). 그런데 요즈음에는 신자들이 오히려 방탕함이 지나쳐 대낮에도 갈지(之)자로 걸으며 심지어 우리의 얼굴이나 가슴에 토하는 일까지 있음을 볼 수 있다.

그러므로 십계명에서 비록 명백하게 표시하여 금하지 않고 있는 죄들도 있지만, 그것들은 다른 죄로 이끄는 동기가 되는 것이므로 결국 실질적으로 금지된 것이다. 그리고 이런 죄들 중 특히 술 취함은 하나님이 우리에게 명령하신 모든 법에 저촉되는 것이며, 마치 죄가 전염병 같듯이 그 죄책도 광범위한 것이다.

6) 첫째 돌비의 계명들이 둘째 돌비의 계명들을 위해 지켜져야 하는 것이 아니라, 둘째 돌비의 계명들이 첫째 것을 위해 지켜져야 한다.

첫 돌비는 하나님을 섬기고 경배하는 일에 직접적으로 연관된 의무들을 지킬 것을 명령하고 있다. 둘째 돌비는 다른 사람들에 대한 우리의 행실들에 관한 명령이다. 하나님을 섬기고 경배하는 일은 사람들에 대한 관심 때문에 행해서는 안 되며, 오히려 인간에 대한 우리의 의무가 하나님에 대한 사랑 때문에 수행되어야 한다. 왜냐하면 사람들에게 칭찬을 받기 위해 하나님을 섬기는 사람은 외식자요, 형식주의자 외엔 아무 것도 아니기 때문이다. 또한 하나님을 높이지 않고 사람에게 대한 자신의 의무만 수행하는 사람은 단지 세속적 도덕가 외에는 아무 것도 아니다. 첫 돌비는 우상숭배와 맹세를 금하고 안식일을 더럽히지 말도록 명령하고 있다. 한편 사회의 법도 같은 것을 명령한다. 그리고 위반하는 사람에게는 벌을 가한다. 그러나 우리가 만일 사람들로부터 수치와 고통을 받을 것을 우려하여 이런 죄들을 삼가거나 혹은 사람으로부터 존경과 칭찬을 받기 위해서만 하나님을 섬긴다면, 우리가 가진 신앙의 모든 화려함과 겉치레들은 오직 외식이 될 뿐이다. 그렇다면 그에 합당한 대가를 받게 될 것이다. 왜냐하면 하나님은 인간을 위해서가 아니라 자기 자신을 위해 섬김을 받기를 원하시기 때문이다.

둘째 돌비는 올바른 인간관계를 기술하고 있다. 즉 그것은 윗사람을 섬길 뿐 아니라 복종하고, 동료에게 대해 사랑과 친절을 베풀고, 아랫사람에게 연민과 봉사를 행하며 모든 사람을 향해 공평과 정의를 실현할 것을 가르친다. 이런 의무들은 오직 사람을 위해서가 아니라 하나님을 위해 행해야 한다. 하나님을 높임 없이 이런 일들을 행하는 사람에게는 인정을 받거나 보상을 받는 일이 전혀 없다. 그러므로 우리 주님은 오직 인간적이고 타산적인 동기로 행하는 사랑과 선행을 준엄하게 책망하셨다. "너희가 너희를 사랑하는 자를 사랑하면 무슨 상이 있으리요. 세리도 이같이 아니하느냐"(마 5:46). "[33]너희가 만일 선대하는 자만을 선대하면 칭찬 받을 것이 무엇이냐 죄인들도 이렇게 하느니라. [34]너희가 받기를 바라고 사람들에게 꾸어 주면 칭찬 받을 것이 무엇이냐 죄인들도 그만큼 받고자 하여 죄인에게 꾸어 주느니라"(눅 6:33,34).

7) 순전히 도덕적 차원에서라면, 첫 돌비의 명령이 둘째 돌비와 서로 일치하지 않을 때에는 첫째 돌비의 명령이 둘째 돌비의 명령보다 앞선다.

예를 들면, 둘째 돌비는 우리가 부모님께 순종하고, 우리의 생명을 유지하고 보존해야 한다고 명령한다. 그러나 만일 우리가 하나님 혹은 부모와 생명 그 둘 중 어느 하나를 부정해야 하는 상황에 부딪칠 때에는 우리의 영혼을 죄책에 굴복시키든가, 아니면 우리의 목숨을 걸든가 둘 중 하나를 선택해야 하는데 이런 경우에는 다음과 같이 하라고 주님께서 우리에게 가르쳐 주셨다. 즉 "무릇 내게 오는 자가 자기 부모와 처자와 형제와 자매와 더욱이 자기 목숨까지 미워하지 아니하면 능히 내 제자가 되지 못하리라"(눅 14:26)라는 말씀과 같이 하라는 것이었다. 사실, 문자 그대로 해석해서 이들을 실제로 미워한다면 그것은 아주 부도덕하고 불경건한 일이 된다. 그러나 주님의 이 말씀은 비교적인 면에서 주님보다 그리고 신앙과 경건보다는 그들을 덜 사랑하라는 의미이다.

그러므로 우리의 진실한 양심과 참된 경건과 도무지 조화를 이룰 수 없다는 확신이 있을 때에만 비로소 우리는 어느 한 계명보다 다른 계명을 택할 수 있다.

8) 이에 반하여 첫 돌비에는 부분적으로 도덕적이고 자연적이면서도 역시 긍정적이고 제도적인 계명이 하나 있는데, 그것은 곧 안식일 성수의 계명이다. 이 경우에는 둘째 돌비에 대해 순종할 의무가 가끔 첫 돌비의 이 명령에 대한 순종보다 앞서게 됨을 볼 수 있다.

절박한 일, 자선을 베풀어야 하는 일이 가끔 우리로 하여금 경건에 속한 일과 당연히 지켜야 하는 안식일 성수를 부득이 못하게 만드는 경우가 있다. 왜냐하면 하나님은 제사보다 자비를 원하시기 때문이다(호 6:6). 또한 주님도 이 점을 강력히 주장하셨다(마 9:13). 이런 의미에서 "안식일이 사람을 위하여 있는 것이요 사람이 안식일을 위하여 있는 것이 아니니"(막 2:27)라고 하셨다. 그러므로 부득불 꼭 해야 할 필요가 있는 일과 선행과 자비를 베푸는 일이라면, 그것은 안식일을 더럽히는 죄책을 우리에게 가함이 없이 안식일에 합법적으로 행할 수 있다. 왜냐하면 둘째 돌비에 있는 순수한 도덕적 명령은, 다만 긍정적이고 제도적인 첫째 돌비의 이 명령보다 앞설 수 있기 때문이다.

9) 어떤 계명에서든지 금지된 것은, 그것의 표징과 증상 및 그 모든 영향과 결과까지도 똑같이 금한다.

따라서 우상 숭배를 금하는 계명은, 우상의 전각(殿閣)에서 만찬을 나누는 것과 우상에게 제사를 드린 고기를 먹는 것도 금한다. 이는 우리가 그들과 교제하는 표가 되기 때문이다.

교만을 금지하는 계명에 있어서도 마찬가지다. 그런데 첫째와 둘째 계명의 주제를, 교만을 금지하는 것이라고도 말할 수 있다. 왜냐하면 교만한 사람은 자신이 스스로의 신이 되든지, 자신을 우상화하든지, 자신을 숭배하는 우상숭배자이기 때문이다. 그러므로 여기에서는 교만의 모든 형태와 영향까지도 금한다. 교만한 모습, 거드름을 피며 걷는 것, 성적 감정을 불러일으키는 자태, 지나친 사치 등에 대해 선지자는 크게 꾸짖었다(사 3:16-26). 왜냐하면 비록 이런 모습 자체가 교만은 아닐지라도 그것은 교만의 표시이며 결과로서, 하나님이 요구하시는 겸손과 단정함과는 정반대가 되는 모습들이기 때문이다.

10) 십계명 상호간의 관계는 너무 밀접하고 깊다. 이렇게 상호간에 깊게 연관되어 있으므로 하나를 범하는 것은 전체를 범하는 것이다.

전체를 관통할 뿐 아니라 하나로 묶어 주는 것은 바로 이 계명들을 순종하도록 우리에게 요구하는 하나님의 권위와 주권이다. 그러므로 그 어느 한 계명에 있어서도 하나님께 대한 합당한 순종에 실패하면, 실제적으로 또는 해석상으로 모든 계명을 범한다는 결과가 된다.

따라서 성경이 "누구든지 온 율법을 지키다가 그 하나를 범하면 모두 범한 자가 되나니"(약 2:10)라고 함으로써 이 사실을 명백히 지지하고 있음을 볼 수 있다.

물론 한 계명을 범한다고 해서 실제적으로 다른 계명을 범한다는 것은 아니다. 즉, 도둑질은 했지만 살인은 안 할 수 있고 또 살인은 했지만 실제로 간음은 하지 않을 수 있다. 그러나 사도 야고보가 여기에서 말하는 바는 모든 계명을 관통하며 또한 모든 계명을 재가하신 하나님의 권위를 침해했다는 의미이다. 왜냐하면 위대하신 하나님의 권위는 이 모든 법에 똑같이 미치므로 이러한 권위를 무시하고 고의적으로 계명 중 하나를 범하는 자는, 분명히 하나님의 권위가 그 어느 계명에도 역사하고 있지 않다는 것을 선언하는 자이다. 비록 그가 어떤 다른 이유가 있어서 어느 계명에 금지된 죄를 범하지 않았다고 하더라도 그의 준법은 참된 순종이 결코 아니다. 더더구나 그가 하나님을 향한 선한 양심과 경외심의 발로로서 그것을 지킨 것이라고 할 수도 없다. 만약 그러한 태도로 계명을 지켰다면 그로 하여금 살인, 도적질 또는 간음을 하지 못하게 하던 그 권위가 거짓말과 하나님의 이름을 망령되게 부르는 죄도 금하게 하였을 것이다. 그러므로 이러한 과실을 범한 자는 모든 것을 범한 범죄자가 된다. 왜냐하면 동일한 하나님의 권위가 모든 계명에 동등하게 인(印)쳐져 있으므로 하나를 범하는 것은 다른 것도 똑같이 범하는 죄가 되기 때문이다. 바로 이런 이유 때문에 사도 야고보는 그가 앞에서 한 주장에서 한 걸음 더 나아가, "간음하지 말라 하신 이가 또한 살인하지 말라 하셨은즉 네가 비록 간음하지 아니하여도 살인하면 율법을 범한 자가 되느니라"(약 2:11)라고 말했다. 다시 말하자면, 이러한 사람은 율법 전체를 범한 것인데 이것은 하나님이 그의 법을 두른 울타리를 파괴하는 것이니, 곧 그의 주권과 절대적 권위를 파괴한 것과 같다.

이상의 원리들은 율법의 범위와 포괄적 이해에 대한 올바른 지식을 갖는 데 도움이 될 것이다.(*)

8

레위기의 성격과 메시지

게르할드 마이어
(Gerhard Maier)

I. 레위기에 대한 현대의 평가

개신교 내의 비판적인 입장을 지닌 학자들에게 레위기는 주로 부정적인 평가를 받아왔다. 이 부정적인 평가는, 개혁주의 진영보다는 본인이 속해 있는 루터교 진영에서 훨씬 더 심하였다. 이는 레위기에서 율법적인 성격(Gispen)이거나 "어두운 분위기"(Wellhausen)를 거듭 강조하였기 때문이다. 레위기에 대한 부정적인 평가에는 반(反)유대적인 요소도 종종 끼어들곤 하여, 이 책의 "제의(祭儀)적이고 율법적인" 성격을 수준 낮은 것으로 취급해버리기까지 한다. 그러나 레위기에 대한 유대주의의 판단은 전혀 다르다. 탈무드의 소논문(小論文) 중의 엄청나게 많은 양이 레위기를 주제로 삼고 있다. 예를 들면, '피'(Pea, 밭의 모퉁이)와 '킬라짐'(Kilajim, 이중 교합)이라는 소논문이다.

어쨌든 분명한 사실은 우리가 이런 부정적인 조류(潮流)를 뒤집을 수는 없다는 것이다. 그러나 우리가 레위기를 기독교적인 관점에서 해석한다면, 이것이 긍정적으로 레위기를 보려는 시도가 되지 않을까? 그렇다면 우리가 이런 시도를 할 때 도움이 될 만한 몇 가지 측면들을 알아보기로 하자.

II. 레위기는 초기 이스라엘 사회의 역사(歷史)를 재고하게 한다.

이스라엘은 애굽에 깊이 뿌리를 두고 있었다. 출애굽 한 백성들은 자주 모세에게 반기를 들었고 도로 애굽으로 되돌아가자고 요구했다(참조. 출 14:12; 16:3; 17:3;

민 11:4 이하; 14:2 이하). 이 일에 중요한 역할을 한 이들은 아마도 모세가 인도한 출애굽에 참여는 하였으나, 민족적 측면에서 볼 때는 애굽 사람이라고 할 수 있는 요소를 훨씬 많이 가진 사람들일 것이다(참조 출 12:38; 민 11:4). 이러한 상황들에 대한 어떤 흔적이 레위기의 법률 제정(制定)에서도 나타나지 않을까? 사실 그런 흔적이 나타나 있다.

레위기 24:10 이하를 보면 이스라엘 사람과 애굽 사람의 혼합결혼으로 태어난 아들이 나온다. 분명히 이 아들은 자기 아버지의 종교적 배경을 따르고 있다. 그가 여호와의 이름을 저주했다고 보고된 사실에서 알 수 있다. 그러나 이때까지는 이런 사례를 다룰 만한 법이 없었다. 이러한 사례는 특히 혼합결혼을 할 때 생기게 되는데 이것이 이스라엘 사회의 특징인 듯이 보인다. 그러면 이와 비슷한 사례나 가족이 그 당시에 얼마나 많이 있었을까?

또 다른 예를 레위기 17장에서 찾을 수 있다. 놀랍게도 여기서는 '쎄이림'(Seirim)에 대한 제사를 금하고 있다(레 17:7). 글자 그대로는 '쎄이림'은 '털이 많은 것들'을 뜻한다. 따라서 이 용어는 아마도, 독일어 성경 번역판에서 제시하는 "밭의 영들"과는 관계가 적고, 오히려 애굽의 염소 신(神)들과 관계가 있는 듯이 보이다. 헤로도트 (Herodot)도 자신의 역사서 11:42와 11:46에서, 애굽 나일 강 델타 지역에서 염소 신들을 섬기던 종교에 대해 묘사하고 있다. 따라서 우리가 가정할 수 있는 바대로 출애굽 할 때 따라 나온 어떤 애굽 사람들이 그러한 종교를 가져왔다면, 레위기 17:7은 더욱 이해하기 쉬울 것이다. 어쨌든 지금 우리는, 이 어떤 애굽 사람들이 어떻게 이스라엘 종교 속으로 들어오게 되는지를 관찰해보려고 한다. 그리고 이렇게 관찰해보면, 우리는 모세오경이 주전 2,000년대의 작품이라는 견해를 옹호하게 될 것이다.

III. 레위기는 초기 이스라엘의 종교의식(意識)을 재고하게 한다.

이스라엘의 종교의식에 대한 역사는 예를 들어 레위기 18:3["너희는 너희가 거주하던 애굽 땅의 풍속을 따르지 말며 내가 너희를 인도할 가나안 땅의 풍속과 규례도 행하지 말고"] 이하와 18:24["너희는 이 모든 일로 스스로 더럽히지 말라. 내가 너희 앞에서 쫓아내는 족속들이 이 모든 일로 말미암아 더러워졌고"] 이하에서 살펴볼 수 있다. 이 구절들에서 말하고 있는 공통적인 규정은, '애굽에서처럼도 아니고 가나안에서처럼도 아니게'이다. 이것은 주전 2,000년대와 잘 들어맞는 규정이다. 왜냐하면 이 규정에는 이스라엘이 애굽과 가나안에서 시행되던 종교적 풍속들을 이미 알고 있었다는 점이 전제되어 있기 때문이다. 또한 이 규정은 애굽의 동쪽 변경에 주거한 민족에게 잘 들어맞는다.

그러나 사실 이러한 특징은 침묵에서 끌어낸 것이다. 애굽 종교의 중요한 많은 특성들은 전혀 언급되고 있지 않기 때문이다. 하지만 이 점에 대하여 본인은 무덤 의식(儀式)의 예를 들어 설명하려고 한다. 시누헤 보고서(Sinuhe report, 이 보고서에는 애굽의 관리이며 여행가인 시누헤가 주전 1900년쯤 가나안 땅에 대해 쓴 글이 포함되어 있다. 참조. J. B. Pritchard, ed., *ANET*, 1958, pp. 18-22. - 역자주)에서 우리는, 애굽 인들이 중요하게 여기는 적절한 장례식이 있다는 사실을 알 수 있다. 왜냐하면 시누헤가 애굽으로 되돌아간 것은 자신이 적절하게 매장되기를 원하였기 때문이었다. 그러나 레위기나 일반적으로 모세오경은 우리에게, 피라미드나 장례 매장지 등과 같은 것에 관하여, 적어도 무덤 의식과 관계있는 것에 대하여는, 아무런 설명도 하지 않는다. 그래서 우리는 단적인 예를 들자면 심지어 모세의 매장지조차도 알지 못한다. 어쨌든 우리가 이와 같은 사실을 인정하는 데는 아무런 문제가 없을 것 같다.

종교의식(意識)에 있어서 이스라엘은 주변 종교들과 달랐다는 사실을 설명해 주는 또 다른 예는 레위기에 나타나 있는 '하나님의 이미지'이다. 이 점에 대해서는 후에 다시 언급하기로 하겠다.

그러나 지금까지 한 가지 분명해진 사실은, 이스라엘은 그 초기 시절에 자신들은 구별되어야 한다는 남다름에 대한 분명한 깨달음이 있었다는 점이다. 이 남다름이란 유명한 레위기 19장 2절 말씀, "……너희는 거룩하라. 이는 나 여호와 너희 하나님이 거룩함이니라"는 말씀에서 가장 잘 구체화된다.

IV. 레위기는 구별을 가르치는 책이다.

구별한다는 것은 창세 기사(記事)에 나타난 중요한 용어이다(참조. 창 1:4,6 이하,14) '알다'(yāda‘)라는 히브리 낱말은 "나는 ~ 사이에 있다"에서 비롯되었다. 따라서 이 낱말은 구별할 수 있는 능력을 전제하고 있는 것이다.

이러한 뼈대에 기초하여 레위기는 사람들에게 선과 악의 다름을 가르치는 데 도움을 준다. 예를 들면 레위기 11장은 정결한 동물과 부정한 동물 간의 다름을 가르친다. 그러나 이러한 다름은 그 동물들의 질이나 어떤 합리적 이유에 의해서 생긴 것이 아니다. 이 다름은 오히려 하나님의 뜻에 달려있다. 이 말은 하나님께서 어느 것을 인정하셨느냐에 달려 있다는 의미이다.

이스라엘이 "이중 교합"을 금지한 명령을 지키기를 원한다면 구별하는 법을 배워야만 한다. 레위기 19:19["너희는 내 규례를 지킬지어다. 네 가축을 다른 종류와 교미시키지 말며 네 밭에 두 종자를 섞어 뿌리지 말며 두 재료로 직조한 옷을 입지 말지며."]에서 "이중 교합"을 금지하였고 그 이유는 이중 교합을 다룬 탈무드의 소논문에서 말하고 있다.

따라서 규례를 어긴 것이 의도적이 아니라 할지라도 속죄제를 드리도록 요구하는 레위기(레 5:2 이하)에서는, 이처럼 선과 악을 구별할 줄 아는 것이 중요하다. 이렇게 구별할 수 있도록 배우는 과정에서 특별히 중요한 부분은 정기적인 날과 절기(축제일)의 구별이다. 예를 들면 가장 즐거운 절기인 초막절은, 속죄일에 백성 전체가 금식하고 난 후 5일 만에 열린다(레 23:29를 23:40과 비교하라.). 이 점은 농사력(農事曆)에 따른 경작이나 목축하는 자들의 리듬이나 또는 어떤 합리적인 이유로도 설명될 수 없다. 오히려 그렇게 정한 것은 하나님께서, 이스라엘이 그 정기적인 날들을 따라야 한다고 분명히 명하셨으며 하나님의 목적에 따라 날이 정해진 것으로 이해해야 한다. 이처럼 절기는 일반 절기와 같지 않다. 특별한 구속(救贖)의 절기도 있다. 이 절기는 희년, 즉 50년째의 해이다. 하나님께서는 이 희년에 이미, 온 세상을 구속하기 위해 역사적인 구원을 행하실 정한 때(Kairos)를 마련해 놓으셨다.

V. 레위기는 하나님을 이해할 수 있는 교범(教範)이다.

레위기에서 인식해야 할 중요한 것들 중 하나는, 하나님께서 자신을 계속하여

"나는 ~이다"('ănî)로 즉 "거룩한 분"(qādôsh), "여호와로 불리는 분"으로 알리고 계신다는 사실이다. 이것은 '하나님의 이미지'에서 성적(性的) 구별을 뺀 탈성화(脫性化)를 의미한다. 하나님은 성(性)이 없으시다. 그래서 하나님은 성적인 행위를 하지 않으신다. 이 점에 있어서 하나님은 다른 신들 즉 우가릿의 엘(El)이나, 바알(Baal)과 아나트(Anat), 또는 애굽이나 메소포타미아의 신들과 완전히 다르시다. 수천 년 동안 동양세계는 모신(母神, Magna Mater)과 그녀의 남편 신과, 모두가 신들인 그녀의 가족에 의해 영향을 받아왔다. 신들은 이른바 러브 스토리들을 갖고 있다. 그 신들은 자신들의 부인들을 속여 왔다. 셀 수 없이 많은 자녀들이 부정한 성적 관계들을 통해서 태어나게 되었다. 그렇게 하여 그들은 이른 바 신(神)의 왕조(王朝)들을 이루게 되었다. 그러나 이러한 모든 것들은 레위기와 모세오경에는 전혀 나타나지 않는다. 성경의 본문에는 이른바 모신(母神)도 없고 신의 왕조도 없다.

따라서 이제 우리는, 이른바 여성신학(feminist theology)이 '하나님의 이미지'에서 성적 정체성(正體性)을 강조하려는 이유가 무엇인지 알 수 있다. 여성신학에서 추구하는 바는, 다름 아닌 동양적 종교에서 적어도 부분적으로나마 르네상스(renaissance)를 일으켜 보자는 것이고, 구약에 나타난 '하나님의 이미지'에 대하여 뒤늦게나마 승리해 보자는 것이다. 따라서 우리는 레위기에서, 현대의 기독교 신학을 위하여 어떤 도움을 얻을 수 있으며 또한 어떤 경고도 받아야 할지를 알 수 있다.

이제 우리는 하나님의 이미지에는 성별(性別)이 없다는 사실 이외에 두 번째 측면을 생각해볼 수 있다. 그것은 하나님 이미지가 갖는 유일신(唯一神)론이다. 사실 인류의 본성은 다신론에 속해 있다. 그래서 인간은 **유일**신보다는 여러 신들을 더 쉽게 섬기며 살아간다. 그러나 이스라엘의 하나님은, 다른 신을 허용하지 않는 **배타적**이신 분이다. 그분은 자기 자신 외에는 염소 신들조차 허용하지 않으신다(레 17:7). 하나님은 자신이 인간의 거룩함의 척도가 되기를 원하신다(레 19:2). 오직 **하나님**만이 죄책과 죄에서 인간을 자유롭게 하실 수 있으신데, 이는 레위기에서 가르치는 제사를 통해서이다. 이 점에 대해서는 하무라비 법전의 서문에 나오는 수많은 신들과 비교해보라!

오늘날 성경의 하나님의 독특함과 예수 그리스도의 독특함은 또 다시 기독교 신학에서 중심적인 주제가 되었다. 이 점에 관하여 우리는 특히 레위기에서 많은 것들을 배울 수 있을 것이다.

VI. 레위기는 우리를 율법의 본질 속으로 깊이 인도한다.

1. 우리는 우선 레위기를 엄격한 법으로 대하게 된다. 여기 레위기의 법의 단언적(斷言的) 형식이 주변 종교의 법들보다 더 강하다. 그 형벌 또한 더 엄격하다. 이를테면, 다른 신을 섬기는 자들은 죽어야 한다. 간음을 하는 자도 죽어야 한다(레 18장과 20장을 비교하라). 동성 간 성행위의 경우, 중앙 앗수르의 법에서는 단지 강간한 자만 처벌한다. 그러나 레위기의 법은 동성 간의 경우 죽음의 형벌을 명령한다(레 18:22; 20:13). 근친상간도 레위기에서는 완전히 금한다. 결과적으로 형제자매 간의 결혼이 배제되는 것이다(레 18:6 이하). 그러나 이와는 대조적으로, 애굽과 페르시아에서는 형제자매 간의 결혼이 허용되었다. 아마도 가나안 인들 간에도 그러했을 것이다. 애굽의 왕 파라오들은 형제자매간의 결혼으로 유명하다. 이 점에서 땅은 하늘을 반영하고 있는 셈이다. 이방의 신들의 이야기를 보면, 신들 사이에 형제자매의 결혼이 등장한다. 따라서 그 신들을 섬기는 사람들 간에도 형제자매 간의 결혼이 허락되어야 한다. 하무라비 법전에 따르면, 자기 딸과 성적인 관계를 가진 사람의 경우 겨우 그 도시에서 추방되었을 뿐이다. 하지만 이스라엘에서는 그러한 사람을 처형한다.

2. 구약성경의 엄격함은, 하나님께서 죄와는 전혀 타협이 없으시다는 사실을 나타낸다. 그러나 구약성경에서 우리는 율법의 자비를 발견하게 된다. 율법은 경제력이 약한 사람일지라도 하나님을 기쁘시게 하는 제물을 드릴 것을 요구한다. 그러나 가난한 사람은 어린 양 대신에 비둘기 두 마리를 바치는 것을 허용한다(레 12:6 이하). 그러나 너무 가난해서 비둘기 두 마리도 바칠 수 없는 사람에게는, 고운 가루만을 드리는 피 없는 제사를 제공하기까지 한다(레 5:11 이하, 히 9:2를 참조하라.). 이처럼 하나님의 자비로우심은 곳곳에 두루 비춘다. 예를 들면, 그들이 부정하게 되면 하나님은 값비싼 석기(石器)가 아니라 값싼 토기(土器)를 부수도록 하시기 때문이다(레 11:33). 따라서 우리는, 예수님의 가족과 가나의 결혼 잔치에서도 율법의 이러한 자비로운 가르침에

따라 유익을 누렸다는 사실을 기억해야 한다(눅 2:22 이하; 요 2:6).

3. 또한 거룩함을 교육하는 일도 구약성경의 율법의 본질에 속한다. 그런데 과연 거룩함이란 무엇을 의미하는가? 이 질문의 답을 얻고자 하는 이는 레위기에서 좋은 정보를 얻을 수 있을 것이다. 여기서 거룩함은 삼중적으로, 즉 a) 배타적임 b) 선을 행함 c) 하나님을 사랑함으로 발전하고 있다. 본인은 이 사실에 대해 좀 더 자세히 살펴보려고 한다.

배타적이란, 하나님께서는 **완전히** 자기 백성에 대해서 주의를 기울이시며 또한 이에 대한 응답으로서 하나님의 백성은 **완전히** 자신들의 하나님에게만 주의를 기울이는 것을 의미한다. 거룩함에 대해 가르쳐주는 레위기 19장을 예수님께서 해석해주셨는데, 이것은 거룩함에 대해 여러 가지 암시를 우리에게 주고 있다. 우리는 이 율법적인 레위기 본문에서 여러 번(3,4,10,12,16,18,25,28,30,31,32,34,36,37) "나는 너희 하나님, 여호와"라는 진술을 보게 된다. 이 본문에서는 우상을 만드는 것과 우상에게 주의를 기울이는 것을 일절 금하고 있다(4절). 그리고 이 본문은 새로 심은 나무의 첫 열매를 요구한다(29절 이하). 그리고 모든 종류의 비술(秘術)적인 행습(行習)을 금하고 있다 (27,31절). 반면에 하나님의 백성은 백성의 본질, "너희는 거룩할지어다. 이는 내가 거룩하기 때문이다."(2절)에 맞게 살아야 한다.

그러나 배타적이란 단순히 거룩해지는 것만으로는 충분하지 않다. 하나님께서 선을 행하시는 것과 같이 선을 행하는 것도 배타적인 성격에 포함된다. 어떤 밭도 완전히 다 추수해서는 안 된다는 가르침은 감동적이다. 의도적으로 추수 기간 동안에는 밭의 모퉁이는 추수하지 않고 남겨두어야 한다(레 19:9 - 역자 주). 이는 가난한 자들과 나그네들이 거기서 양식을 얻을 수 있게 함이다. 보아스의 밭에서 그러하였던 룻의 예를 생각해보라. 또 레위기 19:14를 생각해보라. 귀먹은 자와 눈먼 자는 장애인인데 이들을 보호해야만 하다. 또 레위기 19:18의 네 이웃을 사랑하라는 말씀 즉, 예수님께서 하나님 사랑 다음으로 중요한 두 번째 계명으로 간주하신(마 22:34 이하) 이 말씀을 생각해보라. 어쨌든 레위기 19:34에서 말씀한 이웃 사랑이란 분명히 나그네를 사랑하는 데까지 확장되는 것이었다.

거룩함에는 배타적임과 이웃에 대한 사회적 자비 다음에 하나님을 사랑함이 속한다. 하나님은 "거룩"하시므로, 레위기 19:2에서 말씀한 바대로, 이스라엘 또한 거룩해야 한다. 예수님께서는 이 말씀을 마태복음 5:48에서 '하나님 아버지'와 '하나님의 자녀인 백성'이라는 비유로 해석하셨다. 이러한 해석은 레위기 19:2가 갖고 있는 더 깊은 의미를 잘 표현하신 것이다. 하나님을 사랑함이 없이는 아무도 하나님과 교제할 수 없다. 결과적으로 그는 거룩할 수도 없다.

이렇게 거룩함이란 레위기에서 이 세 가지 커다란 영역으로, 즉 배타적임, 이웃에 대한 자비와 하나님을 사랑함이라는 영역에서 전개된다.

VII. 레위기는 즐거움을 주는 책이다.

특별이 이 측면은 비평적인 학자들의 연구에서 주목받지 못하였다. 본인은 다시, 이 글의 앞부분에서 언급한 벨하우젠과 다른 사람들의 평가를 여러분이 기억하시기를 바란다. 그러나 과연 어떤 면에서 레위기는 기쁨의 책일까?

첫째로 레위기는 이스라엘 절기력(節氣曆)을 정해준다. 절기들은 그 해(年)를 밝히는 빛이다. 절기 때에 사람들은 희생제물을 먹는다. 사무엘의 부모의 이야기를 기억해보라(삼상 1-3장). 또 절기 동안 사람들은 휴식한다. 또한 절기 때에 친구들을 초청한다(느 8:10~12; 에 9:17 이하). 이처럼 예수님께서도 안식일에 초대를 받으셨다(참조. 눅 14:1). 절기 때 사람은 하나님의 좋은 말씀을 듣는다. 또 절기 때 사람들은 하나님께서 역사상에서 행하신 구원 사역들을 기억한다. 그러므로 이러한 이스라엘의 절기력을 갖고 있는 책이 즐거움을 유발하지 않겠는가?

이외에도 즐거움에 대해 분명하게 가르치는 내용들이 있다. 이것은 특히 초막절의 경우에 그러하다 칠일 동안 이스라엘은 "너희 하나님 여호와 앞에서 즐거워"(레 23:40)하도록 되어있다. 이 절기에는 아름다움이 있다. 이 절기의 꽃다발과 종려나무 가지를 생각해보라(레 23:40). 예수님 당시에도 여전히 사람들은 이 절기의 놀라운 면에 대하여 말하였다(참조. 요 7:37). 요한복음은 절기들과 그 즐거움에 있어서 레위기와 비슷하게 병행을 이루고 있다.

그러나 무엇보다도 레위기는 특히 우리 기독교인들을 위한 책이다. 왜냐하면 레위기에는 예수 그리스도에 대한 매우 인상적인 예언들 중 하나가 들어있기 때문이다. 이 사실에 대해서 우리는 앞으로 이 글의 나머지 부분에서 논하기로 하겠다.

VIII. 레위기는 예수 그리스도에 대한 예언이다.

신약성경의 모든 주석가들은, 예수님께서 자신의 고난이 모세오경의 예언 속에 예시되어 있다는 사실을 아셨다(참조. 눅 24:27; 요 5:46 이하). 그러면 예수님께서는 이 문맥에서 무엇을 생각하셨을까? 가장 중요한 출처 중의 하나는 레위기 16장에 있는 속죄일이다. 그리고 또 다른 중요한 출처는 레위기의 제사에 관한 가르침이다.

속죄일(yôm kipûr) 의식(儀式)에서, 대제사장은 제비를 뽑아서 아사셀을 위한 염소를 택해야 한다(레 16:7~9). 대제사장은 지성소에 세 차례나 들어갔다가 나온 후에, 그 염소를 데려다가 머리에 안수하고 죄를 고백해야 한다(레 16:20 이하). 이렇게 함으로써 그는 이스라엘의 모든 죄를 그 염소 위에 두는 것이다. 그러기에 그 염소는 "속죄양"이라고 불리는 것이 옳다. 이렇게 죄를 짊어진 염소는 그 모든 죄를 광야로 실고 간다. 이렇게 함으로써 그 죄는 다시는 돌아오지 못할 것이다. 그 염소와 죄가 다시 돌아오는 것을 막기 위하여, 예수님 당시에 유대인들은 예루살렘과 여리고 사이의 어느 지점에 있는 절벽을 그 염소가 뛰어넘게 함으로써 그 염소를 죽여 버렸다.

이제 세례 요한은 예수님에 대하여 이렇게 말했다. "…… 보라! 세상 죄를 지고 가는 하나님의 어린 양이로다"(요 1:29,36). '하나님의 어린양'이라는 용어는 이 부분만 보면 이사야 53장에서 유래하였다. 그러나 "죄를 지고 간다"는 표현은 레위기 16:20~22에서 온 것이다. 이것이 위대한 속죄일의 속죄양에 관한 의식이며 용어이다. 그래서 예수님은 마침내, 죄가 다시는 되돌아올 수 없도록, 그 모든 죄를 짊어지고 가시는 분이 되셨다. 이렇게 우리가 보는 바와 같이, 레위기 16장은 예수님에 대한 예언이다.

예수님의 고난과 속죄의 죽음에 대한 또 다른 예언은, 제사에 관한 모든 가르침과 레위기에 기초하고 있다. 거의 여러 제사들은 모두가 예수님에게 반영된다. 예를 들면, 이례적으로 수많은 제사에서 어린 양들이나 양을 바치게 되어있다는 사실이다. 이러한 사실을 보니 세례 요한이 예수님을 가리켜 "하나님의 어린양"이라고 말한 만하다. 이 말의 의미는, 하나님 자신께서 가능하게 한 제물을 가지고 하나님께 드린다는 것이다. '올라'(ʿōlâ)라는 번제(레 1:3 이하)는 제물을 완전히 태우는 것이다. 이 점에서 예수님께서 완전히 자신을 바치신 헌신이 반영된 것인데 이 사실을 예수님께서 마태복음 20:28과 마가복음 10:45에서 말씀하셨다. '민하'(minḥâ)라고 하는 '소제'(레 2:1 이하)는 빵과 연관이 있는 듯이 보인다. 우리는 예수님께서 최후의 만찬 때와 몇몇 다른 경우에서 자신을 빵과 연관 지으셨음을 기억한다. 이는 자신께서 세상의 생명이시기를 원한다는 의미이다(요 6:35 이하, 6:53 이하, 막 14:22). 또 화목제는 '제바흐 쉘라밈'(zebaḥ shᵉlāmîm)이라 하는데, 이것은 하나님과의 화목을 표현한다. 그러나 자신의 희생적 죽음을 통하여 화목을 이루셨으므로(참조. 롬 5:1 이하; 히7:2), 예수님은 하나님과 궁극적인 화목이시다. 속죄제는 진영 바깥에서 드리게 되어 있다(레 4:1 이하). 마찬가지로 예수님께서도 "(진)영문 밖에서"(참조. 히 13:11 이하) 고난 받으시고 죽으셔야 했다. 또한 속건 제물로서 이사야 53:10의 고난의 종은 자신의 목숨을 내놓으실 것이다. 그리고 우리는 예수님께서 마태복음 20:28과 마가복음 10:45에서 말씀하신 바대로 그렇게 하시기를 원하셨다는 사실을 알고 있다.

확실히 예수님께서는 완전한 희생 제물이실 뿐만 아니라 또한 대제사장이시다. 그러나 특별히 자신의 고난에 대한 예수님의 예언과 진술과 연관하여 우리가 주목해야 할 중요한 점은, 예수님께서 레위기를 자신의 대속(代贖)적 죽음에 적용 하셨다는 사실이다.

이렇게 때로는 익숙하지 않고 때로는 잘 알지 못했던 방법으로, 레위기는 우리에게 다음과 같은 중요한 도움을 준다. 레위기는 우리에게 이스라엘 사회의 역사와 종교의식(意識)에 대한 역사를 올바로 볼 수 있는 통찰력을 준다. 또 레위기는 우리에게 선과 악의 구별에 대해 가르쳐준다. 또한 하나님과 그분의 율법을 이해하 도록 우리를 도와준다. 레위기는 즐거움을 주는 교범이기도 하다. 끝으로, 하지만 결코 덜 중요하다는 뜻은 아닌데, 레위기는 예수님의 속죄의 죽음에 대한 가장 중요한 예언들 중 하나를 포함하고 있어서 우리로 하여금 더 깊고 영광스러운 빛에 비추어서 예수님을 볼 수 있도록 도와주고 있다.(*)

9

성호(聖號)*의 발음에 관한 연구

알 레어드 해리스
(R. Laird Harris)

고대에 이스라엘의 하나님의 이름을 어떻게 발음했는지 전혀 알 수 없게 된 점은 정말 호기심을 끄는 사실이다. 옛적에 이스라엘의 신앙은 유일하게 가치 있는 신앙이었다. 그것은 세계 최초의 유일신 신앙이었으며 진정으로 오늘날의 세계적 종교가 된 유일한 고대의 신앙이었기 때문이다. 그 신앙은 전적으로 영적인 신앙이라는 점과, 신(神)을 나타내는 그 어떤 물질적 표시도 가지고 있지 않다는 점에서 유일무이하다. 또한 그 신앙은, 불행하게도 그 신의 이름에 대한 발음을 잃어버렸다는 점에서 유일무이하다. 사실 그런 상황은 너무나도 이상하지 않을 수 없다. 아마도 차마 그 이름을 자신들의 입에 올리기를 황송하여 하면서, 그 신의 이름을 더럽히지 않기 위하여서는 그 이름을 발음하지 않을 수밖에 없다고 생각하였던 그 신실한 사람들도 그런 상황은 꿈에도 생각지 못하였을 것이다. 아무튼 그 결과는 또 다른 어떤 면에서는 신성모독이 되고만 것 같다. 하나님의 이름을 사용하지 않는 것은, 마치 그 성호를** 함부로 사용하는 것이 그 성호를 욕되게 했을 만큼 그 성호를 더럽히게 된 것 같다. 그러나 실제에 있어서 그 일의 진상은 아주 단순하다. 고대의 히브리인들은 자연스럽게 하나님의 성호를 발음하고 기록하였다. 그러나 모음을 만들지 않았기 때문에 자음들만을 기록하였다. 그러다가 후에 그 성호를 발음하는 것이 금지되었는데, 이 금지가 너무 철저하여서, 비록 그 자음들이 고대의 문서들과 비문들에는 보존되었지만, 그 성호에 사용되었던 모음들은 완전히 잃어버리게 되었다. 우리가 확보하고 있는 그 성호에 대한 기록으로 가장 오래된 것은 주전 850년 직후 메샤 비석(the Mesha stone) 위에 새겨진 것이다. 그 곳에는 우리에게 친숙한

---

* 하나님의 이름 네 글자 yhwh 즉 Tetragram - 역자 주.
** 'the Name'을 성호로 번역하였음 - 역자 주.

네 개의 문자(yhwh)가 나타나 있다. 어쩌다가 모압의 왕 메샤가 이스라엘의 왕을 셀 수 없을 만큼 많이 반복하여 저주하다가 이 성호를 발음하게 되었을까!

물론 언젠가 사라진 모음이 다시 발견될 가능성도 있다. 분명히 언젠가 모음을 가진 다른 언어로 필사된 어떤 자료가 발견되어, 이집트 상형 문자의 비밀을 해결하는 데 실마리가 되었던 로제타 비석(the Rosetta stone)*** 처럼 혁신적인 해결에 도움이 될 수도 있을 것이다. 한편 성호에 관한 가설을 이론화 할 수 있겠지만, 우리는 성호에 관한 가설을 이론화하되 오랜 전통에 따라 경건한 자세로 하는 것을 잊지 말아야 한다. 왜냐하면 그 신성한 성호는 여전히 신성하기 때문이다. 우리가 성호를 어떻게 발음하는지를 알게 될 수도 있을 것이다. 그러나 그에 못지않게 옛 교훈, 즉 어떻게 하면 그것을 발음하지 않을까! 이스라엘의 거룩한 하나님의 이름에 어떻게 올바르게 경의를 표할 수 있을까를 배우는 것도 중요하다.

이 주제는 자주 토론되어 왔기에 새롭게 연구하기 위하여서는 어떤 해명이 필요하다. 먼저, 그 문제를 설명하여 주는 몇몇 새로운 발견들- 필자는 사해 사본들을 의미하고 있다. -이 나타났다. 그리고 구약에 나타난 이름들이 지닌 어원에 대한 새로운 접근 방법들이 발견되었다. 또한 고대 히브리어의 모음화에 대한 더 충분한 지식이 생김으로 말미암아 문제점이 더 명확하게 드러나게 되었다. 사해 사본들이 성호의 본래의 발음을 제공하여 주리라고 생각할 수 있겠지만, 그렇지 못하였다. 그 사본들은 그 문제를 몇 세기 더 거슬러 올라가게 하였을 뿐이다. 사해 사본들을 기록한 필사자들은 때때로 모음 문자들을 사용하였는데, 그러한 모음 문자들은 본문을 이해하는데 유익한 실마리를 제공하여줄 수 있었을 것이다. 그러나 예수님께서 오시기 2세기 전에 그들이 그 성호에 대하여 지녔던 경외심은 이미 예수님 당시의 유대인들이 지녔던 것 못지않게 대단한 것이었다. 사해 사본을 기록한 필사자들이 지녔던 가장 이상한 관습은, 그 성호를 기록할 때 그들이 행하던 의식이다. 그 위대한 이사야서 두루마리와 같은 어떤 사본들에는 그 성호로 익히 잘 알려진 네 글자들을 사각형 문자 모양으로 기록한 것을 볼 수 있다. 동굴 11(Cave 11)에서 발견된 시편의 두루마리와 같은 두루마리들에서도

*** 1799년 로제타에서 발견된 비석으로 옛 이집트의 상형문자를 해석하는 데 단서가 되었다 - 역자 주.

시편의 본문들이 성호를 사각형 문자 모양으로 기록하고 있지만, 주전 200년경에는 이미 사용되지 않던 고대 히브리어 문자들과 비슷한 서체로 기록하고 있다. 분명히 그 필사자들은 그 옛 성호를 신성시하는 감정을 가졌던 것이 틀림없다. 여기서 다시 경배에 대한 그들의 타고난 보수적 경향이 잘 드러난다.

사해 사본을 취급하는 데 있어서 가장 이상한 사항은 아마도 몇몇 부분에서 그 성호가 단지 네 개의 점으로 나타나고 있다는 사실일 것이다. 이러한 현상에 대한 설명은 아주 분명한 것 같다. 그 필사자들은 그 성호를 기록할 때에, 새로운 붓을 사용하는 등 그들 나름대로의 관습을 만들었다. 따라서 그들은 편의상 그 성호를 잠시 점으로 표시하여 놓고 나중에 다시 그곳으로 되돌아가서 하루 동안 필사하면서 남겨둔 빈 공간들을 채워 넣으려 하였을 것이다! 이렇게 함으로써 붓과 시간, 그리고 수고를 낭비하지 않고 줄일 수 있었을 것이며, 동시에 그 의식은 하루에 단 한 번만 행하면 되었을 것이다. 그러나 필사자들도 역시 인간이므로 그 문자들을 채워 넣지 않은 채 그저 점들만 찍혀있는 몇몇 빈 공간을 남기고 말았던 것이다.

그 성호를 발음하는 데 대한 이와 똑같은 망설임을 신약 성경의 몇몇 부분에서도 찾아볼 수 있다. 그리스도의 재판에 관한 마가의 기록에서 대제사장은 예수님이 "찬송 받을 자의 아들(the Son of the Blessed)"인지를 물었다. 그토록 미묘한 상황에서 그는 "여호와의 아들(the Son of Jehovah)"이라는 말로 묻지 않으려 하였던 것이다. 이에 대한 마태복음의 병행 기사에서는 일반적으로 사용되는 헬라어 상응어구인 "하나님의 아들(the Son of God)"이라는 표현을 사용하였다.

이때 그리스도께서도 마찬가지로 그 성호를 발음하지 않고 대답하셨다. 만일 발음하셨다면 그는 신성모독이라는 고도로 계산된 비난을 면하기가 어려웠을 것이다. 그는 인자가 "권능의 우편에 앉은 것"과 하늘의 구름을 타고 오는 것을 보게 될 것이라고만 대답하고 계신데, 이 표현은 마태복음에서 자주 반복되는 어구이다. 물론 대제사장은 예수께서 그의 대답을 통하여 신성을 주장하고 계신 것이라는 사실을 알고 있었으므로, 그를 신성모독 죄로 고발하였다. 그러나 실상 예수님의 그 표현은 그 성호의 신성함을 교묘히 모독하기 위한 것이 아니라 진정으로 자신의 신성을 주장하기 위한 것이었다.

이외에도 신약 성경에는 하나님의 이름을 직접적으로 발음하는 데 대한 망설임을 나타내 보여주는 다른 실례들이 최소한 두 개는 더 있다. 마태복음에서는 **하늘나라**(kingdom of heaven)라는 어구가 다른 공관 복음서들에 나타나는 **하나님 나라**(kingdom of God)라는 어구와 아주 유사하게 사용되고 있다. 그래서 어떤 학자들은 이 두 표현들 속에서 개념적인 차이점들을 찾아내려고 시도하여 왔지만 실제로 그렇게 하기는 어렵다. 심지어는 마태복음에서조차도 **하나님 나라**라는 개념과 동일한 개념이 사용되어야 할 것처럼 보이는 문맥들에서 **하늘나라**라는 표현을 종종 사용하고 있는 것을 볼 수 있다(마 19:23,24). 지난 여러 해 동안 래드(G. E. Ladd)는 이에 대하여 훨씬 좋은 설명을 제시하여 왔으며, 특히 그의 책 『하나님의 나라에 관한 중요한 질문들(*Crucial Questions About the Kingdom of God*)』에서 이러한 설명을 잘 옹호하였다. 그럴듯한 설명은 유대인들이 여호와의 나라(the kingdom of Jehovah)라고 부르기를 꺼렸기 때문에 그 대신에 하늘나라라는 표현을 사용하였다는 것이다. 이 어구가 마가복음과 누가복음에서는 이에 해당하는 헬라어 상응어구인 하나님 나라로 표기되었다.

다른 하나의 실례는 그리스도인들의 용례에서 거의 보편화 된 것으로서, 성령에 관한 것이다. 구약성경에서는 삼위 가운데 제 삼위 하나님에 대하여 여호와의 신(the Spirit of the Lord) 혹은 하나님 신(the Spirit of God), 또는 단순히 성령(the Spirit)이라는 용어를 사용하고 있으며, 오직 두 번만 성신(the Holy Spirit)이라는 표현으로 부르고 있다(시 51:11; 사 63:10,11). 신구약 중간기에는, 쿰란 공동체의 필사자들에 의하여 입증된 바와 같이, 성령이란 칭호가 사용되었는데, 이는 여호와의 신이나 하나님의 신과 같은 호칭을 피하기 위한 것이 분명하다. 그 이유는 자명하다. '성신'이란 호칭의 성이라는 단어가 옛 호칭인 여호와의 신이라는 호칭에 담긴 신성을 완곡하게 나타내는 표현으로 사용되었기 때문이다. 이 호칭은 후에, 삼위 하나님의 제 삼위가 그리스도의 영이라고 많이 불리었다는 단서와 더불어, 그리스도 교회에 의하여 받아들여졌다.

어쨌든 성호를 자유로이 발음하다가 갑자기 부르기를 금지하기 시작한 초기의 분기점을 설정하는 일은 아주 흥미로울 것이다. 하지만 불행하게도 우리가 지닌 증거는 그다지 멀리 거슬러 올라가지 못한다. 쿰란 공통체가 남긴 증거에 의하면 이러한 경향들은 그 위대한 이사야서 두루마리의 연대인 주전 약 150년까지 거슬러 올라간다. 한편, 대략 주전 400년경부터 전하여 내려온 에스라, 느헤미야, 역대기, 그리고 말라기에서는 그 성호가 자유로이 사용되었다. 그러므로 주전 400년에서 주전 200년 사이의 비교적 암담하였던 두 세기의 어느 때엔가 변화가 생겼던 것이 틀림없다. 분명히 그 변화가 어느 한 순간 갑자기 생긴 것은 아닌 것 같으며, 따라서 모든 유대인 사회에 동일하게 영향을 미치지는 않았을 것이다. 엘레판틴 (Elephantine)에서 발견된 아람어 파피루스에는 yhw라고 표기된 그 성호가 자유로이 사용되었다. 이 파피루스들은 주전 5세기경부터 전하여 내려오고 있다. 이 파피루스들에서는 에스라서나 느헤미야서와 마찬가지로 성호와 관련된 요소들, 즉 '예호'-(yeho-) 혹은 -'야'(yah) 또는 -'야후'(yahu) 등과 관련된 요소들을 조합한 단어들에는, 금지가 적용되지 않았을 가능성도 있다. 어떤 학자들은 에스더서에서 하나님의 성호를 사용하지 않고 있는 것을 주목하고, 이런 현상이 성호를 되도록이면 사용하지 않으려는 바람에 기인한다고 생각하여왔다. 하지만 에스더에서의 주장은 본서가 적어도 에스라-느헤미야서와 거의 동시대에 기록되었다는 것이다. 또한 에스더서에서는 네 개의 자음 문자로 된 성호(Tetragram) 뿐만 아니라, 하나님 이라는 이름조차도 사용하기를 피하고 있는데, 성경의 어느 곳에서도 이와 같이 이중으로 하나님의 이름 사용하기를 꺼려한 경우는 없다. 또한 적어도 바벨론 포로기 이전에 기록된 것으로 보아야 하는(솔로몬 시대로 보는 편이 더 낫다) 전도서에서도 역시, 비록 하나님이라는 이름은 사용되고 있지만, 네 글자로 된 그 성호는 전혀 나타나고 있지 않다. 따라서 전도서와 에스더서에 나타나는 현상은 우리에게 알려지지 않은 특별한 어떤 요소들에 기인한 것이지, 그 성호를 사용하기를 꺼려하는 망설임 때문은 아닐 가능성이 있다. 바벨론 포로 이후의 시대에 이르러서는 히브리어가 활용 언어로서의 가치를 잃게 되었다. 따라서 히브리어는 신학적 언어로 남게 되었으며, 아마도 바로 그 즈음에 신학자들에게 결벽 증세에 가까운 조심성이 나타나 그 성호의 발음을 금지하기 시작하였을 것이다. 구약성경에서 아람어로 된 부분에서는 그 성호가 사용되지 않았다.

이처럼 우리에게 지금까지는 그 성호의 발음에 관한 한 근거가 확실한 그 어떤 전승도 남아있지 않다. 그러한 확실한 전승은 주전 약 400년까지 거슬러 올라가는 자료들이 발견된다면 비로소 가능할 것이다. 칠십인 역이 도움이 될 수도 있겠지만, 그것은 주전 약 200년경에 이루어진 것이고, 또한 이미 그 성호의 발음을 꺼리는 일반적인 관점을 반영한 상태에 있었다. 따라서 칠십인 역에서는 규칙적으로 그 성호를 헬라어 상응 어구인 **Kurios,** 즉 주(Lord)라는 단어로 옮기고 있으며, 이것이 바로 신약 성경에서도 채택하고 있는 용어이다. 그 성호를 헬라어로 음역한 것은 아직 발견된 일이 없다. 따라서 우리는 불행하게도 그 성호의 발음에 대하여서는 추측에 의존하지 않을 수 없다.

야웨라는 성호

실제적으로 오늘날의 모든 문헌에서 이스라엘의 하나님의 이름은 '**야웨**'(Yahweh)로 표기되고 있다. **여호와**(Jehovah)라는 발음 표기는 1901년의 개역성경(RV)에서 사용하고 있는데, 이것은 이 표기를 네 번 사용한 흠정역을 그대로 이어받은 것이다. 그러나 여호와라는 이름은 모든 사람이 생각하는 것처럼 정확한 것은 아니다. 그것은 일종의 혼합된 이름이다. 유대인 맛소라 학자들이 그 성전(聖典)에 처음 모음을 붙였을 때, 그들은 그 신성한 성호를 나타내는 네 자음도 베껴 내려갔다. 그러나 그 네 자음에, 성호 대신에 사용하는 호칭의 모음을 붙였다. 그들은 성호의 네 자음을 기록하기는 하였지만, 그것을 발음하지는 않았던 것이다. 그 대신 그들은 성호의 자음들에다가, 성호 대신 사용하는 호칭의 모음들을 붙여서 발음하였다(yhwh에 '아도나이'의 모음을 붙임 -역자 주). 이처럼 여호와라는 이름은, 성호의 본래 자음에 대신 사용하는 호칭의 모음 붙여서 발음한 것이다. 따라서 여호와라는 이름은 성호의 본래 자음들과 대체 모음들의 혼합물이다. 이 이름을 관습에 따라서 이스라엘의 하나님의 이름으로 대신하여 사용할 수는 있겠지만 결국 그것은 대체된 이름일 뿐이다.

한편, 야웨라는 이름은 성호의 실제 발음을 찾으려는 노력으로 나타난 것이다. 이 이름은 출애굽기 3:14에서 비롯된 성호의 기원에 대한 이론에 근거하고 있다. 모세가 족장들의 하나님의 이름이 무엇이었는지에 대하여 물었을 때, 하나님께서는 "나는 스스로 있는 자니라"(I am that I am)라고 대답하셨다. 히브리어로 "있다"(be) 동사에 해당하는 자음은 HYH이다. 그리고 "나는……이다"라는 이름은 자음만으로는 'HYH가 된다. 따라서 (출 3:15에 나타나는) 이 동사의 3인칭 형태는 YHYH이나 그 원래 형태는 YHWH로서 성호의 자음들과 동일하였을 것으로 생각한다.

그러므로 그 동사가 이런 형태로 변하였을 때의 모음을 추측하여 볼 때, 우리는 성호를 '야웨'(Yahweh)로 발음할 수 있다는 것이다.

하지만 이같이 명료한 어원론적 연구와 판이한 몇몇 시도들이 있었다. 이러한 연구들은 레이몬드 아바(Abba)[1] 가 쓴 한 유익한 소논문에서 잘 고찰하고 있는데, 그는 자신의 논문 이전에 이루어진 연구들에 대하여 언급하고 있다. 그는 말하기를 "성호의 기원은 많은 논란의 대상이 되어왔지만, 여전히 구약 학자들 간에 일반적으로 견해의 일치를 보지 못하고 있다"[2] 고 하였다. 드라이버(G. R. Driver)는 성호가 동사형에서 파생된 것이 아니라 회교의 금욕파 수도승들의 외침인 "야-후"(Ya-Hu, "오-그분")에서 나온 것이라고 믿고 있다. 한편, 아바(Abba)는 '그'(he)에 해당하는 아랍어가 **huwa**이므로 그 외침이 본래는 야후와(Ya-hu-wa)였을 것이 틀림없다고 주장하면서 성호가 동사에서 파생되었다는 주장을 거부한다. 우리는 주전 1400년 경에 사용되었던 우가릿어에서도 '그'(he)에 해당하는 대명사가 후와(huwa)였다는 사실을 아바의 견해에 덧붙일 수도 있을 것이다.

아바는 성호가 "있다"(be) 동사의 현재 시제라는 점에 주의를 기울이고 있다. 이것이 일반적으로 받아들여지는 견해이다. 그러나 그는 "있다"(be) 동사의 현재 시제의 의미가 항상, 그의 말대로라면, 야웨와 비슷한 형태인 미완료형으로 표현되는 것이 아니라 완료형으로 표현되어야 하기 때문에 이 견해를 받아들일 수 없다고 한다. 따라서 그는 'yahwêh'라는 그 동사의 형태를 다른 의미, 즉 "그가 너와 함께 하실 것이다"(he will be with you)라는 미래의 의미로 받아들일 것을 제안하고 있다.

다른 학자들, 특히 올브라이트(Albright) 같은 학자들은 그 이름이 "있다"(be)동사의 '힢일'형이라고 주장하면서, "그가 존재하게 할 것이라"(he will cause to be), 즉 '그는 창조자이시다'라는 의미로 해석하고 있다. 그러나 아바는 이 동사가 '힢일'형으로는 전혀 사용된 적이 없으며, 또 사역(causative)의 의미는 '피엘'형으로 표현된다고 주장하면서 이 견해를 반박하고 있다. 한편, 올브라이트는 『야웨와 가나안의 신들(*Yahweh and the Gods of Canaan*)』[3]과 다른 글들에서, 그 동사를

---

[1] R. Abba, *JBL* LXXX (1961): 320-28.

[2] Ibid., p. 320.

[3] W. F. Albright, *Yahweh and the Gods of Canaan* (Garden City: Doubleday, 1968), pp. 168-72.

단순한 '칼'형으로 해석하는 것을 강력히 반대하면서 자신의 입장을 변호하고 있다. 그는 설득력 있게 성호가 아주 오래된 것이며, 또 이미 주전 1400년경에는 바르트(Barth)의 법칙대로, 미완료형의 첫음절이 yi로 발음되었다고 주장하고 있다 (그 동사의 필요한 전체 부분을 다 발음한다면 yihyêh가 될 것이다). 그는 HWY라는 어근이 히브리어와 아랍어에서만(우가릿어에서는 이 어근이 규칙적으로 사용되었다는 증거가 희박하다) 규칙적으로 사용되었으며, 그 사역형은 아랍어에서 나타나고 있다고 말한다. 그는 고대 히브리어에서도 마찬가지였을 것이라고 추측하고 있다. 그러면서도 그는 "야웨(yahwêh)라는 이름의 기원에 대한 케케묵은 논쟁은 여전히 그 기세가 누그러지는 기색을 보이지 않고 있다"[4]고 덧붙이고 있다.

성호가 "있다"(be)동사에서 파생하였다고 보는 견해에는 또 다른 문제점이 있다. 올브라이트가 말한 것처럼, 모세 시대에는 '칼'형에서 첫음절의 발음이 yi였던 것이 틀림없다. 그는 정확하게도 성호는 모세 이전 시대의 것이지만, 모세 이전 시대에 3인칭에서 약화된 그 동사의 어미는 -êh가 아닐 것이라고 주장한다. 아마도 그 동사의 '힢일'형은 yahwayu였을 것이다. 이 형태는 후대의 히브리어에서 yahyêh('힢일'형)나 혹은 yihyêh('칼'형)로 발전되었다. 두 경우 모두 '와우'가 '요드'로 바뀌었으며, 종결 어미는 우리에게 친숙한 라멛-헤(lamedh-he) 형태가 되었다. 그러나 과연 성호가 일반 히브리어의 음성 변화와 똑같은 형태로 발전하였을까? 그렇지 않다. 성호는 일반적으로 나타나는 것처럼 한 음절의 시작 부분에서 와우가 요드로 변하는 현상을 따르지 않았다. 또한, 왜 성호가 라멛-헤 형의 어미를 지닌다고 생각하여야만 하는가? 따라서 야웨(yahwêh)라는 형태는 초기 히브리어의 '와우'(ו)와 후대 히브리어에 나타나는 라멛-헤 어미(-êh)를 부정확하게 엮은 혼합물인 것이다. 그 단어를 시작하는 ya-는 '칼'형으로 보기에는 부적당하며, 또 '힢일'형이 사용된 것으로 보기에는 의문점이 많다. 따라서 동사 HWH(후대의 HYH)로부터 그 단어가 파생하였다고 보는 견해는 아직도 풀리지 않은 아주 난해한 여러 문제점들을 내포하고 있다.

고든(Gordon)은 우가릿의 토판들에서 이스라엘 하나님의 이름이 Yw로 나타난

다고 말한다.[5] 그 기록에는 동사 HYH의 한 형태가, 마치 hālak과 hālam동사의 어근에서 나타나는 현상처럼 첫 자음 h가 탈락된 채로 나타나고 있다고 그는 주장한다. 그는 그 형태를 아모리인의 이름들에서 나타나는 비슷한 어근들의 패턴을 따라 '야웨'(Yahweh)라고 발음하기를 고집한다. 전체적으로 볼 때, 그의 견해는 신빙성이 없다. 왜냐하면 앞에서 올브라이트가 입증한 바와 같이 그러한 동사의 첫음절의 발음은 Yi-였을 것이기 때문이다. 다시 말하자면, 바르트의 법칙이 우가릿 어에서는 적용되었지만, 다소 이전 시기에 속하는 데다 조금 더 동쪽에 위치한 아모리인의 기록물들에서는 적용되지 않았던 것이다. 고든이 직면하지 않을 수 없는 문제는, 위에 언급된 것과 같이, 첫 음절인 yi-는 옛 형태이지만 끝음절 －weh 의 후기 형태이며, 또한 히브리어에서 그러리라고 생각되는 바와 같이 마지막 음절이 시작하는 자음이 Y가 아니라, 옛 형태인 W라는 점이다. 더욱이, 비록 (성경 히브리어에서 실제로 나타나는 바와 같이) '할락'(hālak)과 '할람'(hālam) 동사에서 첫 자음 h가 탈락되기는 하지만, 첫 자음이 H로 시작되는 다른 우가릿어의 어근들에서는 그것이 탈락되지 않으며, 또 탈락되리라고 예상되지도 않는다(예를 들면, wyhbṭ와 yhrrm 같은 단어들을 주목하라). 그러나 올브라이트는 이 같은 한 가지 실례에 너무 많은 기대를 거는 것은 위험하기 그지없다고 지적하면서, 그 우가릿 토판에서 바로 그 지점에 나오는 단어(그 다음 단어는 파손되었다)를 Yr로 읽어야 한다고 제안하고 있다.[6] 물론, 다른 여러 학자들과 마찬가지로, 고든도 Yw의 독법을 동사처럼 모음을 붙여 발음하여야 한다고 가정하고 있다.

출애굽기 3장14절과 구약성경에 나타난 언어유희

구약에서 이름들을 취급할 때에 언어유희(paranomasia)를 사용하고 있다는 새로운 제안들 덕택에, 성호에 대한 새로운 접근이 가능하여졌다. 성경에는 어떤 이름이 일단 주어지고 그에 뒤이어 얼핏 보기에는 그 이름의 어원에 따라 그 이름을 설명하여주는 것처럼 보이는 구절들이 많이 있다. 일례로, 롯이 도망하였던 도시는

---

[5] Cyrus H. Gordon, *Ugarit Textbook* (Rome: Pontifical Biblical Institute, 1965), *Glossary*, No. 1084.

[6] W. F. Albright, *From the Stone Age to Christianity* (Garden City: Doubleday, 1957), p. 259.

한 작은 마을(히브리어로는 miṣ'ār, 창 19:20])이었다. 그래서 그 이름이 소알(Zoar, ṣô'ar)이라고 불렸다. 그런데 이 사실이 여기서 문제가 되는 까닭은, 이미 그 도시는 창세기 13:10; 14:2,8에 소알이라 불렸기 때문이다. 또 다른 실례는, 야곱이라는 이름이다. 분명히 이 이름은 그가 태어날 때 그의 형의 발뒤꿈치('āqēb)를 붙잡고 나왔다고 하여서 주어졌다(창 25:26). 그런데 에서는 그 이름을 (같은 어근을 가지고 있는) '탈취자'라는 의미로 해석하였으므로 이 이름 또한 문제가 있다. 또 다른 예는 모세의 아들 게르솜인데, 이 이름은 모세가 "내가 타국(여기 사용된 단어는 sham으로서 '거기'라는 의미를 지님)에서 객(gēr)이 되었음이라"고 말한 데서 비롯되었다. 그러나 이 이름도 문제가 있다. 왜냐하면 이 이름의 어근이 "몰아내다"를 뜻하는 gārash라는 단어에서 파생되었을 것이기 때문이다.

이러한 어원에 근거한 연구들은 종종 우리를 당혹스럽게 한다. 브엘세바는 "맹세의 우물"(창 21:31), 혹은 "일곱의 우물"(창 21:30- "맹세"와 "일곱"에 해당하는 두 히브리어는 같은 어근에서 파생되었다)라는 의미이다. 이삭도 이와 비슷한 맹세를 하고서 그 우물의 이름을 브엘세바라고 이름 지었다(창 26:31~33). 많은 학자들은 그 우물에 이름을 붙인 기사가 두 번 나온다고 하여서 그 내용이 두 개의 다른 문서들에서 따온 것이라고 생각하여왔다. 그러나 아래에서 살펴보게 되겠지만, 그러한 결론을 내릴 필요는 전혀 없다.

더 난해한 문젯거리를 지닌 이름이 창세기 11:9에서 나오는데, 그곳에서는 바벨이라는 이름이 "혼잡하게 하다"라는 히브리어 단어 '발랄'(bālal)로써 설명하고 있다. 그러나 바벨이라는 단어는 히브리어가 아니라 바벨론어의 단어인 것이 분명하며 그 어원도 아주 확실하다. 그 단어는 "신의 문"이라는 뜻의 '바빌루'(babilu)에서 온 것이다. 마지막으로 생각하여 볼 예도 역시 문제점을 드러내고 있지만 해결책을 제시할 수 있을 것 같다. 그것은 어머니 '한나'가 여호와께 구하여 얻었기 때문에 주어진 사무엘이라는 어린 아이의 이름이다(삼상 1:20). 실상 이 이름은 아무런 어원적 연관을 갖고 있지 않다. 흔히 이 이름은 그녀가 아들을 구하였고 여호와께서 들으셨다(히브리어 shāma')는 것을 의미한 것이라고 간주된다. 즉 '듣다'라는 히브리어 동사에서 그 이름이 파생되었다는 것이다. 그러나 사무엘이라는 이름은 '아인'(ע)이라는 철자를 지니고 있지 않은데, "듣다"라는 단어는 그

철자를 가지고 있으므로 그렇게 연관시키는 것은 어색하다. 한층 더 분명한 것은, 사무엘이라는 이름에는 하나님(God)이라는 이름이 포함되어 있는 것이지 여호와(Lord)라는 이름이 들어있지 않다는 점이다. 이러한 점들은 오늘날의 우리에게보다는 고대 히브리인들에게 더욱 분명하게 인식되었을 것이다. 이러한 실례들에 근거하여서 몇몇 구약학자들(E. A. Speiser의 노트 필기에서)은, 본래 고대의 저자가 어원에 근거하여서 설명하려 하다가 실수한 것이라고 가정하는 바람에 현대 학자들이 이런 문제점들을 만들어낸 것이라고 말하게 되었다. 그러나 그 히브리인 저자는 사무엘이나 바벨 등과 같은 단어들의 진짜 어원을 아주 잘 알고 있었다. 그는 언어학에 관심이 있었던 것이 아니라 단지 그 이름이 지닌 소리의 유사성에 주의를 기울이기를 원하였던 것이고, 또 그 사건을 묘사하는 히브리어 단어에 관심을 기울이려고 하였던 것이다. 브엘세바는 아브라함의 시대 오래 전부터 그렇게 불렸을 것이다. 그러나 그 이름이 아브라함과 이삭의 제의(祭儀)적 행사에 아주 적합하였으므로, 그들이 모두 그 이름에 주목하였던 것이다. 아마도 소알은 여러 가지 이유에서 그렇게 불렸을 것이다. 그런데 롯이 그 이름 속에서 다시금 언급할 만한 적절한 내용을 발견하였던 것이다. 우리는 유머를 지어내기 위하여 이런 일을 자주 하곤 하며, 그런 것을 일컬어 동음이의어(同音異議語)를 사용한 재치 있는 말이라고 한다. 히브리인들은 아마도 기억을 돕기 위하여 혹은 그저 단순한 재미로 그러한 언어유희를 하였던 것 같다. 이러한 언어유희들에는 실제적으로 아무런 문제가 없다. 그것들은 어원적으로 의도된 것이 아니기 때문이다.

그러나 이런 언어유희의 원리를 우리가 오늘날 사람들이 일반적으로 그리하듯이 받아들인다면, 출애굽기 3:14에 나오는 성호를 어원적으로 해석하려 할 필요가 전혀 없다는 결론에 이른다. 그 성호의 발음은 be동사와 비슷한 어떤 것처럼 들리며, 또 충분히 그렇게 볼 수 있을 만큼 분명해 보인다. 그러나 구체적인 사항들까지도 그런 생각을 뒷받침한다고 주장할 수는 없다. 그 동사가 '힢일'형이든 '칼'형이든 혹은 (몇몇 학자들이 제시하는 것처럼) 미완료형이든 완료형이든 간에, 만일 그 성호가 그 동사와 아무런 어원적 관련이 없다면, 왜 "나는 스스로 있는 자"라는 표현의 근거로 무엇인가를 찾아보려고 하는가? 우리는 결국 그 성호가 "존재하다"(be), "창조하다", "존재할 것이다"(will be), "될 것이다"(will become), "현존할 것이다'(will be present) 등, 그 어떤 의미를 가지고 있는지에 대한 끊임없는 논쟁으로부터 탈피하여야 하는 것이다. 아마도 그 성호는 이러한 것들 가운데 그 어느 것도 의미하지 않을 것이다.

그러면 그 의미는 무엇이며, 그 성호의 발음 표기는 어떻게 하여야 하는 것인가? 의미에 관한 한, 그 성호는 구약성경 전체에 걸쳐 설명되어 있다. 그는 창조주이시며, 구속자이시며, 통치자이시며, 거룩하시며 또한 사랑의 하나님이시며, 자비로우시며, 은혜로우시며, 오래 참으시는, 그리고 그 밖의 수많은 수식어가 붙을 수 있는, 하나님이시다. 따라서 그 이름은 말씀 속에 드러난 하나님의 속성들에 의하여 잘 설명된다.

그 성호의 발음에 관하여서는, 이제 새로운 조명 방법들을 전개할 수 있을 것 같다. 그러나 그 가운데 많은 부분이 순전히 이론적인 것이라는 점을 명심해야 한다.

우리가 고대로부터 존재하는 긍정적인 증거를 얻기는 거의 힘들다. 아바(Abba)는 싸이러스의 데오도레(Theodoret of Cyrus)와 알렉산드리아의 클레멘트(Clement of Alexandria)를 인용하면서 헬라어 독법인 '야베'(Iabe, 때때로 b는 v로 발음되었다)나 '야오우에'(Iaoue)를 제시하고 있다. 헬라어에는 중간 자음 h가 없기 때문에 두 헬라어 독법들 가운데 후자의 것은 '야호우헤'(yahou-he)로 발음될 수 있었다. 한편 영지주의 문학(참조, 이레니우스)에서는 어떤 신을 '야오'(Iaō)로 표기하고 있는데, 이것이 바로 '야호'(yahō)를 나타내는 것일 수도 있다. 그러나 이러한 전승들은 모두 후대의 것들이다.

유대인들이 아람어로 기록한 엘레판틴(Elephantine) 파피루스(기원전 5세기 경)에는 YHW라는 단어가 기록되어 있는데, 이것은 '야후'(yahu)나 '야호'(yahō)를 나타내는 것일 수 있다. 모압 비문에 기록된 YHWH(주전 850년 경)에 대하여서는 앞서 언급하였다. 여기에서 중요한 점은 그 당시의 히브리어 기록에는 자음만 기록하였다는 것이다. 모압어조차도 일반적으로 마지막의 h는 모음 ē를 나타내지 않았다.[7] 만일 메샤(Mesha)가 히브리 신의 이름을 모압어 철자법에 따라서 옮겨

---

7 F. M. Cross와 D. N. Freedman의 *Early Hebrew Orthography* (American Oriental Society, 1952), p. 48을 보라. 사실 이 저자들은 모압의 비문에서 마지막 h가 마지막 장모음 ō, ā 와 ē(p. 43)를 나타내기 위하여서 사용되었다고 서술하고 있다. 그러나 yahwē는 차치하고라도, 그들이 제시하는 예들은 의문점이 많다. 그들은 모압에서도 히브리어와 아주 비슷한 현상을 보이고 있다고 말하지만, 그에 대한 증거는 희박하다. 그들은 마지막 모음이 ū로 기록된 예를 들기 위하여 shm'yhw라는 이름이 찍힌 인장을 인용한다. 성경의

쓰면서 본래에는 없던 철자들을 덧붙여 넣었다면, 그것은 참으로 이상한 일이 아닐 수 없을 것이다. 또한 모압어에서는 마지막 h조차도 대개는 a나 o모음을 나타낸다. 따라서 우리가 지닌 증거에 의하면 그 네 문자들이 기록상 아주 고대의 것임이 입증되며, 또 그렇다면 그것들은 네 개의 자음으로 읽혀야 한다고 말하는 것이 더 안전하다. 왜냐하면 고대 히브리어에서는 모음 대신 사용하는 철자들을 사용하지 않았기 때문이다. 그러나 만일 사용했다면 야 호 와 후(ya ho wa hu)와 같이 음절을 구분하였을 것이다.

우리가 여기서 제시할 증거도 거의 이 수준을 넘어서지는 못하지만, 신적 요소를 지닌 이름들의 발음에 대해서는 좀 더 비중을 두고 살펴보아야 한다고 생각한다. 이 음절들은, 설사 몇 세기가 지나는 동안 모음의 변화가 있었을 가능성을 인정한다고 하더라도, 전통적으로 내려오는 히브리어 본문에서는 발음하였을 것이고 따라서 우리의 흥미를 끄는 것이다. 여기서 문제가 되는 요소들은 보통 이름들의 처음에 나타나는 yaho-와 마지막에 나타나는 -yah와 -yahu이다. 우리는 이런 실례들을 많이 제시할 수 있을 것이다. 여호나답(Jehonadab), 아비야(Abijah), 그리고 더 긴 형태로는 예레미야후(Jeremiahu, 렘 1:1; 개역성경과 역본 성경들에는 단순히 예레미야로 기록되어 있으나, 히브리어 성경에는 마지막에 -u 모음이 추가되어 있다- 역자 주) 등이다. 또한 성경에서 44회 정도나 사용되고 있는 축약된 형태인 Yah도 역시 주목할 필요가 있다.

한편 올브라이트는, 축약된 형태인 '예호'(yehō-)가 더 긴 형태의 미완료형인 '야웨'(yahweh)에서 나온 단축형(jussive)이라고 주장한다. 이러한 견해는 이미 그 형태가 동사에서 기인한 것임을 가정한 것이다. 그러나 여러 경우에 '예호'(yeho-)라는 형태는 동사적인 요소와 결합된 명사로서 이해해야 할 것 같다. 예를 들자면, "여호와께서 주셨다"는 의미의 여호나단(Jehonathan)과, "여호와께서 세우실 것"이라는 의미의 여호야긴(Jehoiachin)이 그런 경우이다. 이러한 견해는 단어 처음에 나오는 yeho-가 끝에 나오는 -yah 나 혹은 -yahu와 서로 교체할 수 있다는 사실로써 뒷받침된다. 예를 들면, 여호야긴(Jehoiachin), 고니야(Coniah),

---

수많은 이름들 가운데에 나타나듯이, 이 이름이 yhwh를 h 없이 사용한 단축형이라는 점을 주목할 수 있다는 것이다.

그리고 여고니아(Jechoniah)가 같은 이름들이다. 하지만 -yah을 단축형이라고 주장하기는 어렵다. 오히려 yah-와 yeho-는 긴 이름이 단순하게 축약된 형태라고 받아들이는 것이 타당할 것이다. 만일 그 성호의 완전한 형태가 어떤 명사에서 파생된 것이라면, 마지막 모음은 아주 자연스럽게 고대에 주격을 나타내는 모음 어미인 -u가 될 것이다. 그렇다면 어떤 증거를 확보할 수 없는 모음은 다음과 같이 w 다음에 있어야 하는 모음 하나밖에 남지 않는다: ya ho w- hu.

올브라이트는[8] 아모리인들의 이름에서 추론하여 낸 고대의 증거에 근거하여 w뒤에 i모음이 사용되었을 것이라고 주장한다. 그는 그 증거로서 Yahwi-il 또는 Yahwi- il이라고 쓰기도 하는 이름을 인용하고 있다. 그러나 이 이름이 이스라엘의 하나님의 이름을 포함하고 있는 것인지는 확실치 않다. 여하튼 올브라이트는 이 이름을 성호의 본래 형태라 할 수 있는 야웨(yahweh)를 논증하기 위하여 사용하고 있다. 마지막 h가 자음이 되어야 하므로, 그의 견해를 따른다면 기껏해야 yahwihu 같은 형태를 나타낼 것이다. 하지만 이러한 형태에 반대하는 주요한 논증은 흔히 나타나는 축약 형태인 yaho-에서 찾아 볼 수 있는데, 이 형태는 h뒤에 모음을 붙인 것이다. 따라서 올브라이트가 생각하는 것처럼 이 축약된 형태가 단축형에서 나온 것이라고 보기에는, 위에서 지적한 바대로 의문점이 많다.

필자의 견해로는 음절을 '야 호 위 후'(ya ho wi hu)로 구분하는 것이 가장 가능성이 높을 것 같다. 만일 그 단어가 일종의 명사 형태라고 한다면, 이 같은 표기는 아마도 일반적으로 나타나는 격어미의 탈락 현상에 순응하였을 것이며, 따라서 우연히도 복합 형태인 여호와(Jehovah)와 놀라울 정도로 비슷한 형태인 **'야호웨'**(Jahoweh)로 귀착될 것이다!

사실 이런 구체적인 사항들에 대하여 아주 단정적으로 확신 할 수는 없다. 그러나 다행스럽게도, 성호의 발음 표기는 학구적인 문제일 뿐이다. 아마도 여호와 하나님께서는 우리가 그의 이름의 발음에 대한 관심보다는 그분과 우리의 인격적인 관계에 더 관심을 가지셨음이 분명하다. 그러나 우리는 지금까지 확보된 증거로 보아 야웨(Yahweh)라는 발음은 부정확하고, 야호웨(Jahoweh)가 옳은 발음일 것이라고 주장할 수 있겠다.(*)

---

[8] Albright, *Yahweh and the Gods of Canaan*, p. 171.

10

성호 '여호와'의 의미

찰스 알 기아노티
(Charles R. Gianotti)

의심의 여지없이, 신명(神名) 네 문자 '여호와'[1]는 구약 성경에서 가장 중요한 이름이다. 그래서 어느 저자는 다음과 같이 진술했다.

> 히브리인들의 하나님 자신의 이름인 '여호와'처럼 히브리어의 한 단어가……그렇게 격렬한 토론을 야기한 적은 없었다.[2]

이 주제에 관한 막대한 분량의 문헌들을 정선해 보면, 다섯 가지 견해가 표면에 부상한다. 그러나 이 견해들을 거론하기 전에, 몇 가지 예비적 관찰이 필요하다.[3]

성경학자에게 있어서, '여호와'라는 성호는 일찍이 에노스(창 4:26) 때에 이미 알려졌고, 족장시대에도 빈번하게 사용되었다(창 12:1,4; 13:4 등을 참조하라)는 것은 다 아는 사실이다. 하지만 출애굽기 6:2~3에서는, 그 이름이 수백 년 후인 모세 시대까지 알려지지 않았다는 것을 암시하는 듯이 보인다.

> 하나님이 모세에게 말씀하여 이르시되 나는 '여호와'이니라. 내가 아브라함과 이삭과 야곱에게 전능의 하나님('el shadday)으로 나타났으나 나의 이름을 '여호와'(YHWH)로는 그들에게 알리지 아니하였고(출 6:2~3)

---

1 성호의 주제에 관한 막대한 양의 문헌에서 그 성호를 다음과 같이 다양하게 번역한다. YHWH(원래의 신명 네 문자의 음역), Yahweh, 널리 발음되는 Jehovah, Jahweh, Yahwe, Jahve와 "the tetragrammaton." 비록 인용된 저자의 글들에 나타나는 성호는 그대로 표시되겠으나, 필자는 본 논문에서 "YHWH"나 "성호"로 표시했다.

2 R. Bowman, "Yahweh the Speaker," *JNES* 3 (Jan. 1944): 100.

3 본 연구에서는 제안된 다양한 어원학적 기원들을 평가하지 못한다. 이런 문제들에 관해서 어느 정도 개관한 L. Blau, "Tetragrammaton," *JE*, 1906 ed., 12:118-20과 W. Zimmerli, *Old Testament Theology in Outline* (Atlanta: John Knox, 1978), pp. 19-21을 참조하라.

그러나 이러한 긴장감은 본문을 옳게 이해할 때에 해소된다. 모티어(Motyer)는 다음과 같이 번역함으로써 탁월한 해설을 제공한다.

> 하나님이 모세에게 말씀하여 이르시되 나는 '여호와'이니라. 내가 아브라함과 이삭과 야곱에게 전능의 하나님의 **특성으로**(in the character of) 나 자신을 나타냈으나 나의 이름 '여호와'가 **나타내는 특성으로는**(in the character expressed by) 그들에게 나 자신을 알리지 아니하였다.[4]

그리고 그는 이렇게 결론지었다.

> 족장들에게 알려지지 않은 것은 그 이름에 의해 표현된 특성이었지, 이름 그 자체는 아니었다. …… 이름에 의해 어떤 사람을 안다는 것은, 그 사람과 밀접하고 개인적 사귐에 이르는 것을 의미한다.[5]

모빙켈(Mowinckel)도 불붙은 떨기나무 사건과 관련해서 이에 동의한다.

> 출애굽기 3장이, '여호와'의 이름이 모세 이전에는 이스라엘 백성들에게 알려 지지 않았다는 학설을 지지하지 않는다. …… 이름이란 그 누구에게나 한 눈에 보아서 알 수 있고, 인식할 수 있는 그것보다 더 깊은 의미를 지닐 수 있다. …… 하나님의 이름의 "정말로" 심오한 의미를 아는 사람이, 진정 당사자이신 "하나님을 안다."[6]

따라서, 비록 '여호와'라는 이름은 모세 시대 훨씬 이전에 나타났어도, 그 이름의 의미는 모세 시대까지 계시되지 않았던 것이다. 성호의 의미를 이해한다는 것은, 그 이름에 의해 계시된 하나님의 특성을 이해한다는 것이다. 분명히, 출애굽기 3:14가 이 토론의 시발점을 제공해 준다.

모세가 처음으로 자신의 부적합성에 대해 우려했을 때에, 하나님께서는 그에게 "내가 정녕 너와 함께 있으리라"('ehyeh 'immāk, 출 3:12)라는 답을 주셨다. 모세의 두 번째 우려는 이렇게 기록되었다. "모세가 하나님께 아뢰되, 내가 이스라엘

---

[4] J. A. Motyer, *The Revelation of the Divine Name* (Leicester: TSF, 1959), pp. 12-13. 진한 글씨체는 필자가 첨가했다.

[5] Ibid., pp. 15-6. 출 33:12~17; 삼상 2:12; 렘 16:21과 겔 6:7이 이 견해를 지지한다.

[6] S. Mowinckel, "The Name of the God of Moses," *HUCA* 32 (1961): 126.

자손에게 가서 이르기를 너희 조상의 하나님이 나를 너희에게 보내셨다 하면 그들이 내게 묻기를 그의 이름이 무엇이냐(mah)하리니 내가 무엇이라고 그들에게 말하리이까?"(출 3:13). 출애굽기 3:14에는 하나님께서 이 두 번째 우려에 대해 말씀하신 내용이 기록되어 있다. 모티어(Motyer)가 잘 질문한 바와 같이, 왜 모세는 노예가 된 이스라엘 백성들로부터 그러한 질문을 받을 처지에 놓일 가능성이 있다고 가정했는가?[7] 모세가 자기 자신의 유익을 위해 문의한 것은 아니다. 오히려 그는 이 문의에 대한 답이 어떤 면으로든지 자신의 임무를 확인해 줄 것이라고 느꼈음에 틀림없다.

모세가 기대한 것은, 그 문의가 하나님의 이름을 구두로 하는 발음에 관한 것이 아니라, 하나님의 특성과 관련이 있는 그것이었다. "무엇"이라는 질문을 나타내는 히브리어 '마'(mah)는 질적 관심을 가리킨다. 레이몬드 아바(R. Abba)는 성경 히브리어에서의 그 용법을 다음과 같이 지적한다.

> 명사와 관련된 질문에서 의문대명사 '마'(mah)가 사용될 때에, 그것은 종종 질에 관한 문의를 나타낸다. …… 그래서 그것을 "어떤 종류의 사람인가(What kind of)?"라고 번역할 수 있겠다. 그리고 성경 히브리어에서 그것이 사람의 이름을 묻는 데에는 결코 사용되지 않는다. 그럴 경우에는 '미'(mî)가 사용된다.[8]

만약 모세가 참으로 하나님으로부터 계시를 받았다면, 이스라엘 백성들은 그들의 하나님에 관해 여태까지 알려지지 않은 어떤 것과 관련해서 모세에게서 확인하기를 원했을 것이다. 모세의 관심은, 하나님의 특성에 관해 새로이 계시된 내용을 가지고 이스라엘 백성들에게 보냄을 받은 자신의 소임을 확인하는 것에 있었는데, 출애굽기 3:14가 그것에 대해 하나님께서 그에게 주신 대답이다.

하나님의 답에는 명백히 '하야'(hāyâ) 동사의 1인칭 미완료형에 근거한 언어유희가 들어있다. 이런 언어유희는 성경에서 흔히 나타나므로(참조, 마 16:18), 출애굽기 3:14~15에서 반복적으로 나타나는 유사음인 'ehyeh……'ehyeh("나는 스스로

---

7 J. A. Motyer, ibid., p. 20.

8 R. Abba, "The Divine Name Yahweh," *JBL* 80 (1961): 323. 유대인 신학자 부버(M. Buber) 역시 그 질문이 그 표현을 그 이름 안에서나 배후에서 찾으려고 추구한다고 동의한다(P. Vermes, "Buber's Understanding of the Divine Name," *JJS* 24 [Autumn 1973]: 147).

있는 자”),……’ehyeh(“스스로 있는 자”),……‘여호와’(YHWH)를 모세가 놓칠 리가 없다. 매카티(McCarthy)는 주장하기를, “이 반복된 유사음(類似音)은 단순한 암시에 의해 ‘여호와’를 hāyâ 동사와 철저히 연결시켰다”고 했다.9 비록 이것이 ‘여호와’라는 이름이 어원적으로 반드시 ‘하야’ 어근에서 기인했다는 것을 의미하지는 않으나, ‘하야’의 의미로 ‘여호와’라는 이름의 의미를 알릴 의도였다는 것을 암시하고 있는 것만은 사실이다. 쉴드(Schild)가 지적하는 바와 같이, “정말로 그것이 본래 어디에서 파생했든지 간에, 본문이 ‘여호와’를 ‘하야’의 파생어로 보아 성호의 의미를 설명하려고 꾀한다는 것은 시인해야 할 것이다…….”10

매카티는 ‘하야’가 반드시 연결어(copulative)일 필요가 없기 때문에 그것이 출애굽기 3:14~15에서 반복적으로 사용된 것은 ‘하야’와 ‘여호와’간의 연관을 강조하는 것으로 설명해야 한다고 지적한다.11 또한 옹켈로스(Onkelos, 역시 pseudo-Jonathan)와 같은 초기 유대인 주석가들도 이러한 연관설을 받아들였다.12 모빙켈(Mowinckel)은 하나님께서 모세에게 답하신 것과 관련해서 진술하기를, “이름 대신에 우리는 그 이름에 관한 설명을 얻는다”라고 했다.13 우리의 생각으로는, 오히려 그보다는 하나님의 답이 이름과 설명 양쪽 모두를 제공하는 것으로 보는 것이 좋을 듯하다. 14a의 ’ehyeh ’ăsher ’ehyeh(“나는 스스로 있는 자이니라”)는 단축형 ’ehyeh(“스스로 있는 자”)가 나타나는 출애굽기 3:14b와 함께 하나의 칭호 형식으로 된 이름일 수 있다. ‘에흐예’를 분명하게 고유명사로 사용하는 다른 두 성구들은 시편 40:21과 호세아 1:9이다.14 결국 모세에게 보여주신 하나님의 이름에 관하여 세 가지 형식이 나타난 셈이다. (1) ‘에흐예 아쉐르 에흐예’, (2) ‘에흐예’, 그리고 (3) ‘여호와’ 또는 YHWH(출 3:15).

모티어(Motyer)의 생각으로는, 관계절 ‘아쉐르 에흐예’(’ăsher ’ehyeh)는 하나

---

9 D. J. McCarthy, “Exod. 3:14,” *CBQ* 40 (July 1978): 316.

10 E. Schild, “On Exodus iii:14 - ‘I Am That I Am,’” *VT* 4 (July 1954): 301; Zimmerli, *Old Testament Theology in Outline*, p. 21을 참조하라.

11 D. J. McCarthy, ibid.

12 L. Blau, “Tetragrammaton,” *JE*, 1906 ed., 12:118-20.

13 S. Mowinckel, ibid., p. 124.

14 C. D. Isbell, “The Divine Name אהיה as a Symbol of Presence in Israelite Tradition,” *HAR* 2 (1978): 102-105. 이스벨은 지적하기를, 시 50:21과 호 1:9 각각에서 문맥이 시제를 분명히 드러내주기 때문에, ‘에흐예’라는 용어가 이름으로 이해되지 않았더라면 아마도 사용될 필요가 없었을 것이라고 했다.

님께서 이미 모세에게 주신 답에 아무 것도 덧붙이지 않았다고 본다. 만일 그렇지 않다면, 출애굽기 3:14b와 그 이후에 나타난 성호 '여호와'에 그것을 쉽사리 빠뜨리지는 않았을 것이기 때문에 그렇다고 한다.[15] 그러나 이 주장이 이렇게 중요한 본문에서 먹혀들겠는지? 베른하르트(Bernhardt)는 아래와 같이 주장한다. "'하야'가 정형(定形)으로 주로 사용되는 것은, 보조 동사로서 그러하다. 이 형식들은 주로 문장의 절(節)의 시간적 면을 더 정확하게 하고, 그것의 논리적 구조를 모호하지 않게 하는 역할을 한다."[16] 또한 그는 '하야'가 분사와 함께 사용되는데, 그 의미를 나타내기 위해 시간적 구조가 중요할 때에만 그러하다고 지적한다.[17]

14a에서의 반복적 '에흐예' 사용은, 아마도 출애굽기 33:19("나는 은혜 줄 자에게 은혜를 주고……"라는 이 말씀은 "나는 큰 은혜를 주고……"를 의미한다.)처럼 같은 말을 반복하는 진술로 보아야 할 것이다. 분명히 이 반복은 내용을 위한 것은 아니다. 왜냐하면 3:14b에서는 '에흐예'가 홀로 나타나기 때문이다. 따라서 14a의 형식은 강조형이다. '에흐예'와 '여호와'의 연관은, 앞서 보내시는 분이 '에흐예'이시라는 14b를, 후에 보내시는 분이 '여호와'로 나타나는 15절과 비교함으로써 알 수 있다. 히브리어의 평행법이 이 둘 사이의 관계를 강하게 암시한다.

지금까지의 이러한 분석은 성호에 관한 다음과 같은 다양한 해석들을 평가하기 위한 배경이 된다.

1. "불가지론적" 견해

어떤 이들은, '여호와'라는 이름이 하나님의 불가해성을 반영하는 것이라고 이해한다. 이 견해를 제안하는 이들은, 하나님께서 모세에게 주신 답이 모세의 문의에 대한 거절이라고 본다. 하나님을 정의한다는 것이 불가능하기 때문에, 하나님의 이름은 신비롭다고 그들은 주장한다(참조, 계 19:12). 짐멀리(Zimmerli)는 다음과 같이 진술한다.

---

15 J. A. Motyer, ibid., p. 23.

16 K.-H. Bernhardt, "היה," *TDOT* 3:373.

17 Ibid.

이 비유적 표현에서 '여호와'의 주권적 자유가 메아리치는데, 그분은 성호로써 자신을 계시하는 순간에서마저도 인간이 마음대로 자신을 이해하도록 하시기를 거부하신다. 우리는 또한 하나님께서 창세기 32:29(원문은 30절)에서 "어찌 내 이름을 묻느냐?"라고 하시면서 야곱에게 그의 이름을 알리기를 거절하신 것을 염두에 두어야 한다.[18]

그러고 나서 짐멀리는 이렇게 부언한다.

> 구약 자체에서 유일하게 '여호와'라는 이름에 관한 설명을 제공하기를 시도한 이 성구(출 3:14)에서, 그 이름을 정의(定義)라는 틀 속에 제한시키는 그런 방식으로, 그를 설명하기를 거절한다.[19]

환언하면, 하나님께서는 이렇게 답하셨다는 것이다. "너는 내 이름이 무엇이냐고 묻는다. 내가 곧 스스로 있는 자이니라. 나를 정의할 방도는 전혀 없다." 과연, 그 어느 인간도 결코 하나님의 특성이나 본성을 완전히 이해할 수는 없다는 것이다.

이 견해에 대해 답변을 한다면, 출애굽기 3:14~15는 모세가 질문을 적절하지 못하게 했다거나, 또는 그가 그런 질문을 했다고 하나님께서 그를 책망하셨다는 암시를 주지는 않는다. 14b["…… 너는 이스라엘 자손에게 이같이 이르기를 스스로 있는 자('에흐예', I AM)가 나를 너희에게 보내셨다 하라."]가 '에흐예'를 이름으로 사용한 것이 분명해 보인다. 그리고 앞에서 지적한 바와 같이, 15절에서 '에흐예'는 '여호와와 평행법적으로 사용되었다. 모세는 그들에게 하나님의 이름으로서 '에흐예' 혹은 '여호와'라고 전해야 했다. 이것이, 그 이름이 반드시 하나님의 특성을 충분하게 드러낸다고 단언하는 것은 아니지만, 하나님 자신에 의해 이름으로 사용된 것으로서 하나님의 특성에 대하여 언급하는 진술임에 틀림없다.

2. "존재론적" 견해

록키어(Lockyer)는, 출애굽기 3장에 나타난 성호 '여호와'는 "하나님을 전적으로

---

[18] W. Zimmerli, ibid., p. 20. 불행하게도 짐멀리는 그의 견해를 뒷받침할 충분한 증거를 제공해주지 않고 있다.

[19] Ibid., p. 21.

자존 자립적 존재로서, 그리고 그 자신 안에 본질적 생명과 영구적 존재성을 소유하신 분으로 계시한다”고 주장한다.[20] 이 견해는 엉거(Unger), 스톤(Stone), 쥬크스(Jukes)와 몽고메리(Montgomery)와 같은 여러 학자들이 다각적으로 주장하였다.[21] 유대인 학자들 중에서는 마이모니데스(Maimonides)와 야콥스(Jacobs)가 이 견해를 대표한다.[22] 매카티(McCarthy)는 이렇게 지적한다. 출애굽기 3:14는 “초대교회의 몇 세기와 그 이후에 있어서 기독교 존재론을 위한 증거 성구의 역할을 했다.……[그것은] 때때로 정적(靜的) 존재를 강조하기에 이르렀다 …….”[23]

이 견해는 칠십인 역(LXX)이 출애굽기 3:14를 ‘에고 에이미 호 온’(ἐγώ εἰμι ὁ Ὤν)으로 번역한 데서 기인한 듯하다. 그리고 표면적으로는 εἰμι의 용법이 이 견해를 지지하는 듯하다.

쉴드(Schild)가 본문에 관한 광범위한 주해를 통해 이 견해를 지지하면서, “문장의 구조를 보면 우리는 ‘에흐예’[1인칭 단수]를 마치 영어의 3인칭처럼 받아들여서 ‘나는……인 그이니라 ……’[I am (the) One who is…]로 번역해야 한다고 결론 내린다.[24] 이것이 선행사의 일치에 관한 구문론적 난제에 부딪히는 결과를 초래하는데도, 쉴드는 관계절에 관한 게제니우스-카우치-카울리(Gesenius-Kauztsch-Cowley)의 법칙을 고쳐가면서까지 그렇게 주장한다. 즉 “만일 문장을 지배하는 명사가 관계절의 주어이며 주절의 인칭대명사와 같거나 인칭대명사라고 정의가 내려진다면, 그 관계절의 술어는 그 인칭 대명사와 일치한다”는 주장이다.[25]

그러나 이 견해는 몇 가지 이유 때문에 받아들일 수 없다. 비록 칠십인 역(LXX)이 오경에 관한 유용한 역본이기는 하나,[26] 그것이 영감된 책은 아니기 때문이다.

---

[20] R. Lockyer, *All the Divine Names and Titles in the Bible* (Grand Rapids: Eerdmans, 1975), p. 18. 이것은 성호라는 주제에 관한 평판이 좋은 글들 중에서 대표적인 글로 여겨지나, “존재론적” 견해를 위한 지지력은 매우 미미하다.

[21] M. Unger, *Unger's Bible Dictionary* (Chicago: Moody, 1957), p. 56; N. J. Stone, *Names of God in the Old Testament* (Chicago: Moody, 1944), p. 20; A. Jukes, *The Names of God in the Holy Scripture* (NY: Thomas Whittaker, 1888), p. 40; J. A. Montgomery, “Hebrew Divine Name and Personal Pronoun HU,” *JBL* (June 1944): 161-63.

[22] M. Maimonides의 내용은 Stone, *Names of God in the Old Testament*, p. 21에서 인용했음.

[23] D. J. McCarthy, ibid., p. 318.

[24] E. Schild, “On Exodus iii 14,” p. 302.

[25] Ibid., p. 298.

[26] B. K. Waltke의 내용은, A. P. Ross, “The Use of the Versions” (미 출판된 강의 노트, 103 Introduction

그것은 유대인 학자들에 의해 이루어진 인간의 번역이다. 출애굽기 3:14에 관한 근본적 이해는, 다름 아니라 본문의 문맥적 이해, 이와 함께 히브리어 '하야'와 그것의 미완료형인 '에흐예'에 관한 의미와 용법의 분석에 의해 이루어져야 한다.

또한 쉴드의 견해는 구약에 낯선 개념을 갖고 들어온다. 베른하르트(Bernhardt)는 강조하기를, 히브리인들에게는 "존재를 어떤 불변하는 것으로 이해하는 헬라 사상과는 대조적으로, '존재'라는 것은 역동적이고 강력한, 실제적인 존재이다. 따라서 히브리어에 있어서도 역시 '존재'는 실존(實存)을 가리킨다. 그러나 히브리인의 관점에서 실존은 그 자체를 실제적으로 표현한다. 그러므로 '실존은 실제성과 같다.' "27 데이빗슨(Davidson)도 이러한 베른하르트의 견해에 동의한다. "그러한 추상적 개념들(예를 들면, 본질적 실존)은 동양 사상의 단순성이나 구체성과는 전혀 일치하지 않는데, 특히 가장 이른 시기에 그러하였다."28

'하야' 동사는 의미의 폭이 넓어서, "사라지다, 발생하다, 되다, 이다"를 내포한다.29 본 연구의 관심사는 마지막 두 가지 의미에 있다. 데이빗슨은 주장하기를, " '하야'는 본질로서 '이다'가 아니라 현상으로서 '이다'를 의미한다. 그것은 '에이나이'(einai)가 아니라 '기노마이'(ginomai)이다."30 모빙켈(Mowinckel)도 여기에 동의한다. "그분은 '하야'이신 하나님이시다…… 그러나 그분의 존재는 단순히 존재 자체를 나타내는, 추상적 헬라어 '에이나이'가 아니다. 히브리인들에게 있어서 '이다'는 다른 모든 존재들과 사물들이 그러한 것처럼, 그저 단순히 존재한다는 것을 의미하지 않는다. 그것은 능동적이고, 스스로를 능동적 존재로 표현하는 존재를 의미한다.……"31 '하야'의 의미가 미치는 영향에 대해서는 아래의 "현상학적" 견해라는 제목 하에서 충분히 거론할 것이다. 여기에서는 '하야'를 "존재론적"

---

to Hebrew Exegesis, Dallas Theological Seminary, Fall 1981), p. 3에서 인용했음. 역시 E. Würthwein, *The Text of the Old Testament* (Grand Rapids: Eerdmans, 1979), pp. 51-53을 참조하라.

27 K.-H. Bernhardt, ibid., 3:381.

28 A. B. Davidson, *The Theology of the Old Testament* (NY: Charles Scribner's Sons, 1906), p. 155; W. Zimmerli, ibid., p. 20을 참조하라. U. Simon, *A Theology of Salvation* (London: S.P.C.K., 1961), p. 89; J. H. Bernard, *A Critical and Exegetical Commentary on the Gospel according to St. John* (Edinburgh: T. & T. Clark), 2 vols., 1:cxxi.

29 BDB, p. 224.

30 A. B. Davidson, ibid., p. 55.

31 S. Mowinckel, ibid., p. 127.

혹은 "실존적"으로 이해하려는 견해를 지지할 수 없다는 정도만 말해 두기로 하자.

이 "존재론적" 견해는 '하야'를 현재 시제의 의미로 가정하는데, 출애굽기 3:14에 사용된 '에흐예'가 미완료형임을 감안할 때에 부당하다. 베른하르트(Bernhardt)는 지적하기를, 이 동사의 미완료형은 결코 현재 시제를 나타내지 않으며, 그렇게 하기 위해서는 완료형을 사용한다고 했다.[32] 의미심장하게도, 대부분의 해석자들은 출애굽기 3:12에 나타난 '에흐예'('ehyeh)를 미래로 번역한다. [즉 "내가 정녕 너와 함께 있으리라," "I will be with you"]. 그렇다면 어째서 두 절 뒤인 14절에서는 이와 같은 번역이 충분하지 않단 말인가?

매카티(McCarthy)는 '에흐예'("내가……일 것이다")가 독립적으로 사용된 것은 화자가 아직 존재하지 않음을 의미하기 때문에 '에흐예'의 시제는 진정한 미래가 아니라고 주장한다.[33] 그러나 이 주장은 '하야'를 실제적인 실존이 아니라 단순한 존재를 의미하는 것으로 보는, 그릇된 견해로 후퇴하는 것이다. 그러나 이 경우에서 미래는 정말로 'YHWH'의 미래 활동이나 실제성을 가리킬 수 있다. "문자적 해석에 매여 있기로 이름난 아퀼라(Aquila, 주후 130년)[34]까지도 그 시제를 미래로 번역했다[35]는 사실을 주목해야 할 것이다.

끝으로, 선행사의 일치 문제에 관해서는 '에흐예'(1인칭)와 '여호와'(YHWH, 3인칭)가 동일하지 않으면, 이 '존재론적' 견해와 심각한 마찰이 생긴다. 하지만 그렇게 동일시하는 것은 물론 지지 받기 어렵다.[36] 알베르크슨(Alberkson)은 쉴드(Schild)가 선행사의 일치에 관한 법을 개정한 데에 대해 다음과 같이 반응했다.

> …… 쉴드에 의해 되살아난 이 특이한 번역에서 그는…… 그 문장을, 구약의 히브리어에서는 그와 상응하는 평행법을 찾을 수 없는 방식으로 해석해야 하며, 그 본문 안에 당연히

---

[32] R. Abba, "The Divine Name Yahweh," pp. 324-35; K.-H. Bernhardt, ibid., 3:380을 참조하라. 베른하르트는 룻 2:13에서 현재형으로 번역할 수 있는 가능성을 인정한다. 그러나 그는 그렇지 않을 경우에는 항상 미래형이라는 데에 동의한다.

[33] E. J. McCarthy, ibid., p. 316.

[34] E. Würthwein, ibid., p. 53.

[35] K.-H. Bernhardt, ibid., 3:381.

[36] Ibid., p. 380. J. Obermann, "The Divine Name YHWH in Light of Recent Discoveries," *JBL* 68 (1949): 303을 참조하라.

들어있을 것이라고 생각되는 사상을 자연스럽게 드러내는 히브리어 표현 방식으로 해석해
야 한다고 전제한다. 이에 반해서 전통적 해석(즉 선행사를 1인칭으로 보는 해석)에서는
그 문장을, 히브리어에서도 종종 발견되는 셈어의 공통적이고 특징적인 표현 방식의 많은
예들 중의 하나로 간주한다. 따라서 그 번역(즉 1인칭)은 문법적 견지에서 흠잡을 데가
없다고 본다.[37]

따라서 우리는 출애굽기 3:14가 "존재론적" 혹은 "실존적" 견해를 지지하지 않는다
고 결론짓는 것이 타당할 것이다. 그러므로 성호 YHWH는 출애굽기 3:14와 밀접하
게 연관되었으므로, 위의 견해에 뿌리를 둔 것이 아니다.

그렇다면, '에고 에이미 호 온'이라는 칠십인 역의 번역은 어떻게 설명해야
할 것인가? 먼저 우리는 칠십인 역이 헬라어를 사용하는 유대인들을 위해 알렉산드
리아에서 편집되었다는 사실을 기억해야 할 것이다. 알렉산드리아가 철저하게
헬라화 된 상황에서, 칠십인 역은 아마도 헬라의 "존재론"에 의해 영향을 받았을
것이다. 매클로린(Maclaurin)은, 외경의 지혜서(솔로몬의 지혜)에서도 발견되는
이러한 신관은 히브리 사상을 헬라의 사고방식으로 끌어들이려는 하나의 시도였을
것이라고 가능성 있는 주장을 내놓았다.[38] 바벨론 포로 이후 수백 년이나 경과했으
니, 타락한 유대인들이 그들의 하나님 '여호와'의 특성 및 본성과 접촉이 끊겼다는
것은 상상하기가 비교적 쉽다. 그러한 상태에서, 그들은 주변에서 보급된 신의
본성에 관한 통속적 견해에 의해 쉽게 영향을 받았을 것이다.

3. "원인론적" 견해

이 견해의 제안자들은 '여호와'라는 이름에서 사역적 형식과 의미를 발견한다.
올브라이트(Albright)는 다음과 같이 진술한다. "'여호와'는 오직 HWY 동사의
어간에서 파생될 수 있다. 그러나 그것은 그 동사의 '칼' 미완료일 수 없고, 사역형
('힢일')일 수밖에 없다."[39] 후리드만(Freedman)은 올브라이트의 분석(YHWH를

---

[37] B. Alberkson, "On the Syntax of ehyeh asher ehyeh in Exodus 3:14," *Words and Meanings*,
ed. P. R. Ackroyd and B. Lindars (Cambridge: Cambridge University, 1968), pp. 27-28.

[38] E. C. B. Maclaurin, "YHWH: The Origin of the Tetragrammaton," *VT* 12 (1962): 440.

[39] W. F. Albright, *From the Stone Age to Christianity* (Garden City, NY: Doubleday, 1957), p.

'힢일' 미완료 3인칭으로 보는 분석)을 받아들인다. 그는 '여호와'와 출애굽기 3:14의 '하야'의 연관에 근거해서 결론짓기를, '에흐예 아쉐르 에흐예'("나는 스스로 있는 자이니라")가 근본적으로 "나는 존재하게 된 것을 있게 한다"(I cause to be what comes into existence)를 의미한다는 것이다.[40] 오버만(Obermann)은 본문을 이와 유사하게 "내가 유지시킨다 - 나는 유지시키는 자이니라"로 이해한다.[41] 이 견해는 '아도나이 쩨바오트'(YHWH ṣᵉbā'ôt, "만군의 여호와")라는 숙어에 관한 난제를 없앨 수 있는 이점을 지니고 있다. 왜냐하면 '여호와'는 이름이므로, 그것이 소유격인 단어에 의해 이어질 수 없으며 또한 그 이름의 부정적 특징들을 공유해야만 하기 때문이다.[42] 만일 '여호와'가 '힢일'형이고 따라서 '아도나이 쩨바오트'라는 숙어는 "그는 만군을 존재하게 하시는 분이시다"(He who causes the hosts to come into existence)[43]를 의미하는 것이 아니라면, 그 숙어는 이러한 이해와 부딪힐 것이다. 그렇다면 '아도나이 카나'(YHWH qannā')와 '아도나이 이라'(YHWH yir'â)와 같은 숙어들도 각각 "질투하시는 자가 창조하신다"와 "그는 경외심을 창조하신다"라는 의미가 되어 버릴 것이다.

이 견해에 대해 두 가지 반론을 제기할 수 있을 것이다. 첫째로, 만약 YHWH를 사역형으로 취급한다면, '여호와 하나님'(YHWH 'ēlōhîm)이나 '여호와 여호와'(YHWH YHWH, 출 34:6)처럼 흔한 숙어들은 이해하기가 극히 곤란할 것이다. 후리드만(Freedman)은 제멋대로 '여호와 하나님'을 칭호라는 범주에 속하는 것으로 여기나, 이것은 쟁점을 회피하는 것처럼 보인다.[44] 그렇다면, 왜 '아도나이 쩨바오트'도 칭호로 간주하지 않는가? 둘째로, 아바(Abba)와 베른하르트(Bernhardt) 두 사람 다 진술하기를, '하야' 동사가 '힢일'형으로 사용된 적이 있다는 증거는 없으며, 그것의 사역형은 '피엘'형에 의해 표현된다고 했다.[45] 따라서, 성호

259.

[40] D. N. Freedman, "The Name of the God of Moses," *JBL* 79 (1960): 152-53. 역시 S. S. Cohon, *Jewish Theology* (Assen, The Netherlands: Royal Vangorcum, 1971), p. 197을 참조하라.

[41] J. Obermann, ibid., p. 323. 오버만은 이것도 중세의 저명한 권위자인 이븐 에즈라(Ibn Ezra)에 의해 주장된 견해라고 지적한다.

[42] Ibid.

[43] W. F. Albright, ibid., p. 16을 참조하라.

[44] D. N. Freedman, ibid., p. 152.

[45] K.-H. Bernhardt, ibid., 3:381; R. Abba, ibid., p. 325를 참조하라.

'여호와'에 관한 원인론적 견해는 받아들일 수 없다.

 4. "언약적" 견해

이 견해는 '여호와'라는 이름이 모세와 언약을 체결하신 하나님을 나타내는 것으로 이해한다. 시내 산에서 계명을 주실 때에, 그 서론에서 "나는…… 여호와이니라"라고 반복한 것은, 이 견해에 신빙성을 제공해 준다(예를 들면, 출 20:1; 레 18:2,4,21,30). 특히 그것은 망령되게 일컫지 말아야 할 성호이다(출 20:7). 모티어(Motyer)는 '여호와'를 족장들과의 언약과 "구속(救贖)하다"라는 동사에 연관된 뚜렷한 성구들과 관련시키면서, "여호와에 관한 모세 계시의 핵심은 하나님께서 그의 백성을 구속하시겠다는 것이다"라고 결론을 내린다.[46] 자유주의 진영에 속한 학자들까지도 그 성호와 애굽으로부터의 구출간의 연결을 발견한다.[47]

'하야'동사는 '여호와'(YHWH)와 연관하여 언약 형식에 자주 나타난다(예를 들면, 신 26:17~18; 렘 7:23; 11:4,24; 24:7; 31:33; 32:38; 겔 36:28; 37:27).

이스벨(Isbell)은 호세아와 "신명기 전승"간의 관계를 다루면서, 호세아 때에 '여호와'께서 이스라엘과 체결하신 언약 관계가 끝난 것으로 간주한다.[48] 호세아는 북 이스라엘에 대해 예언활동을 했다. 그러나 에스겔 10~11장에 의하면, 쉐키나(Shekinah) 영광은 세월이 그리 오래 지나지 않은 때에 (남 왕국에 있는) 성전으로부터 떠났다. 호세아는 1:9에서 출애굽기 3:12~13의 표현을 골라내어 "너희는 내 백성이 아니요 나는 너희 하나님이 되지 아니할 것임이니라"라고 기록한다. 이 말씀은 "너희는 나의 백성이 아니고 나는 너희에게 '에흐예'('ehyeh)가 아니다"라고 옮길 수 있다. 이것은 '로 암미'(lō' 'ammî)가 '로 에흐예'(lō'-'ehyeh)와 병행을 이루는 히브리어의 병행법에 부합한다. 이스벨은 출애굽기 3:14에서 언약 형식보다는 오히려 호세아의 경험에 비추어 이혼 형식을 발견한다. 이러한 의미에서, 하나님은 이스라엘에게 더 이상 '에흐예'가 아니며,

---

46 J. A. Motyer, ibid., p. 24.

47 G. Fohrer, *History of Israelite Religion*, trans. D. E. Green (Nashville: Abingdon, 1972), p. 72.

48 C. D. Isbell, ibid., pp. 101-18.

그 백성은 '로 암미'이기 때문에 하나님은 그들에게 '로 에흐예'가 되신다는 것이다. 모세 언약이 끝남과 동시에, 하나님은 그들에게 더 이상 '에흐예'가 되기를 그치셨다!

비록 '여호와'께서 그의 백성과 "이혼하신"적이 있으신 지에 관해서는 논쟁의 여지가 있겠으나, 그런 대로 이 "언약적" 견해는 옳아 보인다. 그러나 이 견해는 '하야'의 의미에 관한 충분한 결과들을 고려하지 못하고 있다. '여호와'라는 이름은 더 광범위한 함축성을 내포하고 있다.

5. "현상학적" 견해

이 견해의 지지자들은 '여호와'라는 이름이, 하나님께서 역사를 통해 그의 활동들 속에서 자신을 계시하실 것을 의미한다고 이해한다. 이 견해 안에는 "언약적" 견해가 함축되어 있다. 델리취(Delitzsch)는 이 견해를 실재의 능동적 현시(顯示)라고 부른다. 하나님께서는 역사 속에 임재 하셔서 자신을 다른 민족들보다 특별히 이스라엘에게 현시하신다.[49] 출애굽기 3:14와 관련해서, 모빙켈(Mowinckel)은 다음과 같이 말한다.

> 그분은 '하야'(그 용어의 가장 충실한 의미에서)이신 신이다. …… 그러나 이 "존재"는 단순히 실재뿐인 헬라어의 '에이나이'(einai)가 아니다. 히브리어에서 "이다" 동사는, 다른 모든 존재들이나 사물들이 그런 것처럼 존재한다는 것만을 의미하지 않고, 능동적이고 자신을 능동적 존재로 표현하는 즉 "행동하시는 하나님," "나는 창조적 활동과 내가 존재하는 결과로서 드러나는 그 어디에서든지 나이다," 혹은 "나는 참으로 행동하는 (하나님)이니라"를 의미한다.[50]

창조기사에서 '하야'가 사용된 것은, 분명히 우리로 하여금 "역사"의 시초에 나타난 하나님의 능동적 현시를 감지하도록 이끈다(창 1:3,5~6). 데이빗슨(Davidson)은 '에흐예 아쉐르 에흐예'("나는 스스로 있는 자이니라")에서, '여호와'께서 행동하시려고 오심 즉 그의 능동적 오심이라는 의미에서 '호 에르코마이' (ho erchomai)를

---

[49] R. Abba, ibid., p. 328.
[50] S. Mowinckel, ibid., p. 127.

발견한다.[51]

출애굽기 3:14를 이렇게 이해함으로써, 미완료형(즉 '에흐예')의 중요성이 밝히 드러난다.[52] 이스라엘에게 하나님의 현시는, 불붙은 떨기나무 사건 당시에는, 아직 미래의 일에 속한다. 이 '에흐예'는 하나님께서 이스라엘 자손들을 구속하실 것이라는 하나님의 약속이다. 이스라엘 백성들은 큰 곤경에 처해 있었다. 이때 그들이 필요로 했던 것은, 하나님의 성품에 관한 실제적 지식이나 단지 그분은 그들이 곤경에 처했을 때에 임재하시는 언약의 하나님이라는 것보다는, 이 하나님은 그들이 곤경에 처했을 때에 그들을 만나주시고 자신의 성품과 약속들이 참되다는 것을 증거하는 분이시라는 사실이었다.

사실 이것이 출애굽기 3:12에서 하나님이 모세에게 하신 약속을 구성하고 있는 바로서, 다름 아닌, 앞에 놓인 힘든 일 가운데에 하나님께서 임재하시고 모세를 대신해서 역사하시겠다는 약속이다. 참으로, 바로 이것이 모세를 가도록 격려했던 것이다. 이스라엘 백성들의 경우에 있어서, 하나님께서는 자신을 독립적 구문으로 '에흐예 아쉐르 에흐예'라고 선포하셨다. 여기에는 술부나 전치사구가 없다. 이스라엘을 구출하실 하나님은 '하야'가 그분에 대하여 "충분히 서술할 수 있는" 그런 하나님이시다.[53] 환경이 어떠하든지, 필요한 것이 무엇이든지(상세하게는 애굽으로부터의 구출이겠으나, 역시 미래의 필요들), 하나님께서는 그 필요에 대한 해결이 "되어"(become)주실 것이다.[54]

출애굽기 6:6에서, 하나님은 모세 이전 시대에는 자신의 이름 '여호와'에 계시된 특성으로써는 알려지지 않았다고 밝히신 후에, 그는 "나는 여호와이니라"('ănî YHWH)라고 선포하셨다. 이 선포에 뒤이어서, 하나님께서는 자신이 채워주실 이스라엘의 필요를 언급하신다.

---

[51] A. B. Davidson, ibid., pp. 54-57,70-71. 모티어(Motyer)는 '하야' (היה)를 ἐιναι보다는 γένεσθαι와 유사한 뜻으로 이해한다(Motyer, ibid., p. 21).

[52] 대부분의 번역자들은 출 3:21에 나타난 '에흐예'의 시제를 미래로 보아, "내가 너희와 함께 있으리라……"로 옮긴다.

[53] G. Fohrer, ibid., p. 79. 그러나 포러는 지나칠 정도로, '여호와'라는 이름에 "되어주심"(becomingness)이 내포되었다고 보는 자신의 견해를 주장한다.

[54] H. F. Stevenson, *Titles of the Triune God* (Westwood, NJ: Fleming H. Revill, 1956), p. 21을 참조하라.

…… 나는 여호와라(’ănî YHWH). 내가 애굽 사람의 무거운 짐 밑에서 너희를 빼내며 그들의 노역에서 너희를 건지며 편 팔과 여러 큰 심판들로 너희를 속량하여 너희를 내 백성으로 삼고 나는 너희의 하나님이 되리니 나는 애굽 사람의 무거운 짐 밑에서 너희를 빼낸 너희의 하나님 여호와(’ănî YHWH)인 줄 너희가 알지라. 내가 아브라함과 이삭과 야곱에게 주기로 맹세한 땅으로 너희를 인도하고 그 땅을 너희에게 주어 기업을 삼게 하리라 나는 여호와라(’ănî YHWH) 하셨다 하라(출 6:6~8).[55]

"나는 여호와이니라"(’ănî YHWH)라는 숙어는 위 세 절에서 세 번 나타난다. 첫 번째에서는, 하나님께서 자신의 이름을 그 뒤에 이어지는 내용과 일치시키셨다. 두 번째에서는, 백성들이 자신들을 구출하실 하나님에 관하여 알게 될 내용으로 구성되어 있다. 그분은 '여호와'로서 바로 그의 이름이 함축하는 바와 같이 그들의 필요를 채워주실 하나님이시라는 것을 그들이 알게 될 것이다. 마지막인 세 번째에서는, 다시 그의 이름을 그가 하실 일과 연관 지어서 강조했다. 이처럼 분명히, 자신의 백성을 위해서 하실 구원 행위들은 '여호와'의 이름의 의미를 계시할 것이다.

신명기 29:2~6에서는, 광야에 있는 이스라엘 백성들을 위해 하나님께서 그들의 필요를 채워주신 목적은 "나는[원문] 너희 하나님 여호와(’ănî YHWH)인 줄을 알게 하려 하심"이었다. 로버트 데이빗슨(Robert Davidson)은 이 사실을 아래와 같이 잘 개괄했다.

모세는 하나님에 관한 특성의 개요를 제시받는 대신에, 약속 그 자체를 받았다. "나는 스스로 있는 자이니라." 즉 "너희가 당면하는 그 어떤 상황들 가운데서도 나는 있는 자이고 능동적으로 활동할 하나님이다." 이 체험의 근거에서 모세는 하나님의 위대하신 행위로서의 출애굽 사건을 백성들에게 설명해 주었다. 이것이 구약 전체를 통해 나타나는 패턴이다. 사건들은, 이른바 예언적 신앙이라는 관점에서 해석되었다. 그 사건들은, 극적이고, 신비스럽거나 매우 평범할 수도 있다. 그러나 이 모두는, 역사 속에서 그리고 역사를 통해서 능동적으로 활동하시는 하나님을 믿는 신앙의 맥락 안에서 이해된다.[56]

---

[55] W. Zimmerli, *I Am Yahweh* (Atlanta: John Knox, 1982), p. 5를 참조하라. "나는 여호와이니라."는 숙어를 포함시키는 것과 관련해서, 짐멀리는 이렇게 질문한다. "왜 이 모두가 '그들이 나를 알 것이다'라는 더욱 단순한 진술로 표현될 수 없었는가?" 그 이유는, 짐멀리가 이어서 말한 바와 같이, "모세가 부여받은 지도자로서의 역사적 임무 전체는, 이후의 사건들에서뿐만 아니라, 바로 이 근본적이고 계시적인 진리의 영향력, 즉 '여호와'의 자기소개 사건으로서 드러난 '여호와'의 이름에 관한 지식이 미치는 영향력에서, 하나님의 의도하신 의미를 끌어내는 것이기 때문이다"(p. 10).

[56] R. Davidson, *The Old Testament* (Phila.: J. B. Lippincott, 1964), p. 27.

출애굽에 관련된 성구들에서, 이것이 사실임을 구약 전체를 통해 찾아볼 수 있다(즉, 출 29:46; 30:2~3; 레 11:45; 19:36; 25:38; 26:13; 삿 6:8~10; 시 81:10; 호 12:9; 13:4; 겔 20:5~7). '여호와'께서는 구속과 관련해서 자신을 선포하시거나 확인시키신다.

이러한 결론을 '여호와'께서 출애굽 사건 이외에서 활약하신 것과 관련지어 확인하기 위해, "나는 여호와이니라"('ănî YHWH)라는 숙어를 검토해야 하겠다. 예를 들면, 레위기 17~26장에서는 율법에 관해 열거하면서, "나는 여호와이니라"가 약 20회 나타난다. 그리고 "화자를 확인시켜서 그 누구도 앞에서 제시한 규례와 계명들이 단순히 인간적 기원에서 기인한 것으로 오인하지 않고,"[57] 그것들이 '여호와'로부터 기인된 것을 깨닫게 한다. 그러나 출애굽 경험의 문맥 속에 있는 관계로서, 그 이름의 충분한 의미는 모세와 백성들의 마음속에 신선하게 남아있었음에 틀림이 없을 것이다.

특별히 중요한 것은, '여호와'라는 이름이 역시 율법의 상벌문제와 연관되어 있다는 것이다.

> 너희가 나의 규례와 계명을 준행하면 내가 너희에게 철따라 비를 주리니 땅은 그 산물을 내고…… 내가 그 땅에 평화를 줄 것인즉 너희가 누울 때 너희를 두렵게 할 자가 없을 것이며 내가 사나운 짐승을 그 땅에서 제할 것이요…… 너희가 원수들을 쫓으리니 그들이 너희 앞에서 칼에 엎드러질 것이라…… 내가…… 너희를 번성하게 하고…… 내가 너희와 함께 한 내 언약을 이행하리라…… 나는 너희 중에 행하여 너희의 하나님이 되고 너희는 내 백성이 될 것이니라. 나는 너희를 애굽 땅에서 인도해 내어 그들에게 종 된 것을 면하게 한 너희의 하나님 여호와이니라('아니 아도나이 엘로헤켐', 'ănî YHWH 'ĕlōhêkem). 내가 너희의 멍에의 빗장을 부수고 너희를 바로 서서 걷게 하였느니라(레 26:3~13).

'여호와'라는 이름 안에 계시된 특성은, 여기에서 하나님과 그의 명령들을 순종하는 자들에게 하나님께서 주실 복과 연관되었다. 레위기 22:3은 율법에 관한 구체적

---

[57] S. H. Blank, "Studies in Deutero-Isaiah," *HUC* 15 (1940): 32-3. "나는 여호와이니라"는 레 18:5~6,21; 19:12,16,28,30,32,37; 22:2~3,8,30~31,33; 26:2,45; 31:12에 나타난다. "나는 ……하는 여호와이니라"는 레 18:2,4,30; 19:3~4,10,25,31,34; 23:22,43; 25:55; 민 10:10; 15: 4에 나타난다. "이는 나는…… 여호와이니라"는 출 31:13; 레 11:44; 21:15,23; 24:22; 25:17; 26:1,44에 나타난다. 물론 이 목록은 여기에 관련된 성구들을 모두 다 제시한 것이 아니다.

위반들을 언급하고 있다.

> 그들에게 이르라. 누구든지 네 자손 중에 대대로 그의 몸이 부정하면서도 이스라엘 자손이 구별하여 '여호와'께 드리는 성물에 가까이 하는 자는 내 앞에서 끊어지리라. 나는 여호와이니라('ănî YHWH).

이와 같이 상벌의 확실성은, 하나님께서 자신을 나타내실 것이라고 말씀하신 그대로 자신을 나타내실 것임을 시사하신 하나님의 속성과 묶여 있다.

레위기 26장에서, '여호와'께서는 이스라엘이 불순종하여 심판 받을 것을 예견하시면서, 그들을 완전히 멸하지 않으시겠다는 약속에 이 독특한 "나는 여호와이니라('ănî YHWH)"라는 선포를 결부시키신다.

> 그런즉(Yet in spite of this) 그들이 원수들의 땅에 있을 때에 내가 그들을 내버리지 아니하며 미워하지 아니하며 아주 멸하지 아니하고 그들과 맺은 내 언약을 폐하지 아니하리니 (for) 나는 여호와('ănî YHWH) 그들의 하나님이 됨이니라. (But) 내가 그들의 하나님이 되기 위하여 민족들이 보는 앞에서 애굽 땅으로부터 그들을 인도하여 낸 그들의 조상과의 언약을 그들을 위하여 기억하리라, 나는 여호와이니라('ănî YHWH, 레 26:44~45. 괄호 안의 번역은 저자의 것이다 -역자 주).

"현상적" 효과에 관한 하나님의 약속은, 역시 이스라엘의 이후 역사에서도 찾아볼 수 있다. 예를 들면, 아람 군대의 침공에 직면했을 때에 아합 왕은 '여호와'의 이름에서 이 확신을 얻었다.

> 한 선지자가 이스라엘의 아합 왕에게 이르되 '여호와'의 말씀이 네가 이 큰 무리를 보느냐? 내가 오늘 그들을 네 손에 넘기리니 너는 내가 여호와('ănî YHWH)인줄 알리라 하셨나이다 (왕상 20:13).

이러한 견지에서 에스겔은 역시 선지자들 가운데에서 성호의 중요성(특히 '여호와'께서 징벌하실 것)을 이해한 대표적 인물이다.

> …… 오호라! 이스라엘 족속이 모든 가증한 악을 행하므로 마침내 칼과 기근과 전염병에

망하되 먼 데 있는 자는 전염병에 죽고 가까운 데 있는 자는 칼에 엎드러지고 남아 있어 에워싸인 자는 기근에 죽으리라. 이같이 내 진노를 그들에게 이룬즉 그 죽임 당한 시체들이…… 그 우상에게 분향하던 곳에 있으리니 내가 여호와('ănî YHWH)인 줄을 너희가 알리라. 내가 내 손을 그들의 위에 펴서 그들이(원문) 사는 온 땅 곧 광야에서부터 디블라까지 황량하고 황폐하게 하리니 내가 여호와('ănî YHWH)인 줄을 그들이 알리라(겔 6:11~14; 참조 7:27).

결론적으로 요약하자면, '여호와'라는 이름은 하나님의 구원 사역과 징벌의 실행 양쪽 모두에 있어서 그의 현상적인 효과를 이스라엘 역사 속에서 분명히 나타내 보이시면서, 하나님께서 이스라엘과 맺으신 관계를 가리킨다. 하나님께서 말씀하시는 그것을, 하나님은 실행하실 것이다. 그의 이름이 그렇다고 약속해 준다. 그리고 그분은 자기 백성을 위해서 실행하실 것이다. 그러나 '여호와'는 자신의 이름의 중요성을 궁극적으로는 이스라엘 자손들에게 국한시키지 않으시는 것이다. 아이히로트(Eichrodt)가 간결하게 진술한 바와 같이, "여호와'라는 성호는 하나님의 자기 계시의 형태이며 그 기능은 예수님 자신에게서 비로소 실현된다."[58] 참으로, 예수님이야말로 이 세상의 역사 속에서 하나님의 사역의 효력을 **가장 탁월하게** 드러내시는 분이다!(*)

---

[58] W. Eichrodt의 내용은 G. H. Parke-Taylor, *Yahweh: The Divine Name in the Bible* (Waterloo: Wildfrid Laurier University, 1975), p. 64에서 인용했다.

11

오경에 나타난 '엘로힘'과 '여호와'의 용법

윌리엄 헨리 그린
(William Henry Green)

'엘로힘'과 '여호와'는 거의 모든 구약 성경책에서 다양한 비율로 나타난다. 이두 명칭들이 같은 분을 지칭하기 때문에 어느 정도 교대로 사용될 수 있는 것이 사실이지만, 그럼에도 불구하고 그것들은 지극히 높으신 분을 서로 다른 측면에서 표시하며, 히브리어 성경 전반에 걸쳐 그 용법이 명확하게 구별된다. 우선 그명칭들의 적절한 의미와 오경 이외의 구약 성경에서 사용된 용례를 각각 간단히 고찰한다면, 우리는 그것들이 오경에서 사용된 방식을 더 잘 이해할 수 있게 될 것이다.

'여호와'는 이방의 신들과 구별되어 이스라엘의 하나님에게 독점적으로 쓰인 고유 명사이다. '엘로힘'은 보통 명사이다. 따라서 '엘로힘'은 참 하나님에게만 국한되지 않고 소위 다른 신들에게도 마찬가지로 사용된다. '여호와'는 이스라엘에게와 선택된 민족에게 처음부터 자신을 알리신 대로의 하나님이시다. '엘로힘'은 그가 이스라엘에게 뿐만 아니라 전체적으로 온 세상에 알려진, 그의 존재의 더 일반적 측면에서의 하나님이시다. 따라서 선민과의 관계에서 하나님을 특별히 언급할 때, 즉, 그를 그들의 언약의 하나님으로서, 계시와 은혜 및 구속의 하나님으로서 자신을 그들에게 나타내시고 그들 가운데 그의 왕국을 세우시며 자비나 심판으로 그들을 특별히 보호하시고 그들에게 예배를 받으시는 하나님으로 언급할 때 사용되는 적절한 명칭은 '여호와'이다. 그러나 더 일반적으로 언급할 때에나, 특별히 하나님께서 자기 백성에 대해 취하시는 태도에 관련된 것이 아니라 창조주와 보존자로서 또 그의 섭리의 통상 작용에서 전 인류와 전 세계에 대한 관계에 관련될 때에는

'엘로힘'이 적절한 명칭이다.

그래서 이스라엘인들이 하나님에게 또는 하나님에 대하여 말할 때, 그들은 그분을 '여호와'라는 성호로 부른다. 그들이 기도를 이 '여호와'께 드렸고(삿 3:9,15; 삼상 1:26), 단을 쌓고(삿 6:24,26; 삼상 7:17), 제사를 드리고(삿 2:5; 삼상 6:14,15), 서원하고(삿 11:30; 삼상 1:11), 그의 뜻을 물었으며(삿 1:1; 삼상 10:22), 과거나 현재의 구원을 그의 은혜로 돌린 것이다(삿 6:13; 삼상 7:12). 성(聖)역사가들은 이스라엘을 돕거나 벌하기 위한 모든 신적 간섭을 바로 이 '여호와'에게 돌리며(삿 3:14~18), 선지자들은 그들이 전한 메시지를 그분의 것으로 돌린다(사 1:2; 렘 1:4).

비(非)이스라엘인들이 말할 때에는 '엘로힘'을 사용한다. 베섹의 가나안 왕이 그랬고(삿 1:7), 꿈을 해석하는 미디안 사람이 그랬다(삿 7:14) — 그러나 기드온은 그 꿈을 언급할 때 '여호와'라고 말한다(15절). 블레셋 사람들이(삼상 4:7,8) '여호와'의 궤(6절)가 전쟁터로 들어왔을 때, 갓의 왕인 아기스가(삼상 29:9), 애굽인 종이(삼상 30:15), 애굽과 구스 그리고 스바인들이(사 45:14), 선장이 요나에게(욘 1:6), 니느웨 왕이(욘 2:8,9), 다른 열국 백성이 유대인에게(슥 8:23), 애굽 왕이 요시야에게(대하 35:21,22), 느부갓네살이 맹세하게 할 때(대하 36:13)에도 '엘로힘'이라고 말한다.

이스라엘 사람이 이방인에게 말할 때에는 자신을 저들의 수준에 놓고 '엘로힘'을 공용어로 사용할 경우가 있다. 에훗이 에글론 왕에게 그러했다(삿 3:20) —그러나 이스라엘에게는 '여호와'를 사용했다(28절). 다윗이 모압 왕에게(삼상 22:3), 다니엘이 느부갓네살에게(단 2:45), 또한 다윗이 다른 민족들을 이스라엘과 비교할 때에나(삼하 7:23) 니느웨가 언급될 때처럼(욘 3:5,10) 이스라엘인이 이방인들에 관하여 말할 때에도 '엘로힘'을 사용한다.

그러나 이방인이 이스라엘인에게 또는 이스라엘인이 이방인에게 말할 때에도 이스라엘의 하나님에 대한 분명한 관련이 있으면 '여호와'라는 성호가 사용될 수 있다. 그래서 블레셋 사람들은 그들이 노획한 궤를 '이스라엘 신(엘로힘)의 궤'(삼상 5:7,8,10,11; 6:3) 혹은 '여호와의 궤'(6:2,8)라고 불렀다. 아기스는 다윗에게 "여호와께서 사시거니와"(삼상 29:6)라고 말했다. 두로의 히람 왕은 솔로몬이 그에게 '여호와'에 대하여 방금 말한 것(왕상 5:3~5)에 답하여 솔로몬에게 '여호와'라고 했고(7절), 스바 여왕은 '당신의 하나님 여호와'라고 했고(왕상 10:9), 나아만이 엘리사에 관하여 '그(의) 하나님 여호와'라고 했고(왕하 5:11), 벤하닷은 하사엘을 엘리사에게 보내며 "여호와께 물으라"고 했고(왕하 8:8), 랍사게가 유대인들에게 연설할 때 그들의 하나님을 '여호와'라 불렀으며(왕하 18:22,25,30,32), 요나가 선원들에게(욘 1:9), 선원들이 요나의 하나님에게 구할 때(14,16절) '여호와'라고 말했다.

더 나아가서 '엘로힘'은 선민에게만 국한되지 않고 그들과는 특별한 관계가 없이 모든 인류와 일반으로 관련된 신적 존재의 제(諸)측면 또는 신적 활동을 언급할 때 사용하는 적절한 명칭이다. 그래서 천지창조와 인간사에 대한 지고(至高)한 다스림을 이사야 40:18,21~23에서 '엘로힘'의 동의어인 '엘'(El)에게로 돌리는데, 이는 28절에서 '엘로힘'으로 대체되며 이스라엘의 하나님과 창조와 섭리의 하나님을 동일시하기 위하여 '여호와'와 결합된다. 제반사를 이루어 가시는 섭리는 '엘로힘'에게 돌려지는데, 그는 기회나 장애를 만드시고(삿 18:10; 삼상 23:7,14; 26:8), 확신과 능력의 원천이시며(삼상 23:16), 왕들에게 명성을 주신다(왕상 1:47). 그는 야베스에게 인생의 성공을 허락하시고(대상 4:10), 아비야에게 여로보암에 대한 승리를(대하 13;15,16), 바락에게는 가나안 왕인 야빈을 이기는 승리를 주셨다(삿 4:23). 또 그는 히스기야를 번성하게 하셨으며(대하 32:29), 중요한 한 경우에는 그를 떠나셨다(33절). 그는 여호사밧을 공격하던 사람들이 그를 떠나도록 움직이셨는데(대하 18:31), 이는 '여호와'가 그를 도우신 것이다. 아하시야를 죽음으로(대하 22:7), 아마샤를 파멸로(대하 25:20) 인도하셨다. 산발랏과 그의 보조자들의 궤계를 폐하시고(느 4:14), 예루살렘 성곽의 낙성식을 즐거움으로 거행하게 하셨다(느 12:43). 그는 아비멜렉과 세겜 사람들의 악을 그들 자신의 머리로 돌아가게 하셨고(삿 9:56,57), 르손을 일으켜 솔로몬의 대적이 되게 하시고(왕상 11:23); '여호와'도 하닷을 통해 그렇게 하셨다(14절). 그는 환관장으로 다니엘에게 은혜를 베풀게 하시고(단 1:9), 벨사살의 왕국을 망하게 하셨으며(단 5:26), 규정된 것이 시행되도록 하려고 사람들이 그를 가리켜 맹세하는 분이시다(삼상 3:17; 왕상 2:23).

또한 '엘로힘'은 자연의 작용들을 인도하고 통제하신다. 비록 기드온의 생애에 대한 기록에서 그 전후에 '여호와'가 사용되지만, '엘로힘'은 기드온의 요청에 따라 이슬을 주기도 하시고 거두기도 하셨다(삿 6:36~40). 그는 '여호와'께 드린 기도에 응답하여 삼손을 위하여 샘을 터치셨고(삿 15:19), 또 그에게 다곤의 집을 무너뜨릴 힘을 주셨는데(삿 16:28) 여기에서 이스라엘의 하나님 '여호와'는 우주의 하나님 '엘로힘'과 동일시된다. 그는 죽이기도 하시고 살게도 하시며(왕하 5:7), 헤만에게 자녀들을 주셨다(대상 25:5). 그는 정신적 재능을 주시는데 솔로몬에게 지혜를 주셨고(왕상 3:5,11,28; 4:29; 20:24; 대하 1:7,8,11; 9:23) ―한 번은 '여호와'가 주신 것으로 나타난다(왕상 5:12). 다니엘과 그의 세 친구에게는 지식과 재주를 주셨다(단 1:17). 비록 대체적으로 요나와 관계된 모든 곳에서는 '여호와'가 사용되고 있지만, '엘로힘'은 박이 자라서 요나를 가리게 하시고 벌레로 넝쿨을 시들게 하시며 동풍을 보내어 요나 위로 불게 하셨다(욘 4:6~9)('여호와'가 '엘로힘'으로 바뀌는 6절에서는 두 성호가 결합되어 있다.).

'여호와' 이스라엘의 하나님이 지방 신이나 민족 신에 불과하다거나 이방 나라의 중요한 신들과 마찬가지라는 잘못된 개념을 경계하기 위하여, 그가 우주의 하나님 '엘로힘'과 동일하신 분이라는 사실이 그의 능력과 위대함을 나타내신 사건들에서 드러난 바대로, 반복적으로 확언된다. 그('여호와')는 다윗으로 하여금 골리앗을 이기게 하셨고(삼상 17:46), 엘리야의 제물을 사르기 위하여 하늘에서 불을 보내셨고(왕상 18:24,36~39), 이전에는 전혀 보거나 듣지도 못한 일을 이루셨고(사 64:4), 미래를 보여주셨고(사 45:21; 46:9,10), 천지를 창조하셨으며(사 45:18; 렘 10:10~13), 온 세상의 하나님으로 지당하게 불린다(사 54:5). 솔로몬은 우주의 하나님이신 '엘로힘'이 스스로 낮추셔서 그가 지은 집에 거하신다고 놀라움을 표시한다(왕상 8:27).

지금까지 우리는 '여호와'와 '엘로힘'이란 성호가 지극히 높으신 분을 다른 측면에서 표현하기 때문에 생긴 용법상의 차이를 살펴보았다. 전자는 그분을 이스라엘의

하나님으로 그리고 계시와 구속의 하나님으로 나타내는 반면, 후자는 그분을 비
이스라엘인들에게도 마찬가지로 알려진 대로 온 세상의 창조주, 보존자 그리고
통치자로 나타낸다. 그러나 두 성호의 문법적 의미와 차이에서 생기는 또 다른
용법상의 차이도 고려되어야 한다. '여호와'는 유일신에 대한 고유 명사이다. '엘로
힘'은 보통 명사로서 신성하다고 여겨지는 어떤 계층에게도 적용될 수 있다. 이런
발생적 의미에서 볼 때 '엘로힘'은 하나님이 어떤 다른 차원의 존재들과 대조적인
위치에 놓일 때 사용되는 적절한 용어이다. 이처럼 '엘로힘'은 특별히 하나님과
사람을 대조할 때에 사용된다. 하나님과 사람을 영화롭게 한다(삿 9:9,10)는 표현도
있다. 전쟁은 하나님께 속한 것이지 사람에게 속한 것이 아니다(대하 20:15). 사람을
괴롭힐 뿐만 아니라 하나님을 괴로우시게 하려느냐?(사 7:13). 애굽 사람은 인간이
지 하나님(히브리어의 '엘'은 '엘로힘'의 동의어이다)이 아니다(사 31:3). 나는 사람
이 아니요 하나님(엘)이라(호 11:9). 하나님(엘)은 총독에게 드리기에도 부적합한
것을 받지 않으신다(말 1:8,9). 사람이 하나님의 것을 도적질하겠는가?(말 3:8)
하나님이 그(스마야)를 보내신 것이 아니라, 도비야와 산발랏이 보냈다(느 6:12).
하나님께 속한 일과 왕의 일이 있다(대상 26:32).

    '엘로힘'은 또한 하나님이 비 생명체와 대조될 때에 사용된다. 하나님께 구하고
죽은 자에게 구하지 말라(사 8:19). 장인(匠人)이 만든 것이지 참 신('엘로힘')이
아니다(호 8:6). 금과 은으로 만든 우상은 찬양하고, 왕의 호흡을 주장하시는 하나님
께는 영광을 돌리지 아니하였다(단 5:23). 하나님의 집이 실로에 있을 동안 신상이
단(Dan) 자손에게 있었다(삿 18:31).

    따라서 '엘로힘'이나 '여호와'가 나타나는 구절들은 그 의미에 제한을 받는다.
소돔과 고모라의 멸망은 사람의 힘에 의하지 않은 초자연적인 사건으로 '엘로힘'에
게 돌려지는 반면(사 13:19; 렘 50:40; 암 4:11), 약속의 땅에서 침략자들을 쫓아내신
것은 선민의 하나님께서 하신 일로서 '여호와'께 돌려진다(렘 20:16). '엘로힘'의
사자(삿 6:20; 13:6,9)나 '엘로힘'이 보내신 악한 신(삿 9:23; 삼상 16;15,16)은
하나님에 의해 보냄을 받았으나, '여호와의 사자'(삿 6:21)나 '여호와'의 부리신
악신(삼상 16:14)은 이스라엘의 하나님에 의해 보냄을 받았다고 분명히 표현되어
있다. '엘로힘'이 그 땅을 위하여 기도를 들으시고(삼하 16:14), '여호와'도 그

땅을 위하여 기도를 들으신다(삼하 21:14). 전자의 표현 양식은 모든 사건의 지고한 섭리자로 간주되는 지극히 높으신 분에게 구원의 사역을 돌린다. 그리고 후자는 그분을 선민의 보호자로 여긴다. '엘로힘'의 집(대상 23:28), '엘로힘'의 궤(삼상 3:3)와 '엘로힘'의 거룩한 기구(대상 22:19)는 물론 '여호와'의 집(왕상 6:37), '여호와'의 궤(왕상 8:4) 그리고 '여호와'의 기구(사 52:11)와 동일하다 — 다만 전자의 경우에서는 신적 봉사를 위하여 구별된 것으로서 일반적 명칭으로 묘사되고, 후자의 경우에서는 보다 특수하게 이스라엘의 하나님께 드리는 예배와 연결되어 있다. '엘로힘'에 대한 두려워함(대하 20:29)은 신적 존재에 의해 고취된, 그의 초자연적 계시의 영역 밖에서도 느낄 수 있는 두려움이지만, '여호와'께 대한 두려움(삼상 11:7)은 이스라엘에게 자신을 계시하신 분으로서의 하나님을 경외하는 두려움이다.

창세기 1:1~2:3의 거의 모든 절에서 '엘로힘'이 나타나지만(다른 성호가 이 부분에서는 보이지 않는다), 창세기 2:4~4:20에서는 '여호와'가 지배적인 성호로 매우 빈번하게 나타난다. 이와 같은 성호의 전환은 물론 두 부분의 주제가 각각 다른 데에서 온 결과이다. 첫째 부분은 세계의 창조와 하늘과 땅, 궁창, 바다와 육지, 땅 위의 여러 식물, 공중과 바다와 물에 사는 다양한 형태의 생물의 산출에 관해 서술한다. 여기에서 '엘로힘'은 분명히 적절한 용어이다. 예를 들면, 출애굽기 20:11에서와 같이 '여호와'의 사용을 정당화하는, 선민과의 특수한 관련이 여기에는 없다. 11절에서는 지금 고찰 중인 구절을 가리키면서 "엿새 동안에 '여호와'가 하늘과 땅과 바다와 그 가운데 모든 것을 만들고 제 칠일에 쉬었다"고 진술된다. 이 구절의 의도는 이스라엘을 애굽 땅 종 되었던 집에서(2절) 인도하여 내신 이스라엘의 하나님 '여호와'가 우주의 창조주라는 것을 확언하는 것이다. 그러나 창세기 1:1~2:3의 목적은 단지 세계가 한 신적 조성자를 갖는다는 것과, 따라서 그 기원은 어떤 특별한 관련에서가 아니라 온 세계와 그의 모든 피조물에 관련된 가장 보편적인 의미에서 하나님에게 돌려지는 것이 당연함을 선언하는 것이다.

그 다음 부분(창 2:4~4:26)은 그 규모가 전혀 다르다. 장면은 앞장의 전 세계적인 포고(布告)로부터 에덴동산과 사람들 가운데 설립한 하나님 왕국으로 옮겨진다. 여기에서 사람은 더 이상 세계에 충만한 존재 질서들 중의 하나이거나 땅의 피조물의 면류관과 절정이 아니다. 비록 하나님과 거룩한 교제를 즐기던 원래의 상태에서 죄로 인해 떨어지고 말았다고 해도, 아직 완전히 포기되지 않은 인간으로 간주되고 있다. 잃어버린 관계가 회복되었고 악의 세력이 파멸되리라는 약속이 주어졌다. 이러한 땅에서의 하나님 왕국의 시작과 여자의 씨가 뱀의 씨를 이김에서 예표되는 구속의 진행 과정의 시작을 묘사함에 있어서는, 구속의 하나님이시며 선민의 하나님이신 '여호와'가 적합한 성호이다. 그리고 이것은 동일한 위대하신 존재의 다른 측면일 뿐이며, '여호와'는 '엘로힘'과 다른 신적 존재가 아니라 새로운 관계에서 바로 동일한 하나님이라는 사실을 가리키기 위하여, '엘로힘'을 창세기 2장과 3장 전반에 걸쳐 '여호와'에 덧붙여 사용하고 있다. 이는 요나 4:6에서 '여호와'에서 '엘로힘'으로 전환할 때 나타난 결합과 같다. 창세기 3:1~5에서 '엘로힘'은 뱀이 하와에게 말할 때와 하와가 뱀에게 말할 때에 똑같이 사용되고 있는데, 이는 죄를 짓도록 유혹하는 자로서 뱀이 하나님 왕국에 어울리지 않는 존재이기 때문이다. 또 창세기 4:25에서 하와는 이전에 가인을 '여호와'가 주시는 선물로 받았음에도 불구하고(창 4:1), 셋의 출생에서 '엘로힘'이 주신 선물로 인정한다. 가인은 악하고 셋은 경건한 민족을 영속시키기 때문에 언뜻 보기에 마치 두 성호가 뒤바뀐 것같이 보인다. 그러나 이는 쉽게 설명할 수 있다. 첫 아이의 경우 하와는 여자의 씨에 대한 '여호와'의 약속의 첫 실현을 보았다고 생각했다. 셋의 탄생에서 하나님의 선물은 가인이 아벨을 죽인 것과 대조되며, 이 신적인 것과 인간적인 것의 대조에서는 '엘로힘'의 사용이 필요하다. 물론 가인과 아벨은 '여호와'께 그들의 제물을 가져왔으며(창 4장), 동생이 죽은 후에 가인이 '여호와의 앞을 떠나 나가'(16절)서 그의 자손들과 함께 '여호와'와의 관계를 단절하기까지 계속 그를 다루신 분은 바로 '여호와'이셨다.

창세기의 처음 몇 장에 나타난 성호가 바뀜에 따라서 지존자에 대하여 표현된 개념에도 상응하는 변화가 있다. 창세기 1장에서 그는 단순히 명령을 공표하심으로써 모든 것을 이루신다. 창세기 2,3장의 표현은 신인동성동형적이다. 신적 능력의 단순한 행사에 의해서가 아니라 '여호와'의 직접적인 공작(工作)에 의해서 결과가 산출된다. 그는 사람과 짐승들을 빚으시고, 사람의 코에 생기를 불어넣으시고, 갈비뼈로 여자를 지으시고, 동산을 창설하시고, 사람을 취하여 그 가운데 두시고, 짐승들을 그 사람에게로 데려오시며, 날이 서늘할 때에 거니신다. 그 차이는 두 성호의 의미와 성호가 위치한 문맥의 차이에 기인한 것이다. 창조의 하나님으로서의 '엘로힘'은 그의 무한한 승귀를 암시하나, 자기 백성의 하나님으로서의 '여호와'는 그의 은혜로운 태도와 따뜻한 돌보심을 시사한다. 따라서 두 개념은 모순된 것이 아니라 상호보완적이다. 그리고 이 성호들이 하나님의 성품의 실재적 속성들을 표현한 것으로서 지극히 높으신 분을 올바로 나타내는 개념이라면 둘 다 반드시 포함되어야 하는데, 다른 성경 기자들의 언어에서도 그렇게 표현하였다. 홍수의 기록(창 6~9장)에서 '여호와' 단락들은 '엘로힘'을 포함하는 단락들과 교대로 나타난다. 창조주는 그가 매우 선하게 지으신 땅(창 1:31)이 부패하여졌음을 보시고(창 6:11~13), 멸하기로 결심하셨으나, 동시에 그가 이미 창조한 여러 종의 생물들을 영속시키기 위하여 준비하기로 작정하셨다. 이 관점에서 준비가 '엘로힘'에 의해 된 것으로 기술되며(창 6:13~22; 7:9,16), 모든 일이 '엘로힘'이 행하신 것으로 서술된다(창 8:1,15~17; 9:1~7). 그러나 홍수는 또한 하나님의 지상 왕국에 관하여 성취할 기능을 가지고 있는데, 이는 '여호와'의 개입을 요청한다. 비록 인자하심으로 오랫동안 기다리셨지만(창 6:3), 그는 의로운 노아를 제외한 전 인류를 멸함으로써 가득한 악을 끝내버리려고 결심하셨다(5~8절). 노아는 가족과 함께 부정한 짐승보다 정결한 짐승을 더 많이 데리고 방주 속으로 들어가도록 명령을 받았으며(창 7:1~5), '여호와'는 그를 닫아 넣으셨다(16절). 자신을 구원해 주신 데 감사하여 노아는 정결한 짐승을 '여호와'께 제물로 드렸는데, 그는 그 제물을 연납하시고 다시는 홍수로 땅을 멸하지 아니하리라고 말씀하셨다(창 8:20~22). 여기에서 '여호와'라는 성호가 이 경건한 가족을 오염과 파멸에서 보전하시는 것과 그들의 예배를 받으시는 것하고 전적으로 연관되어 있음을 발견할 수 있다. 이것은 그 성호의 용법과 완전히 일치한다. 창세기 6:2,4에서 '엘로힘'은 '하나님의 아들들'인 경건한 족속과 '사람의 딸들'인 나머지 인류의 대조 때문에 사용된다. 창세기 9:26,27에서 '여호와'가 선민의 조상인 셈과 연결되어 있으나 '엘로힘'은 야벳과 연결되어 있다. 새로운 위험이 바벨에서의 불경건한 연합으로 인해 하나님의 왕국을 위협하였으나 '여호와'가 그것을 파하셨으며(창 11:1~9), 시날 땅에 세속적 왕국이 건설되었으나 이것도 하나님의 눈길을 피할 수 없었다(창 10:9 이하).

'여호와'는 아브라함과 이삭과 야곱의 하나님이시며, 예외적임을 스스로 설명하는 경우를 제외하고는, 줄곧 그들의 생애에 관한 기록에서 언급되는 성호이다. '여호와'는 나라와 친척을 떠나도록 아브라함을 부르시고 그에게 약속들을 주시는 데(창 12:1～4; 24:7), 이 약속들은 때때로 그에게(창 12:7; 13:14～17; 15:1～8,18; 18:13,14; 22:16～18), 이삭에게(창 26:2～5,24), 그리고 야곱에게(창 28:13～15) 반복되면서 점점 더 자세하게 주어진다. 그러나 아브라함이 약속의 성취를 위하여 이십사 년을 기다리고도 여전히 무자하고 그와 사라가 나이 많아 늙어서 더 이상 자연적인 출산에 대한 기대가 없었을 때에, '여호와'는 자연이 할 수 없는 것을 이루실 수 있으시며 또 이루시는 전능하신 하나님으로 자신을 그에게 계시하셨다 (창 17:1). 그리고 '엘로힘'은 이 면담의 전반에서 말씀하시는 분이 바로 전능하신 창조주이시라는 사실을 강조하기 위하여 사용되었으며, 그래서 '엘로힘'은 또한 창세기 21:2,4,6에서 그렇게 강조적으로 다시금 새롭게 하신 약속이 이삭의 탄생에 서 이루어졌을 때에도 사용되었다. '여호와'는 아브라함에게 나타나시고(창 12:7; 17:1; 18:1), 그에게 자신의 목적을 보이시고(창 18:17～20), 그의 간구를 들으시고 (창 18:22～33; 19:27), 그를 축복하시며(창 24:1,35), 이삭의 아내를 얻을 때에 그의 종을 놀랍게 인도하셨으므로(창 24장) 라반도 그분의 간섭하심을 알아차렸다 (창 24:31,50). 아브라함은 '여호와'께 제단을 쌓고 그의 이름을 불렀으며(창 12:7,8; 13:4; 21:33), 이삭도 그렇게 했다(창 26:25). '여호와'는 사라를 위해서 간섭하시고 (창 12:17; 20:18), 그녀와 관계된 모든 것을 명령하신다(창 16:2,5; 21:1). 이삭은 리브가를 위하여 '여호와'께 기도 드렸으며(창 25:21), 그녀 자신도 '여호와'께 구하여 응답을 받는다(창 25:22～23). 우리의 최초의 부모가 아직 타락하지 않았을 때 그들의 안식처이었던 에덴은 '여호와'의 동산이라 불린다(창 18:10). '여호와'께 서, 약속의 땅을 넘치는 죄악으로 더럽힌 소돔과 고모라는 멸하셨으나(창 13:10,13; 18:20; 19:13,14,24), 아브라함의 조카인 롯은 구하셨다(창 19:16). 그러나 롯과 아브라함의 관계가 소돔에서의 도피로 드디어 끊어졌을 때에 그의 앞날의 성쇠에 대한 이야기를 시작하면서 '엘로힘'이 사용된다(창 19:29). 같은 이유로, 창세기 21:12～21에서 하갈과 이스마엘이 아브라함에게서 멀리 보내졌을 때에 '엘로힘'이 사용된다(비록 하갈이 아직 아브라함의 가족에 속해 있는 동안인 창세기 16:7～13 에서는 '여호와'가 사용되지만 말이다). '엘로힘'은 또한 창세기 20장('여호와'가 사라를 보호하기 위해 간섭하시는 18절은 예외이다)과 창세기 21:22,23에서 발견된다. 비록 비슷한 면담에서 이삭의 하나님에 대한 특별한 언급 때문에 창세기 26:28,29에서 '여호와'가 사용되고 있지만, 여기에서는 그랄 왕인 아비멜렉과 관련된 일들을 다루기에 '엘로힘'을 사용한다. 헷의 자녀들은 아브라함을 '엘로힘'의 방백이라고 불렀다(창 23:6). 창세기 22:1~10에서 창조주 '엘로힘'은 이삭을 제물로 바칠 것을 명령하심으로 아브라함의 순종을 시험하신다. 선민의 하나님인 '여호와'는 그의 꿋꿋한 순종이 그가 '엘로힘'을 경외한다는 것을 보여주었을 때에(12절), 그 족장의 손을 멈추게 하시고 그를 새롭게 축복하셨다(창 22:18). 여기에서는 '엘로힘'이 적합하다. 왜냐하면 여기에서 문제는 그가 다른 신들을 섬기는 것과 반대되게 '여호와'를 섬기는 데에 착념할 것인가가 아니라, 그가 사랑하는 독자를 바치라는 신적 명령에 따를 것인가 이기 때문이다. '엘로힘'을 두려워하는 것(창 20:11)은 물론 그랄의 블레셋인들 중에서도 기대될 수 있다. '엘로힘'께서 이삭을 축복하셨을 뿐만 아니라(창 25:11), '여호와'께서도 이삭을 축복하셨다(창 26:12,22). 이와 같이 그의 번창함은 하나님의 섭리와 자기 백성에 대한 보호에서 동일하게 하나님의 선물로 나타난다. 이와 같은 이유로 또는 시가(詩歌)의 대구법에서 흔히 그렇듯이(시 3:2,3; 10:12; 24:5), 두 성호는 이삭이 야곱을 축복할 때에 결합된다(창 27:27,28). 족장들의 '여호와'는 단지 지방 신이나 부족신이 아니라, 전능하신 하나님(창 17:1)이시요 세상을 심판하시는 분(창 18:25)이시며 하늘과 땅의 하나님(창 24:3,7)으로서 그가 그의 계시를 잠정적으로 단 하나의 족속에게 제한한 것은 궁극적으로 땅의 모든 족속을 축복하시기 위함이었다(창 12:3; 18:18; 22:18; 26:4; 28:14). 멜기세덱이 지극히 높으신 하나님, 천지의 주재 혹은 창조주의 제사장이었던 반면(창 14:18~20), 아브라함은 지극히 높으신 하나님이요 천지의 주재이신 '여호와'께 맹세한다(22절).

지금까지 우리는 창세기의 처음 스물일곱 장에 나타나는 성호들을 살펴보고 그것들이 전반적으로 구약의 용법과 정확하게 일치하는 것을 발견하였다. 여기까지 사실들을 조사한 바에 따르면, 상이한 문서들을 말하는 비평적 가설은 성호의 다른 용법들을 설명하는 데 필요하지 않을 뿐만 아니라 그 용법들과 일치하지도 않는다는 것을 보여준다. 그 가설은 단어 자체의 의미와 용법에서 쉽게 제공되는 전체 내용에 대한 진정한 열쇠를 간과하고 무시하는 반면에, 피상적이고 기계적이며 만족스럽지 못한 해결을 제시하기 때문이다.

지금까지 구약 전반에 나타난 '엘로힘'과 '여호와'에 대한 연구에서 얻은 결론은 다음과 같다.

1. '여호와'는, 그가 자신을 선민의 보호자와 예배의 대상으로서 그들에게 계시한 것처럼, 선민과 특별한 관계에 있는 하나님을 나타낸다. 반면 '엘로힘'은 창조 주로서 또 인간사에서와 자연의 작용을 통제하는 데에서 섭리적 통치자로서 전 세계와 관계된 하나님을 나타낸다.

2. '엘로힘'은 선민의 하나님이신 '여호와'와 특별한 관련이 없는 한, 이방인이 말하거나, 이방인에게 말하거나, 이방인에 대하여 말할 때 사용된다.

3. '엘로힘'은 하나님이 사람 또는 사물과 대조되거나 고유명사보다 보통명사의 의미가 요구될 때 사용된다.

창세기의 처음 스물일곱 장은 이미 살펴보았고 거기에 나타난 '엘로힘'과 '여호와'가 구약의 일반적 용법과 일치한다는 사실이 발견되었다. 이제 오경의 나머지 부분에서는 어떠한가를 살펴보는 일이 남아 있다. 창세기 28~50장에서 '여호와'는 아브라함과 이삭의 역사에서처럼 빈번하게 나타나지는 않는데, 이는 거기 기록된 바대로 야곱과 요셉이 그 생애를 주로 이국땅에서 선민이 아닌 사람들과 왕래하면서 보냈기 때문이다. 이삭은 메소포타미아로 가는 길과 위험한 여행길에 야곱을 혼자 수행원도 없이 보내면서 그를 위하여 전능하신 하나님의 보호를 빌었는데(창 28:3), 야곱도 그의 형제들과 함께 곧 애굽으로 가게 된 베냐민의 안녕을 위하여 빌 때에도 그렇게 하였다(창 43:14). 이삭은 하나님의 전능하심에 호소하면서 창세기 19:2,6,8에서 따온 구절에서 아브라함의 축복을 전능하신 하나님께서 자신에게 주신 것으로 연결시키고 있는데, 그 결과로 창세기 28:4에서 '엘로힘'이 사용된다.

야곱은 집에서 떠나는 길에 꿈속에서 '엘로힘'의 천사들을 보았는데(창 28:12), 이들은 그가 돌아올 때에도 그를 만났으며(창 32:1,2), 이 칭호에 의해 인간이 사자들과 구별된다(그 단어는 히브리어로 천사와 사자를 같이 의미한다). '여호와' 는 꿈속에서 야곱에게 나타나셔서 아브라함과 이삭에게 주신 약속을 새롭게 하시고, 모든 여행길에서 그를 지키시며 안전히 돌아오게 해주실 것을 약속해 주신다(창 28:13~15). 두려움에 가득 찬 야곱은 이 신적 환상이 나타난 장소를 하나님의 집이라 부르고, 섭리의 하나님이신 '엘로힘'이 그를 보호하시고 그의 필요를 공급하시며 그를 집으로 다시 돌아오게 하시면, 아브라함과 이삭의 하나님이신 '여호와'께서 그의 하나님이 되시며, 이 거룩한 장소는 참으로 하나님의 집으로 여길 것이며, 하나님께서 주신 모든 것의 십일조를 봉헌함으로써 모든 은택에 대한 감사의 표시를 할 것이라고 맹세한다(창 28:16~22).

야곱의 자녀들의 출생은, 하나님의 섭리의 선물로서, 또는 각각의 아들이 장차 부족의 장이 될 터인데 이러한 선민을 세우는 것으로 생각할 수 있다. 성호의 용법이 이 두 가지 측면을 암시한다. 레아에게서 태어난 처음 네 아들들은 '여호와' 란 이름과 연결되어 있다(창 29:31~35). 그 후 아내들 간의 꼴사나운 싸움 중에 낳은 아들들은 '엘로힘'과 연결되고 있다(창 30:6~23). 반면 마지막을 장식할 아들에 대한 라헬의 바람은 다시 '여호와'와 연결된다(24절). '엘로힘'은 2절의 "내가 하나님을 대신하겠느냐?"에서 명백히 적소(適所)에 사용되고 있는데, 여기에서는 인간적인 것이 신적인 것과 대조되고 있다. '여호와'는 라반 자신이 인정한 바와 같이 야곱 때문에 라반을 축복하셨고(창 30:27,30), 또 '여호와'는 야곱에게 열조의 땅으로 돌아가라고 명하셨다(창 31:3). 그러나 야곱이 그의 아내들에게 말할 때에나 그들이 야곱에게 말할 때에는, 그들이 아브라함의 언약 밖에 있는 가정에 속했었고 단지 부분적으로 우상숭배에서 돌이켰기 때문에(창 30:11~31:19,34; 35:2), '엘로힘'이 사용되거나(창 31:7,9,11,16) 더 특정한 용어가 요구될 때에는 '내(야곱) 아버지의 하나님'(창 31:5)과 '벧엘의 하나님(엘)'(창 31:13)이 사용되고 있다. 우리는 또한 라반에 대해 말하거나 그에게 말할 때에 '엘로힘'을 사용하거나(창 31:24,42), 더 특정적으로는 야곱의 아버지의 하나님(창 31:29,42)을 사용하고 있음을 발견한다. 야곱과 라반이 맺은 언약에서 라반은 쌍방의 하나님이

신 '여호와'(29절)와 '엘로힘'(50절), 즉 한편으로는 아브라함의 하나님과 다른 한편으로는 나홀과 데라의 하나님에게 호소하는 반면(53절), 야곱은 아버지 이삭이 경외한 하나님으로 맹세하는데(53절), 이는 '여호와'를 풀이하여 말한 것이다. 에서 로부터의 위험을 염려하여 야곱은 그의 열조의 하나님 '여호와'께 기도하나(창 32:9), 인간적인 것과 신적인 것을 대조하는 창세기 23:28,30에서는 '엘로힘'이 필요하다(24절과 비교하라). 야곱은 하나님께서 자신에게 베푸신 은혜에 대해 에서 에게 말할 때에 적절하게도 '엘로힘'을 사용한다(창 33:5,11).

평안히 가나안에 도착하자마자 야곱이 창세기 35:7에서 '엘벧엘' 즉, 벧엘의 하나님께 단을 쌓은 것처럼, "엘엘로헤이스라엘" 즉, 하나님 이스라엘의 하나님에게 단을 쌓는다(창 33:20). '엘'은 이 두 경우에 접두사로 붙고, 또 자체에 '엘'을 포함하고 있는 이름들('엘로헤이스라엘', 벧엘)과 조화되기 때문에 선택되었다. 벧엘(창 35:1,3,6,15)과 이스라엘(10절에 두 번)이 두드러진 주제가 되는 창세기 35:1~15에서 '엘'과 그 동의어 '엘로힘'이 발견되는 것은 바로 그와 같은 이유 때문이다. '엘로힘'을 두려워함(5절)은 하나님으로부터 기인한 것으로서 인간적 원천에서 나온 두려움과는 반대되는 것이다. 유다의 악한 아들들을 벌하시고(창 38:7,10) 또 요셉을 그렇게 현저하게 축복하셔서(창 39:2,5,21,23) 애굽인 주인(3절) 도 이를 인정하게 하신 분은 바로 '여호와'이시다. '엘로힘'은 애굽인들이 말하거나, 그들에게 말을 건넬 때, 즉 보디발의 아내의 경우(창 39:9)와 술 맡은 자와 떡 굽는 자의 경우(창 40:8)와 바로 왕의 경우(창 41:16,25,28,32,38,39), 그리고 요셉이 자신을 형제들에게 알리기 전 그들에게 애굽인으로 여겨진 동안에 요셉의 경우(창 42:18~43:29; 44:16)에서 규칙적으로 나타난다. 또한 하나님의 섭리적인 행동들이 언급될 때 즉, 요셉(창 41:51,52; 45:9; 48:9)과 그의 아버지(11절)와 자녀들(20절)과 형제들(창 42:28)에 대한 행동이 언급될 때에도 마찬가지이다. 창세기 45:5,7,8과 48:21; 50:19,20에서와 같이 신적 작용과 인간적 작용이 대조될 때에도 역시 그러하다. 이삭의 하나님(창 46:1)은 '여호와'를 풀이한 말로서 2~4절에서 '엘로힘'과 동일시되는데, 이는 애굽에서 보호해주시고 축복해주시며 다시 이끌어 오시겠다고 야곱에게 하신 약속에 들어있는 하나님의 전능하심을 강조하기 위함이다. 같은 이유로 동일한 약속과 관련하여 '엘로힘'이 사용된다(창 50:24,25; 비교 창 48:3,4).

'여호와'는 창세기 49:24,25에서와 마찬가지로 창세기 48:15와 50:17에서 유사하게 풀이되고 있는데 여기에서도 그의 전능하심이 다시 언급된다. 임종 시에 야곱이 확신있게 기다렸다고 선언한 것은 바로 '여호와'의 구원이었다(창 49:18).

히브리 산파들은 '엘로힘'을 경외하였으며(출 1:17,21), 따라서 바로 왕의 잔인한 명령에 복종하기를 거절하였다. 이것은 다른 신들을 섬기는 것과 대조되게 '여호와'를 섬기는 데에 집착하는가의 문제가 아니라, 왕의 뜻보다는 오히려 하나님을 존중하는가의 문제이다. 따라서 '엘로힘'은 섭리 가운데에서 그들을 축복하셨다(출 1:20,21). 애굽의 압제 밑에서 탄식하는 중에도 이스라엘은, 출애굽기 2:23~25에서 '엘로힘'을 다섯 번이나 반복적으로 강조하며 선언한 대로, 신적 보호자를 모셨던 것이다. 그러므로 그들을 구원하기 위하여 직접적인 수단들이 취해졌다. 족장들의 하나님 '여호와'는 모세에게 나타나셔서 바로 왕에게 가라고 명령하시고 히브리인의 하나님의 이름으로 자기 백성을 해방할 것을 명령하셨다(출 3장). 이 거룩한 면담에서 그 자신이 '여호와'이시라는(4절) '여호와'의 사자가(2절) 모세에게 나타나서, 그의 백성 이스라엘을 위하여 그에게 위임하시는 것을 볼 수 있다(7절). 그러나 모세의 의식에는 그것이 우선 막연한 신적 현현이기 때문에, 하나님이 자신을 '여호와'로서 계시하시고 "이는 나의 영원한 이름이요 대대로 기억할 나의 칭호니라"(15절)라고 부언하시기까지는 일반적인 용어인 '엘로힘'이 사용된다 (4b,6b,11,13,14,15절).

이것은 우리를 '여호와'의 자기 계시의 새로운 단계로 이끈다. 그는 지상에서의 자기 왕국을 최초로 설립하실 때 우리의 최초의 부모에게 자신을 알리시고, 다음에 그의 은혜언약의 더 충만한 발전에서 아브라함과 그의 씨와의 특별한 언약에 들어가심으로써, 아브라함에게 알리셨다. 그리고 지금 이전의 약속들이 성취되는 시점에서 그는 자신을 이스라엘의 하나님으로 나타내시고 그들을 자신의 백성으로 삼으신다. 이렇기 때문에 다음 몇 단계에서 '여호와'란 이름이 특별히 빈번하게 나타난다. 즉, 창세기 2~4장에서, 아브라함과 이삭의 생애에서(창 12~27장), 그리고 이제는 출애굽기 2장에서 신명기 끝까지 빈번하게 나타나는데, 이는 오경의 나머지 부분에는 이스라엘을 애굽의 속박에서 구원하고 광야에서 그들을 인도하며 그들에게 그의 율법을 주시는 데에서, 이스라엘에 대한 '여호와'의 자기 계시가 자리하고 있기 때문이다. 여기에서부터 '여호와'가 다양한 동의어들, 즉 아브라함과 이삭과 야곱의 하나님, 이스라엘의 하나님, 히브리인들의 하나님, 또는 소유 대명사와 함께 내 하나님, 우리 하나님, 당신의 하나님, 당신들의 하나님, 그의 하나님, 그들의 하나님 등과 함께 지금까지보다 더욱 지배적으로 사용된다. 그와 같은 수식어구가 없는 '엘로힘'은 현저히 희소하게 되는데, 그 의미와 용법이 '엘로힘'을 분명히 요구하는 예외적인 경우에서만, 그 낱말이 나타날 뿐이다.

이후의 역사와 법령의 전반에서 나타나는 '여호와'의 끊임없는 반복을 자세히 주해하는 것은 크게 유익하지는 않을 것이기에 더 이상 언급하지 않겠다. 그러나 거기에서 '여호와'는 자기 백성을 취급함에 있어서 자비나 심판으로써 또는 그들에 대한 뜻과 목적을 계시하는 데에서 또 그들의 순종을 요구하는 데에서 이스라엘의 언약의 하나님으로 나타난다. '엘로힘'이 나타날 때마다 구약 전반에서 발견된 경우와 정확히 일치된다는 것을 지적하는 것으로 충분할 것이다.

'엘로힘'은 그 성격이나 연관에서 신적인 것을 순전히 자연적인 것과 구별하기 위하여 표시하는 데 사용된다. 그래서 호렙 산은, 거기 떨기나무 불꽃 가운데서 모세에게 나타나고 율법을 줄 때에 이스라엘에게 나타난 신적 현현들 때문에, 다른 산들과 구별되어 '엘로힘'의 산이라고 불린다(출 3장; 4:27; 18:5; 24:13). 신적 능력의 도구로서 모세가 이적을 행한 지팡이는 '엘로힘'의 지팡이였다(출 4:20; 17:9). 이스라엘의 진 앞에서 행하던 '엘로힘'의 사자(출 14:19)는 하나님이 보내신 분으로 단순한 인간적인 사자가 아니었다. '엘로힘'의 사람(신 33:1) 모세는 신적 위임을 받았으며 따라서 보통 사람 위에 구별되었다. 브살렐은 '엘로힘'의 신이 충만하였고(출 31:3; 35:31), 그래서 그의 자연적 기능들은 고양되었고, 그의 기술이 증진되었으며, 그는 하나님에 의해 성막을 짓는 데에 적합하게끔 되었다.

'엘로힘'은 신적인 것이 인간적인 것과 대조될 때에 사용된다. 모세는 아론에게 '엘로힘' 같이 되어야 했으며(출 4:16), 바로 왕에게도 '엘로힘' 같아야 했다(출 7:1). 그는 그들에게 신적 권위가 있는 전갈을 말해야 했는데, 그의 말은 그들에게 하나님의 말씀으로서 단순한 자기 사상의 표현이 아니어야 했다. 출애굽기 13:17,18

에 나타난 삼중적 '엘로힘'은 바로 이 동일한 성격을 말없이 대조하기 때문이다. 백성은 사람이 자연히 택했을 길과는 매우 다른 여정으로 행했다. "…… 블레셋 사람의 땅의 길은 가까울지라도 '엘로힘'이 그들을 그 길로 인도하지 아니하셨으니 이는 '엘로힘'이 말씀하시기를…… 그러므로 '엘로힘'이 홍해의 광야 길로 돌려 백성을 인도하시매……." 이는 가나안으로 가는 통상적 통로를 대신한 것이다. 동일한 대조가 출애굽기 21:13의 "만일 사람이 고의적으로 한 것이 아니라 나 '엘로힘'이 사람을 그 손에 넘긴 것이면"에서와, 출애굽기 22:28의 "너는 '엘로힘' (개역개정판 "재판장")을 모독하지 말며 백성의 지도자를 저주하지 말지니라"에서, 또 민수기 21:5의 "백성이 '엘로힘'과 모세를 향하여 원망하되"에서 명백히 표현되어 있다. 하나님의 이름과 그의 권위로 재판하는 법정에 가는 것이 '엘로힘'에게 가는 것으로 표현된다(출 21:6; 22:8,9). 증거의 두 판은 '엘로힘'이 만드신 것이요 사람이 만든 것이 아니며 사람이 글자를 쓴 것이 아니라 '엘로힘의 손가락'이 쓴 것이다(출 31:18; 32:16; 신 9:10). 하나님이 어떤 다른 존재와 대조될 때에도 이와 마찬가지이다. 그들은 '엘로아'(엘로힘의 시형)가 아닌 마귀에게 제사하였다 (신 32:17). "그들은 '엘'이 아닌 것으로 나의 질투를 일으켰다"(21절).

시내 산에서의 신적 능력과 영광의 놀라운 시현(示現)은 이렇게 두려운 엄위에서 자신을 그의 백성에게 계시하시는 '여호와'와 관련이 있고, 또한 그의 전능한 위대성과 자연에 대한 주권에서 '엘로힘'과도 관련되어 있다. 그 산에 도착하자마자 모세는 '엘로힘'에게 올라갔고 '여호와'는 그에게 백성에 대한 책임을 주셨는데(출 19:3~6), 그것을 모세는 전하였고 백성은 순종을 약속했다(7,8절). 이것이 '여호와' 께 전해지자 그는 곧 빽빽한 구름 가운데 임하여 백성이 듣는 중에 모세와 말씀하실 것을 약속하셨다(9절). 그는 또한 제 삼일에 그의 공식적 강림을 예비하는 데에 있어서 백성이 지켜야 할 규례를 모세에게 주셨으며(10~13절), 그것은 잘 지켜졌다(출 14:15). 마침내 제 삼일이 산 위의 우뢰, 번개, 빽빽한 구름과 심히 큰 나팔 소리와 함께 밝아왔다(16절). '여호와'가 불 가운데에서 그 산에 강림하셨으며 거기에서 연기가 옹기점 연기같이 떠오르고 산이 진동하였다(18절). 백성이 이 무서운 광경과 소리에 떨고 있는 동안 모세는 '엘로힘'을 맞으려고 그들을 거느렸는데(17절), 그 후에 모세가 말하고 '엘로힘'이 음성으로 그에게 대답하셨다(19절).

그 후에 '여호와'께서 모세를 산꼭대기로 부르시고 그에게 백성의 안전을 위하여 백성이 지켜야 할 새로운 수칙을 주셨다(20~24절). 필요한 모든 준비가 완료되자 '엘로힘'은 서두에 자신을 "나는 너를 애굽 땅 종 되었던 집에서 인도하여 낸 네 하나님 '여호와'니라"라고 선언하시면서(출 20:2), 이 모든 말씀, 즉 십계명을 말씀하셨다(1절). 놀란 백성이 모세만 그들에게 말하고 하나님은 말씀하시지 말게 하여 그들이 죽지 않도록 간청했다(19절). 모세는 '엘로힘'이 강림하신 목적이 그들로 하여금 그를 경외하여 죄를 범하지 않게 함이라고 설명하였다(20절). 백성이 멀리 서 있는 동안 모세는 '엘로힘'이 계신 흑암으로 가까이 갔다(21절). 그 때에 '여호와'께서 이스라엘 자손에게 전할 일련의 규례들을 모세에게 주신다(출 20:22; 23:33).

이 모든 서술에서 모세를 통해 백성에게 메시지를 보내시는 분은 바로 '여호와'라는 것이 관찰될 것이다. 모세는 '엘로힘'에게 올라가고 '엘로힘'을 맞으려고 백성을 인도해내며 '엘로힘'은 그들을 두려움으로 떨게 하시면서 말씀하신다. 그러나 그는 선민이 그의 앞에서 그를 우주의 하나님으로 경외하는 것으로 하여금 그가 이스라엘의 하나님으로서 모세를 통해 그들에게 전달한 율법을 순종하도록 하기 위하여 자신을 그들의 '여호와'로 선포하시면서 말씀하신다.

모세는 백성에게 행한 고별 강연에서 시내 산의 언약을 언급할 때에, 불 가운데에서 말씀하시는 음성을 '엘로힘'의 음성(신 4:33; 5:26) 또는 '여호와'의 음성이라고(신 5:4,22) 동일하게 말하고, 같은 절에서 둘을 결합하기까지 한다(신 5:24). 마찬가지로 그는 이스라엘을 애굽의 속박에서 자유하게 한 신적 능력의 시현들에 관하여 그들에게 묻기를 '여호와'께서 너희를 위하여 하신 일을 어느 '엘로힘'이 다른 민족을 위하여 한 적이 있느냐고 하였다(신 4:34). 그는 또 상천하지에 오직 '여호와'만이 '엘로힘'이시라고(신 4:35, 39~7:9; 10:17), 환언하면 이스라엘의 하나님은 우주의 하나님이시라고 덧붙인다.

'엘로힘'은 창세기 1:27에서 따온 말로서, '엘로힘'이 사람을 창조하셨다고 선언하는 신명기 4:32에서와, 자기를 지으신 '엘로아'(엘로힘의 시형)와 자기를 낳으신 '엘'(신 32:18)을 버렸다고 이스라엘을 책망하는 신명기 32:15에서 이 고양

된 의미를 갖는다. 이것은 '엘로힘'이 모세에게 "나는 '여호와'로라"고 말씀하시는 출애굽기 6:2, 창세기 50:24,25에 있는 요셉의 유언인 "'엘로힘'이 정녕 당신들을 돌보시리니"라는 말씀이 반복되는 출애굽기 13:19, 모세가 미리암을 위하여 "엘(엘로힘의 동의어)이여! 원하건대 그를 고쳐주옵소서"라고 '여호와'께 부르짖는 민수기 12:13, 그리고 다른 경우에 모세가 매우 유사한 언어로 "'여호와' 모든 육체의 생명의 하나님이여!"(민 27:16)라고 말한 반면, 모세와 아론이 죄를 범한 백성을 위하여 '여호와'께 호소할 때(민 16:20), "'엘'이시여 모든 육체의 생명의 하나님이시여!"라고 부르짖은 민수기 16:22에서도 마찬가지이다. '여호와'와 이스라엘 사이의 언약을 공식적으로 비준할 때에 모세, 아론, 나답, 아비후 및 이스라엘 장로 칠십 인이 올라가서 이스라엘 하나님의 찬란한 현시를 보았으며, 그들은 '엘로힘'을 보고 먹고 마셨다(출 24:10,11).

'엘로힘'은 이스라엘의 하나님과 특별한 관련이 없고 비 이스라엘인이 관계될 때에 사용된다. 그래서 애굽의 술수들은 모세와 아론이 행한 이적을 모방하다가 실패했을 때에 "이는 '엘로힘'의 손가락이라"라고 말한다(출 8:19). 아말렉은 이스라엘을 공격할 때에 "'엘로힘'을 두려워하지 아니하였다"(출 25:18).

이드로가 모세를 방문하는 이야기(출 18장)에서 '엘로힘'이 반복적으로 나타난다. 1절에서 '엘로힘'과 '여호와'가 동일한 사건에 관한 연속된 구절에 각각 나타난다. 상반 절은 이드로의 생각, 즉 "……미디안 제사장 이드로가 '엘로힘'이 모세에게와 자기 백성 이스라엘에게 하신 일……을 들"은 것을 표현하고, 하반 절은 저자 자신의 말인 "'여호와'께서 이스라엘을 애굽에서 인도하여 내신 모든 일"을 말한다. "모세가 '여호와'께서 ……행하신 모든 일과…… '여호와'께서 그들을 구원하신 일을 다 그 장인에게 말하매"(8절). 이에 대하여 이드로는 '여호와'께서 행하신 모든 일을 기뻐하고, 그들을 구원하신 '여호와'를 송축하며, '여호와'는 다른 모든 신들보다 위대하시다는 확신을 표현하였다(9~11절). 모세가 구원의 결과를 이스라엘의 하나님에게 돌린 말을 또한 이드로가 빌어서 그분에게 돌리는 이 구절을 예외로 하고, '엘로힘'은 이 면담 전체에서 사용된다(12,15,16,19,21,23절).

발람의 기사(민 22~24장)는 성호의 사용 방식에 중요한 의미가 있다. 발람은 '엘로힘'을 단 한 번 사용하는데(민 22:38), 이는 신적인 것과 단순히 인간적인 것의 대조를 표시하기 위함이다. 같은 이유로 그는 그의 예언에서 능하신 하나님 곧 '엘'을 여러 번 사용한다(민 23:8,19,22,23; 24:4,8). 하지만 그는 발락의 사자들에게와(민 22:8,13,18,19) 발락에게(민 23:3,12,26; 24:13) 말할 때에든지 예언을 할 때에든지(민 23:8,21; 24:6)를 가리지 않고 변함없이 '여호와'란 성호를 사용한다. 이렇게 그는 그가 바로 '여호와'의 뜻을 구한다고 공언했으며, 바로 '여호와'의 그 뜻을 선포할 책임을 맡았다는 것을 은연중에 나타낸다. 발락이 발람에게 도움을 구한 것은, 이스라엘의 하나님에게서 기인하는 놀라운 능력이 있을 것이라고 발락이 생각한, 발람의 능력 때문이었다. 그래서 발락은 발람에게 말할 때에 '여호와'를 사용하며(민 23:17; 24:11), 비 이스라엘인이 보통 사용하는 '엘로힘'은 단 한 번만 사용한다(민 23:27). 민수기 저자가 이 이방 선견자와 관련하여 하나님을 말할 때에는 시종일관 '엘로힘'을 사용한다. 발람은 '여호와'께서 자신에게 말씀하실 것이라고 발락의 사자들에게 규칙적으로 제안하나, 저자는 한결같이 '엘로힘'이 그에게 임하시어 말씀하신다고 말한다(민 22:9,10,12,20,22). 그는 '여호와'께서 신임하시는 선지자로 간주되지 않는다. 그러나 성경 저자가 이방 선견자로 간주된 발람과 관련하여 사용한 용어가 신성을 의미하는 일반적 용어인 '엘로힘'뿐인 반면, 은혜롭지 못한 일의 심부름 길에서 그를 대면하려고 나온 분은 '여호와'의 사자이며, 그로 저주 대신 축복을 하도록 강압하신 분은 바로 이스라엘의 보호자와 수호자이신 '여호와'이다. 따라서 민수기 22:22 이후부터 저자는 길에서 만날 때에 뿐만 아니라 발람이 도착한 후에도 그가 말해야 될 바를 정하시는 분으로서 '여호와' 란 이름을 사용한다. 여기에 예외가 둘 있다. 발람이 전조(前兆)를 구하러 가는 민수기 23:4에서 "'엘로힘'이 그를 만나셨"는데 이는 우리로 그가 여전히 이방 선견자일 뿐임을 생각나게 한다. 그러나 그의 입에 말씀을 주신 분은 '여호와'이셨다(5,16절). 민수기 24:2에서 "'엘로힘'의 신이 그 위에 임하셨다"는 것은 그가 신적으로 영감 되었고 위로부터 온 충동에 의해 말하며 그 자신의 충동에서 말하지 않는다는 생각을 표현한다. 그러나 이스라엘을 축복하는 것이 '여호와'의 목적이라고 확신했기에   그는 이전과 같이 점술을 사용하는 것을 억제하였다(1절).

물론 '엘로힘'이나 동의어인 '엘'은 고유 명사와 구별되는 보통 명사가 요청될 때에 사용되어야만 한다. 그래서 출애굽기 6:7에서 '여호와'께서는 이스라엘에게

"나는 너희의 하나님('엘로힘')이 되리라"라고 선언하시고 신명기 24:13에서도 이와 같다. 신명기 3:24의 "주 '여호와'여…… 천지간에 어떤 신('엘')이 능히 주께서 행하신 일 곧 주의 큰 능력으로 행하신 일같이 행할 수 있으리이까?," 신명기 4:7의 "우리 하나님 '여호와'께서…… 우리에게 가까이 하심 같이 그 신('엘로힘')이 가까이 함을 얻은 큰 나라가 어디 있느냐?," 신명기 32:39의 "나 외에는 신('엘로힘')이 없도다"도 마찬가지이다. 수식어가 붙을 때에는 '엘'이 더 많이 쓰인다. "질투하는 하나님"(출 20:5; 34:1; 신 4:24; 5:9; 6:15); "자비하신 하나님"(신 4:31), "크신 하나님"(신 7:21), "진실하신 하나님"(신 32:4), "너를 도우시려고 하늘을 타시는 하나님"(신 33:26)(이상은 '엘'을 사용), 그리고 "영원하신 하나님"(신 33:27), "사시는 하나님"(신 5:26)(이상은 '엘로힘' 사용) 등의 경우들에서도 이와 같다.

지금까지 우리는 오경에 나타난 성호를 자세히 살펴보았는데, 나는 성호의 사용이 오경의 나머지 부분에서 널리 사용된 동일한 원칙에 의해 규제를 받는다는 것을 보여주었다고 말해도 합당하리라고 생각한다. '여호와'는 선민의 하나님의 특수한 이름으로서 그가 자기 백성에 대해 갖는 관계가 화자나 저자의 의중에 있을 때에 사용된다. '엘로힘'은 선민에게 뿐만 아니라, 전 세계와 모든 사람에게 자연과 인간사를 다스리시는 창조주와 우주적 주재자로서 관련되는 측면에서 신적 존재를 표시한다. 그러므로 이 성호는 지극히 높으신 분이 이방인에 의해 언급되거나 그들과 관련하여 말해질 때에, 신적인 것이 인간적인 것이나 어떤 다른 동급에 속한 대상과 대조될 때에, 그리고 고유 명사보다 보통 명사가 요구될 때 사용된다.(*)

II. 역사서

12

여호수아-열왕기하: 신명기 기자의 것인가?
제사장계 기자의 것인가? 예언적 기록인가?

지 반 호로닝겐
(G. van Groningen)

본 논문은 구약성경의 여호수아, 사사기, 사무엘상하 그리고 열왕기상하에 기록된 "이스라엘" 역사의 한 면을 다룬다. 그 역사를 개관하거나 어떤 특별한 사건들을 토론하는 것이 우리의 의도이라기보다는 오히려 이 역사에 대한 신학적 기록과 이 역사가 오늘날 우리에게 미치는 몇 가지 중요한 면들을 다루는 데 있다.

이 주제는 다양한 면이 있어서, 많은 문제들과 만나게 된다. 그러나 포괄적이거나 독단적 시도는 하지 않을 것이다. 하지만, 우리의 주제에 내포된 몇몇 중대사에 대해서는 어떤 명확한 결론에 도달해야 하겠다는 것이 우리의 입장이다. 본 논문의 저자로서 적절하다고 받아들이는 그런 결론 중의 하나는, 여기에서 다루는 역사서가, 신명기 기자적 (역사적) 기록이거나 제사장적 기자의 (신학적) 기록이 아니라, 예언적 계시이라는 것이다.

I.

"사료편찬의 큰 문제" 중에서 어떤 선별한 면들을 거론하기 전에, 왜 구약성경의 전(前)선지서인 역사서를 다루는 것이 중요한지를 개관하는 것은 유익하다.

첫째로, 여호수아서-열왕기하에 제시된 자료는, 한 나라로서 이스라엘의 생애에서 매우 중요한 기간을 다루고 있기 때문이다.[1] 사실 역사서에 속한 책들은 이스라엘

---

[1] 후리드만(D. N. Freedman)은 그의 논문("Old Testament Chronology," *The Bible and the Ancient Near East* [*Bib.A.N.E.*], ed. G. E. Wright (NY: Double Day, 1961, pp. 203ff.)에서 역사적 시기를 매우 특이한 방식으로 논한다. 틸레(E. R. Thiele)는 이스라엘과 유다 왕들의 연대기에 관해 논한다(*The Mysterious*

이 자국영토를 가진 하나의 나라로서 독립하여 국가적인 성격과 유산을 발전시켜나가는 시기만을 다루고 있다. 여호수아서가 이스라엘의 팔레스타인 정복과 그에 뒤따른 정착에 대한 내용을 제공해 준다는 것은 잘 알려진 바이다. 사사기는 적응 시기의 경험들과 왕국 건설을 자세히 이야기해준다. 열왕기상하는 솔로몬 통치 하에서 통일된 나라, 그리고 두 나라로 분열되어 각각 몰락한 것을 다루고 있다.

이스라엘 역사에서 이 시기는 하나님께서 족장들에게 하신 약속이 부분적으로 성취된 시기이다. 그래서 이 시기는 선지자들의 활동의 배경이 되고, 후기의 사건들(포로 사건과 포로 시기 선지자들, 포로 이후 사건들과 선지자들)에게 단서를 제공하며, 이론적 근거가 된다. 시서와 지혜서도 역시 이 시기 혹은 그 이후에 곧 이어진 시대의 산물이다. 문제는 이렇다. 국가적 전기(轉機)의 이 중요한 시기에 관해 우리는 신빙성 있는 역사적 기록을 가지고 있는가? 선별된 다양한 사건들, 즉 그 중 어떤 것들은 상세하게 소개되었는데, 그것들이 과연 역사적 사건들인가? 여호수아, 사사들, 제사장들, 왕들, 선지자들, 백성들, 언약궤 그리고 성전이 확실한 근거가 있는가?2   그것들이 과연 실제적 사건들에 뿌리를 내리고 있는 기독교 신앙을 위해 타당한 사실적 근거를 제공하는가?

둘째로, 여호수아서-열왕가하에 나타난 이 역사적 자료는 성경 문학의 관점에서 볼 때 중요하기 때문이다. 성경의 독자들과 연구가들은 이 역사서의 책들이 모세오경과 지혜서, 선지서 그리고 그 이후의 역사적 기록들 간의 실질적인 연결고리를 제시한다는 것을 안다. 그리고 우리가 소유하고 있는 성경은 분명한 문학적 계획을

____

Numbers of the Hebrew Kings, Grand Rapids: Eerdmans, 1951). 틸레는 제시된 숫자들이 해결할 수 없는 문제들을 일으키지 않는다는 것을 보여주었다. 연대기가 역사의 중심이 되는 뼈대라고 그는 진술한다(p. 3). 즉 정확한 연대기가 없다면, 정확한 역사를 얻을 수 없다는 것이다("정확한"이란 말은 완전을 뜻하는 것이 아님을 기억하는 것이 좋다). 후리드만은 틸레처럼 성경의 숫자들에 관해 관심을 보이지는 않는다. 그는 인위적 숫자와 실제적 숫자에 관해 말하는데, 전자와 후자에서, 40년이라는 숫자는 문맥에 의존한다고 주장한다(p. 207). 그는 이스라엘 서기관들의 충실함과 배려를 과소평가하지 말라고 권한다. 그러나 그는 "그럼에도 불구하고 기록된 숫자들 안에 수많은 불일치가 있고, 그 모든 것들을 조정할 아무런 방식도 아직 산출되지 못했다"고 주장한다(p. 208).

2 드보(R. de Vaux, "Method in the Study of Early Hebrew History," *The Bible in Modern Scholarship* [*Bib.MS.*], ed. J. P. Hyatt (Nashville: Abingdon, 1965)는, 만약 신앙이 참되고 "나의 동의를 일으키려면," 이스라엘의 역사적 신앙은 역사 안에 기초를 두어야 한다고 역설한다. 이스라엘의 역사적 신앙이라는 용어는 이 문맥에서 혼동될 수 있으니 실제 사실적인 역사의 필요성에 관해 강조하는 것이 분명하고 확실할 것이다(pp. 16,17).

갖고 있다. 모세의 기록들은 나라와 그 선조들 그리고 그들의 경력을 소개한다. 그래서 오경은 구원의 약속들을 언약의 틀 안에서 기록하고, 백성들에게 요구되는 예배와 섬김을 기록하고 있다. 또한 오경은 족장들의 실제적 구원을 기록하고 있다. 예를 들면, 창세기 15:6의 아브라함이다. 반면에 역사서들은 하나님의 계획이 어떻게 실현되었는가를 기록하는 데 목적이 있다. 그리고 이후의 책들은 오경과 역사서를 배경으로 해서 선지자들의 말씀과, 사람들이 찬양과 기도와 묵상으로 나타내는 신앙적 반응을 다루고 있다. 그러기에 역사서들은 이 계획의 "중추(中樞)"이다. 여기서 또 다시 야기되는 질문은 이렇다. 그럼 이 문학적 계획은, 사실과 진리를 반드시 중요하다고 여기지는 않는 일종의 교묘한 장치인가? 아니면, 그것은 우리에게 하나님의 구원 **진리**를 제공하는 믿을 만하고 적절한 매체인가?

셋째로, 이 실질적인 문학적 연결고리를 통해 우리가 성경의 구체적인 **내용과 그 성격을 생각할 수 있기 때문이다.** 성경의 모든 책들은 하나님의 말씀 즉 하나님의 계시이다. 그런데 이 말씀이 어떻게 우리에게 제시되었는가? 슈네이스(Snaith)가 한 것처럼 목록을 작성해서 토론할 수 있는, 일련의 사상들로 제시되었는가?3   아니면, 보스(Vos)가 주장한 것처럼 하나님 말씀이 제시될 때 점진적인 유기적 발전이 있었다는 것이 옳은가?4   보스의 입장은, 우리가 소유한 구약성경 안의 자료에 근거를 두고 있는 것이 분명하다. 반면에 슈네이스가 제시하는 바는, 하나님의 계시 사역의 실제적인 방식과 성격이 불확실하다는 것이다. 그래서 그는 성경에서 중요한 주제들을 전개되는 역사의 틀 안에서 선발하지만, 그 주제들이 역사적, 점진적, 유기적으로 제시되는 사실에 대해 충분한 숙고 없이, 선발한다. 이로써 참으로 분명히 드러난 것은, 나라로서 이스라엘의 실제적 발전과 그 역사에 대한 적절한 기록에 대한 개인의 생각이, 구약시대 전체에 걸쳐 나타난 하나님의 "자기 계시 사역"의 실제적 행적과 계획에 대한 생각에도 엄청난 영향을 미친다는 사실이다.5

---

3 참조. N. Snaith, *Distinctive Ideas of the Old Testament* (London: Epworth Press, 1944). 브라이트(J. Bright, *The Kingdom of God*, Nashville: Abingdon, 1953)는 구약과 신약에 나타난 사상들의 발전을 성경 세분화의 한 예로 제시한 포스딕(H. E. Fosdick)을 언급한다(p. 9, n. 1을 참조하라).

4 G. Vos, *Biblical Theology* (Grand Rapids: Eerdmans, 1948).

5 불트만(H. Bultmann, "The Significance of the Old Testament for the Christian Faith," *The Old Testament and Christian Faith* [*O.T.C.F.*], ed. B. W. Anderson, London: S.C.M., 1964)은 이스라엘

넷째로, 역사서는 구약의 메시지와 매우 중요하게 연관되어 있기 때문이다. 예를 들어서 만일 역사서가, 어떤 특정한 나라가 어떻게 존재해 왔는지, 그 나라가 어떻게 정치적, 경제적, 사회적, 종교적으로 생존해왔는지에 관한 기사만을 소개하는데 그것도 부분적으로는 신빙성이 없고 불완전한 것이라면, 혹 만약에 이 역사서의 책들이, 어떤 민족 곧 종교적 성향을 타고나서 종교적 사상들을 당시의 세계 가운데에서 표현하도록 배운 민족이, 최근에 생겨나서 발전하는 종교적 사상들을 제시한다고 하면,6 구약성경에는 오늘날 설교자들과 전도자들과 교사들이 현대인에게 선포할 수 있는 어떤 메시지가 들어있다는 말인가? 여기서 다양한 부수적인 질문이 발생한다. 기독교는 구원 사건들과 너무나도 불가분리적으로 연관되어 있는데, 만약 구약의 역사적 사건들이 믿을만하지 않고 신빙성이 없다면 기독교 신앙을 위한 기반은 무엇이란 말인가?7 그리고 더 나아가서, 만약 기록된 역사가 의문시된다면, 구약성경은 무슨 권위를 지니는가? 또는 만약 그 역사가, 견해와 논평에서 진실을 끄집어낼 수 있는 적절한 통찰력과 재능을 가진 여러 편집인들에 의해 겹겹이 쌓인 밑바닥 층에 파묻혔다고 한다면 어떻게 되겠는가? 브라이트(Bright) 교수는 이 메시지와 권위의 문제가 자신에게 많은 생각과 작업을 필요로 하게 만든 원인이 되었다고 시인한다.8 그리고 그는 해결책을 제시하였다. 이것을 로울리(Rowley) 교수는 열정적인 주해이며 "수긍할만한 결론에 도달하려는 용감한 노력"의 결과라고 말했다. 하지만 로울리는, 브라이트의 용감한 노력과 그

역사와 계시의 역사 사이에 밀접한 관계가 있다는 것을 부정한다. "이스라엘에게 의미가 있었고 하나님의 말씀이었던 사건들이, 우리에게는 더 이상 아무런 의미가 없다"(p. 31). 불트만이 다년간 주장한 이 입장을 브라이트는 거부한다. Ibid., p. 10.

6 혹은, 만약에 "역사적 자료"가 다만 이스라엘의 "전승들"이 제시하는 것뿐이라면, 우리는 역사를 가지고 있지 않고, 심지어 역사에 대한 증거도 소유하고 있지 않다"라고 드보(R. de Vaux)는 옳게 진술한다. Ibid, p. 23.

7 약간 대중적 형식으로 쓴 글에서, 보이스(J. Boice, "The Reliability of the New Testament Documents," *Christianity Today* 10, 1967)는 이 사례를 다음과 같이 거론한다. 만약 믿을 만한 역사가 없다면, 신학이 없으며 기껏해야 인류학이 있을 뿐이다. 개인의 구원의 필요도 없을 것이다. 브라운(H. O. Brown)은 "현대 신학자의 기괴한 용기"("The Bizarre Courage of the Modern Theologian," *Christianity Today*, July 5, 1968)에서 "성경의 인간성에 관한 발견"에 대해 말하는데, 그는 이것에 관한 강조가 전혀 예기치 못한 일들인 실제 역사로부터의 철수를 초래했다고 말한 그는 만약 사실들 곧 구원을 위해 필요한 역사적 사실들이 존속되려면, 오늘에 채용되는 역사 비평적 방법들을 거부해야 한다고 촉구한다. 보이스는 신약성경과 관련해서 쓴 것이었으나, 이것은 구약에도 역시 적용된다.

8 J. Bright, *The Authority of the Old Testament* (Nashville: Abingdon, 1967), pp. 7-8.

결과는, "이른바 자유주의자들의 시도들이 주관적이라고 비난을 받는 것 못지않게 주관적"이라고 매우 정확하게 관찰했다.[9] 환언하면, 구약의 기록(어떤 의미에서는 특히 역사적 자료들을 포함하여)의 신빙성을 의심하는 한 비평 학자가 브라이트에게 친절하게도, 그런 용감한 노력은 권위 있는 메시지를 위한 길이나 기초를 제시해 주지 못한다고 알려준 것이다. 슬픈 사실은, 구약의 자료들이 인간의 생활과 종교적 사상에 대한 기록일 뿐이고 게다가 그것들이 반드시 믿을만하게 기록된 것도 아니라고 여긴다면, 이 "인간의 산물"을 하나님의 권위 있는 말씀으로 만드는 것은 불가능하다는 데에 있다.[10] 하지만 하나님의 권위 있는 말씀 없이는 오늘날 인간을 위한 권위 있는 메시지는 없는 것이다.[11]

성경이란 무엇인가?

위에서 검토한 네 가지 요점에서 문제들이 야기되는데, 그것들은 우리가 역사서의 자료를 다룰 때에 직면해야 한다. 그 중에 기본적이고 매우 중요한 질문은 성경이란 무엇인가? 이다. 성경은 잡다하고 가치가 의심스러운 여러 가지 역사적 기록들로 뒤섞인 종교적 문헌들을 단편적으로 모아놓은 수집물인가? 혹은 그것은 인간이 쌓아 올린 경험에 기초한 경험적 논리의 금자탑인가?[12] 아니면 테일러(Tayler)의 말이 옳은가? 그는 다음과 같이 말한다.

관능적 본성을 지닌 생물학적 세계와, 자신들에게서 탈피하여 향상시키며 전체성과 목적을 갈구하게 하며, 인간 경험에서 독특한 것을 재확인하게 하는 독창력을 불어넣는 두 세계의 중간에 끼어있던 히브리인들은 경쟁적 세상 속에서의 요구사항과, 그리고 여호와와의 대화와 이질적 가치들의 배척에 의해 상징되는 고상한 수준과 동일시해야 한다는 필요성

9 H. H. Rowley, "Notes on Recent Exposition," *ExpT*, July, 1968.

10 슈텍(J. Stek) 교수가 브라이트의 책에 대한 서평("Modern Protestantism in the Light of the Reformation," *CTJ 2*, No.2)을 썼는데, 그는 이 사실을 거기에서 설득력 있게 제시했다.

11 만약 권위 있는 메시지가 없다면, 그 메시지를 신앙으로 순종하고 받아들이라고 요구할 권리가 없게 된다. 참조. W. Visscher "Everywhere the Scripture is About Christ Alone," *O.T.C.F.*, p. 95. 또한 헌신을 기대할 아무런 근거도 없다. 참조. J. C. Beker, "Biblical Theology Today," *Princeton Seminary Bulletin*, LXI, No. 2, p. 13ff.

12 참조. W. F. Albright, *Yahwe and the God of Canaan* (London: Athlone, Univ. of London, 1968), p. 154. 올브라이트는 바알 서사시(the Baal Epic)의 신화들에 관한 메소포타미아나 후리아(Hurria)의 증거가 없다고 진술한다(p. 103). 그렇다면, 왜 사람들이 히브리 자료에 관한 배경들을 발견해야한다고 고집을 부리는지 의아스럽다.

사이에서 항상 몸부림쳤다. 이러한 딜레마를 해결하려는 독창적 노력이 세상에서 가장 철저하게 인본주의적 문헌인 성경을 낳는 결과를 가져 왔다.[13]

그렇지 않으면, 성경이 온전한 메시지인가? 그 책 안에 문학적으로나 실제적으로 하나님이 자신의 왕국을 위한 구원 계획을 밝혀주는 그런 계획이 있는가?

저자는 누구인가?

역시 저자의 문제도 있다. 그런데 저자를 역설하는 것이 중요한가? 만약 성경이 단편적 수집물이라면, 누가 성경의 어떤 부분들을 저술했는가 하는 것은 오늘 우리에게는 전혀 중요하지가 않거나 가치가 없는 형식적 학문적인 모험으로 보일 수 있다. 그러나 만약 성경이 하나님의 왕국을 위한 자신의 구원 계획의 맥락 속에서 하나님의 자기 계시요, 그리고 그 계획을 하나님께서 특정한 백성의 역사 속에서 펴나가셨다는 것을 담고 있다면, 그 문제는 매우 달라진다. 만약 그렇다면, 저자 문제가 사활적으로 중요한데, 어떻게 이 저자 문제에 관해 진실에 도달할 수 있는가?[14] 이것이야말로 참으로 우리가 연루된 복합적이고 어려운 문제이다. 여기에서 말해둘 것은, 난제들과 복합성들이 하나님의 계시의 내용과 선명성을 감손시켜서는 안 된다는 점이다. 필자의 견해로는 구약의 저자, 특히 구약의 사료편찬에 관한 학문적이고 학구적 작업의 대부분이 여러 단계에서 그 내용을 감손시키고, 분명히 제시된 것을 흐리게 하고,[15] 하나님의 말씀에서 그 권위를 박탈하려는 잘못을 저지르고 있다.

II.

구약성경의 기원, 형성 그리고 해석을 이해하기 위한 노력으로서 시종일관 그 출발점을 성경에서 얻으려고 시도한 구약학자들은 여호수아수서-열왕기하를 예언

---

13 A. R. Taylor, "Zionism and Jewish Humanism," *Christianity Today*, Sept. 18, 1968, p. 1164.

14 브라이트(J. Bright, *Early Israel of Recent History Writing*, S.C.M. 1956)는 방법 문제를 다룬다. 후에 이 저서에 대한 언급이 있을 것이다. 여기에서 우리는 브라이트가 노트(Noth)의 견해의 정당성을 받아들여서, 사건과 기록이 가정된 시기 사이의 간격을 메우기 위해 전승에 호소한다는 것만을 지적한다. 사실은, 바로 이 전승이 성경에서 권위를 제거해버리는 것이다.

15 성경 자료들이 편집적 주석자들의 특수한 시간들에 관한 많은 층들 혹은 포장들(wrappings)을 내포하고 있다고 사람들이 주장할 때에, 진실을 은폐하고 희미하게 하는 경우도 있을 것이다. 참조. G. E. Mendenhall, "Biblical History in Transition," *Bib.A.N.E.*, p. 48.

적, 역사적 기록으로 간주했다. 영(Young) 박사는 "전선지서"라는 제하(題下)에서, 선지서라는 표제는 그 자료에게 주어졌는데, 본래 그 책들의 예언적 내용보다는 무명의 저자들이 선지자 직분을 지녔기 때문에 그렇게 된 것이라고 하였다. 그는 진술하기를, 전선지서는 하나님께서 신정국가 백성과 가지신 관계에 관한 해석적 역사를 구성하고 있다고 하였다. 이 역사는 헌법적 기반이라고 할 수 있는 이스라엘의 기본법과 일치하게 해석되었다. 이 예언적 접근법과 직접적으로 관련된 영 박사의 견해는, 네 권의 책들 즉 여호수아서, 사사기, 사무엘상하 그리고 열왕기상하는 각 책들이 다루고 있는 범위의 적어도 한 때를 살던 예언적 선지자들에 의해 기록되고 완성되었다는 것이다.[16] 이것은 각 저자가 거론된 모든 사건들의 목격자이었다는 것을 의미하거나 암시하는 것이 아니며, 그 재료에 약간의 자료들이 사용되었음을 배제하지도 않는다.

다른 학자들도 이 예언적 견해를 지지하면서, 이 견해에 연관된 다양한 면들을 역설했다. 와우드스트라(Woudstra) 교수는 언약궤의 역사적 환경을 밝히려고 하면서 간략하게 여호수아서와 사사기의 성격에 관한 견해들을 개관한다. 그는 여호수아 1:3,4에 나타난 프로그램의 성격에 관해 언급한 바 있다.

> [3]내가 모세에게 말한 바와 같이 너희 발바닥으로 밟는 곳은 모두 내가 너희에게 주었노니 [4]곧 광야와 이 레바논에서부터 큰 강 곧 유브라데 강까지 헷 족속의 온 땅과 또 해 지는 쪽 대해까지 너희의 영토가 되리라.

그는 후에 이에 관해 부언하기를, 하나님의 프로그램은 설정되었으나 하나님의 백성들이 이것을 전적으로 깨닫지 못했다. 즉 그들이 이 프로그램을 성취하지 못한 것이다. 따라서 실제적 사실들을 왜곡하는 것이 아니며, 이런 사실들을 여호와께 완전히 순종하는 견지에서 내다보는, 독단적인 역사 기록의 유형이 있다는 것이다. 와우드스트라는 다음과 같이 글을 마무리 짓는다.

> 그러므로 이 역사 기록은 이미 이른 시기의 보수주의 저서들이 인식한 바와 같이 참으로 '예언적'이다.[17]

---

16 E. J. Young, *An Introduction to the Old Testament* (Grand Rapids: Eerdmans, 1953), p. 156. 역시 "저자"라는 제하에서 이 책들에 관해 그가 논한 것을 참조하라.

보스(Vos)는 그 경우를 이렇게 진술한다.

> 역사기록의 참된 원리, 곧 역사의 계획을 발견하고 그 목적을 설정하기 때문에 역사를 사건들의 단순한 연대기화가 아닌 그 이상의 것으로 만드는 원리를, 먼저 희랍의 역사가들이 아니라 이스라엘의 선지자들이 터득하였다. 따라서 우리는 또한 이러한 선지자들 그룹의 활동에는, 성(聖)역사의 사료편찬 즉 하나님의 계획의 전개에 비추어서 사건들의 과정을 기록한 사무엘상하와 열왕기상하 같은 책들을 펴내는 것이 포함된다는 것을 알게 된다.[18]

그러나 비평학자들은 이런 방식으로 여호수아서-열왕기하를 역사적 문헌으로 읽고 해석하는 것을 매우 힘들어한다. 모두가 이 책들의 특수한 "예언적" 사료를 부인하는 것은 아니다. 그러나 그들은, 사전(事前)에 기본적인 법이 있었다는 것, 하나님의 계획이 있었다는 것, 그리고 이 프로그램과 계획이 글과 실천으로써 여호수아서-열왕기하에 기록된 실제 역사적 사건들이 발생하기 이전에, 계시된 대로 기록되었다는 사실을 받아들이기가 어렵다고 생각한다. 참으로 그들은 그렇게 받아들이는 것을 너무나 어렵고 힘들어한다. 즉 이스라엘이 그들 자신의 땅에서 생활하며 예배드리는 나라로서 자신들을 위해 계시된 하나님의 뜻을 기록으로 남긴 것을 소유하고 있었다는 것을, 비평학자들은 생각하기가 너무나 힘들었으니 받아들이기도 불가능했다. 그래서 그들은, 특히 신명기를 정복, 정착, 왕국이 세워지고 분열한 사건들 이후에 기록되었다고 생각한다. 보수주의적 견해는 배척되고, 그리고 보수주의적 견해를 계속해서 지지하는 발언들은 전반적으로 무시되었는데, 로울리(Rowley)에 의하면 그 이유는 아래와 같다고 한다.

> 그 견해들은…… 독단적으로 주장된 것이다. (물론 로울리는 역사서에만 국한하기 보다는 더 광범위하게 언급하고 있다). 그러므로 그들의 저술들은, 오직 증거와 자연적으로 도출될 수 있는 결론들에만 관심이 있는 과학적인 학자들 간에서는 거의 영향력이 없다.[19]

브라이트(Bright)는 보수주의 학자들이 건전한 역사적 방법을 쓰지 않는다고 주장

---

[17] M. H. Woudstra, *The Ark of the Covenant from Conquest to Kingship* (Phila., Pa.: PRP, 1965), pp. 108-109.

[18] Ibid., p. 208.

[19] H. H. Rowley, *The Old Testament and Modern Study* (London: London Univ., paperback, 1961), p. XV.

한다.[20] 다른 많은 이들처럼 역시 그는 보수주의 학자들이 적절한 문학 비평적 도구들을 쓰지 않는다고 주장한다. 예를 들면, 카우프만(Kaufmann)은 역사적이고 "전승사"적인 비평의 어떤 면들을 수용하나, "정통적" 문학 비평적 방법보다는 기발한 문학 비평을 적용하는데, 비평학자들은 그의 말을 정당한 것으로 경청하기를 거절한다.[21] 흥미롭게도 현대 비평학자들이 전선지서에 대한 보수주의 접근법과 해석에 대해 갖는 태도는 최근에 생긴 것이 아니다. 드라이버(Driver)는 "육경의 제사장적 설화"를 다루면서, 케이브(S. Cave)가 쓴 "출애굽기에서 여호수아서까지"라는 저서를 "현저하게 하찮으며 불완전"하다고 평했다.[22]

현대 구약학자들 가운데 어떤 이들은, "전선지서"(역시 구약 전체)에 관한 보수주의적 접근법에 따르는 이해를 거부하는 이외의 이유들을 진술한 바가 있다. 후리드만(Freedman)은 (보수주의 학자들이 근거가 확실하다고 여기는) 그 성경의 패턴은 너무 딱딱하고 단순하여 고칠 수가 없다고 평한다.[23] 고트왈드(Gottwald)는 신명기와 전선지서 저자들(편집자들)의 소박함에 대해 은연히 싫증을 나타낸다.[24]

보수주의 구약학자들은 이 비판에 대해 다양한 반응을 보이면서 그 비판들뿐만 아니라 그들의 글들까지도 무시해버렸다. 어떤 이들은 비평학자들이 저술한 책들은 무엇이든 기피하는 것같이 보인다. 공평하게 말해서, 이렇게 하는 학자들 중 더러는, 형식적 혹은 비판적 문제들에 말려드는 것보다는 우리에게 있는 구약성경의 메시지를 제시하는 데 더 관심이 있기 때문에 그러는 것이다. 어떤 보수주의 학자들은 비평적 견해들을 읽었으나, 받아들일 수 없어서 그것들에 대해 거의 무관심함을

---

[20] J. Bright, *Early Israel*, p. 28.

[21] Ibid., pp. 56 ff.

[22] S. R. driver, *An Introduction to the Literature of the Old Testament* (Cleveland & NY: Paperback, Meridian Library, 1956). 본래 1897년에 출간되었는데, pp. 157 이하를 참조하라. 역시 그가 당돌한 방법으로 다른 이들의 글들은 무시해 버리는 것을 주목하라. 오경에 관한 바쎌(Bassell) 교수의 책에 관해 쓰면서, 그는 그것이 실패작이라고 했다. 왜냐하면, "저자가 좋은 논쟁과 나쁜 논쟁 사이를 남다르게 구분할 수 없기 때문이다"라는 이유로 그러하다. 그는 홈멜(Hommel) 교수의 책을 실패작으로 평한다. 홈멜이 비평적 입장을 지지하여 구약에 의해 제공된 긍정적 증거를 평가절하 하기 때문이고, 또 홈멜의 긍정적 증거가 너무나 간접적이고 가상적이어서, 그가 사실과 상상 사이를 논리적으로 구분하는 시도를 하지 않기 때문이라는 것이다. 칠십 년이 지난 지금, 드라이버가 심각하게 고려하기를 거부한 이 사람들의 주장 대부분이, 다수의 비평학자들에 의해서까지 여러 면에서 옳음이 입증되었다는 사실이 매우 흥미롭다.

[23] Ibid., pp. 56ff.

[24] N. K. Gottwald, *A Light to the Nations, An Introduction to the Old Testament* (London: Harper & Row, 1959). Cf. pp. 109ff, 152ff, 234ff, 334ff.

나타낸다. 다른 이들은 비평학자들의 전제들, 방법론들 그리고 결론들을 시간을 내고 정력을 들여 연구하고 평가한 후에, 보수주의 입장과 동질적인 것은 채택하거나 조화시켰다. 더욱이, 어떤 학자들은 비평적 저술에서 자신들에게 많은 유익을 줄 수 있는 것을 보수주의 입장에서 재구성하기를 시도했거나 하고 있다. 또 다른 이들은, 비평적 결론들을 보수주의 입장과 조화하려는 시도를 했다.[25] 왜 이런 일을 하는 것일까? 하고 의아해 하는 이도 있을 것이다. 그것은 비판적 압력에 대한 반응 때문인가? 무시당할까 해서 그런 것인가? 그릇된 전제들에서 나온 방법론들과 결론들도 어떤 면으로는 성경 계시와 조화되거나 종합될 수 있다고 보는 솔직한 소신 때문에 그런가? 아무도 이런 질문들을 하는 요지를 오해하지 않기를 바란다. 여러 동기들을 의문시해서 그런 것이 아니다. 오히려 우리에게 우리 자신들의 전제들과 방법론들 그리고 결론들에 대한 비판적 평가의 동기를 제공하기 위한 시도에서 그렇게 한 것이다. 역시 강하게 주장해야 할 것은, 모든 사실들이 인정되어야 하지만, 그렇다고 해서 이것이 그 누구에게도 구약에 제시된 하나님의 계시와 일치하지 않는 접근법들에 관한 전제들과 작업의 방법론들을 채택할 자유를 제공하는 것은 결코 아니다.

이것은 어떤 학자들이 근자에 다음과 같이 말한 것을 의식해서 진술하는 것이다.

최근의 연구에 미루어 보아, 충실한 구약학자들이 한 세기 이전에 믿고 가르친 보수주의적 견해들을 지지하는 것은 더 이상 정당화되지 않는다.

이처럼 이렇게 시대에 뒤진 견해들을 지지하는 것은 성경에 대한 "근본주의적" 태도를 드러내는 것이라고 한다.[26] 그러나 이러한 평가를 들으니 질문이 생긴다. 그럼 우리가 오늘날 직면해야 할 증거 그러나 우리 바로 직전의 선임자들이 갖지 못했던 새로운 증거란 과연 무엇인가? 우리 선조들의 시대에 저술한 드라이버(S.

---

25 우리는 여러 진술들을 위한 구체적인 증거를 제공할 이름들이나 저술들을 여기에서 언급하지 못한다. 이것은 지면과 시간이 그 진술을 뒷받침할 참고서와 인용들을 허용하지 않는다는 분명한 이유 때문이다. "비평적 입장들"에 대한 다양한 "보수주의 반응들"을 수집하고 비료하고 평가한다면 흥미 있는 연구가 될 것이다.

26 근본주의라는 용어는 정의하기가 매우 힘들다. 이 용어의 일반적 취지는, "극우"에 쏠린 입장을 암시한다(죽 문자주의, 독단주의, 그리고 어쩌면 개화 반대론). 하지만, 극우는 상대적이다. 모두 시발점이 어디라고 생각하느냐, 그것이 극좌와 극우, 혹은 자유주의와 전통적 보수주의 정통파 사이의 곡선 위에 있는 정 중앙 지점에 있느냐에 달려있다.

R. Driver), 궁켈(H. Gunkel), 모빙켈(S. Mowimckel), 파이퍼(R. H. Pfeiffer)등은
우리가 오늘날 직면하는 실질적 모든 주요 견해를 인식하고 있었다. 그렇다면,
성경신학과 구약성경의 메시지에 대한 이해가 새 증거들을 채택함으로써 밝혀진다
는 말인가? 전혀 그렇지가 않다. 그래써(Graesser)[27] 는 여호와께서 전선지서에서
우리에게 주시는 메시지가 무엇인지에 관한 분명한 진술을 제시하기가 얼마나
힘든지에 대한 현저한 증거를 보여주었다. 그래써는 자신의 논문의 절반을, 그가
몇몇 비판적 견해들을 뚜렷하게 지지하는 서론적 문제들에 대한 토론에 사용했다.
그는 여호수아서-열왕기하의 최종 편집이 포로시기에 이루어졌다고 보았다. 따라
서 역사적 기술 전체가 포로시기의 입장에서 해석되어야 한다는 것이다. 포로시기
의 역사가가, 당시의 상황에도 불구하고 여호와께서 지존자이시며, 언약의 저주들
이 유효함을 증명하였고, 백성들에게 기도하고 회개할 것을 훈계하였으며, 그리고
아직 희망이 있음을 선포한 것으로 해석된다는 것이다. 그래써는 말하기를, 선지자
들에게 있어서도 미래가 과거 역사보다 더 모호하기 때문에 이 희망이 자세히
언급되지 않았다고 한다. 아주 분명한 것은, 전선지서 프로그램의 성격이 크게
흐려지고, 하나님의 구원 계획이 비판적 문제들의 소개로 인해 매우 희미해졌다는
것이다. 그것도 하나님의 백성들에게 언제나 권위 있는 메시지를 제시하려는 용맹
스러운 시도 혹은 또 다른 "용감한 노력"에도 불구하고 그렇게 되었다는 것이다.
우리가 직면해야 할 슬픈 사실은, 그래써가 다만 포로시기의 백성들만 위한 곧
구약시대만을 위한 메시지를 분리시킬 수 있다는 것이다. 따라서 그래써의 해석은
종교의 역사에는 적합하지만, 계시의 역사와 구원역사와는 전혀 조화가 되지 않는
다고 말할 수 있다.

그리고 끝으로, 우리는 다음과 같이 묻지 않을 수 없게 되었다. 그렇다면 모든
사람이 진지하게 경청해야만 하는 강력한 통일된 비판적 입장이란 것이 있는가?
이 시점에서 전선지서에 관한 비평학자들의 다양한 접근법의 일부를 간략하게
진술하는 것이 현명할 것이다. 보수주의적이든 비평적이든 간에, 모두가 동의하는
첫째이며 가장 중요한 요소는 신명기서의 기원, 저자, 형성, 목적 그리고 해석이
여호와서-열왕기하에 기록된 역사를 이해하는 데 핵심 요소라는 것이다. 사실,

---

27 C Graesser, Jr., "The Message of the Deuteronomic Historians," *CTM*, Vol. XXXIX, No. 8.

거의 모두는 신명기가 예언적-역사적 저술들 이전에 기록되었거나 혹은 그것을 접할 수 있었다고 보아야 한다는 데 동의한다. 영(Young) 박사는 신명기(오경의 나머지 네 권의 책들도 마찬가지로)가 전선지자들이 기록한 책들의 기초가 되는 골자라고 언급했다. 이것이 전통적 입장이었고, 아직도 보수주의 복음주의적 입장이다. 하지만, 신명기에 관한 접근방법과 연구방법들과 결론들에 깔린 전제들은 매우 다르다. 전통적 보수주의 복음주의적 입장은, 신명기가 본질적으로 모세의 저작이며, 우리 앞에 놓인 형태 그대로 정복 직전이거나 초기 단계 즉 요단강 동편이 이미 정복되고 강 서편 영토를 정복하려고 요단강을 건너기 이전에 기록되었다는 것이다. 근자에 클라인(Kline)[28] 과 맨리(Manley)[29] 는, 양식 비평적 연구(힛타이트 계약 패턴들)의 유형과 문학적 분석 방법을 사용함으로써, 난제들을 가장 덜 제시하고, 구약의 증거의 통일성을 보존하고, 구원의 신적 계획을 가장 밝히 제시하는 것이 신명기의 본질적 모세 저작을 지지한다는 견해를 피력했다. 그리고 신명기가 정복기 이전이나 초기에 저작되었다는 것, 그래서 그것을 정복하며 정착하는 민족을 위한 길잡이의 최종적 말씀으로 여겨야 한다는 것을 지적하였다. 따라서 신명기는 그 이전에 주어진 말씀(출애굽기-민수기에 기록된바)의 재선포와 구체적 적용으로 보아야 한다.

그러나 신명기에 관한 이 견해는 많은 학자들이 받아들일 수 없는 것으로 여겼다. 그렇다고 해서, 제시된 대안들을 이구동성으로 받아들인 것도 아니다. 고트왈드(Gottwald)는 원(原)신명기 기자들과 구 후계자들은 제사장들과 선지자들 사이를 중재하려고 노력했고, 선지자적 교훈들을 제도화하려고 노력한 역사가들이었다는 견해를 기꺼이 받아들였다.[30] 다른 이들은, 원신명기 기자를 히스기야 왕 이전 시기에 속한 것으로 잡는다. 그리고 폰 라드(Von Rad)는 진정한 원신명기 기자들을 제사장들, 즉 그들의 설교들과 교훈들을 수집하고 대조하고 편집하여 제사장적, 신학적 문서를 산출한, 시골 공동체에서 봉사하는 지방 제사장들로 본다.[31] 덧붙여 말하자면, 폰 라드의 이 견해는 분명히 성경의 증거에 완전히

---

28   M. G. Kline, *The Treaty of the Great King* (Grand Rapids: Eerdmans, 1963).

29   G. T. Manley, *The Book of the Law* (Grand Rapids: Eerdmans, 1967).

30   N. Gottwald, Ibid., pp. 234ff and 334ff.

31   G. von Rad, *Deuteronomy*, trans. D. Barton (London: S.C.M., 1966). W. Harrison, *Interpreting*

역행한다. 왜냐하면, 성경이 증거는 역대하 17:7에서 강조하기를, 여호사밧 시대에 예루살렘에서 지방 지역들로 가르치는 사람들을 내어보냈는데 그들은 율법 책을 가지고 있었다(9절)고 구체적으로 진술하고 있기 때문이다.

본 논문의 지면 관계상, 신명기의 기원과 목적에 관한 다양한 견해들을 개관하는 데에 몰두하지는 못할 것이다. 이런 견해들은 구약성경의 개론적 자료들을 다루는 거의 모든 저서들에서 찾아 볼 수 있다. 다만 여기에서는, 신명기가 전선지서에서 뿐만 아니라 모든 구약의 책들에 나타난 역사적 자료들을 이해하는 데에 가장 중요하고 핵심적 역할을 한다는 것을 재차 말하고 지나가려고 한다.

여호수아서-열왕기하와 신명기의 관계

다음으로 직면하는 문제는 이렇다. 여호수아서-열왕기하가 신명기와 갖는 실제적 관계는 무엇인가? 많은 이들이 영(Young)박사가 제시한 입장을 거절하기 때문에, 그들은 각각의 변형이 있거나 새로운 것을 만들어내는 다음의 세 가지 주요 입장 중에서 선택해야 하는 어려움에 직면하게 된다.

첫 번째 견해는, 여호수아서-열왕기하에서 오경(J와 E)의 주된 문서 층들을 식별할 수 있다는 것이다. 이 견해를 특히 아이쓰휄트(Eissfeld)가 수정하였는데, 그는 L이라고 부르는 자료를 문서 층의 토대(substrata)로 보았다.[32] 그러나 많은 비평학자들이 이 견해를 지지하지 않는다. 이들이 부딪치는 문제들과 그 이유들은 놀스(North)[33] 와 슈네이스(Snaith)[34] 의 저술에 나와 있다. 슈네이스는 여호수아서에 나타난 오경의 자료들을 추적한 노력들에 대한 결과를 다음과 같이 요약했다. "이 시도들이…… 오히려 통일된 결과로부터 멀어지게 한 것이 분명하다."[35]

---

the Old Testament (London: Holt, Rhinhart & Winston, 1964). 해리슨 역시 레위지파의 교사들(p. 102)과 제사장들이 변조한 것(p. 103)에 관해 말한다. 그러나 그는 신명기-열왕기의 저술들을 위대한 작업, 성격적으로는 편향적이어서 자신의 견해에 반대되는 일들을 소회한 역사가에 의해 남겨졌다고 결론짓는다(p. 273).

[32] O. Eissfeld, *The Old Testament, The History of the Formation of the Old Testament,* trans. P. R. Ackroyd (Oxford: Basil Blackwood, 1965), pp. 132ff,199ff. 여호수아서-열왕기하에 나타난 J와 E에 대한 참고사항을 위해서는 J. Bright, *Early Israel*, p. 19, M. H. Woudstra, pp. 103-13, G. W. Anderson, *A Critical Introduction to the Old Testament* (London: Duckworth, 1950), 제4장을 참조하라.

[33] C. R. North, *The Old Testament Interpretation of History* (London: Epworth, 1946)와 "Pentateuchal Criticism," *O.I.M.S.*, pp. 48ff.를 참조하라.

[34] N. S. Snaith, "The Historical Books," *O.T.M.S.*, pp. 48ff.

두 번째 견해는 알트-노트(Alt-Noth) 학파의 견해인데, 여기에서는 신명기를 오경에서 분리시키고 신명기 기자들의 역사적 작품으로 여긴다. 다양한 시기에 저술한 역사가들 모두가 신명기-열왕기서 전체를 하나의 문학적 작품으로 만들어냈다는 것이다. 이 견해는, 어떤 형태로든지, 현존하는 학자들의 생각과 저술에서 지배적이다.

폰 라드(Von Rad)에게도 지지자와 추종자가 있다. 그는 육경(Hexateuch)에 관해 논한다. 육경은 오경에 여호수아를 묶은 것이다. 오경은 기본적으로 제사장적 신학(창 1~11장)으로 구성된 문학적 산물인데, 여기에 족장, 출애굽, 시내 산, 광야와 정복의 전승들과 제사장적 법률 제정 등이 속했다고 본다. 폰 라드의 견해의 주된 요소는, 오경과 마찬가지로 역사서의 책들도 최초의 기원을 제의적 배경에 두고 있다는 것이다. 따라서 그것들은 근본적으로 "제사장적 기원"을 지니고 있는 것으로 보아야 한다는 것이다.36

보수주의 학자들은 이와 같은 폰 라드의 논문에 대해 다각적인 반응을 보였다. 어떤 이들은 이 견해들을 엄밀히 검토하고, 그것들이 성경적 기정사실들이나 메시지와 조화되지 않는다고 거부했다. 와우드스트라(Woudstra)를 그 예로 들 수 있다. 그는 다양한 견해들을 간략하게 요약하고 나서 그것들에 대한 의미 있는 비판을 가하고, 그 근거에서 그것들 중 어느 것도 받아들이기를 거부한 것은 옳았다.37 그래써(Graesser)야말로 비평학자들이 내린 다양한 결론들을 통일성 있게 조화시켜 진술하려고 시도한 실례를 남긴 사람이다. 그는 "서론적 재구성"(introductory reconstruction)에 관해 광범위하게 개관한 후 이렇게 결론짓는다.

따라서 여호수아서에서 열왕기하까지에는 어떤 개념적 통일성과 신학적 강조점이 있는 것이 분명하게 드러난다. 이 개념과 신학적 통일성은 아마도 단 한 사람의 일이 아니라 일련의 경건한 -같은 그룹 전체이거나 같은 학파에 속한- 저자들이 이룩한 일이겠지만

---

35 Ibid., p. 86.

36 폰 라드의 견해는 그의 논문에 제시되었다. G. von Rad, "The Form Critical Problem of the Hexateuch," *The Problem of the Hexateuch and Other Essays*, trans. E. W. Trueman (London: Darton, Longman & Todd, 1966). 역시 그의 *Old Testament Theology*, trans. D. M. G. Stalker (London: Oliver & Loyd, 1962), vol. I, pp. 129ff에 언급되었다. Bewer-Kraeling in J. Bewer, *The Literature of the Old Testament*, completely revised by E. G. Kraeling (London: Columbia Univ., 1962). 뷰어는 원문서들이 제사장들에 의해 저작되었다고 말하는데, 특히 법정 기록들이 그러하다는 것이다. 예언적 전승들은 "서투른 사료 편찬자들"이었던, 확인하기 힘든 신명기 기자들의 손에 의해 짜깁기 되었다고 한다(pp. 231-56).

37 Ibid., pp. 103-11.

그 연속성들이 불연속성들보다 우세하다. 그러기에 그것들을, 단순히 이스라엘의 역사에서 연계되는 기간을 다루는 네 권의 책들의 모음집이 아니라, 어떤 통일성을 가졌다고 보는 것이 더 낫다.[38]

여기서 주목할 점은, 그가 역사서 책들의 통일성이 한 사람이나 한 학파의 집필에 근거했다고 확신하고 있지는 못하다는 점이다. 그런데 만일 그래써가 이것을 기본 법칙들 위에 근거하여 생각한다면, 확실하게 목적과 계획에 통일성이 있다고 말하기를 주저할 필요가 없을 것이다. 이 기본 목적, 계획과 토대가, 이후에 이어지는 저자들에게도 역시 허용될 수는 없었을까? 왜냐하면 이들은 자신들의 시대를 책임진 인물이며 하나님의 계시에 대하여 유기적으로 영감을 받은 저자들이었으니 허용되지 않았겠는가? 그리고 이렇기에 불연속성이 없는 것이 아니겠는가?

세 번째 견해의 핵심은, (1) 전선지서에 대한 신명기의 주도적인 역할과 (2) 전선지서에 대한 신명기의 관계 외에, 전통적 보수주의 복음주의적 입장을 거부할 이유를 제공하는 내적 증거를 우리가 전선지서 안에서 찾을 수 있는가? 하는 점이다. 사실 이 점은, 위에서 인용한 그래써의 말에서 부분적으로 답을 얻었다. 그는 불연속성에 대한 증거들을 많이 말했고 연속성에 대한 증거들도 많이 말했다. 그러나 그는 후자를 선택했다. 하지만 이 연속성이 일련의 신명기 기자인 역사가들이 있어서 가능했다는 것 이외에 다른 근거들을 가지고 설명될 수는 없는가? 그리고 그 불연속성은 그 견해를 견지하는 자들을 정말로 난처하게 만드는 것이 아닌가? 후에 본 논문에서 우리는 각 책에 관하여 실제 사실들 중 얼마를 간략하게나마 개관할 것이다. 그러면 우리는 연속성을 말할 때, 역서서의 각 책은 개인 저자들이 연속해서 기록하였다는 증거가 많이 드러날 것이기에 이 입장이, 그 책들 전체를 신명기 기자인 역사가들이 재편집하였다고 보는 견해보다 낫고 또 선호해야 하는 입장이라는 것을 알게 될 것이다.

III.

이 시점에서 결정적 문제는, 학자들이 어떻게, 어떤 방법에 의해, 그리고 어떤

---

[38] Ibid., p. 547.

선험적 원리들에 의해 전선지서인 역사서들의 저술에 관하여 다양한 비평적 입장들을 발견하고 발전시켰는가 하는 것이다. 이에 대한 답으로, 일반적으로 다음과 같이 간단하게 말할 수 있겠다. 성경 밖에서 그리고 외적 기준과 외적 관점들을 가지고 성경의 기정사실을 판단하는 입장을 취함으로써 그렇게 한 것이다.[39] 그렇게 함으로써 우선 성경이 스스로에 대해 말씀하도록 허용하지 않는다. 오히려 외적 기준들을 근거가 확실하고 지배적인 요소로 보는 견지에서, 구약역사 자료의 진실성 여부를 결정해야 한다는 것이다. 다시금 우리는 지나친 단순화는 항존(恒存)하는 함정임을 인식하면서, 네 개의 공통적인, 그러나 외적인, 기준이나 입장을 말할 수 있겠다. 그것들은 문학적, 역사적, 제의적, 고고학적 기준이다. 그러나 이것들을 개별적으로 검토하면, 이 여러 가지 기준들이 서로 밀접한 관계가 있고 서로 의존적이라는 사실이 분명해진다.

문학적 기준은 매우 튼튼하게 확립되어 있다. 그것은 이전에 그라프-퀴넨-벨하우젠(Graf-Kuenen-Wellhausen) 학파의 주된 방편이었다. 비평적 문학적 분석에 의해 산출된 접근법의 방법과 결론들은 학자들에게 깊은 인상을 심어주었다. 따라서 "문서설 학파"의 결론에 대한 반대들이 증가하자, 문학비평이라는 방편이 거부되지 않고 그 대신 이 방편에 다른 요소들 곧 고대 풍습들과 관습들의 사용이 첨가되었다. 그래서 궁켈(H. Gunkel), 모빙켈(S. Mowinckel), 알트(A. Alt)와 노트(M. Noth) 같은 사람들은, 문서들의 배후에 깔린, 식별해낼 수 있는 문학 형식들을 발견하려고 노력한 비교 종교연구들로 인해 고무되었다. 따라서 양식 비평이 전면에 부상하게 되었다. 사람들이 의사소통을 할 때에 사용한 원형적이고 초기적 문학 형식들이 추구되었다. 아이쓰펠트(Eissfeldt)가 이것들을 열거하고 다루기도 했다.[40] 올브라이트(Albright)는 구약 연구의 이런 면에 관해 밝혀주고 있다. 최근 저서(*Yahweh and the Gods of Canaan*)[41] 에서, 그는 우가릿(Ugarit) 문학에서 찾아낸 문학 형식들을 시종일관하게 활용해서 구약의 기록들 안에서 이러한 흔적들

---

39 있다고 해도 극소수의 비평학자들이 이곳저곳에서, 성경적 역사적 자료가 믿을 만한 과학적 객관적 기준들에 의해 통제 대조되고 평가되어야 한다는 사실을 강조하는 데에 있어서 실수한다. 이 사실을 장황하게 문서로 나열할 필요는 없고 브라이트가 *Early Israel*에서 반복적으로 언급하는 것과 드 보의 p. 16을 상기해 보는 것으로 충분하다.

40 Ibid. 그의 책의 목록과 pp. 1-125를 참고하라.

41 Ibid.

을 발견하려고 노력한다. 고든(C. H. Gordon)도 구약 연구에서 이러한 면에 많은 시간을 투자하고 있다. 그가 히브리 문화와 희랍 문화가 에게-크레타-미노아 (Aegean-cretian-Minoan) 배경에 공통적 기원을 두고 있다는 이론을 고수하고 있다는 것은 잘 알려진 사실이다.[42]

이제 우리 앞에 놓인 문제는, 우리가 지금 다루고 있는 이 과제와 연관하여 볼 때, 성경 밖의 문학 형식들이 특히 역사서를 판단하고 재구성할 확고한 근거를 제시한다는 분명한 증거를 제공하는가 하는 것이다. 예를 들면, 올브라이트가 자신의 주장 곧 시형(詩形)이 성경의 역사적 자료의 가장 이르고 오래된 형태라는 주장에 대한 증명을 제시하고 있는가? 올브라이트는 우가릿 문학에 종교적 신화들과 전설들이 시형으로 되어 있기 때문에 성경의 문학도 동일하다고 하는데 과연 그것을 논증할 수 있는가? 예를 하나 더 들어보자. 드보라의 노래(삿 5장)는 구약의 역사적이고 시적인 문학 형식들 중에서 가장 오래된 것으로 간주된다. 우가릿 문학도 유사한 역사적이고 시적인 형식들을 약간 가지고 있다. 그럼 이 유사성이 어느 한 쪽 문화에서 다른 문화로, 그리고 시형으로부터 산문으로 발전했다는 최종적인 증거가 될 수 있는가? 그러한 발전이 우가릿 문학에서 발견되었는가? 내가 알기로는 그렇지 않다. 오히려 역사적, 종교적 자료는 산문이거나 운문의 형식을 사용하고 있다. 우가릿 문학에서도, 드보라의 노래의 경우처럼 같은 문맥 안에서, 광범위하게 산문 형식으로 제시된 자료 안에 운문이나 노래가 제시된 경우를 발견했는지? 지금까지 내가 알기에는 그렇지 않다. 만약 그런 증거가 있다 치더라도, 이것이, 목격자가 역사적 이야기를 기록했고 시인이 성취한 위대한 승리의 영감으로 지은 노래를 포함시킨 것이 아니라, 시형에서 산문 형식으로 발전한 것이라고 증명할 수 있겠는지?

지면이 부족해서 많은 비판을 상세하게 할 수는 없겠다. 하지만 두 가지 경우에 대한 언급은 빼놓을 수 없다. 이미 고든(Gordon)의 저서에 대해 언급한 바가 있다. 문학적 분석에 근거해서 그가 헬라와 히브리 문화의 공통적 기원을 단정하지 않았는가? 그런데 왜 그의 견해가 받아들여지지 않고 있는가? 그가 좋은 방편을

---

[42] C. H. Gordon, *Before the Bible, The Common Background of Greek and Hebrew Civilizations* (London: Harper & Row, 1962)와 *Ugarit and Minoan Crete* (NY: Norton, 1966). 후자는 우가릿의 시형을 광범위하게 다루고 있다.

잘못된 방식으로 적용하는 것은 아닌지? 그런 것 같다. 그래서 사람들은 그의 문학적 추구의 결론들을 받아들이지 않을 것이다.

그러면 우리가 알트-노트 학파에 대한 브라이트(Bright)의 비판을 읽을 때, 그것을 어떻게 생각해야 하는가?[43] 브라이트는 반복해서, 신명기 기자들의 작업과 오경의 첫 네 권의 작업에 관한 노트의 훌륭하고 철저한 문학적 비평적 분석을 칭찬한다. 하지만 역사적 자료와 그 가치에 관한 한, 그는 노트의 저술의 결과에 대해 허무하다고 할 정도로 강하게 비판한다. 드 보(De Vaux)[44] 역시 이 사실에 주의를 환기시킨다.

이제 비판학자들이, 구약의 역사적 자료들에 관해 **객관적으로** 연구할 수 있는 타당한 방법이며 또한 성과를 얻을 수 있는 입증된 방법이라고 여겨서, 문학적 분석을 사용하는 것에 대한 우리의 결론은 무엇인가? 다른 사람이 아닌 브라이트(Bright)가 말하기를, 다양한 문학 비평들은 계속해서 피차 상쇄하여 실제로는 아무것도 명확하지 않다고 했다. 사실 이 말은 초기 이스라엘에 관한 언급이지만, 많은 경우에 후기 이스라엘에게도 적용된다.[45]

그러나 잘 이해해야 할 것은, 모든 문학 비평을 버려야 하고 피해야 하는 것이 **아니라**는 사실이다. 오히려 질문해야 할 점은, 과연 성경학도가 성경 연구를 시작하기 전에 경청해야 할 객관적이고 믿을만한 의견이 문학 비평가에게 있는가 하는 것이다. 문학 비평가는 상당히 주관적으로 저술하지 않는가? 따라서 그도 역시 지배를 받아야 하지 않는가? 다시 말해서 성경적 문학 비평가라면 실제로 자기 앞에 놓인 성경 자료에 의해 지배를 받아야 하지 않는가? 인간이 자신의 출발점을, 바로 성경 안에서 그리고 성경으로부터, 취해야 하지 않는가? 구약 역사학도들이 문학 전문가들로부터 고대 문학에 관해 많이 배울 수 있다. 그 점을 논박할 사람은 없을 것이다. 그러나 성경 역사 학도가 자신 앞에 놓인 성경 자체를 그대로 연구하기 이전에, 소위 객관적 문학 전문가들의 전제들과 방법들과 결론들을 채용하는 것이 정당할 수 있겠는가?

---

43 J. Bright, *Early Israel.*

44 Ibid.

45 J. Bright, ""Modern Study of Old Testament Literature," *Bib.A.N.E.*, p. 14.

마지막으로 문학적인 면에 관한 논평을 하나만 더 하자. 카우프만(Kaufmann)의 "고상한 문학 비평"이 거부되었다.46 왜? 여호수아서는 전반적으로 정복에 관한 믿을만한 목격자의 이야기로 받아들여야 한다는 결론 때문이 아닌가? 토박이 셈어 학자가 히브리 문학에 라틴적 사고방식을 적용하는 것을 개탄하여47 , 외적으로보 다는 내적으로 문학 비평을 적용하고 그럼으로써 "라틴 학자들"의 결론들과 반대되 는 결론에 도달한다고 해서, "라틴 학자들"이 그를 믿을 수 없고 근거 없는 말을 하는 사람으로 취급해버리는 것은 이상하지 않은지?

이제 역사적 기준과 관점을 다루어보자. 이 주제 역시 많은 면들이 있다. 여기서 우리는 오직 한 두 면만을 다룰 수 있겠다.

무엇보다도 먼저 강조해야 할 점은 구약학자들은 실제 "역사"를 고집한다는 사실이다. 여기서 실제 역사란, "객관적 역사"에 대한 현대의 기준에 일치하며, "조정되고" "증명될" 수 있다는 의미에서 실제적인 역사를 의미한다. 사실 모든 성경학자들이 실제적 역사를 다루는 데에 관심을 가진다. 기독교는 역사적 사실들 에 의존한다. 드 보(De Vaux)는, 만약 구약성경이 우리에게 "전승"을 제시하는 것이라면, 우리는 기독교 신앙을 위해 필요한 근거를 갖고 있지 못한 것이라고 말할 정도로 강하게 지적한 것은 옳다. 이처럼 모두가 실제 역사를 원한다. 그런데 여러 학자들이 성경을, 이스라엘의 역사를 다루는 실제적이고 완전한 역사책으로 깨닫지 못하기 때문에 괴로워하는 듯이 보인다는 것이 매우 흥미롭다.48 물론 사람들은 창세기 1~11장을 다루면서, 성경이 "역사"서가 아니라고 재빨리 지적한 다. 그리고 그들은 그렇게 말할 수 있어서 크게 안도감을 느낀다. 하지만 그들은 정작 이스라엘 역사를 다룰 때에는 등을 돌리지 않는가? 왜 그들은 괴로워하고, 왜 그들은 성경의 의도가 한 나라로서의 이스라엘의 완전한 세부 역사를 제공하는

---

46 J. Bright, *Early Israel*.

47 하지만 드 보(De Vaux)는 전승들이 사건과 저자들 사이의 간결을 메운다는 생각을 지지한다. 이 전승들은 우리에게 믿을만한 역사를 확신시키기 위해 외적으로 통제되어야 한다고 그는 고집한다. 그는 어원과 인종학 그리고 고고학에 대한 경탄을 거부하고, 그 해결책으로서 결국 이 모든 것들 간의 위험한 균형을 가정한다(pp. 25-26).

48 뷰어-크레일링(J. A. Bewer-E. G. Kraeling)이 이러한 불만에 대한 하나의 본보기이다. 비록 우리가 더욱 갖고 싶은 정확하고 실제적 지식- 모든 것을 도덕화한 -의 대부분을 그가 분명히 생략함에도 불구하고, 여기에서 귀중한 자료들을 활용했다(ibid., p. 236).

것이 아님이 분명한데도, 이스라엘 나라의 완전한 세부 역사를 고집하는가?

그러나 이 질문에 답할 때 제기되는 주된 문제는, 어떻게 우리가 성경에 기록된 역사가 진실인가를 알 수 있는가? 라는 것이다. 비평학자들은 말하기를 "객관적이고 조정된 기준"에 의해 참되다고 증명되었을 때에만 진실이라고 여길 수 있다는 것이다. 노트(Noth)가 문학적 기준을 사용해서 이렇게 하려고 시도했는데, 그 결과는 역사적 허무주의였다. 다른 이들은 역사 그 자체 안에서 출발점을 삼고 그 문제에 답하려고 시도했다.

드 보(De Vaux)는 말하기를, 구약의 역사해석은 세 가지의 다른 역사적 방법으로 이루어질 수 있는데, 각각 관점, 방법과 결과를 가지고 있다고 한다[R. de Vaux, pp. 15,16.]. 우리는 사람들이 호소하고 또 출발점으로 삼는 언어의 역사, 문화의 역사 그리고 세계 종교의 역사 등 많은 다른 역사들을 지적할 수 있다. 하지만 드 보는 세 가지 결정적인 역사들을 진술했다. 그는 먼저, 이스라엘이 고대 근동민족 중의 한 민족이며 다른 나라들 중의 한 나라로서 정치적, 경제적, 사회적 구조를 가졌다고 여기는 역사가 자신만의 관점을 언급한다. 이 역사가에게 있어서, "성경은……역사 문서인데, 역사가가 이 성경 이외에서 얻을 수 있는 정보를 가지고 이 문서를 비판하고 조정하고 보충할 수 있는 문서이다. 그 결과가 이스라엘의 역사이다." 바로 이 역사가 모든 구약 자료들의 연구에 기초가 된다고 여긴다. 그럼 질문을 다시 해보자. 과연 이것이 성경을 올바로 연구하는 것인가? 이것이 성경이 의도한 바인가? 성경이 국가 역사를 위한 역사자료서이란 말인가? 그리고 성경의 메시지를 연구하기 이전에, 그런 연구가 완성되어야 하는가? 그렇다고 답해야 한다고 비평학자들은 생각한다.[49] 그런데 어떤 보수주의적 복음주의 학자들은 마치(부지불식간에?) 이러한 결론을 채택하는 것 같지 않은가?

둘째로 강조할 점은, 구약은 어떤 선별된 역사적 사실들을 제시한다는 사실이다. 하지만 성경은 결코 한 나라로서 이스라엘의 역사를 제공하는 듯한 인상을 주지는 않는다. 역사적 사실들은, 하나님께서 인간에게 허락하시는 자기 계시의 유익하고 필요한 방편으로 보일 때에만, 제시되었다. 성경 안에서 이 역사는 와우드스트라

---

49 나는 슈텍(J. Stek) 박사가 그의 논문에서 브라이트(J. Bright)의 책(*The Authority of the Old Testament*)에 관해 논한 것을 독자가 다시 주목하기를 바란다.

(Woudstra)가 역설한 바와 같이, 이상과 이스라엘을 위한 하나님의 패턴들 그리고 이와 동시에 그 이상을 충족시키는 데에 실패한 사건들을 포함하고 있다. 하나님께서 자신을 한 나라로서 이스라엘에게 또한 이스라엘을 통해서 계시하셨기 때문에, 우리가 이스라엘 역사를 알면 알수록 하나님의 계시를 알게 된다. 그러나 이것은 우리가 이스라엘의 국가 역사를 출발점으로 삼는다는 것을 뜻하지 않는다. 부언하면, 구약 자체가 이스라엘을 위하거나 이스라엘의 유익만을 위한 이스라엘 역사로 지칭하지 않는다. 프로스트(Frost)가 묵시문학에 관한 자신의 저서[50] 에서 가르치는 것처럼, "역사적 사실들"을 제시한 까닭은 이스라엘 저자들이 이런 방식으로 이스라엘의 신앙을 표현하려고 시도했기 때문이라고 구약이 암시하지는 않는다.

우리가 방금 진술한 내용에 비추어보면, 어째서 여러 보수주의적 복음주의 학자들이 '신명기 기자인 역사가들'이라고 호칭한 것이 정당하지 않다고 생각하는 지가 아주 명백히 드러날 것이다. 그러나 신명기 기자인 역사가들이라는 호칭을, 오경에 기록된 대로 이스라엘을 위해 하나님께서 계시하신 이상적 프로그램의 입장에서 하나님께서 이스라엘과 교제하시고 또 이스라엘이 하나님께 보이는 반응을 말한 선지자들을 가리키는 것으로 받아들인다면, 아무 문제될 것이 없다. 만약 그 호칭이 그런 뜻에서 이해된다면, 그것은 선지자의 직무로서 책을 쓴 사람들에게 주어진 또 다른 형식의 호칭일 뿐이다. 하지만 다양한 비평적 저술들을 읽는 사람이라면, 그 호칭이 그런 뜻으로 의도된 것이 아니라는 것을 즉시 분명하게 확인할 수 있을 것이다. 비록 정확한 의미에 대해서는 이견들이 있겠으나, 비평학자들은 신명기 기자들을, 레위인-제사장들(예를 들면, Von Rad 등), 혹은 도덕적 관점에서 말한 역사가들(예를 들면, Bower, Kraeling 등), 그들이 선호한 국가적 종교적 패턴들로 이스라엘을 이끌려는 노력으로 설교하여 반영시키는 "선지자들"(예를 들면, Porteous[51] 와 North[52])로 간주한다. 환언하면, 그들은 이 기자들을, 주로 인간 나라와 그들의 삶과 운명을 다루는 인간적인 저술을 펴낸 인물로 여기는

---

[50] S. Frost, "Apocalyptic and History," *Bib.M.S.,* pp. 98ff. 역시 그가 전에 쓴 책 *Old Testament Apocalyptic* (London: Epworth, 1925), 특히 pp. 46-57을 참조하라.

[51] N. Porteous, "The Prophets and the Problem of Continuity," *Israel's Prophetic Heritage*, ed. B. W. Anderson-W. Harrelson (NY: Harper Brothers, 1962).

[52] C. North, ibid., p. 87.

것이 아닌가? 그렇다면 이스라엘이라는 저 인간 나라의 종교를 그들의 인간 나라의 한 측면으로 간주하며, 또 그것이 중요한 측면이기에, 그 종교의 상속자들인 오늘날의 우리가 그와 같은 인간의 종교적 저술에 관심을 갖는 것이 아닐까? 하지만 우리가 계속 직면하고 있는 근본 질문은 성경이란 무엇인가? 이다. 성경은 주로 인간의 문서로서 고대인들이 설교하고, 기록하고 그리고 믿었던 심오한 종교적 진리들을 다루는 책인가? 아니면 성경은 기본적으로는 이스라엘에게 또한 이스라엘을 통해서 주셨으나 역시 다른 이들에게 그리고 그들을 통해서 주신 하나님의 자기 계시인가?

드 보(De Vaux)의 둘째 견해는, 우리가 언급한 바 있는 세 번째 기준이 되는 제의적 문제를 다룬다. 드 보는 자신이 소개하는 것이 종교사학자의 견해라고 말한다.

> 성경은 종교사학자에게 있어서 종교 역사의 문서이다. 구약은 이스라엘의 성스러운 책들의 모음집이다. 그것들은 이스라엘 신앙의 표현이다. 그 신앙은 역사적이다. 그것은 하나님께서 선택하신 이스라엘이라는 나라의 모든 역사를 하나님께서 주관하셨다는 확신 위에 기초하고 있다.[53]

드 보는 부언하기를, 이 종교사학자는 그 사실들에 대한 해석이 확실한 역사에 부합하는가를 아는 데에는 흥미가 없다고 한다. 그는 호의적으로 그리고 객관적으로 이 이스라엘 종교를, 마치 그가 고대의 타종교를 연구하듯 연구한다는 것이다. 더 나아가서 드 보는 강조하기를, "신학자는 종교사학자의 결론을 그의 출발점으로 삼는다.……"[54] 고 한다. 드 보는 각주에서, 폰 라드(Von Rad)의 '구약신학'(*Theologie des Altes Testament*)이 이스라엘 종교의 역사라고 언급하는데, 폰 라드가 "믿는 것"과 "참 역사" 간에 대립을 역설하기 때문에 그렇다는 것이다.[55] 폰 라드는 역사가가 이스라엘의 신앙의 기초가 되는 진정한 역사적 사실들에 도달할 수 있다고 믿지 않는다. 다만 우리는 이스라엘이 무엇을 믿었는가를 아는 것으로 충분하다고 한다. 그렇다면 드 보에 의하면, 신학자들은 오직 폰 라드 같은 사람들이

---

[53] Ibid., p. 16.
[54] Ibid.
[55] Ibid., n. 1.

작업을 완성한 후에야 자신들이 작업을 시작할 수 있다는 뜻이 된다.

폰 라드(Von Rad)가 "종교사" 접근법의 좋은 본보기라는 것은 맞는 말이다. 이것은 폰 라드가 이스라엘의 예배, 제의를 강조하되 의식과 의식이 필요한 이유 둘을 모두 포함해서 강조하는 것과 밀접하게 연관되어 있기 때문이다. 제사장들은 제의를 담당했기 때문에, 그들이 이스라엘이 신봉하는 다양한 신념들과 이 신념들을 예배 의식에 표현시킨 기본적 창시자들이라는 것은 너무나도 자연스럽다. 이 접근법과 일치하여, 폰 라드는 오경에서 다양한 "신조들"(credos)을 발견하였다. 그리고 그것들을 그 문맥에서 떼어내서, 이스라엘의 신앙의 방향을 최초로 정해준 것으로 삼았으므로 이 신조들은 이스라엘의 신앙에서 주요한 요점이 되었다.

특히 드 보(de Vaux)의 주장에 비춰볼 때, 여러 가지 기본적인 질문들을 제기해야 한다. 그는 주장하기를, 신학자는 성경을 "역사 속에서 먼저 이스라엘에게 계시하신 하나님의 계시"로 다루기 이전에, 종교사학자에게 경청해야 한다고[56] 하였기 때문이다. 비록 우리가 역사관의 셋째 요점에 대한 드 보의 진술을 매우 심각한 예외로 취급하려고 해도, 그것을 지금 토론할 수는 없다.

참으로 구약성경에서 중요한 것이 "이스라엘은 무엇을 믿었는가?"라고 하는 것인가? 물론 이스라엘이 자신들의 신앙을 표현한 것은 사실이다. 우리는 그 점에서 배울 것이 있다. 그러나 이스라엘이 하나님께서 과거에 그들을 대하신 바에 일치하게, 그리고 그들에 대한 하나님의 자기 계시와 조화를 이루면서 항상 자신들의 신앙을 표현했는가? 이것은 매우 중요한 질문이다. 그러나 폰 라드는 그것을 다루지 않을 것이다. 따라서 사실 우리가 던져야 할 **질문은**, 폰 라드가 성경에 대한 자신의 접근법에 근거해서 그렇게 **할 수 있는가?** 이다. 그는 할 수 없다. 왜냐하면 객관적 역사가는 보증되고 조정되어 과학적으로 받아들일 수 있는 역사적 사실들을 스스로에게 제공할 수 없다는 사실을 그가 옳게 발견했기 때문이다. 그래서 폰 라드의 입장은 신빙성 있게 기록된 사건들에 관한 문제는 옆으로 비켜 피하고, 백성들의 주관적 신앙에 근거를 두는 것이다. 그러나 이 신앙이 믿을만하게 기록되었다는 확신을 그는 가지고 있는가? 그는 "제사장인 기록자들"이 과연 제사장들과 백성들

---

[56] Ibid.

의 신앙을 기록하는 데에 충실했다고 그들을 참으로 신뢰할 수 있는가? 기본적으로 폰 라드는, 그렇게 할 수 있다고 가정한다. 그러나 왜 그가 신앙에 관한 제사장인 기록자들의 신뢰성은 믿고, 사실들에 관한 역사가의 기록, 혹은 하나님의 이상적 계획과 그것의 추진에 관한 예언적 기록은 의심해야 하는가? 사실 폰 라드는 다른 기준 특히 문학적 기준에 호소하나, 놀랍게도 고고학적 기준에는 거의 그렇게 하지 않는다.[57] 후자에 대한 그의 태도는 그가 실제 역사에 관심이 없기 때문이라고 이해하여야 한다.

이처럼 구약 그리고 특히 구약사 자료를 다루는 하나의 방법으로서 폰 라드(Von Rad)의 접근법 혹은 종교사학자의 관점은 만족을 주지 못한다. 역사적으로 말해서 그 방법은 노트(Noth)의 '문학적-전승' 접근법만큼이나 허무주의적이다. 폰 라드가 노트의 기본적인 문학비평적 과정을 채택하였으나 그 길을 따라 더 멀리 제의적-신 조적 입장으로 나아간 것을 보니, 우리가 그에게 그렇지 않았다면 달라졌을 것이라 고 기대할 수 있겠는가? 또한 슈네이스(Snaith)가 다음과 같이 진술한 것을 생각해 보라.

> 제이콥(E. Jacob)은 어디에서나 초기 역사적 자료들의 보존에 있어서, 지역 제사장 들이 큰 역할을 감당한 증거를 발견한다. 그러나 J와 E 이외의 기원들을 찾는 데에 있어서는, 폰 라드가 모든 경쟁자들을 추월하였다.[58]

폰 라드의 접근법이 만족스럽지 못한가? 기독교 신앙의 기본 곧 역사적 사건에 도달할 수 없다고 하니 어떻게 만족할 수 있겠는가? 구약을 기본적으로 한 나라가 믿은 내용을 기록한 것으로 간주하니 어찌 그렇지 않겠는가? 기독교 신앙이 고대 백성의 주관적인 **신념들**에 기초하고 있는가? 구약성경이 때로는 하나님께서 참 신자들에게서 기대하신 바와, 제사장들과 백성이 실제로 믿은바 사이에 큰 차이가 있음을 분명하게 보여주지 않는가? 구약성경이 어떤 때에는 대체로 제사장직을 분명히 못마땅하게 여기는데, 우리가 제사장들을 참으로 믿을 만한 근거로 의존할 수 있겠는가? 폴테우스(Porteous)는 제사장들을 신뢰할 수 없었다는 것을 설득력

---

[57] J. Bright, *Early Israel.*
[58] N. H. Snaith, *O.T.M.S.,* p. 89.

있게 보여주었다.[59]

　우리는 시간을 내서 하나 더 논평해야 하겠다. 이 점을 자세히 전개해 나가는 것이 매우 유리할 것이지만, 본 논문에서는 자제해야 하겠다. 고려해야 할 점은 이렇다. 만약 우리가 폰 라드의 접근법 혹은 다른 종교의 역사가를 따른다면, 우리가 성경을 "신학서"로 여기는 것이 아니겠는가? 더 명확하게 말해서, 구약성경이 신학적 의견과 신앙의 책이 되고 마는 것이 아닌가? 많은 이들이 재빨리 긍정적으로 대답할지 모르겠다. 그러나 가장 중요한 것은, 일들이 어떻게 발생했는지, 어떻게 인간이 발전하고 통치하고 싸웠는가 보다는 기록된 것의 "메시지"가 "무엇"인가 하는 것이 아닌가? 폰 라드가 강조하려고 의도한 요점은 이렇다. 오직 신념들, 신앙을 위한 교리들만을 취하라! 그러나 이것은 성경을 "신학서적"이나 특수한 종류의 "신학 자료서"로 만드는 것이 아닌가? 그러나 구약성경이 이렇게 한낱 역사서에 불과한가? 혹은 하나의 과학 서적인가? 하나님께서 역사의 틀 안에서 진리를 계시하셨다는 것이 확립된 진리가 아니란 말인가? 시간이 흐르고 사건들이 전개되는 동안에 하나님께서 말씀하시고 실행하셨다. 구약성경이 하나의 기록이고, 그 기록은 대체로 이야기체로서 하나님께서 말씀하시고 실행하신 그대로 일어난 것의 기록이 아니란 말인가?

　이 시점에서 우리가 기억해야 할 것은 리델보스(Ridderbos)가 말한 중요한 요점이다. 즉 믿을만한 사료 편찬의 특징은 성경에는 **발전된** 신학이 없다고 본다는 점이다.[60] 사실 그는 베드로의 강화(講話)들에 대해 이렇게 쓴 것이다. 그러나 이것은 구약에도 마찬가지로 적용되는 원리이다. 구약의 역사적 부분을 종교의 역사, 신앙의 역사, 제사장적 교훈과 저술의 기록으로 간주하는 것은, 우리가 소유하고 있는 성경이 말씀하는 실제 성경적 기정사실들과는 정반대라는 것이 우리 모두에게 아주 명백하게 보일 것이다. 그렇다면 비록 드 보(De Vaux)가 우리에게 먼저 종교사학자에게 경청하라고 충고하지만, 그렇게 하는 것이 그릇된 관점에서 시작하는 것이라고 결론을 내려야 하지 않겠는가? 그리고 그 충고를 따르는 것이 우리를 만족스럽지 못한 결론으로 이끌어가지 않겠는가? 정말 그렇게 이끌어갈

---

⁵⁹ Ibid.
⁶⁰ H. N. Ridderbos, "The Speeches of Peter in the Acts of the Apostle," (London: Tyndale, 1962).

것이다. 왜냐하면 폰 라드가, 구약이 신약을 위해 유익하다는 것을 보여주려고 "모형적 해석학적 원리"[61] 를 시도한 것까지도 구약 역사, 기록, 신뢰도의 문제 그리고 신약과의 관계 등을 해결하지 못하기 때문이다. 그러나 이것은 우리가 여기에서 논할 수 없는 또 다른 추가적인 문제이다.

바로 앞의 논의에서 어째서 역사서 즉 전선지서가, 그 안에서 하나님에 대한 예배와 언약궤와 성전이 큰 역할을 함에도 불구하고, 제사장의 저술로 간주될 수 없는지 아주 명백해졌기를 바란다. 하지만 이런 요소들은 많은 학자들이 제시하고자 하는 바와는 달리, 역사서에서 지배적인 요점이나 기본적인 방향을 결정해주는 요점들은 아니었다.

IV.

우리는 이제까지 문학비평가, 과학적인 역사가, 그리고 종교 제의의 역사가로 하여금 자신들의 결론을 제시하도록 기다렸다가 그들의 결론을 구약 자체의 내용과 메시지 연구를 위한 출발점으로 삼는 것이 타당한 가를 질문해보았다.

이제 네 번째 가능성이 우리 앞에 놓여 있다. 그것은 위에서 논의한 세 가지 기준을 위해서 기본적이고 방향을 결정해주는 요점으로 제시되었다. 고고학자 특히 성경고고학자에게 들어보라. 브라이트(Bright)는 이것이 사료 편찬의 문제 해결을 위한 올바른 진행 방법이라고 분명하게 암시한다.[62] 아니 그가 구체적으로 그렇게 말하지는 않고, 다만 자신은 올브라이트(Albright)의 방법을 지지한다고 말할 뿐이다.[63] 하지만 그는 자신의 성경신학 연구에서 노트(Noth)를 비판하는데, 노트가 냉혹한 논리로 문학적 전승 비평방법을 적용해서가 아니라, 그의 결론들이 허무주의적이기 때문에 그러하다. 노트가 고고학자에게 귀를 기울이기만 했다면, 받아들일만한 결론들을 산출했을 것이라고 한다. 카우프만(Kaufmann)은 구약의 내증(內證)을 다루면서 자신의 고상한 문학적 비평방법을 적용하여 결론내리기를,

---

[61] Cf. "Typological Interpretation of the Old Testament" trans. J. Bright, *Essays on Old Testament Interpretation*, ed. C. Westermann, (London: S.C.M., 1963).

[62] J. Bright, *Early Israel*.

[63] Ibid.

목격자가 기록한 여호수아서는 전체적으로 일어난 일들을 정확하게 기록하였으며, 노트(Noth)보다도 훨씬 더 엄격하게 다루어졌다고 했다. 카우프만에게 브라이트가 충고한 것은 이렇다. 당신은 유대인 학자로서 당신의 개인적인 셈 계통의 배경을 잊어버리시오. 그리고 당신이 히브리 텍스트를 다룰 때에는 "라틴 학자들"인 우리에게 귀를 기울이고 반드시 먼저 고고학자들에게 주의를 기울이시오.

드 보는 성서문학학회(the Society of Biblical Literature)에서 발표할 기회가 있었다. 회원들이 그 학회의 백주년을 축하하는 동안, 그는 빈틈없는 성경학자로서 앞서 이십 년간 출간된 학회 회원들의 개별적 저술들과 심포지움들을 틀림없이 염두에 두었을 것인데,[64] 무척 조심스러워 했다. 그는 알트-노트 학파가 받아들일 수 없는 결론들을 제시했다는데 동의했다. 그러나 드 보는, 고고학이 브라이트가 암시적으로 제안한 만큼 중요하다는 점을 열성적으로 시인할 준비가 되어있지 않았다. 드 보의 말을 들어보라.

우리가 지적한 바와 같이, 무엇보다도 전승들의 가치에 대한 외적 확인의 요구에서 라기보다는 고고학에서, 그리고 고고학의 사용에 대해 도전자들은 반론을 제기한다. 마틴 노트가 '고고학적 자료의 활용을 전적으로 거절한다'(G. E. Wright, JBL, LXX VII, 1958에서 인용)고 비난하는 것은 부당하다. 오직 마틴 노트만이 고고학이 제공할 수 있는 증거의 한계를 본 것이다. 그리고 그는 고고학이 다소 남용되는 것을 항의한 것이다. 이 반응이 과장되었으나 그것은 유익한 것이다.[65]

잘 이해해야 할 것은, 고고학이 구약의 연구와 이해에 놀라운 공헌을 하지 않았다고 드 보가 말하는 것이 아니라는 사실이다. 그는 고고학이 제시한, 계몽시키고 명백하게 하고 보충적이라는 등등의 큰 가치가 있는 항목들을 잘 알고 있다. 하지만 노트(Noth) 및 그와 입장을 같이하는 몇몇 다른 이들은, 고고학적 공헌들에 흔쾌하게 큰 가치를 부여하지 않는다. 노트 자신의 저서(*The History of Israel*의 서론 장)에 "이스라엘 역사의 자료들"이라는 부분이 있다.[66] 거기서 노트는 일례로,

---

64 예를 들면, *O.T.M.S., Bibl. AXE., Israel's Prophetic Heritage*, etc.

65 Ibid., p. 26.

66 M. Noth, *The History of Israel*, 2nd edition (London: A. C. Black, 1960), pp. 42ff. 노트의 역사 연구에 관한 저서들에 있어서, 멘덴홀(G. E. Mendenhall)이 노트가 이스라엘 족장의 구조를 알아내기 위해 희랍의 정치적 구조에 의존하는 데에 대해 무엇이라 말했는지를 기억하는 것이 중요하다(p. 43).

고대 동양역사의 문서들, 비문들과 공문서들을 거론하는데, 그것들은 "이스라엘 역사에 간접적으로 관련이 있다"고 말한다.[67] 그가 고고학적 작업의 결과들에 관해 언급하면서, 그것들이 무엇을 "증명할 수 있고 무엇을 증명할 수 없는지"를 매우 분명히 해야 한다고 말한다.[68] 그는 고고학적 작업에서 얻은 현대 지식은, 발굴들의 직간접 결과로 빛을 보게 된 수많은 기록문서들에 주로 근거하고 있음을 지적한다. 이어서 그는 다음과 같이 지적한다.

> 작은 산이 많고 이질 성분으로 이루어진 땅인 시리아-팔레스타인에서 위대한 정치적 조직들이 발전하지 못했기 때문에, 이름이 새겨진 돌비석들이나 비문들을 새겨 넣은 큰 건물들이 세워질 기회가 거의 없었다. 더욱이 그 지역의 기후가 (파피루스가 보존된 애굽의 지역들만큼 완전히 건조하지 못해서) 다만 후기 청동기 시대의 설형문자로 새긴 토판들만 남아있을 수 있었다.[69]

철기시대에 기록된 문서들로서 남아있는 것은 없다. 이것은 시리아-팔레스타인 고고학이 이스라엘의 시기에 대해서는 "그러므로 전적으로 침묵한다"는 것을 뜻한다. 노트는 부언하기를, 이런 관점에서 시리아-팔레스타인 안에서의 고고학적 발견들에 대한 역사적 해석은 특히 어렵다고 한다. (그리고 누가 그 점을 논박하겠는가?). 더욱이 노트는, 이해할만한 열의 즉 많은 경우에서 지나치게 서둘러 비교함으로써 "발굴품들과 역사의 알려진 사건들 간에 이치에 당치 않는 결과를 낳은" 그러한 열의에 대해 반대한다. 그리고 비록 작업과 연구의 방법들이 발전되었다고는 해도, 노트는 강력히 주장하기를, "고고학은 성경과의 직접적 연관들에 대한 부적절한 탐구를 아직도 완전히 극복하지 못했다"라고 한다. 노트의 말을 하나 더 인용하자. "필연적으로 고고학적 증거가 어떤 특수한 사건이 실제로 발생했고, 그것이 기록된 문서들에 서술된 대로 일어났다는 것을 증명하는 일은 아주 드물다. 어떤 사건이 일어났을 가능성을 보여줄 수 있다는 사실이, 그것이 실제로 일어났음을 증명하는

여기에 또 다시 우리는 이방 나라의 제도가 성경적 이야기의 상위에 놓인 경우를 발견한다. 이 희랍의 정치적 제도는 노트가 전개하는 전체 구조에서 결정적 역할을 한다.

67 Ibid., p. 43.
68 Ibid., p. 46.
69 Ibid., p. 47.

것은 아니다."[70]

드 보(De Vaux)가 말한 바와 같이, 노트(Noth)는 과장한다. 그러나 그의 일반적 강조점은 유익하다. 구약성경의 보수주의적 복음주의 학도들로서 우리는 노트의 문학적 전승들의 접근법과 방법들 그리고 이것으로 인해 산출된 결론들에 동의할 수 없는 것이 많지만, 노트의 경고를 마음에 두는 것은 좋다. 왜냐하면 과거에는 너무나 많이 고고학자들을 믿어온 것이 아닌지 모르기 때문이다. 그들의 발언들은 너무나 권위 있게 여겨졌고, 결과적으로 성경적 증거가 재빨리 의문시되고 재해석 되거나 고쳐 쓰였다. 일례로 갈스탱(Garstang)의 단권주석인 여호수아-사사기 (Joshua-Judges)[71] 에 나타난 그의 연구를 들 수 있다. 처음에는 그의 저술과 결과들 이 거의 보편적으로 받아들여졌다. 올브라이트(Albright)도 이에 동의했다. 그러나 케니온(K. M. Kenyon) 발굴 팀이 여리고의 유적지를 발굴했을 때, 다른 결론들이 나왔다. 즉 여리고는 갈스탱이 말한 주전 1400년경이 아니라 주전 1325-1300년경에 무너졌다는 것이다. 여기에서 주장해야 할 것은, 케니온의 결론들은 기록된 문서들, 기록들 혹은 비문들에 근거하지 않고, 노트가 말하듯이, 간접적 증거에 근거했다는 것이다. 이 시점에서, 갈스탱이나 케니온 그 어느 쪽의 결론이 옳다는 것을 논하려는 것이 우리의 의도가 아니다. 분명하게 드러나야 할 점은 고고학자들의 결론은 발견된 자료들의 성격상 다만 가설적일 뿐이지 최종적 결론이 될 수는 없다는 것이다. 윈튼 토마스(Winton Thomas)는 다음과 같이 말한다.

> 해석할 필요가 있는 자료에 관한 한, 의견의 차이들이 항상 그리고 필연적으로 있게 마련이 다. 그러므로 고고학자들이 연구하는 자료 곧 어떤 사물의 성격, 증거로서의 그것의 가치, 다른 고고학적 자료와의 관계, 그것의 목적 그리고 연대에 관한 그들 간의 잦은 불일치가 다른 분야들의 연구에서도 전문가들 간에 그렇듯이 있을 수 있고, 또 자주 있다는 것에 놀랄 필요가 없다. 따라서 '고고학이 말한다'라는 것이, 마치 고고학자들이 항상 이구동성으 로 주장한다고 단언하는 것은 논리적 오류가 있다.[72]

---

[70] Ibid., p. 48. 로울리(H. H. Rowley)도 고고학의 과장된 영향에 관해 말한다(ibid., p. 20).

[71] J. Garstang, *Joshua, Judges,* (London: Constable, 1931).

[72] *Archaeology and Old Testament Study, Jubilee Volume for the Society for Old Testament Study,* ed. D. W. Thomas, (Oxford at Clarendon, 1967), pp. XXIII & XXIV. 고든(C. H. Gordon)은 자신의 책(*Intro. to O.T.*)에서, 고고학을 어떻게 사용하여야 역사에 대해 적절한 지식을 얻을 수 있는지 제안한다. p. 9. 하지만 많은 학자들이 고든의 제안을 따르기를 주저한다.

토마스는 또 이렇게 말한다. "최종적 결론들을 찾기가 거의 불가능하다." 그리고 "특히 끊임없이 발굴되는 새로운 자료에 미루어 볼 때에 끊임없는 재해석이 요청된다. 이전에 주장된 견해들이 어떤 때에는 오랫동안 이어지다가 나중에는 잘못된 것으로 드러나고 수정되고 심지어는 포기되는 수도 있다."[73]

확실히 이 점들은 심각하게 고려해야 한다. 고고학에 관한 다양한 저서들을 참고하는 학도는 누구를 막론하고, 비록 그것의 규모가 크고 멋진 저서(*Illustrated World of the Bible Library*)[74] 이든지, 혹은 성경시대의 일상생활(*Everyday Life in Bible Times*)[75] 혹은 라이트(Wright)의 성경고고학(*Biblical Archaeology*)[76] 혹 그롤렌버그(Grollenberg)의 아름답고 잘 전개된 성경지도(*Atlas*)[77] , 혹은 버로우즈(M. Burrows), 올브라이트(Albright), 글룍(N. Glueck)과 같은 학자들의 글들이라고 할지라도 그것들을 참고할 때에는, 고고학자들이 말하는 주장은 가설적이라는 사실을 염두에 두어야 한다. 그리고 이 사실은 세계 제국들, 혹은 언어의 발달, 혹은 문화의 전달, 혹은 종교의 성격, 혹은 어떤 다른 주제에 관해 언급하든지 간에 기억해야 한다.

여기에서 한 문제를 더 다루어야 하겠는데, 구약의 역사적 자료를 위해 그 문제가 극히 중요하기 때문에 그렇다. 구약성경이 가장 최근의 고고학적 결론들에 비추어서 끊임없이 해석되고 재해석되어야 하는가? 이것은 참으로 가장 논쟁거리가 되는 문제이다. 윈튼 토마스(W. Thomas)는 노골적으로 이렇게 말한다. "구약 자체는, 그것을 가장 최근에 연구한 근거…… 곧 구약의 내적 증거와 고고학의 외적 증거라는 두 가지 증거의 근거 위에서 해석되고 재해석되어야 한다."[78] 이에 대한 질문이 제기되는데, 우리는 과연 윈튼 토마스가 당연지사로 여기는 것과 같이 해야 하는가? 구약성경이 고고학적 증거와 동등시되어야 하며, 동등한

---

⁷³ Ibid.

⁷⁴ 위원회의 위원장은 마자르(B. Mazar) 교수에 의해 처음으로 예루살렘에서 출판되었다. London: McGraw-Hill, 1960.

⁷⁵ *National Geographic Society, President*, M. Payne, *Everyday Life in Bible Times*, 1967.

⁷⁶ G. E. Wright, *Biblical Archaeology* (London: G. Duckworth, 1957).

⁷⁷ L. H. Grollenberg, *Atlas of the Bible*, trans. and ed. J. M. H. Ried (Melbourne-Johannesburg: Nelson, 1957).

⁷⁸ Ibid., p. XXIV.

방법으로 취급되어야 하는가? 누구든지 긍정적으로 답하기가 가능할 것 같아 보이지 않는다. 보수주의적 복음주의 학자들이 취하는 입장처럼 독특하고 권위 있는 책으로서, 구약성경이 최근의 의견들과 인간의 변덕일 가능성이 있는 것들을 따라 다루어져야 하는 것은 아니지 않는가? 우리는 아래에 소개하는 윈튼 토마스의 글을 읽을 때 이 문제를 더욱 더 확실하게 꿰뚫어보게 된다. "하지만 극소수를 제외하고 고고학적 발굴품들은 거의 다 구약성경의 서술과는 직접적인 관계가 없다는 사실을 너무 강조하거나 자주 강조해서는 안 된다."[79] 이 마지막 진술을 명심하도록 하자. 그리고 우리가 그렇게 한다면, 구약성경이 그 자체에 관해 주장하는 내용이 도전을 받지 않고 지탱된다고 생각할 수 있지 않겠는가? 그리고 그렇게 되면, 이 불변의 구약성경이 고고학적 증거들에 의해 조명되고 예증됨에 따라서 더 잘 이해되도록 우리가 노력할 수 있지 않겠는가?

이 시점에서 여호수아서와 사사기에 걸친 기간에 언약궤의 역사적 배경에 관한 와우드스트라(Woudstra)의 토론을 언급하는 것이 좋을 것이다. 그가 고고학적 증거들, 사회학적 그리고 어근학적 강조들, 역사적 사실들 그리고 계시와 영감과의 관계에 대한 더 중요한 질문들과 대비하여 토론한 문학적 분석은 간결하지만 명백한 설명이며 유익하다.[80]

이제 우리는 네 개의 기준에 관한 우리들의 매우 간략한 토론을 아래와 같이 언급함으로써 결론지어야 하겠다. 구약의 메시지, 역사적 시기, 문서들이나 그 저자에 관해서까지도 우리가 구약성경 연구를 시작하기 이전에 문학비평학자, 과학적인 역사가, 제의 신학자, 종교사학자 그리고 고고학자들을 권위자들로 간주하여 조언을 받아서는 안 된다. 구약성경의 증거가 먼저 추구되어야 하며, 그리고 나서 이 증거가 다양한 학문 분야들의 도움으로 연구되어야 한다. 그러나 후자는 성경 텍스트나 메시지보다 우선하거나, 우위에 있거나 또는 기본이 되어서는 결코 안 된다.

V.

우리는 전선지서의 사료 편찬적인 면을 다루고 있는 중이었는데. 이제 이 책들이

---

[79] Ibid., p. XXV.
[80] Ibid., pp. 103-13.

원저자들, 그들의 동기, 의도, 목표, 목적과 그들의 주변에 관해 무엇을 계시하는지
를 물어볼 때가 이르렀다. 역시 이것은 그 자체로서도 대대적인 연구가 요청된다.
본 논문에서 우리는 관련된 자료에 대한 연구를 제대로 할 엄두도 내지 못한다.
따라서 우리가 기껏 할 수 있는 일은 그것들에 대해 약술하는 것뿐이다.

여호수아서

여호수아서에서 저자에 관한 언급은 찾아볼 수 없다. 여호수아서는 주로 세 부분
즉 가나안 정복 이야기, 정착의 묘사 그리고 여호수아의 마지막 활동으로 구성되었
다. 여호수아가 주인공이다. 우리가 고려할 주된 문제 몇 가지는 다음과 같다.
(1) 카우프만(Kaufmann)이 주장하고 역시 많은 구약학자들이 과거에 주장한 것처
럼, 이 책이 (전체적으로, 본질적으로) 목격자에 의해 기록되었는가? 또는 기록된
사건들과 그 사건들의 실제적이고 최종적인 기록 사이에 몇 세기 혹은 그 이상의
기간이라는 간격이 있는가? (2) 만약 그 사건의 실제적 시기와 그 사건에 관한
기록 시기 사이에 긴 기간이 있었다면, 어떻게 그 사건의 기록이 보존되었으며
기억되었는가? (3) 만약 그 긴 기간이라는 시간이 존재한다면, 어떻게 우리가
기록된 것이 사실 그대로이며, 그 사건 그대로 기록되었는지를 알 수 있는가?
　　여호수아서가 그 최종 모습으로는 신명기 기자 역사가들에 의해 기록되었다는
것을 다양한 방법으로 증명하려고 시도한 이들이 있었다는 것은 이미 가정되었다.
왜냐하면 그들은 기록된 사건들 안에 있는 "신학적" 혹은 "역사를 도덕화"하는
틀 때문에 그렇게 주장한다. 이 견해는 '신명기~열왕기하'라는 책들에 관한 노트
(Noth)의 신명기 기자적 구조의 기초를 이룬다. 여기에서는 아주 많은 학자들이
이 신명기 기자적 틀을 발견하지 못했다는 것만을 말해두자. 그러한 "틀"이라는
것은 열왕기하에서 그 정체가 드러날지도 모른다. 그러나 그것이 여호수아서에서는
나타나지 않는다. 와우드스트라(Woudstra)가 제시한 "여호수아서의 점진적 성격"[81]
이 가장 만족스럽다. 왜냐하면 그것이 그 자료를 가장 잘 설명해주고, 여호수아서의
"세 부분"에 적절한 문학적 그리고 역사적 배경을 가장 잘 제공해주기 때문이다.

---

[81]　Ibid.

사사기

사사기는 여호수아서보다는 아주 다른 성격을 갖고 있다. 저자가 언급되지 않았을 뿐 아니라 기록된 시기에 대한 언급도 없다. 처음 두 장이 다양한 고려의 대상이 되었다. 이 두 장, 비록 첫 정복은 완수했으나 그 땅에 남아있도록 허용된 작은 지역들의 거주민들이 강해지고 대담해지고 영향력을 행사하고 공격적이라는 것을 암시하는 두 장은 여호수아서의 보충인가? 또는 그 두 장이 여러 비평학자들의 주장처럼 그 내용에 있어서 여호수아서와 모순되는가? 만약 그것들이 모순된다면, 왜 소위 "편집자"라는 이들이 이것을 제외시키지 않았는가?

사사기의 주요 부분은 이야기체로 되어 있어서, 지파들의 동맹에서 통일된 나라로 굳혀가는 나라로서의 이스라엘 역사를 기록하고 있다. 사사기에는 편집적 논평들이 거의 없다. 그리고 악을 행하거나 스스로 보기에 좋은 대로 행한다는 등의 논평들은 "성전, 그리고 여호와 예배의 중앙화"라는 견지에서보다는 왕국 건설이라는 견지에서 가장 잘 설명될 수 있을 것이다. 따라서 사사기에 "신명기 기자의 신학적" 증거들이 있다는 것을 여러 학자들이 강하게 부정해왔다. 그러나 신명기가 실제적으로 영향을 끼친 면이 있다. 이는 기록을 위해 선별된 사건들과 그것들이 기록된 방식에 비추어볼 때, 근본적인 법으로서 신명기(출애굽기·민수기 도 포함하여)의 영향이 분명하다.

사무엘상·하와 열왕기상·하

왕국을 다루는 책들인 사무엘상·하와 열왕기상·하에서는, 역사 기술의 형식과 엄격히 일치하는 형식을 우리는 발견하지 못한다. 그러나 모든 학자들이 동의하는 바가 있는데, 그것은 곧 사무엘하(다윗의 궁정)의 역사적 기록은, 여러 왕들에 관해 논할 때 하나의 개요(槪要)가 뒤따르는 열왕기하와는 아주 다르다는 것이다. 지면과 시간이 여의치 못해, 헬쯔버그(Hertzberg)[82] 가 어떻게 사무엘상·하를 다루었는지와

---

82 W. H. Hertzberg, *I & II Samuel*, trans. by J. S. Bowden (London: S.C.M., 1964). 하지만 해를슨(W. Harrelson)은, 만약 우리가 신명기 기자적 역사가와 후기 편집자들에 의해 이루어졌다는 어떤 자료들을 삭제한다면, 사무엘상·하는 한 사람의 손에 의해 이루어진 것이라고 시인한다. 이 만약……이라는 문장은, 물론 논쟁의 대상이 되는 진술이다(p. 157). 하지만 전에 해를슨은 유다 신학자들(레위인들-제사장들)이 예루살렘 함락 이후에 기록했고, 그들이 근래에 나온 신명기에 의해 크게 영향을 받았다는 노트(M. Noth)의 입장을 무조건적으로 지지한 바가 있다(p. 107).

그레이(Gray)[83] 가 어떻게 열왕기상·하를 다루었는지는 개관하지 못한다. 그들 모두가 기본 가정으로서, 주전 7-8세기에 기록된 신명기가 신학적 동기들을 제시하고, 여러 신명기 기자인 편집자들이 기록한 것을 선별하고 기록 방식을 조정한다는 입장을 취한다. 그들 모두가 이런 틀 안에 이 책들을 넣었다. 지면이 허락하지 않아 이 사실에 관해 상세한 설명을 하지 못하는 것을 유감스럽게 생각한다. 하지만 사무엘상·하를 주의 깊게 읽는다면, 그 저자가 신명기와는 다른 방식으로 기록했고, 사사기 저자보다 자신의 자료를 더 연대적으로 배열했고, 열왕기상·하의 저자보다 더 상세하게 기록했고, 무엇보다도 (사무엘상·하에는) 소위 신명기 저자의 "역사적" 혹은 "신학적" 논평들이나 틀은 사실상 존재하지 않고, 그것이 있을듯하다는 정도라고 해도, 열왕기상·하서와는 아주 다르다는 사실이 누구에게나 드러날 것이다.

우리는 앞에서 그래써(Graesser)가 불연속성들이 많다고 이의 없이 인정한 말을 인용했다. 그런데 이것들은 선지자인 저자들 각 개인을 근거로 삼으면 가장 잘 설명할 수 있다. 그리고 이 역사서 책들의 연속성 즉 이 책들 속에서 하나님의 프로그램에 따라 확장되어가는 특성은, 하나님께서 선지자인 저자들에게 자신의 이상적인 계획과 목적을 알려주셨고, 이 계획과 목적 안에서 발전하는 나라(사사기-사무엘하)와 배교해가는 나라(열왕기상·하)가 그러한 중요한 역할을 감당하였다는 사실로써 가장 잘 설명할 수 있겠다.(*)

---

[83] J. Gray, *I & II Kings* (London: S.C.M., 1964). 헬쯔버그(H. W. Hertzberg)와 그레이 두 사람 모두 후리드만(D. N. Freedman)이 독단적으로 가정한 진술이 진실하다는 것을 드러내려고 노력한다. 전승들의 위력이 자료들로서 넘겨줄 실제적 궁정 기록들을 대체했다는 것이다. Ibid., *Bibl. AXE*, p. 204. 틀의 기록에 대한 불일치를 주목하는 것이 역시 흥미롭다. 뷰어(J. A. Bewer)는 "어색하다"라고 말하는가 하면(Ibid, p. 237), 해를슨은 "솜씨 있게"라고 말한다(ibid, p. 187).

13

역대기서에 나타난 상과 벌: 즉각적 응보의 신학

레이몬드 비 딜라드
(Raymond B. Dillard)

I. 일반적 서술

비록 역대기서에 대한 연구의 역사가 저자의 신학과 저작 연대와 목적을 둘러싼 격론으로 특징지어졌지만, 그의 사료(史料) 편찬이라는 한 가지 주제에 관해서는 거의 의견이 일치하고 있다.[1] 역대기 기자는 "즉각적 응보의 신학"[2] 을 고수(固守)

---

1 비록 이 주제가 학적인 문헌에서 광범위하게 다루어진 것은 사실이지만, 윌리암슨(H. Williamson, "Eschatology," p. 150)이 다음과 같이 논평하였다. "이것이 그의 교리와 같은 것이기에 항상 언급되기는 하지만, 내 견해로는, 그것이 마땅히 받아야 할 어떠한 세밀한 분석이 이루어진 적이 없었다." 그렇지만 나는, 내 기고(寄稿)도 역시 그 주제가 마땅히 받아야 할 세밀한 분석에까지 깊이 파고들지는 못한 것임을 시인한 첫 번째 사람일 것이다. 따라서 나는 문헌에서 다루어지지 않은 다른 두어 논점들을 제기하려고 한다. 아래의 도서 목록에 관련 서적을 모두 다 포함하지는 않았고, 좀 더 광범위하게 토론한 내용이 담긴 서적들 중 대표적인 것을 소개하였다. R. Braun, "Chronicles, Ezra, and Nehemiah: Theology and Literary History" *Studies in the Historical Books of the Old Testament* (*VTSup* 30; Leiden: Brill, 1979): 52-56; ibid., "The Message of Chronicles: Rally 'Round the Temple," *CTM* 42 (1971): 510-11; R. B. Dillard, "The Reign of Asa (2 Chr. 14~16): an Example of the Chronicler's Theological Method," *JETS* 23 (1980): 207-18; S. Japhet, *The Ideology of the Book of Chronicles and its Place in Biblical Thought* (Hebrew doctoral dissertation, Hebrew University, 1973; Jerusalem: Bialik, 1977), pp. 159-208; R. North, "Theology of the Chronicler," *JBL* 82 (1963): 372-74; G. von Rad, *Old Testament Theology* (NY: Harper and Row, 1962), pp. 347-50; W. Rudolph, "Problems of the Books of Chronicles," *VT* 4 (1954): 401-409; G. Schaefer, *The Significance of Seeking God in the Purpose of the Chronicler* (Unpublished Ph.D. dissertation, Southern Baptist Theological Seminary, Louisville, Kentucky, 1972): J. Wellhausen, *Prolegomena to the History of Ancient Israel* (NY: World, 1965), pp. 203-10; P. Welten, *Geschichte und Geschichtsdarstellung in den Chronikbuchern* (Neukirchen-Vluyn: Neukirchener Verlag, 1973), pp. 9-186; H. Williamson, "Eschatology in Chronicles," *TynBul* 28 (1977): 149-54; ibid., *1 and 2 Chronicles,* NCB (Grand Rapids: Eerdmans, 1987), pp. 31-33; *Israel in the Books of Chronicles* (London: Cambridge University, 1977), pp. 67-68.

2 이 "즉각적 응보의 신학"이란 꼬리표가 통례적이 되었다는 것이 좀 유감스럽다. 왜냐하면 응보는 흔히 벌을 의미하기 때문이다. 비록 역대기서에는 심판에 대한 예들이 많이 있긴 하지만, 역대기 기자는 하나님을 기쁘시게 하면 또한 보상을 받는다는 사실을 보여주는 데에도 똑같이 관심을 기울이기 때문이다. 이와 같은 보상은 응보라는 용어가 일반적으로 의미하는 것과는 반대의 응보이다. 비록 차일즈(B. S. Childs,

함으로써, 특히 남북왕국의 분열 이후의 유다 역사를 재구성할 때 그 뼈대를 형성할 수 있는 주요한 구성 기법(技法)을 익힐 수 있었다. "응보의 신학"이라고 표현한 것은, 보상과 벌이 연기되지 않고 오히려 사건이 발생하면 즉시 그 뒤를 따라 나타난다고 분명히 믿었던 역대기 기자의 확신을 드러내기 위함이다. 역대기 기자에게 있어서 죄는 항상 심판과 재앙을 가져오고, 반면에 순종과 공의는 평화와 번영의 열매를 산출한다. 성경 본문을 훑어보기만 하여도 역대기 기자가 무엇을 확신하였는지 그 윤곽이 잘 드러나는데, 그가 무엇을 확신하였는지를 (1) 특별히 명료하게 표현하였고, (2) 이야기들을 재구성함으로써 증명하였다.

1. 특별히 명료한 표현

사무엘서와 열왕기서의 병행 본문들에서는 나타나지 않고 오직 역대기 기자만 말하고 있는 독특한 여러 구절들을 보면, 그는 응보의 신학이라는 주제를 명료하게 표현한다. 이로써 그는 독자들에게 자신이 기록한 이 문학작품의 차례가 어떠한지를 흘끗 보여준다. 다음 구절들을 살펴보라.

> [8]…… 그리하면 너희가 이 아름다운 땅을 누리고 너희 후손에게 끼쳐 영원한 기업이 되게 하리라. [9]내 아들 솔로몬아 너는 네 아비의 하나님을 알고 온전한 마음과 기쁜 뜻으로 섬길지어다. 여호와께서는 뭇 마음을 감찰하사 모든 사상을 아시나니 네가 저를 찾으면 만날 것이요 버리면 저가 너를 영원히 버리시리라 (대상 28:8b~9).

> 내 이름으로 일컫는 내 백성이 그들의 악한 길에서 떠나 스스로 낮추고 기도하여 내 얼굴을 찾으면 내가 하늘에서 듣고 그들의 죄를 사하고 그 땅을 고칠지라(대하 7:14).

> 때에 유다 방백들이 시삭의 일로 예루살렘에 모였는지라. 선지자 스마야가 르호보암과 방백들에게 나아와 가로되 여호와께서 이같이 말씀하시기를 너희가 나를 버렸으므로 나도 너희를 버려 시삭의 손에 넘겼노라 하셨다 한지라(대하 12:5).

Introduction to the Old Testament as Scripture [Phila.: Fortress, 1979], pp. 651-53)의 제안이 오히려 부담이 되기는 하지만, 그가 그러한 현상을 "행위와 효과의 일관성"이라고 개명한 것으로 보아서, 그도 이 부정적 의미 때문에 고민한 것으로 보인다.

그가 나가서 아사를 맞아 이르되 아사와 및 유다와 베냐민의 무리들아 내 말을 들으라. 너희가 여호와와 함께 하면 여호와께서 너희와 함께 하실지라. 너희가 만일 그를 찾으면 그가 너희와 만나게 되시려니와 너희가 만일 그를 버리면 나도 너희를 버리시리라(대하 15:2).

이에 백성들이 아침에 일찍이 일어나서 드고아 들로 나가니라. 나갈 때에 여호사밧이 서서 가로되 유다와 예루살렘 주민들아 내 말을 들을지어다. 너희는 너희 하나님 여호와를 신뢰하라. 그리하면 견고히 서리라. 그의 선지자들을 신뢰하라. 그리하면 형통하리라 하고 (대하 20:20).

이번에 처음으로 언급하는 것은 아니지만, 이 구절들 중에서 역대기하 7:14는 역대기서의 차례에서 매우 중요한 위치를 차지한다.3 이 구절은, 비록 일반 대중적인 문헌이나 설교에 관한 문헌에서 기록자의 본래 용도와는 전혀 다른 맥락들에다가 적용하고 있긴 하지만, 아마도 역대기서에서 가장 널리 알려진 구절일 것이다. 성전 봉헌 때에 솔로몬이 드린 기도는 이후의 이스라엘의 모든 역사를 위한 일종의 "헌장(憲章)"이었다. 역대기서와 열왕기서 양쪽 모두에서 이 기도는 바벨론 포로와 귀환의 가능성을 가정하고 있다(대하 6:24~25,36~39 // 왕상 8:33~34,46~50). 또한 이 두 역사서에서는 모두 하나님께서 봉헌기도에 대한 응답으로 솔로몬에게 두 번째 나타나심을 알려준다(대하 7:11~22 // 왕상 9:1~9). 하나님께서는 솔로몬이 간구한 바대로 이스라엘을 대하시겠다고 말씀하신다. 하지만 역대기 기자는 이렇게 하나님께서 솔로몬에게 하신 말씀 안에 역대기하 7:13~15를 포함시켰다. 따라서 이렇게 포함시킨 내용에서 우리는 "응보의 신학"의 주된 개념들과 어휘를 다음과 같이 명확하게 이해할 수 있다. 고통이나 재앙이 닥칠 때, 만일 백성들이 스스로 겸비하여 기도하고 하나님을 구하고 악에서 돌이키면, 하나님께서는 응답하실 것이다. 이런 용어들과 동의어들은 모두 역대기 기자의 역사인 역대기에서 거듭거듭 되풀이하여 나타나, 하나님께서 참으로 솔로몬에게 하신 자신의 약속을 지키셨다는 것을 증거해준다.

그래서 "하나님을 찾는 것"(dārash, bāqash)과 그렇게 하지 않는 것이 행복과

---

3 이 사실은 많은 이들에 의해 인식되었다. 특히 H. Williamson, "Eschatology," pp. 149-54에 있는 논의를 보라.

불행의 시금석이 된다(대상 10:13~14; 22:19; 28:9; 대하 11:16; 12:14; 14:4,7; 15:2,4,12,13,15; 16:12; 17:4; 18:4; 19:3; 20:4; 22:9; 25:20; 26:5; 30:19; 31:21; 33:12; 34:3). 마찬가지로 "스스로 겸비하는 것"(kāna')과 그렇게 하지 않는 것이 하나님의 응답을 좌우한다(대하 12:6,7,12; 28:19; 30:11; 33:12,19,23; 34:27; 36:12). 또한 기도(대상 4:10; 5:20; 21:26; 대하 13:12~15; 14:11; 18:31; 20:9; 30:18,27; 32:20,24; 33:13,18~19)와 "돌아가다(돌아오다)"(대하 15:4; 30:6,9; 36:13)라는 표현들이 위태한 순간에 나타난다.

하지만 반의어는 고려하지 않고 이런 용어들만 말하는 것으로는 불충분하다. 왜냐하면 이 반의어들에게도 역대기 기자의 확신이 상당히 무겁게 실려 있기 때문이다. 그래서 스스로 겸비하고 하나님을 구함에 대한 반대적인 반응들이 다음과 같은 용어를 통해 소개된다. "버리다"('āzab, 대상 28:9,20; 대하 7:19,22; 12:1,5; 13:10~11; 15:2; 21:10; 24:18,20,24; 28:6; 29:6; 34:25)와 "불신실하다, 반역하다"(우리말성경에서는 주로 '범죄하다'로 번역됨 - 역자 주)(mā'al, 대상 2:7; 5:25; 10:13; 대하 12:2; 26:16,18; 28:19,22; 29:6; 30:7; 36:14).

2. 이야기들의 재구성

자신의 접근방법인 응보의 신학을 구체적으로 알리는 것을 넘어서서, 역대기 기자는 이 응보의 원리가 이스라엘의 역사 안에서 작동한 유효한 원리임을 보여주기 위해 끈기 있게 노력하고 있다. 역대기하 7:14를 통해서 이스라엘의 미래를 위한 차례표(program)를 발표하였으므로, 이제 역대기 기자는 왕국분열 이후의 시대에 집중한다. 전적으로 이 시대에 할애한 스물여섯 장에서 그 자료의 거의 절반은, 열왕기서의 병행 본문에는 나오지 않는, 역대기 기자의 독특한 자료이다. 그리고 이렇게 독특한 자료의 대다수를 역대기 기자는 응보의 신학을 말하는데 직접 사용한다. 이는 그가 자신이 서술하는 사건들의 신학적 근거를 제공하려고 하기 때문이다.

하나님의 총애(寵愛)와 싫어하심을 보여주려고 역대기 기자가 사용한 주제

(motif)들의 레퍼토리(repertoire)는 다음과 같이 거의 변동이 없다.

경건한 행위와 순종은 아래와 같은 상급을 받는다.

(1) 성공과 번영(대상 22:11,13; 29:23; 대하 14:7; 26:5; 31:21; 32:27～30 - 대조적으로는 13:12)

(2) 건축 계획들(대하 11:5; 14:6～7; 16:6; 17:12; 24:13; 26:2,6,9～10; 27:3～4; 32:3～5,29～30; 33:14; 34:10～13 - 대조적으로는 16:5)

(3) 전쟁의 승리(13:13～18; 14:8～15; 20:2～30; 25:14; 26:11～15; 27:5～7; 32:20～22)

(4) 자손(대상 3:1～9; 14:2～7; 25:5; 26:4～5; 대하 11:18～22; 13:21; 21:1～3)

(5) 대중적 지지(대하 11:13～17; 15:10～15; 17:5; 19:4～11; 20:27～30; 23:1～17; 30:1～26; 34:29～32; 35:24～25)

(6) 큰 군대(대하 11:1; 14:8; 17:12～19; 25:5; 26:10)

반대로 불순종과 불충성은 아래와 같은 재난을 가져온다.

(1) 전쟁의 패배(대하 12:1～9; 16:1～9; 21:8～11,16～17; 24: 23～24; 25:15～24; 28:4～8,16～25; 33:10; 35:20～24; 36:15～20)

(2) 민심 이탈(대하 16:10; 21:19; 24:25～26; 25:27～28; 28:27; 33:24～25)

(3) 질병(대하 16:12; 21:16～20; 26:16～23 -대조적으로는 32:24)

우상을 섬기는 것과 하나님을 찾지 않고 스스로 겸비하지 않는 것과 마찬가지로 외국과의 동맹도 하나님을 신뢰하지 않는 것으로 제시되며 이것은 항상 심판을 초래한다.(대하 16:2～9; 19:1～3; 20:35～37; 22:3～9; 25:7～13; 28:16～21; 32:31).

이미 벨하우젠이 열왕기서와 역대기서 간의 차이점들을 각 왕의 통치에 따라 하나씩 간추려 제시하였으므로4 우리는 역대기 기자가 "즉각적 응보"에 대한

---

4 *Prolegomena*, pp. 203-10.

자신의 확신을 입증하기 위하여 자기 작품의 판(版)을 어떻게 다시 짰는지에 관하여 두 가지 예를 드는 것만으로 충분할 것이다. 분열 왕국 시대의 왕들 중 어느 왕의 통치이든지 간에 거의 마찬가지로 적절한 예(마지막 왕들을 너무 간략하게 다룬 대하 35~36장의 기록은 예외일 수 있겠다)가 되겠지만, 우리는 르호보암과 웃시야에 관한 이야기만 비교하려고 한다.

열왕기서에서 각 왕의 통치에 대한 기록(르호보암과 웃시야의 통치에 관한 언급들)은 보통 다음과 같은 패턴을 따라 진행된다.

(1) 즉위 알림과 연대 배열(왕상 14:21; 왕하 15:1~2)

(2) 기본적인 신학적 판단(왕상 14:22~24; 왕하 15:34)

(3) 통치 기간에 발생한 사건(들). 보통 어떤 신학적 근거를 제시하지 않고 기록하였다(왕상 14:25~28; 왕하 15:5)

(4) 다른 출처를 언급, 죽음과 계승을 알림(왕상 14:29~31; 왕하 15:6~7)

그러나 이와는 반대로 역대기 기자는, 사건을 일으킨 근거를 제시하지 않은 채, 단지 사건만을 기록하려고 한 경우는 거의 없다. 이를테면 역대기 기자는, 르호보암이 스마야의 메시지에 순종함으로써 건축 계획(대하 11:5~12)과 대중적 지지(11:13~17)와 자손(11:18~23)에 있어서, 괄목할만한 복을 받았다고 기록한다. 마찬가지로 역대기 기자는, 시삭의 침략과 유다의 군사적 굴욕을 열거하기 전에 먼저, 르호보암이 하나님의 법을 버렸으며 신실하지 못했다는 사실(대하 12:1~2)을 언급한다.

열왕기서에 기록된 웃시야의 기사는 역대기 기자가 보기에 꽤 곤란했을 것이다. 왜냐하면 그의 관점에서는, 웃시야가 하나님 보시기에 옳은 일을 했는데 그런데도 나병으로 죽었다고 기록한 기사(왕하 15:3~5)는 논리적으로 모순이기 때문이다. 그래서 역대기서의 기사에서는 즉시 그 일을 훨씬 길게 다룬 것이 특징으로 나타난다. 이를테면 열왕기서에서 단순히 웃시야가 옳은 일을 행했다고 말하려 한 곳에서, 역대기 기자는 어떻게 그것이 군사적 승리(대하 26:4~8), 건축 계획(26:9~10),

큰 군대(26:11~15)라는 복을 가져왔는지를 보여준다. 그러면 웃시야는 어떻게 나병에 걸렸는가? 그의 교만이 몰락을 가져왔음을, 역대기 기자는 알려준다(대하 26:16). - 하나님께서 자신들에게 맡기신 직분을 웃시야가 가로채려하자 그에게 맞선 용감한 제사장들을 무시하였기 때문에, 나병이 그의 이마에 발병하였으며 따라서 그가 급하게 성전에서 쫓겨났다는 사실을 알려준다(대하 26:17~20). 이것이 **즉각적** 응보이다.

다음과 같은 벨하우젠의 의견이 간추림으로서 적절하다.

> 요람, 요아스, 그리고 아하스는 모두 하나님께 버림받은 사람으로 묘사되었다. 이들은 요새들을 건축하지 못했고, 큰 군대를 통솔하지 못했고, 여러 아내들과 자식들을 얻지도 못했다. 이와 같은 특징으로 하나님의 복이 나타나는 것은 오직 경건한 왕들(여기에는 르호보암과 아비야까지 포함된다)의 경우에서만 그러하다. 권력은 경건의 지표(指標)이므로, 경건의 여부에 따라 권력은 커지기도 하고 몰락하기도 한다.[5]

어떤 특정한 신학적 주제가 두드러지면, 그것의 영향을 지나치게 과장하려고 과도하게 단순화하려는 모험을 하게 된다. 그러나 확실히 역대기서에서 "즉각적 응보의 신학"은 분열 이후 시대의 왕들에 관한 기사에만 한정되지는 않았다는 점을 지적할 필요가 있다. 이제까지 논의 과정에서 언급한 수많은 성경 구절들은 역대기서의 계보 부분과 다윗과 솔로몬의 통치 기사에서 인용한 것이다.

사실 "응보의 신학"은 통일 왕국의 전체 기사에 다 적용시킬 만큼 확대할 수도 있을 것이다. 통일왕국 시대의 기사와 분열 이후의 이야기들 간에 중요한 차이가 있는데, 그것은 다윗과 솔로몬의 통치 기간에는 기록된 범죄가 없다는 사실이다. 역대기서에서 솔로몬은 책망 받을 만한 기록이 전혀 없이 소개되고, 다윗의 경우는 다만 두 가지 잘못만 기록하는데, 그것은 언약궤를 운반할 때 웃사의 죄(대상 13:7~10)와 다윗의 악한 인구 조사(대상 21장)이다. 이 두 사건은, 비록 역대기서에서는 다른 용도로 제시되었으나 모두 사무엘서에서 거의 글자 그대로

인용해왔다. 이 두 경우 모두 잘못을 즉각 심판하는데 이것은 역대기 기자의 접근방법으로 알맞은, 두드러진 특징이다. 역대기 기자의 기록에는 통일왕국의 잘못이 너무 적으므로, 이 시대에 대한 역대기 기자의 기사에는 하나님의 복의 징표들이 광범위하게 나타날 것이라고 우리가 기대할 수 있는데, 과연 다음과 같이 사실이 그러하다.

  (1) 하나님의 은총이 군사적 승리(대상 11:2~9; 14:8~17; 18:1~20:8),

  (2) 큰 군대(대상 11:10~12:40; 27:~24),

  (3) 번영(대상 18:9~11; 20:2; 26:20~32; 27:25~31; 29:1~9; 대하 1:12~17;
      9:9~28),

  (4) 대중적 지지(대상 11:10~12,40; 28:1; 29:21~25),

  (5) 자손(대상 14:3~4),

  (6) 그리고 모든 건축 계획들 중에서 가장 중요한 - 성전 건축 자체에서 나타난다.6

계보에는 역대기 기자의 접근방법의 특징적 어휘들이 일부 포함되어 있을 뿐 아니라, 이 계보 안에 들어있는 일부 짧은 이야기들에서도 그의 필적이 나타난다. 하나님께서는 그를 신뢰하는 자들이 전쟁 때 드리는 기도에 응답하시지만(대상 5:18~22), 신실하지 못한 자들은 버리신다(대상 5:23~26).

이처럼 "응보의 신학"의 주제들이 역대기서에 널리 스며있다는 사실에서 역대기서의 본질적 통일성이 나타난다.7 그러나 응보의 신학은 주로 분열 왕국의 기사에 집중되는데, 이러하리라는 것은 중요한 핵심 구절인 역대기하 7:14에 비추

---

6 그 문제에 관해서는, 다윗과 솔로몬의 통치에 대한 역대기 기자의 기사 중에서 성전 건축에 할애한 분량은 비교적 적지 않다. 다윗의 준비 과정들을 두루 묘사하였고(대상 19~21장), 그리고 솔로몬의 역사는 거의 전부가 그것에 할애되었다(대하 1~8장). R. Braun, "Solomon, the Chosen Temple Builder: the Significance of 1 Chronicles 22, 28, and 29 for the Theology of Chronicles," *JBL* 95 (1976): 581-90, 그리고 R. B. Dillard, "The Chronicler's Solomon," *WTJ* 43 (1980-81): 289-300을 보라.

7 이것은 본래 역대기 기자의 저술 이후의 과정에서 일부 삽입이 있었을 가능성을 배제하지 않는다. 그러나 응보의 신학의 주제들이 널리 스며있다는 사실은 저작자가 동일하다는 점과 잘 어울린다. 하지만 이것은 상황적으로 볼 때 유용한 견해일 뿐이어서 이것에 근거하여 저자가 단 한 명이라고 확정지을 수는 없다.

어 볼 때 누구나 예상할 만한 일이다. 이것이 통일왕국의 기록에서 덜 두드러지게 나타난 까닭은, 역대기 기자가 그 시대를 이상적인 시대로 제시하기 때문이다. 응보의 신학이 계보의 자료들에서는 가장 적게 나타나는데 이는 누구나 예상하는 바와 같이 '계보'라는 장르(genre) 자체 때문이다.

또한 과도한 단순화를 피하려면, 루돌프(Rudolph)의 경고[8] 를 기억해야 할 것이다. 역대기 기자는 자신의 기록에서 응보의 원칙을, 쓸모가 없으며 도저히 변경될 수 없는 법칙으로 제시할 정도로 그러한 논리적 극단에 이를 만큼, 단순화하지는 않았다. 벌이 언제나 죄악을 바싹 뒤따르지는 않는다. 선지자들이 경고의 말씀을 갖고 와서 하나님의 긍휼을 제시하고 나서야 비로소 벌이 뒤따르게 된다. 그리고 적군의 공격을 받을 때마다 그 이유가 죄악 때문은 아니다(대하 32:1; 16:1; 25:13).

II. 출처

즉각적 보상과 벌에 대한 예들은 성경적 전승의 모든 층에서 발견된다. 이 점에 있어서 역대기 기자가 독특한 까닭은 자신의 기록 안에 단순히 그 주제들을 담고 있기 때문이 아니라, 오히려 그 주제들을 자주 결합시키는 빈도수 때문이다. 이제 우리가 물어보아야 할 질문은, 역대기 기자가 이스라엘 역사를 기록할 때 그토록 광범위하고 일관되게 응보의 원칙들을 사용하게끔 그를 자극한 것이 무엇이었는가 하는 것이다.

역대기서의 기록자는 자기 앞에 사무엘서와 열왕기서에 있는 이스라엘 역사의 원판(元版)을 갖고 있었다. 이 책들은 즉각적 응보의 경우들을 묘사하고 있다(삼상 3:30~34; 5:9; 25:36~39; 28:16~19; 삼하 12:13~14; 21:1; 24:11~12; 왕상 13:4; 왕하 1:16~17; 2:23~24 등등). 그러나 대부분은 특히 분열된 왕국들의 역사에서는, 죄와 범죄에 대한 접근방법이 '연기된 심판'인데, 이것은 남북왕국이

---

8 "Problems," pp. 405-406.

포로가 되는 데서 절정에 이른다. 이처럼 벌은 출애굽 이후로 계속 축적된 죄와 범죄의 무게가 하나님의 반응을 촉발시킴으로써 분출된 것이다(왕하 17:7~22; 21:10~15). 한편 열왕기서에서는 이 접근방법이 부분적으로는 본래의 청중의 필요에 의해 사용될 수밖에 없었다. 왜냐하면 포로가 된 세대가 묻는, "어떻게 이런 일이 있을 수 있는가? 하나님이 실패하셨는가?"라는 근본적 질문에 다음과 같이 대답해야만 하기 때문이다. 예루살렘의 멸망은 하나님께서 다윗과 예루살렘에 대해 말씀하신 약속을 지키지 못한 것이 아니라, 마침내 백성과 왕들의 죄에 대해 보응하신 것이다.

범죄에 대한 이러한 접근방법으로써 포로와 예루살렘의 멸망에 대해서는 잘 설명할 수 있는 반면에, 쉽게 예상할 수 있는 점은 포로 된 자들이 하나님의 공의에 대해 의문을 가질 수 있다는 사실이다. 그들이 보기에, 자신들은 자기 죄가 아니라 오히려 그들의 선조의 죄로 인해 고통을 당하고 있기 때문이다(겔 18:25; 애 5:7). 에스겔과 함께 포로 된 자들은 잘 알려진 속담을 즐겨 사용한다. "아버지들(원문)이 신 포도를 먹었으므로 아들들(원문)의 이가 시다"(겔 18:2; 참조 렘 31:29). 에스겔은 그 세대에게 더 이상 그 속담을 쓰지 말라는 하나님의 말씀을 전해주었다(겔 18:3). 에스겔은 계속하여 성경에서 나타난 응보의 신학 중에 제일 길고 직접적인 표현을 전달한다. 그가 전한 기본적인 주제는, 의인은 살겠지만 범죄하는 영혼은 죽는다는 것이다(겔 18:4,13,17~32); 그 요점은 세 가지 예로써 잘 설명되었는데, 첫째는 의를 행하는 의로운 사람의 예, 둘째는 의로운 아버지의 악한 아들의 예, 셋째는 악한 아버지의 의로운 아들에 관한 예이다(겔 18:5~18). 이 주제는, 개인이나 각 세대가 스스로의 순종여부에 따라 흥하거나 망할 것이나, 하나님께서는 은혜로우셔서 악인을 벌하시기를 기뻐하시지 않으신다는 것이다.

이러한 주제들에 관하여 역대기서가 에스겔서에 직접 의존했다고 증명하기는 확실히 불가능할 것이다. 두 책 모두의 구성과 기록 연대를 둘러싼 쟁점들이 너무도 많기에 확실하게 말할 수 있는 것이 아무 것도 없을 것이다. 만일 에스겔서 자체나 에스겔의 제자들의 영향이 아니었다고 한다면, 적어도 이와 비슷하게 발전한 계열의 사람들이 역대기 기자에게 이스라엘 역사를 되돌아보아서, 매 경우마다 항상 '연기된 심판'이 있었던 것이 아니라 오히려 하나님께서는, 항상 긍휼도 함께 제시하셨지만, 각 세대를 그 세대의 행위들에 상응하게 다루어오셨다는 사실을 강조하도록 자극을 주었을 수도 있다. 따라서 역대기 기자의 접근방법은 열왕기서에 대한 반대가 아니라 그것의 평형추(錘)로서 제시된 것이다.

이런 면에서 역대기 기자는 귀환한 공동체에게, 과거에 그랬던 것처럼 그들의 잘못에 대한 벌이 연기될 수도 있다고 생각하여 안심하거나 뻔뻔스럽게 되지 않도록 경고하였을 것이다(슥 1:1~6과 비교하라). 그리고 또다시 "열국을 섬기는"(대하 12:8) 나라가 된 그들에게, 생존과 복은 하나님을 구하고 그분 앞에서 스스로 겸비함으로써 얻을 수 있었다는 사실을 알려주고 있다.

III. 신약성경에 접근하기

즉각적 심판과 연기된 심판의 예가 모두 신약성경에서 발견된다. 상과 벌을 받는 마지막 날에 덧붙여서, 개인이 현세에서 행한 행위의 결과를 감당하게 된 사건이 몇몇 있다. 성찬식에서 주의 몸을 무시한 결과 어떤 이는 병들고 어떤 이는 죽었다(고전 11:30). 땅값을 속인 결과 아나니아와 삽비라는 자신들의 목숨을 잃었다(행 5:1~10). 바울이 디모데에게 상기시킨 말씀에서 위의 두 가지 심판을 잘 간추려놓았다.

어떤 사람들(원문)의 죄는 밝히 드러나 먼저 심판에 나아가고 어떤 사람들의 죄는 그 뒤를 따르나니(딤전 5:24)

적어도 한 구절을 더 언급할 필요가 있다. 요한복음 9:2에서 우리는 죄에 대한 이스라엘 사람들의 이해에서 이러한 긴장의 양면성을 보게 된다. 제자들이 근처에 있던 어떤 사람의 소경된 일에 대해 예수님에게 질문하였다. 그들은 말했다. "누가 죄를 지었습니까? 이 사람입니까[역대기서의 접근방법]? 그의 부모의 죄입니까[열왕기서의 접근방법]?” 예수님께서는 제자들이 전혀 생각치도 못한 셋째 대안으로 그들을 놀라게 하셨다. 그는 이렇게 대답하셨다.(*)

이 사람이나 그 부모가 죄를 범한 것이 아니라
그에게서 하나님의 하시는 일을 나타내고자 하심이니라(요 9:3).9

---

9 이스라엘의 문헌에서도 무죄한 자가 당하는 고난의 문제를 논의하였다는 것은 말할 나위가 없다. 욥기와 시편의 많은 시들은, 이러한 긴장을 단순하게 간과하지 않았다고 생생하게 증거하고 있다.

Ⅲ. 시가서

욥기 이해

에른스트 빌헤름 헹스텐베르크
(Ernst W. Hengstenberg)

욥기의 맨 처음 말씀은 욥기의 주제성격을 우리에게 알려주고 있다. "우스 땅에 욥이라 불리는 사람이 있었는데 그 사람은 온전하고 정직하여 하나님을 경외하며 악에서 떠난 자더라"(욥 1:1). 욥이라는 이름의 뜻은 '많은 핍박을 받은 자'이다. 이와 같은 이름의 뜻을 이해하면, 우리는 욥이 원수들에게 둘러싸여 사방에서 공격을 받는다는 사실에 대해서 더 이상 놀라지는 않을 것이다. 이 원수들은 사탄을 두목으로 삼고 욥을 공격하는데, 사탄이라는 명칭의 뜻은 '대적자'로서 욥이라는 이름의 뜻과는 '능동 대 수동'의 관계를 지니고 있다. 많은 핍박을 받은 자는 철저한 의인으로 묘사되어 있다. 그의 의로움의 폭과 완전성을 알려주기 위하여, 의로움을 지칭하는 네 가지 용어가 사용되었다. 이렇게 주어진 단서에 따르면 우리는 이 책의 주제를 '의로운 자의 고난'이라고 하는 것이 마땅할 것이다. 그 고난들은 어떻게 설명되어야 하며, 하나님의 의와는 어떻게 조화를 이루는가? 그러한 상황 속에서 인간은 어떻게 처신해야 하며, 무엇으로 그 마음이 진정되며 위로를 받을 수 있을까?

이 주제가 중요하다는 사실과, 신비한 유기체인 성경의 한 부분을 이루고 있는 이 책이 의로운 자의 고난을 철저히 다루려는 사명을 띠고 있기에 매우 의미 있다는 사실은 모든 사람들이 보기에 매우 명백하다. "무덤에 이를 때까지 십자가와 같은 형벌이 우리에게 임할 것이나 그때가 되어야 비로소 그것이 끝날 것이다"라고 말한 파울 게르하르트(Paul Gerhardt)의 말이 맞는다면, 이 주제에 대한 명백한 이해를 갖는 것이 실질적으로 가장 중요하다는 결론에 이르게 된다.

성경은 이 문제의 해결책으로 다음과 같은 두 가지 진리를 제시한다.

I. 우리는 필연적으로 많은 고난을 겪고 하나님 나라에 들어가야 한다.

왜냐하면 의로운 사람이라고 할지라도, 다시 말해서 그의 영혼의 주된 경향이 하나님을 향하고 있으며 그의 마음속에서 하나님의 법을 준수하고 있는 자라고 할지라도, 그 안에는 여전히 죄가 자리 잡고 있으며 이러한 죄의 필연적 결과는 고난이기 때문이다. 그리고 이 고난은 하나님의 의로 인한 징벌로서 오지만 동시에 하나님의 사랑에 의한 개선의 수단으로서 주어지는 것이기 때문이다. 이 두 가지의 공통적 결과, 즉 항상 응보의 원리에서 나오는 징벌과 우리의 구원의 진보를 꾀하는 사랑의 결합은 징계이다. 이 징계는 우리의 최종적 구원과 영광의 불가피한 조건이므로 기꺼이 그것에 복종할 것을 성경은 우리에게 간절하며 자애롭게 권면한다. 솔로몬은 "아들아, 여호와의 징계를 경하게 여기지 말라. 그 꾸지람을 싫어하지 말라. 대저 여호와께서 그 사랑하시는 자를 징계하시기를 마치 아비가 그 기뻐하는 아들을 징계함 같이 하시느니라"(잠 3:11,12)고 말했다. 이 말씀을 히브리서는 그대로 인용하면서 부언하기를, "너희가 참음은 징계를 받기 위함이라. 하나님이 아들과 같이 너희를 대우하시나니 어찌 아버지가 징계하지 않는 아들이 있으리오. 징계는 다 받는 것이거늘 너희에게 없으면 사생자요 친아들이 아니니라"(히 12:7,8)라고 하였다.

　　루터(Luther)는, 심원하고 아름다운 것들을 많이 수록하고 있는 자신의 탁상대화(Table-talk)에서, 다음과 같이 매우 성경적인 말을 하였다.

> 그러므로 이성과 철학이 '경건하고 옳은 사람이 형통할 것'이라 고 말하는 것은 어리석은 일이다. 그것은 진정한 기독교적 결론은 아니다. 왜냐하면 죄가 여전히 육체 안에 잔재함으로 그것이 매일매일 철저하게 제거되도록 하기 위해서는 그들이 징계를 받아야 할 필요가 있기 때문이다.

루터의 가장 교활할 반대자 중의 하나인 드 매스트르(De Maistre)도 자신의 한 저서(*Soirèes de St. Petersburg*)에서 이와 같은 뜻으로 다음과 같이 말했다.

> 긍휼을 애걸하는 범죄자 같이 나는, 내 자신을 땅바닥에 내동댕이치고 싶은 충동이 없이는, 또는 영원한 의에 대해 내가 저지른 측량 못할 죄악에 대한 가벼운 보응으로서라도 모든

가능한 악이 내 머리 위에 임하기를 바라는 마음 없이는, 도저히 이 두려운 주제를 생각할 수 없다는 사실을 그들에게 부끄러움 없이 고백한다. 그럼에도 불구하고 내가 매우 정직한 사람이라는 말을 내 생애에 얼마나 많이 들어왔는지 그들은 믿을 수 없을 것이다.

II. 의로운 사람들에게는 결코 십자가와 같은 고난, 즉 위장(僞裝)된 은혜만 주어지는 것은 아니다.

분명히 하나님의 은혜는 항상 고난을 동반하며 그 속에서 계속적으로 역사한다. 그래서 의로운 사람들은, 비록 외견상으로는 가장 처절한 괴로움 속에 처해 있다고 할지라도, 불경건한 자들보다 훨씬 행복하다. 압살롬을 피해 도망칠 수밖에 없었고 모든 것을 다 빼앗긴 때에도 다윗은 말하기를, "주께서 내 마음에 두신 기쁨은 그들의 곡식과 새 포도주가 풍성할 때보다 더하니이다"(시 4:7)라고 했다. 그리고 다윗과 같은 어려운 시기에 살았던 고라 자손들의 노래는 마치 다윗 자신의 영혼에서 울려나오는 것 같았다. 그들은, "낮에는 여호와께서 그의 인자하심을 베푸시고 밤에는 그의 찬송이 내게 있어 생명의 하나님께 기도하리로다"(시 42:8)라고 노래하였다. 이렇게 노래를 '할 수 있는' 것과 또 그렇게 하도록 허락되는 것은 주님의 크신 자비가 아닐 수 없다. 그러나 고난이 그 목적을 성취하고 나면 그것은 주님에 의해 사라지고 만다. 이처럼 고난의 결말에서 의로운 사람과 사악한 사람의 차이가 항상 드러난다. 베드로전서 1:11에 의하면, "자기 속에 계신 그리스도의 영이 그 받으실 고난과 후에 받으실 영광"에 대한 선지자들의 선포는 의로운 자들이 겪은 체험에 근거한 것이었다. 주님의 길에서 올바로 행하는 자는 틀림없이, 그가 절망의 막다른 고비에 봉착했을 때마다 위로부터 구원의 손길이 뻗쳐 와서 그를 멸망으로부터 보호해 주었다는 사실과, 그가 생사 간에 한 발 아니 위기일발의 찰나에까지 이르게 된 바로 그 때에 자신의 구출이 이루어진 사실을 체험하였을 것이다.

성경의 어느 부분에서든지 이 문제가 거론되기만 하면 암시되었던 바대로, 이제 욥기에서 그 해결책이 충분히 밝혀졌다.

욥기는 재난 이전의 욥의 생활과 성격에 대한 묘사로 시작하긴 하지만, 다만 저자의 목적상 중요한 두 가지 특징, 즉 욥의 번영과 경건에 기초한 그의 의로움만을 서술하고 있다. 서론 부분의 끝머리에서 저자는, 보기에도 경미한 정도 밖에 안 되는 과실이나 죄스러운 생각 또는 경솔한 담화나, 사람들이 흔히 사회생활에서 교제의 즐거움 가운데 지껄여대는 무익한 말들, 그리고 세속적 기분이나 흥분조차도 용서를 받지 않은 채로 내버려두지 못하는 욥의 민감한 양심을 묘사하고 있다. 욥 자신은 자기 자녀들의 향연에 참석하지 않는다. 그 자신은 거룩한 평온을 유지하며 제사장 같이 세속을 멀리한다. 그러나 그 향연들이 지나면 욥은 그 자녀들 가운데 나타나 그들을 성결하게 하며 속죄 받도록 하는데 그가 이 일을 행할 때에 그들에게 자기 자신의 견해를 강제로 주입시키지 않으면서도 그들이 더 고상한 생활과의 관계를 간과하지 않도록 유의했다.

이제 이와 같이 가족 가운데 제사장으로서 존재하고 있는 욥이 운명의 모든 타격들로부터 보호받아야 된다는 것은 타당하며 욥 자신도 그렇게 생각했었다. 그러나 현실은 생각과 다르게 일어났다. 그리고 이렇게 된 것은, 인간의 본성에 대한 하나님의 관점은 인간의 관점과 다르다는 사실과, 또한 하나님은 자신의 성도들 속에서도 허물들을 식별해내신다는 사실로 설명될 수 있다. "인생은 죽기까지 완전히 단념하기를 거절하고 지푸라기에 매달려 지내는 수가 자주 있다." 성령님이 욥에 대해서 칭찬한 것은 - "그 사람은 온전하고 정직하여 하나님을 경외하며 악에서 떠난 자더라."- 물론 전적으로 사실 그대로 임에 틀림이 없다. 그러나 누구든지 이 정도에 이르게 되어서 진심으로, "나는 세상과 관계있는 것이라고는 아무것도 바라지 않는다고, 즉 많은 노력이 소모되는 세상의 돈도 명예도 쾌락도 바라지 않는다"라고 말할 수 있게 되면, 죄는 쉽사리 다른 형태를 취하는 법이다. 그래서 그는 자신의 의로움 때문에 기고만장하며 불쌍한 죄인으로 평가받기를 더 이상 원하지 않는, 요컨대 교만한 성자가 될 위험에 직면하게 된다. 그렇게 되면 하나님께서 자신의 매를 새롭게 사용하셔서 즉시 예리하게 때리실 필요가 있게 된다. 왜냐하면 그 병은 극복하기가 매우 어렵기 때문이다. 그러므로 이 보다 덜한 매는 종종 그 병을 더욱 악화시킬 뿐이다. 영적 교만은, 그런 미미한 공세들에 대해서 숙달됨으로써, 또한 그 공세들이 하나님께 대한 자신의 신실함을 흔들 수 없음을 알게 됨으로써 더욱 강해진다.

그 다음에, 장면은 하늘로 옮겨간다. 하나님의 보좌 앞에서 천사들의 엄숙한 총회가 개최된 때에, 사탄도 자신의 모습을 나타내어 욥의 미덕에 대한 의심을 제기하며 하나님께서 고난으로써 욥의 진실함을 입증해 주실 것을 요구한다. 하나님께서는 욥에게 육체적 손상을 입히지 말라는 제한 하에 사탄에게 욥에 대한 지배권을 주신다.

욥을 파멸시키려는 사탄의 욕망과 노력은 오히려, 욥은 중심이 정직한 사람이라는 것과, 그는 입으로만 "주여, 주여"라고 부르짖는 부류의 사람이 아니라 하늘에 계신 아버지의 뜻대로 행하려고 애쓰는 신실한 사람이라는 사실을 드러내준다. 하지만 하나님께서 욥을 사탄에게 넘겨주셨다는 사실은, 욥 안에 여전히 무엇인가 징벌을 받고 개선되어야 할 것이 있다는 것과, 그가 만일 자신의 영적 생활에 위협이 되는 위험들을 피하려면 아직도 심한 매를 맞아야 할 필요가 있다는 것을 보여 준다.

여기에 거짓말하는 자로 등장한 사탄은 욥에게 고난을 주기 전에, 천사들처럼 하나님의 보좌 앞에 나타나서, 하나님에게 공식적으로 승인을 받아야만 했다. 이 사실에서 우리는, 사탄이 자신의 증오함을 드러내는 일에서조차 전적으로, 자녀들에게 연민과 은혜를 베푸시기로 약속하시고 또한 약속을 이행하시는 하나님에게 의존하고 있음을 보고 위로를 얻을 수 있다. 하나님의 자녀들에게 십자가를 지게 하는 사탄의 의도는 틀림없이 악하지만, 사탄 자신의 뜻과는 달리, 결국에는 항상 승리를 거두시는 하나님의 계획들을 사탄은 부득불 성취할 수밖에 없게 된다. 그 십자가는 욥의 인생사에 위기를 가져오지만, 그것의 궁극적 목적은 욥에게서 자기 의와 교만의 찌끼를 일소하는 것이다. 그리고 이것이 바로 그의 마음 가장 깊은 곳에 여전히 자리 잡고 있던 죄의 뿌리였다. 사람은 누구나 자신 속에 그러한 죄의 뿌리를 가지고 있다. 그래서 누구도 감히, 하나님의 독생자께서 사탄에 대해서 "그는 나에게서 아무것도 취하지 못한다"라고 하신 말씀을 모방할 수 없다. 심지어 주님의 가장 친밀한 제자들, 즉 거룩한 사도들까지도, 자기들을 장악하여 밀 까부르듯 하려는 사탄의 요구에 어쩔 수 없이 응해야 했으며, 다만 그들의 믿음이 자신들을 패배하지 않도록 지탱해 주는 것만으로 만족해야 했다.

벵겔(Bengel)은 말하기를 "사탄은 종종 우리가 전혀 꿈도 꾸지 않은 곳에 매복하고 있는 적”이라고 한다. 성경을 보면 악한 자에 대한 징벌은 여호와와 그의 천사들 또는 그리스도에게서 직접적으로 유래된 것이다. 사탄은 자기 친구인 세상에 대해서는 고소할 근거를 찾지 않는다. 그러나 의로운 자들에게 위협이 되는 징계에 있어서는 사탄이 참여한다. 그래서 하늘에 계신 아버지께서 마치 자신의 얼굴을 자녀들로부터 돌리시고 그들에게 필요한 고통을 사탄이 가하도록 방임하신 것 같이 보인다. 그러나 사탄이 절대적으로 하나님에게 의존되어 있음을 전제할 때, 우리는 위로를 얻을 수 있는데, 이는 고작해야 사탄은 십자가와 같은 고난의 문제에 있어서 우리와 하나님 사이에 놓여 있기 때문이다. 우리가 당하는 고난들은 종종 악의적 성격을 띠고 있다고까지 묘사할 수 있다. 그럴 수밖에 없는 이유는, 각 사람은 자신의 가장 예민한 부분에 공격을 받도록 의도되며, 이 사실을 종종 하나님과 고난을 받는 당사자 그리고 인간 본성의 더 어두운 면에 대해 예리한 통찰력을 지니고 있는 그 증오스러운 사탄 외에는, 아무도 알지 못하도록 의도되어 있기 때문이다. 그럴지라도 우리가 우리의 고난들을 추궁하여 하나님에게까지 직접 소급해 올라갈 수 없다는 것은 좋은 일이다. 하나님께서는 허용만 하실 뿐이며, 일을 계획하고 수행하는 것은 사탄이 하는 일이기 때문이다. 어떤 미개인은 “그러면 왜 하나님은 사탄을 때려죽이지 않으시는가?”라고 질문하는데, 이런 질문은 영적으로 미개한 수준에 있는 사람들에게만 꽤나 기발한 것으로 보여서 파급될 수 있을 따름이다. 사탄은 하나님의 경륜에서 매우 중요한 요소이다. 하나님은 이런 뜻에서 사탄을 필요로 하신다. 그러므로 하나님은 사탄이 더 이상 필요가 없을 때까지는 그를 남겨두신다. 그런 다음에야 사탄은 자기 자신의 곳으로 추방될 것이다. 성경은 사악한 이방의 폭군 느부갓네살을 가리켜 하나님의 일을 돕는 종이라고 명명하고 있다. 성경이 사탄에게 그와 똑같은 이름을 부여했어도 좋았을 것이다.

욥은 자기가 가진 모든 것을 상실한다. 먼저 자기의 재산을, 그 다음에는 자기 자녀들을 잃어버린다. 그러나 그는 이러한 재앙들 속에서도 확고부동하게 선다. 그는 “…… 주신 이도 여호와시요 거두신 이도 여호와시오니 여호와의 이름이 찬송을 받으실지니이다”(욥 1:21)라고 말한다. 엄밀히 말하자면 하나님은 욥에게서 욥 자신의 것이라고는 아무 것도 취하지 않으셨다. 왜냐하면 욥은 본래 아무것도 소유하고 있지 않았고 따라서 그는 어떤 것에 대해서도 요구할 권리가 없기 때문이다. 하나님은 전적으로 은혜로써 빌려 주신 것을 도로 요구하신 것뿐이었다. 그렇다면 고난이 욥에게 아무리 고통스럽게 임한다고 한들 그가 어떻게 불평을 할 수 있겠는가? 자기의 잃어버린 것 때문에 불평하는 대신에 욥은 자기가 받은 것에 대해 감사해야 마땅하다.

그러나 아직도 한 가지 부족한 점은, 자신의 고난이 자기 죄에 대한 의로운 징벌이며 자신의 구원에 필요한 징계라는 사실을 인정할 만큼 욥이 충분히 성숙하지 못했다는 사실이다. 이것이 그의 유일한 약점이었으며, 또한 이것이 바로 그가 이제 배워야만 할 점이었다. 욥기의 끝부분에서 우리는, 욥이 힘들고 통렬한 투쟁과 처참한 패배를 맛본 후에 바로 그 점을 배우게 되었음을 알 수 있다. 그 최종 결과는, 욥이 품위 있는 의인에서 한 가련한 죄인으로 변신하게 되었다는 것이다. 마침내 그때에 갑자기 모든 것이 명백해졌다. 그는 자신의 운명의 의미를 알게 되었으며 따라서 그는 이러한 처지에 놓인 자신을, "그때에야 내가 비로소 예전에 괴롭고 어두웠던 것을 밝히 보고 알리라"라고 슬픔에 젖은 말들을 입가에 남긴 채 미래의 세계로 사라져버리는 사람보다 훨씬 행복한 사람으로 여기게 되었다.

자신의 육체적 건강을 겨냥한 사탄의 두 번째 공격 이후에조차도 욥은 자신의 결함을 깨닫지 못했다. 이제껏, 심지어 자기의 자녀들 모두 잃어버리기까지, 견디어 오고 참을성 있게 복종해온 듯이 보이는 욥의 아내가 나약해진 점은 사실상 욥의 강함을 더욱 돋보이게 하는데 기여하였다. 그녀는 욥에게, "…… 당신이 그래도 자기의 온전함을 굳게 지키느냐? 하나님을 욕하고(bless) 죽으라"(욥 2:9)라고 말한다. 사망은 피할 수 없으며 이제 임박해진 반면에 하나님의 은혜는 되찾을 수 없을 만큼 그에게서 사라져버렸다. 그러니 여하간 하나님을 욕하고 당장 죽어버리라는 것이다. 당신은 이미 오래 전에 하나님께 작별을 했어야 훨씬 좋았을 것인데! 이러한 말들 때문에 그 불쌍한 여인은 주석가들에 의해서 혹독하게 취급되어 왔다. 슈판하임(Spanheim)은 그녀를 제2의 크산티페(Xantippe: 소크라테스의 부인)라고 부르며, 욥의 회복 후에도 그의 몸에 가시로서 남아 있었다고까지 주장한다. 미카엘리스(J. D. Michaelis)는, 그녀는 오로지 욥의 고난의 양을 가득 채우기 위해 욥에게 머물러 있었다고 생각한다. 그러나 그녀의 절망이 자기 남편에 대한 가장 진실하고 다정한 사랑에 뿌리를 두고 있었다는 점만은 고려해야 한다. 이제까지 그들이 겪은 모든 손실 가운데에서 그녀는 욥의 순종함을 보고 자신도 꼭 참아왔다. 그리고 만일 질병의 고통이 그녀에게 임했다고 하더라도 그녀는 아마 자신이 절망에 항거했을 것이다. 그러나 욥은 그러한 말을 하는 자기의 부인으로 인해 좌절하지 않는다. 오히려 그는 그녀의 용기를 북돋을 방법을 찾는다. "…… 그대의 말이 한 어리석은 여자의 말 같도다. ……"(욥 2:10a)라고 그는 그녀에게 말한다. 욥은 "그대는 어리석은 여자요"라고 말하지 않고, "그대는 그대답지 못하구려, 그대는 이제껏 그대가 멀리하던 어리석은 자들 축에 끼려고 하는구려"라고 말한 것이다. "우리가 하나님께 복을 받았은즉 화도 받지 아니하겠느냐?"(10b). 복도 재앙도 둘 다 같은 분이 주셨다. 그러므로 우리가 그분으로부터 무엇이든지 아무런 이의 없이 공손히 받아야 그분에 대한 마땅한 태도가 된다는 것이다. 욥은 자신의 첫 번째 시련기와 마찬가지로 두 번째 시련을 겪는 가운데에서도 "이 모든 일에 입술로 범죄하지 아니하니라"(10b)라고 말했다는 사실이 두드러지게 표현되어 있다. 이제 우리는 여기에서 무엇인가 욥의 견고함을 무너뜨리고 그로 하여금 입술로 죄를 범하도록 만들 것이 곧 나타나리라는 예상을 하게 된다. 그러나 우리는 그것이 무엇일는지는 당장 알 수 없다. 왜냐하면 욥은 이미 하나님의 뜻에 복종하는 자세를 꺾이지 않은 채 자신의 모든 것을 상실했기 때문이다. 그러나 이후에 계속되는 내용이 그것을 말해주고 있다.

욥의 불행에 대한 소식을 듣고 그의 세 친구 엘리바스, 빌닷, 소발이 그를 위로하러 왔다. 그들은 욥이 매우 비참한 처지에 놓여 있음을 보자 티끌을 쓰고 칠일 칠야 동안을 말없이 욥의 옆에 앉아 있었다. 그 후에 욥이 입을 열어 자기의 생일을 저주했다.

갑자기 욥에게 그토록 커다란 변화가 생겼다는 것 즉 방금 전까지 만해도 잘 복종하였으며, 더 연약한 그릇인 자기의 아내에게 재빨리 조언까지 줄 수 있었던 욥이 이제 갑자기 "내가 난 날이 멸망하였더라면……"(욥 3:1)이라는 등의 말을 내뱉게 되었다는 사실은 어떻게 설명되어야 하는가? 자신의 존재를 저주한다는 것은 그를 존재하게 하신 하나님과 논쟁을 벌이는 것이며, 종종 깊이 감추어지기는 하지만 결코 결여되지 않는 복을 배은망덕하게도 고통 가운데서 잊어버리는 것이며, 또한 이것은 우리의 고통을 통해 얻는 행복한 결과를 포기하는 것이요 결과적으로는 하나님의 은혜와 의를 포기하는 회의적 태도이다.

이 문제의 해결책은 이러하다. 우리말 성경에 단순히 "욥이 입을 열어 이르되"(욥 3:2)라고 기록된 원문은 "그리고 욥이 '대답하여' 말했다"로 되어 있다. 욥의 친구들은 한 마디도 안했다. 그러나 그들은 자기들의 눈치로써 욥에게 충분하고도 분명하게 말을 한 것이다. 욥은 그들의 표정에서, 그들이 욥의 의로움에 관한 생각으로 가득 차 있었으며, 욥에게 일장의 연설로 질책을 퍼붓기를 원했으며, 또한 그들은 하나님을 옹호하려는 일을 시작할 기회를 기다리고 있을 뿐이라는 사실을 알게 되었다. 그는 사전에 그들의 마음속을 간파하여 그들이 후에 말할 모든 것들을 알고 있었다. 그들의 침묵이 깊은 연민 때문에 우러나온 것이 아니라는 사실은, 침묵의 이유가 되고 있는 말이 "그들의 고통이 매우 심했으므로"가 아니라, 그들이 "욥의 고통이 심함을 보므로"(욥 2:13)라는 점을 볼 때에 더욱 명백하다. 그들은 욥을 보는 즉시 그를 위로할 수 없었다. 그들의 견해에 의하면 그들의 주된 의무는 욥으로 하여금 자신의 무거운 죄를 인식하게 하는 일이었다. 그들은 그러한 질책을 퍼붓기에 적합한 분위기를 기다려 그를 꼼짝 못하게 하려고 했다. 그러므로 욥이 그들의 오랜 침묵에 극도로 화가 나서 스스로 말하기 시작하면, 어쩔 수 없이 자신들의 의견을 내놓아야만 할 때까지 그들은 침묵을 지킨 것이었다.

욥은 이제 자신의 약점을 맹렬히 공격당했다. 여러 형태의 고통을 욥은 이제껏 잘 감당해 왔다. 그러나 그의 유죄의 증거가 드러난다는 것, 즉 그가 이제껏 그토록 사력을 다해 고수해 온 최후의 보루이며 스스로가 "내가 내 공의를 굳게 잡고 놓지 아니하리니 내 마음이 나의 생애를 비웃지 아니하리라"(욥 27:6)라고 외친, 자신의 의로움을 빼앗겨야 한다는 것은 그로서는 견딜 수 없었다. 하나님께서 이제껏 고통을 주셨으며 고통의 책임을 지실만한 증거가 있으며 또한 이 벅찬 마지막 손실의 원인이 되시기 때문에, 욥은 자신의 분노를 즉시 하나님에 대해 발산시킨다. 욥은 자기의 친구들을 단지 하나님에 의해 만들어진 각본의 해설자로 간주한다.

욥이 하나님께 고난의 책임을 돌림으로써 자신과 친구들 사이에 논쟁이 벌어지게 되었으며, 이것은 점점 열띠게 전개된다. 이 논쟁은 세 번의 주기(週期)로 구분되는데 그 중 처음 두 주기(cycle)는 그 세 친구의 말과 이에 각각 대응하는 욥의 대답으로 구성된 세 부분(subdivision)으로 나뉜다. 마지막 주기는 셋째 친구인 소발(Zobal)이 더 이상 할 말이 없으므로 단지 두 부분으로만 구성되어 있다. 소발의 침묵을 통해서 저자는 공동전선을 폈던 세 친구들의 패배를 우리에게 암시해 주고 있다.

그 친구들이 취했던 견해는 다음과 같다. 즉 죄와 고난은 하나님에 의해 측정, 분배된다는 것이다. 말하자면 죄가 1 온스(ounce)이면 고난도 1 온스이고 죄가 무거우면 고난도 그만큼 무겁다는 것이다. 사람은 자신이 남보다 더 행복한 것, 꼭 그만큼 남보다 더 선하다. 욥처럼 불행한 사람은 확신하건대 단순한 죄인이 아니라 범죄자임에 틀림이 없다. 이것을 의심하는 것은 하나님을 모욕하는 것이다. 그리고 욥과 같이 가혹한 고난을 받는 사람의 경우, 설령 우리가 실질적으로 그 사람의 어떤 커다란 죄악을 알지 못한다고 할지라도, 우리가 하나님의 명예를 유지하기 위해서는 그 사람이 어떤 범죄를 저질렀다고 여전히 가정해야만 한다. 비록 겉모양으로는 가장 흠 없이 보일지라도 우리는 속아 넘어 가서는 안 된다. 흠 없어 보이는 것은 오히려 그렇게 성자인체 하는 사람이 철저하게 숙련된 위선자 라는 사실을 보여줄 뿐이다.

위 견해의 특징은 '겉모양만 경건'이다. 이런 경건은 사실상 불경건이다. 이것은 하나님으로 하여금 완전히 이 세상의 일들에 관여하시지 못하게 막으며, 또한 고난을 우연의 탓으로 돌리고 만다. 욥기에서는 전체의 논쟁이 하나님에 대한 경외라는 관점으로부터 계속되어 나간다. 그러나 위 견해는 '겉모양만 경건'에서 나왔으며 바로 그 이유 때문에 인기가 있다. 엘리후의 강화(講話)에서는 그 견해가 "어른"(원문의 rabbîm 즉 다수)의 것으로 분명히 묘사되어 있다. "어른이라고 지혜 로운 것이 아니요"(욥 32:9)라고 엘리후는 대답한다. 종교의 영역에서는 "민심은 천심"(Vox populi, Vox Dei)이라는 말이 통하지 않는다. 이와는 반대로 거기에서는 보통 겉모양만 있는 것, 얕은 것이 인기가 있다.

저자는 적어도 세 사람으로 이 견해를 대표하게 해 줌으로써 그것이 인기 있는 견해임을 암시한다. 그 세 친구들의 근본적 잘못은 저속하고 외면적인 죄의 개념이다. 이런 죄 개념 때문에 그들은 욥의 고난을 보고 그가 어떤 뚜렷한 범죄를 저질렀다고 결론을 짓게 되었다. 그들은 단지 개별적 죄에 대해서만 정통할 뿐, 죄의 본질에 대해서는 전혀 아는 바가 없다. 이런 이유 때문에, 그들은 고난들을 하나씩 각각의 허물에 대입할 수 있어야 비로소 그 고난들을 합리적인 것으로 본다. 그들은 "도둑질하지 말라," "간음하지 말라"와 같은 계명들만 보는 눈을 가지고 있을 뿐이었지, 우리 주님께서 산상보훈에서 말씀하신 것처럼, 선지자들의 본과 모세 자신도 친히 보여 준 본을 따라 그 계명들의 핵심을 숙고하지 못하고 겉모양만 바라볼 뿐이었다. 반면에 그들은 "너는 마음을 다하고 성품을 다하고 뜻을 다하여 네 하나님 여호와를 사랑하라"는 계명은 외면하거나 그렇지 않으면 그것에 대해서는 가장 이상한 착각에 빠져 버린다. 그러므로 그들은 자기 자신들이 율법을 실천했다고 여겨서 더할 나위 없이 흡족해하며, 그들에게 만사가 순조롭게 잘 진행되는 것을 완전히 정상적이며 정당한 줄로 안다. 그리고 가혹한 고난이 자기들의 이웃에게 닥치면 그들은 거만한 눈초리로 그를 경멸하여, 중죄(重罪)의 증거나 가능성을 발견해 낼 때까지 샅샅이 뒤져 본다. 그들의 이웃 사람들의 고난이 어떤 면에서는 자기들에게 유익이 되는 듯이 보인다. 그것은 곧 자기 자신들의 우월성에 대한 날인이다. 만일 욥의 친구들이 인간의 본성이나 자기 자신들을 올바로 알았더라면, 욥의 고난을 바라보았을 때에 그들은 "이런 일이 푸른 나무에 생겼다면 마른 나무에게는 어떤 일이 생길 것이겠습니까? 하나님이시여, 죄인인 우리에게 긍휼을 베푸소서!"라고 외쳤을 것이다. 그 친구들의 특징은 긍휼히 여기는 사랑이 결핍되었다는 점이다. 그들은 가차없이 자기들의 신학적 편견들을, 하나님 의 손에 징계를 받고 티끌 속에 앉아 있는 자신들의 불쌍한 친구의 경우에다가 적용시킨다. 그들은 그의 입장에 처해 보거나 그의 기분에 공감을 가지려고 노력하 지 않는다. 그리고는 쉬지 않고 그에게 말을 퍼붓는다. 자기 자신이 동정을 받았던 사람만이 동정을 베풀 수가 있으며, 그렇게 하는 것이 곧 우리 자신의 죄를 인정하는 것이다. 모든 펠라기안주의(Pelagianism) - 성경적 명칭을 택한다면 - 모든 바리새주 의(Pharisaism)의 문제는 어법, 구제금, 그밖에 그러한 외적인 일들에 있는 것이 아니고 근본적으로 무자비하고 무정하다는 데에 있다. 만일 그 친구들이 긍휼히 여기는 참 사랑을 조금이라도 지니고 있었다면, 그들도 자신들 앞에 벌어진 바로 그 경우를 보고 자신들의 견해를 고쳤을 것이다.

아마도 저자가 이 만연된 견해를 그와 같이 생생하게 제시하는 이유는, 그 자신이 이전에 그런 견해를 향유했으며 따라서 그가 고난을 받는 불쌍한 자들을 만나게 되면 그들에게 그런 견해를 가차없이 적용시켜 왔기 때문일 것이다. 그 세 친구와 욥 그리고 엘리후는 하나님께서 일해나가시는 각기 다른 세 단계를 나타내는 것이라고 우리가 생각할 수 있으며, 저자 자신도 의심할 여지없이 이 모든 단계들을 거쳐 왔을 것이다. 먼저 그는 고난을 받는 다른 사람들 옆에서 거만스럽게 서 있었다. 그 다음에 그 자신이 절망 속에서 고난과 씨름했는데 이는 그가 자기 의를 포기하기를 꺼려하기 때문이었다. 마침내 그는 엘리후의 단계에 이르도록 싸우고서야 비로소 완전하고 명백한 지식에 이르게 된다.

이 모든 것에도 불구하고 우리가 부인할 수 없는 사실이 있다. 하나는 그 친구들의 강화 속에는 어떤 중요한 진리의 요소가 있다는 사실이고 다른 하나는, 그들이 욥이 당면한 이 특수한 경우에다가 일반적인 원리를 적용한 사실이다. 저자는 그들로 하여금 조용히 그 원리를 적용하게 했다. 따라서 그들의 강화에는, 단지 그들의 말투에 의해서만 판단한다면, 대부분 진리만이 표현되어 있다. 이 고상한 진리는 '죄와 고난간의 밀접한 연관성'에 대한 지식인데, 이것에 대한 육감은 고대 세계 전체에 널리 퍼져 있었으며 인간의 마음속에 지울 수 없게 깊이 새겨져 있는 것이다. 이 문제를 해결하기 위해 해야 할 일은, 그 친구들 편에 놓여 있는 진리의 요소와 욥 편에서 발견되는 진리의 요소, 즉 욥이 자신에게 조잡하게 죄악의 책임을 지운 그들에 대해서 자신의 의로움을 주장하던 때에 언급한 진리의 요소를 조화시키는 것이다. 동시에 양측의 잘못들을 거슬러 올라가서 그것들이 그대로 흘러나온 공통적 근원, 즉 죄에 대한 더 깊은 지식의 결핍에까지 소급해 가는 것이다. 분명히 그 친구들의 강화들 가운데에 진리가 있다고 보는 이유는, 저자가 그 강화들로 하여금 자유롭게 충분히 전개되도록 허용하였다는 사실과 대체적으로 저자가 그것들을 호의적 견지에서 다루었다는 사실 때문이다.

이처럼 이유가 명백하기 때문에, 교회는 예나 지금이나 이 강화들 속에 들어있는 구절들을, 마치 그것들이 신적 진리를 잘 제시한 것인 양, 인용해 왔던 것이다. 예를 들자면, 심지어 사도 바울조차도 고린도전서 3:19에서 엘리바스가 욥기 5:13에서 전개한 내용을 언급하고 있다.

'그 친구들에 대한 욥의 반박 강화'에서는, 욥 자신의 근본적인 입장에서 나온 말들과 자신의 진의와는 다르게 한 말들을 구분하여야만 한다. 즉 "실망한 자의 말은 바람에 날아가느니라"(욥 6:26)라든지 더욱이 나의 재앙이 "바다의 모래보다도 무거울 것이라. 그러므로 나의 말이 경솔하였구나"(욥 6:3)라고 언급한 말들이다. 욥은 자신의 감정이 끓어오르면 종종 하나님은 세상의 모든 의로운 자들의 무서운 적이시며 박해자로서 매우 독단적이시며 불의하시다고 표현하는 데에까지 나아간다. 그러므로 욥은 자신의 일들이 호전될 희망이 전혀 없음과, 하나님께서는 또한 자기를 완전히 파멸로 몰아넣으실 때까지는 결코 쉬지 않으실 것이라는 확신을 피력한다. 경건의 근원이 되시는 성령께서 경건한 자들의 모든 사고(思考)들이 심지어 육체의 가장 비참한 연약함에서 비롯되는 사고들까지도 자유롭고 분명하게 표현되도록 하시며 그런 다음에 그것들이 어떻게 정복되는지를 보여 주시는 것은 성령의 거룩하고 능란한 솜씨이다. 그래서 심지어 바이런(George Gordon Byron) 조차도 이 책[욥기]을 능가할 수 없었으며 오히려 이 책이 그를 훨씬 앞지른다.

그 다음에 다시 더 평온한 심정을 되찾자 욥은, 하나님의 의로우심은 대개는 세상을 통치하심 속에서 볼 수 있다는 것을 고백하며, 다만 자기 자신의 고난들은 이해할 수 없는 예외일 뿐이라고 진술한다. 또한 여기저기에서 그는 솟아올라서 기쁨이 가득한 희망으로 부풀 때도 있다. 특히 "내가 알기에는 나의 대속자가 살아 계시니"(욥 19:25)라는 고백이 그에게서 터져 나올 때가 가장 영광스러운데, 이는 마치 믿음이 고통과 반역의 구름을 벗어나서 갑자기 선명한 빛을 활짝 비치는 태양과도 같다. 그러나 애석하게도 이 빛은 곧 다시 어두워지고 만다.

마침내 욥은 자기의 친구들을 침묵시킨다. 자기들이 욥에게 궁지에 몰리고, 책임을 전가시키려고 하는 그 범죄들에 대한 증거를 제시할 수 없으며, 또한 자기들은 나타난 외면만 보고 싸울 뿐 아니라 후에 자신들이 알게 되듯이, 스스로의 양심과도 싸우고 있는 사실로 인해서, 그들의 제소(提訴)는 파기되고 만다. 이미 언급된 욥의 강화들로 인해, 그것들 속에는 격정과 확신이 혼합되어 있으며 바로 이러한 특성 때문에, 욥은 그 친구들이 논쟁을 포기한 직후에도 좀처럼 그 격전장을 떠날 수 없었다.

물러가기 전에, 욥은 마지막 강화(욥 27～31장)에서 우리들에게 차분히 진정된 어조로 자신의 견해를 완전하게 진술한다. 여기에서 우리는 이 이전의 그의 모든 강화들을 평가해 볼 수 있는 척도를 찾게 된다. 욥은 여전히 자신의 순결함을 계속 주장하겠다고 선언한다. 그러나 그럼에도 불구하고 그는 죄에는 으레 형벌이 뒤따른 다는 것을 인정하며 따라서 자신이 이전에 이 명제를 가지고 눈에 드러날 만큼 갈등하던 중에 제시한 모든 주장들을 취소한다. 만일 그가 이런 선언을 하지 않고 오히려 죄는 곧 인간의 파멸이라는 이 영원한 참 명제에 대해서 전면적인 전쟁을 하겠다고 선전포고하였다면, 그 명제가 생생하게 실현되고 예증됨으로써, 욥의 친구 들의 강화가 매우 높은 평가를 얻게 되는데 -사실 욥은 전에 종종 격정이 끓어오르는 바람에 그렇게 했었다- 그렇다면 욥은 그의 친구들보다 열등한 위치에 놓이며, 또한 그것과는 정반대라고 확언하시는 하나님의 최후판단의 근거가 사라지는 것처럼 보일 것이다. 그러나 특이한 것은 그 명제를 지지하기 위해 제시한 욥의 논증들이다. 이 논증들이 나와 있는 욥기 28장은 종종 오해되어 왔으며, 하나님의 섭리 과정은 이해할 수 없다는 점을 지지하기 위해서 인용되기도 했는데, 합리주의가 이렇게 하나님의 섭리 과정의 불가해(不可解)함을 역설한 것은 합리주의가 경건한 것처럼 보이기 위해서였다. 욥은 눈부시게 기술(記述)을 전개해가는 동안에, 지혜는 인간이 자신의 힘으로 획득할 수 있는 소유물이 아니라 하나님께서 소유하시는 영광스러운 특권들 중의 하나라는 것을 증명한다. 이것으로부터 그는 결론을 끄집어내어 지혜는 도덕적이고 종교적 방법, 즉 우리가 하나님과의 연합 속으로 들어가고 그의 영과 교통함으로써만 우리의 것이 될 수 있다고 말한다. 이것이 사실이라면, 불경건한 자들은 그것에서 제외되며 결과적으로 피할 수 없는 멸망에 이르게 되는 것이다. 왜냐하면 지혜가 결여되어 있는 자는 누구나 멸망을 향해 맹목적으로 치달리기 마련이기 때문이다. 이 세계라는 바다 속에는 수많은 암초들이 도사리고 있어서 지혜의 손에 키(舵)가 주어지지 않은 배는 곧 파선을 당하게 될 수밖에 없다.

욥의 거듭되는 노력에도 불구하고 문제점은 여전히 남아서 그를 괴롭히고 있다. 그의 고난의 신비는 아직도 미해결 상태로 남아 있다. 그러므로 더 깊은 조사가 절대적으로 필요하다. 욥 자신이 이 점을, 자신의 결론적 강화의 후반부에서, 우리 앞에 명백하게 제시한다고 보는데, 그 이유는 그가 자신의 의로움과 무죄한 행위를 상세히 진술하고 나서는, 곧바로 자신의 극심한 고통과 강하게 대조시키고 있기 때문이다.

그 문제를 피상적으로 조사한다면 아무도 그 수수께끼를 만족하게 해결할 수 없으며, 또 쉽사리 한 생각, 즉 모든 것을 하나님의 섭리 과정의 불가해성으로 돌리는 길 밖에 별 도리가 없다는 그 생각 속으로 빠져 들기 십상이다. 그러면 결국은 무신론에 이르게 된다.

그러나 만일, 욥이 멀리했던 죄들의 목록이 뚜렷이 완전함에도 불구하고 또한 그의 숭고한 도덕관(이것이 있기에 그는 소위 황금을 의지하는 것을 우상숭배 못지않은 극악한 죄로 간주했으며 우리의 풍부한 소유물을 보거나 또는 불행이 우리의 원수들에게 덮쳤음을 보고 열광하는 것은 크나큰 죄악으로 여겼다)에도 불구하고, 그리고 그는 틀림없이 죄를 내적인 것으로 간주하여 죄스러운 행위뿐만 아니라 그것이 감추어진 처음 씨앗 즉 죄스러운 욕망(욥 31:1)까지도 사형선고와 저주를 받아 마땅한 것으로 취급했음에도 불구하고, 욥은 한 중요한 부류에 속하는 죄들은 그대로 묵과하고 마는데 이는 분명히 그의 눈이 아직 그것들을 볼 수 있을 만큼 열려 있지 않았기 때문이다. 우리들에게 점차적으로 우리의 부패의 깊이를 계시해 주시는 것이 하나님의 방법이다. 만일 하나님께서 즉시 그것을 모두 계시하신다면 우리는 절망 속에 빠지기가 쉬울 것이다. 이런 죄들이란 곧 거만함, 자기 의, 자신의 덕행에 대한 자긍심을 말한다. 우리는 이 시점에서 그 논쟁의 판정이 곧 있을 것이라고 예상한다. 더욱이 욥이 자신의 결론적 강화에서 그 난제들을 선명하고 완전하게 설명하였기에 우리는 어떠한 판정이 있을는지 더욱 더 알고 싶어진다. 이번 강화는 그 이전의 강화들과는 달리 조용한 어조를 띤 것이 특색이다. 격정의 폭풍이 가라앉자 이제 욥을 격동시킨 친구들도 잠잠해질 수밖에 없다. 반항적 태도, 하나님께 대한 격분된 원망, 자신의 권리에 대한 시비,

그리고 이전의 괄목할만한 도전들 대신에 조용한 슬픔이 욥을 점령하고 있다.

우리는 곳곳에서, 욥이 이제 자신에게 제시될 해결안을 기쁘게 받아들일만한 심정임을 보게 된다. 왜냐하면 욥이 자기 홀로 그것을 찾을 수 없으며 하늘로부터 그것이 그에게 주어지지 않는 한, 정말 가련하고 비참한 인간으로서는 아무 것도 달성할 수 없기 때문이다. 곳곳에서 우리가 해결의 문턱에 서 있다는 예감을 느끼게 된다. 우리는 엘리후(Elihu)를 통해 전달된 교훈을 받아들이도록 욥의 마음을 준비시키는 은혜의 온화한 손길을 느낀다. 욥기 31장 끝 부분에는, "욥의 말이 그치니라"(40절)라고 기록되어 있다. 이것은 우리에게, 전혀 새로운 부분의 시작을 암시해 주고 있다. 욥은 친구들에게 매우 당당한 태도를 취할 수 있었다. 그래서 마침내 그들을 완전히 침묵시켜 버리고 말았지만, 지금 그는 홀로 갈등 속에 빠져 있다. 그리고 위의 31장 끝 절(40절) 말씀이 기록된 것은, 이쪽에는 욥, 저쪽에는 하나님의 종인 엘리후와 하나님 자신, 이 양편의 한계를 긋기 위해서이다. 말할 것도 없이 욥은 저 편이 자기보다 월등함을 깨닫는다. 이제 욥이 발언할 때는 끝나고 침묵을 지켜야 할 때가 시작되었다. 이제부터는 침묵을 지키려는 준비가 되어 손으로 입을 막는다는 것을 표현하는 말 외에는, 결코 입을 열지 않는다. 그 세 마디 말(원문에는 세 단어뿐이다)의 의미는 풍부한 것이다. 하나님께 대항하여 발설한 모든 말들은 얼마간의 기간이 경과하면 끝이 나는데, 그 끝은 자신의 어리석은 강화들에 대하여 용서해 주시기를 간구한 욥의 경우처럼 은혜로 끝날 수도 있고, 혹은 진노로 끝날 수도 있는데 이것은 호언장담한 그 입이 난폭한 말로 끝나게 되는 경우에 그렇다.

이제 엘리후는 지금까지 조용히 침묵을 지키며 방청만 하던 일을 중단한다. 그가 연소자로 묘사된 이유는, 저자가 엘리후로 하여금 표현하게 한 말을 보아서 알 수 있다.

> 내가 말하기를 나이가 많은 자가 말할 것이요 연륜이 많은 자가 지혜를 가르칠 것이라 하였노라. 그러나 사람의 속에는 영이 있고 전능자의 숨결이 사람에게 깨달음을 주시나니 어른(대다수)이라고 지혜롭거나 노인이라고 정의를 깨닫는 것이 아니니라(욥 32:7~9). 교회에서는 다수가 유력한 것이 아니며, 영적인 일에 있어서는 일상생활의 일처럼

연장자가 비중이 큰 것은 결코 아니다. 경험이 없는 연소자 한 사람이라 할지라도 하나님의 영이 함께 하시면 그는 요란한 무리들과 백발의 노인들, 심지어는 성령이 함께하지 않은 슬기로운 지도자들보다 더 지혜롭다. 이 외에도, 여기에서 하나님의 교회 가운데로 생생하고 활기차게 소개되는 진리의 대변자로서는 연소자가 가장 적합하다.

엘리후의 등장은 다음과 같이 소개되고 있다.

> 욥이 자신을 의인으로 여기므로 그 세 사람이 말을 그치니, 람 종족 부스 사람 바라겔의 아들 엘리후가 화를 내니 그가 욥에게 화를 냄은 욥이 하나님보다 자기가 의롭다 함이요, 또 세 친구에게 화를 냄은 그들이 능히 대답하지는 못하면서도 욥을 정죄함이라(욥 32:1~3).

이처럼 우리 앞에 분명하게 그 상황이 전개되어 있다. 욥의 허물은 스스로 자신을 의롭게 여기는 것이라고 지적하고 있다. 이것 때문에 혹독한 고통을 당하는 사람들은 언제나 필연적으로 스스로를 하나님보다 더 의롭다고 선포하는 비참한 처지에 이르게 되는데 이것이야말로 모든 것을 주객전도하게 만든다.

자기 의란 스스로 하나님께 대한 의무를 다 수행했다고 여기는 것이다. 그리고 그것은 고난을 당하는 가운데에서 -사실상 이 고난은 죄 때문에 임하게 되었고 또한 그러한 근거로 마땅하다고 할 수 있는 것인데- 오로지 불의한 독선만을 보기 때문에 하나님을 인간보다 덜 의롭다고 주장하며 창조주와 피조물의 본연의 관계를 전도시키고 만다. 따라서 모든 위로의 근원으로 다가가는 길은 끊어져 버리고 구원의 회복의 길도 막혀 버린다. 이것이 바로 펠라기안주의의 위험한 면이다. 이러한 면에서 볼 때, 대부분의 사람들은 오직 하나님이 긍휼하심 때문에 살아가는 것이다. 만일 하나님께서 그들을 용서하시지 않고 욥에게 하신 것처럼 그들에게 고난을 주신다면, 그들은 하나님께 대해 공공연하게 반역적 자세를 취할 것이며, 스스로를 하나님의 "개인적인 원수"라고 선포할 것이다. 혹, 이것은 가장 저급한 단계이지만, 인간이 자기의 참 인간성을 부인하는 데에까지 이르게 된다면 그들은 하나님의 존재를 부인할 것이다. 그 친구들은 욥의 질병을 치료할 수 없었다. 이는 그들 자신이 인간의 죄성(罪性)에 대해 너무도 피상적 지식을 갖고 있었기 때문이다. 욥의 오만함을 제대로 다룰 줄을 몰랐기 때문에, 그들은 개인적 중죄들을 들어서 그를 비난하였다. 욥의 자기 의가 정죄를 받아야 마땅한 것임을 욥에게 확신시키는 일을 그 친구들이 감당하지 못했기 때문에, 이제 그 일은 분명히 엘리후가 성취해야 할 과제로 남게 되었다.

모든 고난이 형벌임을 인정함에 있어서는 엘리후도 그 친구들과 의견을 같이하지만 그들과 다른 점은, 고난이 또 다른 면을 갖는다고 보는 데에 있다. 고난을 말할 때, 하나님의 의로우심뿐만 아니라 동시에 사랑의 원리에 그 근원을 두고 있는 고난도 있다. 그러므로 이러한 고난은 아마도, 아니 반드시 의로운 자에게 임해야 되는데, 이것은 그로 하여금 여전히 자신에게 고착되어 있는 죄를 보고 그 죄로부터 깨끗해짐으로 구원의 더 높은 차원의 복들을 받기에 적합해지도록 하기 위함이다. 단지 형벌뿐이라는 개념에 반대하여 엘리후는 징계 개념을 제시한다. 이것은 현대에서도 애석하게도 이해하기 힘든 개념이다. 현대에는 고난을 단지 시련이라고 말할 뿐이지 고난의 본질에 대한 어떤 뚜렷한 개념이 없다.

이 부분이 욥기의 심장이요 생명이기 때문에, 엘리후의 말 가운데 중요한 몇 구절을 그대로 인용해 보는 것이 좋겠다.

> [14]하나님은 한 번 말씀하시고 다시 말씀하시되 사람은 관심이 없도다. [15]사람이 침상에서 졸며 깊이 잠들 때에나 꿈에나 밤에 환상을 볼 때에 [16]그가 사람의 귀를 여시고 경고로써 두렵게 하시니 [17]이는 사람에게 그의 행실을 버리게 하려 하심이며 사람의 교만을 막으려 하심이라. [18]그는 사람의 혼을 구덩이에 빠지지 않게 하시며 그 생명을 칼에 맞아 멸망하지 않게 하시느니라(욥 33:14~18).

서 있는 자라고 할지라도 넘어지지 않도록 주의 해야만 한다. 특히 의로운 자들에게는 교만이 위험한 적이다. 그러므로 하나님께서는 긍휼히 여기는 사랑으로 때때로, 몇몇 예로서 위에서 언급한 의미심장한 꿈들로써 강력한 '내적 경고들'을 보내신다.

그러나 문제는 거기에서 그치는 것이 아니다. 내적 경고들은 징계의 전주곡일 뿐이며 그것을 위한 토양을 준비하기 위해 의도된 것들이다. 주님의 길로 똑바로 행하는 사람의 경우에 그가 무거운 십자가를 짊어질 준비가 되지 않았을 때는, 경고가 좀처럼 임하지 않으며 오히려 그것이 임하는 시기는 일반적으로 그의 마음이 유난히 위를 향해 앙망할 때이다. 뿐만 아니라 그토록 강렬하고 은혜롭게 위로 이끄심을 느낄 때에는 경고가 어김없이 임한다는 사실을 그 사람은 체험을 통해서 발견하게 될 것이다. 엘리후는 계속해서, "혹은 사람이 병상의 고통과 뼈가 늘 쑤심의 징계를 받나니 그의 생명은 음식을 싫어하고 그의 마음은 별미를 싫어하며"(욥 33:19~20)라고 말한다. 이런 식으로 혹독한 질병이 묘사되어 있는데 이 질병은, 꿈이 내적 경고의 예로서 제시된 것처럼, 고통스러운 많은 재앙들의 한 분명한 표본으로서 기록된 것이다.

그러나 그 고난이 의로운 사람의 멸망을 의도한 것이 아니며 또한 쓰라린 고통 속에서도 사랑이 의와 더불어 병행한다는 사실은, 그 수난자가 자기 자신의 잘못으로 인해 구원의 길을 막는 경우가 아닌 한, 여기에서 명백하게 의로운 사람은 악한 자와 구별된다. 엘리후는 연이어 말한다. "만일 일천 천사 가운데 하나가 그 사람의 중보자로 함께 있어서 그의 정당함을 보일진대, 하나님이 그 사람을 불쌍히 여기사 그를 건져서 구덩이에 내려가지 않게 하라. 내가 대속물을 얻었다(회개함을 받았다) 하시리라"(욥 33:23~24). "그는 하나님께 기도하므로 하나님이 은혜를 베푸사 그로 말미암아 기뻐 외치며 하나님의 얼굴을 보게 하시고 사람에게 그의 공의를 회복시키시느니라"(26절). 그 해석자인 천사는 위로부터의 모든 감화력을 끼쳐서 수난자의 마음이 참된 회개를 하도록 일깨운다. 복을 상속할 자들을 섬기라고 보냄 받은 섬기는 영들(히 1:14)은, 수난자의 고통의 침상 주위에 보이지 않게 머물러 있으며 또 그에게 귓속말을 해준다. 만일 그렇지 않다면 엘리후와 같은 하나님의 지상(地上) 사역자들은 바람에게 말을 하는 격이 될 것이다. 그러나 우리가 엘리후의 실례로서 생생하게 배운 바와 같이 지상 사역자도 역시 자신의 역할을 감당해야 한다.

두 번째로 중요한 구절은 다음과 같다.

> [8]혹시 그들이 족쇄에 매이거나 환난의 줄에 얽혔으면 [9]그들의 소행과 악행과 자신들의 교만한 행위를 알게 하시고(이것은 욥을 위한 또 하나의 경고이었다) [10]그들의 귀를 열어 교훈을 듣게 하시며 명하여 죄악에서 돌이키게 하시나니 [11]만일 그들이 순종하여 섬기면 형통한 날을 보내며 즐거운 해를 지낼 것이요 [12]만일 그들이 순종하지 아니하면 칼에 망하며 지식 없이 죽을 것이니라(욥 36:8~12).

하나님은 곤고한 자를 그 곤고에서 구원하시며 학대당할 즈음에 그의 귀를 여시나니(15절).

이 마지막 말씀들 속에서 우리는 엘리후의 전체 논증의 진수를 보게 된다. 욥의 친구들도 욥이 회개할 경우 번영과 구원이 회복될 전망이 있음을 그의 앞에 제시했다. 그러나 그들에게는 고통이 단지 형벌로만 보였으므로 그것이 위장된 은혜이며 그러기에 그 고통 가운데 하나님의 사랑이 넘쳐흐른다는 사실을 전혀 인식할 수가 없었다.

위와 같은 견해를 엘리후는 자신의 네 강화들 중의 첫 번째 강화에서 펼쳐놓았다. 그리고 두 번째 강화에서 엘리후는, 욥 자신이 불의하게 취급되어 왔다는 입장을 유지하면서, 하나님께 대해 취한 욥의 자세가 하나님의 본성에 대한 욥 자신의 평가와 일치하지 않는다는 점을 보여 주고 있다. 하나님의 의로우심에 대한 욥의 나약하고 어리석은 공격은 창조사역들 속에 나타난 하나님의 본성의 영광에 부딪혀서 부서지고 만다. 우리가 도처에서 보게 되는 하나님의 전능과 지혜는 그의 의로우심에 대한 간접적 증거가 된다. 왜냐하면 하나님의 본질의 속성의 일부도 마치 하나의 중심점에서 뻗어나가는 광선들처럼 그의 모든 속성이기 때문이다. 한 속성이 존재한다면 필연코 그 밖의 속성들도 함께 존재하게 마련이다. 어느 곳에서나 지고한 완전함을 스스로 나타내는 존재자가 어떻게 이 면에서만 자신을 욥의 말처럼 드러낼 수 있었겠는가? 그러므로 자연 속에서 창조주이신 하나님의 위대하심을 증거하는 모든 것들은 하나님의 의로우심을 비난하는 자들을 대항하여 궐기하는 것이다. 따라서 하나님의 의를 비난하려는 자는 누구든지 먼저 하나님의 전능하심에 비추어 자신을 곰곰이 판단해 보아야 한다.

만일 이 논증이 하나님은 의로우신 분임에 틀림이 없다는 사실을 입증한다면, 우리는 하나님께서 공정하신데도 어째서 의인이 고난을 당하게 되는가에 대해, 엘리후의 둘째 강화 속에 담겨 있는 이유들을 알아 볼 수 있는 준비가 그만큼 더 된 셈이다. 언뜻 보기에는 고난을 받는 의인의 마음이 구름의 놀라운 형성, 천둥과 번개, 눈(雪), 그 이후에는 하나님의 대답 속에 나타난 군마(軍馬), 매, 독수리, 하마와 악어에게 주의를 기울여야 한다는 사실이 이상스럽기 짝이 없겠으나, 좀 더 세밀하게 살펴보면 그러한 과정이 그 나름대로의 충분한 목적을 갖고 사용되었음을 우리가 알게 된다. 전지전능하시며 완전한 지혜를 가지신 하나님이 의롭지 않으시기도 하다는 것은 실제로 생각조차 할 수 없다. 이런 이유 때문에, 하나님의 의로우심을 의심하는 자들은 항상 그의 존재를 의심하기에 유리한 길로 치닫기 마련이다. 펠라기안주의는 하나님에 대한 참된 개념을 파기할 뿐 아니라 철저한 무신론에까지 이르게 된다. 그러므로 욥처럼 하나님께 확고히 뿌리박고 있다는 것은 크나큰 축복인 것이다. 그렇게 되면 비록 우리가 하나님의 본성의 일면을 잘못 이해하는 일이 있을지라도, 더욱더 다른 면을 견고히 붙잡음으로 인해 우리는 바로 설 수 있을 것이다. 차츰 차츰 그 어두운 면까지도 밝아지게 될 것이다.

엘리후의 세 번째 강화(욥 35장)는 또 다른 측면에서 욥을 파악하고 있다. 욥은 자신이 권리를 주장하고 공적을 내세울만한 입장에 있는 사람인양 자처했다. 그는 하나님께 대해 마치 독촉하는 채권자와 같은 태도를 취했으니 이 얼마나 사악한 모습인가! 인간은 그가 범한 죄로 하나님을 조금도 손상시킬 수 없는 것과 마찬가지로 자신의 미덕으로 하나님께 전혀 유익을 끼칠 수 없는 것이다. 그러므로 하나님께서 인간의 의로움을 보상하실 때에는 순전히 은혜로써 그렇게 하신다. 만일 하나님께서 보상을 보류하신다고 할지라도 아무도 그를 불의하시다고 비난할 수 없다. 자족하신 그분은 인간을 필요로 하지 않으신다. 따라서 우리의 강요나 안달, 불평은 어리석은 것이다. 고난이 우리에게 임할 때, 오직 우리의 할 일은 심히 애통하며, 겸손히 간구하며, 인내로 기다리며, 확신에 찬 소망을 가지는 것뿐이다. 이런 일들을 할 수 없는 사람은 만일 하나님께서 응답하지 않으신다면, 자기 스스로를 탓해야만 한다. 전능하신 그분은 인간의 헛된 부르짖음, 즉 무의미한 겉치레로 하는 기도에는 귀를 기울이시지 않는다.

엘리후의 네 번째 즉 마지막 강화는 두 부분으로 나뉜다. 전반부(욥 3:21까지)에서 엘리후는, 고난이 닥치는 것은 하나님의 의와 모순되지 않는다는 사실을 입증하기 위해 자기가 이미 밝힌 내용을 더욱 완벽하게 진술한다. 즉 엘리후는, 하나님께서 의로운 자를 징계하시며 정화시키시려고 어떻게 고난을 가하시며, 또한 수난자가 고난들로 하여금 그 효력을 적절히 발휘하도록 용납하기만 한다면, 그것들보다 더 큰 영광으로 인도하시기 위해 어떻게 그에게 고난을 가하시는 지를 보여 준다. 후반부는 두 번째 강화의 주제와 연관을 갖고 있다. 하나님은 그 본성이 위대하시다. 그러므로 그분은 또한 의로우심에 틀림없다. 하나님은 능력에 있어서 위대하시다. 그러므로 그분은 심히 의로우시며 의로 충만하시다. 그분은 부당하게 처사하시지 않는다. 따라서 사람들은 그분을 두려워해야만 한다. 그분은 스스로 현명하다는 자들이나, 자기 의를 내세우며 하나님을 그르다고 비난하려는 자들을 무시해 버리신다.

엘리후는 명백하게 이 논쟁을 종결시켰다. 그의 친구들은 이미 격전장에서 물러났으며, 그들의 정복자인 욥도 이제 침묵을 지킴으로써 자신이 정복되었음을 고백했기 때문이다. 참으로 욥은 침묵으로 거듭거듭 자신의 패배를 표시했다(욥 6:24,25; 19:4 이하). 엘리후 역시 욥의 침묵을 투항의 표시로 간주했다. 욥기 33:31,33을 보라. 거기에서 엘리후는 "욥이여 내 말을 귀담아 들으라. 잠잠하라. 내가 말하리라. …… 만일 할 말이 없으면 내 말을 들어라. 잠잠하라. 내가 지혜로 그대를 가르치리라"라고 말한다.

그러나 아직 결여된 것이 있으니 그것은 곧 하나님의 재가(裁可)이었다. 이것만으로 엘리후가 정말 하나님의 대변자로서 서 있다는 사실을 확실히 입증해 줄 수 있었다. 더구나 그것은 단순히 교리적 문제가 아니었다. 욥은 새 생활을 누리는 사람으로 거듭나야만 했다. 그러나 인간의 노력만으로는 이 일을 성취할 수 없었다. 하나님께서 직접적으로 그에게 자기 자신을 계시하셔야만 한다. 종교적 문제에 있어서의 잘못에 대한 참되고 철저한 치료, 즉 내적 생활의 새로운 단계로의 실질적 상승은 하나님의 나타나심에 의하지 않고 다른 방법으로는 이루어질 수 없다. 욥 자신이 이 사실을 욥기 42:5에서 고백한다. "내가 주께 대하여 귀로 듣기만 하였사오나 이제는 눈으로 주를 뵈옵나이다." 욥의 초기의 종교적 견해의 특성은 그의 위대한 경건에도 불구하고 마치 교부들의 전통과 교회를 의존하는 것과 같은 저급한 정도이었다. 그러나 이제 그는 자신의 고난과 엘리후의 참회(懺悔)적인 강화에 의해 연단 받을 준비가 되었고 또 하나님의 나타나심을 대하기에 합당하다고 간주되었으므로, 초기의 저급한 단계에서 하나님과의 직접적이며 밀접한 관계로 전적으로 바뀌었다.

모든 종교적 의심들은 우리가 단지 귀로만 듣고 이해하는 데에서 생긴다. 우리가 일단 눈으로 보게 되면 우리는 이전에 이해할 수 없었던 어리석음에 대해서 부끄럽게 느끼게 된다. 그 당시에 눈으로 본 사람이 거의 없었다는 사실은 큰 불행이었다. 이런 이유로 인해, 심지어 선의(善意)적인 사람들 중에서조차 확고하고 확신에 찬 신앙생활을 하는 사람은 거의 없었다. 그렇기 때문에 의심의 심연이 정통주의의 담장 뒤에도 숨어 있는 것이다. 우리 시대와 같이 배교적이며, 사탄이 그의 감옥에서 다시 풀려나와 지구의 사방에서 불신자들을 유혹하는 시대에 있어서는, 단지 귀로 듣기만 하거나 맹목적으로 교회만을 의존한다는 것은, 기독교 신앙이 지배적이어서 유혹들이 훨씬 적었던 시대보다 한 층 더 부적합하다. 이제는 확실히 자기 자신의 영혼을 귀하게 여기는 사람은 누구나 모세처럼 "주여, 나로 당신의 영광을 보게 하소서"라고 외치며 자신의 부르짖음이 응답될 때까지 부르짖기를 쉬지 않아야 할 것이다. 물론 귀로 듣는 것이 첫 걸음이다. 만일 욥이 거만하게 교회의 가르침에 대해 귀를 봉해 버렸다면 그의 눈은 볼 수 없었을 것이다. 그러나 철저한 가르침이 하나님의 자기 계시보다 항상 앞서는 법이다. 잘못은, 잘 교정되지 않으면 빗장처럼 그 입구를 막아 버리는 역할을 한다. 사람을 통해 사람에게 이러한 가르침을 전달하는 것이 하나님의 방법이다. 그래서 하나님은 성경을 주셨으며 그의 교회 안에 교사직을 세우신 것이다. 본서의 이 경우에 있어서 엘리후는 그 의무를 수행하고 있는 것이다.

이러한 관찰들을 통해서 가장 중요한 일은 하나님의 나타나심이지 그가 무엇을 말씀하심은 아니라는 사실이 밝혀질 것이다. 더욱이 하나님은 침묵으로 나타나실 수는 없다. 강화는 반드시, 강화 자체에 대한 일종의 해설서로서, 하나님의 나타나심을 동반해야 한다. 그리고 엘리후가 하나님의 대변자인 만큼, 하나님의 강화는 엘리후의 것과 모순되거나 본질적으로 새로운 요소를 내포하지는 않을 것이 당연하다. 또한 하나님의 강화의 본질은 엘리후의 것보다 더 불가해할 것이라는 사실도 우리는 미리 예상할 수 있겠다. 엘리후는 자신의 강화들 중의 한 부분에서 인생의 목적에 관한 이론을 진술했다.

인생의 목적과 같은 주제를 다룬다는 것은 하나님의 장엄하심과는 좀처럼 어울리지 않을 것이다. 따라서 우리는 여기서 다른 중요한 부분의 핵심 개념이 전개되리라고 예상하게 된다. 그것은 다름이 아니라 욥의 모든 행위의 뿌리가 창조 전체 속에 나타난 하나님의 영광, 즉 의로움과 항상 불가분리의 관계를 가진 영광을 식별하지 못한 데에 있었음을 보여주는 증거이다. 이 주제는 좀 더 실제적인 것이다. 이것은 처벌의 기회와 겸손하게 만들 기회를 계속 제공한다. 나는 누구인가? 그리고 너는 누구인가? 이 두 질문이 하나님의 강화 속에 편만해 있다. 실로 그것은 질문들로 이루어졌는데 그 이유는 진노의 장엄함을 나타내려면 질문이 의사표시에 적합한 양식이 되기 때문이다. 만일 욥이 첫째 단계로 마음속에 이 두 질문에 적합한 답을 발견했다면, 그리고 욥이 전능자이신 하나님은 또한 의로우신 분이시므로 그분이 행하시는 바가 필연적으로 옳으며 자기 자신이 잘못했다는 사실을 알았다면, 엘리후의 강화의 두 번째 중요한 부분이 그의 심중에 더 깊이 스며들었을 것임이 분명하다. 왜냐하면 만일 엘리후가 말한 고난의 목적에 대한 견해가 올바른 것이었다면, 하나님이 옳으셨을 수밖에 없기 때문이다. 그 논점은 그것을 충분하고도 규모 있게 확증시킨 것이었다. 게다가 유독 욥의 질문을 철저하게 무시하는 것이 하나님의 강화와 엘리후의 강화의 공통적 요소이었다. 만일 하나님께서 의로우신 이유, 즉 그분은 하나님이시기 때문에 틀림없이 의로우시며 그분은 전능하시기 때문에 분명히 의로우시다는 사실을 잘 밝혀주지 않았다면, 억눌렸던 의심들이 또 다시 머리를 들고 나왔을 것이다.

하나님은 폭풍 속에 나타나셔서 욥에게 말씀하신다. 폭풍은 상징적인 성경 용어로서 항상 위협적 성격을 띠고 있다. 폭풍 속에서 말씀하심으로써 하나님은 욥이 죄를 범했음을 보여 주신다. 하나님의 강화는 자신이 나타나신 폭풍에 대한 일종의 해설서이다. "네가 내 공의를 부인하려느냐? 네 의를 세우려고 나를 악하다 하겠느냐?"(욥 40:8)라는 말씀은 욥에게 뿐 아니라 고난 속에서 하나님께 대해 욥처럼 불평하는 모든 사람들에게 하시는 폭풍의 소리이다.

엘리후의 강화들에는 하나님께서 자기를 파송하셨다는 인이 찍혀 있다. 그것은 곧 하나님의 강화가 엘리후의 강화들과 사상적으로 동일할 뿐만 아니라 전개방식도 일치함으로써 연관되어 있다는 사실에서 알 수 있다. 엘리후는 하늘의 경이로움과 구름, 번개, 천둥의 형성을 들어서 하나님의 영광과 필연적인 그분의 의로우심을 입증했다. 하나님의 강화도 동일한 영역에서 시작한다. 그리고는 지상으로 옮겨져, 생명을 가진, 즉 욥을 반대하는 증인들로서 등장하는 사자와 독수리와 동물세계의 귀족층과 서민층 속에 계시된 하나님의 영광으로 그 방향이 전환된다.

욥은 티끌과 재 가운데서 회개한다. 그는 먼저 자신의 강화들과 그 다음으로 자신의 모든 행위를 회개한다. 만일 자기 자신이 이전에 하나님이 보시기에 깨끗했다면 그 강화들 역시 순수했을 것이다. 그러나 이제 그에게 고통이 되는 것은 그가 자신의 강화들 가운데에서 자신의 완전한 의를 주장했다는 사실이다. 자신에게 그것을 주장할 권리가 있다는 생각 때문에 그는 하나님께 과오를 범하게 되었으며 따라서 형용할 수 없는 고난을 받을 준비를 한 셈이 되었다. 이제 그의 의는 티끌과 재처럼 되어 버렸다. 이전의 장황함과는 대조적으로 지금의 욥의 강화는 간결함이 두드러진다. 깊이 있는 감정과 특히 철저한 참회는 그 표현이 간결하며 그 말들은 마치 몸에 잘 어울리는 옷과도 같다.

여호와께서 이제 그의 세 친구들을 행해서 노를 발하시며, 깨달음과 회개를 통하여 하나님과 이전보다 훨씬 가까운 관계를 갖게 된 욥에게 중재의 간구를 드려줄 것을 간청하라고 그들에게 선언하신다. 그들이 이런 모욕을 당하는 것은 당연한 일이다. 그들은 무지로 인해, 자신들의 처지가 욥보다 행복한 그 만큼 자신들이 그보다 낫다고 주장했었다. "무릇 자기를 높이는 자는 낮아지고 자기를 낮추는 자는 높아지리라"(눅 14:11). 하나님 나라의 식탁 상좌에 앉아 있는 사람은 "이 사람에게 자리를 내주라"(눅 14:9)는 명령을 듣게 될 것이다. 이처럼 욥에게도 역시 자아부정의 사랑으로 인해 자신의 고난이 자신에게 어떠한 내적 결실을 맺게 했는가를 보여 줄 기회가 주어졌다. 자기를 모욕한 자들을 용서하는 사랑이 그의 회복의 조건으로 마련된다. 그러므로 여기에서 우리는, 우리 주님께서 "너희가 사람의 잘못을 용서하면 너희 하늘 아버지께서도 너희 잘못을 용서하시려니와"(마 6:14)라고 하신 말씀의 구약 성경적 근거를 얻게 된 것이다.

욥의 회개에는 반드시 번창함이 따를 것이라는 엘리후의 약속은 이제 실현되기 시작한다. 그러나 엘리후 자신은 더 이상 언급되지 않는다. 하나님의 대변자는 물러가고 하나님 자신이 말씀과 행동으로써 역사하신다. 찬양은 대변자에게 돌려지는 것이 아니다. 왜냐하면 그는 단지 하나님께서 자기에게 주신 바를 말했을 뿐이기 때문이다. 그는 아무런 공적도 없다. 그는 하나님께서 자기에게 고귀한 은혜를 주셔서 자기를 하나님의 계시의 매개체로 삼으시고 방황하는 자기의 형제를 잘못된 길에서 돌아오도록 인도할 수 있게 하셨다는 사실을 감사하기만 하면 된다. "이와 같이 너희도 명령 받은 것을 다 행한 후에 이르기를 우리는 무익한 종이라. 우리가 하여야 할 일을 한 것뿐이라 할지니라"(눅 17:10). 하나님께서는 자신의 종들이 전적으로 무익한 종일지라도 그들을 귀하게 여기시기에, 그들에게 요구하시는 성취의 짐을 더 가볍게 만들어주신다.

야고보는 욥기를 다음과 같은 말로 요약한다. "…… 너희가 욥의 인내를 들었고 주께서 주신 결말을 보았거니와 주는 가장 자비하시고 긍휼히 여기시는 이시니라"(약 5:11). 욥은 자신의 인내 또는 견인불굴에 대해 특별한 증거를 남겼는데 그것은 곧 그가 사탄에게 실제적으로 자신의 약점이 공격 받을 때에도 적시(適時)에 그는 계속하여 티끌과 재 가운데에서 회개한 것이다. 그리하여 사탄은 부끄러워서 물러갈 수밖에 없게 되었고, 처음에 "욥이 어찌 까닭 없이 하나님을 경외하리이까?"(욥 1:9)라는 말로써 하나님께 건 일종의 내기에서 지고 말았다. 따라서 사탄 자신 외에는 관련자 그 누구도 해를 입지 않았다는 유쾌한 결말로 끝이 났다.(*)

15

시편에 나타난 저주의 이해

알렉스 루크
(Alex Luc)

시편의 저주들은 잘 알려진 저주 시편인 시편 35,58,69,83,109,137편에만 국한된 것이 아니다. 특히 마지막 두 시편인 109편과 137편은 그 거친 언어로 유명한데, 거기에서는 시편 기자들이 원수들의 자녀들의 멸망을 요구하고 있기 때문이다. 시편의 저주 현상은, 이 시편의 몇몇이 신약에서 성경적 증거로 사용되기에 더욱 복잡해진다. 이전의 연구들에서는, 이 시편들의 성경적 근거와 그것들의 언어가 구약의 다른 곳들 특히 선지서와 갖는 유사성에 적절한 관심을 기울이지 못했다. 따라서 본 연구는 시편 기자들의 선지자적 역할, '예언의 말씀'에 병행적으로 나타난 저주들, 그리고 시편의 저주들이 나타나기 이전 시대의 성경적 근거들에 관한 검토를 통해서, 그 저주를 예언적 심판의 선포로 여기는 것이 가장 좋다는 것과, 그리고 이러한 고려에 비추어 볼 때에, 이 시편의 저주 자체를 이해하는 것과 그것이 오늘날의 기독신자들에게 어떤 의미를 주는지에 대해서 말하려고 한다.

I. 시편의 저주에 대한 접근법들

본 연구에서 "저주 시"라는 용어는, 하나의 장르를 시사하는 것이 아니라, 저주에 관한 하나 또는 그 이상의 구절을 포함한 시편을 가리키는 뜻에서 사용한다. 저주들은 기본적으로 말해서, 원수들에게 하나님의 형벌을 내려달라는 시편 기자들의 요청 혹은 소원이다. 그것들은 일반적으로는 소원을 나타내는 단축형(jussive)으로 진술(시 55:15에서처럼 "사망이 갑자기 그들에게 임하게 하소서")하나, 때로는 명령형(시 59:11에서처럼 "주의 능력으로 저희를 흩으시고 낮추소서"), 혹은 이 둘을 섞은 시편 109:6~9에서처럼 명령형으로 시작하고 나서는 연장형

(cohortative)으로 계속된다.

> 악인이 그를 다스리게 하소서!(Appoint …!) …… 그의 연수를 짧게 하시며(Let …); 그의 직분을 타인이 빼앗게 하소서(let …) 그의 자녀는 고아가 되고 그의 아내는 과부가 되게 하소서(Let …).

마틴(Martin)은 제안하기를, 시편에는 "저주의 요소를 내포하는" 시가 열여덟 편뿐이라고 했다.[1] 그러나 그의 계산은 너무나 줄잡아서 한 것이다. 다른 한편, 벤슨(Benson)은 자신이 "위협적" 시편이라고 분류하는 범주 안에 서른아홉 편을 열거한다. 하지만 이 시편들 중 더러는 연장형이나 명령형으로 된 저주를 내포하지 않고 있다.[2] 우리가 시편에서 거친 언어의 정도가 아니고, 연장형이나 명령형의 용법에 근거해서 원수나 악행자에 대한 진술을 모두 혹은 이른바 "소원들"까지 개관한다면, 저주를 하나 혹은 그 이상의 구절들을 내포한 시편이 스물여덟이나 있다.[3] 그리고 저주에서 요청한 형벌 요소는 가족 식구들에 대한 수치, 신체적 가해,

---

[1] 역자 주: imprecation과 curse가 같이 사용되었을 때에만 각각 "재난 기원"과 "저주"로 번역하고, imprecation은 모두 "저주"로 번역했다.

C. Martin, "Imprecations in the Psalms," *Classical Evangelical Essays in Old Testament Interpretation,* ed. W. C. Kaiser, Jr. (Grand Rapids: Baker, 1972), p. 113. 역자 주: 참머스 말틴, "시편에 나타난 저주," 윤영탁 역편, 『구약신학논문집(1)』 (서울: 성광문화사, 1979), pp. 117-48을 참조. 이 논문은 원래 *PTR* I (1903): 537-53에 게재됨.

[2] 열거한 서른아홉 시편 중에서, 열일곱 편은 재난 기원이기보다는 미래적 시편들이다. 참조, R. M. Benson, *War Songs of the Prince of Peace* (London, 1901). 이것은 J. W. Wenham, *The Goodness of God* (Downers Grove: IVP, 1974), p. 149, n. 2에 인용됨. 반게메렌(W. A. VanGemeren)은 스물네 시편을 열거하나, 이들 중의 여섯 편은 단축형이나 명령형을 내포하고 있지 않다. 3:7; 6:10; 7:14~16; 37:2,9~10,15,20,35~36; 63:9~11; 64:7~9 ("Psalms," *Expositor's Bible Commentary* [Grand Rapids: Zondervan 1991] 5.832). 3:7에 나타난 동사들의 번역은 불분명하다. 왜냐하면 그것들은 히브리어 완료형으로 되어 있기 때문이다. 그리고 다른 다섯 구절은 미래적이다. 나는 이 구절들을 원수들의 운명에 관한 심판 예언의 범주에 배정했다(본 논문의 끝에 있는 도표 2를 보라).

[3] 나는 yāshôb(MT의 ketib는 단축형이다)를 따라 시 54:5[7]을 포함시켰다. 그것은 탈굼(ytwb)에 의해 지지되는데, NIV에 옳게 반영되었다("Let evil recoil"). 어떤 이들은 MT의 qere(yāshîb)와 칠십인 역(ἀποστρέφει)을 따라, 그것을 "he will bring"(예를 들면, NRSV)으로 읽는다. 그러나 이 독법은 본 절 하반절의 명령형(haṣmît, "destroy!")의 병행적 강세를 무시하는 것이다. 다음과 같은 이유들 때문에, 나는 목록에 있는 구절들 11:6; 36:11과 45:5를 포함시키지 않았다. 비록 11:6의 동사 yamṭēr가 단축형으로 되어 있지 않고, 그것의 긴 형식인 yamṭîr가 나타나지만(예를 들면, 겔 38:22), 나는 독특한 문맥 때문에 그 동사를 단축형("he will rain"이라는 번역; 역시 NIV와 NRSV)으로 다룰 필요가 없다는 카일과 델리취(Keil & Delitzsch, *Psalms* [Grand Rapids: Eerdmans, 1973], p. 189)에게 동의한다. 비록 그것이 단축형으로 되어있으나, 시 36:11은 시편 기자가 원수들에게 압도되지 않기를 소원하는 것뿐이다. 시 45:5에 대한 NIV의 "Let your sharp arrow pierce…enemies"는 히브리 텍스트에 단축형으로 해석할 것을 뒷받침할 동사 "pierce"가 없기 때문에 의문시된다.

사망, 불행 그리고 분명히 열거되지 않은 보복적 형벌을 포함할 수 있다(스물여덟 편 모두에 관해 상술한, 본 논문의 끝에 있는 도표 1 "저주들과 그 주된 요소들"을 참조하라).

우리의 연구 목적에 직접 관련이 있는 접근법들을 논하기 전에, 시편의 저주에 관한 최근 연구들에서 관심을 끈, 밀접히 연결된 두 개의 쟁점에 대해 밝혀둘 말이 있다.

첫째 쟁점은, 시편 109편의 저주를 시편 기자의 원수들의 말로 간주하는 것이다. 그러면 시편의 기원(祈願)은 시편 기자의 말이 아니라 그의 원수들이 말한 거친 말이 되는 것이다. 이 견해를 지지하는 가장 강한 증거는, 시 109:5의 "그들"과 6~19절의 "그" 사이의 대명사들이 바뀐 것인데 이 바뀜은, 시편기자가 자신을 "고소한 자들"에게 하나님께서 그들이 6~19절에서 언급한 악행들을 갚아주시기를 요청한 20절에서 확인되었다고 본다.4 그러나 이런 해석을 거부하는 이들은 주장하기를, 6절에서 텍스트가 화자의 그러한 변화를 지지하는 지시어("말하기를"과 같은 단어)가 결여되어 있고, 거친 말로 뱉어낸 저주이기에, 만약 그것이 자기의 말들이 아니었다면 시편 기자는 분명하게 화자의 바뀜을 표시했을 것이라는 것이다.5 6~19절에 나타난 저주가 원수들에게서 나온 말들이라 할지라도, 거친 말이라는 문제가 감소되는 것은 아니다. 왜냐하면 20절에서 시편 기자는 돌아서서 그의 원수들에게 같은 것들을 소원하기 때문이다. "이는 나의 대적들이……

---

4 H.-J. Kraus, *Psalms 60~150,* trans. H. C. Oswald (Minneapolis: Augsburg, 1989), p. 338; L. C. Allen, *Psalms 101~150* (WBC; Waco, TX: Word, 1983), pp. 72-73; C. M. Cherian, "Attitude to Enemies in the Psalms," *Biblebhashyam* 8 (1982): 115. 역시 이 견해에 대한 최근의 표현은, T. Booij, "Psalm 109:6 as a Quotation: A Review of Evidence," *Give Ear to My Words: Psalms and Other Poetry in and Around the Hebrew Bible,* ed. J. Dyk (Amsterdam: Kok Pharos, 1996), pp. 91-106을 보라.

5 A. A. Anderson, *The Book of Psalms,* NCB (Grand Rapids: Eerdmans, 1972), 2.758; M. J. Ward, "Psalm 109: David's Poem of Vengeance," *AUSS* 18 (1980): 164; J. C. Laney, "A Fresh Look at the Imprecatory Psalms," *BS* 138 (1981): 37-38. 키드너(D. Kidner)는 지적하기를, 6~19절을 원수들의 말들로 간주한다면, 베드로가 이 시편의 8절을 행 1:16에서 가룟 유다와 연관 지어 인용한 것이 "매우 억지로 갖다 붙인 것"이 된다고 하였다(*Psalms 73~150* [London: IVP, 1975], p. 389). 단수와 복수 사이의 움직임 역시 몇몇 시편에서 발생하지만, 화자의 변동을 수반하지는 않는다. 시 55편에서 9~11절은 시편 기자의 원수들, 13~14절은 "적," 15,19,23절은 "그들," 그러나 20~21절은 "그"를 가리킨다. 시 143편에서는 "한 원수"가 시편 기자를 추적했다. 그러나 9~12절에서는 그가 하나님께 그의 "원수들"로부터 구원해 주실 것을 간구한다.

여호와께 받는 보응이니이다"(May this be…). 더욱이 이러한 '인용(引用) 접근법'으로는 단지 시편 109편만을 설명할 수 있을 뿐이며, 시편 전체의 저주 현상을 설명할 수는 없다. 따라서 주석가들은 여전히 다른 저주 시편들의 거친 언어 해석에 직면할 것이다.

또 다른 쟁점은 이런 저주들의 문맥을 탄식의 기도로 보려는 것이다. 그런데 이것은 때때로 주석가들이 거친 발언들을 설명하면서 지나치게 강조한 문맥이다. 그들이 지적하기를, 만약 독자가 그 발언들이 하나님 앞에서 개인적으로 말한 표현이고, 반대자들을 향해 직접 언어로 공격한 것이 아니라는 점을 염두에 둔다면, 그 저주들은 보이는 것처럼 그렇게 심하게 거슬리지는 않을 것이라고 한다. 젱거 (Zenger)가 지적하듯이, 이 시편들은 시적인 기도라는 사실에서, "그것들이 끈덕진 불평과 선전적 웅변술과는 구별된다."6 비록 이 저주들의 문맥을 기도라고 하는 것이 중요하기는 하나, 그것이 시편에 전반적으로 저주들이 나타나있는 현상을 정당화할 만큼 강한 논증이 되진 못한다. 왜냐하면 첫째로, 모든 저주들이 기도로서 나타나지는 않기 때문이다. 시편 68편과 104편은 찬양시, 시편 119편은 지혜시, 시편 11편과 129편은 신뢰시이다. 둘째로, 비록 저주를 자주 '탄식의 기도'라는 장르에 속한다고 분석하지만, 저주가 탄식의 기도에 불가결적인 부분은 아니기 때문이다.7 적어도 예순 개의 시편을 탄식시로 분류할 수 있으나, 그것들의 절반 이하만 저주에 관한 내용을 갖고 있을 뿐이다. 비록 많은 탄식시에서 극한 고통을 표현하고는 있으나, 그 시편 기자들이 저주를 말하지 않는다.

이 주제에 관한 문헌을 개관해보면, 시편의 저주에 관한 해석의 전체적 논쟁점 과 직접적으로 관련이 있는 접근법은 다만 세 가지뿐이다.8 첫째로, 수많은 주석가

---

6 E. Zenger, *A God of Vengeance? Understanding the Psalms of Divine Wrath*, trans. L. M. Maloney (Louisville, KY: Westminster, John Knox, 1994), p. 78.

7 저주를 탄식 장르로 보는 토론에 대해서는, C. Westermann, *Praise and Lament in the Psalms* (Atlanta: John Knox, 1981), pp. 52-54, 그리고 T. Longman III, *How to Read the Psalms* (Downer Grove: IVP, 1988), pp. 27-28을 보라.

8 내가 포함시키지 않은 한 가지 다른 가능한 접근법은, "원수들"을 인간이 아닌 영적 세력들로 해석하는 것이다. 그러나 이 접근법은 설득력이 거의 없다. 이 견해는 최근의 저서(F. Lindstroem, *Interpretations of Illness in the Individual Complaint Psalms* [Stockholm: Amqvist and Wiksell International, 1994)에서 볼 수 있다. 그러나 그 저서는 결점이 있는 방법론 때문에, 바레(M. L. Barré, *Critical Review of Books in Religion 1996* [Atlanta: Scholars, 1997], pp. 156-58)의 비판을 받았다. 역시 "원수들"을 신화화하거나

들은 저주들을 단순히 시편 기자가 자신의 감정을 하나님 앞에 내놓은 것으로 여겨왔다. 이러한 접근법의 강점은 저주의 거친 언어를 진지하게 받아들인다는 점이다. 이 접근법은, 저주들은 개인적 표현이므로 다른 시편들이나 저주를 말한 시편의 다른 부분의 말씀들처럼 영감 된 말씀으로 다루어서는 안 된다고 제안한다. 그것들은 극한 고통과 가해에 직면하고, 자신의 나약한 인간성 혹은 구약의 제한된 시각에서 발설한, 시편 기자의 발언들이라고 한다. 크레이기(Craigie)가 제안하는 바와 같이, 단지 그것들이 성경에 있다고 해서 이런 "복수심과 증오의 표현들"이 "정화"될 수 있는 것이 아니다. 그리고 그것들은 피해와 고통에 대한 시편 기자의 "자연적 반응들"이고, "그 감정들은 그 자체로서 악하다."9 그 감정들은 또한 그 시편 기자가 구약시대의 성도로서 갖고 있는 제한된 시야의 산물로서 이해될 수 있다는 것이다. 홀러데이(Holladay)는 저주들이 신약에서 진술하는 것과는 "매우 다른 정신"을 드러내는데, 이것은 어느 정도는 구약이 인간성을 "온전한 자아"(the undivided self)로 이해하기 때문이고 또 시편 기자들이 죄인과 죄를 구분하지 않음으로써 "죄의 위치를 잘못 선정했기" 때문이었다는 것이다.10

하지만 이 접근법이 직면하게 된 항의는, 이 시편들의 몇몇이 신약에 사용되었고, 신약에도 저주들이 나타나며, 구약도 역시 원수들을 사랑하라고 가르친다는 사실에서 나온다. 신약은 시편 35편, 69편 그리고 109편 곧 저주의 가장 거친 언어를 담은 시편들을 인용한다. 더욱이 예수님께서 예루살렘을 책망하실 때에 원수들이 "또 너와 및 그 가운데 있는 네 자식들을 메어치며……"(눅 19:44)라고 말씀하시면서 시편 137:9와 다소 유사한 표현을 사용하신다. 고린도의 범죄자들을 비판하면서 바울은 "이런 자를 사탄에게 내어 주라"(고전 5:5; 시 109:6 참조)고 말한다.11

영해를 하는 것을 비판한 E. Zenger, *A God of Vengeance*, 74-75를 보라. 레이니(J. C. Laney, "A Fresh Look," p. 39)에 의해 제안된 바처럼, 모빙켈(S. Mowinckel)을 과연 이 견해의 제안자로 여길 수 있는지는 불확실하다. 왜냐하면 모빙켈은 종종 이 시편들에서 원수들을 인간으로 해석했기 때문이다(*The Psalms in Israel's Worship* [NY: Abingdon, 1962], pp. 2,7,49,51-52).

9 P. C. Craigie, *Psalms 1 ~50* (WBC; Waco, TX: Word, 1983), p. 41. 비슷하게 루이스(C. S. Lewis)도, 그것들이 성경에 있다고 해서 "선하고 경건한" 표현이 되는 것이 아니며, "비록 상당히 자연스럽기는 하나, 상해(傷害)에 대한 시편 기자들의 반응은 아주 잘못되었다"고 주장한다(*Reflections on the Psalms* [London: Geoffrey Bles, 1958], pp. 22,25).

10 W. L. Holladay, *Long Ago God Spoke: How Christians May Hear the Old Testament Today* (Minneapolis: Augsburg, 1995), pp. 302,308. 다소 유사한 W. G. Scroggie, *The Psalms* (London: Pickering & Inglis, 1950), pp. 77-79.

구약의 견지에서 말하자면, 원수를 사랑하라고 출애굽기 23:4~5와 잠언 25:21이 가르쳤고, 그리고 하나님의 백성에게 "자비와 사랑과 용서하심"(출 34:6~7)이 풍성하신 하나님을 드러내는 삶을 살도록 촉구한다. 이처럼 구약은 하나님의 자비와 원수에 대한 사랑을 가르친다. 하지만 구약은 그 어디에서도 저주들을 용인할 수 없는 것으로 평가하지는 않는다. 따라서 이 모든 증거는, 저주들을 단순히 시편 기자들 자신의 감정으로 이해하려는 것은 결국 성경의 평가보다는 저주의 언어에 관한 해석자 자신의 판단에 더 의존하는 것임을 보여준다.

둘째 접근법은, 저주들을 선지자적 예언으로 보는 것이다. 즉 그것들을 개인적 감정이 아닌 하나님의 선포로 보는 것이다. 이 접근법은 이 시편들의 몇몇이 신약의 사도행전 2:30에 그리스도의 삶의 예표로서, 그리고 "선지자"라고 불리는 다윗의 역할에 사용됨으로써 지지를 얻는다(역시 행 4:25를 참조하라). 어거스틴(Augustine)은 시편 109편에 대한 해석에서 시편에 있는 저주들을 "예언들"이라고 불렀는데, 그것들은 "악을 기원하는 모양새로 미래를 예언한 형식"이라고 한다.[12] 스펄존(Spurgeon) 역시 이 시편에 나타난 저주들을 그리스도의 원수들에게 "경고의 거울"로서 "미래를 예언하는 것"으로 여겼다.[13] 록키어(Lockyer)도 제안하기를 "그것들은 저주로서가 아닌" 사악한 자들에 대한 "예언으로 간주하는 것이 낫다"고 하였다.[14] 흥미롭게도 중세 유대인 주석가 예페트 벤 알리(Yefet ben Ali)는 이 시편을 당시의 카라이트-랍바나이트 분쟁에 관한 예언으로서, 그 저주들은 카라이트들의 반대자들을 겨냥한 것으로 해석한다.[15] 이 예언적 접근법의 중요한 통찰력은 시편들의 예언적 성격을 인식한 것인데, 이러한 인식은 근자에 시편 연구에서 관심을 끌고 있으며 우리는 이 점에 대해서 다시 다룰 것이다. 그러나 이 접근법의 주된 약점은, 저주들에서 지배적으로 사용한 단축형(그리고 명령형)을 충분하게

---

11 신약의 저주들에 관한 다른 언급들은 역시 D. Kidner, *Psalms 73~150*, p. 31; J. W. Wenham, *The Goodness of God*, pp. 154-57; E. C. Beisner, *Psalms of Promise* (Colorado Springs: Navpress, 1988), pp. 171-76을 보라.

12 St. Augustine, *Expositions on the Book of Psalms* (trans. H. M. Wilkins; London: Oxford, 1853), 5.213.

13 C. H. Spurgeon, *The Treasury of David* (Pasadena, TX: Pilgrim, repr. 1983), pp. 168,174.

14 H. Lockyer, Jr., *Psalms: A Devotional Commentary* (Grand Rapids: Kregel, 1993), pp. 446-47.

15 U. Simon, *Four Approaches to the Book of Psalms: From Saadiah Goan to Abraham Ibn Ezra*, trans. L. J. Schramm (Albany: State University of New York, 1991), pp. 94-95.

설명해주지 못한다는 점이다. 비록 히브리어 미완료형의 해석에서는 때때로 불확실할 수가 있지만, 이야기에서 단축형이 나타나면, 미완료형의 짧은 꼴이 사용됐거나 그것이 명령형과 평행을 이룰 때에는, 그 해석이 매우 확실해진다. 예를 들면 시편 109:13이 그러하다.

> "그의 자손이 끊어지게 하시며 후대에 그들의 이름이 지워지게 하소서"(Let his posterity be [yᵉhî이지 '…… 일 것이다'인 yihyeh가 아니다.] cut off, let their name be blotted out [yimmaḥ이지 '지워질 것이다.'인 yimmaḥeh가 아니다]).[16]

따라서 저주에서 단축형으로 쓰인 말은 가볍게 지나칠 수가 없다.

셋째 접근법은 언약을 시편의 저주에 대한 근거로 보는 것이다. 이 접근법의 명백한 강점은, 저주와 저주의 근거를 제시하는 이전의 성경적 틀과의 연결을 밝혀준다는 점이다. 레이니(Laney)는 제안하기를, 아브라함 언약이 제공하는 언약적인 근거가 "시편에서 저주들을 정당화할 수 있는 근본적 기초"요, 그리고 다윗은 "그 나라의 대표로서 완전한 권위를 가졌기에" 이스라엘의 원수들에게 저주들을 선포할 수 있었다고 한다.[17] 그러나 레이니는 다른 시편 기자들이 다윗 왕과 같지 않은데 어떻게 그들의 저주들은 정당화될 수 있는지에 대해서는 설명하지 않는다. 베이스너(Beisner)는 시편 109편에 관해 언급하면서, 그 저주들은 원수들이 "언약 파기자들"이기 때문에 정당화할 수 있다고 주장한다.[18] 하르만(Harman)의 최근 연구는 이 언약적인 근거를 더욱 깊이 다루는데, 아브라함 언약과 모세 언약, 둘 다를 포함시킨다. 하르만은 저주들이 "이스라엘의 찬송가에 끼어 넣은 언약의 저주"이고, 그리고 다수의 저주 시편들이 언약적인 용어와 구조를 채용하고 있다고 주장한다. 그는 시편 5편과 109편을 중요한 증거로 제시한다. 그러나 그는 이 두 시편들과는 달리 시편 137편의 저주들은 그 이전의 두 선지서의 텍스트들(호 13:16; 사 13:16)을 근거로 정당화한다.[19] 그의 분석들은 통찰력이 있으나 다만

---

16 역시, 이 예에서 시 109편이 저주 부분의 전체(6~19절)를 명령형(hapqēd, "appoint")으로 시작하여 뒤따르는 미완료형들이 단축형들임을 알리는 것을 주목하라. 그 단축형들의 의미를 칠십인 역은 시종일관 기원형이나 명령형으로 번역함으로써 반영하였다.

17 J. C. Laney, "A Fresh Look," pp. 41-42.

18 E. C. Beisner, *Psalms of Promise,* p. 168.

19 하르만(Harman)은 시 5편에서 하나님이 "나의 왕, 나의 하나님"(2절)과 그의 언약적인 이름(6,12절)으

선별한 소수의 시편에 의해서만 뒷받침된다. 그리고 시편 137편에 대해서는 자신의 언약적인 분석을 철저하게 따르지 않고 있다.

비록 언약 개념이 저주에 대해 중요한 성경적 근거를 제공하기는 하나, 그것은 단순히 일반적 틀의 역할을 할 뿐이다. 그것의 타당성이 우리가 이스라엘의 민족적 원수들에 대한 저주들을 다룰 때에는 명확하나, 수많은 재난 기원들은 시편 기자 자신의 집단에 속한 사람들을 겨냥하고 있다. 더욱이 언약들을 저주의 근거로 삼은 것이 시편 자체에는 없다.

첫째로, "언약"이란 용어가 시편에 24회 사용되었으나, 두 경우를 제외하고 이 용어는 저주 시편들에는 전혀 나타나지 않는다. 그러나 이 두 경우에서마저 그 언약은 인간간의 언약이고 하나님과의 언약은 아니다. 시 55:20[21]에서는 시편 기자와 원수로 변한 그의 동료 사이에 세운 언약을 언급하고, 시편 83:5 [6]에서는 원수들이 하나님을 대적하여 언약을 세움을 언급한다. 따라서 우리는 저주의 성경적 근거를 검토하기 위해서 언약들에 대한 일반적인 가르침을 넘어서 찾아봐야 한다.

둘째로, 오경의 언약들에서 저주의 형식은 "내가……할 것이다(I will)," "네가……할 것이다(you will)," 그리고 그들이……할 것이다(they will)"(창 12:2; 레 26:13~44; 신 29:20~23; 30:1~20; 31:16~18; 32:20~43) 혹은 "저주를 받을 것이다(cursed is [are])"(신 27:13~26; 28:15~19,45; 역시 창 27:29; 49:7을 보라)이다. 그것들은 우리가 시편의 저주들에서 보는 바처럼 정확하게 단축형과 명령형으로 되어 있지 않다. 따라서 시편 언어에 대한 직접적 병행들은 우리가 아래에서 논하는 것처럼 언약의 일반적 틀의 범위를 넘어서 찾아야 한다.

II. 예언적 심판으로서 시편의 저주

재난 기원 시편들을 분석해보면, 저주들을 해석할 때 우리가 시편의 예언적 성격, 저주들의 언어, 그리고 그것들의 성경적 근거를 고려해야 한다는 것을 시사해준다. 아래의 논증에서 드러날 것이지만, 이 저주들의 언어와 문맥은 구약의 다른 곳에서

로 언급되고, 언약적인 구조를 따라 그 시편은 하나님과 그의 백성의 관계로 시작하고, 그리고는 하나님의 법(4~6절), 축복들과 저주들(7~10절)로 시작한다는 것을 보여준다. 그는 역시 축복들과 저주들이 시 109편의 중요한 특징임을 지적한다("The Continuity of the Covenant Curses in the Imprecations of the Psalms," *RTR* 54/2 [1995]: 66-67,72).

나타나는 선지자들의 직접 혹은 간접적 심판의 말들과 그다지 다르지 않다. 저주를 예언적 심판으로 보라고 제안한 이 접근법은, 아래의 세 분야에 관련된 관찰에 의해 뒷받침 될 것이다. 첫째로, 시편 기자들의 선지자적 역할. 둘째로, 시편 이외의 선지자의 발언에 나타난 저주의 병행구들. 마지막으로, 저주들이 나타난 그 이전의 성경적 근거들이다.

1. 시편 기자들의 선지자적 역할

이 부분에서 우리는, 시편 기자들의 선지자적 역할과 우리가 제안한 예언적 심판으로서 저주의 이해와 연결된, 그들의 심판 발언들을 검토할 것이다. 시편 기자라는 말이, 시편을 기록한 사람은 선지자가 될 수 없다는 의미는 아니다. 아브라함과 모세로부터 포로 후기 선지자들에 이르기까지, 우리는 예언의 메시지가, 구원이나 심판, 환상과 비유의 예언뿐만 아니라, 역시 찬양, 기도, 탄식 등 다양한 장르로 제시된 것을 본다.[20] 선지자의 발언과 시편을 별개의 두 장르로 구분하는 접근법은 이 성경적 텍스트에 인위적 패턴을 강요하게 된다. 시편의 선지자적 성격과, 선지자의 저술들과 시편의 병행은, 근자의 시편 연구에서 상당히 중요한 관심을 모았다. 툴네이(Tournay)가 진술한 바와 같이, 정경에 속한 시편의 "예언적 측면"이 현대 시편 연구에서 너무 자주 등한시되었는데, 이것은 유대교-기독교 전통에 의해 오랫동안 인정되어온 측면이다. 예를 들면, 시편 14:1에 관해 탈굼(Targum)은, 시편 기자인 다윗이 "예언의 영 가운데" 있다고 했고, 시편 46:1에 나타난 고라 자손에 관해서도 동일하게 묘사했다. 미드라쉬 테힐림(Midrash Tehillim)은 시편 45:1[2]에서 "고라 자손이 미래를 예언했다"라고 지적한다.[21] 사해 사본들 중에서

---

[20] '예언의 말씀'에 추가될 만한 장르들은 J. Lindblom, *Prophecy in Ancient Israel* (Phila.: Fortress, 1976), pp. 155-56을 보라.

[21] R. J. Tournay, *Seeing and Hearing God with the Psalms: The Prophetic Liturgy of the Second Temple in Jerusalem* (Sheffield: JSOT, 1991), pp. 31-32. 역시 A. Chakam, *Sepher Tehillim* (Jerusalem: Mossad Harav Kook, 1986), pp. 13-15; W. H. Bellinger, Jr., *Psalmody and Prophecy* (Sheffield: JSOT 1984), pp. 9-21; W. Houston, "David, Asaph and the Mighty Works of God: Theme and Genre in the Psalm Collections," *JSOT* 68 (1995): 101-102. 시편과 선지서의 관계에 관해서는, 예를 들어, G. S. Ogden, "Prophetic Oracles Against the Nations and Psalms of Communal Lament: the Relationship of Psalm 137 to Jeremiah 49:7~22 and Obadiah," *JSOT* 24 (1982): 89-97, 그리고 B. Gosse, "Le Psaume 83, Isaïe 62,6~7 et la tradition des Oracles contre les nations des livres d'Isaïe et d'Ezéchiel,"

도 다윗이 많은 시를 지으면서 "지고하신 하나님으로부터의 예언을 통해 말했다"라
고 인정한다(11QPs).[22]

앞에서 언급한 바와 같이, 시편 기자들의 선지자적 역할은 신약도 인정한다.
신약에서 다윗은 "선지자"로 불릴 뿐만 아니라, 몇몇 저주 시편들을 포함한 많은
시편들이 그리스도의 생과 사역에 관한(예를 들면, 요 13:18과 마 26:23~24에서
시 41:9를, 요 15:25에서 시 35:19를 근거로 삼음) 예언적 말씀으로 해석된다.
구약 자체 내에서도, 다윗은 자신을 많은 선지자들과 유사한 방식으로 말하기를
"여호와의 영이 나를 통하여 말씀하심이요 그의 말씀이 내 혀에 있도다"(삼하
23:2; 참조, 대상 22:8; 28:6), 그리고 "여호와의 손이 내게 임하여"(대상 28:19)라고
한다. 그는 "하나님의 사람"(느 12:24,36)이라고 불리는데, 그것은 선지자에 대한
흔한 묘사이다. 다른 시편 기자들인 아삽, 헤만, 여두둔 등도 역시 "예언한"(개역개
정판은 "신령한 노래" -역자 주) 하나님의 종들이다(대상 25:1,5).[23]

시편 기자들의 선지자적 역할은 신약과 시편 이외의 구약의 책들에서 인정될
뿐만 아니라, 시편 자체에서도 분명하다. 그들의 선지자적 기능에 대한 한 중요한
증거는, 하나님의 예언을 선포하는 것으로서 선지자들에게 흔한 일이다. 하나님의
예언의 말씀들을 내포하고 있는 열다섯 편의 시가 있는데, 그 가운데에서 시편
89편은 가장 긴 예언(3~4,19~37절)을 그리고 가장 짧은 예언(90:3에 하나님께서
말씀하시기를 "너희 인생들아 돌아가라")인 시편 90편을 내포하고 있다.[24] 그
예언들은 종종 예언적 발언들과 유사한 방법으로 "여호와의 말씀에" "여호와께

BN 70 (1993): 9-12를 보라.

22 쿰란과 랍비 문헌들에 나타난 시편에 관한 예언적 성격을 추가적으로 토론한 S. E. Gillingham,
The Poems and the Psalms of the Hebrew Bible (NY: Oxford University, 1994), pp. 261-68을 보라.

23 U. Simon, *Four Approaches,* 187; W. Hildebrandt, *An Old Testament Theology of the Spirit
of God* (Peabody, MA: Hendrickson, 1995), p. 173. 역시 Keil and Delitzsch, *Psalms,* pp. 75,419;
R. J. Tournay, *Seeing and Hearing God,* pp. 67-68을 보라.

24 열다섯 편에 나타난 하나님의 예언들은 2:6~9; 12:5; 46:10; 50:5~23; 60:6~8; 68: 22~23;
81:6~16; 82:2~7; 89:3~4,19~37; 90:3; 91:14~16; 95:8~11; 105:15; 110:1, 그리고 132:11~18이
다. 이 열다섯 시편 중에서 네 편은 다윗의 것(시 2편을 포함한다면), 셋은 아삽, 하나는 모세, 하나는
고라의 자손들, 그리고 하나는 에스라인 에단의 것이다. 대부분의 예언들은 하나님의 축복의 말씀을 담고
있다. 저주들과 유사한 심판의 예언들 그리고 형벌의 요소들에 관해서는 본 논문의 끝에 있는 도표 2를
보라. 역시 S. E. Gillingham, *The Poems and the Psalms,* pp. 226-30, 그리고 A. A. Anderson, "Psalms,"
It is Written: Scripture Citing Scripture, ed. D. A. Carson and H. G. M. Williamson (Cambridge:
Cambridge University, 1988), pp. 56-59를 보라.

서…… 말씀하시기를"(12:5; 110:1) 그리고 "하나님이 이르시되" "하나님이……
말씀하시되"(60:6)라고 소개된다.

시편 기자의 선지자적 역할에 비추어 볼 때에, 예언적 발언의 형식으로 된
심판 예언들은 저주들과 유익한 비교를 제공해준다. "심판 예언"이라는 용어가
여기에서는 광범위하게 시편 기자들이 악인들의 운명에 관해 진술한 미래적 진술들
을 포함하는데, 그것들이 하나님의 예언의 형식으로든지 혹은 시편 기자의 확신에
찬 전망에서 진술되었든지 간에 그러하다. 예를 들면, "내가 그의 원수에게는
수치로 옷 입히리라"(…I [God] will…, 132:18) 혹은 "내 모든 원수들이 부끄러움
을 당하리라"(…will be …, 6:10). 이런 종류의 심판 예언을 내포하고 있는 시편들
은 적어도 스물일곱 편이 있다. 비록 저주 시편들에서 요구된 처벌이 가혹하게
보일지라도, 그것들은 우리가 시편에서 원수들이나 악행하는 자들의 운명에 관한
심판 예언들에서 보는 바와 별로 다르지 않다. 우리가 저주들에서 보는 형벌의
요소들은 또한 수치, 신체적 가해, 죽음, 가족 식구들에 대한 불행, 그리고 명시되지
않은 보복적 형벌에서 나타난다(뒷부분에 있는 도표 2 "원수들에 대한 심판 예언과
지배적 요소를 보라). 그것들과 병행을 이루는 약간의 예들이 이 점을 설명해
줄 것이다.

1) [24]주의 분노를 그들의 위에 부으시며(Pour out…),
   주의 맹렬하신 노가 그들에게 미치게 하소서(and let…).
   [25]그들의 거처가 황폐하게 하시며(May…);
   그들의 장막에 사는 자가 없게 하소서(let…, 69:24~25, 저주).

   [9]…… 여호와께서 진노하사 그들을 삼키시리니
   불이 그들을 소멸하리로다.
   [10]왕이 그들의 후손을 땅에서 멸함이여
   그들의 자손을 사람 중에서 끊으리로다(21:9~10, 심판 예언).

2) (죄인들을 땅에서 소멸하시며[Let…])
   악인을 다시 있지 못하게 하시리로다(and let…, 104:35, 저주).

   악인들은 멸망하고
   여호와의 원수들은 어린양의 기름 같이 타서
   연기가 되어 없어지리로다(37:20, 심판 예언).

3) …… 그가 숨긴 그물에 자기가 잡히게 하시며(Let…);
   멸망 중에 떨어지게 하소서(let…, 35:8, 저주).

   그의 재앙은 자기 머리로 돌아가고
   그의 포학은 자기 정수리에 내리리로다(7:16, 심판 예언).

4) …… 악인들을 부끄럽게 하사(Let…);
   스올에서 잠잠하게 하소서(let…, 31:17, 저주).

   내 모든 원수들이 부끄러움을 당하고 심히 떪이여
   갑자기 부끄러워 물러가리로다(6:10, 심판 예언).

시편 기자들의 선지자적 역할에 비추어서, 이 두 종류의 진술 간의 유사성을 보니 우리는 저주와 심판 예언의 기능을 예리하게 구분해서는 안 된다는 사실을 알 수 있다. 이러한 사실은, 저주와 심판 예언이 같은 문맥에 나타나서, 하나는 반향(反響)하고 다른 하나는 단언해줌으로써, 저주들이 시편 기자들의 포괄적인 선포에서 중요한 부분을 차지하는 것임을 보여주는, 아래의 경우들을 보면 더욱 뚜렷해진다.

1) 그들이 하는 일과 그들의 행위가 악한 대로 갚으시며……(28:4, 저주),
   …… 여호와께서 그들을 파괴하고 건설하지 아니하시리로다(5절, 심판 예언).

2) ¹하나님이 일어나시니 원수들은 흩어지며……(Let…),
   ²…… 악인이 하나님 앞에서 망하게 하소서(let…, 68:1~2, 저주),

   ²¹그의 원수들의 머리 곧…… 정수리는 하나님이 쳐서 깨뜨리시리로다(21절, 심판 예언).

3) ¹⁵사망이 갑자기 그들에게 임하여(Let…);
   산채로 스올에 내려갈지어다(55:15, 저주).

   ²³주(하나님)께서 그들로 파멸의 웅덩이에 빠지게 하시리이다(23절, 심판 예언).

더욱이 시편 109편에서는, 저주의 긴 구절들(6~19절)이 "나의 대적들이 욕을 옷 입듯 하게 하시며 자기 수치를 겉옷 같이 입게 하소서(…will be…, 29절)"에 의해 반향된다.[25] 시편 12편에서는 억압자들에 대한 저주인 "여호와께서 모든

---

25 비록 불확실성이 존재하나, 본 절을 단축형("May my accusers be …")으로 번역한 NRSV는 NIV의

아첨하는 입술과 자랑하는 혀를 끊으시리니(May…, 3절)"가 "여호와의 말씀에
가련한 자들의 눌림과 궁핍한 자들의 탄식으로 말미암아 내가 이제 일어나 그를
그가 원하는 안전한 지대에 두리라 하시도다(…I will…, 5절)"라는 하나님의 확언
으로 반향된다. 요컨대, 저주들의 가혹성은 심판 예언들과 별 다름이 없다. 시편
기자들의 선지자적 역할과 그것들의 유사성 그리고 예언들과의 관계에 비추어
볼 때, 시편의 저주들은 예언적 심판 선포의 형식으로 고려되어야 하는데, 그
고려는 시편 이외의 예언의 말씀과 이어지는 토론에서 나타나는 저주의 그 이전의
성경적 근거에서 발견되는 병행에 의해 지지된다.

2. 예언의 말씀 속에 나타난 저주의 병행들

시편의 저주에 대한 항의는 소위 "소원" 언어와 다분히 관련이 있기 때문에,
저주가 예언적 심판이라는 사상을 지지하기 위해서는, 중요한 증거가 직접적
인 병행들, 시편 이외의 예언의 말씀에서 특히 언어로 된 병행이 나와야
한다.[26] 시편에서 발견한 것에 부합하기 위해, 구약의 다른 부분에서 병행을
두 그룹에 따라 즉 하나님을 2인칭으로 언급하는 문맥과 그렇지 않은 문맥에
따라 다루게 될 것이다.[27]

하나님을 2인칭으로 언급하는 문맥에 나오는 이른 시기의 병행에는, 언약궤의
행렬을 시작할 때마다 모세가 선포하는 "…… 여호와여 일어나사 주의 대적들을
흩으시고 주를 미워하는 자가 주 앞에서 도망하게 하소서"(민 10:35), 그리고 여
선지자 드보라의 간구인 "여호와여 주의 원수들은 다 이와 같이 망하게 하소서"(삿
5:31)가 포함된다. 선지서 가운데에서는 이사야 26장의 종말론적 노래에, 즉 하나님

미래적 번역보다 설득력이 덜하다. 미래적 효과는 뒤따르는 문맥(28과 30절)에 의해 지지된다. 28절에서,
"They will curse"는 "let them curse"보다 나은데, 그것이 "you will bless"와 병행 되고, "they"(hēmmâ)와
"you"('attâ)의 병행에 의해 지지된다. 39절에서, 시제는 분명히 미래적("I will")이다.

26 비록 선지서로부터는 단지 몇 개의 병행들을 열거하지만, 웬함(J. W. Wenham)은 유사한 저주
언어를 시편의 저주들을 이해하기 위한 중요한 요소로 여긴다(*The Goodness of God,* pp. 150-53).

27 위에서 언급한 바와 같이, 모든 저주들이 기도에 나타나는 것이 아니다. 더욱이 기도에 있어서까지도
하나님이 2인칭이 아닌 3인칭으로 표현되는 인접한 문맥에서 일곱 개의 저주들이 나타난다. 예를 들어,
시 55:15의 저주가 12~19절의 맥락 가운데에서 그러하다. 나머지 여섯 시편들은, 인접한 문맥이 삽입구로
된 시 12:3(4~6절), 시 54:5(3~4절), 시 68:1~2(이 시편 전체), 시 104:35(31~35절), 시 119:78(이
시편 전체), 그리고 시 129:5~8(이 시편 전체)이다.

께서 궁극적으로 승리하시고 악인들을 벌하실 것을 찬양하는 노래에 저주가 포함되었다. "여호와여…… 백성을 위하시는 주의 열성을 보면 부끄러워할 것이라. 불이 주의 대적들을 사르리이다"(…let them see…let your fire…, 사 26:11). 또한 예레미야의 고백이나 탄식도 주목할 만한 병행들을 제공해준다. 예레미야 11:20에서, 그의 생명을 노리는 자들로부터 살해될 가능성에 직면할 때에 선지자는 하나님께 부르짖는다. "…… 만군의 여호와여…… 그들에게 대한 주의 보복을 내가 보리이다"(…let me…!). 그의 부르짖음은 즉각적으로 이 원수들에 대한 하나님 자신의 심판 선포로 이어지는데, 그들의 자녀들에 대한 벌을 포함하고 있다. "…… 그러므로 만군의 여호와께서 이와 같이 말씀하시니라. 보라! 내가 그들을 벌하리니 청년들은 칼에 죽으며 자녀들은 기근에 죽고"(21~22절). 예레미야의 부르짖음에 대한 하나님의 반응은, 선지자의 저주를 단순히 그의 개인적 복수 발언으로 보려고 하는 어떤 시도든지 곤란하게 만든다.[28] 예레미야 17:18에서 우리는 또 다른 저주를 보게 된다. "나를 박해하는 자로 치욕을 당하게 하시고 …… 그들은 놀라게 하시고…… 재앙의 날을 그들에게 임하게 하시며 배나 되는 멸망으로 그들을 멸하소서." 더구나 예레미야 18:21에서 원수들에 대해 벌을 요청한 것이 시편 109편의 저주들과 매우 유사한 언어로 되어 있다는 것은 특별히 유의할만하다. "그러하온즉 그들의 자녀를 기근에 내어 주시며 그들을 칼의 세력에 넘기시며 그들의 아내들은 자녀를 잃고 과부가 되며 그 장정은 죽음을 당하며 그 청년은 전장에서 칼을 맞게 하시며(렘 18:21)."

선지자의 개인적 고난과 그의 탄식들이 시편의 탄식들과 유사하기 때문에, 예레미야서의 병행들을 사용해서 저주 시편들을 조명한다는 것은 순환논리 같은 작업으로 보일 수 있다. 그러나 예레미야서의 병행들은, 실제적으로 우리가 시편의 저주들을 이해하는 데에 중요한 안목을 제공해 준다. 예레미야의 탄식들을 이해하고, 그렇게 함으로 시편의 탄식들을 이해하기 위해, 우리는 선지자의 공적 역할, 특수한 청중에게 하나님을 대표하는 역할을 인정해야 한다. 개인적 대화나 기도의 형식으로

---

28 렘 15:19에는, 하나님께서 예레미야에게 돌아오라(shûb)라고 책망하시는 내용이 있다. 그러나 그 책망은 예레미야가 하나님은 "물이 말라서 속이는 시내"(18절)와 같다고 불평하고, 그가 그의 사역을 포기할 시점에 도달한 것과 다분히 관련된다.

제시되었을 때에도, 선지자적 발언들은 공적 메시지를 지닌다. 그 명확한 예는, 소명 이야기의 공적 기능이다. 비록 그 이야기가 다만 선지자와 하나님 사이의 대화를 담고 있을지라도, 그것이 궁극적으로는 대중에게 영향을 줄 의도의 메시지를 담고 있다. 이러한 선지자의 탄식의 기도에서 주목할 만한 측면은, 또한 스미스(Smith)의 최근의 연구에서 볼 수 있을 것이다. 그에 의하면 예레미야의 탄식들이 그의 선지자로서 적법성을 변호하는 것을 넘어서, 성경의 맥락에서 그 백성에 대한 "여호와의 심판을 선포하고" 그들의 범죄를 드러내는 역할을 한다는 것이다.29 탄식들은 비록 기도의 형식으로 선지자가 하나님 앞에 표현한 것이지만, 단순히 사적인 표현만이 아니라 심판을 공적으로 선포하는 역할을 한다. 우리가 시편의 탄식들에 나오는 저주에 대해서도 이와 동일하게 이해하는 것이 중요하다. 시편의 삶의 정황 특히 고대 이스라엘 예배에서 시편이 사용된 정황에서 보거나, 혹은 시편의 기록된 배경(정경적 문맥)에서 보든지 간에, 시편의 공적 측면은 시편 연구에서 자주 주목을 받아왔다. 시편들의 공적 기능에 대한 명확한 본문의 증거는, 개인적인 기도(예를 들면, 시 5,9,58,69 그리고 109편)로 보이는 시편의 제목에 자주 사용된 "음악 지휘자를 위하여"[개역개정에는 "인도자를 따라" -역자 주]라는 문구이다.

하나님이 직접 2인칭으로 언급되지 않은 문맥, 즉 기도가 아니라 선포의 형식으로 되어 있는 문맥에 나타나는, 시편 같은 현상에 대한 병행으로는, 노아가 자기 후손인 가나안에게 "가나안은 셈의 종이 될지라"(Let Canaan be…)라고 선포한 창세기 9:26~27에서 이른 시기의 예가 나타난다. 이사야서에서, 선지자는 또한 우리가 시편에서 보는 바와 유사한 언어를 사용해서 바벨론 왕에 대해 심판을 선포한다. "…… 악을 행하는 자들의 후손은 영원히 이름이 불려지지 못하리로다 할지니라. …… 그들이 일어나 땅을 차지하여 성읍들을 충만하게 하지 못하게 하라"(Let…, 사 14:20~21). 그리고 그가 바벨론의 피할 수 없는 멸망을 선포하는 예언에서 "네 속살이 드러나고 네 부끄러운 것이 보일 것이라.……"(Let…, 47:3)

---

29 M. S. Smith, *The Laments of Jeremiah in Their Contexts* (Atlanta: Scholars, 1990) xx-xxi, pp. 63-6. 린트블롬(J. Lindblom)은, 예레미야가 이런 말들을 하는데도 불구하고 그는 여전히 "선지자로서 말한다"라고 주장한다(*Prophecy*, pp. 296-97). 그리고 클레멘츠(R. E. Clements)는 예레미야의 체험이 그와 동시대의 사람들이 하나님을 거절할 정도까지 된 것을 보여주는 데에 도움을 주는 역할을 할 수 있다고 제안한다(*Jeremiah* [Atlanta: John Knox, 1988], p. 117). 역시 T. Polk, *The Prophetic Persona* (Sheffield: JSOT, 1984), pp. 139-40.

라고 한다.[30]   이사야 44:11의 심판 선포는 우상을 만들고 숭배하는 자들에 대한 것이다. "보라! 그와 같은 무리들이 다 수치를 당할 것이라. 그 대장장이들은 사람일 뿐이라. 그들이 다 모여 서서 두려워하며 함께 수치를 당할 것이니라"(let them…!).

이사야 44:11과 유사한 선포가 예레미야 50:27에서, 하나님께서 예레미야를 통해 바벨론에게 심판을 말씀하실 때에 나타난다. "그의 황소를 다 죽이라. 그를 도살하려 내려 보내라. 그들에게 화 있도다. 그들의 날, 그 벌 받는 때가 이르렀음이로다(렘 50:27)." 다니엘 4:23에는 느부갓네살 왕의 교만 때문에 그에게 하나님의 저주가 임했다. "…… 그 나무를 베어 없애라.…… 그것이 하늘 이슬에 젖고 또 들짐승들과 더불어 제 몫을 얻으며 일곱 때를 지내리라.……"(let him…). 끝으로, 하나님의 백성들에 대한 심판의 말씀들을 언급해보도록 하자. "…… 그들이 이 떠가 쓸 수 없음 같이 되리라"(Let them…, 렘 13:10). 그리고 여러 해 후에, 말라기는 또 다시 이방 신들을 숭배할 잠재적 위험에 직면하여 다음과 같이 경고한다. "이 일을 행하는 사람에게 속한 자는…… 여호와께서 야곱의 장막 가운데에서 끊어버리시리라"(May…, 말 2:12).

3. 시편의 저주 이전의 성경적 근거들

예언적 심판과 같은 언어의 유사성 이외에도, 시편의 저주들은 그것들의 권위를 그 이전의 성경적 가르침에 의존한다. 많은 저주들의 배후에는, 이스라엘에서 사회 정의를 위한 시편 기자들의 관심사와 선지서들에서 일반적으로 보는 관심사인 적대 국가들 속에서 하나님의 백성의 운명에 대한 관심사가 있다. 이 관심사는 모세 오경의 가르침을 명백하게 반영한다. 위에서 언급한 바와 같이, 의심할 여지없이, 이 관심사가 침해를 받을 때에 저주들을 위한 일반적인 성경적 근거로써 언약들이 사용된다. 시편 58:6~7의 저주는 "중심에 악을 행하며…… 폭력을 달아 주는"(1~2절) 통치자들에 대한 것이고, 시편 109편에서는 "가난하고 궁핍한 자와 마음이 상한 자를 핍박하여 죽이려 한" 자들에 대한 것이다(16절; 역시 10:9~11,18; 12:5;

---

30 동사 "드러나다"가 짧은 형태인 tiggāl(출 20:26; 겔 16:36,57과 잠 26:26처럼 tiggāleh가 아니다)인데도, NIV, NASB는 그것을 미래적 혹은 예언적으로 번역한 것과는 달리, 오코노와 월키는 단축형으로 옳게 보았다(M. O'Connor and B. K. Waltke, *An Introduction to Biblical Hebrew Syntax* [Winona Lake, IN: 1990], p. 569).

55:9~11; 그리고 94:5~7을 보라). 시편 79:6,12에 나타난 이스라엘을 억압하는 민족들에 대한 저주들은, 그들이 하나님의 백성들을 "멸하는" 일 그리고 그들의 피를 "물 같이 흘리게 하는" 자들에 대한 것이다(3,7절; 역시 9:17~18; 83:2~5; 129:1; 그리고 137:3,7을 보라). 이 시편의 관심사는 하나님의 영광을 드러내기 위한 시편 기자들의 열망을 반영하는데, 하나님께서 자기 백성들을 보호하시는 데에 실패하셨다고 자주 그들의 원수들이 그를 멸시하고 조롱하기 때문이다.

시편 109편에 나타난 가장 거친 저주들은, 하나님께서 악인의 가족까지 벌하시기를 다윗이 호소하는 내용을 담고 있다. "그의 자녀는 고아가 되고 그의 아내는 과부가 되며 그의 자녀들은 유리하며 구걸하고 그들의 황폐한 집을 떠나 빌어먹게 하소서"(9~10절).[31] 위에서 언급한 바와 같이, 그 시편 기자는 가난하고 궁핍한 자를 죽이려한 악한 자들에 대항하고 있으며(16절), 시편 기자의 호소는 그 이전의 성경적 지지가 없는 것은 아니다. 출애굽기 22:21~24에서, 하나님께서는 그의 백성 중 누구도 나그네, 과부나 고아를 압제하지 말 것을 명령하셨다. "…네가 만일 그들을 해롭게 하므로 그들이 내게 부르짖으면 내가 반드시 그 부르짖음을 들으리라. 나의 노가 맹렬하므로 내가 칼로 너희를 죽이리니 너희의 아내는 과부가 되고 너희 자녀는 고아가 되리라." 이 명령에 비추어 볼 때에, 시편 기자는 본질적으로 하나님께서 그의 공의를 보이시겠다고 선포하신 심판을 실현하시기를 하나님께 간청하는 것이다.[32] 위에서 이미 언급한 바와 같이, 예레미야 18:21에는 우리가 시편 109편에서 보는 바와 유사한 저주를 담고 있다. 유사한 심판이 아모스 7:17에 나타나는데, 거기에서 선지자는 아마샤에게 형벌을 선포한다. "여호와께서 이와 같이 말씀하시기를 네 아내는 성읍 가운데서 창녀가 될 것이요. 네 자녀들은 칼에 엎드러지며 네 땅은 측량하여 나누어질 것이며 너는 더러운 땅에서 죽을 것이요 이스라엘은 반드시 사로잡혀 그의 땅에서 떠나

---

31 키드너(D. Kidner)는, 이 저주들이 삼하 3:29에 기록된바 요압이 무죄한 피를 흘린 데에 대한 다윗의 저주와 유사하다고 본다. "그 죄가 요압의 머리와 그의 아버지의 온 집으로 돌아갈지어다. 또 요압의 집에서 백탁병자나 나병환자나 지팡이를 의지하는 자나 칼에 죽는 자나 양식이 떨어진 자가 끊어지지 아니할지로다 하니라"(*Psalms 73~150*, p. 390).

32 휘쉬베인(M. Fishbane) 역시 그 배경으로서 출 34:6~7을 첨가시킨다. "아버지(parents)의 악행을 자손 삼사 대까지 보응하리라" (*Biblical Interpretation in Ancient Israel* [Oxford: Clarendon, 1985], pp. 340,347-48).

리라 하셨느니라." 만약 다윗의 원수의 정체가 아모스서나 예레미야서에서와 마찬가지로 명확하게 드러난다면, 우리는 이 시편에 나타난 광범한 저주들에 의해 덜 언짢을 것이다. 역사적 특성에 의해 이렇게 차이가 생기는 것이다. 이 점에 관해서는 후에 다루겠다.

시편 137편에서, 포로로 끌고 간 자들이 하나님의 이름을 조롱하는데, 이것은 예루살렘의 파괴를 보고 그들의 신이 이스라엘의 하나님보다 위대하다고 생각했다는 것을 암시한다. 이런 맥락에서 시편 기자는 침략자 바벨론에 대한 심판을 실현시켜 주실 것을 하나님께 부르짖는다.

> 멸망할 딸 바벨론아, 네가 우리에게 행한 대로 네게 갚는 자가 복이 있으리로다. 네 어린 것들을 바위에 메어치는 자는 복이 있으리로다. (O daughter of Babylon, you destroyer [hashedûdâ, 혹은 "the doomed one"]! Blessed will be the one who repays[sheyeshallem] you what you have done[gemûlēk] to us! Blessed will be the one who takes your little ones['ōlālayaik] and dashes them against the rock! 8~9절).

이 시편의 기록 연대는 분명하지 않다. 그것은 바벨론 유수의 막바지 때나 유수에서의 귀환 이후에 기록되었을 것이다.[33] 어느 경우에 속하든지 간에, 이사야 13장과 예레미야 51장에 나타난 바벨론에 관한 예언들이 재난 기원을 위한 성경적 근거로서 매우 중요하다는 것은, 이 이른 시기의 두 텍스트와 이 시편 사이에 사용된 유사한 용어에 의해 지지된다.[34]

이사야 13장(약 주전 8세기)의 "바벨론에 대한 경고"(1절)에서 선지자는 막강한 힘에도 불구하고 결국은 바벨론이 망할 것을 선포한다. 바벨론 사람들이 다른

---

[33] 비록 주석가들이 자주 그 시편을 포로 후기로 간주하지만, 어떤 이들은 그것을 바벨론 함락 이전인 포로 기간으로 간주한다. E. Zenger, *A God of Vengeance*, p. 47. I. Giqatilah (Simon, *Four Approaches*, p. 194) 그리고 W. C. Kaiser, Jr., *Hard Sayings in the Old Testament* (Downers Grove: IVP, 1988), p. 174. 포로 시기가 바벨론의 함락을 애타게 갈망하는 것을 더 잘 설명해 준다. 비록 "거기"(shām)와 1~3절의 히브리어 완료형들이, 포로 후기를 지지하는 듯지만, 그 증거는 결정적이 아니다. 에스겔은 그 이야기를 포로 기간 중에 쓰면서, "거기"(shām)를 바벨론에서의 그의 체험(1:3; 2:15)을 묘사하기 위해 사용한다. 완료형들이 반드시 먼 과거를 암시할 필요는 없다. 그리고 43~46절과 49절의 동사들이 미완료형들이다. 레슬리(E. A. Leslie)는 그 시편의 연대를 바벨론 함락 바로 전으로 잡으나, 시편 기자가 바벨론이나 예루살렘이 아닌 디아스포라의 어떤 곳에서 기록하였다고 여긴다(*The Psalms* [NY: Abingdon, 1949], p. 256).

[34] S. L. Gordon, *Tehillim* (Tel Aviv: S. L. Gordon, 1978), 2.238,243.

민족들에게 가한 참화가 그들에게 되돌아 올 것이라고 한다. "그들의 어린 아이들('ôlālîm)은 그들의 목전에서 메어침을 당하겠고 그들의 집은 노략을 당하겠고 그들의 아내는 욕을 당하리라"(사 13:16, 그리고 역시 18절을 보라). 주전 562년의 얼마 전으로 여겨지는,[35] 예레미야 51장에 나타난 바벨론에 대한 심판 예언은 이 시편 137편에 대한 또 하나의 중요한 성경적 근거이다.

> 바벨론이 이스라엘을 죽여 엎드러뜨림 같이 온 세상이 바벨론에서 죽임을 당하여 엎드러지리라.…… 이는 여호와께서 바벨론을 황폐하게 하사 그 큰 소리를 끊으심이로다. …… 곧 멸망시키는 자(hashedûdâ)가 바벨론에 이르렀음이라. 그 용사들이 사로잡히고 그들의 활이 꺾이도다. 여호와는 보복(gemûlēk)의 하나님이시니 반드시 보응하시리로다 (sheyeshallem, 렘 51:49,55,56).[36]

비록 거칠기는 하나, "어린 것들을 바위에 메어친다"(시 137: 9)라는 진술은 또한 전쟁에서의 패배(호 13:16; 나 3:10; 왕하 8:12와 눅 19:44에서의 유사한 표현들을 보라)를 묘사하는 것으로서 일부를 사용하여 전체를 나타내는 문학적 표현이기도 하다.

요약하건대, 시편 137:9는 시편 기자가 억압과 잔학 가운데서, 하나님께서 바벨론에 대한 이전의 예언들을 성취하셔서, 민족들이 여호와 한 분만이 하나님이심을 알기를 하나님께 부르짖고, 그리고 이 예언적 말씀을 실현하는 인물은 하나님의 뜻을 이루어드리는 것이므로 "복되다"는 것으로 이해할 수 있다.

III. 저주와 오늘날의 기독신자들

오늘날 우리의 원수들에게도 저주를 사용할 수 있을까? 이 저주들을 시편 기자들이 자신들의 감정을 표현한 것으로 생각하는 주석가들에게는, 분명히 이러한 진술들이 기독교 시대에는 적용될 수 없다. 하지만 이 저주들을 시편의 다른 부분들과 똑같이 영감 되었다고 생각하는 이들에게는 그 반응이 다양하다. 레이니

(Laney)는 주장하기를, 그 저주들이 아브라함과의 언약, 즉 아브라함과 이스라엘에게 하신 하나님의 약속에 근거하고 있기 때문에, "교회시대 성도들"은 시편 기자들이 행한 것처럼 할 수 없다고 한다.[37] 롱맨(Longman)은 구약시대의 원수들의 유형이 우리 시대와는 다르므로, 우리는 다윗이 기도한 것과 같은 방식으로 이런 기도를 드릴 수 없다고 언급하면서도 좀 다른 이유를 내세운다.[38] 이에 반해서, 베이스너(Beisner)는 신구약에 저주의 언급들이 있다는 데에 호소하며, 우리의 원수들에게도 계속해서 사용할 수 있다고 주장한다. 그러나 그의 논조는 그가 제안하는 조건들 때문에 크게 약화된다. 즉 "진정으로 결백한 사람"만이 저주들을 기원할 수 있고, 그리고 그 저주들은 "구원받을 수 없을 정도로 완고해진 사람들"에 대해서만 사용될 수 있다는 것이다.[39] 마찬가지로 젱거(Zenger)는 주장하기를, 저주들은 오늘날의 신앙인들에게도 똑같이 적절하고, 이 저주들을 사용하기를 부인하는 것은 고통당하는 자들로 하여금 "…들의 인간으로서의 근본 행위인…탄식할 권리"를 거부하게 하는 것이라고 한다. 하지만, 시편 137:9를 다루면서 젱거는 이렇게 재 번역한다.

바벨론의 딸이여, 너의 통치에 종지부를 찍는 자는 복되도다.[40]

이처럼 비록 기독교의 반응은 다양하나, 이 접근법은 저주를 예언적 심판으로 인정함으로써, 적용 문제의 해답을 얻을 수 있는 어떤 범위를 암묵적으로 받아들인 것이다. 일반적으로 우리가 예언의 말씀에 들어있는 심판 선포를, 특히 그것의 경고들과 형벌을 어떻게 적용하는가 하는 것이 오늘날 시편의 저주들을 어떻게 적용하는가에 영향을 끼칠 것이다. 그리고 예언적 심판들에 대한 우리의 해석을

---

[37] J. C. Laney, "A Fresh Look," 44.

[38] T. Longman, *How to Read the Psalms*, pp. 138-39; 다소 유사한 D. M Williams, *Psalms 73~150* (Dallas, TX: Word, 1989), pp. 290-91.

[39] E. C. Beisner, *Psalms of Promise*, p. 178. 역시 매칸(J. C. McCann)은 비록 조심스럽기는 하나, 시 109편의 저주들은 시편 기자처럼 고난 받는 다른 기독신자들을 위한 기도로서는 기독신자들이 사용할 수 있으나, 자신들을 위한 기도로서는 사용할 수 없다고 주장한다(*Theological Introduction to the Book of Psalms: The Psalms as Torah* [Nashville TN: Abingdon, 1993], pp. 116-17).

[40] E. Zenger, *A God of Vengeance*, pp. 92,95.

결정짓는 역사적 그리고 신학적 요소들이, 이 적용의 문제에 직접적으로 관련되어 있다. 예언적 심판들을 읽는 이에게 최대의 도전은, 이 예언의 말씀에서 시대를 초월하는 신학적 진리들이나 원리들을 가르치고 있는지의 여부가 아니라, 그 심판 그대로의 내용이나 형벌의 요소들을 우리 시대의 원수들에게 선포할 수 있는지의 여부에 있는 것이다. 따라서 여기서 우리는 두 요소를 고려할 필요가 있다. 첫째로, 우리가 이미 앞에서 생각한 역사적 요소이다. 만약 본래의 청중이, 의도된 인물 이외의 어떤 사람에게도 그 형벌의 정확한 조건이 적용되리라고 기대하지 않았다면 (예를 들면, 이사야 14장에서 바벨론 왕에게, 혹은 아모스 7장에서 아마샤에게), 우리는 그 정확한 조건들을 오늘날 누구에게도 사용해서는 안 된다. 둘째로, 선지자 들의 역사관은 메시아 시대, 곧 모든 선지자의 메시지들이 직간접적으로 기여하는 시대를 절정으로 인정하기 때문에, 선지자들의 심판 선포들은 그리스도의 오심에 비추어서 이해해야 한다. 이는 이러한 이해를 신약이 반영하고 있기 때문이다. 이 두 요소에 관해 좀 더 상술할 필요가 있다.

그 밖의 다른 심판의 선포들과 마찬가지로, 많은 시편의 저주들은 그것들의 원 문맥에서 특정 인물들을 겨냥하였다. 그리고 그 결과 저주들의 역사적 특이성을 무시할 수 없다. 역사를 알려주는 표제(標題)들을 보면, 많은 시편들은 실제 삶의 정황에 대해 시편 기자들이 반응한 것임을 증거한다. 예를 들면, 시편 54편과 59편 둘 다 모두 역사적 표제로 시작하는데, 각각 다른 경우에 사울과 그의 부하들이 다윗을 파멸시키려고 애쓴 일과 관련이 있다. 이 두 표제가 오래 전의 것이라는 사실은, 그것들이 칠십인 역(LXX)에 나타난 것으로써 증명된다. 그것들의 역사적 맥락의 실마리는, 많은 시편들 자체 안에서도 역시 나타난다. 우리가 연구하는 스물여덟 시편들 가운데에서, 두 편이 원수들이 누구인가를 구체적으로 확인해 주었다. 시편 83편에서는 이스라엘을 위협하는 열 민족들의 이름(83:5~8)이, 그리 고 시편 137편에서는 에돔과 바벨론(7~8절)의 이름이 명백하게 확인되었다. 그러 나 다른 저주 시편들에 이름이 없다고 해서 자동적으로, 시편 기자들이 구체적 원수들을 염두에 두지 않았다는 뜻은 아니다. 원수들이 일반적 악인들인 시편 104편을 제외하고, 만약 우리가 그 언급들을 단순히 스타일이라는 이유로 격하시키 지 않는다면, 나머지 시편들에 나타난 저주들은 여러 단계에서 시편 기자들의 삶에 가해한 원수들을 염두에 둔 것이다. 예를 들면, 시편 109편에 저주받은 원수는 전에 안면이 있던 사람으로 확인 될 수 있고, 시편 55편에서 시편 기자는 "그는 곧 너"(13절)라는 잘 아는 원수를 지목하고 있다. 덜 구체적이긴 하나, 다른 시편들에서의 원수들은 "나의 원수들," "나의 생명을 노리는 자들," 전에 안면이 있던 자가 대적으로 변한 자, 혹은 하나님을 조롱하고 하나님의 백성들의 생존권을 위협한 "민족들"(예를 들면, 71:7)로 묘사된다.[41]   이런 경우들(앞에서 열거한 시 54,55,59,83,109와 137편)에 나타난 역사적 특성 때문에, 비록 그것들에서 중요한 원리들을 수집할 수 있다고는 해도, 오늘날 그리스도인이 원수들에게 그 형벌 그대로 받게 해달라는 저주의 말을 발설할 수 있는지 의심스럽다.

그리고 역사적 요소 외에, 적용의 문제는 그리스도에 비추어서 평가하여야 한다. 선지자의 역사관과 일치하여 신약은, 구약에서 "다윗의 시"라고 하는 몇몇 저주 시편들을 그리스도의 생을 묘사하거나 그리스도의 기도로 해석한다(예를 들면, 요 19:28에서 시 69:21을).[42]   따라서 신약의 시각에서 저주 시편들에 나오는 원수들은 다윗의 아들이신 그리스도의 원수들인 것이다. 이 시각은 메시아의 통치 하에서 평화의 새 시대가 동틀 것이라는 구약의 기대와 일치한다. 죄를 묵과하지 않으시지만, 그리스도께서는 우리의 원수들을 사랑하시고, 우리를 핍박하는 자들을 위해 기도하라고 가르쳐 주셨다(마 5:44; 눅 6:27). 그 원수들은 이제 우리들의 시각에서가 아니라 그리스도의 시각에서 정의되었다. 이런 시편들에 나오는 원수들을 우리가 지명하고 싶은 우리 시대의 원수들로 이해하기가 너무나도 쉽다. 그러나 우리가 확신 있게 파멸을 바랄 수 있는 우리 시대의 원수들은 오직 바울이 우리에게 가르쳐준 그런 대상들뿐이다.

> 우리의 씨름은 혈과 육을 상대하는 것이 아니요 통치자들과 권세들과 이 어둠의 세상 주관자들과 하늘에 있는 악의 영들을 상대함이라(엡 6:12).

---

41   역시, "나의 원수들/ 나의 대적들/ 나의 비난 자들"(5:8; 9:3; 17:9; 31:11,15; 35:19; 54:7; 55:15; 59:1,10; 69:18,19; 71:10,13; 119:78,139,157; 139:22; 143:9,12) 그리고 "나의 생명을 수색하는 자들/ 나를 해치는 자들/ 나의 영혼을 찾는 자들"(17:11~12; 54:3; 40:14; 69:4; 70:2; 71: 10,13; 109:25; 141:8~9).

42   S. E. Gillingham, *The Poems and the Psalms,* pp. 265-6; W. L. Holladay, *Long Ago,* p. 316; C. Martin, "Imprecations," pp. 130-31.

비록 시편의 저주 용어를 그대로 오늘날 우리 원수들에게 사용하는 것이 앞에서 진술한 역사적, 신학적 요소들을 무시하게 되는 위험 부담은 있으나, 그 저주들은 계속해서 이 세상에서 정의에 대한 하나님의 관심과 악을 행하는 자들 위에 그의 심판이 내린다는 사실을 상기시키는 중요한 역할을 하는 것이다.

IV. 결론

시편 기자들의 선지자적 역할, 예언의 말씀들에 나타난 저주의 병행들, 그리고 저주들에 대한 이전의 성경적 근거들에 관해 연구해보니, 시편의 저주들은 구약 다른 부분들에 나타난 선지자의 심판 선포들과 매우 유사하다는 것이 드러났다. 첫째로, 시편 기자들의 선지자적 역할은 구약과 신약 양쪽의 증거에 의해 입증되었다.

둘째로, 저주들은 언어와 기능에 있어서 예언의 말씀들에서 많은 병행을 얻었다.

셋째로, 그 밖의 다른 심판 선포들과 마찬가지로, 시편의 저주들은 권위를 부여하는 가르침으로서 이전의 성경적 근거 특히 모세 오경에 의존하고 있다.

비록 그 저주들은 일반적으로 개인적 소원으로 보이는 형식을 통해 표현되지만, 그것들은 악인들에 대한 예언적 심판이어서, 단순히 시편 기자 자신의 보복적 감정으로 취급해서는 안 된다. 시편의 저주들은 계속해서 우리에게 악과 심판의 실재성을 상기시켜 준다. 하지만 기독신자들은 그 저주들을 예수님에게 비추어서 그리고 그것들이 현재 속해있는 더 큰 성경적 맥락에 비추어서 이해해야만 한다.(*)

도표 1. 저주와 그것의 지배적 요소

	Sh	Ph	Dth	Fm	Rtr	NT		Sh	Ph	Dth	Fm	Rtr	NT
2:9					●	●	69:22~28		●	●	●	●	●
7:13		●	●				70:2~3	●					
9:19~20		●					71:13	●					
10:15		●				●	79:6, 12					●	
12:3		●					83:13~17	●		●			
28:4					●		104:35			●			●
31:17~18	●					●	109:6~20	●		●	●	●	●
35:4~8,26	●	●			●	●	119:78	●					
40:14~15	●					●	129:5~8	●		●			
54:5			●		●		137:7~9		●		●	●	
55:15			●				139:19~22			●			
58:6~7		●	●				140:9~11		●			●	●
59:11~12	●				●		141:1~10					●	
68:1~2		●	●			●	143:12			●			

도표 2. 원수에 대한 심판 예언과 지배적 요소

	Sh	Ph	Dth	Fm	Rtr	NT		Sh	Ph	Dth	Fm	Rtr	NT
2:9*		●	●			●	68:21			●			●
6:10	●						68:22~23*			●			●
7:16					●		72:8~10	●					
9:3		●	●				82:7						●
11:6		●					89:23, 32*		●	●			
21:8~10			●	●			92:9		●	●			
28:5		●					94:23			●		●	●
34:21			●			●	95:11*		●				●
37:15~20		●	●				108:13		●				
50:22*		●					109:29	●					●
52:5		●	●				110:5~6	●		●			●
55:23		●					120:10	●					●
63:9~10			●				132:18*	●					●
64:7~8		●	●										

주 : *표는 하나님의 예언의 일부를 나타냄.

약어 : Sh=수치, Ph=신체적 가해, Dth=죽음, Fm=가족 식구의 수난, Rtr=명시되지 않은 보복적 형벌, NT=(꼭 저주를 포함할 필요는 없는) 시편이 신약에 인용됨.

16

전도서 해석

제이 스탭포드 라이트
(J. Stafford Wright)

전도서는 성경의 골칫거리라고 말할 수도 있겠다. 옛날 힐렐(Hillel)과 샴마이 (Shammai) 랍비 학파 간에는 이 책이 "손을 부정하게 했다"느니 안 했다느니 하는 논쟁을 한 일이 있었다. 이 논쟁은 곧 이 책을 취급하였을 때에 거룩함을 나타내는 정경다운 책이었는가에 대한 것이었다.[*] 오늘날 이 책을 고찰하는 사람 은 "무슨 근거로 전도서가 정경 속에 포함된다고 변론하는가?"라고 묻는다. 사실 이 책의 해석사는 그것이 항상 깊은 의혹을 가지고 취급되어 왔다는 것을 보여준다. 그러나 이 책은 주로 솔로몬의 저작성과 마지막 장(12장)의 정통성 때문에 정경 안에 자리하였던 것이다. 그러나 오늘날에는 우리도 솔로몬이 저자였다는 사실을 유지하려는데 관심이 거의 없을뿐더러 많은 학자들은 아예 마지막 장의 정통성을 부인한다.

그렇다면 이 책이 성경 안에 여전히 포함되어야 하는가? 회의론자들을 기쁘게 하며 경건한 마음을 가진 사람들을 당혹하게 해왔던 모순과 비정통적 표현들은, 이 책이 성령님의 문고(Library of the Holy Spirit)보다는 차라리 합리주의자 출판협 회에 기고된 글에 속하는 편이 훨씬 더 좋았을 것이라고 솔직히 인정하는 것이 낫지 않겠는가? 어쨌든 이것은 반드시 부딪쳐야만 되는 질문이다. 만약 이 책에 대한 만족할만한 해석, 즉, 기독교적 관점에서 본 만족할만한 해석이 없다면, 이 책을 성경에 포함시켜야 할 아무런 논리적 이유가 없는 것이다.

---

[*] 역자 주: 결국 이 논쟁에서 전도서가 정경에 속한다는 힐렐 학파가 승리했다.

이 시점에서 경건한 신자들에게 충격을 주어온 특정 구절들을 열거할 필요가 없다. 왜냐하면 우리가 그것들의 일반적인 어조에 익숙해 있기 때문이다. 그러나 유대인들과 기독교인들이 이 책을 하나님의 말씀의 한 부분으로 보존하는 것을 정당화하기 위하여 사용해 왔던 해석 방법을 간략하게나마 언급하는 것은 그럴만한 가치가 있을 것이다.

유대 해석자들은 세 가지 방법을 사용하였다. (1) 그들 중 얼마는 소위 쾌락주의적(Epicurian)이라고 할 만한 구절들을 읽을 때에는 그 뒤에 물음표를 붙여서 읽었다. 즉, "사람이 먹고 마시며 수고하는 가운데서 심령으로 낙을 누리게 하는 것보다 나은 것이 없는가?⋯⋯"(전 2:24)로 읽는 것이다. (2) 다른 이들은 솔로몬이 하나님께 불순종한 결과로 왕좌에서 쫓겨났다는 전설을 채택하여, 이 책은 하나님으로부터 멀어진 때의 작품이라고 주장한다. 이 전설의 기원은 전도서 1:12의 "나 전도자는 예루살렘에서 이스라엘의 **왕이었다.**"를 지금은 왕이 아니라는 뜻으로 받아들인 데에 있는 것 같다. (3) 본서의 비정통적 서술들을 탈굼에서처럼 의역함으로써 곤경을 면하는 이들도 있다.

그리하여 전도서 9:7 같은 구절의 "너는 가서 기쁨으로 네 음식물을 먹고 즐거운 마음으로 네 포도주를 마실지어다. 이는 하나님이 네가 하는 일들을 벌써 기쁘게 받으셨음이니라." 라는 말씀을 탈굼 역에서는 다음과 같이 의역하였다.

> 솔로몬이 예언의 영으로 여호와 앞에서 말하기를, 세계의 주께서 모든 의인들에게 각각 이르시되, 너는 가서 네가 굶주린 가난한 사람들과 불쌍한 사람들에게 준 빵을 인하여 네게 주어진 빵을 즐거움으로 맛보고, 에덴동산에 너를 위하여 감춰진 포도주를 기쁜 마음으로 마실지어다. 이는 네가 목마른 가난한 자들과 궁핍한 자들을 위하여 혼합한 그 포도주를 인함이요, 너의 선한 일이 이미 여호와 앞에 열납되었음을 인함이니라 하셨느니라.

그러나 이런 식으로 의역한다면 벨하우젠(J. Wellhausen)까지도 근본주의자로 만들 수 있을 것이다!

초대 기독교 주석들도 풍유화, 의역화 그리고 난제를 교묘히 처리하는 해석

등과 같은 유사한 방법을 사용했다. 제롬(Jerome)은 어떤 로마 여성에게 수도원 생활을 하도록 권유하려고 전도서에 대한 주석을 썼다. 그에 의하면 전도서의 목적은 이 세상의 모든 향락이 철저하게 허무함을 보여주려는 데에 있다. 그러기에 하나님을 섬기기 위한 참 헌신적 금욕생활을 할 필요가 있다는 것이다.

루터(Martin Luther)는 아마도 솔로몬의 저작성을 부인한 첫 번째 사람이었을 것이다.[*] 그는 이 책을 "애굽 왕 톨레미 에우에르게테스(Ptolemy Euergetes)의 도서관에서 유래되었을 지도 모르는 많은 책들로부터 편찬된 탈무드의 일종"으로 간주하였다. 1622년 그로티우스(Hugo Grotius)는 이 책이 선집(選集)이라는 생각에서 루터의 견해를 따랐으며, 일단 이 책의 통일성이 부정되자 새로운 유형의 해석이 가능하게 되었다. 그리하여 허더(J. G. Herder)와 아이히혼(J. G. Eichhorn)은 이 책을 세련된 관능주의자와 관능적 속인, 혹은 교사와 학생간의 대화로 간주하였다. 그래서 오늘날 이 학설의 계승자들은 일반적으로 이 책의 저자를 책 안에 나타나는 세 사람 중의 하나로 본다. 첫째는, 코헬레트(Koheleth) 자신이다. 코헬레트는 이 책의 중심적인 저자가 붙인 명칭이다. 영어 역본들은 '전도자(The Preacher)' 로 번역하고 있다. 아마도 이것은 원래의 의미에 충분히 가깝겠지만, 주석가들은 보통 히브리어를 음역하므로 우리도 그렇게 하고자 한다. 코헬레트는 그가 생을 고찰함에 따라 마음에서 일어나는 의문과 문제점을 진술한다. 둘째로, 한 경건자가 있다. 그는 자신에게 충격을 주는 코헬레트의 말을 보면 정통적 견해를 삽입하는 사람이다. 끝으로, 어떤 지혜자이다. 그는 책의 이곳저곳에서 경구(警句)나 잠언을 언급하고 있는 인물이다. 물론 원하기만 한다면 이보다 더 많은 저자들을 들 수도 있을 것이다. 지그프리트(Karl Siegfried)는 염세주의자, 사두개인, 지혜자, 경건자, 명언편집자, 편집인, 후기작가, 제 2 후기작가, 바리새인 등을 열거한다.

---

* 역자 주: 루터는 1524년에 번역한 독일어 성경 서문에서는 부인했으나, 1532년에 저술한 라틴어로 된 주석에는 솔로몬의 저작권을 인정했다.

한편 어떤 주석가들은 이 책의 통일성을 강력히 주장한다. 케임브리지 성경 (Cambridge Bible)에서 윌리엄스(Canon Lukyn Williams)는, 이전에 델리취(F. Delitzsch), 라이트(C. H. H. Wright) 및 코닐(C. F. Cornill)과 같은 주석가들이 그랬던 것처럼, 이 책의 통일성을 거의 전적으로 받아들이는 입장이다. 통일성을 어떻게 해석하여야 이 책이 성경에 들어있어야 한다는 점을 정당화할 수 있을까? 대략 말한다면, 일반적으로 채택하는 해석은, 사색하는 한 사람이 자신의 신앙을 삶의 실태와 조화시키려는 투쟁을 여기서 우리가 볼 수 있다는 것이다. 모든 어려움에도 불구하고 그는 활로를 개척하여 하나님께 경건히 복종하는 데까지 나아간다. 그러니까 이 책은 구약 성경의 덜 밝은 빛으로도 사색하는 사람이 하나님을 신뢰할 수 있음을 보여주기 때문에 가치가 있다. 그렇다면 우리는 신약 성경의 더 밝은 빛에서는 하나님을 더욱 신뢰할 수 있지 않겠는가! 그러기에 코닐은 이 책이 구약 경건의 가장 큰 승리 중 하나를 나타내는 것으로 본다.

또 다른 유형의 해석도 언급할 가치가 있겠다. 이것은 '해 아래서'란 구절을 강조하여 저자가 의도적으로 이 세상 것들만을 다루고 있다고 주장한다. 계시와 내세는 이 논쟁을 위하여 제쳐놓았다. 이 세상의 경험은 염세주의로 인도할 뿐이다. 그렇다면 만족은 어디에서 찾아야 하는가? 저자는 다만 하나님 안에서 더 많은 것을 찾을 수 있다는 것을 암시할 뿐이다. 그의 저작 목적은 주로 부정적인 것으로써 불만족을 제기하여 사람들로 돌이켜 만족할만한 것을 찾게 하는 데에 있다는 것이다.

성경의 완전영감을 주장하는 주석가들은 전도서를 다룰 때에 어떤 망설임을 갖는다. 스코필드 성경(Scofield Bible)의 서론적 각주는 아주 대표적인 것으로 꼽힌다.

이것은 "해 아래" 있는 인간의 생에 대해 추론하는 내용의 책이다. 이것이야말로 한 거룩하신 하나님이 계셔서 모든 것을 심판하실 것이라는 사실과 그분이 모든 것들을 심판하실 것임을 아는 인간이 할 수 있는 최상의 것이기 때문이다. 주요 구절은 "해 아래서," "내가 깨달았다," "내가 내 마음에 이르기를" 등이다. 영감은 허무하게 지나가 버리는 것들을 정확히 진술하고 있으나, 결론과 추론은 결국 인간의 것이다.

지금까지 우리는 이 놀라운 책의 주된 해석 경향들을 대략 살펴보았다. 그 중 어떤 것에 어느 정도까지 만족을 느꼈는지 모르겠으나, 나는 어떤 것에도 완전히 만족하지 않는다. 이 말은 그 중에 진리가 전혀 없다는 뜻이 아니다. 오히려 그 대부분은 얼마쯤 진리를 명백하게 포함하고 있다. 그러나 그 어느 것도, 열쇠가 어딘가에 틀림없이 있으리라고 모두가 가정하고는 있으나, 이 책을 전체적으로 올바르게 해석할 수 있는 열쇠를 주었다고 나는 느끼지 못한다. 전도서는 각각 독립적으로 해석할 수 있는 본문들이 연결된 책으로 취급할 수 없기 때문이다. 비록 우리는 저자가 각기 다른 시기에 각각의 다른 구절들을 영적 경험의 일기장을 쓰는 방식으로 간단히 몇 자씩 적어 놓았다고 결론을 내릴 수 있을지는 몰라도, 우리는 대부분 어떤 근원적 통일성, 즉 그것에 따라 전체를 해석할 수 있는 어떤 주제가 틀림없이 존재한다고 생각해야 할 것이다. 하여튼 나는 이러한 가정에 근거하여 말하고 있는 것이다. 그러므로 우리가, 각 본문이 책 전체에 꼭 들어맞게 만든 어떤 도식(圖式)을 마음속에 생각하고 있지 않은 한, 어떤 본문을 택해서 "이것이 무슨 뜻인가?"라고 묻는 것은 무익할 것이다. 물론 대부분의 주석가들은 이러한 도식을 인식하고 있다. 따라서 그 도식이란 무엇인지 그것이 문제이다.

무엇보다도 먼저 우리가 망설이지 않고 거절해야만 하는 해석이 있다. 이것은 결론적으로 이 책이 자연인과 심지어 회의론자의 논리 즉 결코 영감 되지 않은 추론으로 이루어졌다는 해석이다. 그러나 스코필드의 이론과 이 책에 오류 명의 저자가 있다고 주장하는 이들의 이론도 내가 보기에는 조금도 그럴듯하지 않다. 이 책의 마지막 장에서 코헬레트는 지혜자로 언급된다. 그는 분명히 지혜로 평판이 나있었다. 우매자는 지혜자도 대답할 수 없는 문제들을 제기할 수 있다는 격언이 있다. 만일 코헬레트가 회의론자였고 그래서 그가 가진 의심들을 이 책의 다른 저자들도 다뤄야 할 필요가 있었다고 해도, 나는 그의 지혜가 오늘날 기독교에 대해 맹렬하게 반대하는 자의 지혜보다 더 크다고 생각하지는 않는다. 종교에 대하여 세차게 의문을 던지고자 하는 사람은 누구나 세상사에서 수많은 공격수단을 찾는 법이기 때문이다.

더욱이 회의론자와 자연인이 전개한 추론이 성경의 귀중한 지면을 차지하게 하는 것은 하나님에게 합당하지 않아 보인다. 우리는 그것들을 어디에서나 살 수 있으며 무상으로도 얻을 수 있다. 이것이 바로 스코필드의 이론이 지닌 문제점이다. 물론 이 반대는 코닐처럼 이 책에서 회의주의적 이론에 대해 경건이 승리한 것이라고 보는 사람들에 대해서는 별 효력이 없다. 어쨌든 이 견해에는 나름대로 매우 매력적인 점이 있지만, 그럼에도 불구하고 나는 이것이 책 전체에 대한 해결책이 되는 열쇠를 제공한다고 생각하지 않는다.

그러면 이 책으로 다시 돌아가서 편견 없이 조사해 보도록 하자. 그리고 비상수단으로 이 난제를 해결하려고 이 책을 셋이나 그 이상의 저자가 쓴 것으로 나눠보기 전에, 단일저자에 의한 책으로 해석할 수 있는지를 보도록 하자.

만약 여러분이 어떤 책을 하나 뽑아들고 저자의 관점을 알고자 한다면, 어디를 보겠는가? 서론은 항상 유용하여 때로는 책 전체를 읽는 수고를 덜어준다! 또한 잘 쓴 책의 결론은 일반적으로 저자가 여태까지 애써 전개해 온 취지를 요약해 준다. 그 책을 쭉 살펴보면 후렴의 성질을 가진 문구들을 발견하게 되는데, 이러한 문구들이 계속적으로 자주 나타나는 것은 어떤 요점을 납득시키려는 의도가 있기 때문이다. 이 방법을 전도서에 적용시켜 보기로 하자.

첫 번째 방법: 서론은 "전도자가 이르되 헛되고 헛되며 헛되고 헛되니 모든 것이 헛되도다."(전 1:2)라는 무섭고 단호한 선언이다. 이것을 염세주의자의 불평의 언사라고 할는지는 모르지만 나에게 있어서 이 말은 어떤 굉장한 전주곡의 도입 주제를 연주하는 나팔소리로 들린다. "전도자가 이르되 헛되고 헛되며 헛되고 헛되니 모든 것이 헛되도다!"

내 견해는 순전히 주관적일지도 모르므로 아직 여러분에게 이것을 받아들이라고 요구하지 않겠다. 그러나 나는 여러분에게 이 책을 인생에 대한 아류(亞流) 기독교의 평결(評決) 쯤으로 간단하게 생각하지 않기를 진정으로 요청한다. 전도서는 신약에 전혀 인용되지 않았다는 말을 가끔 듣는다. 그러나 확실히 바울은 이 구절(전 1:2)을 염두에 두고 로마서 8:20에서 "피조물이 허무한 데 굴복하는 것"이라고 하였으며, 문맥상 우리 기독교인들도 모든 피조물 가운데에 포함시키고 있다. 환언하면, 코헬레트가 토로한 감정의 정확한 의미가 무엇이든지 간에, 그와 바울 사이에는 모든 것이 허무에 속한다는 일반적인 일치가 있다. 따라서 덧붙여 말하자면 나는 인생에 대한 솔로몬의 논평이라고 알려져서 전해 내려오게 된 이 구절은 적어도 그가 직접 말한 것이 아닐까 생각한다. 그래서 코헬레트는 훨씬 이후의 시기에 이러한 솔로몬의 말에 큰 충격을 받아서, 그의 논평이 어느 정도 정당한지를 알기 위하여, 자신을 솔로몬의 위치에 두고 그의 안목을 통하여 인생을 탐구한 것이다. 물론 이것은 단지 하나의 의견일 뿐이고 이 책의 주제와는 직접적 관계가 없다.

두 번째 방법: 서론에서 결론으로 눈을 돌려보도록 하자. 끝에서 멀지 않은 이 부분에서도 서론의 말이 반복되는 것을 본다. "전도자가 이르되 헛되고 헛되도다. 모든 것이 헛되도다."(전 12:8). 그러나 마지막 결론은 최종결론으로서 분명하게 제시되었다.

> 일의 결국을 다 들었으니 하나님을 경외하고 그의 명령을 지킬지어다. 이것이 모든 사람의 본분이니라. 하나님은 모든 행위와 모든 은밀한 일을 선악 간에 심판하시리라(전 12:13,14).

이 결론은 너무 정통적이어서 이것을 뒷받침하기 위하여 유사 구절들을 인용할 필요가 거의 없다. 그러나 마태복음 19:17의 "…… 네가 생명에 들어가려면 계명들을 지키라"는 그리스도의 말씀과 고린도전서 3:13의 "…… 그 불이 각 사람의 공력이 어떠한 것을 시험할 것임이라"는 바울의 말에 주의하는 것도 좋을 것이다.

만일 이것이 전도서의 신중한 결론이며 또한 이 책이 통일성을 가지고 있다면, 이 끝에 있는 결론과 모순되는 다른 진술은 그 어느 것도 결코 이 책의 최종적인 결론으로 해석할 수 없다는 것이 논리적이다. 다른 각도에서 보면, 만일 책 중의 어떤 진술이 최종적 결론으로 제시 될 때에, 그것은 끝에 있는 궁극적 결론에 비추어 해석해야만 한다. 이것은 영감 되었느냐 아니냐 하는 문제가 아니라, 이성적인 사람이 쓴 책이라면 모든 책에 적용해야 하는 논법(論法)이다.

세 번째 방법: 저자의 관점을 찾는 세 번째 방법은 후렴으로 나타나는 구절이 있는지 살펴보는 것이다. 전도서에는 대여섯 개의 후렴구절들이 있다. '헛되다'라는 주제는 여러 번 나타난다. 이렇게 코헬레트는 계속 우리에게 자신의 주제를 상기시킨다. "해 아래서"는 또 다른 주제이다. 스코필드(Scofield)처럼 "내가 깨달았도다." "내가 내 마음에 이르기를," 그리고 또 개인적 경험을 묘사하는 유사한 구절들을 추가할 수도 있을 것이다. 어쨌든 우리는 이 후렴구절들이 어떻게 전반적인 논증에 들어맞는지를 보게 될 것이다.

그러나 아직 또 다른 후렴구절이 있는데 이것이 이 책의 해석에 상당한 난제를 야기한다. 그것은 약간 다른 표현으로 반복되지만 동일한 감정을 되풀이하면서 여섯 번이나 나타난다. 전도서 2:24에 처음 나타나는 이 구절은 여섯 구절의 대표격이다. "사람이 먹고 마시며 수고하는 것보다 그의 마음을 더 기쁘게 하는 것은 없나니." 이것은 전도서 3:12,13,22; 5:18,19; 8:15; 9:7~9에도 나타난다. 이 구절은 각각 최종적인 결론처럼 보인다. 그러면 인생에 대한 해답은 에피쿠로스학파의 쾌락주의자들이 내세우는 것과 같이 "내일 죽으리니 먹고 마시고 즐거워하자"가 되는 것이다!

이제 우리의 연역(演繹)이 어디선가 잘못되었음에 틀림없다. 왜냐하면 그것은 이 책의 궁극적 결론과 전혀 다르기 때문이다. 그러나 우리는 이 모순을 회피하지 않고 직면하며, 해결할 수 있는 대안을 찾아야만 한다. 코헬레트는 모순을 신경 쓰지 않고 되는 대로 쓰는 저자라고 할는지도 모른다. 그러나 이것은 작은 모순이 아니라, 이 책의 전체 기조(基調)와 논증을 위태롭게 하는 모순이다. 따라서 아마 쾌락주의적인 감정은 일시적 기분을 묘사한 것으로, 단지 거부하기 위하여 묘사한 것일 수 있다. 그러나 이것이 사실이라면, 그런 감정의 묘사가 계속적으로 게다가 일종의 교리(敎理)같은 형태로 나타나서 그것이 논리적 결론처럼 보이는 것이 이상하다. 이 시점에서 우리는 이 책에는 통일성이 없다고 보고 용기를 잃고 자포자기의 태도로 저 가련한 코헬레트의 사지(四肢)를 절단하여, 그를 저 고귀한 순교자 무리에 들게 하려고 할지도 모른다. 그렇게 되면 그 무리 중에는 구약의 대부분의 책이 포함될 것이다. 이러한 절단은 성경의 수많은 난제들을 피해가는 안이한 방법인데, 너무 안이해서, 아무도 히브리인들이 왜 다른 어느 민족보다도 문헌에 대해 조심성이 없었는지를 의아하게 생각해본 적이 없었던 것처럼 보이게 한다.

그러나 한 번 더 이 책의 통일성을 변호할 수 있는지 살펴보도록 하자. 왜 사람들은 이 후렴을 쾌락주의의 의미로 해석하려는가? 그것은 그들이 그러한 주의(主義)라는 표어에 익숙하기 때문이다. 그러나 코헬레트는 그런 표어를 알지 못했다고 가정해보자. 그렇다면 그의 진술은 쾌락주의자 자신들의 진술이 의미했던 것과 똑같은 것을 뜻했을까? 그가 어떻게 해서든지 그 진술로써 자신의 궁극적 결론과 일치하는 뭔가를 의미하려고 하지 않았을까? 이러한 일련의 생각은 추구해 볼 가치가 있다.

거기에는 일리가 있을 지도 모른다. 왜냐하면 코헬레트는 제 2장 초두에서 우리가 쾌락주의라고 말할 만한 것인 쾌락, 즐거움, 웃음, 포도주, 종(노비), 금, 은, 음악과 사랑을 맛본 솔로몬의 경험을 묘사하고 있기 때문이다. 충실한 쾌락주의자가 그 이상 무엇을 더 원하랴? 그러나 코헬레트의 결론은 그것이 모두 헛되다는 것이다. 따라서 그는 이와 유사한 쾌락의 노정을 더 작게라도 모든 사람들에게 주창(主唱)할 수 없었을 것이다. 그러면 그가 의미하는 바는 무엇인가? 이제 이 책의 서론과 결론으로 돌아가 보자.

> …… 헛되고 헛되니 모든 것이 헛되도다(전 1:2).
> …… 하나님을 경외하고 그의 명령을 지킬지어다.……
> 하나님은 모든…… 일을 선악 간에 심판하시리라(전 12:13~14).

전자는 모든 인생에 대한 평결이다. 후자는 이 평결을 염두에 둔 조언이다. 그러나 그 평결은 올바른가? 이것이 바로 코헬레트가, 우리로 하여금 모든 각도에서 인생을 볼 수 있도록, 인생을 계속 숙고하여 조사한 것이다. 그리고 그는 인생이 헛되고 공허하며 무익하지만, 살 가치가 없다는 의미에서가 아니라는 것을 인정하도록 우리에게 요구한다. 코헬레트가 사용한 "헛되다"라는 용어는 훨씬 더 광범위한 것을 묘사한다. 이러한 뜻에서 인생이 스스로의 문제를 해결할 수 있는 열쇠를 우리에게 제공해줄 수 없기에, 모든 인생은 헛된 것이다. 이 책은 인생의 열쇠를 찾으려는 추구를 기록한다. 그리고 이것은 전체적으로 볼 때에 인생에 의미를 부여하려는 노력이다. 그런데 해 아래에서는 열쇠가 없다. 인생은 자체 문제를 해결할 수 있는 열쇠를 잃어버렸다. "헛되고 헛되니 모든 것이 헛되도다." 만일 당신이 열쇠를 원한다면, 당신은 자물쇠 제조자에게로 가야만 한다. "하나님이 모든 미지의 것에 대한 열쇠를 가지고 계신다." **그런데 그분은 당신에게 주시지 않을 것이다.** 따라서 당신은 열쇠를 얻을 수 없기 때문에 문을 열려면 자물쇠 제조자를 신뢰하여야 한다.

쾌락주의적인 후렴으로 돌아가기 전에, 나는 이것이야말로 이 책의 주제이며, 나 자신의 공상에 불과한 것이 아니라는 점을 우리 모두가 확신하기를 바란다. 전도서 3:10~11의 진술은 교훈적이다.

> 하나님이 인생들에게 노고를 주사 애쓰게 하신 것을 내가 보았노라. 하나님이 모든 것을 지으시되 때를 따라 아름답게 하셨고 또 사람에게 영원을 사모하는 마음을 주셨노라. 그러나 하나님의 하시는 일의 시종을 사람으로 측량할 수 없게 하셨도다.

많은 주석가들이 여기에서 영어개역판(Revised Version)의 난외 번역을 채택하여 히브리어 hā'ôlām을 '세상'(흠정역)이 아닌 '영원'으로 번역하였다. 이것이 의미가 더 잘 통하기에 우리도 이 번역을 택한다. 바로 앞의 문맥(1~8절)은 정한 때에 일어나는 일을 다루고 있다.

> 범사에 기한이 있고 천하만사가 다 때가 있나니 날 때가 있고 죽을 때가 있으며 심을 때가 있고 심은 것을 뽑을 때가 있으며……(3:1~8).

그리고 긴 목록이 뒤따라 나온다. 그 다음에 방금 인용한 두 구절(전 3:10~11)이 나온다. 하나님은 우리에게 노고를 주셨다. 때에 따라 우리에게 일들이 일어나지만 일들의 장래, 즉, 전체적 도식을 사모하는 마음을 또한 주셨다. 그러나 우리가 아무리 노력해도, 비록 모든 일들이 아름다운 계획안에서 제 몫을 하고 있다고 믿음으로 외칠 수는 있지만, 그것을 볼 수가 없다.

이것은 동떨어진 생각이 아니다. 전도서 7:14에도 나온다. "형통한 날에는 기뻐하고 곤고한 날에는 되돌아보아라. 이 두 가지를 하나님이 병행하게 하사 사람이 그의 장래 일을 능히 헤아려 알지 못하게 하셨느니라.” 또 전도서 8:17에도 나온다. “또 내가 하나님의 모든 행사를 살펴보니 해 아래에서 행해지는 일을 사람이 능히 알아낼 수 없도다. 사람이 아무리 애써 알아보려고 할지라도 능히 알지 못하나니 비록 지혜자가 아노라 할지라도 능히 알아내지 못하리로다.”

하지만 이것은 염세주의가 아니다. 이것은 엄숙한 진리로서, 코헬레트의 시대와 마찬가지로 기독교 시대인 오늘날에도 똑같이 참된 것이다. 저 영원한 질문인 ‘왜?’는 우리의 인생 위에 항상 덮친다. 그래서 우리는 도처에서 그 질문을 만난다. 우리가 아주 좋아하던 희망들이 산산이 부서진다. ― 왜? 나치(Nazi)의 무리가 유럽에서 발호(跋扈)한다. ― 왜? 하나님께서는 전쟁을 허용하신다. ― 왜? 쓸모없는 건달이 기적적으로 구출되는 반면, 훌륭한 크리스천 젊은이의 생명은 휩쓸려 가버린다. ― 왜? 왜? 왜? 도대체 이 모든 것의 의미는 어디에 있단 말인가? 그러나 우리는 계속 그 의미를 추구해야 한다. 인생이 아무 의미가 없다는 말은 믿어지지 않는다. 생각이 있는 사람이라면 누구나, 그 의미를 찾을 수만 있다면, 그 어딘가 그것이 있다고 믿는다. 그는 멀리 바라보지 못할지도 모른다. 무가치한 인생철학에 빠져들지도 모른다. 또는 인생의 설계도를 찾으려는 노력으로 이성, 과학, 또는 철학의 깊이를 측량해볼지도 모른다. 그러나 그는 그것을 발견할 수 없다. 조아드(Joad)는 그것을 찾지 못하였다. 헉슬리(A. Huxley)도 발견하지 못하였다. 칼 바르트(K. Barth)도 발견하지 못하였다. 아무도 못하였다. 허나 우리가 그것을 손에 쥐었다고 생각하는 순간, 그 도식에 전혀 들어맞지 않는 어떤 일이 일어난다. 그러나 우리는 계속 추구한다. 아니 추구해야만 하는 것이다. 우리는 그렇게 하지 않을 수가 없다. “하나님이 인생들에게 노고를 주사 애쓰게 하신 것을 내가 보았노라. 하나님이 모든 것을 지으시되 때를 따라 아름답게 하셨고 또 사람에게 영원을 사모하는 마음을 주셨느니라. 그러나 하나님의 하시는 일의 시종을 사람으로 측량할 수 없게 하셨도다.”(전 3:10~11)

코헬레트가 어떻게 주제를 전개하는지 보라. 우리는 그와 함께 인생에 대한 해답을 추구하면서 이 세상을 겪는다. 그리고 그는 항상 여기에는 헛됨과 좌절과 당황함밖에 없다는 것을 인정하게끔 만든다. 인생은 그 자체에 대한 해답을 주는 열쇠를 제공해주지 않는다.

그와 함께 전도서 1장으로 가서 하나님의 위대한 계시인 자연계(自然界)를 공부하라. 그러나 자연계는 햇빛과 바람, 비, 강 등의 끊임없는 순환으로써 하나님에 대하여 말하는 것이 사실이지만, 하나님의 계획을 보여주지 못하는 폐쇄체계이다. 그러므로 열쇠는 자연계에 있지 않다.

그러면 이제 인간에게서 시도해보자. 아마도 열쇠는 역사의 진행 과정이나 과학의 진보 과정에서 발견될지도 모른다. 그러나 우리가 보는 것은, 이것저것을 애써 찾고 무엇인가를 더듬어 찾되 만족을 얻지 못하면서 계속 새로운 발명품을 만들어내는 끊임없는 세대의 연속뿐이다. 그 발명품도 단지 자연계의 폐쇄체계 속에 이미 존재하는 것을 응용한 데에 불과하며, 인간이 갈망해 온 생애에 대한 새로운 진리나 해답에 결코 빛을 비춰주지 못한다. 따라서 열쇠는 인류에게 있지 않다.

그러나 그것이 지혜안에 있을지도 모른다. 분명히, 가장 뛰어난 두뇌를 가진 사람들은 해답을 가지고 있을 것이다. 그렇지 않다면 지혜가 무슨 쓸모가 있겠는가? 그러면 지혜는 만족을 주는가? 코헬레트는 이 책의 1장 둘째 부분에서 이 문제에 직면한다. 비록 당신이 솔로몬의 지혜를 가지고 있다 할지라도 그의 평결은 이렇다. "지혜가 많으면 번뇌도 많으니 지식을 더하는 자는 근심을 더 하느니라"(전 1:18). 왜 이렇게 되어야만 하는가? 15절이 그 답을 암시한다. "구부러진 것도 곧게 할 수 없고 모자란 것도 셀 수 없도다." 후반절을 알기 쉽게 의역한다면, 세상은 파산되어 어찌할 수 없다는 뜻이다. 인생의 파탄을 알아차리는 사람은 오직 진정한 지혜자 뿐이다. 철학은 절망에 이르기 쉽다. 만족한 돼지보다 불만스러운 소크라테스(Socrates)가 되는 것이 좋다는 말이 있다. 분명히 소크라테스는, 결코 찾지 못할 열쇠를 영원히 찾아야만 한다는 것을 알기 때문에, 항상 불만스러웠을 것이다.

그러나 도대체 만족한 돼지 같은 인간이 있겠는가? 만약 있다면 아마도 그는 열쇠가 결국 돼지우리의 진창 속에 떨어져 있는 것을 발견할 수 있을 것 같다.

그래서 코헬레트는 그 곳을 관찰한다. 2장에서 그는 철저한 인간 동물이 되는 것이다. 그는 감각적 쾌락의 전체 노정을 달려본다. 그러고 나서 그의 평결은 "헛되어 바람을 잡으려는 것이다"라는 것이다. 당신이 인생의 영원한 불만족에 대한 해답을 그곳에서 얻지 못하는 것은, 마치 손으로 바람을 잡지 못하는 것과 같다.

이제 코헬레트의 마음은 우왕좌왕 흔들려 갈피를 잡지 못한다. 단서가 지혜에 있지 않다면 아마 우매 속에, 즉, 모든 생각에 대하여 마음을 닫아버리는 태도 속에 있는 것이 아닐까? 그러면 우매자가 이상적인 인물인가? 아니다. 그것을 인정할 수 없다고 코헬레트는 외친다. "내가 보니 지혜가 우매보다 뛰어남이 빛이 어두움보다 뛰어남 같도다"(전 2:13). "그러나(원문) …… 그들 모두가 당하는 일이 모두 같으리라는 것을 내가 깨달아 알았도다. …… 오호라 지혜자의 죽음이 우매자의 죽음과 일반이로다"(전 2:14b와 16b). 이제 코헬레트는 우리를 처음으로, 최고의 허무인 죽음, 모든 사람의 문을 두드리는 죽음, 사람이 가장 기대하지 않을 때에 다가오는 죽음, 인간의 가장 훌륭한 계획들을 망쳐버리는 그 죽음과 대면하게 한다. 죽음은 사람으로 하여금 인생을 미워하게 할 수 있다. 그 이유는 사람이 죽기를 원하기 때문이 아니라, 죽음이 인생을 그토록 허무하게 만들기 때문이다. 이는 마치 해변의 한 어린이가 그토록 끈질기게 여러 차례 쌓아 올린 모래성들이 냉혹한 파도에 의해 파괴되어 그것들을 더 쌓기에 지친 것과 같다. 코헬레트는 전도서 2:18~23에서 하나의 예를 보여준다. 어떤 사람이 자신을 위해 부와 세력을 얻고 명성을 떨쳤다. 만약 그가 영원히 살 수만 있다면, 모든 것이 잘 되어 가리라. 그러나 그의 임종 시 그의 모든 소유는 타인에게로 넘어가고, 그래서 그는 낭비자와 우매자가 되어버리는 것이다.

염세주의 중의 염세주의니, 모든 것이 염세주의일 뿐이다! 그렇다면 하나님께서는 결국 우리를, 우리가 이해하려고 항상 노력해야 하면서도 결코 이해할 수 없는 인형극에서, 꼭두각시처럼 춤을 추게 하신 것이다.

모든 현(絃)을 끊고 자살로써 연극을 마치거나, 자신의 곡조대로 춤을 추면서 하나님의 곡조에 맞춰 춤을 추었노라고 하는 것 이외에는 아무런 처방도 없는 것 같다. 후자는 페르시아의 유명한 시인 오마르 카얌(Omar Khayyam)의 결론이지만, 이 두 견해가 코헬레트의 해결책은 아니다. 그런데 이들의 인생과 종교에 대한 궁극적 결론들이 너무나 균형이 잘 잡혀 있기 때문에, 여러 곳에서 코헬레트와 오마르 카얌의 사이에는 간발의 차이밖에 없다. 그렇지만 이 간발의 차이가 코헬레트의 책을 하늘에 올려놓고 오마르 카얌의 루바이야트(Rubaiyat)는 땅에 묶어 놓았다.

이제 드디어 우리는 언급한 바 있는 후렴의 해석을 다룰 준비가 되었다. 그러나 한 번 더 잠시 멈춰 서서 코헬레트가 제기한 인생의 문제에 대한 가능한 해결책은 무엇이며, 이에 대한 기독교의 해답은 무엇인가 자문해 보자. 자살은 분명히 하나의 가능한 해결책일 수도 있는데, 그것은 인간이 문제가 너무 벅차서 이해할 수 없기 때문에 절망한 나머지 생을 포기하고 마는 것이다. 철학자들도 이 해결책은 거의 받아들이지 않았으며 이것은 해결책이 전혀 되지 못한다. 대중적 쾌락주의는, 문제를 해결할 수 없다고 보아 포기해 버리는 또 하나의 해결책이다. 어떤 사람들은 이것이 코헬레트의 해답이라고 믿어왔다. 그러나 만일 그것이 사실이라면, 이 책의 결론적 귀결들과 도중에 나오는 다른 귀결들은 타인의 저작으로 돌려야만 하며, 코헬레트 자신은 세속적 인물로서 되는 대로 갈겨썼다고 보아야 한다. 숙명론이 문제를 해결한다고 하자. 그러면 하나님은 단지 독단적 재판관이거나, 아마도 자신의 변덕이나 기분에 따라 일하는 비인격적 운명과 같은 존재에 지나지 않을 것이다. 오마르 카얌은 이 숙명론과 쾌락주의를 결합시킨다. 그러나 우리의 마음을 재삼 인생의 문제로 향할 수밖에 없도록 하는 이 원동력은 무엇인가? 그것은 쓸데없는 호기심에 지나지 않는 것인가? 아니면 그것은 하나님의 형상대로 지음 받은 우리의 유업의 일부분으로서, 우주는 통일성을 가졌다는 것과, 그 의미가 무엇인지를 발견할 수만 있다면, 이치에 맞는 것임을 우리가 알 수 있지 않을까?

기독교의 대답은 우주가 정말로 이치에 맞는다는 것이다. 그리스도 안에 그 중심을 두며 절정을 가지는 계획과 목적이 존재한다는 것이다. 신자로서 우리는 그 계획의 절대 필요한 부분으로 예정되었다. 우리는 "…… 그리스도 예수 안에서 선한 일을 위하여 지음을 받은 자니 이 일은 하나님이 전에 예비하사 우리로 그 가운데서 행하게 하려 하심이니라"라고 에베소서 2:10에 말씀하셨다. 그러나 기독신자에게 라도 그 계획을 다 이해하도록 허락되지는 않았다. 기독신자까지도 그의 일생에서 진행되는 모든 일들이 그 계획 속에서 어떻게 일어나는가를 설명할 수 없다. 그러나 그럼에도 불구하고 그는 개개의 경험들을 모두 연결시키는 어떤 전체성을 어렴풋이 나마 보려고 항상 노력하고 있다. 그러나 그는 계속해서 로마서 8:28의 입장, 즉 "우리가 알거니와 하나님을 사랑하는 자 곧 그의 뜻대로 부르심을 입은 자들에게 는 모든 것이 협력하여 선을 이루느니라"든지, 혹은 "하나님을"('톤 쎄온') 대신에 "하나님이"('호 쎄오스')로 읽으면 "우리가 알거니와 하나님은 그를 사랑하는 자들 에게 모든 것이 협력하여 선을 이루도록 하시느니라"는 입장으로 되돌아가게 된다. 그렇다면 기독교적 태도는 믿음과 확신이다. 기독신자는 이렇게 말한다.

> 내가 알기에 이 모든 것들은 하나님의 전체적 계획안에서 그 역할을 해야만 한다. 나는 그 계획이 무엇인지 알기를 열망하며, 그것을 전체적으로 보기를 사모하며, 그것을 보고자 항상 노력할 것이다. 그러나 나는 그러는 동안에 되풀이되는 일상생활에서 내가 하나님의 뜻을 행하고 있다는 믿음을 가지고 하루하루를 살아 갈 것이다. 나는 하나님께서 내게 주신 것으로 만족하며 하나님의 손으로부터 나의 삶을 받을 것이다.

내가 믿는 대로 만일 이것이 기독신자의 해답이라면, 그것은 또한 코헬레트의 해답이기도 하다. 만일 그가 쓴 후렴이 이 책의 나머지 부분에 입각해서 해석된다면, 그것은 기독신자가 "나는 내 생활을 구성하는 것, 즉 먹을 것과 마실 것과 일할 것을 하나님의 손으로부터 받을 것이다. 모든 것은 합력하여 선을 이룬다"라고 말할 때와 같은 것을 의미할 수 있을 뿐이다. 그래서 코헬레트는 전도서 2:24에서 "사람이 먹고 마시며 수고하는 것보다 그의 마음을 더 기쁘게 하는 것이 없나니 내가 이것도 본즉 하나님의 손에서 난 것이로다"라고 말한다. 또 다시 전도서 3:11~13에서 "하나님이 모든 것을 지으시되 때를 따라 아름답게 하셨고 또 사람들 에게는 영원을 사모하는 마음을 주셨느니라. 그러나 하나님이 하시는 일의 시종을 사람으로 측량할 수 없게 하셨도다. 사람들이 사는 동안에 기뻐하며 선을 행하는 것보다 더 나은 것이 없는 줄을 내가 알았고 사람마다 먹고 마시는 것과 수고함으로 낙을 누리는 그것이 하나님의 선물인 줄도 또한 알았도다"라고 말한다.

이제 이 주제는 후렴에서뿐만 아니라 책 전체를 통하여 계속 흐르고 있다. 비록 하나님의 계획의 하나하나의 단계들은 여전히 신비로 남아 있고 믿음으로써 받아들 여야만 할지라도, 그분의 계획은 틀림없다는 사상이 거기에 있다. 그러나 인간은 그 계획이 있다는 인식을 결코 놓쳐서는 안 되며, 또 먹는 것과 마시는 것과 일하는 것 등 인생의 일상사들을 마치 하나님의 선물이 아닌 것처럼 취급해서는 안 된다. 그러므로 사람은 젊을 때부터 하나님을 섬기는 것을 배워야만 하며 심판이 있을 것이라는 것도 기억해야만 된다. 물론 심판도 하나님의 계획에 들어있다. 그리고 만일 우리 죄들이 하나님의 계획으로부터 타락한 것이 아니라면, 우리를 심판하시 는 하나님의 공의를 정당화하기가 어려울 것이다. 그러나 우리가 하나님을 섬길 의무가 있다는 사실을 인식하도록 양육 받았다면, 이것의 도움으로 우리는 하나님 의 손에서 매일의 생활을 영위하게 할 것이다. 이것이 전도서 11:9,10에 나타난 코헬레트의 사상이다.

> 청년이여! 네 어린 때를 즐거워하며 네 청년의 날들을 마음에 기뻐하여 마음에 원하는 길들과 네 눈이 보는 대로 행하라. 그러나 하나님이 이 모든 일로 말미암아 너를 심판하실 줄 알라. 그런즉 근심이 네 마음에서 떠나게 하며 악이 네 몸에서 물러가게 하라 어릴 때와 검은 머리의 시절이 다 헛되니라.

환언하면, 코헬레트는 청년들에게 그들의 생을 즐기라고 조언하지만, 그들의 즐거 움이 하나님께 대한 책임의식에 의하여 규제를 받아야 하는 것을 잊지 말라고 충고한다. 그들은 심신을 해롭게 하는 모든 것을 물리쳐야 하며, 청년의 때는 인생의 전부가 아니라는 것을 기억해야 한다. 즉 청년기는 중년기와 노년기를 거쳐 마침내 죽음에 그 자리를 내어줄 것이다. CSS M[1867년에 조직된 단체인 Children's Special Service Mission의 약자인데 현재는 Scripture Union(성서유니온) 이라고 부른다. - 역자 주]의 지도자라고 할지라도 더 할 말이 있겠는가?

그러나 이 죽음에 대한 질문은 약간의 고찰이 더 필요하다. 다시 한 번 코헬레트의 진술은 책 전체의 배경에서 해석해야만 한다. 죽음은 코헬레트에게는 유익한 것이며 무엇인가를 생각하게 하는 것이다. 그가 전도서 3:18~22에서 그것을 어떻게 다루고 있는가 보라. 인간은 공통적으로 마치 그가 하나님의 계획을 실행하기 위한 무제한의 시간을 갖고 있는 것처럼 생활하는 경향이 있다. 우리들 대부분이 이 인생이 무한히 연장될 것처럼 살고 있다는 것은 비정상적 사실이다. 혹은 우리는 다른 관점에서 죽음을 봄으로 영혼의 불멸성에 집착하여, 지금 하나님을 섬기는 도구는 육체이며, 만일 우리가 지금 이 육체로 하나님을 섬기지 못한다면, 지금 하지 못한 것을 미래에 결코 보충할 수 없음을 망각한다. 그런데 몸이란 연약한 것이다. 그것은 인간을 동물계와 연결시켜 주는 것이다. 동물과 인간은 광물계와 식물계에 없는 것 즉, 몸과 영을 가지고 있다. 동물이 영을 소유하고 있다는 것은 꽤 충격적일지도 모른다. 그러나 만일 당신이 충격을 받았다면, 그것이 바로 당신이 코헬레트를 오해했다는 것을 증거이다. 어떤 성경 심리학자는 성경에서 '영'이란 용어가 다르게 쓰인다는 사실을 인식하지 못했다. 그렇기 때문에 그는 코헬레트가 전도서 3:21에서 사람은 죽을 때에 짐승과 꼭 같은 방법으로 멸망한다고 가르치는 것으로 이해하였다. 또한 그는, 전도서 12:9에서 영은 그것을 주신 하나님께로 돌아간다고 했을 때에도, 사람이 임종 시 스올(Sheol)이 아닌 천국으로 직행한다고 말하는 것으로 이해하였다. 그러나 사실은 코헬레트가 이 구절들에서 사람의 영의 존속을 말한 것이 아니다. 인간의 생명을 포함한 모든 동물적 생명은 두 가지 면, 즉, 육체적인 몸과 그 몸을 생동하게 하는 생명 원리를 가지고 있다. 이 사상은 시편 104:29~30에 다시 표현된다. "…… 주께서 그들의 호흡을 거두신즉 그들은 죽어 먼지로 돌아가나이다. 주의 영을 보내어 그들을 창조하시나이다……." 이 생명 원리 또는 영은 하나님의 선물로서, 육체가 먼지로 돌아갈 때에 이 생명 원리도 모든 생명의 창조자에게로 돌아간다.

이제 전도서 3:18~22의 해석으로 되돌아가면, 우리가 동물계와 공유하고 있는 이 몸은 연약한 것이지만, 그것이 바로 하나님을 섬기는 도구이다. 동물은 죽을 때에 어디로 하는가? 흙으로 돌아간다. 그 생명원리는 어떻게 되는가? 당신은 그것이 가는 곳이 사람이 가는 곳과 다르다고 단언할 수 있는가? 환언하면 인간은,

육체적 죽음이란 사실에 관한 한, 동물보다 높은 위치에 서 있는가? 섬김에 있어서 미래의 기회란 생각조차 말 것이다. 우리는 이 육체라는 몸을 쓰고 있는 동안의 봉사에 관하여 말하고 있다. 금세의 이 생명이 하나님께서 당신에게 주신 몫이다. 당신은 금생에서 당신의 만족을 찾고 자신을 인식해야 한다. 왜냐하면 당신은 동물이 되돌아오지 못함 같이 이 땅으로 다시 돌아오지 못할 것이기 때문이다.

나는 이것이야말로 그 구절의 바른 해석이라고 제언하는 바이다. 나는 전도서 8:16~9:10에 대해서도 비슷하게 해석하고자 한다. 여기서 다시 한 번 우리는 그 계획을 알려고 사모하는 마음을 발견한다.

> 또 내가 하나님의 모든 행사를 살펴보니 해 아래에서 행해지는 일을 사람이 능히 알아낼 수 없도다. 사람이 아무리 애써 알아보려고 할지라도 능히 알지 못하나니 비록 지혜자가 아노라 할지라도 능히 알아내지 못하리로다(전 8:17).

여기에서도 우리는 그 계획을 믿음으로 수납한다. "…… 의인들이나 지혜자들이나 그들의 행위나 모두 다 하나님의 손 안에 있으니……"(전 9:1). 또 여기에 개개의 사건에 대한 당황함이 있다. "모든 사람에게 임하는 그 모든 것이 일반이라 ……"(전 9:2). 개인의 통제를 넘어서는 일들은 흔히 우연하게 일어나는 듯싶다. 실로암 망대(눅 13:4)는 악인에게 뿐만 아니라 선인에게도 무너진다. 그러고 나서 서서히 두드러지게 나타나는 것은 모든 인류에게 닥치는 한 가지 즉 죽음의 사건이다. 그리고 죽음은 모든 것을 끝맺는다. "…… 산 개가 죽은 사자보다 낫기 때문이니라"(전 9:4). "산 자들은 죽을 줄을 알……"(전 9:5)기에 이에 따라 계획들을 세울 수 있다. 사는 동안에 하나님의 계획안에서 자신의 한 몫을 하는 것은 결코 늦지 않다는 의미가 있다. 그러나 죽은 자는 이미 인생의 노정을 마친 것이다. 그들은 스올에서 심판을 기다리고 있다. 그들은 산 자들이 지상에서 일어나는 일들을 아는 것처럼, 그 일들을 알지 못한다. 그들에게는 더 이상 주인(the Master)께서 주시는 상급을 얻을 기회가 없다. 사랑과 증오와 질투의 감정의 도구인 그들의 몸은 흙으로 돌아가서 더 이상 해 아래에서의 삶에 동참할 수 없다.

이제 전도서 9:7～10에서 후렴이 얼마나 아름답게 뒤이어 나오는가 보라. 인생의 평범한 일들에 종사하며 거기에서 하나님을 섬기는 낙을 찾으라. 인생은 허무일 뿐이나, 만일 기회가 있을 동안에 그것을 놓치지 않고 포착하기만 하면, 그 허무는 유익으로 바뀔 수 있는 허무이다.

> 네 손이 일을 얻는 대로 힘을 다하여 할지어다. 네가 장차 들어갈 스올에는 일도 없고 계획도 없고 지식도 없고 지혜도 없음이니라(전 9:10).

만약 마지막 구절이 기독교 아류(亞流)의 가르침으로 들린다면 우리는 그리스도께서 친히 하신 말씀을 상기함이 좋겠다. "때가 아직 낮이매 나를 보내신 이의 일을 우리가 하여야 하리라. 밤이 오리니 그때는 아무도 일할 수 없느니라"(요 9:4). 이렇게 우리가 모든 힘을 다해 일해야 함을 강조함은 이것이, 우리의 인생을 하나님의 손에서 나온 것으로 받아들이는 사상과 꼭 알맞게 균형을 이루는 사상이기 때문이다. 우리가 사건들의 흐름을 부드럽게 따르며 모든 것에 대하여 이것은 "하나님의 뜻이다"라고 말하면서, 인생을 완전히 체념하는 정신으로 살아서는 안 된다. 이것은 코헬레트의 생각이 아니다. 그가 심판에 대한 경고와 더불어 도덕적 책임이라는 사상을 가르쳤다는 사실은, 우리가 우리 인생을 자유인으로서 살아야한다는 것을 알려준다. 더욱이 잠언과 같은 지혜의 파편들마저도 우리 인생의 실제적인 면을 돕는 안내자로 의도된 것이다. 결국 우리가 도달한 결론은, 우리 인생에서 일어나는 사건들만으로는 그 사건들의 의미를 알 수 있는 실마리를 제공하지 못한다는 사실이다. "…… 빠른 경주자들이라고 선착하는 것이 아니며 용사들이라고 전쟁에 승리하는 것이 아니며 지혜자들이라고 음식물을 얻는 것도 아니며 명철자들이라고 재물을 얻는 것도 아니며 지식인들이라고 은총을 입는 것이 아니니 이는 시기와 기회는 그들 모든 자에게 임함이라"라고 코헬레트는 전도서 9:11에서 말한다. 그리고 만일 우리가 정직하다면, 이것은 인생이 우리에게 주는 인상(印象)이라는 것을 인정해야 한다. 누구도 성공을 보장할 수 없으며, 누구도 하나님께서 인생의 모든 사건들 속에서 그를 어떻게 다루실 것인지 알 수 없다. 그러므로 우리는 인생의 수많은 사건들을 이러한 토대 위에서 계획해야만

한다. 사실 우리는 하나님의 백성으로서 하나님의 영광을 위하여 인생을 꾸려가기를 진심으로 원하지만, "내가 이러저러한 일을 하면 그것이 하나님의 계획에 부합하리라는 것과 그래서 그분께서 그 일로 내게 복 주실 것을 나는 안다"라고 확정적으로 말하기가 매우 어렵다는 것을 발견한다. 이것이 전도서 11장의 요점이다.

당신이 상인이나 농부라고 하면, 한 번의 모험적 사업에 모든 재산을 투자하거나, 100퍼센트의 성공을 바라면서 씨를 다 뿌릴 목적으로 하나님의 무오(無誤)한 지시를 기다리는 것은 쓸데없는 일이다. 당신은 상식을 사용하여 할 수 있는 대로 인생의 미지의 사건들에 대처할 준비를 해야 한다. 상인이라면 여러 개의 사업계획으로 위험을 분산시켜야 하며, 농부라면 두 번 이상이 아닌, 단 한 번의 수확이라도 확실하게 하기 위해 여러 다른 시기에 파종하라. 이 모든 것이 진부하게 들릴지라도, 나에게는 이것이 인생의 참된 길잡이처럼 보인다. 하나님께서 우리에게 절대로 확실한 인도를 허락하실 때까지는, 그리고 세상사가 명백히 무차별하게 계속 일어나는 한에는, 나는 우리에게 다른 방도가 없다고 본다. 그러나 우리가 기억해야 할 사실은, 하나님의 섭리에 대한 믿음 때문에 우리는 사건들의 일반적인 흐름에도 예외가 있음을 믿을 수 있다는 것이다. 하나님은 이적을 행하실 수 있으시며 또 실제로 행하신다. 이것들이 자연적 원인들을 통하여 이루어진다고 할지라도 역시 이적이다. 하나님의 백성은 종종 기적적으로 구원을 받는다. 그러나 코헬레트가 주장하는 바와 같이, 개개인의 삶에 하나님께서 역사하셨음을 입증하는 것은 기적이지만, 기적은 코헬레트나 우리에게 더 이상 **명백하게** 나타나지 않고, 다만 우리가 하나님의 역사하심을 볼 수 있는 분명한 기회는 일반적 법칙을 통해서라고 말하는 것이 옳다. 그러나 다시 강조해보자. 하나님께서는 계획을 갖고 계시며 그 계획의 마지막 지점에서 자신을 입증하실 것이다. 그러나 궁극적인 목표에 도달하기까지는, 우리가 도중에 눈에 보이는 대로 그 계획을 판단하려고 해서는 안 된다. 우매자는 이것을 시도하려고 할 것이나 잘못된 인생철학으로 빠지게 될 것이다. 전도서 8:11-13에 있는 코헬레트의 말에 귀를 기울여보자.

¹¹악한 일에 관한 징벌이 속히 실행되지 아니하므로 인생들이 악을 행하는 데에 마음이 담대하도다. ¹²죄인은 백 번이나 악을 행하고도 장수하거니와 또한 내가 아노니 하나님을 경외하여 그를 경외하는 자들은 잘 될 것이요 ¹³악인은 잘 되지 못하며 장수하지 못하고 그 날이 그림자와 같으리니 이는 하나님을 경외하지 아니함이니라(전 8:11-13).

우리는 지금 코헬레트의 재판 사건을 다루고 있다. 나는 그의 변호인으로서 키케로(Cicero, 주전 106-43년, 로마의 웅변가이며 정치가 - 역자 주)가 쓴 『아르키아 앞에서(*Pro Archia*)』에서 한 문장을 채용하여 말하고자 한다. "나는 나로 인하여 당신이, 전도서가 현재 정경에 속해 있기 때문에 거기서 제외돼서는 안 되며, 또한 전도서가 만약 정경 중에 없었다면 반드시 정경에 포함되어야만 한다고 말하기를 바란다." 전도서는 독특한 책이므로 성경에서 빠지면 틀림없이 손실이다. 그러나 참으로 명백한 것은, 전도서는 신약이 아닌 구약에 속하기 때문에 인생의 문제에 대해서 최종적인 말은 아니라는 점이다. 하지만 전도서의 해답은 신·구약 성경에 함께 나타나는 일관된 사상과 일치한다. 바울이 로마서 8장에서 모든 피조물의 헛됨을 말한 후, 신자들에게까지도 문제를 일으키는 고난과 또한 신자가 자신의 일상생활에서 일어나는 모든 것이 합력하여 선을 이룬다(28절)고 믿는 확신에 대해 계속해서 언급한 것은 단지 우연일 뿐인가? 여기서 '모든 것'이란 우리가 모든 인류와 공유하고 있는 온갖 뜻밖의 일들, 즉 빠른 경주자라고 선착하는 것이 아니며 강자라고 전쟁에 승리하는 것이 아닌 것과 같은 일들을 의미한다. 세상이라는 저울은 우리에게 유리한 쪽으로 기울지 않는다. 그러나 세상에 속한 사람을 부숴버리는 것이라 할지라고, 그 사람이 그것을 하나님의 손에서 취하기만 한다면, 그를 진정한 신자로 만들 수 있다.

당신은 인생에 의미를 부여할 수 있는 열쇠를 찾아야만 한다. 그것이 비록 쓰디쓴 고통이라 할지라도 찾아야만 한다. 하나님께서 그렇게 하도록 당신을 만드셨기 때문이다. 그러나 당신은 이 세상에서도, 인생 속에서도 그 열쇠를 찾지 못할 것이다. 계시 속에서라야 당신은 하나님이 역사하시는 방법을 개략적으로나마 발견할 수 있고, 그리스도 안에서라야 그 열쇠를 만져볼 수 있을 것이다. 하지만 아직 아무도 그 열쇠를 꼭 움켜잡지는 못했다. 어떠한 인생철학도 그리스도를 제외시킨다면 우리에게 만족을 줄 수 없다. 그리스도를 제외시킨다면 최상의 기독교철학일지라도 실패할 수밖에 없다. 그렇다고 절망하지는 말라. 하루하루 살아야 할 삶이 있으니 말이다. 그리고 우리 눈으로 보기에는 서로 관계가 없어 보이는 사건들이 계속되는 매일의 삶 속에서도 우리는 하나님을 섬길 수 있고 영화롭게 해드릴 수도 있다. 더욱이 매일의 삶에서 하나님을 섬김으로 우리가 기쁨을 얻을 수 있음은, 우리가 하나님께서 우리를 지으신 목적을 이루어가고 있기 때문이다.

이것이 코헬레트의 인생철학이다. 그가 틀렸을까?(*)

IV. 선지서

17

이사야 14:12에 나타난 "계명성(Lucifer)"의 이해

로버트 엘 알덴
(Robert L. Alden)

성경에서 "계명성(Lucifer)"을 언급한 곳은 이사야 14:12뿐이다. 그러나 여러 성경 역본들은 이 구절의 난외(欄外)에 주(註)를 달아, 예수님의 말씀을 기록한 누가복음 10:18과 연결시킨다(스코휠드 레훠런스 바이불[1909]과 JB는 사 14:12의 관주에 눅 10:18이 있고 눅 10:18의 관주에도 사 14:12가 있다. NJB는 사 14:12에만 눅 10:18이 있다. 개역성경과 개역개정판에는 눅 10:18의 관주에만 사 14:12가 있다. - 역자 주).

예수께서 이르시되 사단이 하늘에서 번개같이 떨어지는 것을 내가 보았노라.

하지만 필자는 그렇게 연결 지을 수 없다고 보는데, 왜 그런지 다음의 글에서 그 이유를 밝히려고 한다.

이사야 14:12의 hêlēl ben-shaḥar(우리말성경에서는 "계명성" - 역자 주)는 번역하기가 쉽지 않은 문구이다. '벤 샤하르'는 문제가 되지 않는다.[1] 그 뜻은 "아침의 아들" 정도가 되는 의미이다. 샛별(새벽별)은 아침의 아들이다. 히브리어로 bēn 즉, "아들"이라는 관용구는 그 다음에 이어지는 절대형으로 된 낱말과 밀접히 관련된 어떤 것, 혹은 뒷말에 종속하는 어떤 것, 혹은 뒷말로 설명이 되는 어떤 것을 뜻한다.[2] 그러면 hêlēl은 이름인가? 그것은 보통명사인가? 동사인가? '헬렐'

---

[1] H. Winckler (*Geschichte Israel*, ii, 24)는 shāḥar 대신 sāhar("달")를 내세워서 "달의 아들"로 보려고 한다. 이 말이 나오는 곳은 삿 8:21,26과 이사야 3:18이다.

[2] 사 5:1을 참조하라. "심히 기름진 산"이란 문자적으로는 "기름의 아들의 뿔"을 말한다.

이라는 낱말은 스가랴 11:2에서는 어근이 yālal인 동사와 병행하여 나온다. 따라서 이 두 낱말은 "울부짖다" 혹은 "고함치다"라는 뜻이며 의성어(擬聲語)로 볼 수 있다. 에스겔 21:12(원문은 17절)에도 이와 유사한 상황이 나온다. 거기에서 '헬렐'은 "부르짖다"를 뜻하는 zā'aq와 나란히 나온다. 예레이먀 47:2에도 이와 관련된 어형('힢일'형)이 나오는데 거기에서는 그 낱말이 "울부짖다"로 번역된다. 다른 역본들 중에서도 특히 수리아역(Syriac의 d'lal)이 문제의 그 낱말을 그렇게 이해하였다. "네가 어찌 하늘에서 떨어졌는고! 아침에 울부짖으라.……"3

　　그러나 번역자들과 주석가들 중에는 그 낱말을 명사로 보는 사람들이 더 많았다. 그래서 헬라어로는 '헤오스포로스'가 되고 라틴어로는 '루시퍼(Lucifer)'가 된다. 이 두 낱말은 모두 "발광체"라는 뜻이다. 칠십인 역과 벌겟역의 역자들은, 유대의 주요한 율법학자들과 대부분의 초기 기독교 문학가들과 한가지로, 그 낱말을 "빛난다"는 뜻을 가진 hālal의 파생어로 이해하였다. 그러기에 그것은 "빛나는 것" 혹은 "밝은 것"을 뜻한다. 이것은 물론 '벤 샤하르'("아침의 아들")라는 문구의 나머지 부분과 가장 잘 들어맞는다.

터툴리안(Tertullian)은 이사야 14:12를 주석하며 말하기를 "이것은 마귀를 의미함에 틀림없다. ……"라고 하였다.4　오리겐(Origen) 역시 주저 없이 '루시퍼'를 사탄과 동일시하였다.5　존 밀톤(Milton)의 실낙원(Paradise Lost)은 이런 잘못된 개념을 널리 퍼뜨리는 데에 공헌하였다.

　　…… 계명성(Lucifer)의 도성과 교만한 보좌,
　비유된바 저 빛난 별의 그것은 사탄에로 귀속된다. ……6

이들로부터 "계명성"이라는 아름다운 이름이 왜곡되어 악마를 의미하는 명칭으로

3　G. M. Lamsa, *The Holy Bible from Ancient Eastern Manuscripts* (Phila.: Holman, 1957).

4　*Against Marchion,* Bk. V, ch. xviii (*The Ante-Nicene Fathers,* ed. Alexander Roberts and James Donaldson [Grand Rapids: Eerdmans, 1951], vol. III, p. 466).

5　*De Principiis,* Bk. I, ch. v (in ibid., vol. IV, p. 259).

6　J. Milton, *Paradise Lost* (Chicago: Homewood), pp. 364f.

널리 쓰이게 되었다.[7]

　‘헬렐’은 “빛나다”라는 뜻을 가진 동사로부터 유래된 명사라고 보는 주장이 유력하다. 히브리어 이외에도 최소한 세 개의 셈 계통 언어들이 이 낱말의 형태를 보유하고 있으며 그 의미는 모두 “빛” 혹은 “밝음”이다. 아카드어 ‘엘루’(ellu), 우가릿어 ‘할랄’ (halal), 그리고 아랍어 ‘할라’(halla)가 그것들이다. 또 아랍어에서 “새 달”은 ‘힐랄’(hilal)이다.[8]　아카드어 ‘엘루’의 여성형은 ‘엘리투’(ellitu)인데 이것은 여신 이쉬타르(Ishtar)의 이름이다. 이 여신은 또한 ‘무쉬틸릴’(mushitilil, “빛나는 자”)로도 불린다.[9]　그녀는 페니키아어와 우가릿어에서의 아쉬타르(Ashtar)이다.[10]　아랍 사람들은 샛별(Venus)을 ‘자흐라’(Zahra, “밝게 빛나는 자”)[11] 라고 부른다. 또한 독일어의 ‘헬레’(Helle, “밝음”)를 생각해보라.

샛별과 여신에 관한 연구가 또 하나 더 있다.[12]　이사야 14:12는 아침의 “아들”을 말하고 있어서 우리가 예상하기로는 여성형이 아니다. 게다가 헬라어 역본에서도 그것은 남성형 낱말이다.[13]　오늘날 우리가 알고 있는 바와 같이, 샛별과 저녁별은 비록 고대 셈족이 그것들을 쌍둥이 별이라고 생각했었지만 사실은 같은 별이다. 올브라이트(Albright)는 아카드어로 기록된 증거를 보고 이 신은 원래 양성(兩性)적이어서 아침에는 남성이고 저녁에는 여성이라고 결론지었다.[14]　우가릿 문학에서는 ‘엘’(El)신이 유혹한 아이들의 이름이 shchr와 shlm이다.[15]　이들은 일출과 일몰을 상징한다. 또 아랍어 ‘싸하르’(sachar), 아카드어 ‘쎄루’(seru), 아람어 ‘싸흐

7　참조. J. Addison Alexander, *Commentary on the Prophecies of Isaiah* (Grand Rapids: Zondervan, 1963 [originally published in 1865]), p. 295.

8　*Lexicon in Veteris Testamenti,* ed. Ludwig Köhler and Walter Baumgartner (Leiden: Brill, 1951).

9　H. Skinner, *Isaiah I-XXXIX, CBSC,* ed. A. F. Kirkpatrick (Cambridge: University, 1954), p. 122.

10　P. Grelot, “Sur la Vocalisation de hyll (Is. XIV 12),” *VT* 6 (1956): 303f.

11　E. J. Young, *The Book of Isaiah* (Grand Rapids: Eerdmans, 1965), vol. I, p. 440n.

12　궁켈이 최초로 ‘헬렐’(hêlēl)을 “새벽별”과 동일시하였다. H. Gunkel, *Schöpfung und Chaos im Urzeit und Endzeit* (Göttingen: Vandenhoeck & Ruprecht, 2nd ed. 1921), pp. 255f를 참조하라.

13　Franz Delitzsch, *Isaiah I in Commentaries on the Old Testament,* trans. J. Martin (Grand Rapids: Eerdmans, 1950), pp. 311f.

14　W. F. Albright, *Archaeology and the Religion of Israel* (Baltimore: Johns Hopkins, 1953), pp. 83f.

15　고든(C. H. Gordon)의 목록 308 1,19에 있는 명단에도 ben ‘bd shchr가 있다.

라'(sachra)는 아침을 가리키며 아카드어 '샬람 샴쉬'(shalam shamshi)는 저녁을 가리키는 낱말이다.[16] 독일어 '몰겐뢰테'(Morgenröte, "아침 놀, 서광")는 '샤하르' (shāhar)를 가장 잘 묘사하는 낱말인데, 이것은 동트기 직전의 짧은 순간을 가리키기 때문이다.[17]

이사야서에 나타난 낱말들과 이스라엘이 아닌 다른 나라들의 신화를 서술하는 낱말들의 연관성 때문에, 이 둘을 연관 지어보려고 많은 사람들이 성급하게 시도하였다. 예컨대, 아이스펠트(Eissfeldt)는 특히 이사야 14:12와 에스겔 28:1~19는 실제 신화로서 괄목할만한데 그 이유는, 이것들은 그 형식이나 내용에 있어서 히브리 신학적 사고의 패턴으로 바뀌지 않았기 때문이라고 말한다.[18] 하지만 이렇게 연관 짓는 것은 불필요하다. 첫째로, 우리는 우두머리 신에 대한 젊은 신의 반역을 소재로 하고 있는 고대 근동의 신화에서 나왔음직한 어떤 이야기가 성경에 들어있다는 증거를 찾을 수 없기 때문이다. 둘째로, 이사야는 다만 자신의 논지 자체를 선명하게 잘 드러내기 위하여 새벽의 아름다움을 언급하면서 샛별을 예로서 사용하였을 수 있기 때문이다.

이제까지 우리는 '헬렐 벤 샤하르'라는 낱말의 의미를 논의해보았다. 그 결과 그 의미는 "밝은 것, 아침의 아들" 혹은 이와 유사한 것으로 이해하는 것이 가장 알맞다는 사실을 알게 되었다. "루시퍼(Lucifer)"라는 용어도, 너무나 널리 오해되어왔다는 점을 빼놓고는, 완벽하게 어울리지만 (특히 라틴어를 사용하는 사람들에게는 그러하다.), 우리가 이 용어를 피하는 것이 가장 좋을 것이다.

---

16 참조. E. J. Young, ibid. and T. H. Gaster, "A Canaanite Ritual Drama: The Spring Festival at Ugarit," *JAOS* LXVI (1946): 69ff.

17 참조. L. Köhler, "Die Morgenröte in Alten Testament," *ZAW* 4 (1926): 56ff.

18 O. Eissfeldt, *The Old Testament: An Introduction*, trans. P. R. Ackroyd (NY: Harper & Row, 1965), p. 36. 또한 다음의 여러 책들을 참조하라. B. S. Childs, *Myth and Reality in the Old Testament* (Naperville, Ill.: Alec Allenson, 1960), p. 68; G. Quell, "Jesaja 14, 1~23," *Erlanger Forschungen Reihe A. Band 10* (Erlangen: Rost, 1959[Festschrift Friedrich Baumgärtel]), pp. 150-53; J. Morgenstern, *HUCA* 14 (1939): 109ff; E. Jacob, *Theology of the Old Testament*, trans. A. W. Heathcote & P. J. Allcock (London: Hodder & Stoughton, 1958), pp. 327f.

　　그러나 루시퍼가 악마일 수 없는 이유는 무엇인가? 하는 질문은 여전히 남아있다. 문맥을 살펴보도록 하자. 이사야 13장과 14장은 바벨론을 다루고 있다. 이사야 13:1은 "아모스의 아들 이사야가 바벨론에 대하여 받은 경고라"라고 기록하고 있다. 이렇게 13장은 국가를 전체적으로 다룬다. 13:19는 13장을 다음과 같이 요약하고 있다.

> 열국의 영광이요
> 갈대아 사람의 자랑하는 노리개가 된 바벨론이
> 하나님께 멸망당한
> 소돔과 고모라같이 되리니

이사야 14장은 산문체로 야곱 집에 대한 위로의 말씀으로 시작된다(1～3절). 그러고 나서 하나님께서는 그들로 하여금 바벨론 왕에 대한 이 조롱의 노래를 부르도록 지시하셨다(4절). 7절부터 20절까지는 조소적(嘲笑的)인 비가(悲歌)이다. 무엇보다도 먼저 그 땅들이 기뻐한다. 특히 나무들이 기뻐하는데, 이는 나무들을 베어가려고 채벌꾼이 더 이상 오지 않기 때문 - 즉, 왕이 죽었기 때문이다. 9～20절의 장면은 스올(She'ôl)이다. 그곳에 이미 있던 망령들이 새로이 들어오는 자를 보고 놀란다. 그래서 "너도!"라고 그들은 말한다(10절). 12절은 스올 안에 있는 동료 망령들의 말을 인용한 것이다.

> 웬일이냐,
> 너, 아침의 아들, 새벽별아,
> 네가 하늘에서 떨어지다니!(표준새번역 개정판)

그들은 이어서, 그 왕에게 하나님과 동등하다고 심지어 우월하다고 한 그의 교만함을 상기시킨다. 하지만 이들은, "오직 너는 자기 무덤에서 내쫓겼으니……"(19a)라고 지적함으로써, 다른 사람들보다 그의 죽음이 훨씬 더 치욕스러운 것임을 알리면서 마무리 지었다. 요컨대 이 만가(輓歌)는 어떤 바벨론 폭군의 몰락을 말하고 있는 것이다. 그의 공포정치는 끝났다. 따라서 그는 더 이상 공포의 대상이 아니다.

과연 이것이 사탄에 대한 묘사인가? 이 참소자가 권좌(權座)로부터 떨어졌는가? 이 대적자가 "끊임없는 폭력과 끈질긴 억압"으로 이 세상을 통치하기를 멈추었는가 (6절)? 그렇지 않다. 사탄의 권세는 여전히 강력하다. 그는 이 세상의 신이며(고후 4:4), 공중 권세를 잡은 자이다(엡 2:2). 그는 전혀 이 세상의 왕의 자리에서 떨어지지 않았다. 바벨론의 왕은 사라졌다. 따라서 이제는 더 이상 그에 대한 말이 들리지 않는다. 그러나 사탄은 그렇지 않다. 사탄의 "떨어짐"은 그의 사악한 통치의 출발점 이었다. 그러나 바벨론 왕의 "떨어짐"은 그의 악한 통치가 끝났음을 뜻한다. 따라서 '헬렐'("계명성")은 사탄일 수 없다. 이사야는 14장에서 사탄을 말하고 있는 것이 아니다.[19]

하지만 결론을 내리기 전에, 이사야 14:12와 비슷한 성경의 표현들을 살펴보는 것도 유익할 것이다. "별" 특히 "샛별"(이것은 실제로 행성이다)은 때때로 사탄에게만 아니라 메시아에게도 쓰였다. 민수기 24:17b는 다음과 같이 기록하였다.

한 별이 야곱에게서 나오며,
한 홀이 이스라엘에게서 일어나서……

또 베드로후서 1:19에는 이런 말씀이 있다.

또 우리에게는 더 확실한 예언이 있어 어두운 데를 비추는 등불과 같으니 날이 새어 샛별이 너희 마음에 떠오르기까지 너희가 이것을 주의하는 것이 옳으니라.

두아디라 교회의 사자에게 요한은 다음과 같이 기록하도록 명령받았다(계 2:28).

내가 또 그에게 새벽별을 주리라.

계시록 22:16은 무엇보다 확연하다.

---

[19] 겔 28장에서는 두로 왕의 "떨어짐"을 다루는데, 에스겔 역시 그렇게 이해하지 않는다.

나 예수는 교회들을 위하여 내 사자를 보내어 이것들을 너희에게 증언하게 하였노라.
나는 다윗의 뿌리요 자손이니 곧 광명한 새벽별이라 하시더라.

우리가 부인하는 것이 사탄과 빛의 연관성은 아니다. 또한 사탄에게 모종의 "떨어
짐"이 있었다는 사실을 부인하는 것도 아니다.[20] 누가복음 10:18을 다시 주목하라.
"…… 사탄이 하늘로부터 번개 같이 떨어지는 것을 내가 보았노라." 게다가 고린도
후서 11:14도 보라. "이것은 이상한 일이 아니니라. 사탄도 자기를 광명의 천사로
가장하나니." 이들 중 어떤 경우에서도 빛은 악한 것이 아니다. 특히 후자의 경우에
서는 빛이 선한 것이다. 외경의 집회서(50:6)에서 오니아스(Onias)의 아들 시몬
(Simon)이 성소로부터 나왔을 때 그는 "구름의 한 가운데 있는 샛별과 같고 만월
과도 같았다"라고 한 것을 볼 수 있다. 끝으로 거짓 메시아인 바르 코흐바(Bar
Kochba)가 있다. 그의 이름의 의미는 "별의 아들"이다.

간추림과 결론으로, 눈에 띄는 사항들만 좀 언급해보자. 이사야 14:12에서 hālal을
'루시퍼'("계명성")로 번역한 것은 완벽할 만큼 좋다. 그리고 "발광체" 혹은 "새벽
별"이라는 의미도 적절하다. 그러나 이사야 14장은 오직 바벨론 왕의 몰락만을
다루고 있으며, 12절은 특히 그러하다. 사탄이 모든 타락한 인간들을 지배하는
것처럼 그 악한 왕을 사주(使嗾)한다는 사실을 부인할 수 없으나, 이것과 "계명
성"(Lucifer)이 사탄이라고 말하는 것과는 전혀 다르다. 샛별은 바라보기에 아름다
워서 하늘에서는 매우 고상한 직무를 담당하는데, 즉 새로운 날을 알리는 일을
한다. 그 왕은 자신이 하나님처럼 위대하다고 자랑하였으나, 이사야는 그를 잠시
동안 아름답다가 태양의 영광에 의해 신속히 빛이 바래는 샛별에 비유하였다.
사탄이 그러한 자랑을 하였다는 것에 대하여는 알려진 바 없다.[21] 에스겔 28장의
두로(Tyre)왕에 대한 논의에서도, 여기 이사야 14장에서와 마찬가지로, 그를 사탄

---

20 참조 요 8:44 "…… 마귀…… 그는 처음부터 살인한 자요……"
21 참조 계 12:8~9.

으로 보는 것은 정당화 될 수 없다. '루시퍼'("계명성")는 그저, 교만하였다가 지금은 "떨어진" 바벨론의 왕일뿐이다.(*)

18

에스겔이 본 출애굽에 있어서의 신적 딜레마:
에스겔 20:5～29의 석의학적 연구

요시야끼 하토리
(Yoshiyaki Hattori)

서언

공관복음에 기록된 바와 같이 예수님께서 유월절 절기를 지키셨다는 사실(마 26:17 이하; 막 14:12 이하; 눅 22:7 이하)은, 출애굽 사건과 성만찬의 구속사적 제정(制定)의 관계가 의미 깊다는 점을 시사한다.[1] 출애굽 사건은 이스라엘 백성들의 삶에 있어서, 그들이 유월절 절기를 지키는 데서 드러난 것처럼, 매우 중요한 역할을 해왔다.[2] 출애굽 사건에 대한 최근의 신학적 이해에서도, "여호와께서 이스라엘을 애굽에서 이끌어 내셨다는 것은 언제나 이스라엘의 신앙고백의 일부였다"는 폰 라드(Von Rad)의 진술에서 전형적(典型的)으로 드러나듯이, 출애굽 사건의 중요성을 표현해왔다.[3] 아마도 그 중요성은 "구원" 또는 "구출", 더 명확하게 말하자면

---

1 이러한 관계의 타당성에 관한 최근의 토론 내용은 다음 논문들을 참조하라. A. J. B. Higgins, *The Lord's Supper in the New Testament,* SBT 6 (London: SCM, 1952); A. J. B. Higgins, "The Origin of the Eucharist," *NTS* I (1955): 200-209; F. Hahn, "Die alttestamentlichen Motive in der urchristlichen Abendmahls- überlieferung," *ET* XXVII (1967): 337-74 등.

2 유월절 의식(儀式)의 기원에 대해 약간의 부정적 견해를 가지면서 로울리는 다음과 같이 말한다. "이 [유월절] 의식의 기원은 비록 그것이 모세 시대를 훨씬 앞섰을 가능성이 있음에도 불구하고 매우 불분명하다. 그 기원보다 더 중요한 것은 이스라엘이 그것에 부여한 의미이다. 그리고 출애굽 때부터 이스라엘은 그것을 그 구원을 기억하는 수단으로 만들었던 것으로 보인다. 그래서 이전에 그것이 어떤 중요성이 있었던지 간에 이스라엘에게는 더 이상 관련이 없는 것이다." H. H. Rowley, *From Moses to Qumran* (Studies in the Old Testament) (NY: Association, 1963), p. 77. 유월절의 기원에 관해서는 J. B. Segal, *The Hebrew Passover from the Earliest Times to A.D. 70,* London: Oriental Series, vol. 12 (London: Oxford University, 1963), 그리고 M. Kano, *Studies in the Passover-transmission* (Tokyo: Sobunsha, 1971, 일본어)을 참조하라.

3 G. von Rad, *Old Testament Theology,* trans. D. M. G. Stalker (NY: Harper & Brothers, 1962), I, 306. 풀라스타라스는 다음과 같이 말했다. "그것[출애굽]은 구약의 구원역사 전체를 이해하기 위한 출발점이다." J. Plastaras, *The God of Exodus* (Milwaukee: Bruce, 1966), p. 11. 역시 C. R. North, *The Old*

"구속"이라는 개념에 있을 것으로 본다.4   그러므로 출애굽과 관련된 기사들이 성경 전체를 통해 다양한 형식으로 나타난다. 그래서 출애굽에 대한 관련 기사나 언급이 구약뿐만 아니라 신약에도5   많이 들어있다.

본 논문에서는 에스겔 선지자가 출애굽을 어떻게 이해했는가를 검토하려고 한다. 에스겔은, 마치 모세가 여러 세기 전에 이국땅인 애굽에서 살았던 것처럼, 포로 당시의 선지자로서 이국땅인 바벨론에서 살았다.6   그러나 본 논문에서는 주어진 지면의 제한 때문에 성경본문의 범위를 의도적으로 에스겔 20:5~29로만 한정했다. 비록 에스겔 16장과 23장이 출애굽 사건을 다루고 있기는 하나, **구속사** (Heilsgeschichte)라는 면에서 에스겔의 가장 분명한 출애굽관은 본문(20:5~29)에서 발견된다. 검토를 진행하는 과정에서, 필자는 출애굽에 대한 기존개념을 본문에 주입시키려고 하지 않고 에스겔서가 출애굽에 대해 무엇이라고 말하는지를 찾아보려고 한다(실제적인 목적을 위해서, 달리 표시하지 않은 곳에서는 모두 마소라 텍스트를 사용했다).

석의학적 연구

본문의 문맥적 배경은 앞부분인 20:1~4에서 찾을 수 있다. 포로로 끌려간 백성들의 공동체에서는 그들의 공동체 업무를 위한 어느 정도의 자유와 자치적 활동이 허용된

Testament Interpretation of History (London: Epworth, 1946), p. xi; R. E. Clements, *God and Temple* (Phila.: Fortress, 1965), p. 136을 보라. 같은 뜻에서 베스터만은 출애굽기를 신학적 중요성이란 면에서 창세기보다 더 높이 평가한다. C. Westermann, *Der Schöpfungsbericht vom Anfang der Bibel*, Calwerltefte 30 (Stuttgart: Calwer Verlag, 1960), S. 6; 역시 G. von Rad, ibid., p. 136을 참조하라.

4   참조. G. Vos, *Biblical Theology, Old and New Testaments* (Grand Rapids: Eerdmans, 1948), p. 124. 이에 관한 더 최근의 신학적-철학적 이해를 위해서는 B. S. Childs, *Memory and Tradition in Israel*, SBT 37 (Naperville: Alec R. Allenson, 1962), pp. 53,84-85를 참조하라.

5   오토 파이퍼는 신약성경의 관련성구들을 살펴보고 이렇게 말했다. "J. Perk 신부가 열거한 목록 (*Handbuch zum Neuen Testament Alttestamentliche Parallelen* - Angermund, 1947)에서, 신약성경이 구약성 경을 언급한 2,688회 중에서, 출애굽기는 220회 인용됨으로써 400회가 더 되는 이사야서와 시편(약 370회) 다음으로 3위를 차지한다. 창세기는 약 200회 그리고 신명기가 약 190회로 그 다음에 속한다. 만일 출애굽의 주제들과 동기들을 포함시킨다면 그 통계는 더욱 인상적일 것이다." O. A. Piper, "Unchanging Promises: Exodus in the New Testament," *Int* XI (1957): 3.

6   바벨론에서의 에스겔의 거주와 그의 선지자적 사역에 관한 필자의 견해는 Y. Hattori, *The Prophet Ezekiel and His Idea of the Remnant*, doctoral dissertation submitted to the faculty of Westminster Theological Seminary, Phila., 1968 (Ann Arber, Mich.: University Microfilms), pp. 90-148을 보라.

것으로 보이는데,7 에스겔 선지자는 그들의 지도자로서 중요한 역할을 했음이 분명하다. 사실, 적어도 에스겔서에 의하면, 포로로 끌려간 장로들이 에스겔에게 온 것은 이번이 세 번째이다(겔 8:1; 14:1). 그러나 장로들이 온 이유나 그들이 에스겔 선지자의 거처에 모인 이유는 본문의 어느 구절에서도 밝히 제시되지 않았다. 다만 20:1에 "여호와께 물으려고"(lidrōsh 'et-YHWH)8 라는 막연한 표현이 있을 뿐이다. 아마도 그들은 에스겔 선지자의 입을 통해 하나님의 말씀을 들어서 포로민으로서 그들의 현실 생활과 미래에 대한 하나님의 뜻을 알려고 왔을 것이다. 그러나 여호와께서 그들의 문의(問議)를 거절하신 사실(3절)은, 4절에서 알 수 있듯이, 그들이 깨달아야 할 더 본질적이고 긴급한 어떤 것이 있었음을 시사한다.9 여호와께서는, 그들 자신들이 하나님께 반역해 왔고 불순종해 왔다는 것을 인정해야 한다는 것을 먼저 알아야한다는 점을 분명히 하셨다. 헹스텐베르크는 이렇게 말했다.

응답을 또 하나 받기를 원하는 자는 먼저 회개해야 한다.10

---

7 그러한 바벨론 유수의 모습은, 바벨론의 그발 강둑에 위치한 니푸(Nippu)의 옛 공동체 발굴현장에서 최근에 발굴된 고고학적 자료들에서 증명되었다. C. F. Whitley, *The Exilic Age* (London and NY: Longmans, Green, 1957), pp. 69-75를 참조하라. 특히 펜실바니아 대학의 바벨론 발굴 팀에 의해 그 현장에서 발견된 상업문서들과 관련해서는 pp. 1893-96을 보라. 또한 H. V. Hilprecht, ed., *Explorations in Bible Lands* (Phila.: A. J. Holman, 1903), pp. 409ff.를 참조하라. 이 문제에 관한 더 세밀한 토론과 도서목록 정보를 위해서는 P. R. Ackroyd, *Exile and Restoration* (London: SCM, 1968), pp. 32ff.를 보라.

8 어떤 주석가들은 이 표현을 그들이 일반적으로 예루살렘과 유다의 미래에 관한 여호와의 뜻이나 말씀을 요구하려는 것으로 이해한다. S. Fisch, *Ezekiel*, SBB (London: Soncino, 1950) p. 120; C. F. Keil, *Biblical Commentary on the Prophecies of Ezekiel*, trans. J. Martin (Grand Rapids: Eerdmans, n.d., reprint), I, 265; F. W. J. Schroeder, *The Prophet Ezekiel*, Lange's Commentary, trans. T. Crerar (Grand Rapids: Zondervan, n.d.), p. 192; S. Jyozaki, *The Book of Ezekiel* (Tokyo: Shinkyo Shuppansha, 1959, 일본어), p. 71; D. M. G. Stalker, *Ezekiel*, Torch Bible Paperbacks (London: SCM, 1968), p. 167; 등등. 다른 이들은 어떤 특수한 요청이 있었던 것으로 이해해야 한다고 제안한다. G. A. Cooke, *The Book of Ezekiel*, ICC (Edinburgh: T. & T. Clark, 1960, reprint), p. 214; 등등. 테일러는 그들의 요구에 대한 가능한 이유들을 이렇게 열거한다. (1) 본토의 어떤 소식을 들으려고, (2) 그들의 포로 기간에 대한 하나님의 말씀을 들으려고, (3) 일종의 혼합주의 형식을 주장하고 나서 그것에 대한 에스겔의 지지를 얻어내려고. J. B. Taylor, *Ezekiel*, TOTC (London: Tyndale, 1969), p. 165. 또 Stalker, ibid., p. 168을 참조하라.

9 하나님께서 그들의 요구를 거절하신 이유는 그들이 거짓된 겉치레로 하나님의 뜻을 진지하게 구하는 척한 데 있었다고 칼빈은 강조한다. J. Calvin, *The Book of the Prophet Ezekiel*, trans. T. Myers (Grand Rapids; Eerdmans, 1948, reprint), II, p. 284.

10 E. W. Hengstenberg, *The Prophecies of the Prophet Ezekiel*, trans. A. C. Murphy and J. G. Murphy (Edinburgh: T. & T. Clark, 1869), p. 168.

그리고 유대인 학자 카우프만은 다음과 같이 진술했다.

> 에스겔이 보기에, 이스라엘이 토라(Torah)에 대해 반역한 범례(範例)들이 곧 이스라엘 역사의 패턴이었다.[11] 그 역사는 오직 반역뿐이었다.

사실상 에스겔 20:5~29의 텍스트는 역사적으로 볼 때 세 부분으로 나눌 수 있다.

(1) 애굽에서 이스라엘의 불순종(5~9절),
(2) 광야에서 이스라엘의 불순종(10~26절),[12]
(3) 약속의 땅에서 이스라엘의 불순종(27~29절)

그러나 석의(釋義)적으로는 텍스트의 연속성 때문에 이 부분들을 전체적으로 검토하는 것이 가장 좋을 듯하다.[13]

애굽에 있을 때 하나님과 이스라엘의 관계는, 이전 세대부터 존재하여 계속되어 온 언약관계가 새 국면에 이르렀다는 관점에서 바라보아야 한다. 따라서 5절의 "옛날에 내가 이스라엘을 택하고 애굽 땅에서……"라는 말씀은, 다음에 나타난 "야곱 집의 후예를 향하여…… 맹세하고"라는 표현이 뜻하는 언약적인 맥락에서 이해해야 한다. 그러기에 출애굽기 3:9 이하와 6:2 이하는 이 텍스트와 연관하여 언급해야 하며, 이 텍스트를 이해할 때 앞에서 언급한 언약적인 문맥을 간과해서는 안 된다. "선택하다"라는 단어 '바하르'(bāḥar)가 에스겔서에서는 이곳에서만 사용된 것이 사실이다. 그러나 그렇다고 해서 이 사실이, 에스겔은 이스라엘의 기원을 애굽에서 찾아야 하는 것으로 이해했다고 일반적으로 주장해온 견해를[14] 정당화

11　Y. Kaufmann, *The Religion of Israel from Its Beginnings to the Babylonian Exile*, trans. and abridged, M. Greenberg (London: George Allen & Unwin, 1961), pp. 435-36.

12　어떤 주석가들처럼 이 둘째 부분은 둘로 나눌 수 있을 것이다(10~17절, 첫 세대의 불순종; 18~26절, 둘째 세대의 불순종). S. Fisch, ibid., p. 124; J. W. Wevers, *Ezekiel*, CB new series (London: Thomas Nelson and Sons, 1969), p. 151; R. Kraetzschmar, *Das Buch Ezechiel*, HAT (Göttingen: Vandenhoeck & Ruprecht, 1900), S. 172; W. Eichrodt, *Ezekeil*, OTL, trans. C. Quin (London: SCM, 1970), p. 268; S. Jyozaki, ibid., p. 73; D. M. G. Stalker, ibid., p. 171 등을 참조하라.

13　학자들이 이 20장을 선지서 중에서 가장 전형적인 신앙고백 형식으로 간주한 까닭은 바로 이러한 이스라엘의 과거의 역사적 배경 때문일 것이다. 일례로, 짐멀리는 이렇게 말한다. "선지자가 전수 받고 그것의 근거 위에서 이스라엘의 역사를 다시 말하는 신앙고백 형식의 신성한 핵심을 여기에서 끄집어내는 것을 우리가 볼 때에 에스겔 20장은 오직 그 전승사적 배경에서만 이해되어야 한다. 이것은 이스라엘을 여호와의 신부와 포도나무라는 신성한 비유로서 은유적으로 표현하는 말과 꼭 같다." W. Zimmerli, *Ezechiel*, vol. 1, BKAT (Neukirchen: Kreis Moers, 1969), S. 439.

하지는 않는다. 점진적 성격을 지닌 구원역사의 과정에서 볼 때, 이스라엘은 애굽에서 매우 이른 초기 단계의 국가로 존재한 것이 사실이다. 그러나 이것은 단지 언약의 연속성에서만 그러하다. 이 부분(5～9절)의 문맥은, 나머지 전체 부분(10～29절)과 마찬가지로, 선지자가 그들의 선조들이 그들의 하나님을 대적한 반역적 태도를 묘사하려고 애쓰는 부분이다. 앞의 4b("그들에게 그들의 조상들의 가증한 일을 알게 하여" tô'ăbōt 'ăbôtām hôdî'ēm)에서 그러한 사실이 밝히 드러난다. 따라서 족장들의 역사가 아니라, 애굽에 있던 그들 조상의 역사로 되돌아가는 것이 적절하다. 그러므로 5절의 표현은, 족장들의 역사와 출애굽 역사 간의 언약의 연속성에 대해 가장 적절하게 언급한 말씀으로 이해해야 한다. 에스겔 16:3,[15] 33:24,[16] 그리고 37:25에 기록된 족장들에 관한 역사적 언급들은 에스겔이 족장들을 언약적으로 이해하고 있다는 사실을 알려준다.

5절이 거슬러 올라가 족장시대를 배경으로 삼고 있는 반면에, 6절은 상반절에서 출애굽을 다루고 있으며, 하반절에서는 백성들이 약속의 땅에서 정착함을 다루고 있다.[17] 더욱이 이 두 구절에서 거듭 사용한 언약의 맹세를 한다는 표현인 "내가 내 손을 들어올렸다"(역자 주: 우리말성경에서는 "내가 맹세하다.")는 족장 시대와 출애굽 간에 언약의 연속성이 있음을 지지하는 것으로 간주된다. 이것은 출애굽기 3:9 이하와 6:2 이하에서 언급한 것과 일치한다.[18] 하지만 이 첫 부분의 초점은 7～8절에 표현된 문맥에 있다. 그것은 애굽에서 이스라엘 백성들이 불순종한 모습이다. 첫째로, 7절의 텍스트는 우상숭배에 대한 하나님의 경고 명령을 병행법적인 표현으로 서술하고 있다.

> …… 너희는 눈을 끄는바 가증한 것을 각기 버리고.

---

[14] S. Fisch, ibid., p. 121; J. B. Taylor, ibid., p. 157; J. W. Wevers, ibid., 153 등.

[15] 상세한 토론과 참고 자료들은 Y. Hattori, ibid., pp. 213ff.를 참조하라.

[16] 참조. Ibid., p. 220.

[17] 올리비아는 겔 26:5b～6의 표현을 구원을 선포하는 형식의 표현이라는 점에서 출 6: 6～8과 관련시킨다. M. Oliva, "Revelación del nombre de Yahweh en la 'Historia sacerdotal': Ex. 6:2～8," *Biblica* LII (1971): 16-18.

[18] 이 구절들의 해석에 관해서는 J. Rabbinowitz, *The Book of Exodus,* SBB-Chumash, (London: Soncino, 1947), p. 351을 참조하라. 역시 R. de Vaux, "The Revelation of the Divine Name YHWH," *Proclamation and Presence*, ed. J. I. Durham and J. R. Porter (London: SCM, 1970), p. 75; H. H. Rowley, *The Faith of Israel* (London: SCM, 1961, paperback edition), p. 52를 참조하라.

애굽의 우상들로 말미암아 스스로 더럽히지 말라……(20:7)

"그들의(원문) 눈을 끄는바 가증한 것"은 석의학적으로 "애굽의 우상들"과 동일시된다. 동일한 병행법적인 표현이 다음 절(8절)에도 반복되었다. 그리고 둘째로, 8절 상반부의 문맥과 마찬가지로 (절의 초두에 있는) '와우' 연계형은 "그러나"라고 강세(強勢)적으로 번역할 것을 요구한다. 그리고 8절의('아트나흐' 뒤에 있는) 하반절은 애굽에 있던 이스라엘 백성들의 불순종에 대한 하나님의 반응, 곧 그가 심판하실 의도를 갖고 계시다는 형식의 반응을 서술한다. 애굽에서 이스라엘 백성들 간에 우상숭배가 자행되었다는 본문의 말씀은 종종 의문시되어 왔다. 애굽에 있던 이스라엘 백성들의 그러한 행동에 관한 유일한 관련구절은 여호수아 24:14에 나타난 매우 간략한 언급이 있을 뿐이기 때문이다. 십중팔구 에스겔은 (우상숭배의 어떤 구체적인 역사적 사실을 시사하는 대신)19 이스라엘 백성들이 어떤 애굽 종교의 영향을 받아서 하나님께 전심으로 경배 드리는 일에 성실하지 못했다는 맥락에서 이런 식의 표현을 사용했을 것이다.

이러한 인과적(因果的) 표현 형식, 즉 그들은 하나님께 반역하였고 그래서 심판할 의도를 가지신 하나님께서 그들에게 보이시는 반응이라는 표현 형식은 다음의 말씀에서 반복적으로 나타난다.

[8a]그러나(원문) 그들이 내게 반역하여 내 말을 즐겨 듣지 아니하고 그들의 눈을 끄는바 가증한 것을 각기 버리지 아니하므로
[8b]이에(원문) 내가 말하기를 내가 애굽 땅에서 나의 분을 그들의 위에 쏟으며 노를 그들에게 이루리라 하였었노라.

---

19 오경에는 이스라엘 백성들이 애굽의 우상숭배에 실제로 참여했다는 분명한 시사가 없다. "역사적 사실이 그렇다고 하기 보다는, 이스라엘이 근본적으로 이교적이고 순결하지 못하다는 사실을 지적하는 것이다"(16:3 참조). S. Jyozaki, ibid., p. 72 (일어에서 영어로 필자가 번역했다). 역시 Cooke, ibid., p. 125를 참조하라. 카일은 이것을, 모세가 이스라엘 백성들에게 하나님께서 그들을 애굽에서 이끌어내시겠다는 하나님의 결정을 전달했을 때에, 그들이 모세의 말을 경청하지 않은 사실과 연관시킨다. Keil, ibid., I, pp. 267-68. 역시 W. Zimmerli, ibid., S. 445f.를 참조하라. 로프트하우스(역시 Fisch와 Taylor)는 이것을 더 긍정적으로 보면서 다음과 같이 말한다. "애굽에 임시로 정착한 셈족 유목민들이 자신들의 종교의식에 애굽의 종교의식을 첨가하는 것은 불가능한 일이 아니다; 시내 광야에서 새로 발견된 세르빗(Serbit) 신전은 셈족과 애굽인의 예배의식이 공존할 수 있음을 보여준다. 그러나 에스겔의 생각은 십중팔구 이스라엘이 이교와 접촉하는 그 어디에서나 그것에 의해 타락할 수 있다는 데에 있을 것이다." W. F. Lofthouse, *The Book of the Prophet Ezekiel*, CB (Edinbrugh: T. C. & E. C. Jack, 연도 미상), p. 167; 역시 S. Fisch, ibid., p. 122, 그리고 J. B. Taylor, ibid., p. 169를 참조하라.

¹³ᵃ그러나 이스라엘 족속이 광야에서 내게 반역하여 사람이 준행하면 그로 말미암아 삶을 얻을 나의 율례를 준행하지 아니하며 나의 규례를 멸시하였고 나의 안식일을 크게 더럽혔으므로 ¹³ᵇ이에(원문) 내가 이르기를 내가 내 분노를 광야에서 그들의 위에 쏟아 멸하리라 하였으나

²¹ᵃ그러나 그들의 자손이 내게 반역하여 사람이 지켜 행하면 그로 말미암아 삶을 얻을 나의 율례를 따르지 아니하며 나의 규례를 지켜 행하지 아니하였고 나의 안식일을 더럽힌지라. ²¹ᵇ이에 내가 이르기를 내가 광야에서 그들에게 내 분노를 쏟으며 그들에게 내 진노를 이루리라 하였으나

이와 같이 에스겔에게 있어서 이스라엘 백성의 역사란 자신들의 하나님에 대한 반역의 연속일 뿐으로 보인 것이다.[20] 하지만 이 구절들 안에 나타난, 구원역사를 바라보는 선지자의 복잡 미묘한 시각은, 앞에서 언급한 인과적 표현에다 반복적으로 나오는 표현 형식을 의미 있게 섞어서 사용하는 데에서 드러난다. 그 표현 형식은 다음과 같다.

⁹…… 이는 내가(원문) 내 이름을 위함이라. 내 이름을 그 이방인의 눈앞에서 더럽히지 아니하려하여 행하였음이라.
¹⁴…… 이는(원문) 내가 내 이름을 위하여…… 본 나라들 앞에서 내 이름을 더럽히지 아니하려 하였음이로라.
²²이는(원문) 내가 내 이름을 위하여 내 손을 막아 달리 행하였나니 내가…… 본 여러 나라 앞에서 내 이름을 더럽히지 아니하려 하였음이로라.

그리고 이 표현 형식은 매번 "이는 내가 말하기를 내가 나의 분노를 그들 위에 쏟으며"(wā'ōmar lishpōk ḥămātî 'ālêhem)라는 말씀 바로 다음에 나타난다.[21] 따라서 이것은 다음과 같은 패턴으로 표현할 수 있다. 하나님께서 언약 관계를 제공하심 → 이스라엘의 불순종 → 하나님께서 (자신의 이름을 위하여) 자기 백성을 살려주심. 첫 부분(5~9절)에서는, 이미 살펴본 대로 (7절에 언급된 조건과 함께) 6절에 하나님께서 언약 관계를 제공하신 내용이 표현되어 있다. 그리고

---

20 블렌킨솝은 근자에 이러한 연속성을 언급한 바가 있다. J. Blenkinsopp, "The Prophetic Reproach," *JBL* XC (1971): 267-78을 참조하라. 역시 Y. Kaufmann, ibid., pp. 435-36; F. James, *Personalities of the Old Testament* (NY: Charles Scribner's Sons, 1954), p. 356을 참조하라.

21 레벤트로우는 이 연속성과 표현들을 양식 비평적 관점에서 다루고 있다. H. G. Reventlow, *Wächter über Israel, BZAW* (Berlin: Verlag Alfred Toepelmann, 1962), S. 80ff.를 참조하라.

(8b의 하나님의 반응 또는 심판 선언과 함께) 8a의 이스라엘의 불순종, 그리고 9절에 하나님께서 그의 백성을 살려주심이 표현되어 있다. 한편 이스라엘 백성의 불순종이, 첫 부분에서는 이스라엘 백성 편에서 "우상숭배를 버리지 않음"이라는 말로 표현되었다면, 둘째 부분(10~17절)[22]에서는 시내 산에서 맺어주신 언약을 그들이 거절한다는 말로 진술되었는데,[23] 이 사실은 언약의 세 개의 대표적 요소 즉 "나의 율례," "나의 규례," "나의 안식일"[24] (13a)로 표현되었다. 그 다음으로 셋째 부분(18~26절)에서는 출애굽 과정에서 차세대(더 구체적으로 말하자면, 약속의 땅으로 가는 길에 광야를 통과하는 세대)의 불순종을 다루고 있는데,[25] 이 부분에서 문제를 다루는 방법은 둘째 부분의 방법과 거의 같다. 역사적으로 말하자면, 이 부분은 시내 산에서 모세를 통해 그 백성에게 주신 율법이 영구적인 가치 또는 중요성을 지녔다는 사실을 보여주는 하나의 표시이다. 그렇지만 이 텍스트의 초점은 앞에서 언급한 바 있는 "이는 내 이름을 위함이라. 내 이름을 그 이방인의 목전에서 더럽히지 않으려하여 행하였음이로라"(9,14,22절)는 말씀이다. 확실히 이 말씀이야말로 하나님께서 자신에게 반역하는 백성을 심판으로 치시기를 억제하신다는 사실을 알려준다. 그러기에 블랙우드(Blackwood)가 다음과 같이 잘 언급했다.

> 에스겔이 이해하는 바와 같이, 신비한 것은 왜 하나님께서 치시는가가 아니라, 왜 하나님께서 치시기를 억제하시는가라는 것이다.[26]

이것은 하나님의 딜레마라는 측면에서 이해할 수 있겠다. 왜냐하면 한편으로는 그들의 불순종에 대해서는 벌을 가하실 필요가 있으나 다른 한 편으로는 언약 관계를

---

[22] 베르토레트는 15~16절의 진정성에 의문을 제기한다. A. Bertholet, *Hesekiel*, HAT (Tübingen: J. C. B. Mohr, 1936), S. 70. 헤르만은 16~17절을 난외 주석으로 간주한다. J. Herrmann, *Ezechielstudien* (Leipzig: J. C. Hinrich'sche Buchhandlung, 19098), S. 22. 역시 W. Eichrodt, ibid., pp. 261,268을 참조하라. 이에 대한 필자의 견해는 Y. Hattori. ibid., pp. 239-40을 참조하라.

[23] 석의학적으로 10절은 첫 부분과 둘째 부분을 연결하는 역할을 한다.

[24] 쿠크는 이렇게 결론을 내린다. "본장의 12절 이하, 16절, 20절 이하, 24절의 안식일에 관한 강조는 너무나 어울리지 않아서 율법에 열정적인 후기의 한 필경자의 작품임을 암시해준다"(Cooke, ibid., p. 217). 이와 다른 견해는 W. Zimmerli, ibid., S. 447을 참조하라.

[25] 이스라엘 백성들의 계속적 불순종에 관한 문맥적 연속성은 더욱 더 나아가 27~29절에까지 이른다. 그러나 역사적으로 말해서 그것은 출애굽 과정이 아니라 가나안 땅에 들어간 이후에 된 일에 관한 것이다.

[26] A. W. Blackwood, Jr., *Ezekiel: Prophecy of Hope* (Grand Rapids: Baker, 1965), p. 133.

지키셔야 하는 그의 신실하심 때문이다. 따라서 이 구절들(23~26절)은, 15~17절에서처럼, 하나님의 딜레마라는 배경에서 이해해야 한다. 그러나 이것은 확실히, 하나님의 프로그램 안에 들어 있는 딜레마인 것이다. 이 딜레마를 훼어밴(Fairbairn)의 표현을 빌어서 풀어 말하자면, "심판에 대한 긍휼의 승리"라고 묘사할 수 있을 것이다.27 하지만 석의학적 관점에서 텍스트의 정확성을 이해하기 위해서는, 둘째 부분과 셋째 부분 사이에 나타난 사상(思想)의 발전에 주목해야 한다. 셋째 부분에서는 하나님께서 백성을 살려두심에 있어서조차 하나님의 심판이 하나님의 은혜를 초월해서 강조되었다. 첫째로, 그렇게 반복되는 반역에 대한 심판은, 선지자가 이스라엘 백성이 포로가 될 것(23~24절)이라고 선포함으로써 표현되었다.28 둘째로, 심판은 하나님께서 그들이 멸망하도록 "선하지 못한 율례"와 "능히 지키지 못할 규례"를 주셨다는 말로써 표현되었다(25~26절). 이 경우에, 둘째 부분에서 특히 17절에서와는 달리, 하나님께서 그의 백성을 긍휼로 살려주신다는 언급이 없다.29 여기에는

---

27 P. Fairbairn, *An Exposition of Ezekiel* (Grand Rapids: Zondervan, 1960 reprint), p. 219. 짐멀리도 다음과 같이 말한다. "자기 백성을 위한 여호와의 편드심은 에스겔서의 이 마지막 진술에서 매우 순수하게, 무조건적으로 드러났다. 만일 누가 에스겔에게 왜 여호와께서 자기 백성에게 그렇게 하셨는가라고 묻는다면, 그는 겔 20:9 등을 근거해서 여호와께서 '자신의 이름을 위해' 그렇게 하신다고 답할 것으로 생각된다. 그리고 환언하면, 그것은 그분이 자기 백성에게 16:6에서 들려주신 '너는 살아라'라는 초창기의 말씀이 무효화되지 않게 하시려고 자기 이름의 명예를 위해 그렇게 하셨다. 역시 조건적인 삶의 약속은 특이한 방식으로, 선민의 역사의 무조건적 시초와 종말을 포함하는 삶의 약속으로 고정시킨다." W. Zimmerli, "'Leben' und 'Tod' im Buche des Propheten Ezechiel," *TZ* XIII (1957): 508.

28 쿠크(Cooke)가 말한 바와 같이 선지자는 신 4:27; 28:67 등의 관점에서 기록하고 있으나, 포로기간에는 그것을, 선지자 에스겔이 바벨론 유수라고 하는, 그가 살던 시대의 정황에 신명기의 예언적 말씀을 적용시킨다는 의미에서 이해해야 한다. 환언하면, 하나님께서는 광야에 있는 이스라엘 백성들에게 그러한 비관적 예언으로 벌을 가하셨는데, 그것은 그들이 그들의 조상들처럼 반역했기 때문이다(24절). 선지자는 그 특정한 벌(즉 비관적 예언을 주신 것)에 주의를 환기시킨다. 따라서 그는 그와 동시대의 동료 포로민이 처한 상황이 오랜 세대 전에 그들의 조상들이 반역한 결과라고 진술하지 않는다. 비록 그 예언이 에스겔 시대에 유수로서 결과적으로는 그렇게 성취될 것이기는 하지만 말이다). 그러한 개념은 18장과 33장에 표현된 죄의 보응이나 개인적 책임에 대한 선지자의 개념과는 상충된다. 그렇지 않다면 베르토레트나 아이히로트처럼 23절은 29절 다음에 위치해야 할 것이다. A. Bertholet, ibid., S. 72-73; W. Eichrodt, ibid., p. 269. 쿠크의 견해는 G. A. Cooke, ibid., p. 218을 참조하라.

29 뷰어는 에스겔이 25~27절에서 이스라엘 역사를 묘사하는 연속성에 순서의 혼란이 있음을 인지했다. 그러나 그는 이 심판의 메시지의 격렬성을 의문시하면서 "과연 하나님의 거룩하심은 세상에서 최고의 가치를 지닌다. 그러나 에스겔은 그 어디에서도 이런 극단적 방식으로 표현한 적이 없다"고 말한다. J. A. Bewer, "Textual and Exegetical Notes on the Book of Ezekiel," *JBL* LXXII (1953): 160. 이 구절들에서 연속성이 결여되었다는 것에 관해서 폰 라드는 말하기를 "이것은 여호와께서 이 마지막 그리고 아직 미 전개된 단계에서 어떻게 역사하실 것인가라는 문제에 흥미를 돋운다'라고 했다. G. von Rad, *Old Testament Theology* II, p. 227.

단지 하나님께서 반복적으로 반역하는 이스라엘 백성들에게 파멸적 심판을 내리신다는 묘사가 있을 뿐이다. 이 묘사에 얼마나 차이가 있는지! 이처럼 선지자 에스겔은, 이스라엘 백성의 역사의 발전이라는 관점을 가지고, 그 다음의 27~29절에서 이 역사의 마지막 국면을 보고 있는 것이다.[30] 따라서 석의학적 분석에서 보자면, 이러한 연속성은 아래의 도표에서 발견할 수 있다.[31]

결론

바벨론 이국땅에서의 전례 없는 포로 생활 속에서 포로민 중의 한 사람으로서 선지자 에스겔이, 과거의 또 다른 전례가 없던 사건인 출애굽을 통해 하나님의 뜻을 알고자 했다는 것은 자연스러워 보인다. 그뿐 아니라, 하나님의 종으로서 선지자가 출애굽의 의미를 잘 알고 있었다는 것 또한 자연스러워 보인다. 하지만 특히 출애굽 사건을 다루고 있는 텍스트의 간략한 석의학적 검토를 통해 살펴보니 아래와 같은 요인에 주목하게 된다.

(1) 에스겔은 하나님의 두 개의 계시, 즉 하나는 족장들에게 하셨고 또 다른 하나는 출애굽 때에 모세에게 하신 계시 사이에 언약적인 연속성이 있음을 인정한다.
(2) 에스겔은 이스라엘의 역사를, 하나님의 백성이 자신들의 하나님과 그분의 언약에 계속적으로 불순종한 역사라고 간주한다.
(3) 이와는 반대로, 에스겔은 자신의 백성과 맺은 언약에 대한 하나님의 신실하심을 지적한다.

---

[30] 이 구절들(27~29절)의 진정성이 몇몇 비평학자들에 의해 의문시 되어왔다. 그들은 역사적 관련 자료들과의 문학적 표현들에 관한 부정적 전제라는 근거에서 그렇다는 것이다. G. Hölscher, *Hesekiel, der Dichter und das Buch* (Giessen: Alfred Töpelmann, 1924), S. 109; N. Messel, *Ezechielfragen* (Oslo: I Kommisjon Hos Jacob Dybwad, 1945), S. 83; G. A. Cooke, ibid., p. 219를 참조하라. 특히 29절에 대한 부정적 견해에 관해서는 J. Herrmann, *Ezechiel übersetzt und erklärt,* KAT (Leipzig: A. Deichertsche Verlagsbuchhandlung Dr. Werner Scholl, 1924), S. 120; C. H. Cornill, *Das Buch des Propheten Ezechiel* (Leipzig: J. C. Hinrich'sche Buchhandlung, 1886), S. 296; G. Fohrer (mit einem Beitrag von Kurt Galling), *Ezechiel,* HAT (Tübingen: J. C. B. Mohr, 1955), S. 113; 그리고 역시 W. Eichrodt, ibid., p. 261을 참조하라. 29a("너희가 다니는 산당이 무엇이냐")와 27~29절들에 대해 더 거론한 Y. Hattori, ibid., pp. 245ff.를 참조하라.

[31] Y. Hattori, ibid., p. 248을 참조하라.

(4) 에스겔은, 하나님께서 자신의 백성을 다루심에 있어서 하나님의 딜레마, 즉 불순종하는 이스라엘 백성들에게 대해 선포하시는 자신의 (파멸적) 심판과, 그 언약을 지키시는 자신의 신실하심 때문에 베푸시는 자신의 살리는 긍휼 간의 딜레마를 서술한다.

(5) 선지자 에스겔이 이스라엘 백성의 역사에 대해 자신의 관점에서 내리는 결론은, 역사의 모든 과정 속에 하나님의 점진적 계시가 엄숙하게 존재하고 있다는 것이다.

이 결론은, 비록 전통적으로는 예루살렘과 유다가 침공할 수 없는 하나님의 성소이지만 예루살렘과 유다는 그 백성과 함께 반드시 멸망해야 한다는 메시지를 향하여 나아간다. (그리고 미래의 이스라엘에 대한 소망은 하나님의 섭리에 의해 바벨론으로 끌려간 포로민 가운데로부터 나타나게 될 것이다).[32] .

그리고 바로 이러한 결론이, 선지자 에스겔이 그의 동료 포로민들에게 하나님의 백성에 대한 하나님의 심판의 의미심장함을 가르치려는 그의 메시지의 일부분인 것이다.[33] 따라서 이 결론은, 구속(救贖)이란 비교할 수 없는 하나님의 신비이며, 하나님의 사랑과 그분의 공의가 혼합된 최종 결과라는 신학 사상을 확고하게 제시한다. 이와 같이 선지자 에스겔이 출애굽 사건을 살펴볼 때에, 그는 거기서 하나님의 구원 사역의 근본적 특징을 보았던 것이다. 왓츠(Isaac Watts)가 저 놀라운 찬송가 가사(147장 3절)를 쓴 것은 바로 하나님의 구원의 구속적 사역의 진리를 나타낸 것이리라!(*)

> "못 박힌 손발 보오니 큰 자비 나타나셨네
> 가시로 만든 면류관 우리를 위해 쓰셨네"

---

[32] 참조. Ibid., pp. 351ff.

[33] "바벨론 유수는 백성들의 삶에 가해진 심판으로 보이기도 한다. 그러나 그 이상으로서, 그것은 단순히 심판으로서가 아닌 하나님께서 세상 사람들의 삶 가운데에서 역사하시는 바와 관련된 하나님의 계획 속에 놓여 있는 것으로 이해된다. 그 심판에 대한 응답은 수락의 응답이어야 한다. 그러나 이것은 비록 적절하고 필요하기는 하나 그 재앙은 단순한 심판이 아니기 때문에 단순히 회개하는 자세를 내포하는 것은 아니다. 그것은 과거에 대한 단순한 유죄 판결만이 아니라, 또한 보다 큰 목적을 위한 작업 안에 있는 무대를 내포하는 것이다. P. R. Ackroyd, ibid., p. 234. 역시 G. von Rad, *Old Testament Theology*, II, p. 283을 참조하라.

언약관계를 세우심 (하나님)	불순종 (이스라엘)	인내와 긍휼 (하나님)
내가 이스라엘을 택하고 맹세하기를…… 20:5~7	그러나(원문) 그들이 내게 반역하여…… 20:8	그러나 내가…… 행하였음이로라. 20:9
	*(심판 없음)	
그러므로 내가 그들로…… 나 와서 이르게 하고 20:10~12	그러나 이스라엘 족속이 반 역하여…… 20:13	그러나(원문) 내가…… 행하였나니…… 20:14
	*심판 (하나님의 딜레마) 그러나(원문) 또 내가…… 그들에 게 맹세하기를…… 아니하리 라…… 20:15~16	
		*그러나 내 눈이(원문) 그들을 아껴 보아……20:17
너희 열조의 율례를 좇지 말며……나의 율례를 좇 으며……20:18~20	그러나 그 자손이 내게 반역하여…… 20:21	그러나(원문) 내가…… 행하였나니…… 20:22
	심판 *(하나님의 딜레마) 그러나 + 내가 맹세하여 그들을 흩으며 20:23~26	
		*(아끼는 긍휼이 없음)
그리고(원문) 내가…… 그들을 인도하여 들였더니 20:(27)~28 상	그러나(원문) 그들이 모든 높은 산과 나무를 보고 20:28 상	
	심판 *(하나님의 탄식과 그들의 계속적 우상숭배) 너희가 다니는 산당이 무엇이냐 ?…… 오늘날까지…… 20:29	

*표는 연속적인 문맥에서 사상이 점차 발전함을 가리킨다.

+'감'(gam, 'yet')의 이러한 용법은 BDB, Lexicon, p. 169를 참조.

19

말라기의 강조점과 현대 사상

후레드 칼 퀴너
(Fred Carl Kuehner)

본인은 스스로 이 논문에 '모방(模倣) 작품'이라는 상표를 붙여서 시장(市場)에 내놓으려 한다. 이것은 약 50년 전 <Princeton Theological Review>의 지면을 135페이지나 차지하였던 오스왈드 앨리스(Oswald T. Allis)의 3부작인 "구약의 강조점과 현대 사상"을 원본으로[1] 삼고 있기 때문이다.

찰스 칼렙 콜톤(Charles Caleb Colton)이 "모방은 아첨 중에서 가장 진지하다"는 말을 생각나게 해주었다. 그러나 비록 본인의 논문을 '모방 작품'이라고 광고하였지만, 사실 본인은 이 논문에서 '가장 진지한' 종류의 것이라 할지라도 아첨할 의도는 없다. 본인은 다만 그 원본이 모델로 삼을 만한 가치가 있음을 인정하고, 그 원본의 통찰력을 지금까지 손대지 않은 분야에 소규모로 적용해보려고 노력하는 것이기 때문이다.

앨리스(Allis) 교수가 그 마음에 생각한 '강조점'이라는 것은 성경에 수없이 나오는, '강한 진술들'과 '강조를 위한 반복들'이다. 그가 성경의 강조점에 대한 예로서 인용한 것은, 에스겔서의 '파수꾼 장'(겔 33:1~20)인데, 거기에는 '경고한다'는 말이 8회, '악한'이 8회, '돌이킨다'가 7회, '의로운'(의로움)이 8회, '죽는다'가 9회, '산다'가 7회 나온다. 이와 같이 열거한 '강조를 위한 반복' 이외에, 앨리스는 또한 같은 본문에 많이 나온 '강한 진술들'에 주의를 환기시킨다. 그는 에스겔 33:7~9를 번역하면서, 강조하기 위하여 인칭대명사(보통 히브리어의 정동사에서는 필요치 않음)를 사용한 점과 문장의 어순이 두드러지게 뒤바뀐(목적어가 동사

---

[1] O. T. Allis, "Old Testament Emphasis and Modern Thought," *PTR* XXIII(1925): 432-62, 586-636; XXIV(1926): 252-307.

앞에 옴) 점을 지적한다.

　신약을 통찰할 뿐만 아니라 구약(자신의 논문 제목으로 표시한 분야)을 폭넓게 분류할 때에 앨리스는, 훑어지나가면서 성경의 풍부한 문학적 다양성과 설교적 가치를 보여주는 한편, 위와 같은 강조점들이 집중적으로 나타난 본문을 수집한다. 그런데 그가 이런 수집 과정에서 전혀 언급하지 않은 책이 있는데 말라기서이다. 분명히 본의는 아니지만 무심결에 빠뜨렸을 것이다. 왜냐하면 앨리스는, 구약성경에서 자신의 논지를 입증하고도 남을 정도로 많이, 강조점들에 대한 증거 본문들을 충분히 찾아놓았기 때문이다. 하지만, 구약의 선지자들 중 마지막 인물, 그러나 가장 작은 인물이 결코 아닌, 말라기 선지자에게도 똑같은 시간이 배당되어야 할 것이다. 그래서 이 논문을 쓰게 된 것이다.

　어째서 성경개론이나 심지어는 구약개론에서 말라기 같은 책이 생략되는지 그 이유를 쉽게 이해할 수 있을 것이다. 말라기서는 짧기 때문이다. 이 책의 간결성-모두 4장(히브리어 본문으로는 3장), 55절, 약 2.000 단어에 불과하다. -때문에 사람들은 그 존재를 간과하거나 중요성을 얕보려는 경향이 있다. 하지만 구약의 마지막 책으로서(영어 성경에서. 역자 주 - 역시 한글 개역성경에서), 그리고 후기 선지서 중 마지막(히브리어 본문에서) 책으로서, 말라기가 성경에서 차지하는 위치는 전략적으로 중요한 것이다. 더구나 여호와와 이스라엘간의 열띤 대화로 묘사된 그 독특한 문학 양식은 매우 현대적이다. 정말로 55절밖에 되지 않는 책 안에, 서로 굽히지 않는 경직된 상태에서 하나님과 그의 백성이 얼굴을 맞대고 주고받는 질문이 무려 27개나 나온다(거의 두 구절마다 질문이 하나씩인 셈이다.). 대결과 항의, 팽팽한 대립으로 가시 돋친 분위기는 지금 우리 시대의 분위기와 다르지 않다.

　또 한 가지 현대적 특징은, 말라기의 대화에서 근본적 쟁점인 오염(pollution)이다. 그렇지만 이것은 공기, 소음, 토양, 물, 기타 어떤 형태의 환경적인 오염이 아니라, '더럽히다'라는 말을 반복하여 강조한 데서(1:7에서 두 번, 1:12에서 한 번) 나타난, 선지자의 (또한 여호와의) 집중적인 관심거리인 종교적 오염이다. 사람들은 예배드릴 때 '더럽혀졌다'고 경멸한 여호와의 상에다 '더러운 떡'을 드렸으며 그렇게 함으로써 여호와 자신을 '더럽혔던' 것이다.2

I. 오염의 원인

이스라엘의 종교적 오염의 뿌리가 되는 원인들에 주의를 집중시키려고 말라기는 '강조를 위한 반복'이라는 장치를 사용한다. 그는 여섯 차례 백성들이 여호와 앞에서 자신들의 신실함을 항변하는 모습을 묘사한다. "너희는 이르기를 어떻게 ……?"(1:2,6,7; 2:17; 3:7,8). 그리고 일곱 번째 항변에서는 히브리어를 약간 변형해서[3], 3:13에 나오는 바대로 "너희는 이르기를 무슨 말로……?"라고 표현한다.

이러한 항변들을 통해서 우리는 포로 이후에 유대주의의 종교적 상태가 어떠했는지를 흐릿하게나마 알 수 있다. 만일 말라기의 예언 연대를 주전 450년 정도로 잡는다면, 이전 80여 년 동안 유다 사람들은 단계적으로 바벨론 포로에서 고국 땅으로 귀환하였다고 볼 수 있겠다. 느헤미야, 에스라, 학개의 계속적인 독려를 받아서 예루살렘의 성벽이 재건되고, 성전이 재건되고, 제단이 다시 봉헌되고, 제사 제도가 다시 확립되었다. 때때로 종교적 열심과 열정이 폭발하기도 하였으나 말라기 시대에는 그러한 부흥의 증거들이 쇠퇴한지 이미 오래였다. 이렇게 사람들은 '처음 사랑'을 잃어버렸던 것이다.

백성들이 던진 7 가지 질문을 우리가 좀 더 분석해 보면, 그들의 종교를 오염시킨 악한 원인들을 이내 발견하게 된다. 그러한 원인들 중 하나는 **망상**(delusion)이었다. 백성들과 제사장들은, 단순히 종교적 의식을 수행하기만 해도 그것이 곧 진정한 종교와 다름없다는 망상을 가졌다. 말라기는 그들이 정규적으로 예배라는 행위를 하고 있다는 점을 쾌히 인정한다. 그들은 희생 제물을 드렸으며(1:7,8,13), 회개의 외적인 표시를 나타내었으며(2:13; 3:14), 서원과 송축과 경건한 말을 가지고 여호와 앞에 나갔던 것이다(1:14; 2:2,17). 선지자 역시 백성들이 공공연히 여호와께 반역하였다거나 우상숭배에 빠졌다고 암시하지 않고 있다.

그러나 마지못해 형식만 지키는 종교는 망상의 종교이다. 그것은 입술로 하나님을 공경하는 -2인칭 남성 복수인 "말하다"('āmartem)라는 동사가 강조적으로 반복

---

² 달리 언급하는 경우가 아니면 성경 인용은 ASV를 사용한다.
³ bamâ 대신에 mâˉ를 사용하였다.

됨을 유의하라 : "너희는 이르기를"(12회), "너희는 말할 것이다"(1회), "너희는 말하였다"(1회)- 것이며, 반면 마음은 하나님에게서 멀다(사 29:13; 막 7:6). 그것은 "경건의 모양은 있으나 경건의 능력은 부인하는 것"(딤후 3:5)이다.

그러나 망상보다 더 많은 것이 포로 이후 유대주의의 오염 속에 포함되어 있었다. 또 다른 원인은 **이탈**(declension), 곧 실제로 여호와로부터 떨어져 나간 것이었다. 특히 제사장들의 사역에 사악한 풍조가 일고 있었다. 종교 지도자로서 그들의 임무는 율법과 언약을 지지하고 전달하고 개인적으로 시범을 보이는 일이었다(제사장들을 고발하는 2장에서 '율법'이란 말이 4회, '언약'이 5회 나온다. '율법'은 또한 4:4에서 나오며, '언약'은 3:1에서도 나온다). 그러나 제사장들이 자신들의 임무와 책임에 대해 무지하였다고는 말할 수 없다. 그들은 레위의 모범(2:4∼6)과 여호와의 계명을 잘 알고 있었기 때문이다.

> 제사장의 입술은 지식을 지켜야 하겠고 사람들은 그의 입에서 율법을 구하게 되어야 할 것이니 제사장은 만군의 여호와의 사자가 됨이거늘(2:7).

뒤에 이어지는 구절들을 보면, 말라기 시대의 제사장들이 하나님께서 원하시는 이상(理想)에서 현저하게 이탈하였다는 것을 명백히 보여준다. 제사장들을 고발할 때 선지자는 (앨리스가 일컫던 표현인) '강조적 진술'로 어조를 바꾼다. 2:8절과 9절 초두에 대조적으로 두드러지게 나오는 인칭대명사와 8절의 3중적 고발과 3개의 강한 은유적인 동사와 '율법'과 '언약'이란 말의 밀접한 연결을 유의해보라.

> [8]그러나(원문의 접속사 wāw를 따름) 너희(인칭 대명사 'attem)는 옳은 길에서 떠나 많은 사람을 율법에 거스르게 하는도다. 나 만군의 여호와가 이르노니 너희가 레위의 언약을 파하였느니라. [9]…… 나(인칭 대명사 'ănî)도 너희로…… 멸시와 천대를 당하게 하였느니라 하시니라(2:8,9).

말라기 시대에 종교의 오염을 가져온 마지막 원인은 **반항**(defiance)이었다. 참으로 백성들이 일곱 가지 반박문을 하나님께 제출하는 태도에서 오늘날 주먹을 불끈

쥐고 쳐든 모습을 그려볼 수 있는 것이다.

> 주께서 어떻게 우리를 사랑하셨나이까?(1:2)
> 우리가 어떻게 주의 이름을 멸시하였나이까?(1:6)
> 우리가 어떻게 주를 더럽게 하였나이까?(1:7)
> 우리가 어떻게 여호와를 괴로우시게 하였나이까?(1:17)
> 우리가 어떻게 하여야 돌아가리이까?(3:7)
> 우리가 어떻게 주의 것을 도적질하였나이까?(3:8)
> 우리가 무슨 말로 주를 대적하였나이까?(3:13)

이러한 말들에서는 겸손이나 복종의 흔적을 찾을 길이 없다. 있다면 오직 오만과
항변과 반항뿐이다.

Ⅱ. 오염에 대한 고소

그리스도께서 그 당시 바리새적인 예배의 위선을 폭로하셨던 것과 같이 하나님께서
는 그의 선지자를 통해 주전 5세기의 오염된 유대주의 종교를 고발하셨다. 하나님께
서는, 주의 선지자가 발표한 다섯 가지 고소(告訴)에서 하나님 자신의 '반(反)문화'
를 제시함으로써, 백성들과 제사장들의 오만한 주장을 정면으로 반박하셨다.
　하나님의 반박은 **불경**(不敬)함에 대한 고소로써 시작한다. 넓게 생각할 때,
언약의 조항을 하나라도 위반하면 그것은 불경함이 된다. 예를 들면, 2:10,11에서
선지자는 형제들 간에 행해지는 모든 불성실한 관계와 이방 여인들과의 모든
이족(異族) 결혼을 불경하다고 고소한다.

> [10]…… 어찌하여 우리 각 사람이 자기 형제에게 거짓을 행하여 우리 조상들의 언약을
> 욕되게 하느뇨(l'hallel) [11]…… 유다는 여호와께서 사랑하시는 그 성결을 욕되게 하여(hillel)
> 이방 신의 딸과 결혼하였으니(2:10~11).

그러나 좁게 생각할 때는 불경함이 하나님의 이름과 관계가 있다. 따라서 여호와께
서 "이방 민족 중에서 이름이 크게 될 것이라"(1:11)라고 선언하실 때 그는 "그러나
너희는 내 이름을 **더럽히는도다**"(1:12)라는 비난을 덧붙이신다. 그리고 앞부분에서

그는 그들이 행한 불경함의 성격을 드러내신다.

> ⁶내 이름을 멸시하는 제사장들아, 나 만군의 여호와가 너희에게 이르기를 …… 나를 두려워
> 함이 어디 있느냐? 하나, 너희는 이르기를 우리가 어떻게 주의 이름을 멸시하였나이까?
> 하는도다. ⁷너희가 더러운 떡을 나의 제단에 드리고도 말하기를 우리가 어떻게 주를 더럽게
> 하였나이까? 하는도다……"(1:6,7).

선지자가 다시 강조를 위해 반복을 사용하는 것은 하나님의 이름의 개념이 소개되
는 바로 이 중요한 대목에서이다. 하나님을 가리켜 말할 때 그는 '내 이름'이란
표현을 8회 사용한다(1:6,11에 세 번,14; 2:2,5; 4:2). 그는 한 번은 '주의(thy) 이
름'(1:6)이라 하고 또 한 번을 '그의 이름'(3:16)이라고 말한다.

그러면 이 예언에 나타난 하나님의 이름은 무엇인가? 하나님을 가리키는 여러
이름이 말라기서에 나오지만 적어도 24회 정도 강조적으로 반복해서 나오는 것은
'만군의 여호와'라는 이름이다. 그리고 24회가 나오는 경우 그 중에서도 세 번
(2:7,12; 3:14)을 제외한 나머지 전부는, 자신의 뜻을 알리시는 분으로 나타낸다.
"…… 만군의 여호와가 이르노라"는 판에 박힌 듯 반복되는 표현을 유의해 보라.

이 선지서에 특별히 사용된 하나님의 성호(모세오경이나 여호수아, 사사기에
나오지 않는 명칭)는, 전능이라는 여호와의 속성을 주목하게 하는데, 이는 '만군'이
그분의 명령을 기꺼이 행하려는 하늘의 권세들이기 때문이다. 그런데 백성들과
제사장들이 더럽힌 것은 바로 이 두려운 이름이었다. 그러므로 그들의 불경(不敬)
은 부주의한 말의 문제 이상이었다. 그것은 본질적으로 태도의 불경, 곧 입술로는
그를 '아버지'니 '주인'이니 하고 합당하게 말하면서도 공경과 경외의 마음으로
하나님께 복종하기를 거부한 것이기 때문이다.

하나님께서 자신의 백성을 고발하시는 두 번째 고소는 **어리석음**이라고 호칭하
는 것이 가장 좋을 것이다. 1:8에 묘사된 종교적 의식은 거의 '어리석은 자들의
공연장'으로 묘사할 수 있겠다.

…… 너희가 눈 먼 희생제물을 바치는 것이 어찌 악하지 아니하냐! 저는 것, 병든 것을

드리는 것이 어찌 악하지 아니하냐! 이제 그것을 너희 총독에게 드려보라. 그가 너를 기뻐하겠느냐? 너를 가납하겠느냐?(1:8. 저자의 번역)

인간적 수준에서 자기 총독('너희 총독'. 역자 주 -원문은 2인칭 단수)에게 예물로 드릴 수 없다고 생각되는 것을, 그 이름이 '열방 중에서 두려워하는'(1:14) '큰 임금'이신 하나님께 드리는 것은 어리석음의 극치이다. 실로 그와 같은 '헌물'은 열납이 아니라 저주를 받아 마땅한 것이다. "떼 가운데 수컷이 있거늘 그 서원하는 일에 흠 있는 것으로 사기하여 내게 드리는 자는 저주를 받으리라!"(1:14). 여기서 위협으로 제시된 저주는 본서에서 강조적으로 반복되는 말이다('ārar, 1:14; 2:2에 세 번; 3:9에 두 번; 4:6에 나오는 말은 히브리어 용어가 다른 ḥērem이다).

불경함에서 어리석음으로 가는 여정(旅程)에는, 당연히 악함도 전진하게 된다. 태도상으로 불경스러웠던 것이 이제는 실제로 어리석게 되고 말았다. 그런데 그 기원을 찾아 거슬러 올라가면 우리는, 율법의 명백한 계명을 떠난 데서 종교적 어리석음이 비롯된다는 사실을 알게 된다. 왜냐하면 율법은 모든 희생 제물이 온전하고 흠이 없기를 요구하였기 때문이다(레 22:17∼25; 신 15:21). 이러한 성경의 명령 뒤에는 단 한 가지 분명한 원리가 있는데 그것은 곧 온전한 것만을 하나님께 드릴 수 있다는 것이다.

인간이 드리는 어떤 제물도, 제아무리 가치 있는 것이라 하더라도, 하나님께는 가치가 없다.

[10]이는 삼림의 짐승들과 뭇 산의 가축이 다 내 것이며 [12]…… 세계와 거기에 충만한 것이 내 것임이로다(시 50:10,12).

이러한 말씀을 하신 하나님은 사람의 헌물을 필요로 하거나 그것에 의존하지 않으신다. 하물며 그들의 쓰레기 같은 물건들이랴!

하나님의 세 번째 고소는 그 백성들의 **뻔뻔함**이다. 비합리적이고 초현실적인 어떤 것처럼, 2:17에 묘사된 그림은 뒤틀리고 왜곡된 인상을 준다.

너희가 말로 여호와를 괴롭게 하고도 이르기를 우리가 어떻게 여호와를 괴롭혀 드렸나이까? 하는도다. 이는 너희가 말하기를 모든 악을 행하는 자는 여호와의 눈에 좋게 보이며 그에게 기쁨이 된다 하며 또 말하기를 정의의 하나님('ĕlōhê hammishpāṭ)이 어디 계시냐? 함이니라 (2:17).

3:6에 의하면 하나님은 변하지 않으신다. 그러나 여기서는 하나님이 괴로워서 싫증이 나버린 분으로 묘사되어 있지 않는가! 3:5에서 술수하는 자, 간음하는 자, 거짓 맹세하는 자, 압제자, 타락한 자 등 여러 가지로 고발된 백성들이 여기서는 자신들을 '모든 행악하는 자'보다 더 의롭다고 자랑하고 있으니! 이것은 숯이 검정을 나무라는 격이다!

그러나 선지자의 묘사는 좀 더 넓은 배경 속에서 보아야 한다. 말라기의 동시대인들은, 하나님이 자기들을 박대하여 저버리는 잘못을 저질렀으며 자신들이 마땅히 받아야 할 즉각적인 도움을 베풀어주지 않으셨다고 빗대어 말하면서 뻔뻔스럽게도 자신들의 불운한 처지에 대한 책임을 하나님께 돌렸던 것이다. 그들의 '보호자'로서 하나님은 즉시 그들을 도우러 오셔야 하였으며, 그렇게도 명백히(그들 생각에) '악'을 행한 그들의 원수들에게는 은혜를 베푸시지 말았어야 하였다! 이와 같이 그들의 뻔뻔함은, 칼빈(Calvin)이 함축적으로 말한 것처럼, 하나님을 향한 두 가지 공격으로 이루어졌다. 즉 하나님께서 부당하게 행동하셨든지(그가 그들의 **원수들에게는** 은혜를 베푸시면서 **그들에게는** 도움을 주지 않으셨기에), 아니면 하나님이 계시지 않든지(아무도 그들의 적에게 즉각 보복을 시행하지 않았기에: "정의의 하나님이 어디 계시냐?") 이 둘 중의 하나였다.

그 다음 문단에서(3:1~6) 선지자는 그 두 가지 비난에 대해 답을 제시한다. 하나님은 부당하거나 활동하시지 않기는커녕 심판하러 오시리라는 것이었다(그는 실로 자신의 일정표의 한 날에 동그라미를 쳐놓으셨다). 그래서 그분의 오심은 다음 구절에서 세 번씩이나 언급된다.

[1]…… 너희가 구하는 바 주가 갑자기 그의 성전에 임하시리니 곧 너희가 사모하는바 언약의 사자가 임하실 것이라. [2]그가 임하시는 날을 누가 능히 당하며 그가 나타나는 때에 누가 능히 서리요…… (3:1,2).

그 외에도 네 번이나 '임한다'는 동사가 나오며(4:1에 두 번, 5, 6에 한 번씩), 이 예언은 다음과 같이 엄중한 경고로 끝을 맺는다. "두렵건대 내가 와서 저주로 그 땅을 칠까 하노라."

주께서 임하신다는 약속과 밀접하게 연관된 것은 그분께서 나타나실 날과 관련된 강조이다. '날'이란 말이 단수로써 여섯 번 반복되는데(3:2,17; 4:1에 두 번,3,5), 언제나 그 초점은 심판과 구원의 날인 마지막 날에 있다. 그 '크고 두려운' 날이 임하면 하나님께 대한 뻔뻔스러움은 더 이상 없게 될 것이다.

> 만군의 여호와가 이르노라. 보라! 용광로 불같은 날이 이르리니 교만한 자와 악을 행하는 자는 다 지푸라기 같을 것이라. 그 이르는 날이 그들을 살라 그 뿌리와 가지를 남기지 아니할 것이로되(4:1).

하나님의 반박은 네 번째 고소에서 계속되는데, 이것은 **도둑질**을 고발하는 것이다.

> [8]사람이 어찌 하나님의 것을 도둑질하겠느냐? 그러나 너희는 나의 것을 도둑질하고도 말하기를 우리가 어떻게 주의 것을 도둑질하였나이까? 하는도다. 이는 곧 십일조와 봉헌물이라. [9]너희 곧 온 나라가 나의 것을 도둑질하였으므로 너희가 저주를 받았느니라.……(3:8~10).

위의 말씀에 들어있는 강력한 강조점은 영어 번역 성경들에서는 즉시 분명하게 드러나지 않는다(한글 개역개정판에서도 그러하다 -역자 주). 네 번 반복되는 '도둑질하다'(qāba')라는 동사는, 다른 곳에서 두 번 밖에 나오지 않는 굉장히 희귀한 히브리어 단어인데, 이 두 번의 경우도 한 구절에 다 나온다(잠 22:23). 그러나 이 동사보다 훨씬 더 자주 쓰이는 것은, '도적질하지 말지니라'(출 20:15)는 십계명에 나오는 동사인 '도적질하다' (gānab)이다. 또한 하나님께서 백성을 고소하시는 이 두 진술문에는 분사를 사용하고 있는데, 이는 계속적이고 습관적인 행위를 암시하는 것이다. 개정표준역(RSV)에서는 "너희가 나의 것을 도둑질하고 있다"라고 번역함으로써 두 분사의 계속적인 의미를 전달하려고 시도한다. 더구나 9절의 어순이 강조를 위해 도치되어 있는데, 그것을 좀 더 문자적으로 번역하면 "그리고 나의 것을 너희가 도둑질하고 있는데, 민족 곧 그 전부가'라고 표현할 수도 있다. 또 주목할 만한 것은 동족(同族) 명사 '저주'가 또 하나의 분사인 '저주를 받다'와 짝을 이루어 극적으로 사용된 점이다. 그 '저주'의 정확한 성격이 어떤 것이냐 하는 것은 3:11(2:2도 보라)에서 알 수 있다. 하나님께서는 '먹는 자'(황충과 그 밖의 해충들)와 병충해와 가뭄을 그 땅에 보내심으로써 이미 그의 백성에게 극심한 징벌을 임하게 하셨던 것이다. 그 결과 흉작의 저주가 엄습하였다.

도둑질은, 백성들이 십일조를 바치라는 레위기의 요구에 응하는 체하는 데서 나타났던 게 틀림없다. 그들은 몇 가지 십일조를 여호와께 드렸지만 율법에서 요구하는 것 전부를 드리지는 않았다(행 5:1,2 참고). "너희는 **온전한** 십일조를 창고에 들이라"(10절)는 여호와의 명령의 어법을 유의해 보라. 이 진술의 뒷면에는 "하나님께서 첫 열매와 그 밖의 다른 것들을 바치게 하신 것은, 사람들이 그렇게 함으로써 만물이 하나님의 것이요, 그들이 하나님께로부터 받은 것은 무엇이나 하나님께 거룩하다는 것을 계속 기억하게 하려 함이었다"는 청지기직의 기본 원리가 깔려 있다(칼빈).

물론 하나님께서는 이 경건한 속임수로 인해 조금도 불이익을 당하시지 않으셨지만, 성전에 바쳐진 헌물로 공급함을 받고 사는 제사장과 가난한 자들은 심한 핍절 상태에 빠졌다. 이 대목에 대한 아래와 같은 칼빈의 결론을 보면 우리는, 오늘날 교회가 재정적으로 또 개인적으로 소수층과 빈민층의 관심사에 좀 더 깊이 개입하라는 요구에 지대한 관심을 가져야 할 것이다.

> 그러므로 우리가 가난한 자들에게 불친절하여 그들의 궁핍한 상태를 돌아보지 아니할 때 의심할 것도 없이 하나님께서는 우리 때문에 자신의 권리를 상실 하시는 것이다 …… 하나님께서 다른 사람들보다 우리를 더 풍성하게 대하시는 것은, 바로 이 목적 즉 우리의 풍부한 재물 중 일부가 가난한 자들에게 갈 수 있도록 하기 위함이기 때문이다. 그리고 하나님께서 우리가 충분히 가진 것을 그들을 위해 쓰도록 하시기 때문에 그가 우리에게 명하시는 것을 우리 형제들에게 주지 아니할 때에는, 언제나 우리는 신성모독의 죄를 범하게 되는 것이다. 왜냐하면 "가난한 자를 불쌍히 여기는 것은 여호와께 꾸이는 것"이라고 잠언 19:17에 말씀하신 대로 하나님께서 갚아 주시겠다고 약속하신 것을 우리가 알기 때문이다.(칼빈)

하나님께서는 자신의 마지막 고소에서 포로 시대 이후의 예배의 **허식**(虛飾)에 대해 통렬하게 꾸짖으신다.

¹³여호와가 이르노라. 너희가 완악한 말로 나를 대적하고도 이르기를 우리가 무슨 말로 주를 대적하였나이까? 하는도다. …… ¹⁴이는 너희가 말하기를 하나님을 섬기는 것이 헛되니 만군의 여호와 앞에서 그 명령을 지키며 슬프게 행하는 것이 무엇이 유익하리요 ¹⁵지금 우리는 교만한 자가 복되다 하며 악을 행하는 자가 창성하며 하나님을 시험하는 자가 화를 면한다 하노라 함이라(3:13~15).

이제 백성들이 도달한 결론은 위험스럽게도 여호와께 드리는 예배를 그만두는 편이 더 낫다고 인정할 정도까지 간 것이다. "하나님을 섬기는 것이 헛되니……" 무엇 때문에 골치 아프게 "그의 명령"(즉 율법)을 계속 지키느냐? 또 '교만한 자'가 '행복한' 자이고, '악을 행하는 자가 창성하는' 때에 어째서 의로운 자와 죄인을 구별하느냐?

그런데 이것은 어쩌다가 마지못해서 나온 동떨어진 결론이 아니었다. "우리가 무슨 말로 주를 대적하였나이까?"라는 질문에서 '다바르'(dābar) 동사의 '닢알' 형을 사용한 것이 의미심장하다. 그것은 서로 간에 활발한 대화를 시사하는 상호적 의미를 지니고 있기 때문이다. 그러므로 여호와께 드리는 예배가 무익하다는 말은 일상적인 대화에서 서로 주고받은 화제였던 것이다.[4]

이제까지 우리는 주전 5세기에 예배의 깊이가 어느 정도인가를 살펴보았다. 그것은 돈을 받아야 예배하는 종교의 수준으로 - 여호와를 섬기는 일이 금전(혹은 '세겔-미나'라고나 할까?)으로 환산되었다 - 전락해 버렸다. 물질적 번영이 뒤따르지 않으면 예배를 그만두라! 종교를 잊어버려라! 하나님을 내버리라! 이런 말들이 저들을 사랑한다고 선언하셨던 여호와를 대적하는 '완악한' 말이다.

4　바로 이 동사의 '닢알'형은 뒤에 가서 의인들이 나눈 대화에도 나온다. "그때에 여호와를 경외하는 자들이 피차에 말하매"(3:16). '다바르'(dābar)의 '닢알'형은 구약의 다른 곳에서 단 두 번 나온다(시 119:23과 겔 33:30). 이것은 *The Englishman's Hebrew and Chaldee Concordance of the Old Testament*에 실린 '다바르'의 인용문이 13단이나 되는 것에 비추어 보면 현저하게 희소한 것이다.

Ⅲ. 오염의 치료

환경오염에 관한 한, 재활용하고 생활양식을 혁명적으로 바꾸고 정부의 통제를 좀 더 강화하면, 언젠가는 생태학적인 부패가 멈추고 마침내 우리의 주거환경이 깨끗해지리라는 희망이 있다.

이와 같이 말라기도 종교적 오염을 제거할 수 있다는 소망을 준다. 그는 그 소망이 두 단계로 실현될 것을 내다본다. 하나는 이미 현재에 진행 중이고 다른 하나는 장차 이루어질 것이다. 현재의 단계에서는 정화(淨化)의 과정이 부분적이고 불완전하며, 선택받은 남은 자들에게 집중되어 있다. 그러나 미래의 단계에서는 정화가 철저하고 완전할 것이며 "여호와의 크고 두려운 날"이 임할 때 완성될 것이다.

말라기는 3:16~18에서 **하나님의 남은 자**를 소개하는데, 거기서 그는 그들을 그 당시의 오염된 종교적 분위기에서도 여전히 빛을 발하는 한 가닥 광선으로 묘사한다.

> [16]그때에 여호와를 경외하는 자들(yir'ê yhwh)이 피차에 말하매 여호와께서 그것을 분명히 들으시고 여호와를 경외하는 자와 그 이름을 존중히 여기는 자를 위하여 여호와 앞에 있는 기념 책에 기록하셨느니라. [17]만군의 여호와가 이르노라. 나는 내가 정한 날에 그들을 나의 특별한 소유로 삼을 것이요 또 사람이 자기를 섬기는 아들을 아낌 같이 내가 그들을 아끼리니 [18]그 때에 너희가 돌아와서 의인과 악인을 분별하고 하나님을 섬기는 자와 섬기지 아니하는 자를 분별하리라(말 3:16~18).

16절 앞의 '그때에'('āz)라는 말을 그냥 지나쳐서는 안 된다. 그것은 택함 받은 남은 자들이 "마음이 굳고 패역한 세대 가운데서" 여호와를 위해 계속 증거하였다는 사실을 시사한다. '그때에' -제사장들이 초라한 제물을 단에 드릴 때, 그들이 여호와의 이름을 경멸할 때, 백성들이 십일조와 헌물을 내지 않을 때, 그들이 여호와를 '완악한' 말로 대적할 때- 바로 '그때에' 남은 자들은 "여호와를 경외하였고" "피차에 말하였던" 것이다. 고립된 소수이지만 그들은 구약 계시가 급속히 마감되는 시기에 하나님의 언약과 진리를 살려나갔던 것이다.

두 진술, 즉 그들은 "여호와를 경외하였고" 또 "그 이름을 존중히 여겼다(생각하였다)"(3:16)는 하나님의 남은 자의 특징을 나타낸다.

이 특징 중 첫 번째에 대해서 주목해야 할 것은, '경외'라는 말이(동사, 형용사, 명사로서) 말라기의 예언에서 9회 나온다는 점이다[1:6,14(두려워하는); 2:5에 두 번, 3:5,16에 두 번; 4:2,5 (두려운)]. 그리고 이 말의 의미는 처음 나온 곳에서 분명히 밝혀진다. "내가 주인일진대 나를 두려워함(môrā'î)이 어디 있느냐? 여호와가 이르노라"(1:6). 이러한 성경적 의미에서 보면, 경외란 주인과 종의 관계에서 나온 결과이다. 경외는 종의 입장에서 보면 자기를 지배하는 주인의 권세를 인정하는 것, 즉 순종하고 섬기도록 그를 부른 것에 대한 인정인 것이다. 분명히, 남은 자의 특징 중의 이러한 면은 그들의 형편이나 상태에 초점을 맞춘다. 여호와를 경외하면서 그들은 하나님의 권위가 자신들 위에 있음을 의식적으로 인정하는 상태에서 살았던 것이다.

그들의 또 다른 특징은 "그들이 그 이름을 존중히 생각하였다"는 표현에서 명백히 나타난다. 그러나 안타깝게도 영어의 '생각하였다'(AV, ASV, RSV)와 '유념하였다'(kept in mind, NEB)라는 번역은 히브리어 어근 '하솨브'(hāshab)의 의미를 충분히 전달하지 못한다. 이 동사가 나오는 이사야서의 세 구절이 그 의미를 정의하는데 도움이 될 수 있다. 이사야 13:17에서는 "보라! 은을 **돌아보지** 아니하며 금을 기뻐하지 아니하는 메대 사람(the Medes)을 내가 충동시켜……"라고 하였다. 분명히 여기서의 의미는 "메데 사람이 은에다 가치를 부여하지 않을 것이다." 즉 그들은 돈으로 매수를 당하거나 넘어가지 않을 것이라는 뜻이다. 이사야 33:8에서는 "대적이 조약을 파하고 성읍들을 멸시하며 사람을 **생각하지** 아니하며"라고 하였다. 다시 한 번 (사람의 생명에) '가치를 매기다'라는 개념이 이 동사의 의미를 표현해준다. 그리고 이사야 53:3에서는 "우리도 그를 **귀히 여기지** 아니하였도다." 즉, "우리는 (고난의 종에게) 아무 가치도 부여하지 않았다"는 것이다.

그러므로 남은 자들이 여호와의 이름을 존중히 생각한다는 것은 그들이 단순히 그의 이름을 묵상하는 것 이상이라고 할 것이다. 오히려 그들은 그 이름의 가치를 높이 계산하여, 그것을 보화로 여기고, 풍성한 소유물로 간주하였던 것이다.

그리고 하나님의 남은 자들이 한 일은 "그들이 피차에 말하였다"5 는 말속에 잘 설명되어 있다. 앞에서 본 바와 같이 '말하다'('닢알'형)는 동사는 상호적 행동을 함의하고 있어서, 대화, 교제, 전달을 시사한다. 남은 자들은 그러한 교제로써 그들의 믿음을 굳게 하였다. 그들의 일상적 대화는 어두움이 깊은 때에 그들의 믿음을 강화시키는데 한 몫을 하였던 것이다. 비록 선지자가 그들이 나눈 이야기의 주제를 언급하지 않고 있기는 하지만 추정컨대 그들은 가치를 높이 평가해온 여호와의 성호에 대해 함께 담화하였을 것이다.

그분의 택함을 받은 남은 자에 대한 **하나님의 반응**은 3중의 진술 속에 표현되어 있다. "여호와께서 귀를 기울이시고, 들으시고(개역개정판 -그것을 분명히 들으시고) 여호와 앞에 있는 기념 책(sēper zikkārôn)에 기록하셨느니라."6 한 번도 아니고, 두 번도 아니고, 세 번씩이나 선지자는 자기 백성 가운데서 증인이며 관찰자로서 일하시는 하나님의 역할을 강조한다.

> 단어 하나로도 충분하였을 것인데 그는 둘을 더 첨가한다. 그런데 '기념 책에 기록하셨다'는 이 말은 특히 강조를 나타내기 위한 것이다. 그렇다면 그가 이렇게 말을 중복하여 한 목적은 그 신실한 자들을 더 많이 격려하여 그들의 상급이 확실하다는 것을 확신케 하려함이었던 것이다. …… 왜냐하면 하나님은 그들의 경건함을 못 보시지 아니할 것이기 때문이다. (칼빈)

마지막으로 그의 신실한 남은 자에 대한 **하나님의 보상**은 다음 말씀에 언급되어 있다. "만군의 여호와가 이르노라. 내가 나의 정한 날에 그들로 나의 특별한 소유를 삼을 것이요"(3:17). 주일학교에서 부르는 어린이 찬송가에 흠정역의 이 본문을 근거로 한 노랫말이 들어있다.

---

5 AV에 나오는(그러나 ASV, RSV, NEB에는 빠져 있음) "종종"이란 말이 히브리어 본문에는 없다. AV 번역자들은 3:13에서 그러하였던 것처럼(앞의 것을 참조하라), '닢알'형에서 상호적 의미보다는 반복적 의미를 느꼈음에 틀림없다. 그러나 "종종"이라는 말은 선지자가 뜻하려는 의미를 약화시킨다. 그 이유는 그것이 그들의 대화에 간격을 허용하기 때문이다. 즉 "가끔씩 그들은 피차에 말하였다"가 되어 버리기 때문이다.

6 "들었다"는 표현 뒤에 "그것"(AV. 역시 개역개정판 -역자 주) 혹은 "그들"(RSV)과 같은 목적격을 표시할 필요는 없다. 히브리어에는 직접 목적어가 나오지 않기 때문이다.

주께서 오실 때, 주께서 오실 때
그의 보석을 삼으려고 오실 때,
그의 모든 보석, 귀중한 보석,
그의 사랑하는 자와 그의 소유를.

그러나 유감스럽게도 흠정역에서 이 히브리어를 번역한 것이 정확하지 못하다. '보석'으로 번역된 말은 오히려 '특별하거나 귀중한 소유물'(seḡullâ)을 뜻한다(출 19:5 참조). 더구나 그것을 '만들다'라는 동사의 직접 목적어로 생각할 것이 아니라 문장 초두의 '그들'과 동격인 주격으로 이해해야 한다.

다음과 같은 말씀에는 한 가지 진리만 우뚝 솟아 있다: 하나님께서 정하신 날에 그에게 속한 자와 그에게 속하지 않은 자를 명확하게 구분하실 것이다. 그때에 우주는 "의인과 악인이며 하나님을 섬기는 자와 섬기지 아니하는 자를 분별할" 것이다(3:18). 지금은 믿는 자와 믿지 않는 자의 외적 상태로 보아 아주 흐릿하게 나타나는 것이 언젠가는 분명하고도 실수 없이 곡식과 가라지, 양과 염소, 지혜 있는 자와 어리석은 자, "…… 이스라엘에게서 난 그들이 다 이스라엘이 아니요" (롬 9:6)라는 사실이 확연히 구분될 것이다.

그 날이 밝아오면 하나님께서는 종교적 오염을 고치시려고 자신의 치유의 미래적인 면을 개입시키실 것이다. 그때에 여호와는 "²…… 금을 연단하는 자의 불과 표백하는 자의 잿물과 같을 것이라 ³그가 은을 연단하여 깨끗하게 하는 자 같이 앉아서 레위 자손을 깨끗하게 하되 금, 은 같이 그들을 연단하리니 그들이 공의로운 제물을 나 여호와께 바칠 것이라"(3:2,3).

말라기의 강조점들을 궁극적인 의미에서 생각해 보려면, 우리는 예언에서 성취로, 구약에서 신약으로, 말라기에서 예수 그리스도께로 전환해야 한다. 말라기의 약속을 열매 맺게 하시는 분은 주 예수 그리스도이기 때문이다. 그분은 홀연히 자기 성전에 임하시는 '주님'(hā'ādôn, 3:1)이시다. 또한 그분은 세례 요한이 앞서서 예비한 길로 오시는 '언약의 사자'(mal'ak habberît, 3:1)이시다. 그분의 성육신, 삶, 죽음, 부활은 '여호와의 크고 두려운 날'(yôm yhwh haggādôl weḥannôrā', 4:5[3:23])의 한 측면을 소개한 것이었다. 그것의 절정은 그분께서 만물을 새롭게 하시려고 장차 임하실 여호와의 날에 이루어질 것이다. 마지막 선지자가 불을 붙였고 마지막 사도가 다시 메아리치게 한, 그분에 대한 기대로 오늘을 사는 하나님의 남은 자들은 이렇게 간절히 기도한다.(*)

"주 예수여, 오시옵소서!"

20

말라기서와 복음서에 나타난 엘리야 도래의 약속

월터 씨 카이저
(Walter C. Kaiser, Jr.)

선지자 엘리야에 대한 신약의 관심이 얼마나 큰지는, 엘리야가 신약에서 모세(83회), 아브라함(73회), 다윗(59회) 다음으로 자주 언급되는 구약의 인물이라는 사실을 통해 쉽게 평가할 수 있을 것이다.[1]

그러나 이보다 더 중요한 것은, 공관복음에서 엘리야에 대하여 중요하고 분명한 여섯 개의 참고 성구들을 언급한 사실이다. 예수님의 동시대 사람들 중 일부는 우리 주님을, 세 가지 의견(세례 요한, 엘리야, 옛 선지자 중의 하나 – 역자주) 중 두 번째 인물인 엘리야와 동일시했다(막 6:14~16; 눅 9:7~9). 예수님의 제자들도 역시 이렇게 널리 파급된 혼동을 알고 있었으므로, 그들도 그 말을 반복했다(마 16:13~20; 막 8:27~30; 눅 9:18~21). 예수님과 엘리야 간의 이러한 연결은 심지어 주님이 십자가에 못 박히시는 때까지 많은 사람들의 마음을 계속해서 사로잡았다. 그러기에 예수님께서 십자가 위에서 하신 네 번째 말씀을 들은 사람들은, 예수님께서 자신을 구해달라고 엘리야를 부르고 있었다고 생각했다(마 27:45~49; 막 15:33~36). 그리고 예수님과 담화하기 위해 모세와 엘리야 이외에 누가 변화산 위에 나타날 수 있겠는가?(마 17:1~19; 막 9:2~10; 눅 9:28~36)

그러나 공관복음에는 장차 엘리야가 올 것을 언급한, 다른 참고 성구가 두 개 더 있다. 하나는 예수님의 제자들이, 어찌하여 서기관들이 엘리야가 먼저 와야 할 필요가 있다고 주장했는지를 질문했을 때에 나타난다(마 17:10~13; 막 9:11~13). 예수님은 "엘리야가 이미 왔다"고 대답하셨다. 그리고 그 말씀은 곧 예수님께서 세례 요한이 그라고 말씀하신 뜻임을 제자들이 알게 되었다. 그래도 여전히 의문스

---

[1] J. Jeremias, "ἠl(e)ia"," *TDNT* 2 (1964), p. 934. 29회 혹은 30회라는 수의 불일치는 눅 9:54의 원문의 문제에 기인한 것이다.

럽다고 한다면, 예수님께서는 마태복음 11:14에서 바로 그 점에 대해 "오리라 한 엘리야가 곧 이 사람이니라"라고 하신 말씀에서 분명히 의문이 풀릴 것이다.

그러나 우리가 공관복음에서 시선을 돌려 제 4복음서를 보면, 이 여섯 참고 구절들 중 어느 하나도 나타나지 않는다. 그 대신에 우리는 세례 요한이 자신은 그리스도이거나 "[모세가 말한] 그 선지자," 또는 '엘리야!'도 아니라고 단호하게 부인하는 것을 발견한다(요 1:21,25). 요한이 이렇게 분명하게 부인한 사실은, 공관복음에 그가 소개된 것과는 너무 상반된 대조이기 때문에, 공관복음과 요한복음이 서로 완전히 모순되는 것처럼 보인다. 이런 현상을 우리는 어떻게 설명할 수 있는가? 그리고 이것은 신약성경 저자가 구약성경을 인용한 문제에 어떤 영향을 주는가?

Ⅰ. 제기된 문제점들

이 논의에서 문제되는 것은 다음과 같은 세 가지 중요하면서도 팽팽한 쟁점이다.

① 오리라 한 사자 또는 엘리야라고 하는 미래에 올 선지자의 신분
② 그가 오는 시기
③ 그에게 부여된 임무(들)

이 세 쟁점은 각각, 이제까지 다양한 해석의 전통들에 영향을 끼쳐온 수많은 해석학적, 신학적 문제를 불러일으킨다.

그러나 세 가지 팽팽한 쟁점들을 연결 짓기 이전에, 먼저 한 가지 물어보아야 할 질문이 있다. 그것은 엘리야의 도래가 과연 메시아의 오심과 연관이 있는가 하는 점이다. 화이어슈타인(Faierstein)은 최근 연구에서 다음과 같이 결론을 내렸다.

> …… 학계의 공인된 바와는 반대로, 엘리야가 메시아의 선구자라는 개념이 주후 1세기에 널리 알려지거나 받아들여졌다고 암시하는 증거는 거의 아무 것도 보존되어 있지 않다. …… 유일한 자료는 주후 3세기 초의 본문이다(baraitha in b. Erubim 43a-b). …… 또 다른 가능한 견해 즉 '선구자로서 엘리야'의 개념이 신약에서는 '새로운 것'이라는 견해도 역시 진지하게 고려해야만 한다.[2]

그러나 화이어슈타인은 편리하게도 말라기 3:1; 4:4,5와 반복되는 신약의 언급들을 회피하면서 후기 기독교 연대를 설정하거나 유대 공동체와는 반대되는 일련의 증거들만 갖고 판단함으로써 평가를 제한시키는 경향이 있다. 확실히 스탈키(Starcky)가 인용한 쿰란 사본의 단편- "그러므로 내가 엘리야를…… 앞에 보내리라"(lākēn 'ashlîaḥ lᵉʾēliyyâ qede[m] -은 불완전하다.3 그러나 화이어슈타인은 그것을 통하여 말라기 3:1; 4:4,5(히브리 원문은 3:24,25)를 다시 고려했어야 한다. 게다가 화이어슈타인은 긴즈벌그(Ginzberg)가 다르게 이해한 18개의 동일한 랍비 문헌의 원문들도 역시 제쳐놓았다.

> 이제 탈무드에는 적어도 열여덟 구절에서 엘리야가 메시아의 선구자적 기능으로서 의식(儀式)이나 사법에 관한 의문점들을 해결할 인물로 나타난다."4

그런데 이 열여덟 구절 가운데 대표적인 구절인 '미쉬나 에두요트'(Mishnah Eduyoth) 8. 7에서는, 엘리야에 대한 견해를 매우 드물게 분명히 말한다. 엘리야가 올바른 계통의 유대인 혈통과 가정의 화목을 확립하며, 의견차들과 종교적 분쟁들을 해결하게 된다는 것이다. '미쉬나 에두요트' 8. 7에서는 엘리야가 이 모든 일을 행할 것이라고 말한다.

> 기록된 바, 보라! 내가 그 선지자, 엘리야를 너희에게 보낼 것이다. …… 그리고 그가 아버지들의 마음을 자녀들에게로 돌이키게 하고 자녀들의 마음을 그들의 아버지들에게로 돌이키게 할 것이다.5

또 다시 우리는, 기독교 이전의 유대주의나 신약 자체에서 무엇이 규범적인 것이었

---

2 M. M. Faierstein, "Why Do the Scribes Say That Elijah Must Come First?" *JBL* 100 (1981): 86. J. H. Hughes, "John the Baptist: The Forerunner of God Himself," *NT* 14 (1972): 212도 같은 의견이다: "엘리야가 메시아의 선구자가 될 것이었다고 하는 믿을 만한 기독교 이전의 증거가 없다. 그러므로 이것은 그 개념이 예수님으로부터 기인했다는 제안을 지지하는 데 도움이 된다."[!]

3 J. Starcky, "Les Quatre Étapes du Messianisme à Qumran." *RB* 70 (1963): 489-505. 그 조각은 4Qar P.이다. M. M. Faierstein, "Elijah Must Come First?", p. 80, nn 33-34에 인용된 바와 같이 p. 498을 참조하라.

4 L. Ginzberg, *An Unknown Jewish Sect* (NY: Jewish Theological Seminary, 1976), p. 212. 이들 18 본문들은 모두 탈무드의 18 토론들을 끝맺는다. 그리고 이들은 *teyqu*라는 용어로 알려져 있는데, "디셉 사람이 난제들을 해결할 것이다"를 뜻한다. 긴즈벌그는 이들 18 본문들의 자리를 p. 212, n. 14에 소개했다.

5 H. Danby, *The Mishnah* (London: Oxford University, 1958), p. 437.

나를 결정하기 위해서, 말라기서의 본문으로 되돌아오게 되었다. 오늘날까지 유대주의는 계속해서 엘리야에게 존귀한 자리를 마련해 놓고, 이것을 사라져가는 그들의 메시아의 도래에 대한 막연한 기대와 연관시키고 있다. 이러한 사실은 유월절 식사 때마다 엘리야의 잔과 좌석을 마련하는 데에서 잘 드러난다. 또한 이 유월절 행사를 마무리 지을 때 유대인 각자가 바라는 소망의 기도는 "내년에는 예루살렘에서" 라는 기도인데, 이것이 다가오는 메시아 시대라는 큰 그림의 한 부분을 차지한다. 그리고 이 그림의 중심에는 새로운 엘리야를 위한 문이 열려 있다.

Ⅱ. 말라기 3:1; 4:4,5

1. '나의 사자'의 정체

말라기 시대의 불경건한 사람들은 조롱하는 어조로 "공의의 하나님이 어디 계시는가?"라고 불평하였다. 이에 대한 하나님의 답은, 그들이 찾는다고 하는 하나님을 위한 길을 예비하시려고, **자신의** 사자를 보내시겠다는 것이었다. 그러나 하나님께서는 단순히 어떤 '한' 사자가 아니라, 그들에게 친숙한 즉 이사야 40:3을 통해 이미 잘 알려진 분을 약속하셨다. 이 사실은, 이 사자를 설명하기 위해 사용한 표현이 이미 이사야 40:3에서 사용한, 그가 "길을 예비"한다는 표현과 같은 데서 분명하게 드러난다.

의심할 여지없이 '나의 사자'(mal'ākî)라는 말은, 선지자 말라기의 이름에 근거한 언어유희이며, 또한 말라기와 같은 사역을 계속해나갈 미래의 선지자에 대한 예언으로서 의도된 것이다. 그러나 그는 확실히 지상의 사자일 것이었으며, 천상의 존재는 아니었다. 이것은 세 가지 증거로써 증명할 수 있다.

① 이사야서에서는 그 나라의 준비를 호소한 목소리가 바로 그 나라에 속한 어떤 사람으로부터 나왔다;

② 말라기 3:1의 이 동일한 사자는 말라기 4:5의 선지자 엘리야와 관련되어 있다.

③ 그는 말라기 3:1에서 '주' 곧 '언약의 사자'와 강하게 대조되고 있다.[6]

따라서 이 사자는 유대인 주석가 야르히(Jarchi)가 추측했던 것 같이 죽음의 사자일 수는 없다.7 또한 다른 유대인 주석가 킴히(Kimchi)가 이스라엘이 광야로의 여행을 준비할 때를 문맥으로 하는 구절인 출애굽기 23:20을 근거로 추정한, 하늘로부터 온 천사도 될 수 없다. 하나님의 대변자는 지상의 선포자이었다.

2. '주'와 '언약의 사자'의 정체

'주'(hā'ādôn)는 정관사와 함께 사용되었을 때 하나님을 언급할 수밖에 없다.8 그가 신적인 존재이시라는 것은 다음과 같은 추가적인 사실들을 통해 분명히 알 수 있다.

① 그는 말라기 2:17의 "공의의 '하나님'이 어디 계시는가?"라는 질문에 답하고 계신다.
② 그는 '그의(원문을 따름- 역자 주) 성전'에 오시며, 따라서 자신이 그 안에 거하시겠다고 약속하신 그 집의 주인이시다.
③ 그는 또한 '언약의 사자'(mal'āk habberît)로 불린다.

더 나아가서, 스가랴 4:14와 6:5와 같은 구절들- '온 세상의 주'('ādôn) -에서 그 '아돈'('ādôn)은 여호와와 상호교환적으로 사용되었다.9

'천사' 혹은 '언약의 사자'라는 명칭은 구약의 다른 어느 곳에서도 발견되지 않는다. 그럼에도 불구하고 이 명칭은 더 흔히 사용되는 '여호와의 사자'를 많이 생각나게 한다. 그분은 곧 애굽 땅에서 이스라엘을 구해내셨고(출 3:6), 홍해를

---

6 이 논거들은 본질상으로는 헹스텐베르그(E. W. Henstenberg)의 것이다. *Christology of the Old Testament,* trans. J. Martin (Edinburgh: T& T Clark, 1875), 4.164.

7 R. Cashdan, *Soncino Books of the Bible: The Twelve Prophets,* ed., A. Cohen (London: Soncino, 1948), p. 349.

8 T. V. Moore는 그렇게 주장한다(*The Prophets of the Restoration: Haggai, Zechariah and Malachi* [NY: Robert Carter and Bros, 1856], p. 376). 그는 출 23:17; 34:23; 사 1:24; 3:1; 10:16,33; 말 1:12 등을 언급한다. 단 9:17에서 hā'ādôn은 '성자'에 대한 언급인 듯하다.

9 J. G. Baldwin은 그렇게 주장한다(*Haggai, Zechariah and Malachi* [TOT], p. l).

건널 때에 그 무리 앞에서 행하셨고(출 23:20), 성전을 자신의 영광으로 가득하게 하신 바로 그 '사자'이셨다. 그는 한 분이시며 여호와 자신과 동일하시다. 이 사자는 하나님의 자기 계시이시며, 구약에 빈번한 그리스도의 현현(顯現)으로서, 성육신 하시기 이전에 나타나신 그리스도이시다.[10] 따라서 이 분은 출애굽기 23:20~23 ("보라, 내가 사자를 네 앞서 보내어…… 내 이름이 그에게 있음이니라."), 출애굽 기 33:14("내가 친히[My Presence or face] 가리라."], 그리고 이사야 63:9("자기 앞의 사자"[The Angel of his Presence or face]) -에 언급되신 분과 동일하신 분이다.

그가 언약의 사자가 되신다고 할 때 그 언약은, 옛날에 이스라엘과 맺은(출 25:8; 레 26:11,12,21; 33:14), 그리고 후에 예레미야 31:31~34에서 **갱신되어** 히브 리서 8:7~13과 9:15에 반복된 언약과 동일하다. 그러므로 그 언약은 모든 시대를 위한 하나님의 단일 계획이다. 하지만 본 문맥에서는 주로 레위 지파의 제사장들(말 1:6~2:9)과 이스라엘 나라(말 2:11; 3:5,8)에게 그러한 언약 관계를 깨뜨렸다고 말한 것이다.

그러나 여기서 강조되어야 할 사실은, '임할 것이라'(bā')[11] 는 동사의 단수형이 증거하듯이 '주'와 '언약의 사자'는 두 인물이 아니라 한 인물이라는 점이다. 따라서 본 절은 '주'와 그 '길을 예비하는 사자', 이 두 인물만을 언급하고 있는 것이다.

3. 선포자의 임무와 주의 사역 간의 연관성

그 예비하는 사자는 "[주님] 앞에서 길을 예비 할 것"이다. 이 표현(wûpinnâ derek lᵉpānâ)과 이사야서 40:3(pannû derek yhwh), 57:14, 그리고 60:10과의 현저한 유사성은 너무도 강력해서 우연으로 볼 수가 없다. 이사야서와 말라 기서의 유사성은 '길'(derek)에 정관사가 생략된 데까지 미친다. 다른 것이라 고는 다만 말라기서에는 '사자'가 길을 예비해야 하는 한편, 이사야서에는 주의 '종들'에게 대로(大路)를 예비하도록 촉구하였다는 것뿐이다.

---

10 W. C Kaiser, Jr., *Toward an Old Testament Theology* (Grand Rapids: Zondervan, 1978), pp. 85,120,257-58을 참조하라. 창 16:7; 22:11,15; 삿 2:1; 6:11,14 등의 본문에 나타나는 '여호와의 사자'에 관한 언급을 참조하라.

11 E. W. Henstenberg는 그렇게 주장한다. *Christology*, 4, p. 168.

본문은 통치하는 군주(君主)의 출현 또는 도착이라는 동양적 비유를 들어, 영광의 왕의 도착을 준비하기 위하여, 모든 영적, 도덕적, 윤리적 장애물을 제거하라고 촉구한다. 왕이 마을을 방문할 때마다 그가 통과할 도로가 정돈되고 평탄케 되며 모든 돌들과 장애물이 제거될 것이다. 이 표현의 또 하나의 예는 시편 80:9(원문은 10절)- '피니타 레파네하'(pinnîtā lᵉpāneyhā), "주께서 그[=애굽에서 가져온 포도나무 혹은 나라] 앞서 [땅을] 준비하셨으므로"(cleared)- 뿐이다. 그러나 다시금 여기에 포도나무로 묘사된 이스라엘 나라가 심겨지고 땅 속 깊이 뿌리를 내릴 수 있기 위한 준비로서 어떤 **제거 작업**이 필요했다.

이 미래의 사자도 마찬가지로 '**내** 앞에서' 오물들과 장애물들을 제거할 것이며, 여기서 '**나**'는 바로 다음 문장에서 '**주**'('하아돈') 곧 '**언약의 사자**'라고 밝혀지는 바로 그 인물이다. 이 셋이 동일한 분임을 더욱 설득력 있게 주장 할 수 있는 것은, 우리가 "그리고(개역개정판에는 '곧'- 역자 주) 너희의 사모하는 언약의 사자"라는 문구를 도입하는 '**와우**'(그리고)는 "너희가 구하는 바 주"라는 문구와 동격(同格)으로 사용된, 설명적 보족(補足) '**와우**'(epexegetical wāw)라는 사실을 볼 때 그러하다. 그러므로 우리는 3:1을 다음과 같이 번역한다.

> 보라, 내가 내 사자를 보내리니 그가 내 앞에서 길을 예비(clear)할 것이라. 홀연히 너희의 구하는 바 주가 그의 성전에 임하리니, 곧(even) 너희의 사모하는바 언약의 사자(ûmal'āk habberît 'ăsher~'attem ḥăpēṣîm)가 임할 것이라. 만군의 여호와의 말이니라.

이러한 예비하는 일과는 대조적으로, 주(主)이신 언약의 사자는 자신의 전에 '홀연히'(pit'ōm) 이르실 것이다. 백성들은 하나님께서 모든 악행을 벌하시려 오시기를 갈망했었다(말 2:17). 그는 과연 오실 것이다. 그렇지만 '갑작스럽게' 오실 것이다.[12] 불경건한 자들은 일시적인 구원자를 바랐다. 그러나 말라기 3:2는 그들의 대부분이 심판의 날이 이르렀을 때 감당할 수 없을 것이라고 경고한다. 이방 민족들

---

[12] T. Laetsch (*Bible Commentary: The Minor Prophets* [St. Louis: Concordia, 1956], p. 531.)는 다음과 같이 말한다. "**홀연히**- pit'ōm -는 임박함을 나타내기 위해 사용된 일이 전혀 없다. 그것은 시간의 경과에 불구하고 항상 '예기치 않게'를 뜻한다(수 10:9; 민 12:4; 시 64:5,8, AV 4,7; 잠 3:25; 6:15; 사 47:11; 렘 4:20 등)."

뿐만 아니라, 이스라엘 안의 불경건한 자들도 역시 심판을 받을 것이다. 주님의 재림과 연관된 최후 심판이, 본 절에서는 그의 초림과 섞여서 표현된 듯이 보인다. 따라서 둘 다를 위해 준비해야 할 필요가 있다!

4. 선지자 엘리야의 정체

말라기서는 그 디셉 사람이 이 땅에 다시 직접 나타나기를 기대하고 있는 것인가? 그렇지는 않은 듯하다. 왜냐하면 특별히 말라기 4:5,6에서 "보라! 여호와의 크고 두려운 날이 이르기 전에 내가 '그[13] **선지**' 엘리야를 너희에게 보내리니……"라고 말했기 때문이다. 칠십인 역에서만 "디셉 사람 엘리야"라고 하였다. 어쨌든 이렇게 엘리야가 선정된 이유는, ① 그가 이스라엘 나라에서 선지자 계열의 우두머리였고, ② 그의 많은 후계자들이 하나님께서 그에게 주신 동일한 영(靈)과 능력을 간접적으로 받았기 때문이다. 말하자면 그를 계승한 자들에게 하나님께서 그의 은사들과 능력과 영을 계속 부여하셨기 때문이다.

이런 현상은 구약에 이미 알려져 있는데, 이는 역대기하 21:12에서 엘리야가 승천한지 이미 여러 해가 지난 여호람 왕의 통치 기간인데도 "선지자 엘리야가 여호람에게 글을 보내어"라고 언급하였기 때문이다. 더 나아가서, 엘리야에게 예언된 사역들을 실제로 엘리사(왕하 8:13)와 한 젊은 선지자가 실현하였다(왕하 9:13). 정말로 엘리사는 자신의 영적 유산으로서 장자의 몫(왕하 2:9)인 갑절을 엘리야에게 요청하였다. 그리하여 마치 모세의 영이 70인의 장로들에게 임한 것과 똑같이 "엘리야의 영감"[14] 이 엘리사에게 머물렀다(왕하 2:15).

우리가 미래의 이스라엘 왕으로 다윗이 다시 올 것을 문자대로 기대하지 않는

---

13 J. Willsey("The Coming of Elijah: An Interpretation of Malachi 4:5,"[미출판 석사 논문, San Francisco Conservative Baptist Theological Seminary, 1969], p. 31.)는 '나비'(nābî')와 함께 사용된 정관사는 "엘리야: 특히 독자에게(다른 어떤 엘리야와도 반대되는) '그 선지자'로 알려진 엘리야"를 언급한다고 말한다.

14 신약에서 말하는 엘리야의 정체에 관한 기독교 해석 역사에 대해서 길게 논한 E. B. Pusey, *The Minor Prophets* (Grand Rapids: Baker, 1950), 2.499-502. 또한 E. W. Hengstenberg, *Christology*, 4.195-200 을 참조하라.

것처럼 엘리야가 문자대로 다시 오리라고 기대하지는 않는다. 분명히 예레미야 30:19; 호세아 3:5; 에스겔 34:23; 에스겔 37:24와 같은 구절들은 새로운 다윗을 약속하고 있다. 그러나 이 새로운 다윗은 옛 다윗의 직임(職任), 계열, 약속에 따라 오실 메시아 그분이시라고 누구나 주장하고 있다. 따라서 우리는, 이 새로운 엘리야가, 승천한 지 오랜 후에 되돌아왔던 실제 엘리야는 아니지만, 그와 같은 영과 능력을 부여받을 것이라고 주장한다.

5. 엘리야와 선구자 간의 연관성

선지자 엘리야는 주님께서 자기 앞의 길을 예비하라고 보내실 사자와 동일인이라는 것은 의심할 여지가 없을 것이다. 말라기 4:5는 본서에서 위대한 '보라!'라는 말을 세 번째로 기록하고 있어서(3:1; 4:1과 4:5), 우리의 마음과 눈을 그 앞의 두 구절로 이끌어간다. 두 번째 유사성은 "내가 보내노라"(I am sending)라는 분사절(分詞節)에서 찾게 된다. 또한 세 번째로, 임무에 있어서도 유사성을 발견하게 된다. 왜냐하면 '길을 예비하다' (pinnâ.)와 '회복하다'(shûb)라는 두 동사는 모두 '돌다'를 의미하는 동사에 근거하고 있고, 따라서 악으로부터의 회개나 돌아섬, 그리고 하나님께로 돌아감을 함축하기 때문이다. 네 번째로, 말라기 3:1에서 말라기('내 사자'라는 뜻 - 역자 주) 선지자의 이름을 가지고 '내 사자'를 **보낸다**고 언어유희를 한 것은, 말라기 4:5에서 '엘리야'를 **보낸다**는 것과 어울린다. 끝으로, 3:1과 4:5의 상반절 다음에는 둘 다 여호와의 날의 두려움을 언급하는 내용(3:2; 4:5하)이 따라 나온다.

6. '여호와의 날'의 때

선지자 엘리야라고 불리는 이 사자는 "여호와의 크고 두려운 날이 이르기 전에" 나타나게 되어 있다. 그 날은 요엘 2:11,31과 스바냐 1:14에 유사한 말로 묘사되었다. 그런데 많은 구약 선지자들이 그 날을 한 날이면서 집합적인 사건으로 봄으로써 다음과 같은 삼중적인 난제가 생기게 되었다.

① 다섯 명의 선지자가 그 날을 '가깝다'고 하였으나 그들의 예언은 4세기에 걸쳐 있다(욥 15절; 욜 1:15; 2:21; 사 3:6; 습 1:7,14; 겔 30:3).

② 이 선지자들은 또한 당시에 당면한 에돔의 멸망, 메뚜기 재앙, 또는 임박한 예루살렘 멸망(주전 586년)을 포함하여 서로 다른 사건들을 '여호와의 날'에 속한 것으로 보았다.

③ 그럼에도 불구하고 그 날은 역시 여호와께서 "온 땅을 멸하실"(사 13:5), "천하의 왕"으로서 통치하실(슥 14:1,8,9), 또 그 날은 "하늘이 큰 소리로 떠나가고 체질이 뜨거운 불에 풀어지고 땅과 그 중에 있는 모든 일이 드러날"(벧후 3:10) 뿐만 아니라, 구원과 구출의 날이다(욜 2:32).

말라기 3:2; 4:1,5가 말하는 바는 바로 그러한 날이다. 만일 우리가 성경 말씀의 모든 자료를 적절히 설명하고 그것에 충실하기 위해서는, 포괄적 또는 계속적 성취의 원리가 가장 중요하다. 무어(T. V. Moore)는 다음과 같이 진술했다.

성경 저자들의 기록 가운데는 역사 속에서 계속적으로 발생하는 독특한 사실들에 적용할 수 있도록 의도된 진술이 많다. 따라서 만일 그 진술들이 이러한 사실들 중 어느 하나에만 국한된 것이라면 그 진술들은 과장된 것처럼 보일 것이다. 이는 어떤 사실 하나가 그 진술들의 의미를 모두 다 설명할 수는 없기 때문이다. 그러기에 그 진술들은 그 의미가 완전히 드러날 때까지는 모든 사실들 위에 펼쳐져 있어야만 한다. 이 원리는 일반적인 언어의 법칙과 전혀 모순되지 않는다. 이렇게 문구들을 사용하는 동일한 일반적 사용법은 반복적으로 나타난다.…… 모든 언어에는 이와 같은 즉 어느 한 사건을 언급하는 것이 아니라, 동일한 원리를 나타내거나 동일한 원인에서 나온 일련의 사건들을 가리키는 법칙이 있다.
　　[이와 같이] …… '여자의 후손'(창 3:15)에 관한 약속은 한 가지 사건을 가리키는 것이 아니라 역사 전체에 면면(綿綿)히 흐르고 있으며 계속 이어지는 기독교의 모든 정복을 포함한다. ……(이) 일군(一群)의 예언들을…… 옛 신학자들은 '종말적인 것들'(novissima)이라 불렀다. ……15

이와 같이 "여호와의 날"은, '하나님의 심판과 구원' 이전에 역사상에서 일어나는 모든 사건들과, 미래에 일련의 모든 사건들의 대미(大尾)를 장식할 위대한 절정(絕

---

15 T. V. Moore, *Zechariah, Malachi*, pp. 396-99.

頂)의 사건을 함께 묶어놓은 포괄적 또는 집합적 사건이다. 그리고 그리스도의 최후의 방문(訪間)인 그의 재림 이전에 하나님께서 역사 속에 개입하신 일은 모두, 역사의 결론으로서 미래에 있을 절정의 사건에 대한 시연(試演)이고 견본이며 할부금 또는 담보일 뿐이다. 따라서 선지자는 여호와의 날을, 단지 한 번만 있을 사건이 아니라, '상황 상 필요할 때마다 반복될' 수 있는 사건으로 생각했다.[16] 이제 미래의 선지자 엘리야는 "여호와의 크고 두려운 날이 이르기 전에" 나타날 것이다. 더 나아가서 말라기 3:1과 이사야 40:3에 기록된 대로, 그가 여호와를 위해 길을 예비할 것이다. 그런데 메시아의 어느 오심이 의도되었는가? 초림인가, 또는 재림인가? 대부분 학자들은 신약성경 저자들을 따라서 그 사자가 예비하는 것은 우리 주님의 초림을 위함이라고 결론짓는다. 그러나 말라기 3:2 이하와 말라기 4:1 이하에 기록된 그 날의 사건은 초림과 재림을 둘 다 포함하고 있다고 결론짓는 것이 합당할 것이다. 왜냐하면 그것은 레위인들의 성결과 악한 자들의 심판, 그리고 여호와께서 자신의 성전에 돌아오심을 내포하고 있기 때문이다. 이것이 바로 요엘 2:28~32가 제시하는 그런 상황이다. 그러기에 오순절에 있었던 요엘의 말씀의 성취는, 지진과 우주적 소용돌이가 재림과 연관된 것이기에, 마찬가지로 여호와의 날에 속한 것이다.

따라서 기본 개념은 이렇다. 즉 말라기의 예언은, 단지 재림에 있을 절정적인 성취만을 내다보는 것이 아니라, 비록 선지자가 말한 단 하나의 의미 속에 포함되는 사건들이 많다고 할지라도, 그가 말한 이 단일 의미 속에 들어있는 일련의 사건들을 모두 동시에 포함하는 것이다.[17] 이렇게 하여 일련의 사건들은, 비록 역사의 넓은 부분에 걸쳐 펼쳐져 있는 많은 사건들을 포함한다고 할지라도, 이 사건들의 전체 세트는 하나의 집합적 전체를 이루며, 단 하나의 개념을 구성하는 것이다. 아마도 이 현상을 가장 잘 서술하는 방법은, 비처(Beecher)가 다음과 같이 정의했듯이, 그것을 포괄적 예언이라고 부르는 것이리라.

---

16 W. J. Beecher, *The Prophets and the Promise* (NY: Thomas Y. Crowell, 1905; Reprinted, Grand Rapids: Baker, 1970), p. 311.

17 가장 도움을 주는 구분은 G. B Caird, *The Language and Imagery of the Bible* (Phila.: Westminster, 1980), 제 2장에서 읽을 수 있다.

······ [포괄적 예언이란] 어떤 한 사건의 여러 부분들이 시간적인 간격을 두고 발생할 때, 그 사건의 가장 가까운 부분이나 더 먼 부분들, 또는 그 사건 전체에 차별 없이 적용할 수 있는 표현이다. 다시 말하자면, 이것은 어떤 하나의 복합적인 사건 전체에 적용될 수 있지만 또한 그것의 여러 부분에도 적용되는 예언을 가리킨다.[18]

Ⅲ. 세례 요한과 신약의 성취

이제는 신약의 문제를 질문해도 될 것이다. "세례 요한은 말라기 예언들의 성취였는 가? 혹은 아니었는가?"

1. 세 가지 기본 입장

이 질문에 대해 세 가지 기본적인 대답이 있어 왔다.

① 세례 요한이 길을 예비하리라는 사자에 관한 예언을 온전히 성취했으므로 엘리야는 다시 오지 않을 것이다.[19]

② 디셉 사람 엘리야가 몸소 나타나 마지막 때에 다시 사역할 것이다.[20]

③ 세례 요한은 정말 이 예언의 성취로서 왔다. 그러나 그는 '엘리야의 영과 능력'을 갖고 왔기에 이로써 그는 저 최후의 극도로 두려운 여호와의 날까지 역사상에 나타날 일련의 선구자들 중의 한 선지자에 지나지 않는다. 이는 그 때에는 이 일련의 선구자들 중 마지막 선지자가 나타나 선포할 것이기 때문이다.[21]

---

[18] W. J. Beecher, *The Prophets and the Promise*, p. 130.

[19] J. Calvin, *Commentaries on the Twelve Minor Prophets* (Grand Rapids: Eerdmans, 1950), pp. 5,627; E. W. Hengstenberg, *Christology*, 4. 165; O. T. Allis, *Prophecy and the Church* (Nutley, N.J.: PRP, 1974), p. 49; D. A. G. Knight, "John the Baptist and Elijah: A Study of Prophetic Fulfillment"(미출판 석사 논문; Trinity Evangelical Divinity School, Deerfield, IL, 1978), pp. 115-16.

[20] J. P. Tan, *The Interpretation of Prophecy* (Winona Lake, IN: BMH Books, 1974), pp. 185-87; Tertullian, "A Treatise on the Soul," 3:217.

[21] Justin Martyr, "Dialogue with Trypho," I:219-20; Aurelius Augustine, "St. John's Gospel," 7:27; T. T. Perowne, *Malachi* (CBSC; Cambridge: Cambridge University, 1890), p 39; J. T. Marshall, "The Theology of Malachi," *Expository Times* 7 (1895-96), p. 126; J. Dwight Pentecost, *Things to Come*

2. 엘리야 예언의 포괄적 성취

우리가 말라기의 예언을 살펴본 바에 의하면, 분명히 우리는 세 번째 견해를 택해야 할 것이다. 말라기에 나타난 이 사자는 그의 정체, 때, 사역, 이 모두가 세례 요한과 같은 단 한 사람이라기보다는, 각기 다른 두 인물 -만일 일련의 인물들이 아니라면- 로 나타날 것을 입증한다.

신약의 증거도 비슷한 해석을 보여준다. 마태복음 11:14에서 예수님께서는 "오리라 한 엘리야가 곧 이 사람(autos estin, 세례 요한)이니라"고 긍정하셨다. 또다시 마태복음 11:10(=눅 7:27)에 "기록된바 '보라 내가 내 사자를 네 앞에 보내노니 저가 네 길을 네 앞에 예비하리라'고 하신 것이 이 사람(houtos)에 대한 말씀이니라"고 하셨다. 그러므로 요한은 그 사람 즉 선지자 엘리야였다!

그런데 요한은 분명히 자신이 엘리야임을 부인하였다. "나는 (엘리야가) 아니라"(ego ouk eimi, 요 1:21,23); 그리고 누가는, 세례 요한이 다만 '엘리야의 심령과 능력'(en pneumati kai dynamei, 눅 1:17)으로 왔다고 우리에게 확언해 준다. 설령 요한이 분명히 당시 사람들이 흔히 품고 있던 오해 때문에 자신이 엘리야임을 부인하였다고 하여도, 요한이 엘리야와 동일시 될 수 있다면 그 까닭은 단지 엘리야에게 일할 힘을 주신 동일한 성령과 능력이 이제 그에게 임하였기 때문이다.

3. 새로운 엘리야의 임무

장차 올 이 선지자의 임무에도 마찬가지로 두 개의 초점이 있었다. 마가복음 9:12는, 베드로, 야고보, 요한이 변화산에서 돌아오는 길에 인자의 고난과 부활에 관하여 듣고 묻는 질문("어찌하여 서기관들이 엘리야가 먼저 와야 하리라 하나이까?," 11절)에, "엘리야가 과연 먼저 와서(elthōv, 과거) 모든 것을 회복하거니와"(apokathistanei, 미래)라고 답한다. 마태복음 17:11은 같은 사건을 언급하면서 현재 시제와 미래 시제를 겸용했다. "엘리야가 과연 먼저 와서(erchotai, 현재)

(Grand Rapids: Zondervan, 1958), pp. 311-12.

모든 일을 회복하리라"(apokatastēsei, 미래).22   여기서 이 현재 시제는 미래 시제와 연결되어 있으므로 현재 시제는 다음과 같이 미래에 있을 현재로 해석해야 한다. "엘리야가 오리라."

그리고 '회복'이라는 용어는 구약에서 이스라엘의 본토로의 회복23 과 속 사람의 도덕적 회복,24 둘 다를 뜻하는 전문용어로 사용되었다. 그러므로 우리는 마태와 마가가 이 동사를 사용한 것이 사도행전 3:21에 사용된 명사형(apokatastaseōs)과 일부분 병행된 것으로 본다. 사도행전에서 베드로는 "하나님이 영원 전부터 거룩한 선지자의 입을 의탁하여 말씀하신바 만유를 회복(혹은 확립)하실 때까지" 예수님께서 지금 하늘에 머물러 계신다고 진술한다. 이것 역시 주님의 '오심'(parousia)과 관련된 미래의 일이다.

누가는 요한의 사역을, 여호와 앞에서 그의 길을 예비하는 것으로, 즉 그의 백성에게 구원의 지식을 제공하고 어두움 가운데 있는 자들에게는 빛을 주는 것으로 묘사했다(눅 1:76~79). 그는 또한 "아비의 마음을 자녀에게로 돌이키게"(epistrepsai chardias paterōn epi tekna, 눅 1:7. 이것은 칠십인 역의 apokathistēmi 보다는 마쏘라 본문의 말 4:6에 있는 동사 epistrechō를 따랐다.) 할 것이다.25

Ⅳ. 결론: 해석학적 암시

이제 드러난 모습은 분명하다. 우리가 어떻게 앞으로 올 엘리야와 여호와의 날을 분리할 수 있겠는가? 그리고 어떻게 여호와의 날을 재림과 **파루시아**에만 전적으로

---

22 마태와 마가의 '회복'이라는 용어가 다 같이 칠십인 역에 발견된다. 말 4:6의 히브리어 마쏘라 본문은 hēshîb로 되어 있다. 시락서 48:10의 본문은 칠십인 역을 따랐다.

23 렘 15:19; 16:15; 23:8; 24:6; 호 11:10.

24 암 5:15. 이 구절은 D. A. G. Knight, "John the Baptist and Elijah," p. 93의 도움을 받았다.

25 어떤 이들은 이 개념을 구약 예언의 성취, 혹은 절정과 연결시키기를 좋아한다. D. A. G. Knight, "John the Baptist and Elijah," p. 94에 인용된 바와 같이, K. Lake and H. J. Cadberry, *The Acts of the Apostles, The Beginnings of Christianity*, ed., F. J. F. Jackson and K. Lake; 5 vols.; London: Macmillan, 1933), 4. 38을 참조하라. 누가가 사용할 수 있는 다른 용어들이 많으며 또한 여러 용어들을 사용하면서도, 그 개념을 나타내려고 특별히 이 용어를 사용한 것은 이상하다. 한편 구약의 용법은 너무나 고정되어 있어서 이러한 기발한 의미를 받아들이기 어렵다고 보인다. 더구나 특히 선지자들에게 호소하는 구절에서이랴!

국한시킬 수 있겠는가? 이러한 양쪽 모두가 잘못된 것으로서 말라기가 의도한 것에 미치지 못하는 결과에 이르게 될 것이다. 하지만 엘리야는 반드시 와서 "여호와의 크고 두려운 날이 이르기 전에"(말 4:5) "모든 일을 회복"(마 17:11)할 것이다.

그렇지만 아무도 어떤 의미에서 엘리야가 이미 온 것이 아니라고 말할 수는 없다. 왜냐하면 우리 주님께서 이와는 반대로 '엘리야는 왔다'고 단언하실 것이기 때문이다. 그렇다면 이제 이런 모든 현상을 적절히 답해 줄 설명은 무엇이겠는가? 그러나 사실상 이와 동일한 유형의 현상이 다른 많은 비슷한 예언 구절에서도 나타나지 않았다면, 우리는 말라기 본문에 내적인 모순이 있다고 결론내릴 수밖에 없을 것이다. 그러나 그렇지가 않다. 왜냐하면 포괄적 예언, 즉 하나의 예언 안에 성취를 이루는 일련의 모든 사건들이 포함되어 있으며 또한 이 모든 사건들이 서로에게 부분이나 요소가 되는 무엇인가를 공유한 예언의 목록이 길기 때문이다.[26]

어떤 이들은 이것이 흔히 '예언의 이중적 성취'라 부르는 것과 별다를 바 없다고 주장할 것이다. 그러나 우리는 이 주장을 부인한다. 왜냐하면 '이중적 성취'에는 다음과 같이 세 가지 문제점이 있기 때문이다.

① 그것은 성취를 두개의 고립된 사건에 한정시키며, 두 사건뿐이다.

② 그것은 일반적으로 이중적(double) 의미나 이중적 의도를 주장하는 이론으로 빠지기 쉽다. 이 이론에서는 인간 저자가 대체적으로 이런 연관된 두 사건이나 그 의미를 전혀 알지 못하거나, 고작해야 단지 하나만(그것도 동시대적일 경우에나) 알 수 있을 뿐이다. 따라서 나머지 다른 성취 사건이나 두 가지 성취 사건 모두가, 그것(들)이 실현될 미래에 그 세대에게 깜짝 놀랄 일로 남아 있게 된다.

③ 그것은 단순히 예언적 말씀(보통 그 말씀이 전해진 시대에는 아직 구체적이 아닌 사실로서 주어진)과 오직 마지막 성취에 관해서만 초점을 둔다. 그러기에 하나님의 이 계시와 그 절정적인 성취 사건 사이의 긴 세월 동안 하나님께

---

26 W. C Kaiser, Jr, "The Promise of God and the Outpouring of the Holy Spirit: Joel 2:28~32 and Acts 2:16~21," *The Living and Active Word of God*, ed. M. Inch and R. Youngblood (Winona Lake: Eisenbrauns, 1982).

서 그 말씀을 어떻게 살아 역사하도록 보존하셨는지에 대해서는 아무런 관심도 없다.

따라서 오직 포괄적 예언만이 다음과 같은 세 가지 초점을 모두 다룰 수 있는 것이다.

① 계시된 말씀
② 이 말씀을 영속(永續)시키는 동안에 일어난 일련의 역사적 사건들
③ 하나님께서 자신의 말씀으로써 계속 약속하시고 전(全) 역사에 걸쳐 권능으로 일해나가시는 동안, 그 사건이 어떤 모양으로 실현되었든지 간에 이것을 포함하여, 이 사건의 최종적 성취로 드러난 공동적, 집합적, 포괄적인 전체.

이러므로 마지막 성취 사건과 포괄적으로 연결된, 그 사이에 낀 사건들은, 하나님께서 절정의 성취를 이루셔서 완전히 지불이 될 때까지는 담보(擔保)이며, 할부금이며, 견본이며 관심을 끄는 광고(廣告)이다.

이것이 정확히 세례 요한의 경우에 발생된 일이다. 그는 다만 마지막 날에 이루어질 일의 한 부분을 보여주는 견본일 뿐이다. 우리는 이러한 사실을, 요한계시록 11장에 나타난 두 증인 중 한 분의 사역을 증거로서 더 덧붙이지 않더라도, 말라기서와 복음서에 제공된 정체, 임무, 때를 언급함으로써 보여줄 수 있다.

이렇게 요한은 담보로서 엘리야였던 것이다. 따라서 우리는 아직도 다른 엘리야, 특별히 우리 여호와의 크고 두려운 날이 이르기 전에 올, 저 마지막 엘리야를 기다리고 있다. 이처럼 의미는 **하나**이고, 둘이나 셋이 아니다. 혹 더 충만한 의미(sensus plenior)도 없다. 오직 하나님의 계시에 의해 주어진 의미만이 규범적이고 권위적이며, 이전 세대의 유대인들과 우리 자신의 세대에게 변증적으로 설득력이 있는 것이다. 우리는 본문의 단일 의미와, 말라기 3:1과 4:5,6에 나타난 유형의 예언들이 갖는 포괄적 의미를 교회가 채택하기를 권하는 바이다.(*)

21

말라기 4:2[3:20]에 나타난 "공의로운 해": 그 해석사

잭 피 루이스
(Jack P. Lewis)

"공의로운 해"는 신약에서 예수님에게 명확하게 적용되지 않았고, 유대 자료들에서도 메시아적이라고 간주하지 않았다. 그런데 이것이 기독교의 해석에서 그 본래의 문맥을 고려하지 않고 메시아적 칭호가 된 것이다. 따라서 본 논문에서는 이른 시기부터 현대에 이르기까지 이 표현에 대한 해석들을 개관할 것이다. 메시아적 해석이 노래들에서는 계속 인기를 얻은 반면에, 영어 역본들에서는 그 타당성에 대한 학자들의 견해가 나뉘어 반영되고 있다. 어쨌든 20세기에 이르러서는 메시아적 해석의 옹호자들이 거의 없게 되었다.

말라기서의 거의 끝 부분에서, 선지자는 두 그룹에게 임하는 여호와의 날의 중요성을 다음과 같이 대조시키고 있다. 악을 행하는 자들은 완전히 소멸될 것이나, 여호와의 이름을 경외하는 자들(말 3:16)에게는 "공의로운 해"(shemesh ṣᵉdāqâ, Sun of Righteousness)가 떠올라서 "치료하는 광선"(역자 주- 개역개정판의 "광선"의 원문은 "날개"이다. bikᵉnāpeyhā, will rise with healing on its wings)을 발할 것이다. 히브리어에서 "해"(shemesh)는 남성명사[1] 나 여성명사[2] 로 이해할 수 있다. 그래서 여기서는 zārḥâ(떠오르다) 동사가 여성이고 "광선"("날개", kânâp)의 접미어인 소유 대명사 역시 여성으로 되어 있다.[3]

　말라기가 사용한 비유와 똑같이 닮은 것은 구약성경 다른 곳에서는 찾아볼 수 없다. 시편 84:11[12]에 "여호와 하나님은 해요 방패시라"는 말씀이 있으나

1　예를 들면, 창 19:23; 28:11; 수 10:12 이하; 욜 3:4.

2　예를 들면, 창 15:17; 출 22:3; 신 24:15; 시 104:22; Gesenius-Kautzsch-Cowley, p. 122.

3　히브리어와 헬라어 성경은 내용 구분에 있어서 다른 성경들과 달라서 본문은 히브리어와 헬라어 성경에서는 말 3:20이다. 그러나 라틴어나 영어 성경에서는 말 4:2이다(역자 주- 우리말 역본들도 동일하다).

사실 이것은 구약성경에서 유일한 것이다. 그러나 역본들은 이 말씀을 다르게 표현했거나 직역(直譯)을 피했다. 칠십인 역(역자 주 -여기서는 시 83:12이다.)은 "이는 긍휼과 진리를 주 하나님께서 사랑하심이라"('호티 엘레온 카이 알레데이안 아가파 큐리오스 호 데오스')라고 번역했다. 이래서 헬라어 성경의 독자는 이 본문을 "해"와 연결시키지는 않았을 것이다. 하지만 시편 27:1은 여호와는 "나의 빛이요"라고 선포하고, 이사야는 그분을 "이스라엘의 빛"(사 10:17)이시며 "네게 영영한 빛"(사 60:19~20)이시라고 부른다.[4]

zārah(떠오르다)는 해가 떠오르는 것을 나타내는 평범한 동사이다.[5] 이 동사는 빛이 떠오름[6] 과 초목이 싹틈에도 사용된다.[7] 공의로운 통치자의 통치는 구름 없는 아침에 돋는 햇빛과 비교된다(삼하 23:4). 헬라어 번역인 '아나텔로'(떠오르다)는 헬라어 성경 전체에서 해의 떠오름을 나타내는 데에 사용된 공통된 동사이지만[8] 또한 빛의 떠오름(시 97[96]:11; 사 58:10), 야곱에게 한 별이 나옴(arising, 민 24:17), 그리고 하나님의 영광이 떠오름(rising, 사 60:1.)[9] 에도 사용되었다.

"공의"(ṣ°dāqâ 혹은 남성명사인 ṣedeq)는 "의의 길"(ma'g°lê⁻ṣedeq, 시 23:3), "정의로운 길"('ōraḥ⁻ṣ°dāqâ, 잠 8:20; 12:28) 혹은 "공의로운 길"(derek ṣ°dāqâ, 잠 16:31)과 같이 연계형으로 된 구(句)에서 독립형으로 나타나는데, 이러한 연계형의 구 모두가 "공의로운 길"을 의미할 수 있다. "공의의 겉옷"(m°îl ṣedeq, 사 61:10), "공의의 열매"(p°rî ṣ°dāqâ, 암 6:12), "한 공의로운 가지"(ṣemaḥ ṣ°dāqâ, 렘 33:15)라는 표현도 있다. 신약 히브리서에는 "의의 왕"('바실레우스 디카이오수네스', 히 7:2)이라는 표현도 있다.

구약성경에서 "치료"(marpē')는 질병의 치료(창 20:17)일 수 있고 또 "생명"(잠

---

4 미 7:8; 여호와가 빛과 밀접하게 연관되었다(시 36:9[10]; 56:13[14]).

5 KB, 281; 창 32:32; 출 22:2; 삿 9:33; 삼하 23:4; 왕하 3:22; 시 104:22; 전 1:15; 사 13:10; 욘 4:8; 나 3:17.

6 예를 들면, 사 58:10; 시 112:4; 사 60:2.

7 예를 들면, 창 2:5; 3:18; 19:25.

8 L. Lust, *et al., A Greek-English Lexicon of the Septuagint* (Stuttgart: Deutsche Bibelgesellschaft, 1992), 1:32-33; 창 32:31[32]; 출 22:3[2]; 삿 9:33; 왕하 23:4; 대하 3:22; 에 1:1; 욥 9:7; 25:5; 시 103[104]:22; 전 1:5; 사 13:10; 욘 4:8; 지혜서 5:6; 시락서 26:16.

9 히브리어('쉐메쉬'와 '벤'), 헬라어 '헬리오스'(해)와 '휘오스'(아들), 그리고 라틴어('솔'과 '휠리우스')에서는 영어의 sun과 son처럼 유사한 철자와 발음의 혼동이 생길 가능성이 없다.

4:22)과 병행적으로 사용될 수 있다. 그것은 건강과 이익(잠 12:18; 13:17; 16:24)을 암시할 수 있다. 이 명사는 민족들을 고치는 데에 사용되었다(사 19:22; 57:18).[10] 또 민족적 재난을 치유하는 것(렘 8:15; 14:19; 33:6)은 "운명의 회복"(렘 33:6-7)과 병행적으로 사용될 수 있다.

시편 139:9는 "새벽 날개"(kanpê⁻shāḥar), 그리고 시편 18:10[11]; 104:3은 "바람 날개"에 관해 언급한다. 애굽, 바벨론, 앗시리아 그리고 페르시아의 예술에서 날개 달린 태양 원반(winged solar disk)이 나타난다.[11] 성경에서 날개를 비유적으로 사용한 용법은 후대의 주석가들에게 설교에 쓸 수 있는 풍부한 자료를 제공해 주었다.[12]

예레미야서에서 언급한 '다윗의 가지'는 "여호와 우리의 공의"(렘 23:6; 33:16) 라는 칭호를 갖고 있다. 그래서 일단 "주"라는 칭호를 그리스도에게 붙이게 되면, 이 예레미야서의 칭호는 우리로 하여금, 말라기 4:2[3:20]의 말씀이 메시아를 가리 키는 것으로 보게끔 만든다. 하지만 이러한 연관성을 초기의 저자들은 놓친 듯이 보인다.

칠십인 역의 번역자들은 말라기 4:2[3:20]을 번역할 때 직역하여 zāraḥ 동사는 '아나텔레'("떠오르다")로, "공의로운 해" (shemesh ṣᵉdāqâ)는 '헬리오스 디카이오 쉬네스'로, 그리고 "치료"(marpē')는 '이아시스'로, 그리고 뒤이어서 "그의 날개 에"('엔 타이스 프테뤽신 아우투')가 나타난다. 헬라어의 3인칭 소유격 단수 대명사 는 남성과 여성의 꼴이 같지만, '헬리오스'("해")는 남성명사이므로 남성 소유격 대명사를 필요로 한다. 탈굼은 직역(shimshā' dizᵉkû, "공의로운 해")을 했는데 말라기의 표현에 대해서는 아무 설명도 제시하지 않는다. 제롬 역시 "공의로운 해"(sol iustitiae)로 직역하고 "그의 날개"(pinnis eius)로 이어간다. Sol은 남성명사 이며 그 대명사는 일치한다.

알렉산드리아에서 주전 50년과 주후 40년 사이에 헬라어로 쓰인 작품으로

---

10 BDB, 951; KB, pp. 1272-74; W. White, רפא, *TWOT*, p. 857.

11 J. M. P. Smith, *A Critical and Exegetical Commentary on the Book of Malachi*, ICC (Edinburgh: T. & T, 1912), p. 80. *ANEP* nos. 281,320,351,447,486,534,653과 706을 보라.

12 "Eagle's wings"(출 19:4; 사 40:31), "shadow of wings"(시 17:8; 36:7[8]; 57:1[2]; 61:4[5]; 63:7[8]; 91:4; 그리고 암탉이 병아리들을 날개 아래로 모음(마 23:37).

간주되는 **솔로몬의 지혜서**에 "공의의 빛('토 테스 디카이오쉬네스 포스')이 우리에게 비취지 않았고 해('헬리오스')가 우리 위에 떠오르지('아나텔로') 않았다"(5:6)라는 문장은 아마도 말라기 4:2[3:20]을 반향(反響)하는 듯하다.

제사장 사가랴가 언급(눅 1:78)했을 가능성을 제외하면, 말라기 4:2[3:20]은 신약성경이나 지금까지 알려진 이른 시기의 어떤 고백서 목록(testimony list)에도 반향되지 않았다.[13] 세례 요한의 아버지 사가랴는 "이는 우리 하나님의 긍휼을 인함이라. 이로써 돋는 해가 위로부터 우리에게 임하여('아나톨레 엑스 휘푸스') 어두움과 죽음의 그늘에 앉은 자에게 비취고……"에 라고 말하고 있다. 말라기 4:2[3:20]이 성서공회의 헬라어 성경본문에는 누가복음 1:78의 난외 참조로 수록되긴 하였으나, 칠십인 역은 (나무의) "가지"(ṣemaḥ)를 '아나톨레'로 세 번(렘 23:5; 슥 3:8; 6:12) 번역하였다. 이로써 누가복음의 '아나톨레'는, 말라기 3:12에서 사용된 동사 '아나텔로'에서 파생되었다기[14] 보다는, 오히려 칠십인 역이 더 명백한 출처라는 사실을 보여준다. 땅에서 돋아난다는 개념이 예레미야서와 스가랴서의 배후에 깔려 있기는 하지만,[15] '아나텔로' 역시 "여호와의 영광이 네 위에 임하였음이니라"(사 60:1)와 "빛이 떠오를 때에"('프로스 아나톨렌 포토스')와 유사한 "해 돋기 전"('프쌔네인 톤 헬리온', 솔로몬의 지혜서 16:28)에도 나타난다. 요한계시록에는 "해 돋는 데로부터"('아포 아나톨레스 헬리우', 계 7:2)라고 되어 있다. 이 예들을 보니, 누가복음이 1:17과 1:76에서 말라기서를 사용하고 있음에도 불구하고, 사가랴가 과연 말라기 4:2[3:20]을 반향하였는지는 확실하지 않다.

유대인의 회당에서는 "가지"(Branch)를 메시아의 이름으로 이해했다. 따라서 사가랴가 사용(눅 1:78)한 "위로부터 우리에게 임하여"('아나톨레 엑스 휘푸스')는 "여호와의 메시아"로 이해되었을 것이다. 하지만 랍비들은 "가지"(ṣemaḥ)를 말라기 4:2[3:20]의 "공의로운 해"보다는 예레미야서와 스가랴서의 성구들과 연결시켰

---

13 말 3:20은 *Pseudo-Epiphanius Testimony Book*, R.V. Hotchkiss, ed. (Missoula, MT: Scholars', 1974), 5.21c; 30에 나타난다.

14 J. A. Fitzmyer, *The Gospel according to Luke*, AB (Garden City, NY: Doubleday, 1981), p. 387. A Plummer는 *The Gospel according to St. Luke*, ICC (NY: Charles Scribner's Sons, 1906), p. 43에서 이와 반대의 의견을 표시한다.

15 *BAGD*, 62; W. Kaiser, Jr., *The Messiah in the Old Testament* (Grand Rapids: Zondervan, 1995), pp. 229-30.

다. 랍비 요슈아 벤 레비(R. Joshua b. Levi, 약 AD 250년)는 "가지"가 메시아의 이름이라고 공포했다. 예레미야 23:5의 탈굼(Targum) 역은 "내가 다윗에게 한 의로운 메시아를 일으키리라,"16 그리고 스가랴 3:8과 6:12의 탈굼 역은 "메시아가 그의 이름이다"17 라고 하였다. "여호와의 싹"(ṣemaḥ yhwh, 사 4:2)은 역시 메시아 적으로 해석되었다. 슈모네 에쓰레의 15번째 간구는 "다윗의 싹이 속히 싹트게 하소서!"이다. 랍비 후나(R. Huna. 약 AD 350년)는 메시아의 일곱 이름들을 제시하 는데 그 중의 하나가 "가지"이다.18

I. 미드라쉬(Midrashic)의 해석

미드라쉬 해석의 권위자들은 말라기 4:2[3:20]을 다양하게 해석한다. "네 부모를 공경하라. 그리하면 네 하나님 여호와가 네게 준 땅에서 네가 생명이 길고 복을 누리리라"(신 5:16)에 대해 언급하면서, 랍비들은 "네 하나님 여호와를 경외하라" (신 6:13). 그리하면 순종의 보상이 약속되었다. "그러나 내 이름을 경외하는 너희에 게는 공의로운 해가 떠올라서 치료하는 광선을 발하리라"19 는 주를 달았다.

어떤 해석자들은 말라기 4:2[3:20]을, 성경에서 어떤 것들은 날개를 갖고 있다고 말씀한 것처럼 해도 날개를 가졌다는 증거 구절로 보았다.20 또 다른 이들은 이 말라기서의 말씀을 다음과 같이 병자에게 확신을 주는 것으로 여겼다. "사람이 아플 때 하나님께서는 해에게 명령하시어 그를 고쳐주실 것이다." 이는 "그러나 내 이름을 경외하는 너희에게는 공의로운 해가 떠올라서 치료하는 광선을 발하리 라"고 하셨기 때문이다.21 랍비 후나(R. Huna)는 해가 돋는 것(창 32:31[32])에

---

16 R. Hayward, *The Targum of Jeremiah* (Wilmington, DE: Michael Glazier, 1987), p. 111에서 "For David and Anointed one of righteousness"로 번역한다.

17 K. J. Cathcart and R. P. Gordon, *The Targum of the Minor Prophets* (Wilmington, DE: Michael Galzier, 1989), pp. 192,198은 "기름 부음 받은 나의 종"과 "그의 이름은 기름 부음 받은 자"로 각각 번역한다.

18 H. L. Strack and P. Billerbeck, *Kommentar zum neuen Testament aus Talmud und Midrasch* (Munchen: C. H. Beck, 1924), 2:113.

19 *Mekilta, Bajodesh* 8:24; J. Z. Lauterback, trans. *Mekiltla de-Rabbi Ishmael* (Phila.: JPSA, 1949), 2:258.

20 *Ruth R.* 5.4.

대해 언급하면서, 해가 야곱을 치유했으나 에서와 그의 족장들은 태워버렸다고 랍비 아하(R. Aha)의 이름으로 말했다. 해가 야곱의 후손들을 치유하나 이방인들은 태워버릴 것이라고도 말했다.[22]

어떤 미드라쉬 해석의 권위자들은 말라기 4:2[3:20]을 장차 올 세상에 적용한다. 랍비 얀나이(R. Jannai)와 랍비 이쉬마엘(R. Ishmael)은 둘 다, 내세에는 지옥이 없으나 해가 돋아 의인들이 그것으로부터 유익을 얻을 것이라고 선언했다. 그 증거 구절은 말라기 4:2[3:20]이다. 반면에 악인들의 운명에 대해서는 그 앞 절에서 "그 이르는 날이 그들을 사를 것이다"라고 묘사되었다는 것이다.[23]

다른 미드라쉬 해석의 권위자들은 본 절을 바벨론 포로로부터 귀환할 것에 대한 확신으로 이해하였다. 그들은 "해가 돋았다"(즉 야곱에게, 창 32:31[32])에 대해 숙고하면서, "대낮에 그의 해가 떨어져서"(렘 15:9)라는 묘사에서 바벨론으로 포로 되어 잡혀가는 것을, 말라기 4:2[3:20]의 묘사에서는 본토로 돌아오는 것을 발견했다.[24]

그리고 안식일에 비가 내리는 것의 중요성을 논하는 중에, 랍비 이삭(R. Isaac)은 말라기 4:2[3:20]을 증거 본문으로 사용하여, 안식일에 햇빛이 비취는 것은 가난한 자들을 향하신 여호와의 친절한 돌보심이라고 선언했다. 이러한 배경에서, 여호와를 경외하는 자들이란 안식일을 지키는 자들이다. 그래서 가난한 자들이 안식일을 즐길 시간과 여유를 가질 수 있는 것이다.[25]

어떤 해석자들은 해를 종말론적으로 보았다. 9세기경에 이탈리아에서 그보다 이른 시기의 자료들로 편집된 듯한 '시편 미드라쉬'(*Midrash on Psalms*)는 "공의로운 해와 치료라는 낱말들은 무엇을 암시하는가?"라고 질문한다. 그 답은 다음과 같다. "네가 가난한 자를 위해 행한 의가 대 심판 일에 너를 위해 나서서 빛을 발하고 너를 치료할 것이다."[26] 다른 본문은, 악한 혀 혹은 흔적을 남기는 달팽이와

---

21 *Exod R.* 15.21.

22 *Gen R.* 78.5.

23 *Eccl R.* 1.5.2.

24 *Gen R.* 68.10.

25 *T.B. ta'anith* 8b.

26 Midrash to Psalm 41:4; W. G. Braude, trans. *The Midrash on Pslams* (New Haven: Yale University,

같은 비방자들의 운명과 대조시킨다. 그런 자는 지옥에 떨어져서 장차 올 세상의 해를 바라보지 못한다. 그러나 여호와의 이름을 경외하는 의로운 자에게는 공의로운 해가 떠올라서 치료하는 광선을 발한다.27

한 재미있는 미드라쉬는 아바 타나(Abba Tahnah)가 안식일 해질 무렵에 곤경에 처한 한 사람을 만난 이야기를 전해준다. 그런데 이 사람은 자신의 짐과 그 사람을 동시에 도시 안으로 데리고 들어갈 수 없었고 또한 짐을 먼저 갔다 두고 돌아와서 그 사람을 안식일 시작 전에 데려갈 시간도 없었다. 좋은 의도에서 그는 곤경에 처한 그 사람을 도시 안으로 데려다주고 해질 무렵 자신의 짐을 가지려 돌아왔다. 그는 혹시 안식일을 범하였을까 염려했다. 그러나 그 때 거룩하신 분, 송축을 받으실 그분께서 "내 이름을 경외하는 너희에게는 공의로운 해가 떠오를 것이다"라고 기록된 대로 해가 비치게 하셨다.28

II. 교부들29

사르디스(Sardis)의 주교 멜리토(Melito)는 떠오르는 태양을 가리켜 "사람들에게 비취는 새로운 태양"이라고 하면서, 그리스도에 대해 말하기를 "음부에 있는 죽은 자들과, 이 세상에 살아가고 있는 죽을 자들에게 나타나신 그리스도야말로 하늘에서 비추는 유일한 태양이시라"30 고 하였다. 저스틴(Justin)은 '아나톨레'가 메시아의 이름인 줄 알았으나 그것을 말라기와 연관짓지 않고 스가랴에서 추론해내었다.31 한편 이레니우스(Irenaeus)는, 누가복음 1:78을 모방하여 다윗에 대해 말하기를 "하나님께서 다윗을 통하여 동이 트게 하셨으며 마침내 그 의로우신 분 [예수 그리스도]가 다윗의 집에 떠오르게 하셨다"고 하였다.32

1959), 1:437-38.

27 Ps 58:3; Braude, 1:506.

28 *Eccl R*. 9.7.1.

29 F. J. Dolgler, *Die sonne der Gerechtigkeit und der Schwarze* (MÜnster Westfalen: Aschendorffsche Verlagsbuchhandlung, 1971), pp. 1000ff.

30 Melito, "On Baptism"; R. M. Grant, *Second Century Christianity* (London: SPCK, 1946), p. 74.

31 Justin, *Dialogue* 100.1; 106.4; 121.2; 126.1.

  '열 두 족장의 유언'(*Testaments of the Twelve Patriarchs*, 역자 주 - 창세기 49장에 나온 '야곱의 유언'을 본 따서 만든 가경[假經]으로서, 이 12권의 책에는 야곱의 12아들이 임종 때 자기 후손들에게 남긴 메시지를 담고 있음)에 나오는 여러 개별적인 내용을 언제 기독교식으로 손질하였는지 그 연대를 알기는 불가능하다. 그러나 어쨌든 그 책에서 레위는 예견하기를, 제사장이 "땅에서 해처럼 빛날 것이며 하늘아래에서 모든 어두움을 없앨 것이라"고 하였다.[33] 그리고 어떤 본문에서는 유다가 이렇게 예견하였다. "그리고 이 일들 후에 한 별이 평화롭게 야곱으로부터 네게로 떠오를 것이며 나의 씨로부터 한 사람이, 공의로운 해처럼(호스 헬리오스 디카이오쉬네스), 떠올라서 온유함과 의로움으로 인간의 아들들과 걸어 다니실 것이다."[34] 또한 스불론은 다음과 같이 예견한다. "그리고 이 일들 후에 공의로운 빛이신 여호와 자신이('호 큐리오스 포스 디카이오쉬네스') 너희에게 떠오르시고, 치료와 자비의 광선을 발하실 것이다(…shall be in His wings)."[35]

  알렉산드리아의 클레멘트(Clement of Alexandria)는 흑암에서 벗어나 빛으로 옮겨가라고 격려하는 중에 다음과 같이 진술한다.

  이는 자신의 병거를 타고 온 인류 위에 운행하는 '공의의 해'가, '그의 해를 모두에게 떠오르게 하는' 그리고 진리의 이슬을 그들 위에 내리게 하는 '그의 아버지처럼 온 인류에게 동일하게 빛을 발한다.[36]

시리아의 에브라임(Ephraim of Syria)은, 말라기 4:2를 인용하지 않으면서도 어떤 구절에서는, 성부를 아무도 쳐다 볼 수 없는 해와 비교한다. "광선은 널리 퍼지고 눈에까지 내리쪼인다. 성부는 성자를 자신에게서 발하는 광선으로 여기신다."[37] 선지자들에게서 언급된 그리스도의 이름들 목록 중에서, 에브라임은 스가랴 3:12

---

32 Irenaeus, *Adv. haer*. 3.16.3 (ANF 1:441).

33 *T. Levi* 18:3-4.

34 *T. Judah* 24:1.

35 *T. Zeb*. 9:8.

36 *Protrept*. 11.114.3 (ANF 2:203; SC 12:182).

37 Ephraim of Syria, "A Rhythm against the Jews," 6:1; J. B. Morris, trans. *Select Works of S. Ephraim the Syrian* (Oxford: J. H. Parker, 1847).

(필자가 부정확한 구절을 제시함 – 역자 주)에서 유래된 듯한 "동틀 녘"을 수록하고 있다.[38] 또 다른 음율(音律)에서 그는 해가 지상에 눈부시게 빛나는 것에 관해 언급한다. 즉, "그 온기(breath)로 자신의 온기를 낮은 곳에 미치게 하고, 그리고 자신의 능력을 바라보지 못한 영혼의 예민한 눈이 그를 우러러 볼 수 있을 정도까지 낮추신 우리의 해를 찬양하게 한다"는 것이다.[39] 그리고 에브라임은 삼위일체를 태양, 빛 그리고 열기가 함께 섞인 것에 비교했다.[40]

3세기 초에 익명의 복음서 주석은 "이것은 참 빛이요, 우리 해 위에 빛나는 해다"라고 했다.[41] 터툴리안(Tertullian)에게 있어서 말라기 4:2,3은 죽은 자의 일반적 부활에 관해 말한, 선지자로부터 나온 예언이었다("너희는 결박에서 풀려난 송아지처럼 너희 무덤에서 나가 너희 원수들을 밟을 것이다").[42]

오리겐(Origen)은 '공의의 해'를 로고스(Logos)와 동일시한다.[43] "유일한 말씀이 유다로부터 그의 빛을 발하기 위해 '공의의 해'로서 일어난다."[44] 그는 영혼을 빛나게 해 준다.[45] 참된 것들은 지상의 것들과 동일한 이름을 갖지만, "'공의로운 해'는 감각에 의해 지각하는 태양과는 다르다."[46]

오리겐은 그리스도를 태양으로 그리고 교회를 달로 표현한다.[47] 그리스도께서는 세상의 밤에, 믿는 자들을 위해 새로운 날을 만드시려는 자신의 목적을 완수하려고 나타나셨다. 그는 공의로운 해로서 밤에 그를 영접하는 자들을 빵으로 지탱하게 한다.[48]

키프리안(Cyprian)은 크리스천은 조석(朝夕)으로 기도해야 한다는 논거에서 주장하기를, 그리스도는 참된 태양이시고 참된 낮이시어서 그리스도인들이 햇빛이 다시

---

[38] Ephraim of Syria, "Rhythm," 11.

[39] Ephraim of Syria, "Rhythm," 13.

[40] Ephraim of Syria, "Rhythm," 40:1.

[41] H. I. Bell and T. C. Skeat, *Fragments of an Unknown Gospel* (London: British Museum, 1935), p. 50.

[42] Tertullian, "On the Resurrection of the Flesh," 31 [ANF 3:567].

[43] Origen, *Against Celsus*, 6:54.

[44] Ibid., 6:79.

[45] Ibid., 7:22.

[46] Ibid., 7:31.

[47] Origen, *Num Hom.* 23:5 [SC 29:447].

[48] Origen, *Exod Hom.* 7:8 (SC 16:180).

비치기를 기도한다는 것은 그리스도의 오심을 위해 기도하는 것이라고 했다. 그는 시편(118:22~24)이 그리스도를 태양으로 칭하고, 선지자 말라기가 그분을 해로 부른 다고 하면서 말라기 4:2를 인용한다. 그래서 그는 다음과 같은 결론을 내린다.

> 그러나 만일 성경에서 그리스도가 참된 태양이시고 참된 낮이시라면, 크리스천에게는, 하나님께서 빈번히 그리고 항상 경배를 받으셔야 하기에, 예외가 된 시간은 없다. 그래서 그리스도 안에 있는 우리 곧 참된 태양과 참된 낮에 속한 우리는 온 종일 간구하기에 즉각적이어야 하고 또 기도해야 한다. 그리고 자연계의 법칙에 의해 반복되는 밤이 뒤따라 이어질 때에, 캄캄한 밤에 일어나서 기도 하는 자들에게 해로울 리 없는 것은 빛의 자녀들은 밤에마저 낮을 소유하고 있기 때문이다. 마음에 빛을 소유한 자에게 빛이 없을 때가 있겠는 가? 또는 그리스도가 그의 해와 낮이시니 태양과 낮을 소유하지 않는 자가 있겠는가? 그럴 리가 없기 때문이다.[49]

힙폴리투스(Hippolytus)는 요한계시록 12:1~6에 관해 거론하면서, 그리스도가 십자가에서 두 팔을 펴신 것은 마치 암탉이 자기 병아리들을 품은 것처럼 그를 믿는 모든 사람들을 품는 두 날개와 같다는 발언을 했다. 그는 말라기 4:2를 핍박 중에 있는 자들에게 주시는 격려의 말씀으로 인용한다.[50]

유세비우스(Eusebius)는 하나님의 말씀이 창조적이고 조명(照明)적이기 때문에 "참 빛"과 "공의로운 해"로 불린다고 이해한다.[51] 공의로운 해와 그의 동반자 성령께서 수많은 별들과 발광체들을 통치하고 관장하신다.[52] 섬기는 영들은 두 분이 공급해주시는 빛의 혜택을 입는다.[53] 유세비우스는 또한 말라기 선지자에 의해 말라기서에서 확인된 바처럼 모세는 플라톤적 사상 곧 그 누구에게도 보이지 않고 인간의 눈의 영역에 속하지 않는 어떤 무형의 태양이 있다는 사상을 예견했다고 역설했다.[54] 예레미야 23:6에 관해 언급하면서 유세비우스는, 하나님의 말씀은 다른 이름들 이외에도 "공의로운 해"로 불린다고 확언한다.[55] 그리고 "그를 낳으신

---

49 Cyprian, *Treatise* 4:35 "On the Lord's Prayer" [ANF 5:457].

50 Hippolytus, *Antichrist* 61 [ANF 5:217].

51 Eusebius, *The Preparation for the Gospel*, 7.15.5; *The Proof of the Gospel* 9.18.7.

52 Eusebius, *The Preparation for the Gospel*, 7.15.5.

53 Ibid., 7.16.1.

54 Ibid., 11.23.8.

55 Eusebius, *The Proof of the Gospel*, 7:3.38.

성부께서 선포하시기를 그는 모든 사람을 위해 떠오르지 않고 다만 그의 이름을 경외하는 사람에게만 떠올라 그들의 경외에 대한 상으로 공의로운 해 의 빛을 발하실 것이다"56 라고 했다. 이처럼 유세비우스는 "떠오름", "빛" 그리고 "공의로운 해"라는 이름들에 관해 알고 있다.57

5세기의 '빌립의 행적'(*Acts of Philip*)58 에서 빌립의 여동생 마리암네 (Mariamne)는 지방총독의 아내 니카노라(Nicanora)에게 선언하기를 "보라! 당신의 구속자께서 당신을 구속하시기 위해 오셨다. 그리스도 공의로운 해가 당신을 깨우 쳐 당신 위에 떠오르셨다"라고 했다.59

제롬(Jerome)은, 파울라(Paula)가 동틀 녘에 요단강을 방문한 일에 대해 유스토 키움(Eustochium)에게 글을 보냈다.60 이는 그 방문으로 인해 공의로운 해가 떠오 름을 포함하여 그 이전의 여러 가지 성구들을 회상하게 되었기 때문이다. 제롬은 마리아를, 에스겔이 언급한 성전 동쪽 문으로 여겼다. 그리고 "마리아를 통해 멜기세덱의 반열을 따른 우리의 대제사장인 '공의로운 해'가 출입한다"61 고 보았 다. 게다가 그는 주후 376년경 다마수스 법황(Pope Damasus)에게 아부하여 "서쪽 에서 공의로운 해가 지금 떠오르고 있다"라는 글을 올렸다.62 또한 제롬은 자연 현상이 성도와 죄인에게 똑같이 미친다는 것을 알았다.

> 만일 현재가 미래의 그림이라면, 비록 성경에 "내 이름을 경외하는 너희에게는 공의로운 해가 떠오를 것이다"라고 말씀하지만, 공의로운 해는 의인들 위에와 마찬가지로 죄인들 위에도, 경건한 자만 아니라 악한 자들 위에도, 유대인과 크리스천 위에와 마찬가지로 이방인들 위에도 떠오를 것이다. 만일 그가 자기를 경외하는 자들에게 떠오른다면, 그가 자기를 멸시하는 자들과 거짓 선지자들에게는 질 것(will set)이다.63

56　Ibid., 5.29.1.

57　Ibid., 4.10[164]; 9.1[420].

58　E. Hennecke, *New Testament Apocrypha*, W. Schneemelcher, ed. R. McL. Wilson, trans. (Phila.: Westminster, 1965), 2:577.

59　*Acts of Philip* [ANF 8:498].

60　Jerome, Letter 108.12 [NPNF^2 6:201].

61　Jerome, Letter 48 [NPNF^2 6:78].

62　Jerome, Letter 15 [NPNF^2 6:18].

63　Jerome, "Against Jovinianus" 2.25 [NPNF^2 6:407].

부활절 주일 설교에서 제롬은 이방인들이 이 날을 해의 날(sunday)이라고 부르는
데 대해 고마움을 표했다. 크리스천에게 있어서 이 날은 공의의 해가 떠오른 날이다.64
　　한편 어거스틴(Augustine)은 주장하기를, 성경은 여러 곳에서 성자를 풍유적으
로 태양으로 부른다고 하였다.

> 어떤 이단자들은 그분에 대해 무지하고 분명한 인식이 불가능해서 순진한 사람들의 마음을,
> 이 유형하고 가견적인 태양으로 기울게 하려고 애쓰는데, 그 태양은 인간의 육신과 파리들
> 에게 비치는 평범한 태양이다.65

어거스틴은 육신을 가진 인간과 마니키안(Manichaeans)들이 숭배한 동물이 보는
태양과 속사람에게 찬란하게 빛나는 태양 - 이 세상에 태어나는 한 사람 한 사람에게
빛나는 공의로운 해 이며 또한 참 빛인 태양을 구분한다.66　그는 시편 17:8("나를
눈동자 같이 지키시고 주의 날개 그늘 아래에 감추사")에 입각하여, 진노 가운데
해가 지게 하지 말 것을 권고하면서 "날개"를 "보호"로 정의한다.67　그는 공의로운
해가 떠오른 공의로운 자들과 "공의로운 빛이 우리 위에 비치지 않았고, 공의로운
해가 우리 위에 떠오르지 않았다"(솔로몬의 지혜서 5:6)라고 말하는 악한 자들을
대조시킨다.68

　　데오도레트(Theodoret)는, 주님께서 자신의 이름을 그의 종들이 공유하도록
하신다고 이해한다. 따라서 "공의로운 해"라고 했을 때, 주님께서 자신의 종들을
태양처럼 빛을 발하게 하신 것(마 13:43)이라고 보았다.69　그러나 아타나시우스
(Athanasius)는 "공의로운 해"라는 이름을 사용하여 축제를 선포했다.70　이방인들
과 유대인들을 구분하면서 그는 "공의로운 해를 쳐다보아" 조명(照明)을 받은
자들이 유월절을 지킬 것을 격려한다.71

64　Jerome, Homily 94 [F. of C. 57:253].
65　Augustine, "On the Psalms" 11:3 [NPNF¹ 8:4].
66　Augustine, "Against the Epistle of Manichaeans" 2 [NPNF¹ 4:129-30].
67　Augustine, "Sermons on New Testament Lessons" 8.7 [NPNF¹ 6:286].
68　Augustine, "On the Psalms" 148:10 [NPNF¹ 8:676-77].
69　Theodoret, "Dialogue 2, The Unconfounded" [NPNF² 3:200].
70　Athanasius, "Festal Letter 1" For AD 329 [NPNF² 4:506].
71　Athanasius, "Letter" 5:4, For AD 333 [NPNF² 4:519].

그레고리 나지안젠(Gregory Nazianzen)은 그리스도를, "하늘에서 출발하여 자신의 가견적 본질로 인하여 둘레를 돌고난 다음에 다시 자신에게로 되돌아오는 공의로운 해"로 여긴다.[72] 바실(Basil)은 물질이기에 썩어 없어질 수밖에 없는 태양의 아름다움을 찬양했는데, 이는 더욱 찬란한 공의로운 해의 아름다움을 높이기 위해서이었다. 그러면서 그는 죄인들은 참 빛을 즐길 줄 모른다고 한탄했다.[73] 다메섹의 요한(John of Damascus)은 공의로운 해가 지상에 떠오르는데, 그런 다음에는 그 빛을, 지하세계에 즉 지구 아래 흑암과 죽음의 그늘에 앉아있는 자들에게, 발한다고 이해한다.[74] 그는 "공의로운 해"와 "동틀 녘"이라는 이름들이 그리스도를 가리킨다고 인식했다. 그러고 나서 그는 많은 지면을 할애하여 자신이 모아놓은 '아나톨레'(동틀 녘)가 나타난 구절들을 소개한다.[75]

6세기의 훌겐티누스(Fulgentinus)는 개개인의 마음의 태양이 곧 말라기 4:2에서 언급한 그분이라고 말하며, 또한 본문을 누가복음(1:78)에 기록된 사가랴와 연관시킨다.[76]

요한 카씨안(John Cassian)은, 그리스도를 가리키는 이름으로서 공의로운 해를 사용하지 않은, 이른 시기의 예외적인 인물이다. 카씨안은, 분노 가운데 해가 지지 않도록 권고하면서, 자신이 말한 이 해가 곧 말라기서에서 언급한 해라고 생각한다. 그래서 그는 이 개념을, 다른 구절들에 나오는 분노한 사람들과 연결시킨다. 이는 그들 때문에 해가 정오에 지기 때문이다. 그는 "마음(mind)이란 지성(知性) 또는 이성(理性)이며 비유적으로는 태양이라고 불리는데, 이는 심령(heart)의 모든 사상과 판단을 꿰뚫어보기 때문이며, 따라서 마음은 분노의 죄로 의해 불이 꺼져서는 안 된다"[77] 고 한다.

리옹 주교인 아고바르드(Agobard, Bishop of Lyons, 816-840)는 자신의 설교에서, 최후의 날에 구원을 뒤로 미룬 자들과 주의 이름을 경외한 자들을 대조시킨다.

---

[72] Gregory Nazianzen, Oration 45.13 "The Second Oration on Easter" [NPNF[2] 7:427].

[73] Basil, "The Hexameron," Homily 6 [NPNF[2] 8:82].

[74] John of Damascus, "Exposition of the Orthodox Faith" 3.29 [NPNF[2] 9:72].

[75] Ibid., 4:12 [NPNF[2] 9:81].

[76] Fulgentius, "On the Forgiveness of Sins" 3 [F. of C. 95:136-37].

[77] J. Cassian, "The Institutes of John Cassian" 8:10 [NPNF[2] 11:260].

그리고 아고바르드는 자신의 설교를 부가적인 설명 없이 말라기 3:18~4:3을 인용함으로써 결론짓는다.[78] 한편 14세기의 헨리 수소(Henry Suso)는 "공의로운 해"를 영원한 지혜와 일치시킨다.[79]

III. 종교개혁시기

종교개혁시기에 이르러서 말라기 4:2는 철두철미 메시아적으로 이해되었다. 루터 (Luther)는 모세의 왕국을 온통 흑암이라고 묘사한다. 그러나 공의로운 해는 인간을 의롭게 만드는 광선을 발함으로써 공의롭게 한다. 그 광선은 복음이다. 그리스도의 날개 아래에는 능력과 구원이 있다. 복음이 전파될 때에 해가 떠오른다. 믿는 자는 그 날개 아래에서 피난처를 얻는다.[80] 루터는 선지자들이 자주 피조물들의 풍유를 사용하여 그리스도를 태양으로, 교회를 달로, 성직자를 별들로 칭했다고 주장한다.[81] 루터는 성경에 나타난 모든 비유적 표현은 유일하신 한 분 구주를 가리킨다는 것을 자신이 인식하고 있다고 주장한다. "그분은 양, 반석, 모퉁이 돌, 해, 새벽별, 원천, 신랑, 가장, 선생, 아버지로 불린다. 과연 각각의 표현은 모두 그분을 가리키고 있고 또 그 나름대로의 방식으로 그분에 관해 말하고 있다."[82] 따라서 루터는 자신의 해석을 정당화하기 위해 다음과 같이 설명했다.

> 그러나 말라기는 그리스도를, 치료하는 광선을 발하는(with healing in His wings) 공의로운 해라고 부른다. 왜냐하면 어떤 심령이든 그리스도가 그의 밝은 빛으로 비추시면, 그 사람은 해를 위해 하나님 앞에서 의롭게 된다. 그리고 그가 그 해의 날개 아래 머무는 한 그는 구원을 받았다. 시편 118:24에서 다윗은 말하기를 '이 날은 여호와께서 정하신

---

[78] Agobard, "On the Truth of Faith and the Establishment of all Good" [LCC 9:362].

[79] H. Suso, "Wisdom's Watch upon the Hours," 1.6.10 [F. of C. Medieval Continuation 4:120-21].

[80] M. Luther, "Lectures on the Minor Prophets," *Works*, H. C. Oswald, ed. (St. Louis: Concordia, 1975), 18:417-18.

[81] M. Luther, "Lectures on Galatians-1535," *Works*, J. Pelikan, ed. (St. Louis: Concordia, 1963), 26:296.

[82] M. Luther, "Confession Concerning Christ's Supper," *Works*, R. H. Fischer, ed. (Phila.: Muhlenberg, 1961), 37:164.

것이라’고 했다. 예수 그리스도는 주님이시다. 이제, 마치 자연계의 해가 날을 이루는 것처럼, 영적 해이신 예수 그리스도께서 우리가 즐거워하고 기뻐할 날을 만드신다.[83]

또 한 번은 루터가 다음과 같이 설명했다.

> 이처럼 계속 이어진다. 다윗은 영광스럽고 훌륭한 방법으로 해가 누구인지를 결론짓는다. 그는 말하기를, 삶이 시작되고 하늘, 달 그리고 별들이 나타나는 저 세상에서 그리스도께서 해가 되실 것이다. 이 세상에도 역시 말라기(말 4:2)가 그를 칭한 것처럼 그는 ‘공의로운 해’이시다. 이는 우리를 위해 그가 인간이 되셨고 하나님께 버림을 받으셨기 때문이다. 이는 우리의 유익을 위해 그가 사망에서 부활하셨고 만유의 주가 되셨고 모든 것을 그의 발아래 굴복시키셨기 때문이다. 이 해로부터, 그의 복음과 영을 통해 우리가 마음속에서 빛을 받으며, 그래서 우리는 하나님을 우리 아버지로 알고, 그분에게 우리는 부르짖을 수 있으며, 그분에게 모든 좋은 것들을 구할 수 있다. 비록 죄, 죽음, 악마 그리고 세상이 우리를 한꺼번에 시험한다 해도 오직 한분 곧 그리스도, 우리의 해이신 분이 우리 옆에 계셔서 우리를 도우시고 아버지께로 나아갈 길을 마련해주신다. 따라서 우리는 오직 해이신 그리스도로로부터 소유한 빛과 복음을 굳게 붙잡자.[84]

또 다른 설교에서 루터는 이렇게 설명했다.

> 그[다윗]는 이 세상이 봄에 시작되었다는 견해를 갖고 있다. 이것은 성경과 일치하는데, 이는 모세가 1년의 첫 달을 4월로 고정했기 때문이다. 마찬가지로 은혜의 통치와 왕국 역시 즐겁고 행복한 때이며, 거기에서 메시아가 우리를 의롭게 하고 하나님을 경외하게 만든다. 그렇게 해서 우리가 푸른 잎이 우거지고 꽃을 피우고 향기를 뿜으며 자라 열매를 맺도록 해준다. 이는 그가 공의로운 해이시며, 우리를 위해 다시 떠오르시기 때문이다. 따라서 말라기 4:2에 “(그러나) 내 이름을 경외하는 너희에게는 공의로운 해가 떠올라서 치료하는 광선을 비추리니”라고 말씀하신 것이다. 그러므로 그는, 비록 겨울 곧 자신을 죄 아래 있게 하시고, 우리를 위해 온갖 형태의 비참함과 아담의 사망에 처하시고 그래서 33년이란 호된 겨울을 감내하시며 그 겨울에 태어나셨지만, 또한 봄 곧 4월 그 즐거운 계절에 사망에서 육체적으로 부활하셔서 자신의 통치를 확고히 하기로 택하셨다.[85]

이와 같이 그리스도께서 백성들을 영적 흑암에서 건져내셨다. 루터는 “날개”(광선) 에 관해 이렇게 설교한다.

---

83 M. Luther, “Psalm 8:4,” *Works*, J. Pelikan, ed. (St. Louis: Concordia, 1952), 12:122.

84 M. Luther, “Psalm 8:4,” *Works*, 12:134.

85 M. Luther, “Treatise on the Last words of David, 2 Sam. 23:4,” *Works*, J. Pelikan, ed. (St. Louis: Concordia, 1972), 15:347.

모든 이들은 이 사람 발 앞에 앉아 이분을 인정하고, 지금까지 그들이 흑암 속에서 걸어왔으나 이제는 그들이 해를 본다고 시인하는 제자들이 되어야 한다. 따라서 말라기는 그리스도를, 치료하는 광선을 발하시는 '공의로운 해'라고 선언했는데, 이는 마치 그리스도 우리 주님께서 '온 세상 위에 떠오르는 해이신 것과 같다. 자신의 설교를 통해 그분은 빛을 발하신다. 이렇게 그분은 당신의 마음을 조명하신다. 그렇지 않으면 당신은 그분에 관해 전혀 알 수 없다. 겁 많고 심약한 당신에게 그분이 빛을 비쳐주셔야 한다. 그분의 날개 아래에 있는 자들은 이 광채를 기쁜 마음으로 듣고, 보고, 느끼는 것이다. 그분을 믿고, 이 품는 암탉의 날개 밑에 피난처를 삼는 자는 구원을 받을 것이다. 이 날개 밑에만 구원이 있고 다른 곳에는 구원이 없다. 여기에 거하지 않는 자는 반드시 멸망한다. 그리스도는 고귀한 암탉이시고 품는 암탉이시다. 그분의 구원의 날개 아래로 파고드는 자에게는 영생과 죄 사함이 약속되었고, 해가 그를 위해 비쳐주기 때문에 그는 부족함이 없을 것이다.[86]

이와 동일한 비유적 묘사를 사용하여 루터는 이렇게 설명한다.

> 그러나 신앙은 당신이 정확히 병아리가 되고 그리스도가 암탉이 되게 하여 당신으로 하여금 그의 날개 아래에서 소망을 갖게 한다. 말라기(4:2)는 '치료하는 광선(wings)'에 관해 언급하는데, 그로 인해 당신이 과거에 받은 신앙에 의존하지 않고 -이는 간음하는 것이기 때문인데 신앙을 갖는 것은 그에게 달라붙어 있는 것이고, 그를 확실히 신뢰하는 것임을 알게 하기 위함이다. 왜냐하면 그는 당신에게 거룩하고 공의로우시기 때문이다.[87]

전능자이시며 피난처("여호와는 나의 피난처" -시 91:1,2)이신 그분의 그늘에 거한다는 개념을 더욱 발전시키면서, 루터는 부언하기를 "그가 너를 그의 깃으로 덮으시리니 네가 그의 날개 아래에 피하리로다……"(시 91:4)라는 말씀으로 이어간다. 이 말씀은 그로 하여금 역시 날개를 언급하는 말라기 4:2를 인용하도록 한다.[88] 그리스도를 믿는 신앙은 보호를 제공하는데, 이는 그가 그리스도의 날개와 어깨에 거처를 두기 때문이다. 그는 그곳에 자신의 피난처를 삼고 안주한다. 시편 63:7 역시 마태복음 23:37의 암탉의 날개 그리고 말라기 4:2와 연결시킬 수 있는 날개를

---

86 M. Luther, "Sermons on the Gospel of John; John 8:12," *Works*, J. Pelikan, ed. (St. Louis: Concordia, 1959), 23:325.

87 M. Luther, "Against Latomus, 1521," *Works*, G. W. Forell, ed. (Phila.: Muhlenberg, 1958), 32:236.

88 M. Luther, "Lectures on Romans, 5:2," *Works*, H. C. Oswald, ed. (St. Louis: Concordia, 1972), 25:286.

언급하고 있다.[89] 이것이 바로 말라기가 말하는 바이다.[90] 그리고 멜기세덱은 이름과 예표에 있어서 그리스도를 나타낸다. 그리스도만이 의인들을 의롭다고 하시는 "공의로운 해"(말 4:2)와 "의의 왕"(히 7:2)이시다.[91]

영적 계몽의 개념은 루터의 주해에 있어서 중요하다. "이 날은 여호와께서 정하신 것이라"(시 118:24)에 관해 루터는 다음과 같이 설명한다.

> 지금은, 매일 그 좋은 해가 떠서 하루를 이루는 그런 날과는 다른, 신약시대이다. 여기서는 주님 자신이 해이시다. 그는 자신의 날을 자신의 빛과 영광으로 빛나게 창조하신다. 이 날은 밤이 뒤따르지 않고 그 빛이 육신의 눈에 비치지도 않는다. 하지만 그 빛은 마음속을 비친다. 이것은 이성의 빛이 아니다. 사실 이성이란 것도 역시 세상 앞에서 행적과 의를 외적으로 보여주고 가르치는 하나의 해이다. 그러나 이와 달리 이 빛은 하나님 앞에서 은혜, 평화 그리고 죄의 용서를 가르쳐주지만, 이성은 이에 관해 전혀 알지 못한다. 따라서 그리스도는 말라기 4:2에서 '공의로운 해'로 불린다. …… 이 광채는 다름이 아닌 온 세상의 복음, 곧 햇빛이 우리 육신과 보이는 세상의 눈을 비추는 것처럼 그리스도에게서 발광하여 믿는 자들의 마음을 조명하고 비치는 복음의 빛과 계시이다.[92]

루터는 구제하기 어려운 무지(無知)에 대한 스콜라 철학의 진술을 공격하면서 말하기를, "만일 그 누구라도 이 구제하기 어려운 무지에 변명의 여지가 있다고 주장한다면, 그는 성경을 뒤엎어, '공의로운 해'(말 4:2)이시며, 이 무지를 제거하실 목적으로 자신을 드러내신 그리스도의 세계를 빼앗는 것이다."[93] 라고 하였다.

비록 내세의 생에서는 모든 것이 안전하나, "현세의 삶에서 우리는 다만 공의로운 해(말 4:2)의 날개 아래의 그늘과 가려진 것들만 소유하고 있고, 또 우리는 믿음을 통하여 그분을 의지함으로써만 의로워진다."[94] 비록 주님께서 더디 오실지라도 그분을 경외하는 자들은 그분을 영접할 것이다.[95] 십자가에 못 박히신 그리스

---

89 M. Luther, "Lectures on Hebrews," *Works*, J. Pelikan, ed. (St. Louis: Concordia, 1968), 29:167.

90 M. Luther, "Sermon: The Gospel for St. Stephen's Day," *Works*, H. J. Hillerbrand, ed. (Phila.: Fortress, 1974), 27:79.

91 M. Luther, "Lectures on Hebrews, 29:188-89.

92 M. Luther, "Ps. 118:24," *Works*, J. Pelikan, ed. (St. Louis: Concordia, 1958), 14:99-100.

93 M. Luther, "Lectures on Genesis 12:17," *Works*, J. Pelikan, ed. (St. Louis: Concordia, 1960), 2:315.

94 M. Luther, "Ps. 45:6," *Works*, J. Pelikan, ed. (St. Louis: Concordia, 1955), 12:239.

도는 "공의로운 해"가 되실 것이다. 왜냐하면 주님은 선지자들이 선포한 바를 성취하시기 때문이다.[96]

칼빈(Calvin)은 단언하기를 "말라기가 그리스도를 공의로운 해라고 불렀다는 것은 전혀 의심의 여지가 없다. 칼빈은, 그리스도께서 자신의 교회에 충만한 빛이 임하게 하실 것을 보았다. 따라서 그는 하나님의 영광이 나타날 것이라고 예언한 이사야 60:1 등의 성구를 인용하여 다른 분이 아니라 그리스도에게 적용했다. 그는 동일한 내용을 이사야 60:19("오직 여호와가 네게 영원한 빛이 되며")에서 끌어낸다. 해라는 이름은 "하나님 아버지께서 이전에 율법에 의해, 그리고 율법의 모든 부속 조건들에 의해서 주신 것보다 더 밝은 빛을 그리스도 자신 안에 허락하셨기 때문에, 그리스도에 대해 적절한 이름이다." 그리스도에게 비유적으로 적용된 해라는 이름의 뜻은 이러하다. 즉 그가 해로 불린 까닭은, 그가 없이는 우리는 방황하고 길을 잃을 수밖에 없고, 그의 인도하심에 의해서만 우리가 옳은 길에 들 수 있기 때문이다. 따라서 그분은 "나를 따르는 자는 어둠에 다니지 아니 한다"(요 8:12)라고 말씀하신다. 칼빈은 말라기가 이렇게 말하는 것으로 이해했다. 곧 칼빈은 그리스도의 날개에는 치료하는 광선이 있는데, 흑암은 흩어져 사라지고 하늘에는 구름 한 점 없듯이, 그렇게 성도의 마음을 북돋우어주기 위함이기 때문으로 이해했다.[97]

17세기(1600-1680년) 영국 회중교회의 설교자인 굿윈(Goodwin)은 말라기 4:2에 관해 다음과 같은 풍유적 주해를 제시했다. 만일 흑암 중에 있는 사람이 있다면, 공의로운 해의 빛이 그의 위에 떠올라서 흑암이 물러가고 그분의 약간의 광선(wings) 즉 약간의 약속과 포고에 의해 그리스도의 의가 그의 마음에 전달되기 전에는, 그에게 안정이 있을 수 없다.[98] 제 2성전의 영광이 제 1성전의 영광보다는

95　M. Luther, "First Psalm Lecture, 85:11," *Works*, H. C. Oswald, ed. (St. Louis: Concordia, 1976), 11:164.

96　M. Luther, "Sermons on the Gospel of John, John 7:42~44," *Works*, J. Pelikan, ed. (St. Louis: Concordia, 1959), 23:282.

97　J. Calvin, *Commentaries on the Twelve Minor Prophets*, J. Owen, trans. (1849; reprint ed.: Grand Rapids: Eerdmans, 1950), 5:617-20.

더 클 것은 공의로운 해 이신 그리스도가 그것의 영광이시기 때문이다.[99] 공의로운 해는 복음을 통해 빛을 발한다. 그리스도는 "우리의 공의"(렘 23: 6)라고 했다.[100] 인간의 마음은 항상 병들어있다. 그러므로 그리스도께서 반드시 그의 치유의 광선으로 오셔야 한다. 그래서 은혜가 갱신되면 그것이 바로 영혼의 건강인 것이다.[101] 마치 해가 만물을 자라게 하는 것처럼 그리스도가 해와 비유된다.[102]

IV. 영어성경 번역본들

영어성경 번역본들이 말라기 4:2를 메시아적 해석으로 대중화하는 데에 한 몫을 했다. 마일스 코버데일(Miles Coverdale)은 1535년에 말라기 4:2를 "의로운 아들"이 떠올라서 치료하는 광선을 발할 것이다(health shall be under his wings)라고 번역했다. 제네바 성경(The Geneva Bible, 1960)은 shemesh를 "해"로 번역했으나 다음과 같이 주를 달았다.

> 이것은 그리스도가 그의 은혜의 날개 혹은 광선으로 그의 교회를 비추고 위로하실 것을 뜻한다(엡 5:14). 그리고 그가 공의로운 해로 불린 것은 세상의 오염으로부터 우리를 정결하게 하여 하나님의 형상으로 다시 빚으시기 때문이다.

비숍 성경(The Bishop's Bible, 1568)은 말라기 4:2의 말씀을 어떻게 번역해야 한다는 암시가 없이 "그러나 내 이름을 경외하는 너희에게는 공의로운 해가 떠올라서 치료하는 광선을 발할 것이다"(health shall be under his wings)라고 옮겼다.

두에이 역(The Douay Version, 1610)은 라틴 역을 따라 "공의의 해가 떠올라서

---

98 T. Goodwin, "A Child of Light Walking on Darkness," *Works* (Edinburgh: James Nichol, 1961), 3:339.

99 T. Goodwin, "The Glory of the Gospel," *Works* (Edinburgh: James Nichol, 1961), 4:324.

100 Ibid., 4:245.

101 T. Goodwin, "An Unregenerate Man's Guiltiness before God," *Works* (Edinburgh: James Nichol, 1865), 10:320.

102 Thomas Goodwin, "The Work of Holy Ghost in Our Salvation," *Works* (Edinburgh: James Nichol, 1863), 6:34.

치료하는 광선을 발할 것이다(health in his wings)”로 옮겼다. 불가타(Vulgate) 역의 The Sixtus V와 Clement VIII 판(version)은, 1921년에도 파리에서 계속 인쇄되었는데, “공의로운 해와 치료하는 광선(Sol iustitiae, et sanitas in pinnis eius)”으로 번역하고 누가복음 1:78에 난외주를 첨가했다.

한편 1611년 판 KJV는, 텍스트에 “공의로운 해”와 “그의 광선(wings)”이라고 번역하고 누가복음 1:78에 관한 관주를 달았다. 역자가 독자에게 주는 글에서 설명하기를 “정한 때가 이르면 하나님의 아들이신 공의로운 해가 이 세상에 오실 것이다……”라고 하였다. 스크리브너(F. H. Scrivener)가 1873년에 편찬한 캠부릿지 파라그라프 성경(The Cambridge Paragraph Bible)은 흠정 역 텍스트의 철자를 교정하면서 “해”에 관한 관주에 시편 84:11; 누가복음 1:78; 요한복음 1:4,9; 8:12; 9:5; 12:46; 베드로후서 1:19; 계시록 2:18; 비교. 사무엘하 23:4; 호세아 6:3; 에베소서 5:14를 제시했다. “공의”에 관한 관련 성구는 예레미야 23:6; “치료하는 광선”(healing wings)도 이사야 53:5; “그의 광선”(his wings)은 시편 139:9를 각각 관련 성구로 제시했다.

그러나 RV는 “공의로운 해…… 그의 광선(his wings)”으로, ASV(1901)는 “공의로운 해…… 그것의 날개(its wings)”로, 그리고 난외주에 “광선”으로 번역함으로써, 메시아적 해석을 저버렸다. 관련 성구들은 사무엘하 23:4; 이사야 30:26; 60:1 그리고 “치료함”의 관련 성구들은 예레미야 30:17; 33:6을 제시했다. NASB는 “공의로운 해”로 번역하고 ASV와 같은 관련 성구들을 제시했다. “그것의(its)”라는 중성 대명사는 영어의 “해”를 가리키는 것으로는 적절하다.

한편 스코필드(Scofield)는 창세기 1:16에 관한 주해에서 “큰 광명체는 ‘공의로운 해’(말 4:2)이신 그리스도의 예표이며 그분은 이러한 모습을 자신의 재림 때에 취하실 것이다’라고 확언했다. 그리고 스코필드는 “‘공의로운 해’로서 그분은 모든 흑암을 몰아내실 것이다”[103] 라고 부언했다.

20세기 번역들은 말라기 4:2에 메시아적 중요성을 부여하거나 부여하지 않는, 이

---

[103] 이 자료는 New Scofield Reference Bible에 언급되지 않았다.

두 범주에 속한다. 람사(George Lamsa, 1933)는 시리아 역으로부터 "공의로운 해가 그의 입술을 치료하며 떠오를 것이다"라고 번역했다. 메시아적 해석은 대문자화 방침과 남성 대명사의 용법에 계속 반영되었다. The Amplified Bible(1965)은 "공의로운 해가…… 그의 날개와 그의 광선"이라고 번역했다. NKJV는 "공의로운 해"와 "그의 광선(Wings)"이라고 번역했다. Taylor's Living Bible Paraphrased는 "공의로운 해"와 "그의 광선(wings)"으로 번역했다. NLT로 시판된 1996년 개정판은 동일한 번역을 유지하면서도 난외에는 선택의 여지로서 "혹은 공의로운 해…… 그것의 치료의 광선(with healing in its wings)"을 제시했다. 21세기 흠정역(The 21st Century KJV, 1994)은 "공의로운 해…… 그의 광선(His Wings)"으로 번역했다.

JPS(1918)는 "공의로운 해…… 그것의 광선"으로 번역했다. 버클리 역 (Berkeley Version, 1958)은 "공의로운 해…… 그것의 광선(its beams)"으로, RSV, NIV, REB와 New World는 "해…… 그것의 광선(its wings)"으로 번역했다. 그러나 New World는 "해"에 관한 관련 성구들을 이사야 30:26; 누가복음 1:78; 에베소서 5:14를, 그리고 "광선(wings)"은 시편 147:3; 예레미야 30:7; 33:6을 제시했다. NEB는 "공의로운 해…… 그의 광선(his wings)"으로 번역했다. NAB는 "공의 (justice)의 해가 떠서 그것의 치료의 광선을 발할 것이다(with its healing rays)"로 번역했다. CEV는 "마치 해가 그것의 치료하는 광선을 발하는 것처럼 승리가 빛날 것이다"로, 그리고 NCV는 "해 그것이 치료하는 광선을 발하는 것처럼 선하심이 당신 위에 비칠 것이다"로 번역했다.

V. 주석류

표준화되어버린 메시아적 해석이 18세기와 19세기 주석류에서도 계속되었다. 19세기 초 아담 클라크(Adam Clark)는 언급된 해를 "약속된 메시아이신 예수 그리스도, 이스라엘의 소망"과 동일시하였다. 그리고 "날개"란 그 해의 광선이며, 예수는 그를 믿는 모든 영혼을 정화하신[104] 다고 하였다. 매튜 헨리(Matthew Henry)는

---

[104] A. Clarke, *The Holy Bible Containing the Old and New Testaments: A Commentary and Critical Notes* (1808; reprint ed.: NY/ Nashville: Abingdon, n. d.), 4:5.

그리스도가 빛이시라고 하고 빛의 도래를 언급하는 여러 성구들을 제시한다. 그리스도는 의로운 구주이시다. 그를 통해 사람들이 "의롭다함을 입고 성화되고 그렇게 해서 빛을 보도록 인도된"[105] 다고 하였다. 퓨지(E. B. Pusey)는 그의 유명한 소선지서 주석에서, "빛"에 관한 모든 성구에 호소하면서 그리스도를 "공의로운 해"로 부르는데, 그는 주장하기를 그 칭호는 그의 초림과 재림에 적용된다고 했다. 또 그는 시편 63:3~5에 호소하면서, 말라기서에 언급된 치료는 천국에서 즐길 영혼의 치료라고 주장한다.[106]

19세기에 작곡된, 해를 비유로 한 찬송가가 아직도 불리고 있는 것을 놀랄 일은 아니다. 호라티우스 보나르(Horatius Bonar)가 작사한 찬송가 "주 말씀하시는 음성을 나는 들었네"(역자 주: 한국 찬송가 467장)에 "그에게서 나의 별, 나의 해를 바라보았네"(역자 주: 3절 3행 "새벽별이신 주님을 나 바라보면서")라는 행이 있다. 존 케불(John Keble)은 "내 황혼의 햇빛, 귀하신 주님"(역자 주: 한글 찬송가 67장 "영혼의 햇빛 예수여")을 작사했다.

헹스텐베르크(Hengstenberg)는 그 해가 '공의' 자체인데 여기에서 해와 비교되었다고 확언했다. 왜냐하면 비록 지금은 희미하나 장차 해 그 자체처럼 찬란하게 빛날 것이기 때문이다. 그는 공의를 누가복음 21:28의 "너희 속량이 가까왔느니라"에 의해 정의한다. 그는 확언하기를, 교부들의 말라기 4:2[3:20] 이해는 대체로 기초가 잘 세워진 것이라고 했다. 그러나 그는 본문에는 죄 용서에 관함 암시는 없다고 역설했다. 그는 본문을 시편 112:4("정직한 자에게는 흑암 중에 빛이 일어나나니")의 병행절로 여긴다.[107]

그러나 메시아적 해석은 의문시 되었다. 카일과 델리취(Keil and Delitzsch)는 말라기 4:2의 "공의"('쩨다카')를 "설명적인 동격 소유격"으로 정의한 후에 제안하기를, 문맥을 보면 교부들이 주장한 인격적 견해는 지지될 수 없다고 했다. 그것은

---

[105] M. Henry, *Commentary on the Whole Bible* (1708-10; reprint ed.; Old Tappan, NJ: Fleming H. Revell, 1959), 4:1502.

[106] E. B. Pusey, *The Minor Prophets* (1860: reprint ed.; Grand Rapids: Baker, 1960), 2:497-98.

[107] E. W. Hengstenberg, *Christology of the Old Testament* (1872-78; reprint ed.; Grand Rapids: Kregel, 1956), 4:190.

"다만 공의 자체가 해로 여겨졌다"[108] 는 것이다. 이와는 반대로 랑게(Lange)는 그것을, 추상적 공의가 아닌 인격체이신 그리스도로 이해하는 것이 안전하다고 이해했다.[109]

19세기 후반과 20세기에는 메시아 예언에 대한 비평적 취급 방법이 말라기 4:3[3:20]에 전혀 주목하지 않았다.[110] 모빙켈(Mowinckel)은 다만 탈굼 유다(Targum Judah) 24에 말라기 3:20[4:2]가 반영되었다고 언급할 뿐이다.[111]

20세기 초가 되면서 말라기 4:2에 관한 검토는, 어떤 가능한 메시아적 암시보다는 그 비유의 문화적 배경에 더 관심을 두었다.[112] 레클레르크(Leclercq)는 주장하기를, 해가 생겨나는 것을 축하하는 이방의 축제와 12월 25일을 성탄절로 정한 것이 연관이 있다고 했다.[113] 샤리(Chary)는 어떤 이들이 공의로운 해가 여호와 자신이라고 주장한다고 지적했다.[114] 볼드윈(Baldwin) 역시 여기에서, 만국의 여호와가 자신의 모든 능력으로 심판하시는 심판자로서 자신을 나타내는 분이심을 본다.[115] 베어회프(Verhoef)는 "공의"가 핵심 단어인데 이것을 단지 더 근접하게 정의하기 위해 '해'를 사용한 것이라는 설명을 선호한다. 그래서 그는 공의가

---

[108] E. F. Keil and F. J. Delitzsch, *Biblical Commentary on the Twelve Prophets*, trans. J. Martin (1865; reprint ed,; Grand Rapids: Zondervan, 1954), 2:468.

[109] J. P. Lange, *A Commentary on the Holy Scriptures: Malachi*, trans. P. Schaff (1864-86; reprint ed.; Grand Rapids: Zondervan, n.d.), p. 26.

[110] E. Riehm, *Messianic Prophecy*, trans. L. S. Muirhead (Edinburgh: T. & T. Clark, 1900); J. H. Greenstone, *The Messiah Idea in Jewish History* (Phila.: The JPSA, 1906); J. Klausner, *The Messianic Idea in Israel*, trans. W. F. Stinespring (London: G. Allen and Unwin, 1956); P. Heinisch, *Christ in Prophecy*, trans. W. G. Heidt (Collegeville, MN: Liturgical Press, 1956); H. Ringgren, *The Messiah in the Old Testament* (London: SCM, 1956).

[111] P. S. Mowinckel, *He That Cometh*, trans. G. W. Anderson (Oxford: Blackwell, 1956), p. 309.

[112] G. Johannes Botterweck, "Die Sonne der Gerichtigkeit am Tage Jahwes," *Bibel und Leben* 1 (December 1960): 253-60; Beth Glazier-McDonald, *Malachi: The Divine Messenger*, SBL Dissertation Series 98 (Altanta: Scholar, 1987), pp. 233-37.

[113] H. Leclercq, "Nativité de Jésus," F. Cabrol & H. Leclercq, *Dictionnnaire d'Archéologie Chrétienne et de Litourgie*, pp. 915-18.

[114] T. Chary, *Agge-Zecharie-Malachi* (Paris: Librarie Lecoffre, 1969), p. 275.

[115] J. G. Baldwin, *Haggai, Zechariah, Malachi*, TOTC 24 (London: Tyndale, 1972), p. 250.

해처럼 빛난다는 뜻으로 이해한다.[116]

페터슨(Petersen)은 말라기가 사용한 은유는, 날개 달린 원반(winged disc)을 일반적으로 묘사한 데에서 유래되었으며, 그것이 공의와 연관된 것은 메소포타미아의 신 사마쉬(Shamash)가 공의와 의의 신이었다는 개념과 연결되었다고 주장한다.[117]

하지만 말라기서의 메시아적 해석은 랫취(Laetsch)[118] 와 스미스(Smith)[119] 가 상술(詳述)하였고 더 근래에는 흐로닝겐(Van Groningen)이 옹호하였다.[120] 카이저(Kaiser)는, 교부들이 제시한 주제들을 이어 받아 "빛이 다른 곳에서 그리스도를 나타내려고 사용된" 용례들을 "주 우리의 공의"(렘 23:5~6)와 연결시키고, 누가복음 1:76~79의 사가랴의 진술 속에 말라기 4:2와 이사야 9:2가 묶여서 표현된 것으로 이해한다.(*)

마치 해가 그 광선을 발하듯이(많은 고대 비석들에서는 날개 달린 태양 원반 [winged sun disc]으로서 묘사함), 의인에게 미친 고난의 긴 겨울은, 소생시키시며 생기 나게 하고 구원하시는, 하나님의 아들의 나타나심으로 끝이 날 것이다.[121]

---

116 P. A. Verhoef, *The Book of Malachi*, NICOT (Grand Rapids: Eerdmans, 1987), pp. 327-28.

117 D. A. Petersen, Zechariah 9~14 and Malachi: A Commentary, OTL (Louisville: Westminster/John Knox, 1995), pp. 224-26.

118 T. Laetsch, *The Minor Prophets* (St. Louis: Concordia, 1956), p. 544.

119 J. E. Smith, *What the Bible Says About the Messiah* (Joplin, MO: College, 1984), p. 262.

120 G. van Groningen, *Messianic Revelation in the Old Testament* (Grand Rapids: Baker, 1990), pp. 933-34.

121 W. C. Kaiser, Jr., *Malachi: God's Unchanging Love* (Grand Rapids: Baker, 1984), p. 106; *The Messiah in the Old Testament* (Grand Rapids: Zondervan, 1995), pp. 229-30.

22

출애굽기 24장에 나타난 예배의 신학

존 더블유 힐버
(John W. Hilber)

예배는 이루 말할 수 없이 중요한 주제이다. 그러기에 성경 텍스트의 상당히 많은 부분이, 예배를 위한 지시사항들과 패턴들과 원 자료로 차있다. 그리고 예배는 신앙공동체들이 하는 일의 많은 부분을 차지한다.[1] 구약성경의 맥락과 고대 이스라엘의 예배 공동체에서, 출애굽기 24장은 예배를 이해하는 데에 꼭 필요한 중요한 위치를 차지하고 있다. 이는 출애굽기 24장이, 시내산 언약의 절정이며 또한 언약 체결과 제의(祭儀)간의 밀접한 연관성에서도 절정을 이루고 있기 때문이다.[2] 따라서 본 논문은 출애굽기 24:1∼11을 주해하며 이 본문에 나타난 언약 비준(批准) 의식을 통하여 예배의 신학을 고찰하고자 한다.[3]

I. 출애굽기 24장의 맥락

1. 언약과 하나님의 임재

출애굽기 24장은, 여호와께서 시내산에 내려오셨을 때에(출 19장) 공식적으로 시작된 언약 체결을 경험하는 과정의 절정부분이다.[4] 그러나 사실상 여호와와

---

1 크랜휠드(C. E. B. Cranfield)는 '예배'라는 낱말의 세 가지 용도를 진술한다. "(i) 보통 예배 곧 경배라고 하는 특별한 요소를 의미할 경우. (ii) 일반적으로, 함께 모인 종교적 공동체의 공 예배, 그리고 가정과 개인의 개별적 종교적 의식들을 의미할 경우. 그리고 (iii) 더 넓은 의미에서는, 하나님을 섬기는 공동체 혹은 개인의 삶 전체를 의미할 경우이다."("Divine and Human Action: The Biblical Concept of Worship," *Int* 12 [1958]: 387).

2 언약 형성 과정과 제의(祭儀)에 관한 의견의 요약은 D. J. McCarthy, "Covenant in the Old Testament: the Present State of Inquiry," *CBQ* 29 (1965): 240을 참조하라.

3 나의 좋은 친구이며 동역자인 빈센트(Steven G. Vincent)가 로쓰(Allen P. Ross) 교수의 지도하에 쓴 학위논문이, 이 글에 나타난 사상 대부분의 틀을 형성했다.

이스라엘간의 언약 체결은 출애굽 경험에 뿌리를 두고 있으며, 출애굽기 전체를 포함한다. 이 맥락에서는 언약의 중심이 하나님의 임재인데, 이 사실이 다음과 같이 여러 구절들에 나타난다. 즉 여호와께서 "내려오셔서" 자기 백성을 건져내시 겠다는 약속(출 3:8), 출애굽 동안 모세와 이스라엘과 "함께" 하실 그분의 임재(3:12; 13:18~22), 그 나라의 기업인 가나안 땅을 자신의 처소로 삼으시겠다는 약속 (15:17), 언약을 파기한 결과로 하나님의 임재가 철회된 것(33:3,14~15) 등이다. 모세 자신도 이 언약에서 하나님의 임재가 중요함을 설명하고 있다(신 4:7; 민 14:13~14). 그리고 시내산의 경험에서 율법을 받은 것과 함께 가장 눈에 띄는 일은, 하나님께서 산위에 현현하신 것과 이러한 하나님의 임재에 대한 백성의 반응이다(출 19:9~25; 20:18~21). 출애굽기의 대부분은 하나님께서 자기 백성과 함께 하실 거처인 성막을 만드는 일에 관심을 기울이는데, 이 내용은 출애굽기 24장에 나타난 언약 체결 의식에 뒤이어 나온다. 이와 같은 맥락이 24:1~11의 주해를 뒷받침해 주는 것이다. 그리고 이 본문은, 언약에서 하나님의 임재가 핵심이 라는 사실을 강조할 것이며, 이 사실은 예배를 통해서 상징화되고 경험되는 것이다.

2. 언약과 예배

여호와께서 모세에게 말씀하시기를, 이스라엘이 출애굽하면 "너희가 이 산에서 하나님을 예배하리니"(출 3:12, 역자 주 -개역개정판은 "섬기리니")라고 하셨다. 예배에 관한 이 약속에 의해 기대되는 활동은 (1) 종교적 순례의 절기(ḥāgag, ḥag),[5] (2) 희생제물, 번제물(zābaḥ, 'ōlâ)[6] 그리고 (3) 예배('ābad)[7] 이다. 여기서

---

4 출 19:3에서 처음 선포된 언약 조인(調印)은 출 24장에서 완성되었다. 그리고 19:8에 나타난 백성의 응답은 24:3에서 다시 확인되었다(B. Childs, *The Book of Exodus* [OTL; Phila.: Westminster, 1974], pp. 502-503. 싸르나(N. M. Sarna)는 진술하기를, 19장에서 yrd 어간의 7중적 사용이 출 24장의 반의어 'ly의 사용과 어울리는 것처럼, 19장과 또 다시 24장에서 사용된 dbr 어간의 7중적 용도가 인크루시오 (inclusio)를 형성한다고 했다(*Exodus* [The JPS Torah Commentary; NY: Jewish Publication Society, 1991], p. 150).

5 출 5:1; 10:9. "순례 연회"라는 용어는 백성이 돌아올 것을 내포할 수 있을 듯하다. 따라서 모세는 전혀 돌아올 의도 없이, 바로 왕으로 하여금 그들을 가게 하도록 설득하기 위해 사실을 감추고 있었을 수 있다. 그러나 종교적 연회와 제사가 참으로 산에서 행해졌다는 사실은 백성들이 이러한 일들을 진지하게 예상하였다는 것을 실증해 준다.

6 출 3:18; 5:3,8,17; 8:4[8],21[25]; 10:25('ōlâ, "번제"가 쓰임).

7 출 7:16,26[8:1]; 8:16[20]; 9:1,13; 10:3,7,26; 12:31.

'ābad라는 단어는 언약적인 의미를 함축할 수 있다.[8] 그리고 출애굽기 12장 문맥에서, "예배"를 위한 단어로 'ābad를 선택한 것은 19～24장의 언약 체결 사건을 예상한 것인데, 그 절정이 24:1～11의 비준 의식이다. 여호와를 "섬김"과 바로 왕을 "섬김"(출 12:31; 14:5,12) 사이의 긴장이, "아들의 신분"을 나타내는 용어[9] 가 그러하듯이, 단어 'ābad에 내포된 주종(主從) 관계를 뒷받침해 준다. "희생 제물"과 "번제물"에 대한 언급들은 24:5에 나타난 실제적 언약 의식을 예상한다. 그러므로 이스라엘이 시내산에 도착해서 출애굽기 3:12("이 산에서 하나님을 예배하리니")의 약속을 체험하기 이전에, 희생 제물을 통한 언약의 제정이 이미 예상되었다.

이스라엘 백성이 시내산에서 여호와를 만났을 때에, 출애굽기 3:12에 약속되고, 출애굽 체험을 통해 예상된 그 예배는 실현되었다. 출애굽기 24:1은, 여호와께서 모세를 부르서서 예배드리라고 말씀하신 3:12의 약속을 상기시킨다. 그러나 이번에는, 여호와께서 "예배"를 나타내기 위해 사용되는 다른 일반적 용어를 사용하신다 (hishtaḥăwâ).[10] 요컨대, 24:1～11의 언약 비준 의식은 하나님께서 예배로서 의도하신 것에 관한 구체적 서술이다. 출애굽기 24장에 나타난 언약 의식 직후에 내리신 지시마저도, 언약을 통해 임재하시는 여호와를 예배할 것을 위한 대비이다.[11] 이처럼 언약 제정과 예배는 뗄 수 없게 연결된 하나의 체험이다.

II. 출애굽기 24:1 ～ 11의 구조[12]

---

[8] 'ābad는 광의적으로 자신이나 혹은 남을 위해서든지 간에 어떤 종류의 일이나 봉사에 대해 사용되었다 (창 3:23; 출 5:18). 언약의 임무가 왕들과 그들의 신하들 사이에 수반된다(수 9:11; 삼하 8:2,6,13; 10:19; 왕하 18:7). 하나님을 섬기는 문맥에서는, 그 단어가 성막을 유지하는 것과 같은 제의적 행위들을 언급한다(민 3:7). 그것은 종종 하나님의 법과 제의적 의무에 대한 순종을 통해 표명된 신하의 충성을 강조한다(신 7:4; 8:10; 10:12; 12:30; 사 9: 21).

[9] F. C. Fensham, "Father and Son as Terminology for Treaty and Covenant," *Near Eastern Studies in Honor of W. F. Albright*, ed. H. Goedicke (Baltimore: Johns Hopkins, 1971), pp. 121-35를 참조하라.

[10] 이 단어는 세 가지 주요 용도를 가지고 있다: (1) 존경과 복종으로 낮게 굽히거나 엎드리는 것을 의미한다(삼하 9:6; 창 23:7; 33:3). (2) 예배와 숭배로 자신을 신체적으로 엎드리게 한다(신 5:7; 레 26:1). 그리고 (3) 제사(창 22:5), 회식(시 22:28[29]) 또는 찬미 표명(시 99:5)과 같은 예배의 행동을 이행한다.

[11] 덜함(J. I. Durham, *Exodus* [WBC; Waco: Word, 1927], p. 347)은 출 24장이 끝나고 모세에게 선포된 법에 대해 다음과 같이 논평한다. "이 가르침이 본래는 어떠했든지 간에, 여호와의 임재에서 예배의 방편에 관한 제사장적 서론 부분에 해당되는 긴 부분이 24장 끝에 위치한 것은, 이스라엘이 여호와와 언약 관계에 들어간 의식 다음에 주어진 계시가, 그들이 자신을 그들과 결합시키신 하나님을 예배하기로 그토록 공약한 백성의 첫 임무를 가르쳐주는 계시였다는 인상을 준다."

빈센트(Vincent)는, 출애굽기 24:1~11에서 본문의 어떤 부분을 돋보이게 하는 두 개의 중요한 구조적 고안을 간취했다.[13] 가장 중요한 것은 다음과 같은 교차대구법적 배열이다.

  A 모세와 장로들이 올라와서 예배드리라고 지시받다(1~2절).
   B 여호와의 모든 말씀 / 백성의 확약(3절 "여호와께서 말씀하신 모든 것을 우리가 준행하리이다.")
    C 모든 말씀을 모세가 기록함(4a절)
      D 제사드림과 피의 의식(4b~6절)
    C' 모든 말씀(책)을 모세가 낭독함(7a절)
   B' 여호와의 모든 말씀 / 백성의 확약(7b~8절 "여호와께서 말씀하신 모든 것을 우리가 준행하리이다.")
  A' 모세와 장로들이 올라가서 예배드림(9~11절)

실제적인 비준 의식(D)을 돋보이게 하는 이 배열은, 주(主)동사를 가진 주어들의 패턴에 의해 강화되었다.

  1절 모세 (에게 말씀하셨다.[목적어가 강조적 위치에 놓임])
  2절 모세 (홀로 올라와야 한다.)
  3절 모세 (와서 알려주었다.)
  4절 모세 (모든 말씀을 기록했다.)
  5절 청년들 (번제와 화목제를 드림)
  6절 모세 (피를 가져왔다.)
  7절 모세 (책을 가져왔다.)

---

12 차일즈는 다음과 같이 기록한다. "24장은, 매우 다양한 견해를 야기 시킨 일련의 복합적 문제들을 내포하고 있다"(Childs, ibid., p. 499). 출 24:1~11에 관해서, 자료 비평가들의 견해 일치는 아마도 그것을 적어도 두 자료들로 분리시키는 것이겠다(1~2/9~11 그리고 3~8). 니콜슨(E. W. Nicholson)은 주장하기를, 24:1b~2는 역시 본래는 9~11절과 연결되지 않았다고 했다("The Interpretation of Exodus XXIV 9~1," *VT* 24 [1974]: 77-79). 다른 한편, 치리치노(G. C. Chirichigno)는 출 19장부터 24장까지의 시내산 언약에 관한 성경 구절 전체를 통한 문학적 단일성을 설득력 있게 주장한다("The Narrative Structure of Exod 19~24," *Bib* 68 [1987]: 457-79). 그러한 문제들을 논하는 것은 본 논문의 범위 밖의 일이다. 그러나 그 텍스트는, 이 부분에서 제의한 구조에 근거하여 볼 때에 단일성을 나타낸다. 그래서 그 텍스트는 그 정경적 형식에서 해석될 것이다.

13 S. G. Vincent, "Exegesis of Exodus 24:10~11,"(미 출판된 1984년도 학위논문): 4-5. 유사한 교차대구법적 배열이 치리치노에 의해 진술되었다(Chirichigno, ibid., p. 464).

8절 모세 (피를 가져왔다.)

9절 모세 (올라갔다. 등등)

10~11절 "존귀한 자들"(하나님을 뵙다, 먹고 마셨다. 제사 의식의 완료)

문학적 구조는 산 아래에서의 의식과 산 위에서의 현현에서 의식이 완료된 것을 강조한다. 교차대구법 역시 본문에 묘사된 예배에 관한 세 가지 주제를 돋보이게 한다. (1) 여호와의 임재, (2) 여호와의 말씀, (3) 제사 의식.

III. 출애굽기 24:1 ~ 11의 내용 분해

1. 언약 비준을 위한 지시 사항들(24:1 ~ 2)

출애굽기 24:1은 평범하지 않은 어순으로 시작한다(wᵉ'el ⁻mōsheh 'āmar 'ălēh, "Now to Moses he said, 'Come up!'"). 간접 목적어인 "모세"가 문장의 첫 자리로 옮겨진 것은, 여호와의 지시를 받는 대상의 변동을 알림으로써 새 단락을 시작하는 신호이다. 출애굽기 24:1 이전에는, 여호와께서 모세를 통하여 백성에게 율법을 말씀해 주셨다. 그러나 이제는, 여호와께서 모세 자신에게 개별적으로 명령하신 언약 비준을 위해 새로운 지시 사항들을 주신다.[14]

"올라오라"는 명령은 세 개의 개별적 그룹에게 하달된다. 그 그룹은 모세, 제사장 가문(아론, 나답과 아비후)과 장로 칠십 인이다. 이 중 셋째 그룹은, 아마도 대표적 지도자들 곧 민수기 11:16에서 언급한 사법(司法) 기능을 위해 뽑힌 자들과 동일 그룹인 듯하다. 칠십이라는 숫자는 이스라엘 민족의 완전 대표성을 상징하는 것 같다.[15]

여호와께서 그들을 초청하신 주안점은 예배를 받으시려는 데에 있었다. 여호와

---

14 Childs, ibid., p. 504. 치리치노는 이것을 "요약적 반복"의 경우라고 부르는데, 거기에서는 출 24:1이 19:24로부터, 그 이야기를 누가 산에 올라와야 하는지에 관한 지시 사항들과 함께 요약하고 확장한다고 했다(Chirichigno, ibid., p. 476).

15 이것은, 야곱과 함께 애굽으로 갔고, 그들에게서부터 전 민족이 기인된 70인에 대한 암시인 듯하다(출 1:5). 완전 대표성이 역시, 제시된 종족들의 수가 70이라는 민족들의 목록(창 10장)에 의해 나타날 수 있을 것이다. 빈센트(Vincent, "Exegesis," 6)는 제안하기를, 70은 "아마도 고대근동에서 제사 드리는 연회에 초대하는 대표적 숫자인 듯하다. 왜냐하면, 우리는 바알 신화에서, 바알이 연회를 준비한 후에 '그는 형제들을 자기 집으로 불러온다, /자신의 왕궁 안에 있는 자신의 친척들: /아세라의 70아들을 불러온다"라는 글을 읽기 때문이다('The Baal Myth,' Tablet 6, lines 45-47 in *ANET*, p. 134).' 그 개념은 그러한 숫자가 "만원(滿員)"을 나타낸다는 것이겠다.

께서 "예배(출 3:12에서는 'ābad, 본문에서는 hishtaḥăwâ로 나타났다)라는 표현으로 의도하신 바는, 그 이후에 이어지는 사건들에 의해 묘사되었다.[16]

예배를 "멀리서" 드리라는 지시에 관해서는, 2절에서 명백하게 설명되었다.[17] 모세, 제사장 집안 그리고 장로들이 "올라오라"는 것이고 백성은 올라오지 말라는 것이다. 모세만 "가까이 나아오라"는 것이고 제사장 집단과 장로들은 안 된다는 것이다.[18] 따라서, 세 수준의 접근이 묘사된 것이다. 백성은 의식이 거행되는 "산 아래" 머물러 있다(4절). 모세와 그 밖의 사람들은 언약 식사를 위해 "올라갔다"(9〜11절). 모세만 홀로 "가까이 간다."(즉 하나님의 영광의 바로 그 구름 가운데로 가까이 간다는 것이다, 12〜18). 여기에 사용된 단어 nāgash("가까이 가다")는 언어적 그리고 시각적 상호 영향을 위한 것이거나(창 43:19; 45:4), 얼굴과 얼굴을 맞대는 만남(민 32:16)을 내포하고 있다.

2. 언약의 비준(24:3 〜 8)

모세는 여호와의 모든 말씀에 관한 보고를 가지고 백성에게 돌아온다. "여호와의 모든 말씀(dibrê YHWH)은 아마도 십계명(haddᵉbārîm, 출 20:1; 역시 34:1; 신 10:4를 참조하라)을 가리키고, "율례"(hammishpāṭîm, 출 21:1)는 출애굽기 20:22〜 23:33에 제시된 지시사항들과 판례법을 포함할 것이다. 그리고 이 지시사항들은 언약관계의 조건들을 규정짓는다. 백성은 모세가 방금 서술한대로 언약을 받아들여서 여호와께 충성할 것을 서약으로 응답한다. 그리고 나서, 모세는 이어지는 비준 의식에서 사용할 언약 조항들을 기록한다.

이 의식을 준비하기 위해, 모세는 "이른 아침에 일어났다"(이것은 열심의 표시이다,

---

16 카수토(U. Cassuto, *A Commentary on the Book of Exodus* [Jerusalem: Magnes, 1983], p. 310)는 hishtaḥăwâ에 대해, 여기에서는 엎드리는 행위라고 강조한다. 이것이 그 단어의 용도 중의 하나이지만(참조, 위의 각주 10), 이 텍스트에서는 그들이 실제로 이 자세를 취했다고 가정할 아무런 암시도 없다. 그러므로 여기에서는 그러한 강조가 없는 듯하다. 이어지는 사건들이 그 단어의 광범위한 의미를 암시한다.

17 싸르나(Sarna, ibid., p. 151)는 다른 견해를 제시하는데. 그것은 설명을 하기 위해 그 다음 절들에 의존하지 않는다. 고대근동의 관습에 근거해서, "멀리서"라는 표현은, 종주(宗主)의 임재로부터 먼 거리에서 시작해서 반복되는 엎드림을 의미할 수 있다(참조, 창 33:3).

18 칠십인 역(LXX)은, wᵉhishtaḥăwîtem(직역, "그리고 너희는[2인칭 복수] [멀리서] 경배할 것이다")을 3인칭으로(proskynēsousi, "그들이 [멀리서] 경배할 것이다"), 그리고 3인칭 단수 'immô("그와 함께")를 3인칭 복수(met' autōn, "그들과 함께")로 번역함으로써 그 배열을 명백하게 하려고 시도한다.

습 3:7을 참조하라). 그리고 제단을 쌓고 열 두 기둥을 세웠다(4절). 제물들을 태운 제단은 여호와를 대표한다.[19] 열 두 기둥은 아마도 이중적 기능을 할 것이다. 첫째로, 그것들은 아마도, 여호와를 대표하는 제단 옆에서, 언약의 상대편 당사자인 이스라엘 열 두 지파를 대표하는 듯하다(왕상 18:31을 참조하라). 둘째로, 그것들은 또한 이 특별한 사건을 기념하기 위한 기념비의 역할을 했을 수도 있다.[20] 그러고 나서 모세는, 제사 의식에 관한 실제 사역을 수행하는 일을 도울 "청년들"을 보냈다.[21]

이 청년들은 아마도 모든 지파들의 초태생들(출 13:2; 민 3:6~13)인데 이로써 그들이 기둥으로 상징된 그 나라의 대표자들임을 강조하는 것으로 보인다.[22]

실제적인 언약 비준 의식은 희생제물을 드림으로 시작된다. "번제들"('ōlōt)을 먼저 드렸다.[23] 생축을 죽여서, 제단 불 위에 놓는다. 이 희생제물로써 속죄한다(레 1:4). 이 제사를 통해 죄가 제거되고 진노를 돌이켜서, 하나님과의 교제가 성립되었다.[24] 이것은 또한 예배자가 하나님만을 섬기겠다고 하는 전적인 헌신을 상징하는 것이다. 따라서 그 생축 전체가 제단 위에서 열납의 상징으로서 불살라진다. 이것은 언약을 비준하는 과정에서 백성이 서약한 충성을 적절하게 표현하는 것이다(7절).

그 다음으로는 "화목제물들"(zᵉbāḥîm shᵉlāmîm)을 드렸는데, 이것도 언약을 세우는 당사자들 간의 "화목"(shālôm, well-being)을 나타내는 것이다. 이 화목제를 다룰 때에 레위기에서는 속죄에 관해 아무런 언급이 없다.[25] 이것은 기도 응답에

---

19 짐승을 불사르는 것은 하나님(deity)께서 그것을 식물로 소비하시는 것을 상징한다(레 3:11). 그렇게 해서, 여호와가 그 식탁에 임재하시는 것으로 간주되었을 것이다.

20 라반과 야곱이 그들의 언약을 기념하기 위해 그러한 표적들을 세웠다(창 31:45). maṣṣēbâ("기둥")가 우상과 자주 관련되는 것이 칠십인 역(LXX) 번역자들로 하여금 그것을 lithos("돌")로 대치하게 자극하였다. 그러나 그 단어가 이방의 예배의식들을 포함할 필요는 없다(참조, 사 19:19).

21 니콜슨(E. W. Nichcolson)은 nᵉārîm("청년들")이 삼상 2:13에서처럼 제사장들의 신하들에 대한 전문직을 언급한다고 제안한다("The Covenant Ritual in Exodus XXIV 3~8," VT 32 [1932]: 81). 싸르나(Sarna, ibid., p. 151)도 우가릿 텍스트들에 나타난 그와 유사한 동족 언어 사용을 지적한다.

22 naʿărê와 bᵉnê yiśrāʾēl 간의 속격 연계형 관계가 그들의 대표자적 기능을 가리키는데, 이것은 "이스라엘의 장로 칠십 명"과 병행을 이룬다.

23 이것은, 레 1~3장에서 묘사된 화목제물이 제단 위에 번제물 위에 놓인 순서를 가정하고 있다(레 3:5).

24 레 1:4는, 그 번제물이 예배자를 위하여 "기쁘게 받으심이 되었다"(rāṣâ)고 진술한다. 창 33:10은 야곱과 에서의 화해에 rāṣâ의 이 용법을 설명해 준다. 레 1:4 역시 이 제물의 목적은 속죄하기 위함(lᵉkappēr)이라고 진술한다. 창 32:20; 잠 16:14; 삼하 21:3에는 kippēr의 사용에 의해 진노를 피하게 됨을 설명해 준다. 레 16장은 강조하기를, 속죄는 제사를 통해 죄를 제거하는 것을 수반한다고 했다.

25 그 밖의 회생제물들은 속죄하는 뚜렷한 목적을 가지고 있다(레 1:4; 4:20; 5:6).

대한 시인을 표현하는 역할을 하고(레 7:12; 시 107:19~22), 서약을 이행하기 위한 것(레 7:16; 시 22:26[27]) 혹은 감사에 관한 자발적 표현으로서 행한다(레 7:16; 시 54:8[6]). 환언하면, 이 제사의식은 좋은 관계의 상태, 이미 존재하는 교제의 표현에 대한 반응이다. 이러한 교제는 자신의 제물을 제단 위에서 불태워버린 예배자가, 여호와와 함께 회식하는 제사 의식에 참여했을 때에 생생하게 드러난다(레 3:11; 7:15~18; 시 22:27 [26], 30[29]). 이처럼 회식과 함께 거행되는 제사 의식은, 예배자와 하나님간의 언약의 교제를 나타내는 궁극적 표현이기 때문이다(출 34:15; 민 25:2). 요약하건대, 번제는 속죄를 통한 교제를 가능하게 하였고 또한 예배드리는 나라의 전적 헌신을 의미했다. 그리고 화목제는 언약 교제를 축하하는 표현이었다.

이렇게 제물들을 드린 후에, 엄숙한 비준(批准) 의식에 피를 사용하였다. 이 의식에 나타난 세 동작은, "모세가…… 취하여"(wayyiqqah, 개정개역판에서는 "모세가…… 가지고[가져다가]로 표현되었다. - 역자 주")라는 표현을 세 번 반복함으로써 강조하였다. 첫째로, 피의 절반은 제단(즉 여호와)에 흩뿌렸다. 이렇게 흩뿌리는 것에 관한 의미는 분명하지 않다. 니콜슨(Nicholson)은 제안하기를, 피의 "거룩성"이 이 의식의 핵심이라고 했다. 거룩한 피가 제단과 백성 양쪽 모두에게 접촉되었으니, 그 나라는 "이로써 여호와의 거룩한 백성으로 바쳐졌다"는 것이다.[26] 다른 이들은, 피를 제단과 백성 양쪽 모두에게 뿌리는 의미를, 언약에서 두 당사자의 연대(連帶)를 형성함을 상징하는 것으로 본다.[27] 웬함(Wenham)은 이 해석을 더 발전시키는데, 이 의식과 제사장 위임식에 관한 의식 절차들(레 8:22~30)과 병 고침을 받은 자를 "성결하게 함"간의 유사성을 주목함으로써 그렇게 한다.[28] 그래서 그는, 출애굽기 24장과 레위기에 나타난 의식들(레 14:10~32) 양쪽 모두에서, 갱신된 교제를 상징하려고 피를 제단과 예배자 양쪽 모두에게 바른다고 본다. 로날드 헨델(Ronald Hendel)은, 피를 흩뿌리는 것은 지속적 전달 기능의 역할을 한다고 덧붙인다. 제단 위에 묻어서 남아 있는 피는, 제의의 실행과 그것에 상응하는 축복, 즉 언약 관계의

---

[26] E. W. Nicholson, ibid., p. 83.
[27] Cassuto, ibid., p. 312.
[28] G. J. Wenham, *The Book of Leviticus* (NICOT; Grand Rapdis: Eerdmans, 1979), pp. 143-209.

수립을 가시적으로 생각나게 하는 것이라고 한다.[29] 또 다른 가능성은 피가 생명을 상징(창 9:4~5; 레 17:11)하기 때문에, 흩뿌려진 피는 언약 위반의 결과를 즉 횡사(橫死)를 알맞게 극적으로 표현한다는 것이다.[30] 이처럼 피 뿌리는 의식이 폭넓게 다양한 의미들을 암시하지 못할 이유는 없다.[31]

피의 절반은 백성에게 뿌리기 위해 양푼에 보관해 둔다. 그러나 백성에게 뿌리기 전에 언약에 대해 헌신하겠다는 공식적인 응답이 필요하다. 모세가 "언약 책"을 가져다가 읽었는데, 그것은 4절에 언급된 "모든 말씀"(words and judgments, 곧 언약의 조건들)을 포함한 기록이었을 것이다.[32] 백성은 응답에 있어서, 하루 전에 자신들의 헌신을 거듭 서약했다(출 24:3). 이렇게 언약을 준행하기로 약속하자 그들은 피 뿌리는 의식으로써 그 공약(公約)에 조인할 준비가 되었다.

피 뿌리는 의식의 세 번째 순서는, 모세가 그 피를 백성에게 흩뿌리는 일이다. 그 중요성은 위에서 언급한 바 있다. 하지만, 이 시점에서 모세는 다음과 같은 말을 덧붙인다. "이는 여호와께서 이 모든 말씀에 대하여 너희와 세우신 언약의 피니라"(8절). 이 진술에서 모세는 언약관계가 제사를 통해 중재(仲裁)되었고, 방금 읽은 그 "책"의 조건들에 의해 규정지어졌다는 사실을 요약한다.

3. 현현과 언약 회식(24:9~11)

1~2절에 기록된 지시사항에 따라 모세와 장로들은 예배를 드리기 위해 산에 올랐다. 예배는 산 아래에서 제사와 함께 시작되었다. 그러나 언약의식의 의미심장함이 극적으로 묘사된 그 산 위에서의 사건들을 거쳐야 예배가 끝나는 것이다.

"[그들이] 이스라엘의 하나님을 보니"라는 진술(10절)은 몹시 놀라운 것이

---

[29] R. S. Hendel, "Sacrifice as a Cultural System: The Ritual Symbolism of Exodus 24, 3~8," *ZAW* 101 (1989): 387-88.

[30] 이 상징성은 언약 의식에서 짐승 제물의 파괴(쪼갬) 배후에 있는 것이다(창 15:10; M. Weinfeld, "The Covenant of Grant in the Old Testament and in the Ancient Near East," *JAOS* 90 [1970]: 196-99를 참조하라).

[31] Hendel, ibid., p. 388.

[32] 출 20~23장과 구약의 다른 성구들에 나타난 언약 수립 형식의 문제에 관한 킷츤(K. A. Kitchen)의 최근 평가는, 모세 언약에 나타난 율법과 수립 요소들의 단일성을 확증해 준다("The Fall and Rise of Covenant, Law and Treaty," *TynBul* 40 [1989]: 118-35). 따라서 "언약 책"이라는 표제는 출 20:1~23:33의 내용을 적절하게 묘사해 준다.

다.33 현현에 대한 묘사를 잠시 제쳐놓고, 하나님께서 "손을 대지 아니하셨다"는 사실(11절)은 매우 의미심장하다.34 앞서 여호와께서는 누구든지 산에 접촉하는 사람은 죽을 것이라고 명령하셨고(출 19:12), 또 모세로 하여금 "백성이 밀고 들어와 나 여호와에게로 와서 보려고 하다가 많이 죽을까 하노라"(19:21)라고 경고하셨다. 11절에서 이 놀라운 사실은, "존귀한 자들에게"(wᵉel ⁻ʾᵃṣîlê. but against the nobles")라는 술어의 어순(문장의 초두에 위치함 -역자 주)에 의해 분명히 나타나는 데, 그것은 그들이 하나님을 뵈었다는 진술과 대조를 나타낸다. 이처럼 이 언약으로 써 여호와와 그 나라의 관계 즉 바로 그분의 임재가 특징이 되는 관계가 시작되었다.

그들이 비록 하나님을 뵈었다고는 하나, 본문의 묘사는 다만 그분의 발아래에 있는 것과 관련되어 있다. 분명히 그 현현 자체는 필설로 표현할 수 없었고, 그 발등상마저도 다만 비교로써 묘사할 뿐이었다. 마찬가지로 이사야는 오직 여호와의 옷자락만 묘사할 수 있었다(사 6:1. 즉 그분의 발에 있었던 것). 첫 술어는 그분의 발등상을 청옥으로 포장한 도로에 비유하고, 둘째 술어는 하늘의 청명함에 비유한다. 이 묘사는 어떤 연관을 암시하는가?35 에스겔 1:26에 나타난 유사한 묘사가 도움이 된다. 모세와 귀인들은 마치 푸른 하늘의 둥근 궁창을 통해 올려다보는 것과 같았다. 그 위에 앉으셨으니, 그것은 말로 표현할 수 없는 하나님의 현현이었을 것이다.

11절은, 이 놀라운 광경을 되풀이한다. "그들은 하나님을 뵈었다"(They gazed at God).36 하지만, 그들이 예배드리려고 산에 올라간 것은, 하나님의 임재를 즐기는

---

33 그 진술은 칠십인 역 번역자들에게 너무나도 믿어지지 않아서, 그들은 10절을 확장시켜 "[이스라엘의 하나님께서] 서 계신 그 장소를 [그들은 보았다]"(ton topon hou heistēkei ekei)라고 번역했다. 이와 유사하게, 11절도 "그리고 그들은 하나님의 장소에 나타났다"(kai ōphthēsan en tọ topo tou theou)라고 고침으로써, 더 생생한 동사 "그들이 쳐다보았다"(ḥāzâ)라는 표현을 피하려 했다. 야콥(B. Jacob)은 진술하기를, "이스라엘 의 하나님"(ʾĕlōhê yiśrāʾēl)이라는 표현은 오경에서 여기에만 나타나는데, 거기에 함축된 바는, "본문이 '그리고 그들은 여호와를 뵈었다'(wa-yir-ʾû et y-h-w-h)라고 말하기를 원치 않았으므로 그것은 제한적이다" 라고 했다(*Exodus*, [Hobokeni KTAV, 1992], p. 745).

34 shālaḥ yādô라는 술어는 출 3:20; 9:15에서 적대적 행동을 나타낸다.

35 유익한 개관은 Nicholson, "Interpretation," pp. 91-92; Durham, *Exodus,* p. 344에서 찾아 볼 수 있다.

36 다른 번역들도 가능하다. 본문에서의 반복과 사 28:15,18에서의 ḥāzâ의 의미에 비추어 보아서, 오르(D. Or)는 "그들이 조약을 맺다"라는 번역을 제시한다("And They Beheld God[Exod 24:11]," *Beth Mikra* 30 [1984/85]: 257-58). 겔리오(R. Gelio)는 ḥāzâ가 ḥādâ("즐거워하다"; 참조, 출 18:12; 시 63:3; 27:4; 욥 8:17)의 이형(異形)이라고 주장한다("Osserrvazioni critiche su uno ḥāzāh 'gioire' usato per lo piu in contesto liturgico[Is 28:15; Es 24:11; Sal 63:3; 27:4; Gb 8:17]," *EL* 100 [1986]: 73-95).

것 이상을 내포하고 있었다. 그들이 누리는 교제의 체험은 화목제가 완료됨으로써 시행되었다("그들이 먹고 마셨더라").37   언약 식사를 하며 갖는 식탁 교제는 그들이 하나님께 드리는 예배의 절정을 장식했다.38   이것은 9~11절과 1~2절간의 교차대구법에 의해 돋보인다. 1~2절에서 그들은 예배드리기 위해 산에 오르라는 명령을 받았다. 이 명령에 병행하여, 그들이 올라가서 언약을 비준하는 동안에, 산 밑에서는 하나님의 임재 가운데, 바쳐진 화목제물들을 먹음으로써 언약을 축하하였다.

4. 출애굽기 24:1 ~ 11에 나타난 예배

출애굽기 3:12에서 허락된 약속에 근거하여, 여호와께서는 모세와 이스라엘 나라의 대표들을 부르셔서 예배를 드리라고 하셨다(24:1 ~ 2). 24:1 ~ 11의 구조와 이것의 주해를 보면, 이 예배에서 다음과 같은 네 가지 요소가 강조된다.

(1) 언약의 수립은 본문 전체의 사건들을 요약한 것이다. 또한 이것은 출애굽기 3:12에 나타난 '예배'('ābad)라는 낱말의 함축적인 의미들을 실현한 것이다. (2) 교차대구법에서 중심점은, 언약을 중재하고 교제를 성립시키는 제사를 드리는 것에 있다. (3) 하나님의 말씀(그리고 이것에 대한 백성의 헌신)이 언약 관계를 규정짓는다. (4) 이 경험의 절정은 하나님의 임재 가운데 나누는 교제이다. 한마디로, 이 네 요소들은 다음과 같이 요약할 수 있다. 출애굽기 24장에서 예배는 언약 관계에 대한 응답인데, 이 예배의 특징은, 하나님 말씀에 의해 규정되고 제사를 통해 중재되는, 하나님의 임재에 있다.

여기서 "응답"이란 용어는, 하나님의 초청에 의해 예배가 이루어졌기 때문에 적절하다. 그러나 "응답"이란 용어는, 예배자들 편에서 경험하는 모든 것들을 수용하기 위해 고의적으로 선택한 모호한 말이다. 처음에 시내산 위의 하나님의 현현은 두려워 떨림만을 자아냈다(출 20:18 ~ 21). 그리고 언약 비준 의식은 엄숙한 봉헌의

---

37   니콜슨(Nicholson)의 주장은, 이 식사가 현현 전승에 근거를 둔 것이지 언약 의식에 둔 것이 아니라는 것이다("Interpretation," 77-9). 그러나 출 24:1 ~ 11의 문학적 구조가 9~11절을 3~8절에 나타난 언약 의식으로부터 분리시키는 것을 허용하지 않는다.

38   회식을 통해 축하한 언약 체결은 구약 다른 곳에서도 입증된다(창 26:18 ~ 31; 31:44 ~ 45; 삼하 3:17 ~ 21; 출 34:15). 수 9:6 ~ 15는 같은 문맥에서, 언약을 맺음(kārat bᵉrît), 신하의 봉사('ābad), 화친(shālôm) 그리고 음식을 취하여 먹고 마심(14절의 함축 내용)과 연관시킨다.

분위기를 불러일으켰다. 그렇지만 시내산 위에서의 언약 회식은 즐거운 축하연이라고 특징지을 수 있었다.

이처럼 여호와의 임재는 언약 관계의 가장 뚜렷한 특징으로 돋보인다. 왜냐하면 하나님의 임재가 언약의 혜택(예배자의 보호와 생존을 위하여 하나님의 임재가 의미하는 모든 것을 포함한다.)이라는 의미에서 언약 관계를 "특징짓는" 것이기 때문이다. 그리고 하나님의 백성의 응답을 불러일으킨 것도 다름 아니라 여호와의 영광스러운 임재이기 때문이다.

하나님의 말씀이 언약 관계가 어떠한 것인지를 "규정하며" 예배에서 서로간의 교통을 제공한다. 왜냐하면 하나님의 말씀은, 언약의 하나님의 본성에 대한 객관적 가르침이기 때문이다. 즉 그가 베푸시는 유익들이 무엇이고, 언약 하에서 그가 어떤 봉사를 요구하시는 지에 관한 객관적인 가르침이다. 따라서 그 말씀은 하나님의 뜻을 그 백성에게(그들의 "예배"['ābad]를 위해) 전달하고, 또한 하나님께 대한 백성의 응답(모든 참석자들의 예배[hishtaḥăwâ] 활동들)을 위해 전달하는데 기여한다.

제사는 하나님과 죄지은 백성간의 관계를 "중재한다." 죄는 백성을 거룩하신 하나님의 임재로부터 멀어지게 하므로, 오직 제사를 통해서만 그 관계가 회복될 수 있다.

IV. 구약성경과의 연관성

1. 에덴으로 돌아간 출애굽기 24장

출애굽기 24장은 모세가 두 돌판과 성막에 대한 말씀을 받으러 여호와께 가까이 나아가는 것으로 끝을 맺는다. 준비를 위해 모세는, 현현하신 하나님께서 산 위에서 구름 가운데 머무시는 동안, 육일을 기다린다. 제 칠일에 모세는 언약의 핵심 조항들이 담겨 있는 돌판을 받기 위해 접근하도록 허락을 받았다. 앞에서 출애굽기 24장의 주해에서 고려하지 못했지만, 다음과 같은 근거에서 이 사건은 "예배"의 계속으로 간주할 수 있을 것이다. 첫째로, 그것은 모세가 가까이 오라는 명령을 받은 1~2절의 지시사항들을 완수하는 것이기 때문이다. 언약 공동체의 창조를 상징하는 문서를 창작하기 위해 육일이 걸린다.[39] 그리고 제 칠일 곧 하나님께서 안식하신 날은, 여호와와 가까이 나아가는 모세 사이의 교통을 위한 날이다. 그래서 후레테임(Fretheim)은 주장하기를, 애굽으로부터의 구속(시내 산에서 절정을 이룸)은 창세기 1장에 기록된 하나님의 창조적 활동의 연속이라고 한다. 애굽 왕 바로가 하나님께서 이스라엘 백성 가운데에서 행하시는 창조 사역을 망치려고 했던 것처럼(출 1:7; 참조. 창 1:28), 하나님께서 바로 왕에게 승리하신 것은, 하나님의 창조를 망치려고 위협하는 혼돈의 세력의 구현(具顯)인 애굽에 대한 우주적 승리이다(참조, 겔 29:3~5; 32:2~8; 시 87:4; 사 30:7; 렘 46:7~8).[40] 우주를 의미하는 하나님의 산, 성전의 예배, 창조, 이 셋의 연관성은 고대근동 문화에서는 확고히 수립되어 있다.[41] 구약성경이 이러한 주제들의 연관성을 에스겔 28:13~15에서 확증해 준다. "두로의 왕" 즉 예배하는 "그룹"(cherub)은 그가 창조되었을 때에 "에덴, 하나님의 동산"과 "하나님의 산" 위에 있었다는 것이다. 그러므로 이 요소들이 출애굽기 24장의 문맥에서 동시에 나타나는 것은 놀랄 바가 못 된다. 출애굽기 24장에 나타난 예배에 관한 다른 요소들이 역시 창조 기사에서도 반영되었다. 하나님의 임재와 말씀은, 하나님께서 혼돈을 정복하고 정리하심으로써 창조기사의 두드러진 주제가 되는 것이다("영은…… 운행하시니라," 창 1:2; "[그리고] 하나님이 이르시되," 1:3). 이처럼 혼돈을 정리하신 결과로, 안식일의 축하(즉 예배)가 가능하게 되었다(창 2:1~4).[42]

---

[39] 헨델(Hendel)은 출 24:3~8에 나타난, 의식(儀式)의 문화적 상징에 근거하여, 시내 산에서의 언약공동체의 창조를 강조한다(R. S. Hendel, ibid., pp. 376-81). 인구의 다양한 구획들, 이 경우에는 여러 지파들이 종교적 신전에서 통일된 의식들을 통해 종종 분열을 뛰어넘어 하나가 된다. 이렇게 하나가 된 사회는 특히 종교적 순례에서 창조되는데, 시내 산의 체험과 24:3~8의 의식이 그러한 순례의 주된 부분이었다(참조, 5:11; 10:9).

[40] T. E. Fretheim, "The Reclamation of Creation: Redemption and Law in Exodus," *Int* 45 (1991): 357. 렌드톨프(R. Rendtorff)는 창세기와 출애굽기간의 병행을 다음과 같이 확대한다. "두 경우 모두에서, 하나님의 첫 선물(창조/언약)은 인간의 죄에 의해 위태로워지고, 하나님의 진노 때문에 무효가 될 우려에 처했다. 그러나 양쪽의 경우에서, 하나님께서는 한 사람(노아/모세의 개입) 때문에 생각을 바꾸셨다."("Covenant' as a Structuring Concept in Genesis and Exodus," *JBL* 108 [1989]: 393).

[41] 여기에 관한 문헌은 대단히 많다. 대표적인 것들을 소개한다면 다음과 같다. O. Keel, *The Symbolism of the Biblical World* (NY: Seabury, 1978), pp. 113-20; H. Frankfort *et al.*, *The Intellectual Adventure of Ancient Man* (Chicago: University of Chicago, 1946), pp. 50-61; R. J. Clifford, *The Cosmic Mountain in Canaan and the Old Testament* (HSM 4; Cambridge: Harvard University, 1972); E. T. Mullen, Jr., *The Divine Council in Canaanite and Early Hebrew Literatures* (HSM 24; Cambridge: Harvard University, 1980), pp. 128-68.

[42] 창 2장의 에덴과 성막(모세가 시내 산에서 본 바를 패턴으로 한 것)간의 공유된 현상은 인정된 바이다(G. J. Wenham, *Genesis 1~15* [WBC; Waco: Word, 1987], pp. 61-2; "Sanctuary Symbolism in the Garden of Eden," *Proceedings of the Ninth World Congress of Jewish Studies. Division A.*

만약 창조 때 하나님 편에서 예배를 후원하셨다면, 창조에서 인간의 책임은
예배에서부터 시작하는 것이다. 인류는 창조되고 에덴동산에서 안식하게 만들어졌
는데, 이는 피조물을 정복하고 그것에게 생명과 질서를 가져다주기 위해서였다.
그래서 인류가 여호와를 섬김에 따라, 혼돈을 정복하는 하나님의 질서가 유지된다.
후레테임(Fretheim)은 다음과 같이 언급한다.

> 법은, 하나님께서 우주적 수준의 혼돈을 정리하시어 사회적 영역에 실현시킴으로써 하나님
> 의 의도하신 창조와 밀접하게 일치하도록 만드시는 방편이다. 이로써 하나님의 뜻이 하늘에
> 서 이루어진 것 같이, 땅에서도 이루어지고, 우주적 질서와 사회적 질서가 조화롭게 완성되
> 는 것이다.[43]

하지만 알아두어야 할 것은, 출애굽기 24장에서 예배하는 공동체가 세워졌다는
사실이다. 그리고 이 공동체에서는, 하나님의 말씀에 백성이 응답하고 따라서
하나님의 명령이 실현되기 시작한다. 존 레벤슨(Jon Levenson)은 창세기 1:1~2:3
의 신학을 논하는 곳에서, 피조세계에 있어서의 인간의 직무가 예배에서 가장
잘 발휘되었다면서, 다음과 같이 제안한다.

> 우리가 악과 대항할 수 있는 것은 제의(祭儀)를 통해서 가능하다. 왜냐하면 질서를 세우고
> 유지하고 혼돈을 창조로 변형시키고 인간성을 고상하게 하여, 제의를 제정하시고 지켜지고
> 실천되도록 명령하신 하나님의 왕국을 실현시키는 것이 제의이기 때문이다. 그리고 그분의
> 좋은 세계가 설립되는 것은 주인이신 하나님의 지시에 순종하는 것을 통해서이다.[44]

출애굽기 24장에서, 하나님과 인류는 우주를 상징하는 산 위에서 예배와 창조라는
상호 행위를 위해 교제 가운데 만난다. 이 예배의 보상은 여호와의 임재 속에서 하나님의
안식과 생명을 누리는 것이다(창 3:8; 참조, 출 33:14; "내가 친히 가리라 내가 너를
쉬게 하리라". My presence shall go with you; I will give you rest). 아마도 출애굽기
24장에서 체험한 예배의 방식이, 하나님의 창조 명령의 고유한 패턴을 반영하는 것

The Period of the Bible [Jerusalem: World Union of Jewish Studies], pp. 19-25).

  43 Fretheim, ibid., p. 362.

  44 J. D. Levenson, *Creation and the Persistence of Evil* (San Francisco: Harper, 1988), p. 127.

같다. 그것은 이상적인 우주를 위한 하나님의 계획의 틀을 보여준다.

2. 족장시대의 예배

출애굽기 24:1∼11에서 발견되는 예배의 요소들은 족장시대 예배의 특징이기도 하다. 창세기 15장에는 제사를 통해 시작되고, 현현과 하나님의 말씀 선포가 동반된 언약관계가 있었다. 창세기 12:6∼8에는, 현현과 언약의 말씀에 대한 응답으로서 여호와의 이름을 부르는 것이 제사와 연결되었다. 창세기 22장(이삭을 제물로 바치는 일)은 세 가지 요소(제사, 언약, 하나님의 말씀)가 밝히 표현된 예배의 실례를 제공해 준다. 네 번째 요소인 현현은 "여호와의 사자"가 하시는 말씀에 암시되어 있다. 이 패턴이 이삭의 생애(창 26:23∼25)와 야곱의 생애(창 28:10∼22; 35:1∼15)에서도 반복되었다.

3. 레위기의 예배

이스라엘 가운데에 나타난 하나님의 임재는 제사를 필요하게 만들었다. 이것은, 영광이 "성막"을 가득 채운(출 40:34∼38) 출애굽기의 마지막과, 제사에 관한 지시사항을 전달하시려고 여호와께서 모세를 부르신 레위기의 첫 절(1:1)의 연결에서 암시된다.[45] 레위기 9장은 예배 제도 전체가 실시되기 시작한 경우를 기록하고 있다. 그리고 이 의식의 정수는 레위기 9:22∼24에 요약되어 있다. 거기에는 출애굽기 24:1∼11의 모든 요소들이 반복되었다. (1) 여호와께서 백성에게 나타나신다(언약의 핵심적인 혜택). (2) 제사장들이 번제와 화목제를 드린다(언약 회식이 언약관계의 축하에 이어서 나올 것이다). 그리고 (3) 아론이 백성에게 축복의 말씀을 한다(이것은 언약의 혜택들을 암시하는 말씀인데, 아마도 레 26:4∼13에 규정된 축복과 내용에 있어서 유사한 듯하다). 레위기의 제사들은, 그 나라의 백성으로 하여금 그들 가운데 계시는 거룩하신 하나님을 섬기도록 성결하게 함으로써, 언약관계를 유지하고 축하하기 위한 기능을 하였다.

---

45 wayyiqrā'의 wāw 접속법은 민 1:1과 어쩌면 수 1:1에 나타난 동일한 구조에서처럼 정경의 책들 간의 이야기의 연속을 나타낸다.

4. 예배에 대한 선지자들의 소망

시편에서와 마찬가지로, 선지자들은 제사 제도가 예배자 편에서 올바른 태도가 없다면 무의미하다는 점을 강조했다(출 24:7에 요구된 헌신을 참조하라). 순종이 제사보다 더 중요했다(시 40:6~8; 50; 사 1:11~15; 암 5:21~24; 미 6:6~8; 참조, 삼상 15:22~23). 불순종하는 마음은 제사들을 무용지물로 만들었다(말 2:13~14). 겸손과 상한 마음이 제사 예배의 핵심이다(시 32; 34:18; 51:16~17; 습 3:8~13). 하지만 제사 그 자체는 결코 평가절하 되지 않았다. 사실 선지자들은 미래의 소망으로서 제사를 다음과 같이, 왕국에서 여호와의 임재를 축하하는 데 없어서는 안 될 부분으로 내다보았다. 이사야 24:23의 말씀은 출애굽기 24:1~11의 예배를 회상케 한다("…… 이는 만군의 여호와께서 시온 산과 예루살렘에서 왕이 되시고 그 장로들 앞에서 영광을 나타내실 것임이라"). 이사야 25:6이 계속해서 이 환상을 하나님의 산 위에서의 제사 연회와 곁들여 언급한다.[46] 이에 상응하는 환상에서 이사야 선지자는, 종말에 하나님의 산에서 그를 찾는 자들에 대한 하나님의 말씀과 심판의 중요성을 강조한다(사 2:2~4). 스가랴 8장; 14:16~21 역시 제사 연회와 언약 축복이 있는 하나님의 산에서의 우주적 예배를 기대한다. 따라서 선지자들은 하나님 자신의 임재 가운데, 그 왕국에서 제사의 예배를 드릴 것을 예기(豫期)하는데, 그때에 하나님께서 자신의 말씀과 언약 축복을 친히 베푸실 것이다.

V. 신약성경과의 연관성

출애굽기 24장에 나타난 예배의 신학은 교회와 관련이 있는데, 특히 성만찬의 견지에서 그러하다. "이것은 많은 사람을 위하여 흘리는 나의 피 곧 언약의 피니라"(Tou to estin to haima mou tēs diathēkēs, 막 14:24)는 예수님의 말씀은 출애굽기 24:8("[보라!] 언약의 피니라." LXX: Idou to haima tēs diathekēs)에 나타난 모세의 말을 언급하는 것이다. 따라서 시내 산에서의 언약 수립은 복음서와 고린도전서

---

46 제사가 명백하게 언급되지는 않았으나 여호와의 통치의 시작을 축하하는 대관식 연회에 그것이 함축되어 있다. 영(E. J. Young, *The Book of Isaiah* [Grand Rapids: Eerdmans, 1969])은 제사를 드리는 예배와 함께 대관식을 축하하는 관습을 특별히 언급한다(참조, 삼상 11:15; 삼하 3:20~21; 왕상 1:9,19,25). 시 22:27[26]~30[29]은 종말론적 연회를 화목 제물들과 연관시킨다.

11:25에 기록된 새 언약의 수립을 위한 패턴으로서의 역할을 한다. 하나님의 임재는 떡으로써 나타낸다. 언약과 제사는 잔으로써 나타낸다. 예수님께서 성만찬 식탁의 떡과 포도주를 통해 나타내신, 피의 제사를 통한 언약 수립의 중요성은, 더욱이 히브리서 9:18~20에서, 출애굽기 24장과 연결된다. 히브리서 저자는 성막 의식과 붉은 암송아지에 의한 정결함(민 19장)을 포함한 전체 제의적 체계를, 출애굽기 24:8의 피 뿌리는 의식에서 인용한 언약 수립의 관점에서 융합시킨다. 이렇게 언약이 상징하는 것이, 새롭고 더 나은 언약을 수립하신 그리스도의 사역의 관점에서 다시 표현된 것이다.

출애굽기 24장이 종말론적 연회를 예시한다는 사실은 이사야 24:23; 25:6~10과 연관해서 언급하였다. 주님의 성만찬 식탁도 그 연회를 예기하는데, 주님께서 자기 백성과 함께 다시 잔치를 베풀기 위해 돌아오실 때에 그러할 것을 예기한다(마 26:19; 눅 22:28~30; 고전 11:26). 그리고 장차 도래할 왕국에서 드릴 예배에 관한 것은 요한계시록 21장에 묘사되었는데, 그것도 다음과 같이 출애굽기 24장과 그 형태들을 공유한다고 말할 수 있을 것이다. 하나님의 백성은 거룩한 산에서 예배드리며 그리스도와 영원히 살 것이고(계 21:3,10), 거기에는 하나님 백성의 대표들을 나타내는 열 두 돌이 있고, 하나님의 속죄양을 위한 진주로 깔린 길이 있을 것이다(계 21:21~22). 이 예배처소가 최종적인 "새 창조"이고, 그러기에 시내 산 언약 공동체의 창조는 다만 하나의 전조(前兆)일 뿐이다.

출애굽기 24장과 종말론적 왕국에서의 예배와의 연관성은, 변화산의 기사(記事)에서 다음과 같이 암시한 시내 산 현현으로 인하여 더욱 뒷받침되었다. 엿새가 지난 후에 세 제자들이 산에 올라가서 밝히 드러난 그리스도의 빛나는 영광을 쳐다보게 된다. 첫 언약의 중보자 모세와 종말론적 왕국의 선구자 엘리야가 나타난다. 베드로가 "둘째 출애굽"으로서의 왕국의 도래를 축하하는 초막절을 지킬 소원으로 응답한다. 구름이 산 위에 덮이고, 하나님께서는 그 아들의 말을 들으라고 명령하신다. 마가복음 9:7의 문맥에서, 예수님께서 지시하신 말씀의 내용은 자신의 희생 제사의 필요성을 중심으로 이루어졌다. 제자들은 그 경험을, 새 왕국의 시작으로서 출애굽기 24장에 나타난 왕국 시작의 패턴을 따른 것이라고 이해했을 것이다.

VI. 결론

출애굽기 24장은 예배 공동체를 위하여 예배에 관한 여러 가지 핵심 주제에 초점을 맞추고 있다. 언약관계에 대한 응답은 하나님의 임재로 특징지어졌고, 그의 말씀에 의해 규정되고, 제사를 통해 중재되었다. 문맥상으로 출애굽기 24:1~11의 예배는, 우주 창조의 패턴을 본 딴, 새 공동체의 창조와 연결되었다(24:12~18). 더 나아가서 24:1~11의 주해를 통해 살펴본 예배의 요소들은, 족장시대의 전승들, 레위기의 예배 의식, 그리고 예배에 대한 선지자들의 소망을 포함해서 예배를 묘사하고 있는 몇몇 다른 중요한 구약 성구들에 나타난다. 그리고 출애굽기 24장은, 고대 이스라엘에게 규범이 된, 예배의 기본적인 요소들을 두드러지게 보여주고 있다.

출애굽기 24장은, 예수님께서 성만찬을 제정하셨을 때 언약 수립의 패턴으로서 기여하고 있다. 그래서 출애굽기 24장의 신학은 크리스천 공동체의 예배를 위해 적절한 가르침을 제공해 준다. 또한 이 신학은, 출애굽기 24장이 묘사한 예배와 종말에 영원한 왕국에서 있을 것으로 묘사한 예배 간의 연관성으로 인하여 한층 더 보강된다. 아마도 출애굽기 24장을 예배의 모범이라고 말하는 것은 너무 지나칠지 모르겠다. 하지만 출애굽기 24장에서 살펴본 예배의 정의는, 모든 시대에 영과 진리로 드려야 하는 크리스천 예배에 대해 생각해볼 만한 핵심적인 주제들을 줄 수 있을 것이다.(*)

23

역대기 기자의 목적과 신학[1]

디 제이 에이 클라인즈
(D. J. A. Clines)

1.

역대기 기자의 저서(역대기서 상하; 에스라 - 느헤미야서)의 목적은 그 자신이 속한 공동체[2] 의 합법성, 곧 주전 4세기의 유다 나라가 진정한 신정국가였던 이스라엘의 유일한 계승자라는 사실을 역설하려는 것이다. 역대기 기자에게 분명한 것은, 역대기상 1~9장의 계보에서 이미 구원역사 전체가 다윗 왕국의 선택을 향하여 움직여가고 있었다는 사실이다. 그래서 유다는 야곱의 아들들 중에서 첫 자리를 차지한다(대상 2:3; 참조. 5:1 이하). 또한 에브라임과 므낫세에게는 거의 관심을 두지 않는다. 그리고 본격적인 이야기는 족장들이나 출애굽, 시내 산이나 가나안 정복이 아니라, 예루살렘에 다윗 왕조가 수립되고 다윗이 이스라엘 사회 전체의 구조를 조직하고 예배하는 것에서 시작된다.

하나님께서는 자신의 약속들(대상 17:1~14; 참조. 26절 이하)을, 이스라엘의 적법적인 통치자들이 속해 있는 다윗 왕조에게 주셨다. 그러기에 이스라엘의 적법한 대표는 필연적으로 다윗의 집에 신실하였던 지파들이다. 어쨌든 우리는 역대기

---

[1] D. N. Freedman, "The Chronicler's Purposes," *CBQ* 23 (1961): 436-42; D. F. Payne, "The Purpose and Methods of the Chronicler," *FT* 93 (1963): 64-73; R. North, "Theology of the Chronicler," *JBL* 82 (1963): 369-81; 그리고 아래의 각주에 열거한 논문들을 보라.

[2] W. Rudolph (*Chronikbücher* [1955], p. ix)와 다른 많은 이들이 생각하는 바와 같이 그것이 사마리아 공동체와 대조가 되는 유다 공동체였을까? 그것이 가능할지도 모른다. 그러나 그것은 우리가 역대기 기자의 시대를 주전 4세기 후반으로 잡을 때에만 그러하다. 왜냐하면 풀비스(J. D. Purvis)가 말하기를 우리는 유다와 사마리아가 분열한 것을 헬라시대(332 B.C. 이후)의 전반기가 이르기 전에는 거론할 수 없다고 말했기 때문이다(*The Samaritan Pentateuch and the Origin of the Samaritan Sect*, 1968).

기자보다 더 냉정하게 왕국의 '분열'을 말할 수 있으나 그에게 분열은, 자신의 시대까지 계속된 반역이었다(대하 10:19). 북쪽 이스라엘은 스스로를 신정국가라는 공동체 밖으로 밀어내었고, 따라서 북쪽 지파들 가운데에서 유다와 운명을 같이한 개인들(대하 11:13 이하; 30:10)만 참 이스라엘의 복들을 공유할 수 있게 되었다.

에스라, 느헤미야서에서 역대기 기자는 다음과 같이 포로 이전의 유다 나라와 포로에서 돌아온 공동체간의 연속성을 강조하려고 애쓴다. 희생 제물을 드리는 자신들의 제단은 전통적으로 동일한 장소에 위치해 있다(스 3:3). 자신들의 성전도 새로운 성전이 아니라 그저 솔로몬의 성전이 세워졌던 그 자리에 재건된 성전일 뿐이다(스 5:2,11,15; 6:7). 자신들의 성직자들은 옛날에 다윗이 세운 규정에 따라 조직되었다(느 12:24,45). 자신들의 제사들과 절기들은 모세의 규례를 따랐다(스 3:3; 느 8:14). 더욱이 자신들은 유다 지파, 베냐민 지파, 혹은 레위 가문의 후손들이라는 사실은 공동체의 대부분의 구성원들이 증거해줄 수 있다(느 7:11; 그러나 7:61 이하를 참조하라). 그리고 이스라엘 조상들의 계열에 속하지 않은 것이 분명한 사람들은 그 공동체에서 제외되었다(스 10장; 느 13:1~3). 포로로 끌려가지 않고 본토에 남아 있었던 사람들의 경우에는, 오직 "무릇 그 땅의 이방 사람의 더러운 것들로부터 스스로를 구별한 자들"만 자신들의 종교적 공동체에 정회원으로 받아들였다(스 6:21). 이처럼 여기 유다 공동체에는 오직 진정한 이스라엘 사람(스 2:70; 3:1; 4:3; 6:16,21; 7:10; 9:1; 10:1,2,5,10; 느 2:10; 9:1 이하; 12:47; 13:3), 하나님의 율법에 순종하기로 헌신한 사람(느 10:29)만 속하도록 하였다.

> 이에 제사장들과 레위 사람들과 백성 몇과 노래하는 자들과 문지기들과 느디님 사람들이 그 본성들에 거하고 이스라엘 무리도 그 본성들에 거하였느니라 (스 2:70).

그렇다면 역대기 기자는, 유대인의 사기를 북돋아주며, 정치적으로 경제적으로 극히 의미심장한 시기에 예루살렘과 유다에 있는 유대인들을 칭송하기 위해[3] 저술한 민족주의자에 불과한가? 다음의 두 가지 이유를 볼 때, 그렇지 않다. 첫째로,

---

[3] F. H. Pfeiffer, *IDB*, i, p. 576.

그가 자신의 기록에서 반역한 지파들을 모두 다 빼버리지는 않았다. 그래서 여전히 그는 이스라엘 열두 지파를 언급한다.("이스라엘 전체를 위하여" 스 6:17; 8:35). 둘째로, 그는 당시의 공동체가 포로 이전의 신정국가를 계승한다고 해서 하나님의 율법을 지속적으로 신실하게 지키는 일에서 면제되는 것이라고 전혀 생각하지 않았다. 왜냐하면 그의 공동체가 이스라엘에 대한 약속뿐만 아니라 이스라엘의 죄책도 이어받았고(스 9:6 이하,13; 느 9:16 이하,26~30,33), 오직 하나님의 은혜에 의해서 지금 그들이 있는 자리에 서있게 되었기 때문이다(스 1:1; 3:11; 5:5; 6:22; 7:6,9,27 이하; 8:18,22,31; 9:8 이하,13; 느 2:8,20; 4:9,15,20; 6:16; 7:5,9; 12:43). 따라서 역대기 기자의 저서는, 민족주의자의 입장에서 저술한 것이 아니라, 오히려 회복시키시겠다는 하나님의 약속의 성취를 체험하였으나 페르시아의 통치를 받고 있기에 여전히 "곤란이 심한 가운데에"(느 9:37) 있는, 에스라의 공동체가 자기 인식을 위한 시도로서 저술한 것이라고 보아야만 할 것이다.

[6]말하기를 나의 하나님이여, 내가 부끄러워 낯이 뜨뜻하여 감히 나의 하나님을 향하여 얼굴을 들지 못하오니 이는 우리 죄악이 많아 정수리에 넘치고 우리 허물이 커서 하늘에 미침이니이다. [7]우리의 조상들의 때로부터 오늘까지 우리 죄가 심하매 우리의 죄악으로 말미암아 우리와 우리 왕들과 우리 제사장들을 여러 나라 왕들의 손에 넘기사 칼에 죽으며 사로잡히며 노략을 당하며 얼굴을 부끄럽게 하심이 오늘날과 같으니이다. [8]이제 우리 하나님 여호와께서 우리에게 잠시 동안 은혜를 베푸사 얼마를 남겨 두어 피하게 하신 우리를 그 거룩한 처소에 박힌 못과 같게 하시고 우리 하나님이 우리 눈을 밝히사 우리가 종노릇 하는 중에서 조금 소생하게 하셨나이다(스 9:6~8).

2.

역대기 기자가 다윗과 그의 왕조에게 그렇게 큰 역할을 맡기었으므로, 어떤 이들은 틀림없이 그의 저서의 중심 주제는 '다윗의 집'이라고 생각했다.[4] 오로지 다윗과 그의 아들 솔로몬에게만 역대기상 11장~역대기하 9장을 할애했는데, 이것은 무려

---

4 역시 A.-M. Brunet, "La théologie du Chroniste: theocratie et messianisme", *SP* I (1959): 384-97. 참조. R. North, *JBL* 82 (1963): 376: "다윗과 그의 왕조가 역대기 기자의 신학 전체의 핵심을 이루고 있다."

역대기서 전체의 삼분의 일에 해당한다. 역사 부분도(열왕기서와는 달리) 다윗 계열이 독점하고 있다. 다윗 왕통의 영구적 계승을 약속한 나단 선지자의 계시(대상 17장)도 전적으로 무조건적이다. 다윗이란 인물을 이상화시켰고 따라서 그의 잘못된 행위들과 그의 궁전 추문들은 언급하지 않고 지나갔다. 그리고 예배의식에 대한 다윗의 헌신을 기준으로 삼아서 그의 후계자들을 평가한다(예를 들면, 대상 28:1; 29:2). 다윗의 집에 대한 선택을 말하느라고 이스라엘의 선택에 대한 언급을 거의 완전히 제외시켰다. 게다가 성전 예배의 제도들도 모세라기보다는 다윗에게서 비롯된 것으로 제시한다(대상 16:4 이하, 23∼26; 스 3:10; 느 12:45 이하).

하지만 역대기 기자가 에스라와 느헤미야의 공동체에서는 다윗 계열을 부각시키지 않았고, 포로 이후시기에 다윗 계열의 대표적 인물 중 하나인 스룹바벨에 대해서도 특이하게 냉담하였다는 점은 주목할 만한 사실이다. 그에게 있어서 스룹바벨은 단순히 "스알디엘의 아들"(스 3:2)일 뿐이지 다윗의 "가지"는 아니다. 그래서 스룹바벨은 다윗 계통의 통치자로서 사역하는 것으로는 전혀 제시되지 않고 다만 다른 이들과 관련해서 언급될 뿐이다(스 5:2). 더욱이 성전을 완성시킨 그의 업적마저도 인정받지 못한다(스 6:14; 참조 슥 4:9). 오히려 제사장 겸 서기관인 에스라와 페르시아 제국의 관료인 느헤미야가 다윗 계열의 왕 자리를 이어받은 것처럼 보인다.

그렇다면 역대기상 17장의 하나님의 약속에 어떤 변화가 생겼는가? 이 점에 대해서 몇 가지 가능한 답이 있다. 한 극단적인 견해는 다음과 같이 주장한다.[5] 역대기 기자의 의도는, 신정국가의 이상(理想)이 이스라엘에서 실현되기가 불가능하였다는 것과, 다윗 왕조도 신정국가의 제도임에도 불구하고 실패하고 말았다는 것과, 하나님의 뜻에 순종하는 공동체를 회복하려는 에스라와 느헤미야의 노력들도 마찬가지로 성공하지 못했다는 것을 보여주려는 것이다. 이처럼 역대기 기자가 과거와 현재에 대해 이러한 판단을 내릴 수 있게 된 것은 오직 그 이상이 미래에서만 성취될 수 있다고 믿었기 때문이다. 따라서 그의 궁극적 의도는 자신의 독자들로 하여금 미래에 오실 다윗의 아들에게로 향하도록 하는 데에 있었다는 것이다.

---

[5] A. Noordtzij, "Les intentions du Chroniste," *RB* 21 (1940): 161-68.

하지만 거의 아무도, 역대기 기자가 자기 백성의 역사에 대해 그처럼 부정적 견해를 취했다고 보는 견해에 동의하지는 않을 것이다. 오히려 그가 자기 저서의 결론에서 회복된 공동체를 목가적(牧歌的)으로 묘사한 것(느 12:44～13:3)[6] 은, 우리가 보기에 거의 의심할 여지없이, 그가 자신의 공동체를 하나님의 율법에 신실하게 순종하는 공동체로 믿었기 때문이다.

그러나 우리가 위의 견해 즉 역대기 기자는 그의 공동체가 진정한 신정국가가 되는 데 실패했음을 묘사한다는 견해를 거부할지라도, 역대기 기자가 다윗의 어떤 후손이 언젠가는 그 왕조를 재확립할 것이라고 굳게 확신했다고 보아야만 다윗에게 주어진 역할을 이해할 수 있다고 주장한 점에 대해서는 동의할 수 있지 않겠는가?[7] 과연 우리는 에스라 9:8 이하와 느헤미야 9:36 이하에 나온 다음과 같은 레위인의 기도에서 그 당시의 현 상태에 대한 불만족스러움을 감지할 수 있다. 그 레위인은 "우리가 오늘 종이 되었삽는데…… 우리의 곤란이 심하오며……"(아마도 이 구절들은 역대기 기자 자신의 글이 아니겠지만)라고 애처롭게 기도를 끝낸다. 그러나 동의한다면, 우리는 그 왕조(王朝)의 회복을 바라는 진정한 소망들을 다 놓치게 되며, 또한 그 당시에 신중히 고려해야 할 이유들 때문에 그런 소망에 대한 기대마저 억눌렸었다고는 상상하기조차 어렵다. 물론 페르시아 제국의 징세(徵稅)와 외국의 통치로부터의 자유는 열렬히 갈망하였겠지만, 참된 목자(겔 34:23), 이스라엘의 통치자(미 5:1), 의로운 가지(렘 23:5)에 대한 바람은 전혀 나타나지 않게 된다.

그러면 이제 또 다른 극단적인 견해를 살펴보자. 이 견해는, 역대기 기자의 공동체가 신정왕국의 이상을 매우 완벽하게 이루었기 때문에 그는 아무런 종말론적 기대를 갖고 있지 않았다는 것이다.[8] 그렇다면 우리는 다음과 같이 말할 수 있을 뿐이다.

---

6 느헤미야 13장의 나머지는 느헤미야의 기록이지 역대기 기자의 것은 아니다(주석을 보라).

7 역시 A. -M. Brunet, ibid., p. 394. 참조. G. von Rad, *Old Testament Theology*, vol. I (1962), p. 351: "왕들이 없었던 역대기 기자의 비참한 시대에는 그 자신이 메시아적 전통의 수호자였다…… 우리는, 그가 위대한 본래의 다윗으로부터 나오리라고 기다리며 묘사한 그분의 그림을 확실히 볼 수 있다." 역시 W. F. Stinespring, "Eschatology in Chronicles," *JBL* 80 (1961): 209-19.

"만일 역대기 기자가 미래에 대한 소망들을 향유하고 있었다면 그런데도 그가 그 소망들에 대해 침묵했다는 것은 주목할 만하다. 그리고 다윗과 그 왕조는 과거에 속한 것이므로, 하나님의 은총을 경험할 수 있는 준거(準據)는 이제 왕의 개인적 헌신이라기보다는 백성 전체의 순종이다." 그렇다면 역대기 기자에게는, 신정국가를 떠받치고 있는 두 번째 기둥인 성전이 계속 서 있는 한, 다윗 왕조는 없어도 괜찮다는 말인가?9 그렇다면 하나님의 약속들은 어찌되었는가?

첫째로 우리는, 때로는 조건 없이 주어졌고(대상 17:11~14; 20:10; 대하 13:5; 21:7), 또 다른 때에는 조건이 붙은(대상 28:7; 대하 6:16; 참조. 대상 22:12 이하), 다윗 계열에게 주신 언약들을 살펴보아야만 한다. 역대기하의 끝 부분을 보면, 유다의 왕들은 그 조건들을 이행하는 데에 실패하였고 그래서 자신들의 통치권을 잃어버렸다는 사실이 분명하게 드러난다. 그런데도 둘째로, 역대기 기자가 그 약속들이 파기(破棄)되었다고 분명하게 인정하지 않은 점은 주목할 만하다. 그러기에 다윗 왕조는 쾅하는 폭발이 아니라 훌쩍이는 흐느낌으로 끝이 난다. 마지막 왕 시드기야의 운명에 대해서는 전혀 언급이 없다. 그리고 역대기 기자는 포로로 잡혀감을 서술할 때에 이르러서는 자신의 관심을 왕에게서 백성 전체에게로 옮긴다 (대하 36:14~21). 그 이유는 아마도 역대기 기자가 그 당시에 하나님의 약속들의 실패와 성취를, 다음과 같이, 둘 다 동시에 보고 있기 때문일 것이다. 다윗의 왕좌에 더 이상 왕이 없다. 그리고 그것은 다윗의 집이 여호와께 신실하지 못했기 때문에 그럴 수밖에 없는 것이다. 하지만 왕조의 설립에 관한 약속들- 성전 건축, 예배 유지, 나라 보존 - 은 모두 성취되었다. 이처럼 하나님의 약속들의 성취가 전혀 없었던 것은 아니다. 그리고 역대기 기자의 공동체가 다윗에게 주어진 약속들의 계승자가 되었다. 비록 역대기 기자 자신은 미래에 대해 거의 생각하고 있지 않지만, 그렇다고 해서 이 약속들이 미래에는 좀 더 만족스럽게 성취될 것이라는 사실을 제외시키지는 않는다. 그러나 이렇게 현재에 몰두한다는 것은 "하나님의 나라를

---

8 역시 W. Rudolph, *Chronikbücher* (1955), p. xxxiii. 참조. A. Caquot, "Peut-on parler de messianisme dans l'oeuvre du Chroniste?," *RTP* 99 (1960): 110-20.

9 Rudolph, ibid.

그 당시에 존재한 포로 이후의 이스라엘과 직접적으로 동일시하는 것이며……
이것은, 대선지자들 이전 시기에 이스라엘이 갖고 있던 개념 즉 여호와께서 왕이시
므로 이스라엘은 결코 공격을 당하지 않으며 열방들 위에 군림할 것이라는 개념에
가까운 위험스러운 것이다"[10] 라는 사실에 우리는 주목해야 할 것이다.

3.

역대기 기자의 관점에서는 그 왕조의 주된 기능 중 하나는 '성전 예배'를 확립하고
유지하는 것이었다. 이 점은 역대기 기자가 다윗과 솔로몬의 예배 활동들에 대해
할애한 지면(紙面)에서 분명히 드러난다(대상 23~26장; 대하 2~7장). 마찬가지
로 역대기 기자는 포로 이후의 공동체에서도 백성들이 제사 의식의 규례들을
열성적으로 고수한 점을 강조하고(스 3:2~6,10 이하; 6:16~22; 8:35; 느 12:27~
30,44~47), 성전 재건에 관한 이야기에서(스 5~6장), 공적인 예배(스 9장; 느
8~9장)와, 제사 의식법의 세칙들을 준수하겠다고 한 공동체의 서약에서(느 10장)
같은 성격의 자료들을 찾아낸다. 그에게 있어서 하나님의 뜻에 대한 순종이란
무엇보다도 우선적으로 예배 의식과 전례(典禮)를 정확히 지키고 헌물들을 올바로
드리는 것이다. 의심의 여지없이, 이것은 그 자신이 성직자 반열에 속해있기 때문일
것이다. 대부분의 학자들은, 그가 레위인들의 활동에 관심을 기울이고 있다는
사실[11] 에서 그가 레위 계열일 것이라는 암시를 받는다. 그러나 그가 성직자의
책임만을 생각하는 것은 아니다. 그에게 있어서, 신정국가의 공동체는 예부터
내려온 전통들을 따라서 "하나님에 대한 예배"를 규칙적으로 행하는 곳이다. 그러
면 이런 전통들을 예언에 버금가는 것으로 여겨야만 하는가? 역대기 기자는 단지
제사 의식만을 위한 제사 의식을 책망한 선지자들의 비난을 전혀 읽어본 적이
없었을까(예를 들면, 암 5:21~24; 사 1:12~17)? 과연 그의 신학은 위험한 신학이
다. 왜냐하면 공식적인 종교에서 단지 형식적인 종교로 바뀌는 것은 너무나도
쉽기 때문이다. 하지만 이와 동시에 말해야 할 사실은, 진정한 종교는 단지 내적

---

10 T. C. Vriezen, *An Outline of Old Testament Theology* (1958), p. 350.
11 역대기 기자의 저서에는 레위인들에 대한 언급이 나머지 구약 책들보다 더 많다.

성향이나 사회 활동에 달려있다고 생각할 때마다 예언적 전통도 마찬가지로 일방적이라는 점이다. "외적 형식의 문제점은 종교의 내적 관심사에 무관심이 아니라, 하나님의 임재(臨在)를 효과적으로 중개하는 데 있다."12 그렇게 되면 성전의 비품들, 제사용 동물들, 레위 지파의 찬양대들은 단지 외형적인 표현에 불과한 것이 아니라, "몸"으로 스스로를 나타내는 실체를 추구하는 신앙의 실례(實例)인 것이다. 하지만 이러한 종교의 형식주의에 역대기 기자가 굴복하지 않았다는 확실한 표시가 있는데, 그것은 그가 하나님의 뜻을 행하는 기쁨을 강조한다는 사실이다(스 3:11,13; 6:16,22; 느 12:27; 참조. 느 8:10,17; 12:43). 이러한 기쁨이 곧 하나님의 율법에 대한 순종을 율법주의와 구별하는 기준이다.

> [11]찬양으로 화답하며 여호와께 감사하여 이르되, 주는 지극히 선하시므로 그의 인자하심이 이스라엘에게 영원하시도다 하니, 모든 백성이 여호와의 성전 기초가 놓임을 보고 여호와를 찬송하며 큰 소리로 즐거이 부르며…… [13]백성의 크게 외치는 소리가 멀리 들리므로 즐거이 부르는 소리와 통곡하는 소리를 백성들이 분간하지 못하였더라(스 3:11,13).

> 느헤미야가 또 그들에게 이르기를, 너희는 가서 살진 것을 먹고 단 것을 마시되 준비하지 못한 자에게는 나누어주라. 이 날은 우리 주의 성일이니 근심하지 말라. 여호와로 인하여 기뻐하는 것이 너희의 힘이니라 하고(느 8:10).

> 이 날에 무리가 큰 제사를 드리고 심히 즐거워하였으니 이는 하나님이 크게 즐거워하게 하셨음이라. 부녀와 어린 아이도 즐거워하였으므로 예루살렘이 즐거워하는 소리가 멀리 들렸느니라(느 12:43).

4.

그러나 공동체의 존재와 성전 의식(儀式)의 유지는 저절로 끝나버리는가? 이것들은 역대기 기자가 중요하게 여기는 것이지만, 근본적 사실 곧 그가 몰두하고 있는 제도들이 하나님의 은혜로운 사역으로 인하여 존재하는 것만큼 하나님을 위해 존재한다는 사실을 흐리게 할 만큼 중요하게 여기지는 않는다. 결국 성전이란 결국 "여호와의 집"(스 1:3,5,7; 3:8 등)이기 때문이다. 희생 제물을 드리는 장소도

---

12 W. Eichrodt, *Theology of the Old Testament*, vol. I (1961), p. 404.

"이스라엘의 하나님의 제단"이다(스 3:2). 축제의 절기들은 "여호와의 절기"이다 (스 3:5). 희생 제물과 찬양을 드림은 "여호와께" 드리는 것이다(3:3 이하,11; 느 12:45 이하). 마찬가지로 성직자의 반열(班列)도 "하나님을 섬기기 위해" 존재한다 (스 6:18; 참조. 느 12:45). 그리고 공동체 전체는, 성직자와 신도가 똑같이, 하나님을 예배하는 일에 전념한다(스 3:11; 4:3; 6:16,21; 8:35; 느 12:47; 참조. 10:32~39) 그리고 "우리가 우리 하나님의 전을 소홀히 하지 아니하리라"(느 10:39)고 백성 전체가 서약하였기 때문이다.

하지만 역대기 기자에게, 하나님께서는 예루살렘에 있는 자신의 성전에 매어계신 분이 아니다. "예루살렘의 하나님"(스 7:19)과 "예루살렘에 있는 그 하나님(원 문)"(1:3)이라고 말한 자는 페르시아 왕이다. 역대기 기자에게 여호와는 특징적으로 "이스라엘의 하나님"(스 3:2; 4:1,3; 5:1; 6:14,21,22; 7:6; 8:35)[13] 이시다. 즉 다윗 왕국의 계승자인 그 공동체의 하나님이시다. 포로 이후의 유다 사람들은 옛 용어인 "천지의 하나님"(스 5:11)을 사용했다. 그리고 느헤미야는 "하늘의 하나님"(느 1:4 이하; 2:4,20; 참조. 스 5:12)이라고 말하는데, 이 용어를 이 책(에스라서-느헤미 야서)의 페르시아 칙령들에서 사용하였다. 그러나 역대기 기자는, 하나님과 이스라 엘의 특별한 관계에 관심을 가졌고, 하나님의 전(全)우주적인 다스림에 대해서는 비교적 관심이 적었다. 그래서 여호와께서 "페르시아 왕의 마음을 감동"(스 1:1)시 킬 수 있으시지만, 역대기 기자는 제국의 칙령이 결과적으로 유다 사람들에게 미칠 영향 때문에 단지 칙령만을 말하였다.

역대기 기자의 신관은 분명히, 예를 들자면, 이사야서의 후반부(40-55장)에 나타난 신관의 너비와 깊이에 미치지는 못한다. 하지만 그는 하나님과 이스라엘의 관계에 대해 집중하였다. 이러한 집중은 필연적으로 구원역사 속에서 하나님께서 인간과 만나신 사실에 집중한 것이기에, 현실과 동떨어져서 순전히 초월적이기만 한 신관

---

13 에스라-느헤미야서의 다른 곳에서는 그 용어가 페르시아 조서들에서 다만 두 번 나타나고(스 1:3; 8:15), 에스라의 회고록들에 두 번(스 9:4,15) 나타난다. 에스라의 특징적 표현은 "우리 하나님"(스 8:17,18,21,22,23,25,30,31,33; 9:8,9,10,13; 10:2,3,4)이고 느헤미야의 표현은 "나의 하나님"(느 2:8,12,18; 5:19; 6:14; 7:5; 13:14,22,29,31)이다.

으로 발전하지 못하도록 막아준다. 이처럼 역대기 기자의 특징적인 강조점의 하나
는 하나님과 인간의 동역관계이다. 그러나 이런 관계는 "인간이 제안하고(propose),
하나님은 처리하신다(dispose)"고 하는 소극적인 입장이거나 "하나님은 스스로를
돕는 자를 도우신다"는 인간 중심적 태도, 둘 다 아니다. 이러한 동역관계 속에서는,
하나님께서 동역자인 인간을 주도하시고, 고취하시고, 격려하신다. 그렇다고 해서
그분의 주도권 때문에 함께 일하는 인간의 자유결정권이 억눌리지는 않는다. 역대
기 기자의 이러한 관점이 가장 두드러지게 나타난 예는 아마도 그가 성전 완공에
대해 말한 언급(스 6:14)일 것이다. 이 언급에서 하나님의 주도와 인간의 결정이
꾸밈없이 합쳐졌다(참조. 역시 스 1:5; 5:1 이하; 6:22; 7:6,27). 그리고 느헤미야의
회고록들에서도 그러하다(느 2:1~8,18,20; 4:9,20; 6:16).

> 유다 사람의 장로들이 선지자 학개와 잇도의 손자 스가랴의 권면을 따랐으므로 성전 건축하
> 는 일이 형통한지라. 이스라엘 하나님의 명령과 바사 왕 고레스와 다리오와 아닥사스다의
> 조서를 따라 성전을 건축하며 일을 끝내되(스 6:14).

에스라와 느헤미야는, 아마도 단순히 그들의 "회고록들"이 주는 친밀함 때문에,
역대기 기자보다 경건함이 더 깊은 인물들이라는 인상을 우리에게 준다. 그러나
이들의 신학적 입장은 동일하다. 에스라와 느헤미야가 그들 자신의 공동체를 위한
하나님의 목적들에 몰두하다보니, 미래에 대한 전망은 다소 부족하지만, 오히려
그렇기에 이들은 내세 문제에 대한 부담을 덜 수 있었다. 그러나 외적 형식, 벽돌과
진흙, 의식의 준수에 대한 그들의 관심 때문에 텅 빈 형식주의로 쉽게 전락할
수 있었다. 그러나 사실 그것들은 진정한 종교의 외형을 의미 있게 표현한 것이었다.
그리고 그들이 공동체 전체와 구성원 각자가 모두 하나님의 율법에 순종해야
한다고 강조한 것은, 개인주의적인 율법주의로 전락할 수 있는 위험이 항상 도사리
고 있긴 하지만, 그들을 그들의 본토로 회복시켜 주신 하나님의 긍휼하심에 대해
꼭 필요하고 풍성한 반응이었다.(*)

잠언서와 구약신학

부르스 케이 월키
(Bruce K. Waltke)

게제(Gese)는 말하기를 "지혜서가 구약성경의 판도에서 동떨어진 자리를 차지하고 있음은 잘 알려져 있다"[1] 라고 했다. 이것은 다음의 두 가지 외적 관찰에 근거하였기에 널리 용인되고 있는 듯하다. 하나는, 잠언서와 고대의 범 동양적 지혜문헌 사이에 괄목할만한 유사점[2] 이고, 다른 하나는 이스라엘의 지혜서 안에 민족으로서의 이스라엘의 선택과 언약에 관한 언급이 결여되었다는 점이다.

전에 발표한 글에서 필자는 이스라엘 주변 여러 나라의 지혜문헌과 잠언서와의 유사점들을 그 문학형태, 배열 및 내용 면에서 살펴본 바 있다.[3] 이러한 유사 어구들 때문에 프로이스(Preuss)는 이스라엘의 현자(賢者)들은 그들 주위의 이방 지혜문학의 경향에 따라 이스라엘의 지혜문학 풍토를 조성하려고 시도했다는 주장을 하기까지 하였다.[4]

이스라엘의 지혜서와 인근의 이방 지혜문학 사이에 상당한 유사성이 있음을 나타내는 데에 학적으로 성공을 거둔 것과는 달리, 구약신학자들은 잠언서를 이스라엘의 언약들 그리고 구원역사에 근거해서 형성된 구약성경의 다른 책들과 융화시킬 수 없음을 입증했다고 한다. 성경신학을 강조하는 운동의 전성기에 라이트(Wright)는 논평하기를 "어떠한 성경 신학적 윤곽에서도 지혜문서를 취급할 여지를 찾아 다룬다는 것은 힘든 일이다"[5] 라고 했다. 이 문제점을 라일라스담

---

[1] H. Gese, *Lehre und Wirklichkeit in der alten Weisheit* (Tübingen: Mohr[Siebeck], 1958), p. 2. J. L. Crenshaw, "Prolegomenon," *Studies in Ancient Israelite Wisdom* (NY: KTAV, 1976), p. 2에 인용됨.

[2] B. K. Waltke, "The Book of Proverbs and Ancient Wisdom Literature," *BS* 139 (July-September, 1979), pp. 226-38을 보라.

[3] Ibid.

[4] H. D. Preuss, "Erwägungen zum theologischen Ort alttestamentlicher Weisheitsliteratur," *ET* 30 (1970), pp. 393-417. J. L. Crenshaw, ibid., p. 2에 인용됨.

(Rylaarsdam)은 이렇게 표현한다. "성경의 지혜서 저자들이 유다 역사와 종교를 거의 다루지 않은 사실은 히브리 지혜문학 운동이 아직 범국가적 운동으로 파급되지 않았음을 시사하는 것이다."6 아이히로트(Eichrodt)가 지혜를 "언약" 과 융화시키며, 또 폰 라드(von Rad)가 구원역사와 융화시키려는 시도들은 결국 실패로 돌아가고 말았다.7 최근에 카이저(Kaiser)가 "하나님 (혹은 여호와) 경외" 라는 공통개념을 갖고 지혜서를 구약의 다른 책들과 연결 지으려 하던 시도 역시 실패하고 말았다. 왜냐하면 그는 이스라엘의 유기적 언약역사의 관점에서 이해한 "약속"에 지혜서의 주제를 연관시켰기 때문이다.8 지혜서 저자들은 메시아 시대에 그 절정을 이룰 이스라엘 언약들이나 민족적 약속들에 대해 전혀 언급하고 있지 않다.

더구나 다른 이들에 의하여, 구약의 지혜서에는 "인본주의"라고 집약할 수 있는 어떤 흐름이 있는데, 그것은 곧 적절한 교육과 정신적 훈련을 통해 인간이 자신의 목적을 성취할 수 있는 능력이라고 한다.9 소위 "솔로몬의 계몽" 시대에 속한다는 이른바 인본주의적 흐름은, 선지서에 나타난 사상들 즉, 민족적 배타주의에 반대하는 보편주의뿐만 아니라 그 근본정신이나 본질과도 다르다는 것이다. 이러한 견해를 받아들이는 맥케인(McKane)은 말하기를, 그것은 "현세적이며 윤리적인 가치관과는 아무런 연관이 없다"10 라고 했다. 이 견해를 피히트너(Fichtner)는 다음과 같이 진술했다.

> 이스라엘의 역사에서 예언과 지혜('호크마')처럼 완전히 상반되는 현상은 거의 없다. 두 체계는 전적으로 대립되어 있다. 선포자요 경고자인 선지자는 하나님께 붙잡힌바 되어 명령에 전적으로 순종하여 개인의 문제는 제쳐놓고 하나님으로부터 받은 고귀하면서도

---

5 G. E. Wright, *God Who Acts* (London: SCM, 1952), p. 115.

6 J. C. Rylaarsdam, *Revelation in Jewish Wisdom Literature* (Chicago: University of Chicago, 1946), p. 20.

7 J. L. Crenshaw, ibid., p. 1 참조. 그리고 이러한 시도에 대한 여러 학자들의 비판은 그의 논문의 여러 각주에서 참조하라.

8 W. Kaiser, Jr., *Toward an Old Testament Theology* (Grand Rapids: Zondervan, 1978), pp. 168-71.

9 예를 들면, H. Gressmann, "Die neugefundene Lehre des Amenemope und die vorexilishe Spruchdichtung Israels," *ZAT* 41 (1924): 289-91.

10 W. McKane, *Prophets and Wise Men* (London: SCM, 1965), p. 1.

위험한 사명을 백성에게 수행한다. 그러나 약삭빠르고 신중하여 세상사에 슬기로운 현자는 조심스럽게 좌우를 살피며 평탄한 길을 걸으면서 자신의 문하생들을 자신과 동일한 지혜로운 방식으로 삶을 정복할 수 있도록 가르친다. 이러한 크나 큰 차이점은 누구든지 아모스서와 잠언 10장 또는 27장에서 몇 절만 읽어도 쉽게 알 수 있을 것이다![11]

만일 이와 같이 도덕적 중립의 입장을 취하는 현자들이 잠언서를 기록했다고 가정한다면, 자신들을 여호와와 무관하게 여기며 "스스로 지혜롭다 하며 스스로 명철하다"고 하는 자들을 선지자가 공격한 대상에 포함시키는 것이 당연하다(사 5:19~24 참조). 수많은 자유주의 비평자들에 의하면, 선지자들은 마술을 행사하는 제사장을 대항하여 투쟁했다고 한다. 맥케인(McKane)은 여기에 선지자들이 정신력이 강하고 약삭빠른 현자에 대해서도 투쟁했다고 덧붙인다.

그러나 다른 이들은 이러한 왜곡된 묘사에 도전해왔다. 그들은 잠언서 안에서 오래된 세속적 지혜와, 이것을 보충하고 개조하여 만든 비교적 얼마 안 된, 소위 이스라엘인들의 독특한 지혜의 흐름 사이에 어떤 구별이 있을 수 없음을 알았다. 따라서 잠언서는 구약성경의 다른 부분들의 개념들과 정신에 맞지 않는 이질적인 책이 결코 **아니다**. 프리스트(Priest)는 주장하기를, 선지자 시대와 지혜 시대는 동시적으로 발생되었기에 "어떤 공통된 종교적 전통이 초기 이스라엘 안에 존재했으며 이 전통으로부터 선지자들과 제사장들과 현자들이 다른 그룹이 선택한 강조점들을 배척하지 않으면서 자신들의 특정한 강조점들을 선택했다"[12] 라고 하였다. 이 견해에 따르면 선지자와 현자는 각기 한 면만으로는 결코 표현될 수 없는 이스라엘 신앙의 총체를 함께 표현한 것이다. 그러나 프리스트는 그들이 공통으로 받은 영감을 입증하려고 시도하지 않았으므로 그것이 입증될 때까지는 그의 이론은 설득력이 부족하다. 와인휄드(Weinfeld)는 지혜(잠언서)와 신명기 간의 연관성이 명백하게 특정한 법규들과 심지어 동일한 어휘선택에 나타나 있음을 보여주었다 (신 4:2; 13:1과 잠 30:5~6; 신 19:14와 잠 22:10; 신 25:13~16과 잠 20:23 참조).[13]

---

[11] J. Fichtner, "Isaiah among the Wise," *Studies in Ancient Israelite Wisdom*, p. 429. 최근에는 D. K. Clark가 선지자와 현자를 대립시키는 학자들 편에 가담한다("Between Prophet and Philosopher," *NB* 58 [1977], pp. 267-72).

[12] J. F. Priest, "Where is Wisdom to Be Placed?" *Studies in Ancient Israelite Wisdom*, p. 281.

그러나 그는 잠언에 우위성을 두고, 신명기 기자들(the Deuteronomists)은 현자의 서클들 속에서 수학했다고 주장했다. 더욱이 그는 이스라엘 밖의 지혜문헌들 속에서도 그 일부를 찾아 볼 수 있는 특정한 축자적이고 윤리적인 병행구들에만 관심을 제한시켰다. 그러나 이러한 제한성에도 불구하고 그의 주장은 비평학설이 정반대 쪽으로 전향하는 첫걸음이 된다.

본 논문의 취지는 현자들과 선지자들이 참된 영적 동역자, 동일하신 주님, 제의(祭儀), 신앙, 소망, 인간론과 인식론을 지니고 있으며, 동일한 권위로 말하며 그들의 청중들에게 동일한 종교적, 윤리적 요구를 하고 있다는 점을 입증하는 데 있다. 예컨대 그들은 동일한 영적 우물에서 물을 마셨던 것이다. 노트(Noth)[14] 와 폰 라드[15] 는 신명기와 소위 "전선지서들"간의 밀접한 연관성을 보여주었고, 베스터만(Westermann)[16] 은 "고전적 선지서들에서 발견되는 고소, 위협, 선고, 약속들이 신명기의 유사한 문학형태들과 상응한다는 점을 입증했다. 따라서 필자는 이 글에서 예언적이라는 용어를 더 광범위하게 사용하여, 전통적으로 선지자들에게 속한다는 책들뿐만 아니라, 신명기에도 적용하고자 한다.

동일하신 주님

맨리(Manley)[17] 에 의하면, 신명기에서 하나님의 고유한 이름인 '여호와'는 단독으로 또는 다른 여러 가지 복합적 표현들과 함께 593회 나타나며, 일반적 칭호인 '엘로힘'은 24회 나타난다. 한편 잠언서에는 '여호와'가 단독으로 46회, 다른 표현들

---

13 M. Weinfeld, "The Wisdom Substrata in Deuteronomy and the Deuteronomic Literature," *Deuteronomy and the Deuteronomic School* (Oxford: Clarendon, 1972), pp. 244-74.

14 M. Noth, *A History of Pentateuchal Traditions,* trans. B. W. Anderson (Englewood Cliffs, NJ: Prentice-Hall, 1972).

15 G. von Rad, *Studies in Deuteronomy* (London: SCM, 1953), pp. 74-91.

16 C. Westermann, *Basic Forms of Prophetic Speech* (Phila.: Westminster, 1967).

17 G. T. Manley, *The Book of the Law* (London: Tyndale, 1957), p. 37.

과 함께 38회로 모두 84회 나타나며, '엘로힘'이라는 칭호로는 5회 나타난다. 따라서 이스라엘의 하나님의 두 가지 공통적 칭호는 신명기와 잠언서에 거의 동등한 비율로 나타난다. 그리고 이 두 칭호들의 독특한 의미는 널리 인정되고 있다. '엘로힘'이라는 칭호는 하나님을 인간과 그 본질적인 면에 있어서 대조시키는 것이며, '여호와'라는 이름은 인간과 인격적 관계를 맺고 자신을 계시하시는 하나님을 의미하는 것이다. 더욱 특기할 만한 것은, '여호와'란 언약의 하나님으로서의 이름인데, 이 이름을 사용함으로써 현자들은 자신들이 여호와의 언약 공동체 -비록 그들이 "이스라엘"이나 "언약"을 전혀 언급하고 있지는 않으나- 안에서 가르치는 사역자들임을 나타낸다. 한 마디로 현자들은 자신들을 모세와 그를 계승한 선지자들을 통해 이스라엘을 만나시는 그 동일하신 하나님의 대변자로 제시하는 것이다.

또한 현자들은, 선지자들이 여호와께 속한다고 알려준 속성들과 활동들이 동일하게 여호와에게 속한다고 말한다. 선지자와 현자 양측에 의하면 여호와는 우주의 창조자이시며(신 10:14; 사 40:21~22; 잠 3:19~20), 모든 인류의 창조주이시다(신 4:32; 사 42:5; 잠 14:31; 29:13). 그분은 악을 보응하시는 살아계신 하나님이시다(신 32:35,40~41; 나 1:2; 잠 25:1~22). 그리고 그분은 인간을 위로하시며 인생의 길을 아시는 동일하신 영적 존재이시다(신 23:14; 렘 16:17; 잠 5:21; 15:3). 양측이 모두 그분을 역사를 주관하시는 주권적 주님으로 안다(신 4:19; 29:4,26; 사 45:1~13; 잠 16:1~9,33; 19:21; 20:24 등). 그분은 또한 역사 속에 임하셔서 비를 주시기도 하며 멈추시기도 하고(신 11:13~17; 학 1:10~11; 잠 3:9~10), 또 자기 자녀들을 연단시키며(신 8:5; 사 1:4~6; 잠 3:11~12), 그의 긍휼로써 자녀들의 기도에 응답하신다(신 4:29~31; 사 56:7; 잠 15:8,29). 양측에 의하면 그분은 자비로우시며(신 4:31; 30:8; 사 63:7; 잠 28:13), 지혜로우시며(신 4:26; 사 11:2~3; 31:2; 잠 8:22~23), 공의를 기뻐하시며 악을 미워하신다(신 10:17; 사 1:16~17; 잠 11:1; 17:15). 뿐만 아니라 그분은 심미적-윤리적 감수성을 지니셨다(신 22:4~11; 23:12~14; 렘 32:35; 잠 3:32; 6:6~19; 11:20; 15:9 등).

환언하자면, 선지자들의 책들에서 하나님을 묘사한 방법과 잠언서에서 하나님이 묘사된 방법에는 차이가 전혀 없다.

동일한 종교 체제

종종 학자들은, 이스라엘의 포로 이전 선지자들과 현자들이 똑같이 성소, 성직자, 제사, 기관들을 포함하는 이스라엘의 종교체제에 대해 비판적 입장을 취했다고 주장한다(암 5:25~27; 호 6:7; 12:9; 사 1:10~15; 렘 7:22; 그리고 잠 15:8,29; 20:25; 21:3,27; 28:9; 31:2 참조).[18] 그러나 사실은 그들이 제의 자체에 대해 비판적이었던 것은 아니다. 사실 그들은 윤리적 행위가 결여된 종교의식에 대해 비판적이었다. 참으로 선지자들은 의롭게 드리는 예배에는 매우 열렬했고(사 43:22~24; 44:28; 56:4~7; 겔 45:13; 46:24; 습 3:3,18 등), 현자들은 당연히 그러한 예배가 있어야 한다고 생각했다. 퍼듀(Perdue)는 설득력 있게 주장하기를, 잠언 15:8은 여호와께서 기도를 타당한 행위로 받아들이시지만 제사는 배척하시는 것을 말함이 아니라, 오히려 악한 자가 드리는 기도와 제사를 둘 다 정죄하신다는 사실을 말하는 것이라고 했다.[19] 그는 또 주장하기를, 잠언 21:3과 27절에서 현자들이 종교적 제사들에 대해 몹시 꾸짖은 것은 -비록 질책으로 보일 수도 있겠으나- 윤리적 행위가 종교적 의식보다 더 중요하다고 역설한 그들의 영적 동료들(제사장들과 선지자들)의 가르침을 확언한 것이라고 한다.[20] 기도와 제사 외에도, 현자들은 거룩한 맹세(20:25; 31:2), 신성한 제비뽑기 (16:33), 첫 열매(3:9)에 대해서도 언급하고 있다. 한 마디로, 현자들은 비록 제의를 주도하고 있지는 않지만 그것을 전제하고, 선지자들이나 제사장들과 함께 윤리적 행위의 우위를 강조함으로써 그것을 바로 잡으려고 시도했다. 따라서 현자들이 모세오경이나 선지서에서 언급된 체제와는 다른 어떤 종교적 체제를 갖고 있었다고 가정할 아무런 이유가 없다.

---

18 지면관계로 이 관련성에 대해 여기에서 깊이 다루지 못한다. 본 논문의 목적에 입각하여 다만 20세기로 접어든 이래로 학자들이 이들의 자료들의 언어, 형식 그리고 사상에 있어서 유사성이 있음을 인정하고 있다는 것을 말해 둔다.

19 L. G. Perdue, *Wisdom and Cult* (Missoula, MT: Scholar's, 1977), p. 156.

20 Ibid., pp. 161-62.

<h1 style="text-align:center">동일한 영감(靈感)</h1>

위에서 진술한 바와 같이 공통적 의견에 따르면, 포로 이전 선지자들의 선포가 계시의 권위에 근거한 반면에 포로 이전 현자들의 가르침은 인간의 경험과 숙고에 근거한 것이라고 한다. 이 견해를 피히트너(Fichtner)는 다음과 같이 솔직하게 진술했다.

> 선지자는 주로 자신의 사명과 함께 부여된 권위에 근거해서 말하며 자신의 청중들에게 '하나님의 말씀'을 전한 반면에, 현자는 —특히 초기에!— 어떤 명백하거나 아니라면 불분명 하게라도 하나님으로부터 권한을 부여 받은 일도 없이 전통과 자신의 통찰력에 따라 교훈과 가르침을 주었다.[21]

짐멀리(Zimmerli)도 역시, 이스라엘 지혜의 구조를 파헤쳐 보는 개척자적인 자신의 연구에서, 지혜 사상의 인간 중심적 성격을 강조했다.[22] 그에 의하면, 현자들은 어떤 단언적, 예언적 말씀(dābār) 대신에 신중한, 논쟁의 여지가 있는 책략('ēṣâ)을 제공했다. 그들은 창조자의 권위에 호소하는 대신에 무엇이 인간에게 가장 유익한 가를 자신들의 정당한 판단 기준으로 삼고 거기에 호소하였으며, 명령을 내리는 대신에 찬동(贊同)을 강요했다고 한다. 까젤(Cazelles)도 같은 견해를 제시했다.

> 지혜는 인간생활, 즉 개인생활이나 공동생활에서 성공하는 비결이다. 그것은 인본주의, 곧 사물과 인간의 행위의 과정을 숙고하고 관찰하는 데에 그 뿌리를 두고 있다.[23]

꼬뛰리에(Couturier)가 보기로는, 지혜 전통이 "정신적 유언으로서 아버지가 자기 아들에게 물려주는 생활 경험의 총체로서 시작되었다."[24] 그리고 라일라스담 (Rylaarsdam)은 "지혜를 추구하는 자들은 반드시 자신의 자연적 인간적 능력에

---

[21] J. Fichtner, ibid., p. 430.

[22] W. Zimmerli, "Concerning the Structure of Old Testament Wisdom," *Studies in Ancient Israelite Wisdom*, pp. 179-99.

[23] H. Cazelles, "Bible, sagesse, science," *RHR* 48 (1960), pp. 42-3. J. L. Crenshaw, ibid., p. 4에 인용됨.

[24] G. P. Couturier, "Sagesse babylonianne et sagesse israelite," *SE* 14 (1962), p. 309.

전적으로 의존해야만 한다"라고 주장했다.[25]

그러나 이러한 견해를 옹호하려면, 잠언서의 말씀들을 초기의 세속적이고 인본주의적 자료와 후기의 종교적 요소- 이 요소는 엄격하게 실용주의 면에서 다룬 것을 정당화하려고 후에 첨가되었다고 한다. -로 구분하거나, 크렌샤우(Crenshaw)와 같이, 그 말씀들을 지혜의 여러 범주에 따라 구분하지 않으면 안 된다. 크렌샤우가 보기에는, "세속적 입장"을 지닌 "궁중 지혜"와 "교리적-종교적" 입장을 지녔으나 다른 자료들이 첨가된 "서기관의 지혜"가 있다.

그러나 필자는 전에 발표한 글에서 지혜 전통의 역사를 논할 때에 주장하기를, 이스라엘이나 이스라엘 이외의 지혜문헌들 안에 그런 구조를 입증할만한 결정적 증거가 전혀 없다고 했다.[26] 랭킨(Rankin)도 같은 결론을 내렸다.

> 우리는, 실제적 증거가 결여되었으므로, 어느 때든지 이스라엘 안에 순전히 세속적 잠언을 담은 문학이 있었다고 가정할 이유가 전혀 없다. …… 처음부터 이스라엘의 지혜서에는, 옳은 행위를 종교적으로 인정한 사실과, 하나님의 복과 저주에 대한 생각에서 동기(動機)가 비롯된 사실이 나타나있었다.[27]

프리스트(Priest)도 이렇게 진술했다.

> 만일 (이스라엘 주위의) 여러 나라들의 지혜에서 세속적인 것에서 신적인 것으로 바뀌는 운동이 있었다면 -이러한 가정은 논쟁의 여지가 있지만- 그러한 전환은 늦어도 이스라엘의 지혜가 태동하기 이전인 기원전 15세기에 이미 일어났을 것이다.[28]

프리스트는 또 말하기를, 분명히 잠언서보다 후기에 속하는 벤 시라(Ben Sira)에서조차 격언들이 나타나는데, 만일 그 격언들이 잠언서에서 발견되었더라면, 많은 학자들은 그것들의 내용이나 경향이 분명히 "세속적"이라 해서 그 격언들을 가장 초기 시대의 것으로 간주했을 것이라고 했다. 따라서 그는 결론짓기를, "초기의 것은 세속적이고 후기의 것은 종교적이라고 입증하기란 도저히 불가능하다"[29] 라

---

25 J. C. Rylaarsdam, ibid., p. 667.
26 B. K. Waltke, ibid.
27 O. S. Rankin, *Israel's Wisdom Literature* (Edinburgh: T. & T. Clark, 1936), p. 69.
28 J. F. Priest, ibid., p. 278.

고 했다.

위의 논증이 시사하는 바와 같이, 비평학자들은 정경(正經)이 된 잠언서는 종교적 입장을 지니고 있고, 그 가르침은 인본주의가 아니라 계시에 근거하고 있다는 데에 일치한다. 따라서 잠언서를 해석하기 위한 해석학적 맥락을 이루는 잠언서의 말씀에는, 여호와께서 창세전에 지혜를 "가지셨으며"(잠 8:22), "대저 여호와는 지혜를 주시며 지식과 명철을 그 입에서 내심이며"(잠 2:6)라는 말씀들이 있다. 아굴(Agur)은, 정경으로서 잠언서의 말씀들이 계시된 지혜라고 규정하였다. "하나님의 말씀은 다 순전하며 하나님은 그를 의지하는 자의 방패시니라. 너는 그의 말씀에 더하지 말라. 그가 너를 책망하시겠고 너는 거짓말하는 자가 될까 두려우니라"(잠 30:5～6). 이러한 계시가 없이는 인간은 무절제하게 되고 따라서 망하게 된다(잠 29:18).[30]

그러면 이 계시가 현자들에게 어떻게 전달되었는가? 하나님께서는 시내 산의 불 가운데에서 이스라엘이 들을 수 있도록 말씀하셨고(신 4:32), 모세에게는 대면하여(출 3:2～4; 5:23～30; 34:10), 선지자들에게는 환상 중에(사 1:1; 렘 1장; 겔 1장), 그리고 욥에게는 폭풍 가운데로부터 말씀하셨다(욥 38:1; 42:6). 그러나 솔로몬에게는, 기브온에서 보여주신 이상(왕상 3장) 외에 하나님께서 달리 어떤 들을 수 있는 말씀을 하시지 않았다. 솔로몬은 자신이 전달받은 계시는 없는 대신에, 기름부음을 받은 왕의 권위를 가지고 하나님의 아들("내 아들," 삼상 7:14)로서 말했다. 여기서 애굽의 경우와 간접적 병행을 이루는 사실을 한 가지 언급함이 유익할 것이다. 애굽에는 법전(法典)이 존재하지 않았다. 그 이유는 -비록 일치된 의견은 없으나- 여러 애굽학 학자들에 의하면, 통치하고 있는 왕의 말이나 명령 (mdw, wd)이 실질적인 법으로 간주되며 따라서 그 이외의 어떤 성문법도 존재할 수 없었기 때문이라고 한다.[31] 이스라엘에서도 이와 마찬가지로, 아마도 하나님의 신하가 그분의 기름부음을 받은 대표자로서 말하는 것으로 충분했을 것이다. 왕인

---

29 Ibid.

30 여기에서 "묵시"(ḥāzôn)와 "율법"('tôrâ)이라고 한 것은 아마도 지혜 있는 자"(잠 1:6; 22:17; 24:23)의 말을 가리키는 것 같다. 만약 그렇지 않고 여호와께 속한 용어라고 한다면 그것들은 "토라"로 불리는 의미의 말일 것이다(잠 2:6 그리고 1:8 등).

31 J. A. Wilson, *The Culture of Ancient Egypt* (Chicago: University of Chicago, 1956), p. 49.

그 현자는 자신이 본 것(잠 24:30~34)과 자신이 신앙으로 깨달은 것(잠 15:3 참조)을 숙고함으로 진리를 터득했다. 일을 숨기는 것이 하나님의 영광이었다면, 기름부음 받은 왕으로서 그것을 찾아내는 것이 솔로몬의 영광이었다(잠 25:2). 더욱이, 하나님의 신이 그의 위에 임하셨으니(삼상 16:13 참조), 이는 지혜와 명철의 신이시다(사 11:1~2; 잠 1:23 참조). 결국 모세와 선지자들을 감동시키신 동일하신 신이 솔로몬과 이스라엘의 다른 왕의 신하들 안에서도 효과적으로 역사하셨으며(왕상 4:27; 딤후 3:16), 마음의 할례 받은 자들은 그러한 글들 속에서 하나님 자신의 음성을 들어왔다.

동일한 권위

지혜의 권위의 토대를 침식시키려는 짐멀리(Zimmerli)를 크렌샤우(Crenshaw)는 확고한 근거를 가지고 비난했다.[32] 크렌샤우에 의하면 현자의 충고는 선지자의 말과 동일한 권리의 무게를 갖는다. ʿēṣâ(충고)의 어원적 의미와 현자들이 가르친 사회학적 상황에 대한 연구에서 크렌샤우는 자신의 입장을 실증하고 있다. 더욱이 성경은 잠언서가 스스로 권위가 있음을 천명한다. 만일 "지혜"가 창조계를 알려주는 어떤 고정된 질서를 뜻한다면,[33] 헐미쏜(Hermission)이 주장한 바와 같이, 인간은 결코 만물의 척도가 될 수 없고 오히려 인간이 속해 있는 창조계에 비춰어 측정되어야 한다.[34] 그리고 슈밋트(Schmidt)가 주장한 바와 같이 인간론보다는 우주론이 더 잠언서 사상 구조의 핵심이 된다.[35] 인간론보다 지혜의 사상에 더 핵심적인 것은 지혜로 우주를 세우시고(잠 3:19~20; 8:22~31; 16:11) 권능으로 우주 안의 도덕질서를 유지하시는(잠 10:3; 16:4; 22:12 등) 창조자를 계산에 넣는 것이다. 그러기에 잠언서는 신실한 자들에게 이 세상 질서를 의지하지 말고 그 질서 배후에 계신 하나님을 의지하라고 촉구한다(잠 3:5; 16:3; 22:19).

---

32 J. A. Crenshaw, "Prophetic Conflict," *BZAW* 125 (1976), pp. 116-23.

33 B. K. Waltke, ibid.

34 H. J. Hermission, "Studien zur israelitischen Spruchweisheit," *WMANT* 28 (1968).

35 H. H. Schmid, "Wesen und Geschichte der Weisheit," *BZAW* 101 (1966).

그러나 그러한 일은 감동을 입은 한 현자가 고정된 질서를 "찾아내어"(25:2) 그것을 말로 표현해야할 필요가 있었다. 그것을 말로 나타냄으로 인해서 바로 그분이 그 질서를 창조하셨다고 말할 수 있게 된다. 캐씨러(Cassirer)는 이렇게 말했다.

실제적인 의미에서, 언어로 나타난 것은 그것이 이 세계에 물질적으로 표현된 것이기 때문이다. 따라서 대상(對象)이란, 오직 그것의 명칭이 된 낱말을 통해서만 형태가 주어지며 또한 구별이 생기는 것이다.[36]

그는 다음과 같이 추론함으로써 (관념을) 실체화(hypostatization) 하는 데 한 걸음 더 다가섰다.

언어의 힘은 말이 실제로 발설되었을 때 드러나게 된다. 그 말을 발설하는 행동은 인간에게 세계를 드러내 보임으로써 개념의 잠재력을 풀어놓는 격이 된다. 발설된 말은 각각 그것의 사상적 범위에 대해 무제한적이고 주권적인 힘을 갖고 있다.[37]

마치 아담이 동물들의 이름을 짓고 이로써 그것들을 정의한 면에서 창조자의 일에 동참하였던 것처럼, 역시 이스라엘의 왕도 그분의 진리를 계시하는 잠언들을 만든 면에서 그분의 일에 동참하였다. 더구나 창세기 2:19에서 우리의 관심을 끄는 말씀을 주목하는 것이 중요하다. "아담이 각 생물을 일컫는 바가 곧 그 이름이 되었더라." 마찬가지 방법으로 이스라엘의 왕도, 특별히 귀로 들을 수 있는 어떤 계시가 없었어도, 권위를 가지고 도덕적 사회적 행위에 관한 법칙들을 제정했다. 따라서 현자는 개인적이고 사회적인 생활영역에서 질서를 발견하며 동시에 창조하고 유지시켰던 것이다. 분명히 그들의 말들은, 존재론적 실재를 인식할 수 있는 범위에 들어올 수 있도록 전환시키는 것이기에, 본래부터 비중을 지니고 있었다.

계시된 '정해진 질서'로서 지혜라는 개념은 현자들이 자신들의 가르침을 "율

---

[36] E. Cassirer, *Language and Myth*, trans. Susanne K. Langer (NY: Harper & Brothers, 1946), pp. 80-81.

[37] E. Cassirer, *The Philosophy of Symbolic Forms*, trans. Ralph Manheim (New Haven, CT: Yale University, 1953-1957), pp. 107-108.

법"(tôrâ)과 "명령"(miṣwôt)으로, 또는 청중들이 귀를 기울여야할 요구라고 언급한 것과 그다지 불일치하는 것은 아니다. 짐멀리(Zimmerli)는 모세의 율법과 상당히 유사한 이 용어에 주의를 환기시켰다.

> 지혜의 훈계 전체가 거듭거듭 tôrâ(법, 율법, 잠 1:8; 3:1; 13:14; 28:4,7 등)로 언급될 뿐만 아니라 -독특하게 권위 있는 교훈인 "율법서"처럼 동일한 칭호를 사용하여- 또한 현자의 개인적인 훈계들의 칭호에서도 연관성이 드러나는데 그것들이 종종 "명령"(miṣwôt)으로 나타난다(잠 2:1; 3:1; 4:4; 6:3 등).[38]

휘히트너(Fichtner)역시 이 지혜가 율법서의 말씀 못지않게 권위 있는 말로 발설했음을 인정했다.[39]

더욱이 모세와 선지자들처럼 현자들은 자신들에게 경청하기를 요구했다. 짐멀리는 다른 부수적 양상들과 함께 이 사실을 주지하고, 지혜를 가르치는 자가 권위를 가지고 말했다고 다음과 같은 결론을 내리게 되었다.

> 거듭거듭 강조되는 것은, 모든 것이 "들음"에 달려있다는 것이다. "듣는 귀"(lēb shōmēa')의 높은 가치가 여러 번 강조되는데(15:31; 25:12) 이것은 무엇보다도 "귀"가 지혜에 이르는 주요 입구이기 때문이다. 지혜의 교훈들은 단순히 leqaḥ(받아들여야 하는 것 -잠 1:5; 4:2; 9:9; 16:21,23······)라는 용어로 표현될 수 있다. 지혜로운 명령에 대한 순종은 "받는 것"(lāqaḥ) 즉 "배움/교리"("권위 있는 가르침" -잠 10:8 등)라는 말로 나타낼 수 있다. 더욱이, 애굽의 서기관 학교들에서의 교육장면을 살펴보고 또 잠언서에서 젊은이를 지혜로 교육하라는 경구들을 전자와 비교해보면(잠 13:24; 22:15; 29:15; 23:13 이하, 그리고 앞 절과 '아히칼의 교훈' 81 이하를 비교해 보라), 그것들은 모두 지혜의 교훈들이 엄밀히 말해서 얼마나 권위 있는 명령인가 하는 것을 결론지어준다.[40]

이처럼 분명한 증거에 비추어 볼 때, 짐멀리가 이후에 같은 글에서 자신의 입장을 번복했다는 것은 놀라운 일이다.

요컨대, 하나님께로부터 나온 예언적이고 권위 있는 말씀과 일시적인 인간의 충고와 대조시키는 모델을 만들려는 시도는 잘못되었다. 현자는 선지자와 동일한

---

38 W. Zimmerli, ibid., p. 179.

39 J. Fichtner, "Die altorientalische Weisheit in ihrer israelitisch jüdischen Ausprägung, *BZAW* 62 (1933), pp. 82ff.

40 W. Zimmerli, ibid.

권위를 갖고 말했기 때문이다.

동일한 인간론

모세는 택함을 입어 특권을 누리는 이스라엘 민족의 죄 된 부패성에 대해 불평을 털어놓는다. "내가 너희의 반역함과 목이 곧은 것을 아나니 오늘 내가 살아서 너희와 함께 있어도 너희가 여호와를 거역하였거든 하물며 내가 죽은 후의 일이랴"(신 31:27). 예레미야는 "만물보다 거짓되고 심히 부패한 것은 마음이라 누가 능히 이를 알리요"(렘 17:9)라는 그의 유명한 말로 인간을 혹평했다. 현자는 인간이 어리석은 동시에 완고함을 관찰했다. "아이의 마음에는 미련한 것이 얽혔으나 징계하는 채찍이 이를 멀리 쫓아내리라"(잠 22:15). "내 아들아 지식의 말씀에서 떠나게 하는 교훈을 듣지 말지니라"(잠 19:27). 솔로몬의 생애는 자기 자신의 잠언이 옳음을 증명해준다.

동일한 인식론

필자가 현자들을 '정해진 질서'를 찾아내는 사람들로, 심지어는 어떤 의미에서 창조하는 사람들로 표현했는데, 그들이 헬라 철학자들처럼 그 질서를 인간과 동떨어진 어떤 객관적 실재로 인식할 수 있다고 보지는 않았다. 선지자와 현자는 그들의 가르침이 단순히 귀로 들음으로써 이해할 수 있는 것이 아니라 마음으로 이해해야만 한다는 사실에 동의한다. 예를 들자면, 모세는 자기 세대에게 말하기를, "그러나 깨닫는 마음과 보는 눈과 듣는 귀는 오늘 여호와께서 너희에게 주지 아니하셨느니라"(신 29:4)라고 했다. 따라서 비록 약간의 생각을 필요로 하는 표현이지만 그는 백성에게 다음과 같이 권면했다. "그러므로 너희는 마음에 할례를 행하고 다시는 목을 곧게 하지 말라"(신 10:16). 여호와께서는 이사야 선지자의 세대를 심판하셔서 그들의 마음을 굳게 하시어 그들이 이해하지 못하도록 하셨다. "여호와께서 이르시되 가서 이 백성에게 이르기를 너희가 듣기는 들어도 깨닫지 못할 것이요 보기는 보아도 알지 못하리라 하여 이 백성의 마음을 둔하게 하며 그들의 귀가 막히고 그들의 눈이 감기게 하라 염려하건대 그들이 눈으로 보고 귀로 듣고 마음으로 깨닫고 다시 돌아와 고침을 받을까 하노라"(사 6:9~10).

현자들 역시 이미 마음속에 거하게 된 "지혜"가 없이는 인간이 이해할 능력이 없다고 보는, 동일한 회의론을 지니고 있었다. "미련한 자는 자기 행위를 바른 줄로 여기나 지혜로운 자는 권고를 듣느니라"(잠 12:15). "어떤 길은 사람이 보기에 바르나 필경은 사망의 길이니라"(잠 14:12).

따라서 오직 연약한 자들과 겸손한 자들과 가르침을 잘 받는 자들만이 -교만한 자들과 자긍하는 자들과 조롱하는 자들과는 대조적으로- "이해"가 가능하다. "미련한 자는 명철을 기뻐하지 아니하고 자기의 의사를 드러내기만 기뻐하느니라"(잠 18:2). "거만한 자는 꾸지람을 즐겨 듣지 아니하느니라"(잠 13:1b). "거만한 자는 견책 받기를 좋아하지 아니하며 지혜 있는 자에게로 가지도 아니하느니라"(잠 15:12).

반대로 "겸손한 자에게는 지혜가 있느니라"(잠 11:2b). 따라서 현자들의 인식론은 여호와를 의뢰하고 그를 사랑하는 것으로 귀착된다. "너는 마음을 다하여 여호와를 신뢰하고 네 명철을 의지하지 말라. 너는 범사에 그를 인정하라. 그리하면 네 길을 지도하시리라. 스스로 지혜롭게 여기지 말지어다. 여호와를 경외하며 악을 떠날지어다"(잠 3:5~7). "훈계를 좋아하는 자는 지식을 좋아하거니와 징계를 싫어하는 자는 짐승과 같으니라"(잠 12:1).

아마도 바로 이런 이유 때문에 현자들은 자신들의 말들을 "잠언과 비유와 …… 오묘한 말……"(잠 1:6)이라고 표현했을 것이다. 그들에게 있어서 지식이란 지적 조절의 문제가 아니라 마음의 열림이었다. 예수님의 비유들과 마찬가지로, 잠언의 말씀들은 믿지 않는 마음에게는 진실을 어둡게 하나 믿는 자들에게는 그것들을 밝히 계시해 준다.

파스칼(Pascal)이 인식론에서 인간의 자율을 주장한 데카르트(Descartes)를 비난하고, 하나님의 비밀들을 이해하려면 복종하는 정신이 절대적으로 필요하다고 역설한 것은 선지자들과 현자들의 가르침과 일치된다. 파스칼은 이렇게 말한다.

나를 가장 놀라게 한 것은 모든 사람이 자기 자신의 연약함에 경악하지 않는다는 사실이다.

인간이 가장 터무니없는 견해들을 가질 수 있는 것은, 인간은 자신이 본래 불가피하게 연약하다고 믿지 않고 오히려 그 반대로 본래 지혜롭다고 믿기 때문이다.[41]

선지자나 현자에 의하면, 인간이 하나님의 말씀을 이해하려면 반드시 먼저 자신을 열어 내놓아야 한다.

동일한 영적 요구

그러므로 선지자와 현자는 자신들이 전하는 말들을 인간의 마음에다 집중시켰다. 결국 그들의 가르침의 성패 여부를 결정짓는 것은 마음의 영적 상태였다. 모세는 여호와께서 바로와 시혼의 마음을 강퍅하게 하신 것은 그들의 최후를 확정지으신 것임을 알았다. 현자는 이렇게 훈계했다.

무릇 지킬만한 것보다 더욱 네 마음을 지키라. 생명의 근원이 이에서 남이니라(잠 4:23).

신명기는 "마음"을 54회, 잠언은 53회 언급하고 있다. 더욱이 선지자와 현자가 모두 마음에 대해 동일한 요구를 하고 있다. 모세는 이렇게 말했다. "이스라엘아! 네 하나님 여호와께서 네게 요구하시는 것이 무엇이냐? 곧 네 하나님 여호와를 경외하여 그 모든 도를 행하고 그를 사랑하며 마음을 다하고 성품을 다하여 네 하나님 여호와를 섬기라"(신 10:12). "하나님을 경외하라"는 명령이 신명기에서 여러 차례 발견되며(신 4:10; 5:29; 6:2,13,24; 8:6,10; 10:12,20; 13:5; 14:23; 17:19; 28:59; 31:12〜13), 선지자의 글들은 그것에 기초를 둔 것이다. 참으로 선지자인 역사가는 이스라엘 왕을 그 마음을 기준 삼아 평가한다(왕상 11:4 참조). 누구나 익히 알고 있듯이 잠언서의 표어는 1:7의 "여호와를 경외하는 것이 지식의 근본"에 있다.

벡커(Becker)는 율법서에서 "여호와 경외"라는 용어를 연구하고 다음과 같은 결론을 내렸다. 여호와를 경외한다는 것은 "여호와를 숭배하며 언약의 하나님이신

---

[41] B. Pascal, *Pensées*, p. 374.

그분께 드리는 특별한 충성의 측면"[42] 을 뜻한다. 의심할 여지없이 "여호와 경외"는 다른 용어들과 함께 여호와와 그의 언약에 대한 전적 의뢰를 의미하며, 따라서 그것은 정확하게 "언약의 공식"[43] 으로 나타난다. 슈탤리(Stähli)는 그 용어가 "사랑하라"(신 10:17), "친근히 하라" (신 10:20), "그의 길을 따라가며"(신 8:6), "따르며" (신 13:4), "섬기라"(신 6:13)는 명령들과 연관되어 사용되고 있음을 알아냈다.[44] 사랑이 감사함에서 우러나오는 자발적 헌신을 의미하는 반면에, 경외는 두려움과 존경에서 우러나오는 헌신을 의미한다. 이 두려움은 순간적인 초자연적 공포가 아니라, 존경스러운 엄위에 복종하려는 평생의 자세이다. 그러한 자세는, 이름과 행사들이 "두려우시며"(출 34:10; 신 4:34; 28:58; 말 1:15; 3:23) "위대하시며" "거룩하신"(삼하 7:27; 대상 16:25; 시 99:3; 145:6) 하나님과 인격적 관계를 갖기를 원하는 자가 필수적으로 지녀야 할 마음의 영적 상태이다.

잠언서에서 그 표현은 하나님 앞에서의 겸손과 병행을 이루며 나타난다(15:33; 22:40). 그리고 교만과 거만(8:13; 18:12), 반항(1:7)과 대조된 하나님께 대한 변함없는 사랑과 지조(16:6)와 병행하여 나타나기도 한다. 이렇게 합당한 헌신의 순종적 태도는 생명(10:23; 19:23), 안전(14:26)과 영적 풍부함(15:16)을 얻게 하며 재앙을 당하지 않도록 해준다(16:6; 24:21).

종교적 문제는 "마음"에로 귀착되기 때문에 선지자와 현자는 모든 사람을 두 가지 범주로만 분류한다. 그 둘은 곧 의로운/지혜로운 자와 악한/어리석은 자이다. 마음이 인간의 영적 상태의 중추를 이룬다는 것을 알게만 된다면, 악한 자와 선한 자에 대한 성경의 구별은 매우 단순하게 드러난다. 렝그스톨프(Rengstorf)는 다음과 같이 신빙성 있는 관찰을 했다.

> 그러나 선지자와 현자 양편의 구별 기준은 부도덕이나 불경건한 생활양식에 근거한 것이 아니라 훨씬 더 심오한 것이다. …… 그 구별기준은 근본적으로 상이한 종교적 태도에 근거한 것이다.[45]

---

[42] J. Becker, *Gottesfurcht im Alten Testament* (1965), p. 85. H. P. Stähli, *Theologisches Handwörterbuch zum Alten Testament* (Munich: Chr. Kaiser Verlag, 1971), vol. 1, p. 774에 인용됨.

[43] K. Baltzer, *Das Bundesformular* (1964), pp. 22-23,46-47.

[44] H. P. Stähli, ibid.

[45] *TDNT* s.v. "ἁμαρτωλός" by K. H. Rengstorf, vol. 1, p. 321.

경건한 자들은 중심으로 하나님께 의탁했으나 불경건한 자들은 그렇지가 않다. 주 예수 그리스도께서 밝히신 바와 같이 "나와 함께 아니하는 자는 나를 반대하는 자"(마 12:30)인 것이다.

현자들, 선지자들, 경건한 자들 모두가 오직 하나의 종교적 명령인 "여호와를 섬기라"(수 24:24)만이 존재한다는 것을 알고 있다.

동일한 윤리적 요구들

"여호와 경외"라는 말은 선지자들과 현자들의 글에서 모두 하나의 역설을 제시하고 있다. 그것은 근원인 동시에 실체이며, 원인인 동시에 결과가 되기도 하기 때문이다. 한편 그 용어는 모든 윤리적 행위를 위한 영적 필수조건, 즉 하나님께 대한 두려운 존경심에서 우러나온 의뢰를 의미한다. 다른 한편으로 그 용어는, 율법을 맡은 제사장이든 말씀을 맡은 선지자이든 혹은 충고를 맡은 현자이든 간에, 하나님께서 자신의 대변자를 통해 요구하시는 객관적 내용을 뜻한다(렘 18:18 참조). 따라서 현자는 이렇게 약속했다.

> 내 아들아 네가 만일 나의 말을 받으며 나의 계명을 네게 간직하며 네 귀를 지혜에 가울이며 네 마음을 명철에 두며 지식을 불러 구하며 명철을 얻으려고 소리를 높이며 은을 구하는 것 같이 그것을 구하며 감추어진 보배를 찾는 것 같이 그것을 찾으면 여호와 경외하기를 깨달으며 하나님을 알게 되리니(잠 2:1~5).

슈탤리(Stähli)는 잠언서에서 "여호와 경외"는 지혜를 나타내는 용어들과 밀접한 병행을 이루므로 거의 지식의 동의어로 사용되고 있음을 알아내었다(1:29; 2:5; 그리고 사 11:2; 33:6; 욥 28:28 참조).[46] 신명기와 선지자들의 글에서 여호와 경외가 모두 가르쳐졌고 또 배운바 되었다(신 31:12; 왕하 17:7,25,28, 32~39,41). 여호와 경외의 내용은 선지자들과 현자들의 글에 중복되고 있다. 이 사실은 심지어 휘히트너(Fichtner)의 다음과 같은 말에 의해서도 시인되고 있다.

---

[46] H. P. Stähli, ibid., p. 776.

의심할 나위 없이, 여러 항목에 있어서 포로 전 선지자들의 견해들과 잠언서의 현자들의 견해들 간에는 직접적으로 조화를 이루는 것으로 보인다. 양편 모두에 의해 윤리적 권면 분야도 더 발전되었다. 여기에서 나는 그들이 불쌍한 자들에 대해 의와 박애를 베푸는 데 적극적으로 나선 사람들이라는 점을 말하는 것으로 충분하겠다(암 5:7; 호 5:11; 사 1:12 이하; 미 2:2; 렘 22:17 등, 그리고 잠 3:27; 14:21,31; 22:9; 28:27; 29:14 등).[47]

이 외에도 휘히트너는 양편 모두 거짓 무게 추와 측량도구의 사용, 당파심과 부패, 노인들에 대한 무례들을 정죄하고 있음을 파악했다. 와인휄드(Weinfeld)는 잠언서와 신명기에 나타난 윤리적 행위에 관한 병행구들을 목록화 했다.[48]

그러나 이러한 공통점들은 현자들이 이스라엘의 유산을 이어받았다는 사실을 증명하는 것은 아니다. 와인휄드는 사상의 흐름이 비 이스라엘의 지혜로부터 이스라엘의 지혜로 또 거기서 신명기로 이르렀음을 추적하려고 애썼다. 더욱 특기할만한 것은, 휀샴(Fensham)이 지적한 "지혜, 고아 그리고 가난한 자를 보호하는 것은 고대 근동의 공통적 정책이었다"[49] 는 사실이다. 그러나 휀샴은 또한 다음과 같은 사실 즉, 메소포타미아에서는 동일한 윤리적 가치들에 관한 내용들이 법 문헌과 지혜문헌 속에 나타나 있으며, 두 문헌들의 표현형태가 정의의 궤도를 유지하는 태양신 샤마쉬(Shamash)가 종교적 맥락 안에서 동일한 윤리적 요구를 나타낸다는 사실을 설득력 있게 제시했다. 예를 들면, 하무라비 법전(1728-1686 B.C.)의 서문에는 다음과 같은 진술이 있다. "강한 자들이 약한 자들을 억압하는 것이 허용되지 않은 것은, 태양(Utu-Shamash, 정의의 신)이 백성들 위로 떠오르게 하기 위함이다."[50] 똑같은 진술이 종결문에도 나타난다. 더욱이 샤마쉬는 그 땅에서 정의가 유지될 것을 요청한다. 따라서 성경에서와 같이, 종교와 사회윤리는 매우 밀접하게 연관되어 있다.

휀샴은 이어서 바벨론의 지혜문헌으로 그의 관심을 돌려서 동일한 종교-윤리적 맥락을 찾아냈다. "가난한 자는 샤마쉬에 의해 보호된다는, 그리고 이것이 그의

---

47 J. Fichtner, "Die altorientalische Weisheit," p. 430.

48 M. Weinfeld, ibid.

49 F. C. Fensham, "Widow, Orphan, and the Poor in Ancient Near Eastern Legal and Wisdom Literature," *JNES* 21 (1962), pp. 129-39.

50 Ibid., p. 130.

백성 간에 하나의 생활양식으로 기대된다는 사상이 종종 바벨론의 지혜문헌 속에 나타난다"[51] 는 것이다. 이처럼 구 바벨론의 법과 지혜는 동일한 종교-윤리적 체제를 지니고 있다. 더구나, 고대 메소포타미아의 입법자와 현인(賢人)이 동일한 정신적 가치관을 갖고 있으나 피차 인용하지 않고 있다는 점은 매우 흥미롭게 보인다.

이와 같이 메소포타미아의 경우에서 유추해본다면, 와인휄드의 견해와는 반대로 이스라엘의 현자는 자신의 윤리적 가치관을, 자신의 이방 이웃들로부터 빌려온 것이 아니라, 구약의 다른 여러 저자들과 함께 모든 인류의 심판자이신 여호와께서 의인들을 상주시며 죄인들을 벌하실 것이라는 공통적 신앙에서 가져왔다고 생각함이 타당하겠다. 머피(Murphy)는 "실제적으로 현자는 여호와의 경배자이었으며, 그는 다른 현자들의 지혜가 자신의 전통과 일치한다는 사실을 발견했다"[52] 라고 말했다.

어쨌든 잠언서가 정경 속에 포함되어 있는 것은, 이방 현인들이 요구한 것들과 유사한 윤리적 가치들을 담고 있기 때문이 아니라, 잠언서를 통해 여호와께서 신실한 자들을, 여호와를 경외하고 그의 형상으로 지음 받은 인간을 사랑하라는 자신의 계명들을 갖고 만나시기 때문이다.

동일한 소망

머피(Murphy)는 "지혜의 가르침(케리그마)은 **삶**이라는 한 단어로 요약될 수 있다"[53] 고 간결하게 결론지었다. 그는 계속해서 "삶과 죽음은 …… 구약의 현자들의 가르침 중에서 중추를 이룬다"[54] 고 진술했다. 카이저(Kaiser)는 여호와 경외와 삶의 연관성을 강조한다(잠 10:27; 14:27; 19:23; 22:4).[55]

삶은 단지 많은 날수의 생존을(잠 3:16; 28:12), 혹은 이러한 생존 속에서 가능한

---

[51] Ibid., p. 131.
[52] R. E. Murphy, "The Kerygma of the Book of Proverbs," *Int* 20 (1966), p. 12.
[53] Ibid., p. 9.
[54] Ibid, p. 10.
[55] W. C. Kaiser, ibid., p. 171.

최고의 선을 실현하는 질을[56] , 또는 심지어 죽음의 그림자 이후의 생존(12:28)을 의미하기도 한다.[57]

율법서와 선지서가 이와 동일한 소망을 보여준다(신 8:1; 사 55:1~3; 겔 33:19 그리고 요 17:3 참조). 더욱이 성경의 다른 부분에서처럼 잠언서에서도 이 소망은 행복론적 인생철학에서 말하는 단순히 "유익을 추구하는 동기"로서의 역할을 하는 것이 아니다. 그것은 오히려 하나님의 뜻 안에서 삶이 제공할 수 있는 풍성한 즐거움을 뜻한다. 따라서 모든 물질적 소유는 하나님으로부터 허락된 소득으로서 신성한 가치를 지닌다.

동일한 신앙

로마서 12:19~20에서 사도 바울은 신명기 32:35과 잠언 25:21~22을 함께 연관시켜 로마에 거주하는 성도들에게 친절을 베풀라는 권면을 뒷받침하고 있다. 이러한 바리새학파적인 해석을 롱제넥커(Longenecker)는 "주옥(珠玉) 꿰기"라고 칭한다. 그것은 "어떤 논제의 한 면을 지지하기 위해 성경의 여러 부분에서 연관된 구절들을 끌어오고 동시에 성경의 통일성을 입증하는 것이다."[58] 분명히 잠언서와 신명기가 동일하게, 사람은 스스로 원수에게 보복해서는 안 된다는 공통규범을 가르치고 있다.[59]

그러나 잠시 읽는 사람이 간과하기 쉬운 점은, 이 윤리적 행위는 잠언 20:22에 명시된 여호와께서 악을 벌하시리라는 공통적 신앙에 근거되었다는 사실이다. 잠언 20:22가 24:29를 주석하면서 폰 라드(von Rad)는 이렇게 말했다.

---

56 그것은 희락, 안정 그리고 충족을 주는 모든 자산 -감정적, 육체적, 심리적, 사회적, 영적 -을 가리킨다(W. Brueggemann, *Man We Trust* [Atlanta: John Knox, 1972], p. 15).

57 B. K. Waltke, ibid.

58 R. N. Longenecker, *Biblical Exegesis in the Apostolic Period* (Grand Rapids: Eerdmans, 1975), p. 115.

59 "핀 숯으로 그의 머리에 놓는 것"이라는 표현은 애굽의 속죄 제의에 근거하여 이해하여야 할 것이다. 그 제의에 따르면 범죄자가 올바르게 살겠다는 표시로서 그의 머리 위에 이글이글 타는 숯불이 담긴 대야를 얹게 된다(S. Morenz, *TL* 78 [1953], pp. 187-92).

너는 갚겠다 하지 말라. …… 너는 그가 내게 행함 같이 나도 그에게 행하여 그 행한 대로 갚겠다 말하지 말지니라. …… 심각한 권면의 배후에는 고상한 윤리적 원리가 놓여 있는 것이 아니라, 다른 어떤 것 즉 여호와께서 주관하시는 질서를 믿는 신앙이 놓여 있다."[60]

로빈슨(Robinson)은 지혜의 말씀들 배후에 있는 이 공통적 신앙을 이렇게 표현했다. "거의 언제나 여호와께서 인간의 삶 속에서 역사하신다는 확신이 있다."[61]

자신의 개인적 보복을 추구하기보다는 하나님을 신뢰하는 이러한 공통적 신앙에 근거하여, 선지자와 현자는 다 같이 의인들에게 기도할 것을 요구한다(신 4:32; 사 12:4; 잠 15:29; 15:8). 선지자와 현자 둘 다 그들의 청중들에게 살아계시고 의로우시며 권능이 무한하신 창조주를 의뢰할 것을 요구한다.

결론

이 글을 마무리하면서 몇 가지 요점을 살펴보려고 한다.

1. 선지자와 현자 사이의 공통점들을 관찰한 것은, 그들의 생활양식, 생애, 목적, 문학상태, 그리고 계시를 받고 또 전달하는 방식에 있어서의 명백한 차이점들을 경시하려는 의도에서가 아니다. 누구도 잠언서에서 말하는 현자들이, 이사야처럼 허리를 동인 옷을 입고 돌아다닌다거나, 에스겔처럼 인분을 먹는다거나 드고아의 목자처럼 우뢰같이 호된 책망을 한다고는 상상할 수 없을 것이다. 현자들은 여호와의 공의의 법정 앞에서 백성을 심문하거나 그들이 하나님의 언약을 깨버렸다고 정죄하지 않았다. 그러나 이러한 차이점들이 있음에도 불구하고, 선지자들과 현자들은 동일한 신학을 소유했다고 주장할 수 있다.

2. 이러한 다양성을 지닌 통일성의 개념은 창조자가 역시 정경의 여호와도 되신다는 신앙과 잘 조화된다. 카이저(Kaiser)는 이 점을 다음과 같이 적절하게 진술했다.

---

60 G. von Rad, *Wisdom in Israel* (NY: Abingdon, 1972), p. 95.

61 H. W. Robinson, *Inspiration and Revelation in the Old Testament* (London: Oxford University, 1946), p. 252.

진리, 사실, 인식의 통합이라는 주제를 소개하는 것이 곧 하나의 통일된 우주 (UNI-verse)를 창조하신 그분에 의해 가능해진 진리의 통일성에 호소하는 것이다. 따라서 진리와 성품에 관한 어떠한 규범들에 관한 교리적 기초도 궁극적으로는 창조와 창조자의 품위에 근거하고 있다.[62]

3. 본 논문은 고전적인 선지자들과 궁중 현자들이 어떤 공통적 근원에서 출발했는지를 조사하려고 시도하지 않았다. 그러나 그 공통적 근원은 모세로부터 시작되었으며 특별히 모세가 "요단 동쪽 광야"(신 1:1)에서 중보한 여호와와 이스라엘 사이의 언약에서 시발점을 이루었다고 간주함이 바람직할 것이다. 이미 언급한 바대로, 와인휄드(Weinfeld)는 이와 반대로 지혜서의 우선순위를 강조하고 신명기가 그것에 의존했다고 주장했다. 이것이 저것보다 우선순위이라는 문제에 관해서, 관찰해 본 지식만으로는 아직 입증할 수 없다. 그렇지만 모세의 글이 잠언서보다 앞서 있었다는 성경의 액면 그대로의 증언을 뒤엎어 놓을만한 그럴듯한 어떤 증거도 존재하지 않는다. 이 기본적 증언은, 여호와와 그의 제사 제도는 현자들에게 잘 알려져 있었다는 전제로써 뒷받침된다. 더욱이 이스라엘 밖의 각기 다른 격언들을 현자들이 빌려 왔다는 가정을 뒷받침해주지 못한다. 현자가 빌려왔다고 할 수 있는 것들도 아마 그가 이미 소유한 여호와를 믿는 신앙과 일치한 것들이었을 것이다.

만일 선지자들은 혁신가들이 아니라 이스라엘의 언약 유산으로 환원시키려는 개혁자들이었다는 최근 학계의 견해 -이와 달리 생각할 이유가 없다 -가 옳다면, 어째서 선지자들의 영적 동역자인 현자들에 대해서는 같은 견해를 가져서는 안 되는가? 잠언서와 신명기의 매우 밀접한 유사성은 왕이 "왕위에 오르거든 이 율법서를 등사하라"(신 17:18)는 율법의 명령에서 합리적 설명을 찾게 된다. 카이저는 와인휄드가 깨달은 유사성에 대해 언급하기를, 그것은 "지혜는 우리가 현자들의 시대보다 이른 시대에 존재했다고 판단하는 자료들로부터 개념적으로나 신학적으로 단절된 것이 아니라는 사실을 예증해 준다"[63] 라고 했다.

---

62 W. C. Kaiser, ibid., p. 175.
63 Ibid., p. 106.

4. 구약신학자들은 언약, 구원, 역사, 제의 또는 심지어 약속 -만일 이것이 족장들이나 이스라엘에게 대한 약속들이라는 관점에서 이해된다면- 보다는 오히려 다른 중심 사상을 찾아야만 지혜를 수용할 수 있을 것이다. 툼스(Toombs)가 논평한 바대로, "구약신학이 전적으로 히브리민족의 역사, 제도 그리고 제의의 관점에서만 묘사되는 한, 분명히 지혜서는 정의 상(定義上) 제외시키게 될 것이다."[64] 카이저(Kaiser)가 "여호와 경외"를 양편의 공통적 표현으로 이해하려는 제안은 도움이 될 만하다. 그러나 그 표현을 그 자체적 의도대로 정의하는 것, 즉 약속에 대한 언급이 아니라, 여호와를 주님으로 섬기는 전적 헌신으로 정의하는 것이 더욱 바람직하다.

5. 비록 선지자와 현자가 종종 동일한 윤리적 규범들을, 이를테면 이웃의 경계표를 옮기지 말라(신 19:14; 잠 22:28), 권리를 박탈당한 자들에게 관심을 기울이라는 것들을 표현했을지라도 대체적으로 그들의 윤리적 관심영역들은 서로 독특성을 지니고 있다. 키드너(Kidner)는 그의 탁월한 주석의 서문에서 다음과 같은 차이점들에 대해 유의하게 했다.

> 율법의 그물망과 선지자들의 일제 사격을 빠져나가기에 넉넉할 만큼 작은 세부사항들이 있는데, 그것들은 개인관계에 있어서는 그래도 결정적 역할을 한다. 잠언서는 바로 이런 영역에서 사역을 담당하고 있는데, 곧 어떤 사람과 함께 있어야 좋을지, 어떤 인물을 고용해야 할는지, 자신의 일들, 시간, 그리고 자신을 어떻게 다루어야 할지를 취급하고 있다."[65]

지혜를 소유하기 위해 인간은 제사장의 "율법"(tôrâ), 선지자의 "말씀"(dābār) 그리고 현자의 "충고"('ēṣâ)를 모두 필요로 한다(렘 18:18 참조). 그러나 무엇보다도 인간은 이사야 선지자가 예언한 성령님과의 인격적 관계에 들어서는 것이 필요하다.(*)

> 그의 위에 여호와의 영 곧 지혜와 총명의 영이요 모략과 재능의 영이요 지식과 여호와를 경외하는 영이 강림하시리니(사 11:2).

---

[64] L. E. Toombs, "Old Testament Theology and the Wisdom Literature," *JBR* 23 (1955), p. 195.
[65] D. Kidner, *Proverbs* (Downers Grove, IL: IVP, 1964), p. 5.

25

구약성경에 나타난 성령의 사역[1]

벤저민 비. 워휠드
(Benjamin B. Warfield)

"하나님의 영"에 관한 교리는 오직 성경에만 나타나는 교리이다. 뤼케르트(Rückert)는 말하기를 "하나님의 영"이라는 용어가 의미하는 개념은 헬레니즘에서는 전혀 찾아볼 수 없고 기독교를 통해 처음으로 존재하게 되었다.[2] 그리고 클라이네르트(Kleinert)는 뤼케르트의 말을 인용하면서 덧붙여 말하기를, 그 개념에 있어서 특히 반(反)이교적이라는 점이 이미 구약에 나타나 있다고 했다.[3] 그렇다면 "하나님의 영"에 관한 성경적 교리의 가장 기초가 되는 요소가 신약과 구약에 공통적으로 나타나 있으리라.

그 용어는 이미 구약의 첫 부분부터 나타나는데, 신약의 첫 부분에서와 마찬가지로 아무런 설명이나 예고도 없이 나타난다. 이는 창세기 저자나 마태복음 저자에게 그 용어가 새로운 것이 아니기 때문인 것이 분명하다. 그러나 비록 그 용어가 신약과 구약에 공통적으로 나타나기는 하지만, 그렇다고 해서 성경의 모든 부분에 동일하게 나타나는 것은 아니다. 즉, 구약에서는 신약에서만큼 자주 나타나지 않으며 바울 서신들에서는 구약 전체에서 나타난 만큼 자주 나타난다. 그 용어가 구약에서는 신약에서만큼 보편적이 아니다. 신약에서는 세 개의 짧은 서신인 빌레몬서, 요한 2서와 요한 3서 외에는 모두 나타나고 있는 반면에, 구약의 39권 중에서는 반수 정도에서만 그 용어가 분명히 언급되어 있고[4] 다른 16권에서는 그 용어에

---

1 이 논문은 *PRR* V, VI, 1895, pp. 665-87: *Biblical Doctrines*, pp. 101-29에 실린 바 있다.

2 R. Rückert, "Korinthierbriefe" I, p. 80.

3 P. Kleinert, "Zur altest. Lehre von Geiste Gottes," *JDT*, 1867, i, p. 9.

4 이 책들은 창세기, 출애굽기, 민수기, 사사기, 사무엘 상하, 열왕기 상하, 역대기 하, 느헤미야, 욥기, 시편, 이사야, 에스겔, 요엘, 미가, 학개, 스가랴이다. 비록 "하나님의 영" 또는 "여호와의 영"이라는 명확한 표현은 없을지라도 신명기와 역대기 상을 여기에 첨가할 수 있겠다.

대한 언급이 없는 듯이 보인다.5 그 용어의 사용이나 사용되지 않음을 결정하는 원칙은 분명히 드러나 있지 않다. 아마도 그것은 때때로 취급하는 주제의 성격에 의해 좌우될 수도 있을 것이다. 말하자면 "하나님의 영"이 레위기에 언급되지 않았다면, 민수기에서는 언급되며, 여호수아서와 룻기에 언급이 없다면, 사사기와 사무엘서에는 언급이 있고, 에스라서에 없다면 느헤미야서에는 나타나며, 예레미야서에 나타나지 않았다면 이사야서와 에스겔서에는 나타나 있다. 소선지서의 일곱이나 여덟 책 중에 나타나지 않는다면, 나머지 네다섯의 책들에는 언급되어있다. 그 용어가 구약의 어느 부분에 나타나고 나타나지 않는가는, 그 교리의 역사와는 거의 연관성이 없는 몇몇 환경들에 의해 좌우되는 것 같다. 아무튼 우리가 주목해야 할 것은 "하나님의 영"이라는 이름이 바로 계시의 첫 부분에 나타나며 구약 전체에 간헐적으로, 때로는 동등한 뜻을 지닌 다른 이름을 가지고 나타난다는 사실이다. 오경과 역사서들은 우리에게 그 교리의 윤곽을 제공해준다. 그리고 선지저들 중에서 이사야서와 에스겔서가 그 교리의 내용을 가장 풍부하게 담고 있는데, 이 두 책 중의 하나에서만으로도 그 교리의 전체를 찾아볼 수 있을 정도이다.6

독자가 구약에서 신약으로 읽어 내려가면 이 "영"이라는 개념이 어떤 급격한 불연속성을 갖고 있지 않다는 것을 알게 될 것이다. 독자는 그 이름이 점차 빈번하게 나타난다는 사실도 주지하게 될 것이다. 그러나 로마서의 경우에서도 앞부분에서 뒷부분으로 갈수록 그만한 빈도로 그 이름이 자주 나타나는 것을 알게 될 것이다. 뿐만 아니라 그 개념 자체도 더욱 명확해지고 풍부해지는 것도 알게 될 것이다. 이와 유사한 발전은 오경에서 이사야서로 또는 마태복음에서 요한복음이나 바울서 신에 이르면서 나타난다. 그래서 작고한 스미튼(Smeaton) 교수가 위에서 언급한 사실을, 커닝햄 강연(Cunningham Lectures)에서 "성령교리"라는 제목으로 흥미롭

---

5 이 책들은 레위기, 여호수아, 룻기, 에스라, 에스더, 전도서, 아가서, 예레미야, 애가, 호세아, 아모스, 오바댜, 요나, 나훔, 하박국, 스바냐이다. 잠언, 다니엘, 말라기는 구분할 수 없는 형편이다.

6 "구약에 한 저자가 있는데, 그에게서 이러한 발전의 모든 윤곽과 내용이 결합된다. 그리고 그는 시대적으로나 내면적으로 미루어볼 때, 만일 구약 다른 곳에서 발견하지 못한다면, 이런 결합은 그의 시대에 이루어져야만 했던 것이다. 이 인물이 에스겔이다"(P. Kleinert, ibid., p. 445). "이사야 선지자는 그의 예언의 여러 곳에서 성령에 관한 언급을 분명한 표현과 간략한 말투로 너무나 많이 또 다양하게 언급하였으므로, 그의 말 가운데에서 성령의 완전한 교리를 정립하기란 어렵지 않을 것이다"(Smeaton, "Doctrine of the Holy Spirit," p. 35).

게 발표할 때에 과장했음직도 하다. 거기서 그는 다음과 같이 말했다.

우리는 세례 요한과 그리스도와 사도들이 가르친 성령의 교리가 모든 점에 있어서 구약
교회가 익히 알고 있던 교리와 동일한 것이라는 사실을 발견하게 된다. 우리는 세례 요한과
그리스도나 사도들의 가르침을 듣던 유대인들이 그 교리에 대해 이의를 제기한 경우를
전혀 찾아볼 수 없다. 우리 주님과 주님의 사도들의 그러한 가르침은 어느 누구로부터도
의문시되거나 반대를 받아 본 경우가 없었다. 바로 이 점은, 주님과 그의 사도들의 성령에
대한 가르침 속에는 그 당시에 유대인들 사이에 받아들여지고 계속 인정받고 있는 견해들이
나 주장들과 부딪힐 만한 것이 전혀 없었다는 사실을 뚜렷이 입증해 준다.

그러나 하나님이라는 개념에 어떤 변화가 있었는데 그것은 분명히 데니(Denny)
박사가 아래에 서술한 바와 같은 것이었다.

사도들은 모두 유대인들이었다. 즉, 열정적으로 유일신을 믿는 사람들이었다.[7] 그들은
그리스도의 전파자들이 된 때에도 유일신을 여전히 신봉했다. 그러나 구약계시가 그들에게
가르쳐준 방법과는 다르게 하나님을 본능적으로 인식했다. …… 예전에는 아주 단순했던
영의 본질에서 이제는 각 위(位)의 구분이 인식되었다. 성부와 성자의 구분이 가장 뚜렷이
구별되었다. 영의 본질의 구별은 그리스도 자신의 가르침에 기초해서, 또한 교회가 겪은
실제적 경험을 통해서, 그리고 더 나아가서 성령님의 특성을 통해서 풍부하게 이루어졌다.[8]

그러나 "하나님의 영"에 관한 구약의 개념과 신약의 개념에서 어떤 근본적 차이점
이 있다 해도 그것은 우리가 성경을 읽어갈 때 눈에 잘 띠지 않는다. 뿐만 아니라
우리는 아무런 무리도 느끼지 않은 채 자연스럽게 신약적인 성령개념으로 구약의
본문을 이해한다.

실로 우리가 이렇게 할 수 있는 것은 신약 그 자체가 허용한 것이다. 신약의
저자들은 신약의 "성령"을 구약의 "하나님의 영"과 동일시하기 때문이다. 구약에서
"하나님의 영"에 해당되는 모든 것들을 신약의 저자들은 자신들의 성령님에게
그대로 적용하고 있다. 이스라엘의 안내자요 지도자였으며, 또한 이스라엘이 하나
님의 인도하심에 대하여 반항했을 때 배척을 받으신 분이 바로 신약 저자들의

---

7 P. Fairbairn, "Christ in Modern Theology," p. 377.
8 J. Denny, "Studies in Theology," p. 70.

성령님이셨다(행 7:51). 그리스도께서 (분명히 노아라는 인물을 통해) 홍수 이전의 사람들에게 복음을 전하신 것(벧전 3:18)도 바로 성령님 그분을 통해 그렇게 하신 것이다. 현재뿐만 아니라 구약 시대 사람들에게 믿음을 주신 분(author)도 바로 성령님이셨다(고후 4:13). 이스라엘에게 제사의식을 제정해 주신 것도 그분께서 하셨고(히 9:8), 다윗, 이사야, 그리고 모든 선지자들을 통해서(마 22:43; 막 12:36; 행 1:16; 28:25; 히 3:7; 10:15) 말씀하신 분도 바로 이 성령님이셨다. 스가랴(슥 7:12)와 느헤미야가 말하기를, 만군의 여호와께서 자신의 말씀을 자신의 영으로 선지자들을 통해 전하셨다고 했는데, 베드로는 이것을 성령의 감동하심을 입은 사람들이 그 말씀들을 하나님으로부터 받아 전했으며(벧후 1:21), 뿐만 아니라 선지자들 안에 계셨던 분은 특별히 그리스도의 영이었다(벧전 1:11)고 우리에게 전해준다. 따라서 우리가 확신할 수 있는 것은, 성령님께서 예수님 위에 눈에 보이도록 내려오셨으며, 여호와께서 자신의 영을 자신의 "의로운 종" 위에 주시고 (사 42:1), "주 여호와의 영"이 그에게 임하리라(사 61:1)고 한 이사야의 예언들이 바로 예수님에게서 성취되었다(마 12:18; 눅 4:18,19)는 사실들이다. 또한 베드로는 오순절 때 성령의 강림하심이 하나님께서 모든 육체에게 자신의 영을 부어주시리라 고 요엘 선지자를 통해 하신 약속(욜 2:27,28)의 성취로 간주할 것을 우리에게 요구하고 있다(행 2:16).[9] 이와 같이 신약 저자들이 신약의 "성령"과 구약의 "하나님의 영"을 동일시했음은 의심할 여지가 없다.

물론 이와 같은 사실들은 기독교인들이 직감적으로 신약의 "성령"과 구약의 "하나님의 영"을 동일시하는 것의 정당성을 잘 입증해준다. 우리는 하나님의 계시의 진실성에 근거하여, 구약의 "하나님의 영"이란 곧 신약의 성령님이심을 확신한다. 그러나 이러한 확신이, 오직 구약 계시만을 의존했던 구약시대 성도들이 신약이라는 영감 된 주석이 없어도 오늘 계시의 충분한 조명을 향유하는 우리만큼 성령을 잘 알 수 있도록 구약 안에 인격적이신 성령님 그분이 충분히 계시되었을까 하는 질문을 없애지는 못한다. 하나님께서 자신을 계시하시는 오랜 기간의 과정 가운데,

---

9 또한 겔 36:27의 약속, 그리고 살전 4:8을 참조하라(C. H. Toy, "Quotations in the New Testament," 202를 보라). 또한 눅 1:17을 참조하라.

어떤 교리를 점진적으로 전달하셨다는 원리는 그 자체가 합리적 원리이며 검토의 결과에 의해서 확증된 것이다. 뿐만 아니라 그 원리는 성경 자체가 하나님의 자기계시 방법으로 사용하고 있는 것이며, 또한 우리 주님께서 자신의 구원 진리를 인간들에게 전달하시는 방법에서 실제적으로 사용하심으로 입증된 것이다. 그러나 신약 안에 완전히 계시되어 있는 성령의 교리가 과연 구약시대의 사람들에게는 얼마나 계시되었을까 하는 질문은 그대로 남아있다. 그 질문이란 곧 "하나님의 영"에 관한 구약의 교리는 무엇일까 하는 것이다. 우리는 구약의 교리가, 더 충만한 신약의 가르침과 불일치하다는 것을 찾아낼 수 없을 것이다. 반면에 구약의 가르침은 하나님의 아들 안에 계시된 신약 시대의 충분한 가르침에 훨씬 못 미친다는 사실을 우리가 발견할 수 있을 것이다.

구약과 신약에서 이 개념들이 서로 깊은 통일성을 갖고 있는 사실은, 신구약 모두의 표면에도 널리 드러나 있으므로 그 자료들을 검토하려고 하기만 하면 즉시 우리의 눈에 띨 정도이다. 신약과 구약 모두에서 "하나님의 영"은 뚜렷이 **하나님의 삼위 중 실행자**로 나타난다. 만약 신약에서 하나님께서 그 "영"을 통하여 모든 사역을 실행하신다면, 구약에서도 그 "영"은 실행하시는 하나님을 지칭하는 명칭이 된다. 이처럼 구약에서 "하나님의 영"은 실행자로서의 하나님을 지칭하는 것이다. 다시 말해서 "세상 모든 곳에서 일하시는 하나님의 활동원리"[10] 를 말하는 것이다. 이 공통적 개념 때문에 우리는 성령교리에 아무런 불연속성을 느끼지 못하고 구약에서 신약으로 넘어갈 수 있다. 그리고 이러한 통일성을 좀 더 알려고 한다면, 신구약 성경 안에 나타나 있는, 성령님에게서 비롯된 모든 활동의 성격을 살펴보아야 할 것이다.

물론 구약이 하나님께서 행하신 모든 활동의 목록 전체를 우리에게 제공하지는 않는다. 구약은 기본적으로 하나님께서 메시아가 오시기 이전에 행하신 구원사역에 관한 기록이다. 한 마디로 구약은 첫 창조의 터 위에 세워진 은혜로운 새 창조의 과정에 대한 기록, 즉 새 창조의 배경과 토대로서 제시된 간결한 기록이다. 이러한

---

10 이것은 C. F. Schmid의 말이다("Biblical Theology of the New Testament," Div. ii. §24,145, 영어 번역). Smeaton의 말을 비교하라: "하나님의 윤리적 통치에서 발생하는 사건들은 (구약에서) 역시 모든 하나님의 목적을 이루시는 실행자이신 성령님에게 돌려지고 있다." Ibid., p. 36.

성격 때문에 우리는 구약으로부터 그 기록들 안에서 자연히 드러나는 하나님의 구원활동들만을 알 수 있다. 따라서 구약에 나타나는 하나님의 활동원리로서의 "하나님의 영"에 대한 교리는, 첫 창조와 두 번째 창조의 시작 단계에서 있었던 하나님의 활동 과정에만 국한되어 있다. 바꿔 말하자면, 이 교리는 세상 안에서 일하시는 하나님과 자기 백성 안에서 일하시는 하나님이라는 두 가지 큰 제목으로 나누어질 수 있다. 위에서 종종 언급된바 대로, 죄가 세상에 들어온 이후로 인간의 영혼에 대한 "하나님의 영"의 사역은 항상 하나님 나라의 정신과 유익의 관점에서 구약에 진술되어 있다.11 구약은, 인간의 범죄 이후 오직 인간의 회복에 관심이 있다. 그래서 구약은 하나님께서 한 택한 나라를 통하여 지상의 모든 나라들이 복을 받도록 그 토대를 놓아가시는, 하나님의 나라의 예비 단계들을 추적해간다. 이처럼 이스라엘을 구별해내서서 신정국가를 수립하심이 새로운 창조의 첫 걸음이 다. 그리고 하나님의 사역의 이러한 과정에 따라서, 새로운 창조 안에서 성령의 교리는 구약에서 가르치는 바와 같이 특별히 신정국가의 수립과 발전 그리고 그것의 복들을 백성들이 누릴 수 있도록 준비시키는 하나님의 활동에 그 초점을 맞추고 있다. 달리 표현한다면, 하나님의 활동은 그분의 국가적, 오히려 그보다는 교회적이라 할 수 있는 사역과 그분의 개별적 사역이라는 두 가지로 구분된다. 따라서 성령에 관한 구약의 가르침은 우리에게 하나님의 활동의 세 영역을 보여준 다. 이 영역들은 대체로 세상 안에서의 하나님, 신정국가 안에서의 하나님 그리고 영혼 안에서의 하나님이라는 개념과 일치한다.

대체적으로 말해서, "하나님의 영"의 세 활동 영역들은 구약에서 계속 나타난다. 구약에서는 "하나님의 영"을 기본적으로 우주와의 관계, 그 다음엔 신정국가와의 관계, 그리고 끝으로 개인과의 관계에서 우리에게 소개하고 있다.12 물론 이것은

---

11 P. Kleinert, ibid., p. 30: "구약은 온통 하나님의 나라의 유익과 영역 안에서 성령의 영향이 인간의 영혼에 미치는 사실만을 알고 있다. 그리고 이 영향은 이스라엘 안에서, 그리고 이스라엘을 통하여 미치게 되어 있다." H. Ch. Havernick, "Theologie des alten Testaments," p. 77: "협의적으로 말하자면, 죄악이 세상에 침투한 이후로는 성령의 교통하심이라는 것은 신정국가 안에서만 다룰 문제일 수 있다." G. F. Oehler, "Biblical Theology of the Old Testament," §65: "그러나 '여호와의 영'이신, 좀 더 확실히 표현하자 면 '여호와의 거룩한 영'이신 성령님은 오직 계시의 영역 안에서만 활동하신다. 그는 신정국가 안에서 통치하신다."

12 예를 들면, 오경에서 성령의 사역은 아마도 전적으로 우주적이며 신정국가의 공직(公職)과 연관된

주로 성령의 활동 영역들이 역사의 흐름과 자연스럽게 조화되기 때문이다. 따라서 성령의 활동의 각 영역과 연관된 계시들이, 그 영역들을 다루는 구약의 어떤 부분에 서만 나타난다고 너무 지나치게 구분하여 생각해서는 안 된다. 그 활동 영역의 구분은 우리에게, "하나님의 영"에 관한 구약의 가르침이 역사적으로 발전해가는 윤곽들을 제시해줄 뿐만 아니라, 논리적 순서에 따라 그 자료들을 제시할 수 있도록 해준다. 아마도 우리는 그것이 성령 교리의 발전과정을 제시해주고 있다고도 말할 수 있겠다. 따라서 그 교리는 매우 자연스러우며, 정말 논리적으로도 타당하며, 그리고 데일(Dale) 박사가 지적한 바[13] 와 같이 구약의 여러 책들의 "전통적" 저작 년대들과 밀접하게 상응한다. 구약의 책들은, 저작 년대에 따라 현 위치에 있는 그대로, 이 교리의 발전을 살펴보기 위한 가장 자연스러운 순서로 된 것이다.

I. 우주에 대한 성령의 사역

"하나님의 영"은 구약에서 제일 먼저 그의 첫 창조와의 관계에서, 이른 바 그의 우주적 관계에서 소개되었다. 이러한 관계에서, 그는 우주의 모든 질서, 우주의 생명과 빛의 근원으로 나타난다. 그는 세상의 모든 움직임과 생명, 사상의 근원이 되시는 하나님이시다. 이 개념의 기초는 이미 "하나님의 영"이 언급된 구약의 첫 문단에 확고하게 놓여 있다(창 1:2). 태초에 하나님께서 천지를 창조하셨다고 성경은 우리에게 말씀하신다. 그리고 이어서 창조된 땅의 형성과정이 상세히 나타난다. 그 땅이 처음에는 "혼돈하고 공허하며 흑암이 깊음 위에" 있었으나, 그 땅이 계속되 는 하나님의 명령에 따라 질서를 갖추고 인간이 거주하는, 오늘 우리가 사는 지구로 변모되었다. 그 전체 과정의 토대로서 "하나님의 영"이 언급된다. "하나님의 영이 수면에 운행하시니라." 이것은 "하나님의 영"이 이미 "혼돈과 공허"를 품고 계셨기

듯하며(G. F. Oehler, ibid., §65); 한편 각 개인에게 미치는 그분의 윤리적 사역은, 구약 전체를 보면, 현실적으로 맛본 것이라기보다는 예언을 통해 영향을 끼친 활동이었다(Dale, "Christian Doctrine," p. 317).

13 Dale, ibid., p. 318. 이 글은, 이 사실에 대한 진술과 또한 그것이 시사하는 바를 받아들이기를 주저한다는 점에서 놀랄만하다.

(brooding) 때문에 그 "혼돈"한 물들이 하나님의 계속적인 창조 명령 -"빛이 있으라" (창 1:3), "궁창이 있으라"(창 1:6), "천하의 물이 한 곳으로 모이라"(1:9), "물들이 생물로 번성하게 하라, 땅 위 하늘의 궁창에는 새가 날으라"(1:20)- 에 순종하며 또 순종할 수 있었던 능력을 지녔다는 것을 뜻한다. "빛이 있으라!"라고 하늘에서 명령하시는 하나님의 음성에 응답한 것은 수면 위에서 품고 계시던 "하나님의 영"의 능력(energy)이었다. 그런데 보라! 빛이 있었다. 피조물 위에 계신 초월자 하나님과 대면하여 피조물을 품고 계신 하나님이 여기에 나타나시는 듯이 보인다. 그리고 여기에 암시된 것은, 피조물을 품고 계신 하나님에 의해서 가능하다는 사실인 듯하다. 한 마디로 "하나님의 영"은, 성경의 맨 첫 부분에서, 내재하시는 하나님으로 나타난다. 그리하여 다음과 같은 사실을 관찰하는 것이 매우 유익하다. 다시 말해서, 하나님께서 이른바 아직 형태를 못 갖춘 땅 덩어리에 내재해 계셨고, 그의 내재하심 만으로 그 덩어리는 하나님의 명령에 따라 질서를 갖춘 세상으로 나타나게 된 것이다.[14] 따라서 "하나님의 영"은 구약의 최초부터 만물의 존재와 존속의 원리이시 며, 모든 움직임과 질서 그리고 생명의 근원이시며 생성의 원인으로 나타난다. 하나님의 생각과 뜻과 말씀이 세상에서 그대로 이루어지는 것은, 하나님께서 세상 위에 계셔서 생각하시고, 뜻하시고 명령하실 뿐만 아니라 또한 세상 안에 계셔서 모든 활동의 원리로서 모든 일을 **실행**하시기 때문이다. 이것이 성경적 우주기원론을 기록한 저자의 생각이라고 본다.[15]

---

[14] H. Schultz, "Old Testament Theology," 영어 번역, ii. 184 비교: "이 성령께서 생명 없고 형태 없는 땅 덩어리 위에서, 마치 새가 보금자리에서처럼 하듯, 품고 계시므로 말미암아, 그것에게 생명의 씨앗을 전달해주신다. 그리하여 그 이후로는 하나님께서 무엇이든지 뜻하시는 바를 자신의 말씀에 의해 산출하게 되도록 하셨다."

[15] 이 창조 기록에 관한 Aberdeen의 J. Robson(D.D.) 목사의 매우 교훈적인 글을 비교하라(*ExpT*, July, 1894, vol. V. No. 10, pp. 467 이하): "창조에 있어서 신적 사역자가 창세기의 초두와 요한복음의 초두에 우리에게 나타난다. 요한이 그의 복음서에서 의도하는 것은 하나님의 말씀이신 예수 그리스도에 관해 말하는 데에 있다. 그러므로 그는 그분의 창조사역의 대행에 관해서만 언급한다. 그러나 창세기에서 모세의 목적은 그러한 사역에서의 신적 사역 전체를 언급하는 데에 있다. 그리하여 그의 기록에서 우리는 성령의 사역을 인식하게 된다. 그렇다고 그가 하나님의 말씀을 등한시하는 것은 아니다. 그는 창조의 매 시기 또는 매일을 '(그리고) 하나님이 이르시되'라는 말씀들로 시작한다. 우리가 성경 다른 책들의 저자들에게서 발견하는 바와 같은 신학적 충족은 창세기에 없다 할지라도, 창조에서의 신적 사역에 관해 그들에게서 알거나 추론할 수 있는 모든 요소들을 창세기에서 발견한다. …… 두 사역자들이 있는데 곧 '수면에서 품고 계시는 '하나님의 영'과 또한 창조의 순서에서 새로운 단계마다 '하나님이 이르시되'라는 말들로 표현되는 하나님의 말씀이다. …… 따라서 항구적 에너지로서 임재하신 '하나님의 영', 그리고 그 에너지에

구약은 위에 언급한 개념을 일련의 구절을 통해 계속 발전시켜 나간다. 욥은 말하기를 "하나님의 영"으로 하늘이 단장되었다고 한다(욥 26:13). 이사야는 대적들과 원수들에게 진노하시고 징벌을 가하시는 심판의 하나님의 오심을 "여호와의 영(기운)이 급히 흐르는 강물같이 오실 것임"이라고 비유한다(사 59:19 원문). 또한 육체의 쇠잔함은 "여호와의 영(기운)이 그 위에 붊" 때 풀이 마르고 꽃이 시드는 것과 같다고 묘사한다(사 40:7). 이러한 구절들에서 "하나님의 영"은 우주의 모든 진행과정의 원리로서 나타난다. 그분은 또한 모든 생명의 근원이시다. 그리고 그런 뜻에서 그는 시편기자가 말한 생명의 원천(시 36:9)이신 분의 대행자이시다. 따라서 시편기자는 모든 피조물의 존재가 그분에게서 유래되었다고 말한다("주의 영을 보내어 그들을 창조하사" -시 104:30). 욥은 말하기를, "'하나님의 영'이 나를 지으셨고 전능자의 기운이 나를 살리시느니라"고 했다(욥 33:4). 따라서 욥은 생명이 자신의 코에 있는 하나님의 기운(영)에 달려있는 것으로 묘사한다(욥 27:3). 그러므로 생명의 존속은 "하나님의 영"이 인간과 함께 계속해서 계시는 여부에 달려 있는 것으로 묘사한다. "그가 만일 뜻을 정하시고 그의 영과 목숨을 거두실진대 모든 육체가 다 함께 죽으며 사람은 흙으로 돌아가리라"(욥 34:14,15 그리고 12:10 참조). 그는 또한 모든 지적 활동의 원천이시다. 엘리후는 어떤 위대함이나 연륜이 총명을 주는 것이 아니고 "하나님의 영"이 그것을 주심을 우리에게 알려준다. "그러나 사람의 속에는 영이 있고 전능자의 숨결이 사람에게 깨달음을 주시나니"(욥 32:8). 바로 이 사상은 아마도 잠언 20:27을 다만 다른 식으로 표현한 것에 지나지 않는 것으로 보인다. "사람의 영혼은 여호와의 등불이라. 사람의 깊은 속을 살피느니라."

"하나님의 영"이 또한 모든 윤리적 생활의 근원이 된다는 사실은 난해구절인 창세기 6:3에 근거를 둔 것같이 보인다("여호와께서 이르시되 나의 영이 영원히 사람과 함께 하지 아니하리니 이는 그들이 육신이 됨이라"). 분명히 본문에는 이 세상에 도덕을 존재할 수 있게 하는 유일한 분이신 성령을 철회하시겠다는 여호와의 직접적 위협이 나타났든지, 그렇지 않다면 하나님께서 인간들의 죄 때문에 생명의 근원이 되시는 성령을 철회하심으로써 더 이상 인간들이 사악한 삶을

____

형태를 제공하시며 또한 창조의 매 시기마다 새로운 형태를 생겨나게 하는 하나님의 말씀이 있다."

영위할 수 없고 소멸되도록 하시겠다는 위협이 나타나 있다. 어떤 위협으로 해석하든지 간에 윤리적 문제들이 뚜렷이 드러나 있음이 분명하다. 인류의 멸망도 윤리적 문제이며 생명을 선물로 주심도 윤리적 목적을 위한 것으로 제시되고 있다. 그러나 이 윤리적 요소는 "하나님의 영"의 사역의 한 요소일 뿐이며, 이 요소는 다른 연관성 속에서라야 뚜렷이 드러난다.

그러나 이와 같이 내재하시는 "하나님의 영"에 관한 교리가, 성경 초두에 나타난다고 해서, 구약 전체에 널리 스며있는 초월적 하나님에 관한 가르침보다 더 중요하다고 평가하기는 어렵다. 어쨌든 하나님의 초월성에 대한 강조는 이신론적 개념으로 발전할 경향이 있는데 이것은 내재하시는 "하나님의 영"에 대한 가르침으로써 즉시 교정할 수 있다. 또한 그와 반대로, 만유신론적(Pantheistic)이거나 범신론적 (Cosmotheistic)인 개념들로 인해 야기될 수 있는 경향은, 이 구약에 널리 스며있는 하나님의 초월성을 강조함으로써 교정할 수 있을 뿐만 아니라, 구약에서 하나님의 내재성을 제시하는 방법을 통해서도 역시 고칠 수 있다. 왜냐하면, 구약에서 내재하시는 성령에 대한 교리를 말할 때에는, 하나님을 창조 속에 얽매인 분으로 생각할 수 있는 모든 가능성을 배제하기 때문이다. 바꿔 말해서, "하나님의 영"이 우주의 모든 활동을 가능하게 하는 동인(動因)이라기보다는 오히려 마치 단순히 물질계의 정신이나 근본 토대인 듯이 생각하는 한, 우리는 하나님의 완전하심을 충분히 찬양할 수 없기 때문이다. 예를 들면 창세기 1:2에서 "운행하시는 영"은 운동력을 부여받는 대상물과 구별되어 나타난다. 그분은 공허한 물속에 잠겨있지 않고 그 **위에서 품고 계셨다.** 그분은 물위에서 역사하고 계셨기 때문에, 이리저리 굽이치는 파도의 다른 명칭으로 혼동될 수 없다. 그러므로 시편 104편(29,30절)에서는 하나님의 창조적 영이 하나님에 의해 보내심을 받았다고 말한다. 그러나 이 창조적 영은 단순히 자연의 무의식적 생명의 근거를 지칭하는 별명이 아니다. 그분은 하나님께서 **보내신** 존재이며 또한 그러기에 생명을 주시는 분이시다(사 42:5). 무소부재하시며(시 139:7) 모든 만물에 내재하셔서 모든 생명체의 활동의 원천이 되시지만(시 104:30), 그럼에도 불구하고 그분은 항상 육체적, 정신적, 윤리적 모든 활동의 동인이 되는 **인격적인** 분이시다. 그분은 선택권을 행사하신다. 그분은 단지 모든 활동들의 **보편적** 근원만이 아니라, 인간과 인간 사이에 존재하는 모든 시비(是非)들을 판결하시는 분이시다. 예를 들면, 엘리후는 자기 속에 계시는 총명의 영에게 호소한다(욥 32:8). 그분은 단지 그러한 능력들을 **존재하게** 하실 뿐만 아니라, 그 능력들을 **철회시키시는** 분이시기도 하다(사 40:7; 창 6:3). 그분의 나타나심은 소위 자연적 활동 방식에만 국한되지 않는다. 그는 이른바 참으로 초자연적 활동을 통해 나타나시기도 한다(왕상 18:12; 왕하 2:16. 그리고 왕하 19:7; 사 37:7 참조). 따라서 "하나님의 영"이 만물 위에 계신 하나님과 동일하심을 분명하게 알게 되면, 모든 자연숭배는 제거된다. 이와 같이 하나님의 통일성이 유지될 뿐만 아니라 또한 강조되었다. 그리고 성경은 자연 속에 나타난 신적 능력들이나 효능들이 그분의 사역임을 알도록 가르친다. 시편기자는 "내가 주의 영을 떠나 어디로 가며 주의 앞에서 어디로 피하리이까?"(시 139:7)라고 묻는다. 여기에서 하나님의 영적 임재는 분명히 자신의 영으로 모든 만물 위에 계시는 하나님의 임재이다. 이와 동일한 정신으로 이사야는 묻는다. "누가…… 뼘으로 하늘을 재었으며…… 누가 여호와의 영을 지도하였으며 그의 모사가 되어 그를 가르쳤으랴?"(사 40:12,13). 분명히 "하나님의 영"은 생명과 총명의 비인격적 근원이 아니라 세상의 모든 존재, 생명 그리고 빛의 인격적 근원으로서, 전능하신 하늘의 하나님과 동떨어진 분이 아니라 그분과 하나 되신 분으로 간주되고 있다. 그러면서도 그는 세상에 내재하시는 분으로서 초월적이신 하나님과 대조되고 있다. 따라서 이러한 대조는 그의 위격화(位格化)와 나아가서는 기독교의 삼위일체 교리의 확립을 위한 길을 마련해 주고 있다.

　"하나님의 영"에 관한 가르침 때문에 구약의 신관(神觀)이 얼마나 풍부해졌는지는 아주 쉽게 알 수 있다. 특히 우리는, "하나님의 영"에 관한 가르침을 통해, 만물의 창조자이신 하나님을 강조해야 함과 동시에 만물의 지탱자이시요 주관자이신 하나님을 동일하게 강조해야 할 필요가 있다. 또한 이 가르침은, 초월적 인격체이신 하나님의 감히 가까이할 수 없는 위엄을 강조함과 더불어, 만물의 변화와 움직임의 내재적 동인이 되시는 하나님을 동일하게 강조하고 있다. 이처럼 이 가르침은 기독교의 섭리 교리 -세상과 역사 속에서 만물을 그것들의 정해진 목표로 이끌어

가시는 하나님의 섭리에 관한 교리 -의 확고한 초석이 된다. 하나님이 아니셨더라면 만물 중 어느 하나도 존재할 수 없었던 것과 같이, 또한 "하나님의 영"이 아니고서는 어느 하나도 존재할 수 없었을 것이다.

II. 신정국가에 대한 성령의 사역

이것은 "하나님의 영"에 관한 구약의 가르침 가운데 두 번째로 뚜렷이 드러나는 양상이다. 즉 그가 두 번째 창조와 지니는 관계에서 부각되는 양상이다. 이 관계에서, 기본적으로 그는 악한 세상 가운데에 하나님의 왕국의 수립, 보존과 발전을 도모하는 모든 초자연적 능력들과 활동들의 원천으로 묘사된다.

이처럼 그는 우주 안에서 사역하시는 영으로 묘사되었던 것과 같이 여기 신정국가 안에서 사역하시는 영으로 분명히 묘사된다. 우리는 여기 초자연적인 분위기 안에서 움직이고 있으며 따라서 우리가 살펴보고 있는 활동들은 완전히 초자연적 질서에 속한다. 아주 다양한 활동들이 나타나지만 그것들은 하나의 공통점을 지니고 있다. 즉 그 활동들은 모두, 그들 고유의 기능들을 성취하기 위해 필요한 은사들을 소유한, 신정국가의 공적인 인물들에게 부여됐다는 점이다.[16]

그 활동들은 이를테면 능력, 결단, 활기, 전쟁터에서의 용맹 등의 초자연적 은사들인데 하나님의 백성을 봉사하기 위한 선택된 지도자들에게 나타난다. 따라서 "여호와의 영"이 옷니엘에게 임하여 그로 하여금 이스라엘 사사의 일을 잘 감당하게 하신 것을 우리는 알게 된다(삿 3:10). 역시 "'여호와의 영'이 기드온에게 강림"하셨고(삿 6:34), 또한 입다에게 임하셨다(삿 11:29). 그리고 가장 괄목하리만큼 강력하게 삼손에게 임하셔서 초인적 힘을 주시고 그를 감동하셨다(삿 13:25; 14:6,19; 15:14).

---

16 G. F. Oehler, "Old Testament Theology," §65: "그리고 '여호와의 영'(rûaḥ yhwh)으로서, 혹은 더 분명하게 말해 '여호와의 거룩한 영' (rûaḥ qōdesh yhwh)으로서의 성령은 오로지 계시의 영역 안에서만 사역하신다. 그는 신정국가 안에서 통치하신다(사 63:11; 학 2:5; 느 9:20). 그러나 그것은 모세가 소원했던 바와 같이(민 11:29) 구약 신정국가의 시민이 모두 이 성령의 통치에 참여했다기보다는 미래의 구원단체(요 3:1)를 위해 예비 된 것이다. 구약에서 하나님 나라 안에서의 성령의 사역은 오히려 그 사명이 필요로 하는 은사들로 신정국가의 기관들에게 채워주시는 데에 있다. 그러나 구약에서 직분의 은사들은 신약에서의 은사들과 동일하다"(고전 12장 이하).

마찬가지로 "하나님의 영"은 사울(삼상 11:6)과 다윗(삼상 16:13)에게도 강력하게 임하셨으며, 아마새도 감동하셨다(대상 12:18). 또한 초자연적 재능의 은사가 장인(匠人)들에게 주어져서, 그들이 왕 되신 하나님께 예배드리기에 합당한 성소를 마련하는 일에 봉사함으로 하나님의 왕국에 이바지하게 되었다. 예를 들면, 여호와께서 지혜의 영으로 채워주심으로 인하여 마음이 지혜롭게 되어 아론의 거룩한 옷을 지을 수 있었던 사람들이 있었다(출 28:3). 그리고 특히 브살렐이 그러했음을 알 수 있다. 여호와께서 "'하나님의 영'을 그에게 충만하게 하여 지혜와 총명과 지식과 여러 가지 재주로 공교한 일을 연구하여 금과 은과 놋으로 만들게 하며 보석을 깎아 물리며 여러 가지 기술로 나무를 새겨 만들게 하리라"(출 31:3∼4. 그리고 35:31 참조)라고 말씀하셨다. 그리고 그렇게 함으로써 그로 하여금 여호와께서 지혜를 주셔서 성소와 거기에 필요한 기구들을 만들게 하신 지혜로운 자들의 일을 주관하게 하셨다. 마찬가지로 성전 건축 시에 그 모형이 여호와께로부터 "그의 영을 통해서" 다윗에게 주어졌음을 볼 수 있다(대상 28:12). 이러한 은사들과 유사하면서도 약간 높은 차원에 속하는 초자연적 은사가 있는데 그것은 곧 재판부와 행정부를 관장하는 지혜의 은사이다. 모세가 그런 은사를 받은 사람이다. 칠십 인의 장로들 역시 그러한 은사를 받아 모세의 사역을 분담하게 되었다. 여호와께서 말씀하시기를 "내가 강림하여 거기서 너와 말하고 네게 임한 영을 그들에게도 임하게 하리니 그들이 나와 함께 백성의 짐을 담당하고 너 혼자 지지 아니하리라"(민 11:17,25).[17] 분명히 이러한 맥락에서 여호수아도 지혜의 영이 충만한 자라고 일컬음을 받았음이 틀림없다(민 27:18; 신 34:9).[18] 이와 같이 직분을 부여할 때에 "하나님의 영"의 은사는 때때로 성례의 의미를 지닌 상징적 행동들과 연관성을 갖는다. 여호수아의 경우에는 안수(신 34:9), 사울과 다윗의 경우에는 기름부음(삼상 10:1; 16:13)이 연관된다. 아마도 삼손의 경우에 있어서, 나실인으로서의 그의 긴 머리칼과 상징적 연관을 맺는 것도 위의 경우들과 동일한 범주에 속한다고 할 수 있겠다.

---

[17] 어느 인물에게 임재하신 성령님이 다른 사람들에게 임하신다는 개념은 왕하 2:9,15에 엘리야의 (예언의) 성령이 엘리사에게 임하시는 사건에서 다시 나타난다. G. F. Oehler, "Biblical Theology of the Old Testament," §65 참조.

[18] 왕상 3장에 나타난 솔로몬의 기도와 그가 받은 은사를 참조하라.

그러나 "하나님이 영"이 신정국가에 부여하신 모든 은사들 중에서 가장 뛰어난 것은 초자연적 지식과 통찰력인데, 그 절정을 이루는 것이 예언의 위대한 은사이다. 가장 위대한 이런 은사는 하나님의 왕국을 위해 사용될 때에 종종 위에 언급한 다른 은사들과 매우 밀접하게 연관을 갖는다. 따라서 광야에서 칠십인 장로들에게 "하나님의 영"이 임하셔서 그들로 하여금 모세와 재판의 짐을 나누어지도록 하셨을 때 그들이 예언을 하였다(민 11:25). 뿐만 아니라 "하나님의 영"이 사울에게 임하심이 사울의 예언으로 나타났다(삼상 10:6,10). 때때로 선지자에게 "하나님의 영"이 임하심은, 다른 사람들이 덩달아 날뛰는 공명(共鳴)예언 현상으로 나타나기도 한다. 이런 예는, 사울의 보냄을 받아 다윗을 체포하러간 사자들과 사울 자신이 예언한 사실에서 찾아 볼 수 있다(삼상 19:20,23). 이러한 경우들에 나타난 현상은 결국 선지자들을 보호하시려는 배후의 목적에 이바지하였다.[19] 에스겔의 환상들 가운데에서는, 감동하시는 영의 임재가 정신적 뿐만 아니라 육체적 행동들까지 동반하는 현상으로 나타난다(겔 3:12,14,24; 8:3; 11:1,5,24; 37:1). 따라서 이 모든 현상들은 모두 동일하신 성령의 사역임이 분명하다.

그러나 모든 은사들 중에서도 예언만은 "하나님이 영"이 자신의 뜻을 계시하시려는 목적으로 선택된 특별한 인물들에게 너그럽게 주시는 은사이다. 이 사실은 발람(민 24:2), 사울(삼상 10:6), 다윗(삼상 16:13), 오뎃의 아들 아사랴(대하 15:1), 스가랴의 아들 야하시엘(대하 20:14), 여호야다의 아들 스가랴(대하 24:20)의 경우에서 잘 드러난다. 호세아에게는 "신에 감동하는 자" (the man that hath the Spirit)라는 표현이 "선지자"의 동의어이었다(호 9:7). 다소 난해한 표현이지만, 이사야는 "주 여호와께서 나와 그의 영을 보내셨느니라"라고 선포한다(사 48:16). 이 표현은 사명을 주신 근원으로서의 여호와와 그 영을 연결시키거나, 그 메시지의 전달자인 선지자와 그 신을 연관 짓는 듯이 보인다. 그러나 어떤 경우이든지 간에 이사야의 표현은, 그 예언이 영에 의해 영감된 것임을 언급하는 것이다. 예언의 영감에 있어서 그 영이 하시는 사역의 본질은, 그가 자신의 환상들을 에스겔에게 보여주실

---

19 이미 앞에서 언급한 바와 같이 다른 방법으로 성령이 임하신 사실을 참조하라(민 11:17,25,26; 왕하 2:9,15).

때 에스겔을 사용하신 방법을 상세히 살펴봄으로써 잘 파악할 수 있다. 한편 선지자적 은사의 풍성함이 미가 선지자에 의해 나타난다. "오직 나는 여호와의 영으로 말미암아 능력과 정의와 용기로 충만해져서 야곱의 허물과 이스라엘의 죄를 그들에게 보이리라"(미 3:8). 그러나 예언의 영감에 관한 전형적인 성구라고 불릴만한 간단명료한 구절이 둘 있다. 이 구절들은 일반적으로 선지자들 전체를 가리켜 성령의 인도하심을 받은 사람들이라고 표현하고 있다. 이 중의 한 구절은 느헤미야 9장에 기록된 레위인들의 위대한 기도시(psalm-prayer) 가운데 나온다. 이 기도시 속에서 먼저 하나님은 모세의 입에 "또 주의 선한 영을 주사" 그를 통하여 "그들을 가르치심"을 인하여 찬양 받으신다(느 9:20). 그리고 더 나아가서는 하나님께서 이 백성에 대해 그토록 "여러 해 동안 참으시고 또 주의 선지자들을 통하여 주의 영으로 그들을 경계하심"을 인하여 찬양 받으신다(느 9:30). 여기서 선지자들이라 함은, "하나님의 영"이 모든 세대에 걸쳐서 자기 백성에게 자신의 뜻을 알리기 위해 사용하신 공적 사역자들 전체를 지칭하는 것이다. 바로 그와 똑같은 방법으로 스가랴는 만군의 여호와께서 자신의 영으로 이전의 선지자들을 통해 자신의 말씀들을 전하셨다고 증거하고 있다(슥 7:12). 이러한 말씀은 매우 포괄적 진술들이다. 여기에서는 선지자들 전체를 총괄하여 언급하고 있으며, 그 선지자들은 "하나님의 영"의 공적 대변자들로서 하나님의 백성을 위해 봉사하는 그분의 기관들로 묘사되고 있다.[20]

이로써 우리가 말하는 신정국가에서 일하시는 성령의 모든 사역의 공적 성격이 드러난다는 사실이 충분히 밝혀졌다. 이처럼 신정국가에서 일하시는 성령은 이 신성한 나라 안에서 하나님(Godhead)의 뜻을 행하시는 사역자로 묘사되고 있다. 즉 그는 백성을 보호, 통치, 훈계, 인도하셔서 예정된 목표로 이끌어 가시려고 그 나라에서 역사하고 계시는 능력의 하나님이시다. 느헤미야 9장에 나타난 레위인들의 기도는 하나님의 백성의 역사를 상세하게 더듬어가고 있다. 이 역사의 전 과정을 통하여 하나님은, 다만 하늘에서 자기 백성을 하감하시며 그들을 인도하시

---

20 창 41:38; 단 4:8; 9:18; 그리고 단 5:11,14에서 우리는 이방인들이 "하나님의 영"의 동의어로서 사용한 "신들의 영"이란 표현을 발견한다.

는 분으로만 묘사되는 것이 아니라, 말하자면 그들 안에서 사역하시면서 그들을 통치하고 교육하는 공적 인물들을 감동하시는 분으로 묘사된다. 즉, 히브리 표현이 종종 인상적으로 시사하는 바처럼, 하나님은 자기 사역의 방편인 이러한 인물들로써 자신을 옷 입히신다(삿 6:34; 대상 12:18; 대하 24:20). 이처럼 신정국가에서 일하시는 영은 자기 백성 가운데에 계신 하나님으로서 감동을 입은 인물들을 도구로 삼아 그 백성을 초자연적으로 인도하시고 가르치심을 통해 자신을 드러내셨다고 할 수 있겠다. 그의 사역 방식은 스가랴 선지자와 학개 선지자를 통해 스룹바벨에게 지시하셨던 사실에서 뚜렷이 나타난다. 스룹바벨과 그 땅의 모든 백성은 강하고 담대하라는 지시를 받는다. "내가 너희와 함께 하노라. 만군의 여호와의 말이니라. 너희가 애굽에서 나올 때에 내가 너희와 언약한 말과 나의 영이 계속하여 너희 가운데에 머물러 있나니 너희는 두려워하지 말지어다"(학 2:4b,5). "……여호와께서 스룹바벨에게 하신 말씀이 이러하니라. 만군의 여호와께서 말씀하시되 이는 힘으로 되지 아니하며 능력으로 되지 아니하고 오직 나의 영으로 되느니라"(슥 4:6). 그들을 대적하던 큰 산들이 평지가 될 것이나 그것은 군대의 힘으로 그렇게 되는 것이 아니다. 힘의 근원의 상징이 되는 것은 순금 등대의 불타는 일곱 등잔으로서, 이 등대는 그 옆에서 자라나는 살아있는 두 감람나무들로부터 기름을 계속 공급받음으로 꺼지지 않고 빛나고 있다. 따라서 보이지 않는 하나님의 불멸의 생명 공급에 힘입어 하나님의 교회는 세상에서 생동력이 넘치며 번성하게 되는 것이다. 그러나 사실 하나님께서 이스라엘 안에 그렇게 내주하신다고 해서 이스라엘 백성이 행하는 모든 것이 하나님의 사역이라고 할 수는 없다. "너희 야곱의 족속아 어찌 이르기를 여호와의 영이 성급하시다 하겠느냐? 그의 행위가 이러하시다 하겠느냐? 나의 말이 정직하게 행하는 자에게 유익하지 아니하냐?"(미 2:7). "하나님의 영"의 은사는 오직 유익을 위한 것이다. 그러나 여기에서 우리는 하나님께서 공식적으로 영감 하셨다는 사실과 그 방식을 매우 분명하게 볼 수 있다. 한 마디로, 신정국가에서의 성령님은 자기 백성과 함께 하시는 하나님으로 나타난다. 그리고 그에 관한 구약의 가르침을 통해 하나님에 관한 기독교 교리의 토대가 교회 안에 확고히 놓였다. 그것은 곧 교회를 이끄시며 지도하시면서 그 교회로

하여금 세상에서 보존되기에 필요한 모든 가르침, 능력 그리고 은혜를 공급하시는 하나님에 관한 교리이다.

그러나 우리가 신정국가라는 이 더 높은 차원의 영역에서 일하시는 성령님의 사역에서 빼놓아서는 안 될 사실이 있다. 그것은 이 영역에서 유익을 주시는 성령님의 자유와, 말하자면 초연(超然)하심이 그분께서 우주와 갖는 관계에서보다 훨씬 더 철저하게 지켜지고 있다는 사실이다. "하나님의 영"이 우주라는 더 낮은 영역에서 물질 안에 계시기보다는 그 위에서 운행하셨다고 한다면, 여기에서도 그분은 자신의 택한 사역자들 위에서 즉 외부에서 사역하신다. 따라서 그분의 공적인 은사들을 그 사역자들의 생득적 능력들과 - 아무리 훌륭하다 할지라도 - 혼동하는 것은 불가능하다. 신정국가에 있어서도 그 영은 하나님께로부터 주어진다(민 11:29; 사 42:1). 하나님께서는 그 영을 사람들 위에 허락하시든가 또는 그 영으로 사람들을 충만하게 하신다(민 11:25; 출 28:3; 31:3). 그 영이 임하시기도 한다(삿 14:6,19 등; 삼상 11:6). 그 영은 사람들에게 강림하시며(겔 11:5), 사람들에게 갑자기 임하셔서 강하게 사로잡기도 하시며, 마치 옷처럼 그들에게 입혀주신다(삿 6:34). 이것은 신정국가를 위해 일하는 사역자들뿐만 아니라 선지자들에게도 동일하게 일어나는 "하나님의 영"의 사역이다. 그들은 모두 어떤 강력한 능력의 도구들이다. 그 강력한 능력이란, 어떤 의미에서는 신정국가 백성에게 부여된 것이라고 생각할 수도 있겠으나 다른 의미에서 보면 그것은 거의 사역자들을 밖으로부터 그리고 위로부터 붙잡으신 능력을 뜻한다. 그리고 "그것은 이처럼 근본적으로 사람을 강렬하게 때로는 강권적으로 붙잡는 능력이기 때문에 여호와의 손"이라는 용어로 종종 대체되기도 한다.[21] 이러한 경우에 "여호와의 손"이란 곧 "여호와의 영"과 동의어이다 (왕하 3:15; 겔 1:3; 3:14,22; 33:22; 37:1; 40:1). 신정국가의 은사들이 간헐적으로 나타나는 사실은, 그 은사들을 인격적인 영이 목적하신 바에 따라 사용하신다는 점을 더욱 강조해 준다. 그 은사들은 신정국가의 사역자들이 자의(自意)에 따라 사용할 영구적 소유가 아니라, 하나님의 은사의 용도에 따라 주어지기도 하고

---

[21] C. von Orelli, "The Old Testament Prophecy," etc., 영어 번역 p. 11 그리고 역시 Oehler, "Biblical Theology of Old Testament," §65 끝까지 참조하라.

거두어가기도 했다.22 한마디로, 신정국가에서의 성령의 은사들은 하나님께로부터 온 것인 동시에 하나님께 속한 은사라는 점이 곳곳에 거듭 강조되고 있다. 그리고 그러한 은사들을 선택된 사역자들에게만 주어진 성령의 특별하신 감동으로 여기지 않고, 민족 전체에게 주어진 성령의 일반적 감동의 결과로 간주하려는 경향은 질책을 받고 있다. 인간 안에서 또한 인간을 통하여 사역하시는 하나님께서는, 인간에게 다양한 영감을 주심으로써, 위에서 신비하게 일을 수행해 나가신다. 그분은 창조계 속에 흡수되어 있지 않는 것과 같이 교회 속에도 얽매여 있지 않으시다. 하나님은 모든 활동에서 공히 자신의 뜻에 따라 사람에게 다양하게 은사를 나눠주시는 초월하시며 자유로우신 영이시다.

신정국가에서 행하시는 성령의 공적 사역에 관한 표현들은 그 영의 부으심을 입은 메시아에 대한 이사야의 예언에서 그 절정에 이른다.

> ¹이새의 줄기에서 한 싹이 나며 그 뿌리에서 한 가지가 나서 결실할 것이요 ²그의 위에 여호와의 영 곧 지혜와 총명의 영이요 모략과 재능의 영이요 지식과 여호와를 경외하는 영이 그 위에 강림하시리니 ³그가 여호와를 경외함으로 즐거움을 삼을 것이며 그의 눈에 보이는 대로 심판하지 아니하며 그의 귀에 들리는 대로 판단하지 아니하며 ⁴공의로 가난한 자를 심판하며 정직으로 세상의 겸손한 자를 판단할 것이며 그의 입의 막대기로 세상을 치며 입술의 기운으로 악인을 죽일 것이며 ⁵공의로 그 허리띠를 삼으며 성실로 그의 몸의 띠를 삼으리라(사 11:1~5).

> ¹내가 붙드는 나의 종, 내 마음에 기뻐하는 자 곧 내가 택한 사람을 보라. 내가 나의 영을 그에게 주었은즉 그가 이방에 정의를 베풀리라. ²그는 외치지 아니하며 목소리를 높이지 아니하며 그 소리를 거리에 들리게 하지 아니하며 ³상한 갈대를 꺾지 아니하며 꺼져가는 등불을 끄지 아니하고 진실로 정의를 시행할 것이며 ⁴그는 쇠하지 아니하며 낙담하지 아니하고 세상에 정의를 세우기에 이르리니 섬들이 그 교훈을 앙망하리라. ⁵하늘을 창조하여 펴시고 땅과 그 소산을 내시며 땅 위의 백성에게 호흡을 주시며 땅에 행하는

---

22 A. B. Davidson (*The Expositor*, July, 1895, p. 1)을 참조하라. "구약시대의 백성에게 널리 알려진 견해- 그것은 구약 저자들이 친히 가졌던 견해로 보인다. -는 다음과 같은 것이라고 생각한다. 선지자는 여호와의 일반적 영감에 의해, 말하자면, 그를 부르셨을 때 그에게 단번에 주신 말씀을 전했던 것이 아니다. 예언이든 실제적 권고이든 간에 그가 말한 특수한 발언은 그 목적을 위해 그에게 임한 특별한 영감의 영향에 의한 것이었다." 이 보다 더 강하게 표현할 수도 있었을 것이다.

자에게 영을 주시는 하나님 여호와께서 이같이 말씀하시되 ⁶나 여호와가 의로 너를 불렀은즉 내가 네 손을 잡아 너를 보호하며 너를 세워 백성의 언약과 이방의 빛이 되게 하리니 ⁷네가 눈먼 자들의 눈을 밝히며 갇힌 자를 감옥에서 이끌어 내며 흑암에 앉은 자를 감방에서 나오게 하리라. ⁸나는 여호와니 이는 내 이름이라. 나는 내 영광을 다른 자에게, 내 찬송을 우상에게 주지 아니하리라(사 42:1~8).

¹주 여호와의 영이 내게 내리셨으니 이는 여호와께서 내게 기름을 부으사 가난한 자에게 아름다운 소식을 전하게 하려 하심이라. 나를 보내사 마음이 상한 자를 고치며 포로 된 자에게 자유를, 갇힌 자에게 놓임을 선포하며 ²여호와의 은혜의 해와 우리 하나님의 보복의 날을 선포하여 모든 슬픈 자를 위로하되 ³무릇 시온에서 슬퍼하는 자에게 화관을 주어 그 재를 대신하며 희락의 기쁨의 기름으로 그 슬픔을 대신하며 찬송의 옷으로 그 근심을 대신하시고 그들이 의의 나무 곧 여호와께서 심으신 그 영광을 나타낼 자라 일컬음을 얻게 하려 하심이라(사 61:1~3).

메시아에게 주어진 은사들을 묘사하는 이 아름다운 표현들을 통해서, 여러 사람들에게 각기 주어졌던 신정국가의 은사들이 모두 메시아에게서 하나로 합쳐지는 것을 누구나 밝히 알 수 있을 것이다. 따라서 성령의 도구로 쓰임 받은 이전의 사역자들은 신약이 "하나님이 성령을 한량없이 주심이니라"(요 3:34)고 묘사한 바로 그분의 부분적 예표들일 뿐이라는 사실이 드러난다. 여기에서 우리는 메시아와, 성령의 감동을 받은 다른 사람들과의 차이를 깨달을 수 있다. 성령의 감동을 받은 사람들은 하나님의 왕국의 발전에 있어서 자신들의 위치와 기능에 따라 성령이 "측량되어(meted out, 사 40:12) 주어졌으나, 메시아에게는 한량없이 부어졌다. 따라서 바로 메시아 그분에 의해서 하나님 나라는 그 완성에 이른다. 누구나 틀림없이 파악했을 터인데, 메시아의 영적 은사들에 관한 묘사는 또한 완성된 하나님 나라에 대한 묘사이기도 하다. 그분의 은사들도 역시 그분 자신을 위한 것이 아니라 하나님 나라를 위한 것이며, 따라서 공적인 것이었다. 그럼에도 불구하고, 그분은 모든 개인적 은혜와 또한 충분히 묘사된 충만함과 완전함의 근원이시다. 따라서 그분은 신정국가에서 일하시는 성령의 사역의 예표이실 뿐만 아니라 각 사람이 하나님의 형상을 닮아 완전에 이르도록 그 영혼에게 일하시는 성령의 사역의 예표가 되신다.

Ⅲ. 개인에 대한 성령의 사역

이제 우리는 자연스럽게 성령께서 새 창조와 연관하여 일하시는 두 번째 측면을 고찰하게 되었다. 이 두 번째 측면이란 그분께서 각 개인의 영혼과 갖는 관계를 말한다. 그분은, 신정국가에서 일하시는 성령으로서 그 나라 안에서 사역하시며 하나님의 백성을 위해 하나님 나라를 예비하셨던 것과 마찬가지로, 사람들의 심령 속에서 사역하셔서 하나님의 자녀들로 하여금 하나님 나라에 적합한 인물들로 만드신다. 이러한 면에서 그분은 특별히 은혜의 영으로 나타나신다. 그분이 온 우주적 생명의 근원이시며 신정국가의 모든 삶의 근원이심과 같이, 또한 그분은 모든 영적 삶의 원천이시다. 그분은 살아 계셔서 한 영혼을 붙들어주시며, 그를 자신이 창조하신 광대한 세계의 일부로서 다스리신다. 그분은 자신이 신정국가 백성에게 내리시는 복에 개개인을 참여하게 하신다. 그러나 그분은 또한 개개인을 다루실 때 내적으로 그들이 지음 받은 목적에 부합하도록 하신다. 한마디로, 구약에 나타난 "하나님의 영"은 단지 세상의 모든 생명과 활동의 원천이 되는 내재적 영만은 아니시다. 또한 그분은 자신의 교회의 견고함과 안전, 그리고 교회의 특별한 사명에 부합하여 자라나는 성장의 근원이신 분만은 아니다. 그분은 아울러 하나님의 자녀들의 마음속에 거하시는 성결의 영이시다. 슐츠(Schultz)가 표현했듯이, "사람으로 하여금 하나님을 기쁘시게 하는 삶을 살도록 이끄는 그 신비로운 추진력은, 인간의 환경 발전에서 기인된 것이 아니라, 바로 다름 아닌 '하나님의 영'에 의해 이루어진 것이다. 그 영은 또한 특별히 '하나님의 영'이라고 불리는 하나님의 성령이시다."23

우리가 이미 살펴본 바대로 성령의 사역이 개인들에게 미치는 영향들은 때때로 그분의 다른 활동들과 밀접한 연관성을 갖는다. 과연 우리가 본 바대로, 내재하시는 생명의 영으로서 일하셨지만 그분의 활동이 윤리적 문제들과 연관성이 없었던 것은 아니다(창 6:3). 그리고 또한 우리가 기억하고 있는 바대로, 느헤미야는 그 영이

---

23 H. Schultz, ibid., ii, p. 203. 이 인용문은 그 주된 개념 때문에 소개되었으나, 물론 우리는 그가 주장하는 어떤 내용들은 반대한다.

모세를 통해 이스라엘을 광야에서 가르치신 그의 선하심 -즉, 아마도 은혜로우심 -을 회상하고 있다(주께서는 "또 주의 선한 영을 주사 저희를 가르치시며," 느 9:20).24 그 영이 사울에게 임하셔서 신정국가의 사역을 위해 그를 감동시켰을 때, 그 일이 사울에게는 지대한 영향을 미친 것으로 묘사되었다. "네게는 여호와의 영이 크게 임하리니 너도 그들과 함께 예언을 하고 변하여 새 사람이 되리라"고 사무엘이 말한다(삼상 10:9). 아마도 그러한 획기적인 윤리적 결과들은 보통 그 영의 공적 은사에 수반되는 것이다. 그리고 이런 설명은, 그들이 "하나님의 거룩한 사람들"로서 성령의 감동하심을 입어 예언했다고 하는, 베드로후서 1:21의 말씀에 잘 부합된다.25

어쨌든 이 "철저한 윤리적 변화"라는 개념은, 시편과 이사야서(오직 시 51:11; 사 63:10,11)에서 차음으로 "성령"이라고 불리신 성령의 내적 사역에 관한 구약 사상의 특징이다.26 이러한 성령의 내적 사역과 연관된 고전적 본문은 시편 51편이다. 이 시편은, 다윗이 나단 선지자에게 밧세바와의 범죄를 지적 받은 후에 긍휼을 간구하는 기도와 회개의 부르짖음을 담은 시이다. 다윗은 자기 속에 새로운 마음을 창조해 주시며 자기 안에 정직한 영을 소생시켜 주시기를 간구한다. 그리고 그는, 새 생활을 지속할 수 있는 힘을 얻을 소망은 오로지 하나님의 성령 즉 하나님의 거룩하신 영께서 자기 안에 계심에 달려 있다고 고백한다. 여기에서 그 영이 거룩하다고 불리는 까닭은 아마도 그분은 근본적으로 사악한 마음 안에는 거하실 수 없는 분이시기 것이다. 그러나 또한 다윗은 거룩함이 없이는 도저히 주님을 뵈올 소망조차 가질 수 없기에, 그분을 자기 안에 계셔서 거룩하심을 창조하시는 분으로

---

24 민 14:24는 갈렙이 여호와를 온전히 좇았다고 우리에게 전해준다. 그 이유는 그의 반역적 동료들을 조정하던 것과는 "다른 영이 그에게 계셨기 때문에"(원문) 가능했다. 여기에서 "영"이라 함은 아마도 "여호와의 영"이라는 의도였을 가능성이 있다.

25 물론 예외도 발견된다. 발람, 삼손 등. H. G. Mitchell, "Inspiration in the Old Testament," *CT* (December 1983): 190 참조.

26 F. H. Woods, *ExpT*, July, 1895, pp. 462-63을 참조하라. "선지자나 시편 기자가 '하나님의 영' 그리고 '거룩한 영'이라는 말을 어떤 뜻으로 사용했는지 분명히 알기란 매우 어렵다. 그러나 여하간 그러한 말은 그들이 거룩함과 진리를 이루는 그 내적 능력의 신적 성격을 이해했음을 보여준다. '나를 주 앞에서 쫓아내지 마시며 주의 성령을 내게서 거두지 마소서'(시 51:11). '…… 이제는 주 여호와께서 나와 그의 영을 보내셨느니라'(사 48:16). '…… 만군의 여호와께서 말씀하시되 이는 힘으로 되지 아니하며 능력으로 되지 아니하고 오직 나의 영으로 되느니라'(슥 4:6)."

우러러보았다고 생각된다. 이와 흡사한 개념은 다윗의 또 다른 시편인 143편에서 발견된다. "주는 나의 하나님이시니 나를 가르쳐 주의 뜻을 행하게 하소서. 주의 영은 선하시니 나를 공평한 땅에 인도하소서"(10절). 하나님이 은혜와 거룩하심이란 이 두 개념은 이사야에 의해서도 연결되어 나타난다. 모세 시대 이후로 이스라엘이 하나님께 배은망덕하며 반역함으로 얼마나 "하나님께서 은혜로 그들 안에 두셨던 주의 성령"(사 63:10,11)을 근심하게 하였는지를 설명할 때에 이러한 연결이 나타난다.[27] 이 성령의 개념에는, 근본적으로 이스라엘을 인도하시려고 주어진 성령은 그분이 다루시는 사람들 안에서 죄를 용인하지 않으시며 그들을 거룩한 길로 인도하실 것이라는 사실이 내포되어 있다.

그러나 "하나님의 영"의 사역에 관한 내용은 미래에 대한 예언들 가운데서 가장 풍부하게 발전하였다. 이사야 선지자가 우리에게 전해주는 바대로, 메시아 시대에는 성령이 위로부터 부어져서 "그 때에 정의가 광야에 거하며 공의가 아름다운 밭에" 있게 될 것이다(사 32:15~16). 메시아 시대를 성령이 그 백성들의 마음을 지배하시는 시대로 묘사하는 표현들을 보면, 그분의 구원 사역이 미치는 풍성한 복이 발전되어 나타난다. 바로 그분께서 하나님의 자녀들을 하나님의 나라로 모으실 것이기에 한 사람도 잃어버림을 당하지 않을 것이다(사 34:16). 바로 복의 근원이 되신 성령 그분이 후손들에게 부어질 것이다. 그러기에 그 후손들은 놀랄만한 성장 가운데 솟아날 것이며 또한 극히 풍성한 결실을 맺으므로, "…… 한 사람은 이르기를 나는 여호와께 속하였다 할 것이며 또 한 사람은 야곱의 이름으로 자기를 부를 것이며 또 한 사람은 자기가 여호와께 속하였음을 그의 손으로 기록하고 이스라엘의 이름으로 존귀히 여김을 받으리라"(사 44:3~5). 바로 성령님 그분의 거하심이 여호와께서 구원의 날에 자기 백성과 맺으시는 새 언약의 놀라운 복이 되는 것이다. "여호와께서 이르시되 내가 그들과 세운 나의 언약이 이러하니 곧 네 위에 있는 나의 영과 네 입에 둔 나의 말이 이제부터 영원하도록 네 입에서와 네 후손의 입에서와 네 후손의 후손의 입에서 떠나지 아니하리라 하시니라. 여호와의 말씀이니라"(사 59:21). 각 개인의 마음속에 임재하신다고 하는 이 성령의 선물은

---

[27] 시 106:13을 참조하라.

메시아 시대의 모든 복들 중 가장 복된 것이다. 이와 완전히 동일한 가르침이 에스겔서에도 나타난다. 새 마음과 새 영은 에스겔의 귀중한 메시지 중의 하나이다 (겔 11:19; 18:31; 36:26). 그리고 새 마음과 새 영은 메시아 시대에 하나님께서 성령을 통해 자기 백성에게 주시는 선물이다. 하나님의 백성은 죽었다. 그러나 하나님은 그들의 무덤을 열고 그들을 거기에서 나오도록 하실 것이다. "내가 또 내 영을 너희 속에 두어 너희가 살아나게" 할 것이다(겔 37:14). 그들은 포로가 되었으나, 그분은 그들을 거기에서 이끌어내실 것이다. "내가 다시는 내 얼굴을 그들에게 가리지 아니하리니 이는 내가 내 영을 이스라엘 족속에게 쏟았음이라. 주 여호와의 말씀이니라"(겔 39:29). 스가랴서에도 동일한 약속들이 나타난다. "내가 다윗의 집과 예루살렘 주민에게 은총과 간구하는 심령을 부어 주리니 그들이 그 찌른바 그를 바라보고……"(슥 12:10). 여기에서 말씀하신 것은 회개하게 하시는 성령에 관한 것이다. 이제 한 가지만 더 언급하면 메시아 시대의 모습을 완성할 수 있다. 그것은 곧 장차 올 복된 시대에는 이제껏 이스라엘에게만 주어졌던 성령이 온 세상에 부어질 것이라는 명확한 선포이다. 또한 베드로에 의해 오순절에 시작된 성령의 쏟아 부어지심에 적용된, 요엘이 우리에게 전해주는 놀라운 말씀 바로 그것이다. "그 후에 내가 내 영을 만민에게 부어 주리니…… 그 때에 내가 또 내 영을 남종과 여종에게 부어줄 것이며…… 누구든지 여호와의 이름을 부르는 자는 구원을 얻을 얻으리니……"(욜 2:28∼32).

이러한 일련의 성구들을 통해, 신약의 내주 하시는 성령이 우리 앞에 분명하게 드러났다. 그분은 곧 내주하시는 하나님으로서 모든 거룩함과 구원의 창조자이시다. 이렇게 해서 중생과 성화라는 기독교 교리의 토대가 확고히 수립된 것이다. 이 교리는 영혼 속에 영적 생활을 영위할 힘을 소생시키시며 그 생활이 거룩하게 발전하도록 하시는 하나님을 가르친다. 그분의 거룩하게 하시는 사역의 측면이 신정국가에 대한 그분의 활동보다 드물게 다루어졌다거나, 그 사역이 주로 미래에 관한 예언들 속에서 더 풍성히 언급되고 있다는 점은 그리 놀랄만한 것이 못된다.28 그 시대는 신정국가가 발전하던 때였고, 옛 시대는 충만한 영적 은혜들을 위한

---

28 그럼에도 불구하고 데일(Dale) 박사가 그의 인상적인 문장들로써 표현한 놀라움에 대해서는 그의 ibid., p. 317을 보라.

준비 기간이었기 때문이다. 오히려 놀랄만한 점은, 장차 도래할 성령 시대와 관련된 불과 몇 안 되며 게다가 흩어져 있는 암시들과 예언들 속에, 개인에 대한 그분의 사역을 그토록 깊고 철저하게 파악한 내용이 드러나 있다는 사실이다.

이렇게 마음속에서 일하시는 성령의 사역을 제시함으로써 구약은 "하나님의 영" 개념을 완성시킨다. 이것은 곧 만유에 내재하시며(immanent), 감동시키시며(inspiring), 마음속에 내주하시는(indwelling) 하나님에 대한 개념이다. 이 개념 안에, 세상 속에서 일하시는 하나님, 교회 속에서 일하시는 하나님, 영혼 속에서 일하시는 하나님, 이렇게 하나님에 대한 세 가지 중요한 사상이 들어있다. 섭리의 하나님이신 그분은 곧 발생하는 모든 일에 내재하는 원천이시며, 물질계와 영계의 감독자며 주관자이시다. 교회의 하나님이신 그분은 교회의 모든 생활과 모든 은사들의 원천으로서 교회를 가르치시고 다스리시고 보존하시며 확장시키시는 사역을 하신다. 은혜의 하나님이신 그분은 모든 거룩함과 종교적 열망, 감정, 활동에 내주하시는 원천이시다. 이와 같은 하나님의 성령 교리의 첫째 측면으로 인하여 하나님에 관한 개념이 전반적으로 매우 풍부해졌다는 점에 대해서는 이미 주지시킨 바가 있다. 구약에 제시된 부가적인 측면들도 물론 그 개념을 더욱 풍부하고 고상하게 해주고 있다. 구약은 성령님의 인격성을 대단히 강조함으로써, 발생하는 모든 것에 내재하시는 원천이신 성경의 인격적 하나님과 범신론적 개념 사이에 이미 놓여있던 간격을 훨씬 더 크게 벌려 놓았다. 또한 구약은 '일하시는 하나님'이라는 사상 안에 본래부터 있는 두 개념 즉 은혜와 거룩함을 매우 강하고 선명하게 드러내 주며, 이로써 하나님 자신이 윤리적이시라는 개념을 심화시킨다. 이처럼 우리가 구약의 성령 교리에 주의를 기울인다면 구약의 하나님 이 다음과 같은 분이심을 잘 이해할 수 있다. 그분은 오직 자기 백성을 영구히 자기 마음에 품으시며 그들로 하여금 삶과 성품에 있어서 자신의 거룩하심에 일치시키려고 애쓰시는, 인격적이시고 선택하시며 은혜롭고 거룩하신 하나님이 시다. 이와 같이 구약의 "하나님의 영" 개념과 신약의 성령 개념이 근본적으로 일치한다는 사실은, 이 사실을 우리가 주의 깊게 살펴볼수록 더욱 더 분명해진다. 구약의 "하나님의 영"은 신약의 성령께서 행하시는 모든 기능들을 다 수행하실 뿐만 아니라 동일한 특성들을 갖고 계시다. 그러므로 구약의 "하나님의 영"과 신약의 성령님은 그 본질이나 활동에 있어서 동일하다고 생각하기에, 이 두 분을 동일한 분으로 간주할 수밖에 없다.

하지만 이렇게 그 두 분을 동일한 분으로 본다고 해서, 구약에서 "하나님의 영"이, 신약의 성령님처럼 신적 본질이 구별된 한 위격(位格)으로 간주되었다고 주장할 필요는 없다. 혹 그것이 그러했는지 또는 -만일 약간 그러했다면 -그것이 어느 정도 사실이겠는지, 이런 문제는 별도로 연구해야 할 일이다. 어쨌든 "하나님의 영"은 구약 전체를 통해 확실히 한 인격적 존재로서 행동하시고 또 우리에게 인격자로 제시되고 있다. 구약의 어느 구절도 그분이 자유로우시고 자의적이시며 지적인 존재로서 인격체이시라는 사실 이외에 다른 표현을 사용한 적이 없다. 그러나 이것 이 성경에 스며있는 하나님의 인격성에 대한 유일한 증거이다. 또한 "하나님의 영"은 구약 어느 곳에서나 하나님과 동일시되고 있다는 점도 사실이다. 그런데 이것도 구약에 스며있는 하나님의 일체성에 대한 유일한 증거이다. 따라서 이제 조사해보아야 할 문제는, 인격적인 한 분 하나님께서 어느 정도까지 삼위일체 하나님의 위격(位格)적 특성(hypostatical distinction)을 갖고 계신 것으로 이해되었는가 하는 점이다. 이 문제는 매우 복잡 미묘하여서 대단히 세심하게 다루어야만 한다. 사실 이 문제에는 세 가지 질문이 포함되는데, 명백한 구분을 위해 따로 따로 다루려고 한다. 우리는 이런 질문할 수 있겠다. 크리스천은 구약의 "하나님의 영"에서 신약의 인격적인 성령님을 제대로 볼 수 있는가? 이 질문에 대해서는 우리가 즉시 긍정적으로 대답할 수 있다. 우리는 또 이렇게 질문해 볼 수 있겠다. 구약 안에서 우리는, 신약에 나타난 제 삼위 신에 대한 계시를 기대하거나 예시하는 어떤 암시들을 찾을 수 있는가? 이 질문 역시 긍정적으로 대답해야 한다고 생각한다. 또 다시 다음과 같이 질문할 수 있겠다. 그러면 그 암시들이, 신약의 계시가 없이도 이 성령의 교리를 실제로 계시한다고 할 만큼 명백한가? 이 질문에는 분명히 부정적으로 답변해야만 한다. 물론 구약에는 그런 암시들이 있으며 이것들은 더 충만한 신약의 가르침을 위한 접촉점으로서 도움이 된다. 그러나 그것들은 다만 암시에 불과할 뿐이므로, 신약의 가르침이 없이는, 하나님의 능력을 의인화(擬人化)하거나 이상적으로 구체화한 것이라고 설명할 수밖에 없을 것이다. 하나님의 일체성을 강조하며, 그 영을 보내신 하나님과 그 영을 동일시하지만, 또한 하나님과 그의 영 사이에 괄목할만한 구별도 분명히 나타난다. 이러한 구별은 적어도 만물 위의 하나님과 만물 안의 하나님, 그 영을 보내신 분과 보냄을 받은 분, 도덕법의 근원자와 실행자라는 차이에 있다. 이런 차이는 이미 창세기 1:2에서 나타나며, 이것은 구약에서 점점 눈에 띨만하게 부각된다. 이 구별은 고정된 표현들에서 뚜렷하게 드러난다. 한편 하나님은 인간에게 그의 영을 보내시며, 옷을 입히듯 입히시며, 배치하시며, 부어주시며 거두시는 분인 반면에, 다른 한편으론 그 영은 인간에게 오시고, 안주하시며, 내려오시고 강하게 임하시는 분으로 언급된다. 두 경우에서 모두 그 영과 하나님을 구체화시키는 현상이 나타난다. 전자의 경우에서는, 하나님이 마치 그분을 자신에게서 보내듯이 그분을 자신으로부터 구분 짓는다. 후자의 경우에서는 그 영이 거의 독립된 인격체로 자의적으로 활동하시는 분으로 나타난다. 슐츠(Schultz)는 심지어 창세기 1:2에서도 그 영을 가리켜 "극히 독립된, 한 위격이나 인격체와 꼭 같이"29 나타난다고 말하기를 주저하지 않는다. 클라이네르트(Kleinert)도 그 구절에서 적어도 위격화의 경향이 -비록 그는 이 경향이 그 후에 계속해서 발전되지 않았다고 생각하지만 -있다고 본다.30   따라서 우리는 적어도 다음과 같이 말하는 것은 타당하다고 하겠다. 즉, 구약 안에서 "하나님의 영"을 위격화 하는 정도까지는 아니할지라도 그러한 경향이 눈에 띄게 드러난다. 그리고 호프만(Hofmann)의 신중한 표현대로, 그 영은 구약에서 그분으로 하여금 "세상에서 생명의 근본이 되도록 만드시는 하나님 자신인 '나'와는 다소 구별되어" 나타난다.31   적어도 삼위일체에 대한 신약의 충만한 계시를 위한 준비가 괄목하리만큼 나타나며32   그 교리와의 연관 점들이 발견된다. 따라서 크리스천은 거부감 없이 구약을 읽을 수 있으며, 아무런 혼동 없이 "하나님의 영"에서 자신들의 성령님을 발견할 수 있다.33

---

29 Ibid., ii. p. 184.

30 Ibid., pp. 55-56.

31 J. C. K. von Hofmann, "Schriftbeweis," i. p. 187.

32 G. F. Oehler, ibid., §65, note 5 참조. 그는 사 48:16이 인격성을 암시한다고 본다. 그리하여 그는 구약이 이로써 신약의 실제적 삼위일체론의 길을 터놓는 예비 작업을 하였다고 우리에게 상기시켜 준다. 역시 Dale, ibid., p. 317 참조.

33 핫지(Hodge) 박사의 훌륭한 요약 내용을 참조하라. "창세기 1장에서까지도 '하나님의 영'은 창조된 우주의 모든 지능, 질서, 생명의 근원으로 나타난다. 그리고 구약의 기타 책들에는 그가 선지자들에게 영감을 주시며, 국가의 지도자들과 용장들 그리고 하나님의 백성에게 지혜, 능력, 은총을 베푸시는 분으로 나타난다. 이 '영'은 대행기관(agency)이 아니라 사역자(agent)로서 가르치시며 선택하신다. 그분에게 대해

이 이상 더 찾아내기는 어려울 것이다. 구약시대에 하나님에 관한 교리에서 무엇보다도 강조되어야 할 요소는 자연히 그분의 일체성과 인격성이었다. 하나님의 옛 백성이 배워야 할 가장 중요한 것은 온 땅의 주 하나님은 한 분이시라는 사실이다. 이것은 그들 주위의 다양한 우상숭배에 대해서 이스라엘이 고수해야 할 진리 중의 진리이었다. 이 위대한 진리가 그들의 마음속에 지워지지 않도록 인 쳐지기 전에는, 그들이 삼위일체 하나님의 위격의 구별을 제대로 알 수 없었다. 그 영을 구별된 위격으로 너무 일찍 계시하는 것은 오히려 하나님의 백성에게 해만 끼쳤을 것이다. 아마 우리는 모두 클라이네르트(Kleineret)의 다음과 같은 말에 동의할 것이다.34 그는 이시돌(Isidore of Pelusium)이, 모세가 삼위일체 교리를 충분히 잘 알고 있었으나 행여나 다신론이 그 교리로 인해 득세할까 우려되어 그것을 은폐했다고 말한 것은 실제적이라고 하였다. 그러나 우리는 그 이유를 계시자이신 하나님에게서 찾는 것이 더 바람직하겠다. 하나님은 인간에게 자기 자신에 관한 진리를 점진적으로 계시하신다. 하나님은 전체 진리를 계시하시지만 여러 부분과 여러 방법으로 계시하시는 것이다. 바로 이 교리의 이러한 점진적 계시 때문에 먼저 하나님(Godhead)의 일체성이 인간들에게 확실하게 인식되어야 했고, 그 다음 에 때가 무르익자 이 일체성의 인식에 근거하여 비로소 삼위일체의 교리가 드러나 야만 했던 것이다. 따라서 우리는 구약 안에서 그 영의 위격 구분이 더 이상 분명하게 계시되지 않았다는 사실에 대해서는 놀랄 필요가 없다. 오히려 우리를 놀라게 하는 사실은, 구약이 그 영에 관해 너무도 교묘하게 다루었다는 점이다. 그런 까닭에, 신약에 나타난 성령의 위격 교리를 위한 놀랄만한 접촉점이 구약 안에 수없이 많이 있음에도 불구하고, 이스라엘 사람 중 아무도 전혀 혼동하지 않고 진정으로 믿는 마음으로 "이스라엘아 들으라! 우리 하나님 여호와는 오직 유일한

죄를 지을 수 있으며 또한 그를 근심하게 할 수 있다. 그리고 그분은 신약에서 틀림없이 구별된 인격체로 계시되었다. 세례 요한이 나타나 성령님을 한 인격으로 말하는 것을 우리는 발견한다. 요한 당시의 유대인들은 그분이 신적 경배의 대상이며 구원의 복을 허락하시는 분이시라고 익히 알고 있었다. 제 2위이신 우리 주님께서도 이 사실을 기정 진리로 전제하시고, 보혜사 성령을 대신 보내어 그들을 가르치며, 위로하며 또 강건하게 하시겠다고 약속하셨다. 그리고 그들은 그분을 영접하고 순종해야만 했다. 따라서 아무런 무리 없이 이 신비에 대한 최초의 계시들이 점차적으로 밝혀져 마침내 삼위일체 하나님이신 성부, 성자, 성령께서 신약의 모든 믿는 자들에게 보편적으로 인정된 하나님으로 나타나게 된다"(C. Hodge, "Systematic Theology," i. p. 447).

34 Ibid., p. 56.

여호와시니"(신 6:4)라는 그분의 위대한 '쉐마'("들으라")를 되풀이할 수 있었다. 이처럼 삼위일체의 교리는 그리스도의 수세 때에 나타난 대로 하늘에 계신 하나님, 땅에 계신 하나님 그리고 하늘로부터 땅으로 강림하시는 하나님으로 온전히 가시적 형태로 드러나기 전에는, 그 신비의 어느 부분도 벗겨질 수가 없었다.

그러나 우리가 다루지 않고 그냥 지나쳐버릴 수 없는 질문 하나가 아직 남아 있다. 우리는 이제껏 구약에서 성령의 교리가 풍부하게 발전되었다는 사실을 살펴 보았다. 또한 구약은 "하나님의 영"이 구약의 모든 시대를 통해 활동하심을 증거해 주고 있다는 사실도 보았다. 그렇다면 신약시대를 성령의 시대라고 호칭하는 의미 는 무엇인가? 사도 요한이 예수께서 아직 영광을 받지 못하셨기 때문에 성령이 아직 임하지 않으셨다고 말한(요 7:39) 의미는 무엇인가? 우리 주님 자신이 보혜사 를 약속하실 때에 자기가 떠나가서 그를 보낼 때까지는 보혜사가 오시지 않을 것이라고 말씀하신 것(요 16:7)은 무엇을 뜻하는가? 그리고 자기 제자들에게 숨을 내쉬며 "성령을 받으라"(요 20:22)고 말씀하신 뜻은 무엇인가? 성령께서 성령의 시대를 여시려고 강림하신 오순절은 어떤 의미를 지녔는가? 이것은 성령께서 구약 시대에는 활약하시지 않았다는 뜻일 수는 없다. 이미 우리는 신약의 저자들 자신이 성령께서 신약시대에 활동하심과 같이 구역시대에도 매우 다양하게 활약하셨다고 그분을 묘사한 것을 살펴보았다. 이에 관한 성구들은 다양한 면들을 다루고 있다. 어떤 구절들은 특별히 사도들과 그들이 설립한 교회들을 특징짓는 기적적인 은사들 을 언급하고 있다.[35] 다른 구절들은 구약에서 과연 약속은 하였으나 이제야 비로소 실현될 성령의 전 세계적 사역에 관해 언급하기도 한다. 그런데 우리가 숙고해 보아야 할 더 근본적 개념이 있다. 그것은 다름 아닌 구약시대의 예비적 성격이라는 개념이다. 구약시대는 예비적인 것이고 반드시 그렇게 엄격히 취급되어야 한다. 구약시대에 어떤 영적 복이 내렸던지 간에 그것은 미리 맛보기 위한 것이었다.[36]

---

[35] D. Redford, "Vox. Dei," p. 236 참조.

[36] Smeaton(ibid., p. 49)은 요 7:37 이하에 대해 다음과 같이 언급했다. "그러나 사도 요한은 덧붙여 '예수께서 아직 영광을 받지 못하신 고로 성령이 아직 저희에게 계시지 아니 하시더라'라고 말한다. 이 말은 아직 성령께서 존재하지 않으셨다는 뜻이 아니다. 왜냐하면 모든 성경은 그분의 영원한 선재(先在)를 증거하기 때문이다. 그분의 거듭나게 하시는 효력이 아직 안 알려져 있던 것이 아니다. 왜냐하면 에덴에서 주신 첫 약속 이후로 그분의 능력으로 거듭난 이들은 셀 수 없을 만큼이나 많았기 때문이다. 그러나 성령의 이러한 활동들은 일종의 기부(寄附)라기보다는 그리스도의 속죄의 선물을 미리 맛보게 한 것이다. 그러나

그 복들은 많고 다양했다. 성령께서 지금이나 다름없이 그때에도 보편적으로 섭리하셨다. 그분은 그때에도 지금과 같이 교회 안에 계셨다. 그분은 그때에도 지금과 마찬가지로 하나님의 백성의 마음속에서 강력하게 역사하셨다. 지금처럼 그때에도 세상의 모든 선한 것은 다 그분에게서 기인하였다. 하나님의 교회의 모든 소망은 지금처럼 그때에도 그분에게 두었던 것이다. 경건한 생활을 영위하게 하는 모든 은혜 역시 그때나 지금이나 그분의 사역의 열매였다. 그러나 구약시대 전체의 목적은 오직 성령이 모든 육체 위에 부어지기 위한 준비에 있었다. 그분이 이스라엘의 남은 자들을 안전하고 성결하게 간수하셨다. 그러나 그렇게 하심은 기본적으로 그 약속의 씨가 보존되도록 하시기 위함이었다. 이것이 바로 그분이 그때에 활약하신 기본적 목적이었다. 명실 공히 성령의 시대는, 준비의 시대가 끝나고 성령이 부어지는 날이 와서야 비로소 동트기 시작했다. 그 겨자씨는 오직 성령의 품어주시는 보호에 의해 모든 세대를 통해 보존되어 왔다. 이제 그것은 심겨졌고, 그분의 작용에 의해 온 땅을 그늘지게 하며 공중의 모든 새들이 와서 그 가지에 깃들이는 거목으로 성장하고 있다. 이것은 그분의 사역이 신약시대에서는 구약시대에서보다 더 실제적이라는 말이 아니다. 새 시대에는 단순히 더 보편적이라는 것도 아니다. 그것은 성령의 사역이 새 시대에는 다른 목적에로 지향하고 있다는 뜻이다. 즉, 단순히 그 씨를 파종하는 날까지 보존하는 것이 아니라, 완전히 열매를 맺어 추수하려는 데에 그 목적이 있다. 이사야 선지자의 비유를 사용하여 표현한다면, 구약시대에는 교회가 마치 막힌 시내(stream)와 같았다. 그러나 이제 교회는, 막혔던 것이 무너져 주님의 영이 그 물을 돌진하게 하시는 시내와 같다. 교회가 막힌 시내와 같았을 때 그 교회를 보존하신 분이 성령님이셨다. 바로 그 성령님께서 고여 있는 큰물을 마치 많은 물이 바다를 채우듯이 온 땅에 가득 덮일 때가지 지금 몰아보내고 계신다. 한 마디로 구약시대는 성령님께서 자신의 능력을 억제하신 시대였다. 바야흐로 그 성령님의 위대한 날이 이제 도래한 것이다.(*)

그 사도는 절대적이 아니라 비교적으로 말하였다." 더욱이 그의 책 p. 53에 있는 설득력 있는 말과 그가 인용한 굿윈(Goodwin)의 말을 비교해보라.

26

구약성경에 나타난 부활사상

제임스 오르

(James Orr)

구약에는 부활(Immortality)에 관한 뚜렷한 교리가 없다고 흔히들 말하는데 특히 구약 가운데에서 이른 시기의 책일수록 더 그렇다고 한다. 이 난제에 대해서는 지금까지 수많은 해석이 나왔지만 필자는 우리들이 잘못된 방향에서 이 교리에 관한 근거를 모색해 온 것이 이렇게까지 되어 버렸다고 보는 것이 옳은 해명이라고 감히 제언한다. 사람들은 지금까지 학적 견지에서 "영혼불멸"의 교리를 모색해 왔다. 그러나 실제로 족장들과 옛 성도들의 참된 소망은, 그들이 소망을 품었던 이상(理想), 육체와 더불어 부활하는 것이었는데 이것은 이미 잘 알려진 정통적 성경 교리와 전적으로 부합한다.[1]

구약시대의 히브리인들은 우리와 마찬가지로 사람의 혼이나 영이 육체가 장사 지낸 후에도 존속한다는 사실에 아무런 의심도 갖지 않았다.[2] 만일 그들이 의심을 품었다고 하면 오히려 좀 이상할 수도 있다. 왜냐하면 다른 모든 고대인들도 그러한 신념을 갖고 있었던 것으로 알려져 있기 때문이다. 예컨대, 애굽 사람들은 사람이 죽으면 하계로 내려가는데, 이곳은 그들이 오리시스(Orisis)와 그의 마흔 두 명의 보좌원에 의해 심판을 받는 곳이라고 생각했다.[3] 바벨론과 앗수르 사람들은 죽은 자들의 거처를 일곱 겹의 성벽으로 둘려 쌓인 거대한 도시로 생각했으며, 강이 그 도시의 주위 혹은 한 가운데로 통과해서 흐르고 있다고 상상했다.[4] 그들이

---

[1] 여기에서 주장된 견해는 다음을 참조하라. Hofmann, *Schriftbeweis*, iii. pp. 461-77, 그리고 Dr. P Fairbairn, *Typology of Scripture,* 3rd ed. i. pp. 343-59.

[2] 참조. M. Muller, "Belief on Immortality in the Old Testament," *Anthropological Religion,* pp. 367,377.

[3] 참조. Renouf, Hibbert Lectures, pp. 195,196; Budge, *Dwellers on the Nile* ("By-Paths of Bible Knowledge" Series), chap. ix; Vigouroux, *La Bible et les Découvertes modernes*, iii. pp. 133-41.

[4] 참조. *The Descent of Ishtar*, in Sayce's Hilbert Lecture, Lecture IV.; Budge, *Babylonian Life and*

이 도시에 붙인 이름은 '수알루(Sualu)'[5] 로 알려져 있는데, 히브리어의 '스올(Sheol)'과 같은 단어로서 구약에서는 '스올'을 육체와 분리된 영혼의 거처로 묘사하고 있다. 영어 개역성경(Revised Version)에서는 여러 곳에 '스올'이란 단어를 직접 사용했는데(모든 곳에 그렇게 하지 않은 것이 아쉽지만), 이는 영어 개역성경의 공적(功績) 중의 하나이다. 그 성경이 독자들을 위해 쓴 서문을 보면, 옛 번역에는 '스올'이란 단어가 어떤 때는 "무덤"으로, 어떤 때는 "구덩이"로 또 어떤 때는 "지옥"으로 되어 있는데, 그 의미는 명백히 헬라어의 '하데스', 즉 하계에 해당하는 "분리된 영혼의 거처"이지 "매장지"를 의미하지는 **않는다고** 그 서문에서 말하고 있다. 그런데 '스올'에 내려간다는 생각은 의인에게 있어서 위로가 될 만한 것은 못 되었다. 그곳은 음울한 죽음과의 접촉만 점령하고 있으며, 침묵과 망각의 땅으로 상상되었다. 세상의 풍부한 빛과 온기가 제거된 곳이며,[6] 그 어두움을 몰아낼 복음의 빛이 아직 다다르지 않았던 곳이다. 그러므로 '스올'이라는 개념은 매력적이라기보다는 혐오감을 불러일으키는 것이었다. 사람들은 마치 우리가 **시체안치소**의 정적과 싸늘함이 감도는 으슥한 분위기에서 느끼는 것과 같은 불쾌감을 이 단어에서 느꼈던 것이다. 하나님 안에서 소망이 든든한 성도는 비록 '스올'에 내려간다 할지라도 하나님께서는 결코 그를 버리지 않으실 것이며, 그곳에서도 계속 대면하시고 교통하실 것을 믿었음에 틀림없다. 그러나 그의 이러한 승리의 신앙은 믿음이 강한 순간에만 가능했을 뿐 다시 낙담했을 때에는 가장 음울한 생각이 그를 엄습하곤 했던 것이다. 그의 참된 소망은 그가 소망을 지닐 수 있는 이상 하나님께서 그의 혼을 '스올'에 내버려 두지 않으시고 오히려 그러한 상태에서 그를 구원하셔서 몸 안에 생명을 회복시켜 주시는 것이었다.[7] 그의 소망은 곧 부활이었다.

영혼의 분리된 존재 상태에 관한 이러한 느낌과 신앙을 예증하기 위해 이

History ("By-Paths of Bible Knowledge" Series, pp. 140-42; Vigouroux, *La Bible et les Découvertes modernes,* iii. pp. 123-32.

5 F. Delitzsch와 Boscawen이 British Museum Lecture on Sheol, Death, the Grave, and Immortality에서 그와 같이 주장한다. 그러나 다른 이들은 이렇게 동일시하는 것은 가정에 불과하다고 본다(Schrader, Keilinschriften, ii. p. 80 [영역판]; Budge, Babylonian Life and History, p. 140 등; Vigouroux, iii. p. 125). 앗수르 사람들은 이 도시의 이름을 '아랄루'(Aralu)라고 불렀다.

6 바벨론과 헬라 개념에서도 그러하다. 참조. Sayce, Hibbert Lectures, p. 364; Fairbairn, *Studies,* "The Belief in Immortality," pp. 190,191.

7 아래에서 취급할 성구들을 참조하라.

주제와 관련된 성경 구절을 한 두 곳 인용해 보는 것이 좋을 것이다. 영혼의 미래 상태에 대한 신앙적 표시는 창세기에 여러 번 나타나는 "그 열조에게로 돌아갔다"라는 표현에서 발견되는데, 창세기의 모든 경우에 있어서 ('스올'에 있는) 그 열조에게로 돌아간다는 것은 매장하는 행위와 명백히 구별되어 있다(창 25:8,9; 35:29; 49:29,31,33). 다른 확증들은 강신술(降神術)에 대한 신념, 부활을 언급한 성구 등에서 제시된다. 이스라엘 백성들이 통속적으로 생각하고 있던 '스올'이 어떤 곳이었는지는 욥의 말에서 잘 나타나 있다.

> [21]내가 돌아오지 못할 땅
> 곧 어둡고 죽음의 그늘진 땅으로 가기 전에 그리하옵소서.
> [22]땅은 어두워서 흑암 같고
> 죽음의 그늘이 져서 아무 구별이 없고
> 광명도 흑암 같으니이다(욥 10:21,22).

이와 같은 사후 거처에 대한 예견은 활기찬 것은 아니었다. 그러므로 의인들일지라도 낙담했을 때에는 마치 하나님께서 그들을 떠나 계시고 은총도 거두어가 버리신 것으로 생각하여 고통으로 부르짖었다고 해서 놀라울 것은 없다. 다윗도 다음과 같이 말했다.

> [4]여호와여 돌아와 나의 영혼을 건지시며
> 주의 사랑으로 나를 구원하소서.
> [5]사망 중에서는 주를 기억하는 일이 없사오니
> 스올에서 주께 감사할 자 누구리이까?(시 6:4,5).[8]

히스기야 역시 그러하였다.

> [18]스올이 주께 감사하지 못하며 사망이 주를 찬양하지 못하며
> 구덩이에 들어간 자가 주의 신실을 바라지 못하되
> [19]오직 산 자 곧 산 자는 오늘 내가 하는 것과 같이
> 주께 감사하며 주의 신실을
> 아버지가 그의 자녀에게 알게 하리이다(사 38:18,19).

---

8 Hibbert Lectures, *Descent of Ishtar*의 서술을 참조하라.

그러므로 이런 방향으로는 구약의 영생에 관한 활기차고 적극적 면을 찾을 수 없고 오히려 전혀 다른 방향으로 모색해야 한다. 사람들은 구약에 영생에 관한 교리가 없다고 말들 한다. 그러나 필자는 성경책의 벽두부터 영생의 교리가 **있다**고 대답한다. 왜냐하면 인간이 그의 창조주의 손에 의해서 영생하도록 지음을 받았기 때문이다. 에덴동산의 인간은 영생하는 존재였다. 인간의 창조는 그들이 죽도록 의도된 것이 아니라 살도록 의도되었다. 그런데 죄와 더불어 죽음이 왔다. 아담은 그의 아들을 셋(Seth)이라고 불렀고, 셋은 그의 아들을 에노스(Enosh)라고 불렀는데 이 이름은 "약하고 죽을 수밖에 없는 자"라는 뜻이다. 셋 자신도 죽었을 뿐 아니라 그의 아들도 죽었고 그 아들의 아들도 죽었다. 그리고 그와 같은 죽음의 계열은 계속되었다. 그런데 이러한 죽음의 계열 속에 예외가 생겼는데, 곧 죽음 이상의 법, 즉 영생의 새 법이 중간에 끼어든 것이다. "에녹이 하나님과 동행하더니 하나님 이 그를 데려가시므로 세상에 있지 아니하였더라"(창 5:24). 그는 죽지 않았다. 창세기 5장에서 다른 모든 사람들의 일대기는 마지막에 "그리고 그는 죽었다"라는 말로 끝을 맺고 있지만 에녹은 예외적 존재였다. 하나님께서 그를 죽음과 관계없이 "데려가심"으로 그는 죽지 않았다. 간단히 말해서, 그의 존재는 없어진 바("was not") 되었으나 그는 보이지 않는 다른 존재 상태에서 하나님과 함께 "있었다."9 그러므로 에녹의 경우는 몸도 영혼과 동참하는 진정한 전인적 불멸성을 나타내고 있기 때문에 어떤 점에서 모든 불멸성에 대한 참된 모형이 되고 있다. 이것은 철학자들이 말하는 것처럼 단순히 영혼만의 불멸이 아니고, 성경이 말하는 대로 몸과 혼이 연합한 전인적 불멸이다. 이것이야말로 바로 기독교의 소망이요, 이제부 터 보여주려고 하는 바 히브리인들의 소망이었다.

최근에 많은 학자들이 주장하는 견해에 의하면 히브리인들의 죽은 자의 부활교 리에 있어서, 그 사상의 근원을 아주 후기, 곧 바벨론 포로 시대나 그 후의 시대에 페르시아에서 빌려왔다고 한다. 체인(Cheyne) 박사는 이스라엘의 종교에 조로아스 터교(Zoroastrianism)의 영향이 작용했다고 주장한다.10   그러나 필자는 이와 반대

---

9 후에 엘리야도 마찬가지였다.

10 *Origin of Psalter*, Lecture VIII.; 그리고 "Possible Zoroastrian Influences on the Religion of Israel," *The Expository Times* (July and August 1891)에 실린 논문들을 참조하라.

로 영생에 대한 소망은 그것이 있었던 이상, 족장시대로부터 전수된 형식 그대로 성경의 가장 오랜 개념 중의 하나라고 본다.[11] 어쨌든 그것은 까마득히 먼 고대의 교리였다. 우리는 히브리민족 주변에 있던 많은 고대 종교의 흔적에서 영혼불멸에 대한 개념이 있었던 것이 사실이라는 유력한 고증을 볼 수 있다. 예컨대 애굽 사람들은 완전한 존재가 되기 위해서는 육체의 소생이 필수적이라고 믿었는데, 어떤 학자들은 이러한 생각이 바로 미라를 만들게 된 원인이었다고 주장한다.[12] 고대 바벨론과 앗수르 사람들도 역시 부활에 대한 생각을 지녔었다. 메로다크 (Merodach)를 찬양하는 그들의 찬송들 중 하나를 보면 다음과 같다.

> 신들 중에 자비로우신 분이시여
> 당신은 죽은 자를 살리시는 자비로우신 분이십니다.[13]

이러한 사상은 페르시아 인들도 가졌을 것으로 추측된다. 비록 그것이 젠드-아베스타(Zend-Avesta)의 더 오랜 문서들에서 발견될지의 여부는 여전히 논쟁거리이지만, 이 문제는 체인 박사의 생각처럼 그렇게 쉽게 해결되지는 않는다.[14] 그러나 어쨌든 더 오래된 참고문서들은 매우 희소하고 애매하기 때문에 구약성경에서 그토록 두드러지게 드러난 이 교리를 그런 낡은 문서들로써 설명하려는 것은 전적으로 부적절하다.[15] 성경은 이 문제에 대한 일관된 교리를 제 나름대로 확고하게 소유하

---

11 역시 Hofmann도 그렇게 이해한다. "사망으로부터의 부활이 후기의 개념, 즉 조로아스터 종파인 파시 교도들에 의해 유대인들에게 처음으로 전해지지 않았다 할지라도 이사야서와 에스겔서에 비로소 가장 이른 시기의 흔적이 나타나면서 인간의 생각에 들어왔다는 개념처럼 잘못된 것은 없을 것이다." -*Schriftbeweis*, iii. p. 461. 파시교의 영향이 있다는 이론에 대해서는 Pusey의 *Daniel*, pp. 512-17을 참조하라.

12 "어느 장(章)에는 영혼이 육체와 연합하는 삽화가 있는데, 다시는 분리되는 일은 결코 없을 것이라고 텍스트는 약속한다."-Renouf, Hibbert Lectures, p. 188. Budge는 이렇게 말한다. "그들은 영혼이 몇 년 후에 다시 육체를 찾아옴으로, 만일 육체의 주인이 영원히 살기를 원하면 육체의 보존이 절대적으로 필요하다고 믿었다." - *Dwellers on the Nile*.

13 참조. Boscawen, British Museum Lecture, pp. 23,24; Sayce, pp. 98-100; Cheyne, *Origin of Psalter*, p. 392. 하지만 부활의 일반적 희망에 대한 증거가 없다.

14 참조. Pusey, pp. 512-17. 그리고 Cheyne 자신이 최근의 학자들로부터 인용한 내용 *Origin of Psalter*, pp. 425,451. M. Montet는 전에 그 교리의 핵심이 조로아스터교에서 유래되었다고 주장하였다. 그러나 "1890년에는 M. Marlez를 따라 Gelder 못지않게 Spiegel에게 반대하여 Montet는 조로아스터교의 부활사상이 고대에 속한다는 주장이 아직 증명되지 않았다고 발표했다."-Cheyne, p. 451. Schultz, *Alttest. Theol*. p. 762를 참조.

15 누구나 이 항목에 대해서는 *Sacred Books of the East*에 소개된 Zend-Avesta의 구절들을 통해

고 있으며, 또한 마지막에 사망이 승리에게 삼킨바 된다는 명백하고 뚜렷한 표현들은 조로아스터교 경전의 애매한 구절들에 의존한다고 볼 수 없다. 아래에서 몇몇 예증을 들어 약술하고자 한다.

이미 영생에 대한 성경적 개념의 예증으로서 인류 역사 초기에 살았던 에녹의 경우를 들었다. 족장들을 살펴볼 때, 그들의 신앙과 소망에 대해 언급한 구절들은 당연히 희소하며 추론적인데, 이러한 사실은 오히려 성경에 나타난 그 교리의 초기성과 순수성을 강력히 시사한다. 신약성경은 그들을 "믿음"의 사람들로 특징짓고 있다. 그리고 확실히 그들은 자신들을 땅 위의 "외국인과 나그네"로 여기며 생활하는 가운데 자신들과 개인적으로 관여되어 있는 복된 약속들의 미래적 성취를 소망했다(히 11:13). 족장들은 죽은 자들의 시체를(애굽 사람들이 행한 것과 비슷하게) 소중히 취급했는데, 이것은 부활에 대한 일종의 소망에서 고무된 바로서 못마땅한 처사는 아니었다. 이 때문에 야곱과 요셉이 그들의 뼈를 약속의 땅에 장사해 줄 것을 유언으로 남겼다(창 49:29; 50:25; 출 13:19; 히 11:22). 히브리서에서 아브라함이 이삭을 번제로 드린 사실을 부활신앙과 관련시킨 것은 의미심장하다.

> [17]아브라함은 시험을 받을 때에 믿음으로 이삭을 드렸으니……
> [19]그가 하나님이 능히 이삭을 죽은 자 가운데서 다시 살리실 줄로
> 생각한지라. 비유컨대 그를 죽은 자 가운데서 도로 받은 것이니라
> (히 11:17~19).[16]

랍비들은 하나님께서 아브라함에게 "내가 너와 네 후손에게 네가 거류하는 이 땅 곧 가나안 온 땅을 주어……"(창 17:8)라고 하신 말씀 가운데에서 다음과 같은 기발한 추론을 펴고 있다.

> 그러나 아브라함과 다른 족장들은 그 땅을 차지하지 못한 것이 분명하다. 그러므로 그들이 이 복된 약속들을 받아 누리기 위해서는 필연적으로 다시 살아나야 하는데, 만일 그렇게

마음에 원하는 대로 알아볼 수 있다. 세 권으로 된 이 책의 색인에는 이 주제에 대해 단 한 번만 언급하는데, 그것도 몇 안 되는 년도 미상의 "잡다한 단편들"의 끝에 있다. Cheyne 박사 자신은 다음과 같은 말을 할 뿐이다. "Mills마저도 Gathas에 부활사상의 흔적이 있다……. 그(Zoroaster)가 육체들의 재생에 대한 희미한 개념을 가졌을 수는 있을지 몰라도, 거기에 대해 이론을 전개한 것은 아니었다."-*Origin of Psalter*, p. 438.

16 히 11:17~19; Hofmann, pp. 462,462를 참조하라.

되지 않으면 하나님의 약속은 헛되고 거짓된 것이 되기 때문이다. 그러므로 우리는 여기에서 하나의 증거를 갖게 되는데, 영혼불멸의 증거뿐 아니라 율법의 기반, 즉 죽음에서의 부활의 증거를 갖게 된다.[17]

만일 이와 같은 추론이 기발한 것으로 생각된다면 랍비보다 더 위대하신 분의 교훈을 언급해보는 것이 좋겠다. 사두개인들과의 논쟁에서 예수께서는 모세에게 하신 하나님의 다음과 같은 말씀을 인용하셨다. "나는 아브라함의 하나님이요 이삭의 하나님이요 야곱의 하나님이로라 하신 것을 읽어 보지 못하였느냐? 하나님은 죽은 자의 하나님이 아니요 살아 있는 자의 하나님이시니라"(마 22:32). 여기에서 주목할 점은 예수님의 이러한 인용은 단순히 족장들이 어떤 막연한 존재의 상태로 계속 생존해 있음을 증거하는 것이 아니라 죽은 자의 부활 곧 그들이 부활했음을 증거하는 것이다. 그러면 어떻게 그러한 사실이 증명된다는 것인가? 그것은 예수님께서 생각하셨던 대로 신자와 하나님과의 관계는 **전인적** 부활을 수반한다는 근거에서만 가능하다. 그리고 이것은 우리가 이미 살핀 대로 육체를 소유한 영생을 의미한다. 만일 하나님이 아브라함과 이삭과 야곱의 하나님이시라면 이러한 언약 관계는 이들 족장들에게 영원한 삶뿐 아니라 죽음의 권세로부터의 구속, 즉 부활을 약속하는 것이다.

이제 욥기, 시편 그리고 선지서 등의 그 후의 책들을 보면 구약성도들의 마음에 자리 잡고 있는 영혼불멸이 소망을 더욱 밝히 알 수 있게 되는데, 이 영혼불멸의 소망과 부활의 소망이 거의 혹은 완전히 일치한다는 확신에 도달하게 된다. 우선 욥기를 살펴보기로 하자. 이 책을 먼저 택하는 이유는 그것이 언제 기록되었든 간에 족장시대와 관련되어 있거나 적어도 그 시대를 배경으로 전개되고 있기 때문이다. 이 책에서 제일 먼저 눈에 띄는 구절이 14장에 나타난다. 이 장은 우리가 지금 다루고 있는 바로 그 문제를 제기하는데, 그러한 문제들 속에서 우리는 주목할 만한 육체적 부활의 전망을 보게 된다. 먼저 욥은 인간의 부활을 부정하는 듯한 모습을 늘어놓는다(욥 14:7~12). 욥은 곧 뒤이어서 신앙의 극도의 위기로부터 불 일듯 일어나, 의심과 두려움에 대항해서 다음과 같이 역설한다(욥 14:13~15).

[13]주는 나를 스올에 감추시며

---

17 Fairbairn, i. p. 353에서 인용했음.

> 주의 진노를 돌이키실 때까지 나를 숨기시고
> 나를 위하여 규례를 정하시고 나를 기억하옵소서.
> [14]장정이라도 죽으면 어찌 다시 살이리까?
> 나는 나의 모든 고난의 날 동안을 참으면서
> 풀려나기를 기다리겠나이다.
> [15]주께서는 나를 부르시겠고 나는 대답하겠나이다.
> 주께서는 주의 손으로 지으신 것을 기다리시겠나이다.[18]

여기에서 욥의 심중에 있었던 것은 의심의 여지없이 부활의 문제였다. 데이빗슨(A. B. Davidson)은 다음과 같이 설명한다.

> 죽음의 이쪽 편에서 생각할 때 그에게는 하나님의 은혜를 받도록 회복될 희망 이 전혀 없었다. 그러므로 여기에서 그는 하나님의 진노 하에서 죽을 경우를 생각하면서 하나님의 노가 쉴 때까지 '스올'(음부)에 머물게 되기를 바라는 심 정이다. 왜냐하면 하나님은 그의 진노를 영원히 품지 않으시기 때문이다. 또한 하나님께서 죽음에 머무는 기한을 정해 주시고, 때가 되면 그를 전과 같은 자비로 기억해 주시고 그와의 교제가 회복되도록 다시 불러 주시기를 바란 것이다. 그러나 그의 생각으로는 이것이 전인적 삶으로 다시 완전한 복귀를 내포하는 것이었다(14절). 왜냐하면 사망 중에서는 하나님과의 아무런 교제도 없기 때문이다(시 6:5). 그러므로 그의 해결책은 비록 순간적 섬광처럼 잠간 그의 마음에 나타났을 지라도 시편 기자의 그것보다 더 명확한 것이며 뒤에 나타나는 계시와도 잘 부합된다.[19]

욥기의 두 번째 구절은 19장에 있는 잘 알려진 구절인데, 영어 개역성경은 다음과 같이 번역했다.

> [25]내가 알기에는 나의 대속자가 살아 계시니
> 마침내 그가 땅(히브리어는 "먼지, 티끌") 위에 서실 것이라.
> [26]내 가죽이 벗김을 당한 뒤에도
> 내가 육체에서("from") 하나님을 보리라.
> [27]내가 그를 보리니
> 내 눈으로 그를 보기를 낯선 사람처럼 하지 않을 것이라.……(욥 19:25~27).

필자는 이 구절의 많은 난제들을 다루려는 것이 아니라 단지 "나의 육체에서(한글개역개정판은 "육체 밖에서" -역자 주) 하나님을 보리라"는 어려운 부분만을 언급하

---

[18] 욥 14:13~15.

[19] *Commentary on Job*, in loc. (Cambridge Series). 나는 욥의 결론이 시편 기자의 그것보다 광범위하다는 데에는 동의하기가 거의 불가능하다.

려고 한다. 난외주를 보면 "내가 육체 밖에서"(without my flesh)라고 번역될 수도 있다고 했는데, 이것은 오로지 "from"이란 단어를 이렇게 해석함으로서 성립된 것이다. 원문에는 "~부터"(min)이란 단어가 실제로 사용되었다. 그러므로 본문의 당연한 뜻은 "나의 육체에서 (혹은 "밖에서") 하나님을 보리라"이며, 그가 미래에 육체로 옷 입게 될 것을 암시하는 것으로 보아야 할 것이다.[20] 데이빗슨(Davidson) 박사는 이 해석을 용인할 수 있다면서 다음과 같이 말했다.

> 그러므로 만일 우리가 '육체에서(from my flesh)'를 '육체 안에서(in)'라는 의미로 이해한다면 욥이 죽은 후에 새로운 육체로 옷 입게 될 것을 예견했다고 우리는 단정할 수밖에 없다. 의심할 여지없이 욥은 14:13 이하에서 '스올'에서의 구원과 다시 살게 됨을 확신했으며, 또한 그렇게 되기를 간절히 기도했다. 그가 14:13에서 담대하게 소원했던 바가 본문에는 이미 확실히 성취된 사실로 표현됨직하다. 이런 정도의 가정으로서는 욥기의 전반적 사상에 하등의 침해를 입히지 않는다.

그러나 그는 "육체의 부활에 대한 중대한 사상이 그렇게 간략하게 언급될 리는 만무하다"라고 생각하고는 차라리 "밖에서"로 번역하는 것이 더 타당하다고 했다.[21] 이와 같은 주장은 우리가 이미 14장에서 확인한 부활사상의 확고부동한 사실을 능가할만한 충분한 이유는 되지 못한다고 생각한다. 더군다나 육체를 옷 입고 다시 산다는 것이 욥으로서는 영혼불멸의 생각을 품을 수 있었던 유일한 방법인 듯이 보인다. 만일 그렇다면 왜 여기에서는 부활에 대해 그렇게 강조되지 않았는지가 설명된다. 욥의 전 사상을 지배한 소망은 "하나님을 보는 것"인데, 만일 그렇게 될 경우에 그는 당연히 육체 "안에서(in)"이든지 혹은 "육체에서 (from)" 보는 것이어야 한다는 사실은 당연한 일로 여겨진다.[22]

시편에 나타난 증거 문제에 대해서는 체인(Cheyne) 박사 등과 같은 학자들의 견해일치로 더욱 더 간단해졌는데, 그들의 견해는 시편의 부활교리와 관련된 성구들에서 "조로아스터교의 영향"을 입증할 수 있다고 한다. 그러나 다행히도 그 구절들은 각각 자명한 뜻을 가진 내용으로 되어 있기 때문에 그 뜻을 이해하기

---

[20] Pusey, p. 508, 그리고 Vigouroux, iii. pp. 172-80 참조.

[21] *Commentary on Job*, 19:23~27의 부록 p. 292.

[22] "구약의 근거에서 그리고 욥의 상황에서는 그렇게 당연한 언급은 거의 생각할 수 없다"(p. 292)고 말한 것이 바로 문제의 핵심이 된다.

위해 무리한 해석을 할 필요가 없다. 시편 16:8~11에서 이에 대한 명백한 예를 볼 수 있으며, 신약성경에는 이 구절들을 그리스도의 부활을 예언하는 것으로 인용하였다.

> 8내가 여호와를 항상 내 앞에 모심이여
> 그가 나의 오른쪽에 계시므로 내가 흔들리지 아니하리로다.
> 9이러므로 나의 마음이 기쁘고 나의 영도 즐거워하며
> 내 육체도 안전히(혹은 "확고하게") 살리니
> 10이는 주께서 내 영혼을 스올에 버리지 아니하시며
> 주의 거룩한 자를 멸망시키지 않으실 것임이니이다.
> 11주께서 생명의 길을 내게 보이시리니
> 주의 앞에는 충만한 기쁨이 있고
> 주의 오른쪽에는 영원한 즐거움이 있나이다(시 16:8~11).[23]

한 구절 더 생각한다면, 시편 17:15에서 시편 기자는 악인의 외견상의 번영을 기술한 뒤에 다음과 같이 읊었다.

> 나는 의로운 중에 주의 얼굴을 뵈오리니
> 깰 때에 주의 형상으로 만족하리이다(시 17:15).

여기에서 "깬다"는 뜻은 델리취(Delitzsch)가 말한 대로 죽음의 잠에서부터 깬다는 것일 수밖에 없다.[24] 더 명확한 구절이 시편 49:14,15이다.

> 14그들은 양같이 스올에 두기로 작정되었으니
> 사망이 그들의 목자일 것이라.
> 정직한 자들이 아침에 그들을 다스리리니
> 그들의 아름다움은 소멸하고
> 스올이 그들의 거처가 되리라.
> 15그러나 하나님은 나를 영접하시리니
> 이러므로 내 영혼을 스올의 권세(손)에서 건져내시리로다(셀라).

---

23 행 2:24~31을 보라. Delitzcsh, *in loc.*; 그리고 Cheyne, *Origin of the Psalter*, p. 431 참조.

24 *Commentary, in loc.* Pusey, Perowne, Cheyne, Hofmann 등도 그렇게 이해한다. Cheyne은 "깬다는 것은 아마도 영혼이 부활체 속으로 옮겨지는 것을 의미할 것이다"라고 말한다. -*Origin of Psalter*, p. 406.

여기에서도 부활의 "아침"에 대한 언급이 명백하게 다시 나타난다. 이 구절은 시편 73:24에서와 마찬가지로 그 마지막 부분에서 에녹의 예를 직접적으로 언급한다. 페론(Perowne)은 "시편 기자가 '하나님께서 나를 영접하시리니 이러므로 내 영혼을 음부의 권세에서 건져내시리라'(시 49:15)라고 말한 것은 마치 하나님께서 에녹과 엘리야를 데려가신 것과 같이 자기에게도 그렇게 행하실 것을 말한 것이다"라고 하였다.[25]   시편 73:24를 중심으로 23~26절 말씀을 보면 다음과 같다.

> [23]내가 항상 주와 함께 하니
> 주께서 내 오른손을 붙드셨나이다.
> [24]주의 교훈으로 나를 인도하시고
> 후에는 영광으로 나를 영접하시리니
> [25]하늘에서는 주 외에 누가 내게 있으리오.
> 땅에서는 주 밖에 내가 사모할 이 없나이다.
> [26]내 육체와 마음은 쇠약하나
> 하나님은 내 마음의 반석이시이요 영원한 분깃이시라(시 73:23~26).

이 구절들과 아울러 다른 몇몇 구절들이 흔히 시편의 영혼불멸 교리에 즐겨 인용되고 있다. 그리고 그 모든 구절들은 이 소망이 부활을 의미하는 것으로 서술되어 있다.[26]

선지서에 있는 구절들도 다루기를 지체할 필요가 없다. 왜냐하면 여기에서 부활에 대한 개념이 잘 드러난다는 사실이 일반적으로 납득되고 있기 때문이다. 이스라엘의 회복이 빈번하게 부활사상과 관련되어 나타날 뿐 아니라, 개인을 포함한 전체로서의 교회를 위해 사망이 승리에게 삼킨바 될 때가 올 것이라는 사실도

---

25 Perowne, *in loc.* Pusey, Delitzsch, Cheyne 등도 그렇게 이해한다. Cheyne은 "아침이란 부활의 날을 가리킨다"라고 말한다. *-Expository Times*, ii. p. 249; 참조. *Origin of Psalter*, pp. 382,406,407. Delitzsch는 16:8~11에 대해 이렇게 설명한다. "49:15의 깬다는 말은 아무 아침이나 또는 밤이 지나 곧 닥치는 그런 아침이 아니라, 의로운 자들에게 구속을 가져다주어 그들로 하여금 통치권을 획득하게 하는 최후의 아침을 뜻한다."

26 혹 부활이 아니라면, 에녹처럼 죽음을 맛보지 않은 육체에서의 영혼불멸이겠다. 그러나 이것은 구약성도가 자신을 위해 품은 소망일 수는 없다. 그러므로 죽음**으로부터**의 구속이라는 견해는 시 49:15 등에서 더욱 가능하다고 본다. 이와 매우 다른 견해가 Schultz의 *Alttestamentliche Theologie*, pp. 753-58에서 주장되었다. 그는 우리가 인용한 성구들에서 부활의 증거를 찾을 수 없다고 말할 뿐만 아니라, 그 구절들이 내세의 삶과 어떤 연관을 가진다는 것마저도 허용하지 않는다. 그토록 극단적인 견해 자체가 확실히 반증이 되는 것이다. 만일 이 구절들이 내세의 삶을 가르치고 있다고 한다면, 그것은 적어도 육체와 관련된 삶임에 틀림없다.

부활사상과 연결되어 있다. 벌써 호세아서에 조로아스터교의 영향을 받았다는 의혹을 배제하는 구절들이 나타난다.

> 여호와께서 이틀 후에 우리를 살리시며
> 셋째 날에 우리를 일으키시기니 우리가 그의 앞에서 살리라(호 6:2).

역시 다른 구절에서도 그러하다.

> 내가 그들을 스올의 권세에서 속량하며
> 사망에서 구속하리니
> 사망아 네 재앙이 어디 있느냐?
> 스올아 네 멸망이 어디 있느냐?……(호 13:14).[27]

이러한 내용의 진술은 이사야 25:6~8에서 그 절정에 이른다(또한 겔 37:1~10, 마른 뼈의 환상을 참조하라).[28]

이제 인용할 마지막 구약 구절은 논쟁의 여지가 없는 구절로서, 의인뿐만 아니라, 악인의 부활에 대해서도 최초로 언급한 것이기 때문에 주목할 만한 특별한 면을 지니고 있다. 그것이 곧 다니엘 12:2인데, 이 구절의 말씀에 대해서는 주석을 첨가할 필요가 없을 것이다.

> 땅의 티끌 가운데에서 자는 자 중에서
> 많은 사람이 깨어나 영생을 받는 자도 있겠고
> 수치를 당하여서 영원히 부끄러움을 당할 자도 있을 것이며(단 12:2).

이상의 개관을 통해서 처음부터 이스라엘의 성도들이 가졌던 영생의 소망

---

[27] Cheyne, ibid., p. 383 참조.

[28] 이사야서의 성구들에 대해 Cheyne은 이렇게 말한다. "스올이 삼키는 대신, 메시아 시대에 있어서 스올은 스스로 삼킴을 당할 것이다. 그리고 이 전망은 다만 교회-민족뿐만 아니라, 온 신자와 전체 곧 유대인이나 그 누구를 불문하고 참 왕이신 여호와께 복종하는 모두가 소원하는 바이다."-*Origin of Psalter*, p. 402. *Expository Times*, ii. p. 226을 참조하라. 에스겔서(37:1~10)에는 국가적 부활이 주제이다. 그러나 "하나님의 능력은 모든 인간의 생각과 희망을 뛰어넘어 죽은 자을 다시 살리실 수 **있으시다**는 것이 이 구절들의 일반적 사상이다. 이로부터 결과적으로 죽은 자의 문자적 부활이 자연적으로 추론된다."-Oehler, *Theology of Old Testament*, ii. p. 395 (영어 역). Oehler가 Schultz보다는 더 옳다.

은 바로 부활의 소망이었다는 필자의 주장의 정당성이 명백해졌을 것이다. 그러나 이제 모든 숙고를 마치면서, 우리는 그것이 단지 하나의 **소망**에 불과했음을 느끼지 않을 수 없다. 다시 말해서 이 소망은 명백한 계시에 근거한다기보다는 오히려 하나님과 신자와의 불변의 관계를 의식함으로써, 그리고 하나님의 구원은 완전히 이루어질 것이라는 확신에서 나온 것이다. "생명과 썩지 않을 것(immortality)"은, 그리스도께서 나타나심으로 복음 안에서 밝히 드러난 지금과는 달리(딤후 1:10), 그때에는 아직 완전한 빛으로 나타나지 않았다. 뜻밖에도 이 문제에 대해서 데이빗슨(Davidson)이 훌륭하게 서술한 바 있는데, 그의 다음과 같은 말을 인용함으로써 필자의 결론을 삼으려 한다.

> 인간의 영혼은 하나님과의 교통을 의식하고 있다. 그리고 이 교통은 하나님의 속성에서부터 나온 것이기에 영속적인 것이며, 비록 그들이 인간적으로 이 관계를 완전히 이해할 수 없음에도 불구하고 그것은 하나님에 의해 충분히 실현되고야 만다는 것이다.

이러한 원리는 죽음에 대한 태도가 결정적으로 진지해짐에 따라서 영생에 대한 히브리인의 교리가 되었던 것이다. 그들은 금생에서의 인간과 하나님과의 참된 관계는 실제적으로 실현되었다고 느꼈다. 영혼불멸에 대한 히브리인의 신앙은 -그것은 결코 영혼이 사후에 단순히 존재함을 믿는 것이 아니다. 왜냐하면 가장 저급한 미신 종교가 그렇게 상상하기 때문이다. - 어둡고 신비한 죽음의 사건이, 한 성도가 이 세상에서 누린 하나님과의 즐거운 삶의 관계를 결코 중단시킬 수 없다는 그러한 신앙이었다. …… 부활 사상도 구약의 다른 책들에 나타난 바와 같다. 영생은 기독교 신앙의 당연한 귀결이다. 종교가 있는 곳에 -즉, 하나님께서 존재하실진대- 부활도 존재한다. 그것은 영혼만의 부활이 아니고, 영혼과 육체의 전인적 부활이다(시 16:9). 이러한 구약 전체의 가르침을 우리 주님께서 놀라울 만큼 예리한 통찰력으로 다음의 두 문장으로 요약하셨다.

"나는 아브라함의 하나님이요…… 하나님은 죽은 자의 하나님이 아니요 산 자의 하나님이시니라." (*)

27

이스라엘 민족의 기원

데렉 키드너
(Derek Kidner)

이 논문의 범위는 광범위해 보이는 제목과는 달리 매우 좁은 것이 될 것이다. 하비루(Habiru) 문제나 데라(Terah)가족의 이주, 또 에스겔이 예루살렘을 조롱하며 말한 내용 즉 "…… 네 어미는 헷 사람이며, 네 아비는 아모리 사람이라"(겔 16:45)는 내용에 대해서는 아무런 언급도 하지 않을 것이다. 나의 유일한 관심사는 이스라엘이 근본적으로 족장들의 혈통을 따라 형성된, 즉 혈연으로 맺어진 "가족" 인가 아니면 일군(一群)의 민족들이 역사의 흐름을 따라 결합되고 종교에 의해 맺어진 것인가 하는 문제이다.

I. 전통적 견해: 한 사람에게서 많은 사람들로 번성함

이스라엘 민족은 자신들의 기원에 대한 의식이 철저하였다. 그들이 번영할 때에는 "한 유리하는 아람 사람"이 그 후 민족적으로 애굽의 노예로 전락하였다가 하나님 의 은혜로 구원받은 이야기(신 26:5 이하)를 생각하며 자신들의 기원을 말함으로써 자신들의 교만을 바로잡았다. 반면에 역경에 처하였을 때에는 "너희 조상 아브라함 과 너희를 생산한 사라를 생각하여 보라. 아브라함이 혈혈단신으로 있을 때에 내가 부르고 그에게 복을 주어 창성케 하였느니라"(사 51:2)는 말씀으로써 격려를 얻었다. "한 사람과 많은 사람들"이라는 이 주제는 제사장이나 선지자가 말하는 틀에 박힌 표현이 아니라 그 이상의 것이었다. 왜냐하면 에스겔은 이 표현이 모든 사람의 입에 오르내리고 있음을 알았기 때문이다.

> …… 아브라함은 오직 한 사람이라도 이 땅을 기업으로 얻었나니 우리가 많은즉 더욱 이 땅을 우리에게 기업으로 주신 것이 되느니라.……(겔 33:24).

그러나 혹시 이 표현이 에스겔 시대의 얄팍한 슬로건에 지나지 않았다 하더라도, 적어도 이것은 이스라엘 중에 유식한 자나 무식한 자나 다 같이 그들의 생각 속에 이와 같이 윤곽적이나마 역사에 대한 이해를 갖고 있었음을 증명해 주는 것이다.

그러나 구약에서는 이러한 윤곽적인 역사가 이야기의 전부인 듯이 말하지 않는다. "한 사람"이 후에 "많게" 되었다는 이런 틀에는 다소 복잡한 그림이 들어있다. 예를 들면 족장들의 가족은 상당한 수의 측근들로 둘려 싸여있음을 볼 수 있다. 아브람의 무사 318명(창 14:14), 이삭의 "심히 많은 종들"(창 26:14), 또는 야곱의 두 떼"(창 32:7)와 나중에 세겜에서 얻은 포로들(창 34:29)이 그러한 "측근"들이다. 또한 출애굽 때에는 "수많은 잡족"(출 12:38, 또한 민 11:4 참조)이 있었다고 기록되어 있으며, 그 외에도 이스라엘 내에서 완전한 일원으로, 때로는 지도자로까지 받아들여졌으면서도 끝까지 자신들의 독특한 주체성을 의식하였던 부족들이 들어오기도 하였는데, 미디안의 겐 족속(민 10:29~32, 그리고 삿 1:16 참조)[1]이나 에돔의 그나스 족속(창 36:11, 민 13:6; 32:12), 또는 갈렙의 친족[2]인 여라무엘 족속 등이 바로 그들이다. 역사의 좀 더 후기에 가서는 가나안 정복과 더 나아가서 왕국 건립과 더불어 전체 부족들이, 예를 들면 여호수아 시대의 기브온 족속, 다윗 시대의 여부스 족속이 이스라엘 사회 속에 들어오게 되었다.

그렇지만 구약이 한 쌍의 부부에게서 한 민족이 나왔다고 말할 때 "지류가 없는 한 줄기의 강"을 뜻하는 것이 아니며 또한 여러 개의 큰 강줄기들이 합쳐진 것으로 말하지도 않음을 알 수 있다. 아브라함의 가느다란- 이삭과 야곱을 거치는 -줄기가 언제나 중심에 위치하였다. 현대 역사가들이 한 부족의 족장으로서 아브람의 모습이 자식이 없는 아브람의 모습과 이상스럽게 조화가 되지 않는다고 생각할지 모르나,[3] 창세기는 아브람이 모든 것을 소유하였으되 하나님의 약속이 걸려

---

[1] 이들은 주로 유다 지파와 함께 정착하였으나 별도의 무리들은 다른 곳에서 연맹 관계를 형성하였다(삿 4:11,17; 삼상 16:6).

[2] 삼상 27:10; 30:29; 대상 2:9,42. F. F. Bruce, *NBD* (London: IVP, 1962), p. 606 참조..

있는 아들을 얻지 못한 것을 비탄해하는 사실을 부각시킴으로써 그 역설적 상황을 이미 강조하고 있다. "집에서 길리운 자"들이 큰 공을 세운 후에(창 14:14) 나는 무자하오니 무엇을 내게 주시려나이까?(창 15:2)라는 안타까운 질문을, 마치 결코 "집에서 길리운 자"(창 15:3 참조)를 상속자로 삼을 수 없다는 사실을 붙잡고 놓지 않으려는 듯이, 던지고 있다. 이로 보건대, 이렇게 큰 규모의 가솔(家率)을 거느리게 된 것이, 족장 아브라함의 그룹이 생존할 수 있는 집단이 되는데 일정 부분 역할을 감당한 것은 사실이지만, 생명력 있는 핵 즉 아브라함의 친 혈통 없이는 무의미하였을 것이다. 그 후손들은 결혼을 통해 이방인들을 흡수해 들이곤 했으나(야곱의 아들들의 경우 우리에게 알려진 유일한 이방인 아내들은 가나안 여인과 애굽 여인이었고 그 다음 대에 가서는 므낫세의 아람 출신의 첩이 있다. -대상 7:14) 가문의 주체성은 언제가 뚜렷하게 보존되었으며 가문의 여러 관계는 정확하게 기억되어 왔다.

구약 이야기들의 표면에 명백하게 드러나 있는 이런 사소한 내용들을 되새기는 이유는, 간결한 요약을 자세한 기록으로 오해함으로써 생겨나는 근거 없는 문제들로 인해, 구약의 기록을 문제 삼을 필요가 없다는 점을 확실히 하기 위해서이다. 성경을 기록된 그대로 읽을 경우, 이제 고려하려고 하는 대안들보다 훨씬 적은 문제들에 부딪친다는 것이 나의 주장이다.

II. 전통적 견해에 대한 반대 견해와 대안들

대체로 반대 의견은 두 가지로 볼 수 있다. 첫째는 일반적인 것으로서 다음과 같다. 즉, 일반적으로 관찰할 수 있는 일로서, 민족은 단순히 단일 근원에서 기원하지 않는다고 한다. 두 번째는 구체적인 경우로서, 성경자료 자체가 편집자의 도식(圖式)과는 다르게 이스라엘의 선사(先史) 시대의 모습을 지적하고 있다는 견해이다.

---

3 J. Bright, *A History of Israel* (London: SCM, 1960), p. 69 참조.

1. 확률 문제

첫 번째 반대 견해는 킷텔(Kittel)이 잘 대변하고 있다. "…… 역사상에 알려진 어떤 민족도 단일 조상에게로 추적하는 일이 불가능하다. 조상 또는 조상들과 민족 사이에 존재하는 시간 간격은 언제나 너무 크며 부족들 간의 이합집산은 너무 다양하고 많아서 그 발전 과정을 조상들에게까지 추적할 수 없게 만든다."[4]

일반적인 하나의 명제로서만 보자면 이러한 주장에 우리는 당장 동의할 수 있다. 그러나 이것을 이스라엘의 경우에다 직접 적용할 수 없다. 왜냐하면 이스라엘 민족은 결코 어떤 특정 지역에 거주하는 민족들로 이루어졌다고 이해할 수 없기 때문이다. 이스라엘 민족의 발달사에 비길 수 있는 유사한 경우는, 여러 민족들의 기원사에서가 아니라 개인들에 의해 개척된 큰 역사적 운동들에서 찾아야 한다. 왜냐하면 이것이 바로 이스라엘 민족이 자기 자신에 대해 이해하고 있는 바이기 때문이다. 즉, 태고부터 존재해 온 민족 집단으로서가 아니라 어떤 소명을 가지고 분리되어 나온 집단, 기독교나 미주 이민 청교도들의 경우와 같이 명백히 구별되고 그 시작연대를 가진 민족으로 이해했기 때문이다. 이 외에도, 본래 이스라엘의 소명은 그 신앙이 아니라 이스라엘 그 자체를 궁극적으로 세계에 축복을 전달하는 하나님의 수단으로서 전파하는 것이었다는 그들의 확신을 덧붙여야 할 것이다.

그 초기 역사 단계에 있어서 (이른바) 이 "세포"가 그 주체성을, 처음에는 반유목적 생활양식에 의해 그리고 후에는 집단이주를 통해 애굽 영토 내에 소국가를 형성함으로써, 신중하게 보존해야 했다는 것은 위에 언급한 민족적 소명에 부합한다고 할 수 있다. 여기까지는 즉, 5대를 거치는 동안 공칭(公稱) 도합 70인으로 불어난 것은 (아내와 딸을 포함해서 140인을 대표한다고 해도)[5] 조금도 놀랄 만한 일이 아니었다. 또한 애굽에서 생존하여 번성했다는 기록에서도 흠잡을 것이 없다. 왜냐하면 430년 동안이라면[6] 아주 낮은 증가율을 잡는다 해도[7] 20,000명의

---

[4] R. Kittel, *History of the Hebrews* (영역판, Edinburgh: Williams and Norgate, 1896), I, p. 169.

[5] 창 46:26 참조.

[6] 출 12:40(히브리 원문).

[7] 연 증가율 1.1%는 1906-11년 사이에 26개국이 평균 증가율이다(*Encyclopaedia Britannica* XIV, 1929, vol. 18. p. 231). 이 증가율을 계산하면 매 60년마다 인구는 배로 증가하게 된다.

인구로 불어났을 것이며, 만일 빠른 증가율을 잡는다면 (한 가정에 6명의 자녀로 계산한다면) 인구 백만 이상이 되었을 것이기 때문이다. 물론 이 숫자는 그 자체로서 문제가 될 수 있는 것이지만[8] 한 씨족이 이스라엘의 경우처럼 어느 정도의 이족(異族) 결혼[9]에 의해 도움 받는 경우 이 기간 동안 거대한 민족으로 팽창할 수 있다는 데 대한 의심을 불식할 만큼 큰 숫자이다.

그렇다면 전통적 기록의 개요가 그 자체로서는 불합리한 점이 없다고 할 수 있다. 이것이 전통적 기록의 역사성을 증명해주는 것은 아니지만, 전통적 기록을 대치하려고 하는 대안들에게, 적어도 전통적 기록만큼 일관성 있고 증거에 충실하다는 사실을 보여 달라고 요구하는 부담을 주는 것이다.

2. 구체적 자료에 근거한 논증들

이제 그 자세한 내용에서는 매우 다르지만, 이스라엘을 각각 다른 시기에 가나안에 침입한 여러 부족들의 혼합체로 보는 점에는 일치하고 있는 일련의 학설들에 대해 살펴보기로 한다. 이 학설에 따르면, 이 부족들은 나중에 여호와에 대한 신앙을 고백함으로써 하나로 연합하였으며 단일의식을 너무나 강렬하게 체험한 결과 -아마도 (그리스나 이태리의 "동맹"인 암픽티오니[Amphictyony]의 경우와 같이)[10] 주기적으로 모이는 축제에서 - 각 부족의 역사를 모든 부족의 역사로 받아들였을 것이라고 한다. 한 영향력 있는 설에 따르면[11] 각기 다른 세 명의 제의(祭儀) 창시자를 아버지-아들-손자의 관계로 만들어서 한 혈통에 이식(移植)시킨, 마치 에큐메니칼 운동과 같은, 무의식적이지만 훌륭한 외교적인 솜씨에 의해, 세 창시자들을 전체 부족 동맹의 공통 조상으로 받아들이게 되었으며, 반면에

---

8 J. W. Wenham, "The Large Numbers of the Old Testament," *TynBul* 18 (1967): 19-53을 보라.

9 모세의 미디안인 부인과 구스인 부인(출 2:21; 민 12:1)과 비느하스(The Nubian)와 같은 이름들을 참고하라. 레 24:10 참조.

10 예를 들면, M. Noth, *Das System der zwölf Stämme Israels* (Stuttgart: Kohlhammer, 1930), 특히 pp. 47-121을 보라.

11 A. Alt, "Der Gott der Väter," *BWANT* III. 12 (1929) - KS I (Beck, Munich, 1959), pp. 1078. 그러나 족장들을 서로 무관한 인물들로 분리하는 것은 오경 비평의 오래된 특징 중의 하나이다. 그 예로 벨하우젠(J. Wellhausen)의 다음과 같은 말을 참조하라. "(아브라함)은 아마 족장들 가운데서 가장 나중 인물일 것이다."(*Prolegomena to the History of Israel* (영역판, A. and C. Black, Edinburgh, 1885), p. 320.

이들 각 족속의 신들은 삼위일체의 신으로서 각각 유임(留任)하는 덕을 보지 못하고 한 분 여호와 안으로 용해되고 말았다는 것이다. 그리고 애굽과 홍해를 체험했던 몇 부족들은, 다른 부족들이 시내 산에서 체험한 여호와와의 만남을 그들의 기억 속에 받아들일 여지를 마련하였다고 한다.[12] 한편 팔레스타인에 오래 동안 정착해 있는 부족들은 마치 이전에 그들 자신도 애굽으로 들어갔다가 실제로 출애굽 체험을 한 부족들과 함께 돌아온 것처럼 상상하였다는 것이다.

이처럼 별개의 역사들이 -그 중 어떤 것들은 부족 동맹이 이루어졌다고 가정한 시대에도 생생히 기억되고 있던 일들에 관한 것이다- 혼합되었다고 하는 이론은, 홍미롭게도 (옛 사람들은 집요하게 족보를 보존하려고 하였으나) 현대인들은 가문의 전통들에 대해 무관심하다고 추정하고 있다. 또한 이 이론은 산재한 부족들 간에 친화하였고 서로간의 연락이 용이하였다고 추정하고 있는데 이것은 사사기의 내용과 잘 맞지 않는다. 사실 이런 것들은 굉장한 난제들이다. 이런 난제들을 조정하려면 매우 설득력 있는 논증들이 필요하다. 어쨌든 이러한 견해들이 문제 삼는 주된 쟁점은 성경자료 자체가 편집자의 도식과 맞지 않는다는 것이다. 이러한 갈등은 주로 네 분야 즉, 연대, 가나안 정복, 이스라엘 체제 그리고 시내 산 전승에 관한 것이다.

A. 연대

연대 문제의 갈등은 주로 출애굽을 전후로 구약에 나타나는 족보가 간결한 반면에 햇수로 계산한 기간은 매우 길다는 사실에서 생겨난다. 그래서 이와 같은 갈등을 해소하는 한 가지 방도는 각기 다른 기간을 각기 다른 지파에게 적용시키는 것이라 고 가정한다. 물론 이러한 가정은, 이스라엘이 가나안에서 하나로 통합되기 전에는 단일민족이 아니었다는 것을 의미한다. 이 견해를 따르는 많은 사람 중 로울리 (Rowley)는 1948년도 강연(Schweich Lectures)에서 이 견해를 길게 설명하였다. 그는 애굽에서의 4대(창 15:13; 출 12:40)는, 레위를 모세보다 단지 2-3대 전에 놓는(출 6:16,18,20) 족보와 또는 같은 기간을 다룬 다른 곳의 족보들과는 맞지

---

12 한 예로 M. Noth, *The History of Israel*[2] (Black, 1960), p. 133 이하와 137 이하를 참조하라.

않는 것으로 취급하였다.[13] 그리고 출애굽 이후 기간에 대해서 그는 열왕기상 6:1의 480년과 아론의 처남 나손(Nashon)에서 솔로몬 때까지를 6대로 보는 족보 사이[14]에 잘 알려진 모순(그것이 사실이라면)을 들고 있다.

로울리는, 성경의 족보들이 모든 세대의 수를 다 기록하는 것이 아니요 취사 선택적이라는 가능한 해결책을 의식하고 있었으나, 이러한 족보를 기록하는 데 작용하였을 관례들을 자세하게 논의하지도 않은 채, 위의 가능한 해결책을 거절하였다.[15] 그러나 이러한 관례들은 성경 내에서 또는 성경 밖에서 얼마든지 살펴볼 수 있다. 성경에서 이런 관례를 따르는 실제 경우를 들자면, 세 사람의 이름만으로 거의 2,000년간의 기간을 표시하는 신약의 첫 구절이나 마태복음 1:12~17에서 3x14대로 도식화한 족보를 들 수 있다.[16] 성경 외의 경우를 예로 들자면, (올부라이트가 상기시키는 대로) 족보라는 장르에 있어서 생략하는 경향에 대해 제시한 광범위한 증거들을 말할 수 있다.[17] 올부라이트(Albright)가 든 예의 대부분은, 고대 이스라엘과는 시간적 공간적으로 멀리 떨어진, 그러나 오늘 우리 문명권보다는 더 멀지 않은 문화권들에서 취한 것이지만, 그들의 관심이 숫자적 완전성이나 절대적 연대[18]에 있지 아니하고 오직 또는 주로 한 부족이나 부족 구성원과 그 계보 창시자와 혹은 하위군(下位群)과의 관계,[19]그리고 그 가계의 주맥(主脈)과 지맥(支脈)들을 밝히는 데 있다는 점에서, 현대인들의 사고 패턴을 정정해주는 중요한 역할을 한다.[20] 그러나 킷친(Kitchen)은 초기 이스라엘의 맥락에 속하는

---

[13] H. H. Rowley, *From Joseph to Joshua* (British Academy, London, 1950), pp. 71f,164.

[14] 출 6:23; 룻 4:20~22 참조. 그러나 대상 6:3~8(히브리어 성경은 5:29~34)과 아래 주 23번을 보라.

[15] Ibid., pp. 72f.

[16] M. D. Johnson, *The Purpose of the Biblical Genealogies* (CUP, 1969), pp. 189-208.

[17] W. F. Albright, *The Biblical Period from Abraham to Ezra2* (1963), p. 9. 이 외에 인류학적 자료를 위해서는 A. Malamat의 "King Lists of the Old Babylonian Period and Biblical Genealogies," *JAOS* 88 (1968): 163, n. 5.

[18] Bwilili와 Shila에 대해서는 I. Cunnison, "History and Genealogies in a Conquest State," *AA* 59 (1957), p. 22를 참조하라. Albright는 이 논문과 R. C. Suggs의 논문(AA 62, 1960)에 주의를 환기시키고 있는데 특히 후자의 논문 pp. 767,772에서는 폴리네시안(Polynesian)의 족보들의 -마치 이 족보들이 "사회학적 그리고 생물학적 실재"를(p. 772) 단일 도식으로 표시하고 있는 듯이 -절대 연대들을 계산한 데에서 생겨난 큰 오차들에 대해 살펴보았다.

[19] I. Cunnison의 논문 p. 23.

[20] E. E. Evans-Pritchard, The *Nuer* (Clarendon, Oxford, 1940), p. 199. "지맥의 창시자들의 이름들은 반드시 족보 속에 명확한 순서에 따라 기록되지 않으면 안 된다. 왜냐하면 이들은 중요한 기준점들이 되기

애굽으로부터, 즉 모세의 동시대에서 주전 8세기에 이르기까지의 시기로부터 예들을 인용하고 있다. 이 예들 역시 좀 더 완전하게 기록한 족보들과 비교한 결과, 중요 인물만을 기록한 취사 선택적 족보들임이 밝혀졌다.[21]

열왕기상 6:1에서 출애굽으로부터 솔로몬 성전 건축시기까지의 기간을 480년으로 잡은 문제와 관련해서, 여러 부족이 여러 시기에 걸쳐 가나안에 정착했다는 설은 몇 가지 생각할 수 있는 해결책 중 하나에 지나지 않는다. 또 다른 해결책은 뇔데케(Nöldeke)[22]가 제안하여 널리 알려진 대로 480년이란 한 세대를 40년으로 잡는 관례적 숫자 40에 12대의 수[23]를 곱한 숫자라는 것이다. 더 나아가서 만일 이 기간을 전후로 다른 두 개의 480년이란 상징적 기간이 자리하고 있다는 것을 고려한다면 -첫째로 야곱이 벧엘에서 제단을 쌓은 때로부터 성막 건설까지의 480년과 둘째로 첫 성전 건축에서 제2성전 건축까지의 480년(스 3:8 이하)[24]- 이것은 이미 언급한 마태복음 1장의 14대 x3 형식과 유사한, 도식화된 연대법을 알려주는 증거라 할 수 있을 것이다.

B. 가나안 정복

이 분야에서는, 실제로 각 부족들에게 별개의 선사(先史)역사들이 있었음을 암시하는 자료들을 편집자가 억지로 인위적으로 통일성 있게 만들었다고 비평학자들은 생각한다. 지면 관계로 몇 개의 예만을 논의할 수밖에 없으므로, 첫 번째 예는

때문이다. 다른 이름들이야 기록되던 말든 문제가 되지 않는다."

[21] K. A. Kitchen, *Ancient Orient and Old Testament* (London: Tyndale, 1966), p. 55l. 킷친도 아므람과 요게벳이 민 3:27 이하에 나타나는 것은 모세의 친부모를 표시하기 위해서가 아니라 모세의 가문을 표시하기 위한 것이라고 지적한다(ibid, pp. 54f).

[22] Th. Nöldeke, "Die Chronologie der Richterzeit," *Untersuchungen zur Kritik des AT* (1896), pp. 173-98 (H. H. Rowley, ibid., pp. 97 n. 180에서 재인용). 여기에서 뇔데케는 좀 더 치밀한 다른 대안도 제시하고 있다.

[23] 칠십인 역의 440년은 어쩌면 대상 6:3~8(히브리어 성경은 5:29~34)에서 나타나는 대로 아론에서 사독까지 열한 명의 대제사장의 수에 맞추기 위한 햇수일 수 있다. 마찬가지로 J. Gray, *I and II Kings* (London: SCM, 1964), p. 150. 이와 같은 세대수는 절대 연대가 지시하는 약 300년과 잘 부합된다고 하겠다. 참조. J. Bright, ibid.. p. 113.

[24] 참조. E. De Wit, *The Date and Route of the Exodus* (London: Tyndale, 1960), p. 8; J. Gray, ibid, p. 150. 두 번째 시기의 480년은 열왕기에 나타나는 유다 왕들의 통치 기간을 합산한 햇수에 솔로몬의 남은 치세 기간을 더하여 주전 587년까지 430년을 얻고, 거기에 주전 537년(스 3:8)에 이르기까지의 50년을 더하여 얻은 것이다.

여호수아서 외의 자료들로부터, 두 번째 예는 여호수아서와 사사기에 공통되는 분야에서, 세 번째 예는 창세기에서 들려고 한다.

(1) 호르마(Hormah)

유다 남쪽 끝에 있는 이 도시는, 민수기 14:45에서, 이스라엘이 전쟁에 패한 장소로 나타나며, 사사기 1:16, 17에서는 두 번 승리한 장소로 나타난다. "호르마"라는 명칭은 두 번 "진멸"(herem)을 가한 것에서 -한 번은 모세 때에, 또 한 번은 여호수아가 죽고 난 후에 -유래한 것으로 되어 있다. 이에 대해 로울리는 다음과 같이 말한다. "호르마를 파괴한 사건을 서술하는 두 개의 이야기가 있다. 그러나 둘 다 사실일 가능성은 희박하다.'[25] 그는 시기, 병력 지휘, 투입된 병력과 행군 방향에 있어서 두 기록 사이의 차이점들을 -이것이 그의 견해를 보강한다는 생각에서 -지적하고 있다. 그는 "일단 철수한 후에 또 다시 공격하여 승리한다는 것은 있을 수 없는 알"이라고 생각하고 결론 내리기를, 아마 "여기에서 말하는 사건은 여호수아 시대로부터 아주 먼 시대에 몇 부족들이 남쪽으로 침입하기 시작한 사건일 것이다"라고 한다.[26]

그러나 이것은 전혀 근거 없는 이야기이다. 민수기에 보면, 모세의 지휘아래 이루어진 공격(그리고 이스라엘의 전 여행과정)은 영토를 얻기 위한 것이 아니었다. 이스라엘은 행군 중이었고 바로 전에 에돔의 영토를 "좌로나 우로 치우치지 않고" (민 20:13) 평화롭게 통과하게 해 달라고 에돔에게 요청하였었다. 카우프만 (Kaufmann)이 지적하는 대로, 조금 후에 시혼(Sihon)과 옥(Og)으로부터 획득한 영토에 정착할 것을 요구한 르우벤과 갓의 요청을 처음에는 모세가 호되게 책망하면서 거절하였다. 그것은 그 땅에 정착하는 것이 이스라엘이 지금 수행해야 할 과업이 아니라고 생각했기 때문이었다.[27] 따라서 일시적 보복과 한 세대 후의 정복을 위한 군사행동 사이에 어떤 모순이 있다고 가정하는 것은 성경자료 자체에 근거한 것이 아니다. 또한 이 가정에 근거하여 이스라엘의 보복을 유다의 정복으로

---

[25] H. H. Rowley, ibid., p. 101.

[26] Ibid., p. 102.

[27] Y. Kaufmann, *The Biblical Account of the Conquest of Palestine* (Jerusalem: Magnes, 1953), p. 48.

바꾸고, 남쪽 공격을 북쪽 이주로 바꾸며, 여호수아 이후의 사건들을 모세 이전에서 더 나아가서 요셉 이전의 사건으로 바꾸어버리는 것[28]은 너무나 억지여서 현재 기록을 재해석해야 할 아무런 근거를 제공해 주지 못한다.

(2) 사사기 1장과 여호수아서의 정복 전쟁

사사기 1장은 여호수아서의 연속이 아니라 같은 내용을 달리 기록한 것이며, 아직 연합하지 못한 부족들이 점차적으로 가나안에 침투해 들어간 것에 대한 전승을 보존하고 있다고 성경 비평학자들은 말한다. 이제는 진부해져버린 이 문제에 대해서는, 여호수아서와 사사기 간의 긴장을 단순히 사사기 1장의 서두를 생략함으로써 해결하는 것은 너무 손쉬운 해결책이라고 보는 유능한 학자들이 있다는 사실을 지적하는 것으로 충분할 것이다.

그 예로 라이트(Wright)는 여호수아서와 사사기 간에 있는 것으로 생각된 모순 점들 중 어떤 것은, 초기의 부정확한 지명 확인 때문에 여호수아 10장의 남방 공략과 관련된 훌륭한 지리적 설명들을 전혀 이해할 수 없게 만들어버려서 생겨난 결과임을 증명하였다.[29] 또한 이 기간에 파괴되었다가 또 다시 파괴되었던 도시들에 대하여 지금까지 얻은 증거들은, 사사기 1장에 나타나는 전투들이 -마치 번개가 두 번 칠 수 없다는 듯이- 결코 이전의 여호수아 시대에는 일어날 수 없다고 하면서 반대하는 입장의 약점을 증명해 주었다. 바꿔 말하면 라이트는 "여호수아가 죽은 수에……"라는 사사기의 중요한 서두를 그대로 보존해야 한다고 생각한다.[30] 더 나아가서 그는, 여호수아서를 편집한 신명기적 편집자가 자신의 요약적 서술에서 가나안 인들이 그 땅에 계속 남아 있었다고 하는 자신의 주장과 어긋나게 서술한 것으로 만드는 해석은 불합리하다는 점을 지적하고 있다.[31] 이와 같은 건전한 판단에 동의하기에 나도 또한 다른 학자인 킷친(Kitchen)의 말을 인용하려고 한다.

---

[28] H. H. Rowley, ibid., pp. 111-16, 164.

[29] G. E. Wright, "The Literary and Historical Problem of Joshua 10 and Judges 1," *JNES* 5 (1946): 109f. 그의 저서 *BA* 2 (London: Duckworth, 1962), pp. 81-5.

[30] 인용한 논문, p. 113.

[31] Ibid., pp. 106 이하.

…… 여호수아의 신속한 정복 전투들은 일련의 가나안 도시국가들을 무력하게 만들었으나 철저한 정복은 아니었고 (그렇게 생각되지도 않았다.) …… 여호수아가 '하나도 남기지 아니하였다'는 것은(수 10장) - 상식적으로 생각하건대- '산 자와 죽은 자'라는 표현처럼, (오늘날 거리의 보행자들처럼) 피하지 못한 자는 모두 죽었다는 뜻이다.[32]

그러나 매우 독자적인 노선의 이론을 펼치고 있는 인물은 카우프만(Kaufmann)이다.[33] 그는 여호수아서에 기록된 이스라엘 연합군의 기사를, 다음의 사실을 상기시킴으로써, 옹호하고 있다. 즉, 가나안 인들의 기술적 우위에 대항할 수 있는 이스라엘의 유일한 인간적 이점은 연합이었다. 그러나 이 이점은 여러 지파들을 미리 정복 전쟁의 대열에서 떨어져 나가도록 유혹할 만한 땅에 대한 갈망 때문에 무산될 수도 있었다. 따라서 여호수아가 그의 군대를 병영에 주둔시키고 단 한 성읍도 점령하지 않도록 결정한 것은 현실적인 결정이었다. 그래서 전반적으로 승리한 이후에 그들의 소유를 취하기 위한 그 다음 작전이 필요하였다.

카우프만은 다른 곳[34]에서, 모세와 솔로몬 어간의 세 시기에 대해 기록한, 이스라엘의 군사 목표의 변화들을 주위 깊게 구별함으로써 자신의 주장을 보강하고 있다. 그는 이 군사 목표들을 다음 같이 분류한다. 첫째, 땅의 획득에 관심을 갖는 **정복**이었으며(민 21장의 시혼에 대한 전쟁에서부터 사사기 1장의 각 지파별 공격까지), 그 다음은 **해방**으로서 주로 사사기 4장과 5장 이후 가나안인들 외의 다른 압제자들로부터의 해방이 목표였다(삿 3장-삼상 31장). 마지막으로는 **지배**로서 땅에 대한 갈망이나 종교적 열심보다는 세력 또는 권력의 행사가 그 목표였다(삼하 1장-왕상 11장). 이런 관점에서 보면 성경 기록들은 강력한 내적 일관성을 가진 것으로 나타난다. 또한 그런 내적 일관성이 피상적 관찰에서는 드러나지 않는다는 점에서 더욱 그러하다. 이것은 근원 설화(aeteology)들의 잡동사니 자료와는 다른 순수한 전통에 의해 남겨진 지문(指紋)과도 같은 것이다.

(3) 12지파에 관한 전통들

야곱의 아들들에 관한 이야기 배후에 지파들의 활동이 있었다는 가정은 보통

---

[32] K. A. Kitchen, ibid., p. 69, n. 47.

[33] Y. Kaufmann, *The Biblical Account of the Conquest of Palestine* (Jerusalem: Magnes, 1953).

[34] Y. Kaufmann, "Traditions Concerning Early Israelite History in Canaan," *SH* 8 (1961): 303-34.

아무런 논증 없이 받아들여지고 있다. 이 가정으로부터 다음과 같은 결론까지 즉, 적어도 창세기에서 그리고 가나안에서 일어난 사건들에 등장하는 르우벤, 시므온, 레위와 유다는 애굽에서 나온 다른 지파들과 연합하기 이미 오래 전에, 가나안 땅에 정착하였던 지파들이라는 결론까지는, 단 한 걸음에 지나지 않는다. 그러나 이 가정은 한 번 살펴 볼 필요가 있다.

두 번째로 고려해야 할 접근 방법은, 이름의 형태에 근거한 노트(Noth)의 이론이다. 이것은 유다, 에브라임, 납달리, 베냐민과 잇사갈은 그들의 영토나 가나안 땅에서 채택한 그들의 생활방식을 따라 지어진 이름들이며 따라서 이들 지파는 그 땅에서 서로 만나기 전에는 어떤 명백한 주체성이나 상호 관계를 가지지 못했다[35]는 이론이다.

노트의 견해에 대한 반박으로서 (두 번째 견해인 노트의 견해를 먼저 취급하기로 한다.), 존 브라이트(Bright)는 다음 사실을 지적하였다. 즉, 이들 지파들 중 첫 세 지파가 그들이 살던 곳에다 자신들의 지파 명칭을 붙인 것이 아니라 그들이 살던 지방에서 지파 명칭을 **따왔다**는 증거가 전혀 없으며, 베냐민 지파는 가나안 땅에 들어오기 전에는 지파 명칭이 없었다는 증거가 전혀 없다는 사실을 지적하고 있다. 또한 브라이트는 잇사갈(고용인이란 뜻)이 강제 노동을 당하는 부족의 별명으로는 적합지 않다고 말한다(창 49:15). 왜냐하면 이 두 가지 상황(고용인, 강제 노동)이 동일한 것을 뜻한다고 보기 어렵기 때문이다.[36]

따라서 나는 더 나아가서 왜 이 이름들이 야곱의 실제 아들들에게 주어질 수 없었겠는가? 라고 되묻고 싶다.

유다라는 이름은 (내가 아는 한[37]) 누구나 인정하는 대로 고유명사로는 설명할 수 없는 형태이다. 노트(Noth)가 유사 형태[38]로 인증(引證)하는 도시 명 '욕브

---

35 J. Bright, ibid., pp. 72,137.

36 J. Bright, *Early Israel in Recent History Writing, SBT* 19 (London: SCM, 1956), pp. 116 이하.

37 아래의 논의에서 밀라드(A. R. Millard)는 mîkā'와 mîkāyâ를 동일시할 수 있다는 사실에 -이것은 유다가 yehûdyh(w)의 애칭일 가능성이 있음을 시사한다고 생각한다- 주의를 환기시킨다[특히 삿 17:1 mîkāyehû(원문) =17:5~18:31 곳곳에 mîkā'].

웃사(Uzzah) (=Uzziah?), 셉나[Shebna(h)] (=Shebaniah?), (M. Noth, Die israelitischen Personennamen, *BWANT* III 10, Stuttgart, 1928), p. 160을 참고하라; p. 253 (nos. 1039,1945), p. 258 (nos. 1302,1303) 참고.

38 M. Noth, *History of Israel*, pp. 67,56 n. 2.

하'(ygbhh. 민 32:35; 삿 8:11)와 '이달라'(yd'lh. 수 19:15)는 증명에 아무런 도움이 되지 못한다. 왜냐하면 이 지명들은 모음을 대폭 바꾸지 않으면 유다(원문의 '예후다')와 전혀 비슷하지 않기 때문이며, 같은 문맥에서 'Iegebal'(B) 또는 'Zebee'(A) 그리고 'Iereicho'(B) 또는 'Iadela'로 표기하고 있는 칠십인 역도 이런 쪽을 지지하지 않기 때문이다. 그러나 만일 유다가 "본래는 집합명사"였다고 분류하는 올브라이트(Albright)가 옳다면[39] -그 뜻을 "인도 받는" 또는 "성별된" 민족으로 제안하고 있다 -적어도 베냐민의 경우(후에 곧 알게 되겠지만)와 같이 당시 사용되던 집합명사를 취하여 새로운 의미("찬송")를 덧붙여 개인의 이름으로 사용했을 가능성이 있는 것으로 보인다. 또한 족장들에게 하신 약속이 그들에게 끼친 영향을 잊지 말아야 될 것이다. 그 약속은 족장들로 하여금 그들의 아들들을 큰 민족의 창설 멤버로- 이들로부터 모든 지파들이 그 명칭을 취하게 될 것이다- 보도록 고무하였을 것이 분명하다(창 28:14; 49:1 이하 참조).

에브라임은 그 어미 '아임'(-ayim)으로 판단하건대 지명임을 암시하고 있다. 그러나 만일 이미 존재하고 있는 이름을 가정 상황에 부합시키기 위해 말의 기교를 부리는 것이 저자나 편집자에게 허용되었다면, 구약이 거듭 암시하는 대로, 부모가 그와 유사한 자유를 행사할 수 없을 이유가 없다. 고향으로부터 멀리 떨어져 있는 요셉이 그의 "창성함" 과 고향 땅을 기념하여 에브라임(창 41:52)이라는 이름을 어째서 지을 수 없었겠는가? 또는 야곱이 베노니(슬픔의 아들)이라는 이름을 베냐민 즉, "오른 손의 아들"(창 35:18)이라는 -적절하고 상서(祥瑞)로울 뿐만 아니라 다른 지역에서 이미 "남쪽의 아들"이란 다른 뜻으로 사용되고 있는 -이름으로 대신할 수 없었겠는가? 또한 납달리에 대해서 노트는 창세기 30:8의 "경쟁하다"(wrestlings)라는 것을 대치할 대안을 제시하지 못하지만, 전통에 의하면 납달리 산(山)은 그 주민들의 명칭을 따라 명명되었음을 인정하고 있다.[40] 반면 잇사갈에 대해서는 우리가 브라이트의 견해를 따라 이 이름이 잇사갈 지파의 후대 역사와 부합하는 명칭이 아니라고 말할 수 있다. 더 나아가서 고용이란 뜻에 근거한 언어 기교는 창세기 29장과 30장의 가족들 간의 갈등과 책략에 딱 들어맞는다고 결론지

---

[39] W. F. Albright, *JPOS* 1 (1920), p. 68.
[40] M. Noth, *History of Israel*, p. 67.

을 수 있다. 이 어근에서 나온 다른 인명들이 주전 18세기의 노예 목록에서 발견된다.[41]

　다나, 시므온, 레위 그리고 르우벤과 빌하 그리고 유다와 다말에 관한 창세기 이야기에 눈을 돌리면, 그리 짧지 않은 이야기 속에서 생생한 인물 묘사를 발견하게 된다. 만일 등장인물들이 단순히 의인화된 인물들일 경우 이런 생생한 인물 묘사는 기대할 수 없는 일이다. 세 가지 사건 모두 그 출생이 상세히 기록되어 있는 사람들과 관계된 것이며 그들의 인간성이 다시 한 번 요셉 이야기에서 나타나고 있으므로, 증거 제시의 부담은 개인적 의미를 버리고 집합적 의미를 택한 사람들에게 있다고 할 수 있다. 페더슨(Pedersen)은 창세기 34장에 나타나는 야곱과 하몰의 대화에 관해 말하기를 "어떤 주석가도 동양에서나 그 밖의 지구상 어느 곳에서든지 남자가 이런 방식으로 구혼을 한다는 사실을 기억하지 못하는 것은 이상하다. 전체 장면이 너무나 생생하게 분명히 두드러지기 때문에 마치 오늘의 베두인(유목민)이나 휄라흐(농부)의 이야기를 직접 대하는 것 같다."[42]

　요즈음의 어떤 학자들은 이런 성경 이야기들에 대한 집합적 해석이 주는 거부감을 -비록 이 해석을 포기하는 것을 주저할지라도- 의식하고 있다고, 내가 지적하는 것이 올바를 것이다. 그러나 폰 라드(Von Rad)는 눈에 띌 정도로 모호한 태도를 취하고 있다. 한편으로는 궁극적으로 야곱의 12 아들의 모든 다양한 기록이 사사시대의 제의(祭儀) 체제(즉, '암픽티오니', "동맹")로 거슬러 올라간다고 주장하는 반면,[43] 다른 한 편으로는 창세기 29장, 30의 출생에 관한 기록을 "위장(僞裝)된 부족 역사"로 읽지 말도록 경고하고 있다. 그는 주장하기를, 이 이야기는 "부족이나 의인화된 부족에 관한 것이 아니라 인간들에 관한 것이다"[44]라고 한다. 세겜에서의 살육사건을 취급하면서도 그는 양쪽 의견을 다 같이 갖고 있는 것으로 보인다. 창세기 34장에 대해 쓰면서 그는 시므온과 레위 지파가 "어떤 재난에 의해 세겜

---

41 W. F. Albright, "Northwest Semitic Names in a List of Egyptian Slaves from the Eighteenth Century B. C.," *JAOS* 74 (1954), pp. 222-23, 특히 p. 227.

42 J. Pederson, *Israel I-II* (OUP, 1926), p. 523; pp. 286-91 참조 두 사람에 의한 살육에 대해서 페더슨은 희생자들이 "할례로 인한 상처 열로 반죽음이 되어 누워 있었다"라고 지적한다(p. 523).

43 G. von Rad, *Genesis*, p. 291.

44 Ibid., p. 292.

주변 지역으로부터 밀려났다"라고 말한다.45 그러나 49:5~7을 주석하면서 그는 "시므온 지파가 흔히 상상하듯이 세겜 주변에서 어떤 재난을 당했는지는 우리가 알 수 있는 범위 밖의 일이다"라고 양보하고 있다.46

르우벤의 근친상간에 대해서 폰 라드는 솔직하게 "부족적" 해석의 애매성을 인정하여 말하기를 "만일 (창 49장) 4절에서 조상에 대해 기록한 것이 르우벤 지파가 저지른 중대한 범죄를 회상하는 것이라면 그 이야기는 전혀 이해할 수 없는 것이 되고 만다"47라고 말한다.

세 번째 예 즉 유다가 다말과 더불어 범한 근친상간에 대해서 폰 라드는, 이 이야기를 읽을 수 있는 두 가지 방법 사이의 긴장을 -어느 것도 포기하지 않으려고 하면서- 의식하고 있다. 그의 견해에 따르면, 창세기 38장의 결론(어머니 지파인 유다 지파 내에서 씨족 조상들이 될 베레스와 세라의 출생)은 고대의 독자에게 여기에 서술된 이야기를 독자 당시의 부족적 역사 상황과 연관시키는 것 즉, 이 이야기를 근원 설화로, 말하자면 유다 지파 내의 여러 계보들의 초기 역사로 이해하는 것 외에 다른 가능성의 여지를 남겨두지 않는다고 한다. 우리는 부족 조상들을 집단화시킬 필요를 인정하지 않으면서도 이 견해에 완전히 동의할 수 있다. 이 집단화는, 폰 라드의 다음 말이 주의를 환기시키는 바와 같이, 모순점들을 쓸데없이 만들어내는 일에 지나지 않는다. 폰 라드는 이어서 다음과 같이 말하고 있다.

> 이 이야기 속의 모든 것을 민족적 관점에서 해석하려는 것은 무식한 처사(barbarism)이다. 왜냐하면 그렇게 할 경우 이야기의 본질적인 어떤 것 즉, 인간적인 것에 대한 경이로운 개방성이 -좁은 울타리의 한 가정을 복잡하게 얽힌 혼돈 속으로 휘저어 놓는 열정, 죄, 부성적 염려, 사랑, 명예, 용기, 이 모든 것이- 잘못 이해될 것이니 말이다!48

헐버트(Herbert)는 이 장(章)에 대한 근원 설화적 이해를 요약하며 끝맺으면서 이 딜레마의 또 다른 면을 지적하고 있다. 그는 근원 설화적 이해를 주장하면서도

---

45 Ibid., p. 330.
46 Ibid., p. 419.
47 Ibid., p. 418.
48 Ibid., p. 356.

다음과 같은 딜레마를 인정하고 있다. "이해하기 어려운 것은, 왜 이 이야기를 이처럼 추한 형태로 제시하고 있는가 하는 것이다." 그가 생각할 수 있는 해결책은 "아마 옛 전승이 하나의 생생하게 표현된 비유로서 이와 같이 제시되었을 것이"라는 정도이다.[49]

그러나 사실 이런 가정은 문제를 해결하기보다는 문제를 더 만들고 있으며, 이로 말미암아 그 **존재 이유**를 상실하고 있다. 어쨌든 그런 가정은 불필요한 것이었는데, 첫째로 몇 가지 짐에서 어떤 이야기에 대한 그러한 해석은 명백한 의미를 버리고 아주 모호한 의미를 택하기 때문이다. 그리고 어려운 어구를 택해야한다는 원칙(difficilior lectio)을 어려운 해석(difficilior interpretatio)을 고집해야 한다는 원칙으로까지 확대해야 할 근거도 전혀 없기 때문이다. 그러나 두 번째 그리고 더 심각하게는 이 해석이 이런 길을 채택한 것은 본문의 지지에 근거한 것이 아니라, 본문을 액면 그대로 받아들일 경우 치명적 손상을 입게 될 가정에 근거한 이스라엘 초기 역사를 지지하기 위해서이기 때문이다. 이것은 주해(註解, exegesis)가 아니라 적어도 첨해(添解, eisegesis)이다. 베드로후서 3:16의 말씀대로, 위의 두 명칭 중 어느 것으로 부르기보다는 "왜곡"(streblōsis)이라고 부르고 싶은 마음이 일어난다.

C. 이스라엘의 체제

나는 이미 아브라함과 이삭과 야곱을 본래 서로 무관한 제의 창시자로 재해석하는 견해[50]에 대해 취급하였다. 그리고 이 해석을 가나안 정복 상황에 관해 알려진 사실과 조화시키기가 얼마나 어려운지를 지적한 바 있다. 사사시대의 단속적(斷續的)이고 한 지역에 국한된 공동 행동들이나 소집 명령에 대해(삿 19:29 이하와 같이 소름끼치는 무엇이 수반되는 경우를 제외하고는) 마지못해 응하는 것, 그리고 연이어 일어나는 야만적 쟁투 등은 오히려 이른 바 동맹관계가 와해되기 시작한 징후로 볼 수 있으며, 동맹관계가 열성적인 최초의 단계에 -각 부족들이 그들의

---

[49] A. S. Herbert, *Genesis 12 ~50* (London: SCM, 1962), p. 126.

[50] G. von Rad, *The Problem of the Hexateuch* 영역판, Oliver and Boyd, 1966), p. 58. A. Alt, *Der Gott der Vaeter* (1929)를 위의 책과 함께 참조하라.

대한 역사에 대한 모든 기억과 사실들에도 불구하고 다른 부족의 조상들까지 마음에 받아들이던 때였다고 하는 견해에 따르면 이렇게 상정하지 않을 수 없다- 있는 징후로 볼 수 없다.

"동맹"('암픽티오니')에 의한 결속만으로는 이와 같은 집단의식을 설명하기에 충분하진 못하다. 하물며 매월 순서에 따라 성소에 대한 의무를 행했다는 것만으로 이스라엘의 12 지파 체제를 설명하기에 불충분한 것은 말할 것도 없다.[51] 이와 같이 셈족에게 낯선 "동맹" 제도가 -어떤 사람들은 [포러(Fohrer)가 지적했듯이][52] 이것을 이스라엘에게 있어서 여호와 자신보다 더 중요했던 것으로 생각하였기 때문에- 구약의 유사한 현상을 설명해야 하는 과중한 부담을 안아 왔다. 이 이론의 대표적 주창자인 노트(Noth)도 고대 그리스에 있었던 "동맹"의 성격과 목적에 대해 확실한 지식을 얻을 수 없다고 인정한다.[53] 또한 노트가, 구성원이 수에 있어서 12라는 숫자를 강력히 애호하는 경향을 지적하고 있지만 예외의 경우들 (Kalaurea의 경우에는 7이며[54] 이태리 연맹의 경우에는 30이다)[55]은 달력의 12달의 숫자가 결코 결정적인 것이 아니었음을 보여준다. 포러는 고대 세계에서 12란 숫자가 두드러지는 이유에 대해 행정적 이유 외에 다른 이유들이 있음을 상기시켜 주었고[56] 랏젠(Rahtjen)은 가장 일반적 의미에서나 "동맹"이라는 명칭을 붙일 수 있는 이스라엘 혈족들보다는 [비 셈족이며 에게해(海) 족(The Aegean)에 속한다고 할 수 있는] 블레셋의 다섯 도시가 오히려 "동맹" 체제에 가까운 사실을 지적한다.[57] "동맹"이라는 말에 상응하는 히브리어 명칭이 -구약에는 이들보다 훨씬 덜 중요하 다고 생각되는 다른 제도들에 대한 명칭은 적지 않은 반면- 없다는 사실은 매우 중요하다. 포러는 이 점을 주장하면서 이스라엘이라는 명칭이 그러한 명칭을 대신 할 수 없음을 강조하고 있다. 왜냐하면 이스라엘이라는 명칭이 복합어이기는 하나 명백히 여호와 예배를 중심으로 결성된 집단에 알맞은 여호와라는 신명(神名)과

---

51 M. Noth, *Das system der zwölf Stämme Israels*, p. 56.

52 G. Fohrer, "Altes Testament-'Amphiktyonie' und 'Bund'," *ThLZ* 91 (1966), pp. 802f.

53 M. Noth, *Das System...*, p. 54.

54 Ibid., p. 49.

55 Ibid., pp. 52f.

56 G. Fohrer, 인용한 논문, p. 812.

57 B. D. Rahtjen, "Palestine and Hebrew Anphictyonies," *JNES* 24 (1969), pp. 100-104.

결합하지 않고 애매한 명칭인 "엘"과 결합한 복합어이기 때문이다.[58]

성소가 결정적 역할을 했다는 견해에 대해서는 올린스키(Orlinsky)의 적절한 비평을 인용할 수 있을 것이다. "사사기 전체를 다 읽어보아도 실로나 세겜, 벧엘, 라마, 벧산, 길갈 또는 어떤 다른 성소이든지 2, 6 또는 12 지파가" 동맹"으로서 모였다는 언급을 찾지 못할 것이다."[59] 사사기 20:18 이하에 보면 분명히 언약궤는 벧엘에 있었고 거기에서 이스라엘이 하나님께 물어보았으나 그들이 모인 장소는 -올린스키가 관찰한 대로- 다른 곳 즉 미스바였다(삿 20:1).

좀 더 적극적으로 말한다면, 이스라엘이 전통적으로 자신을 주로 "백성"('am)으로 칭하였고 다만 이차적으로만 "민족"(gôy)으로 부른 사실에서 이스라엘 체제의 근본은 혈연관계에 의한 결속이었고 동맹관계에 의한 결속이 아니라는 함축적 의식(意識)을 발견할 이유가 충분히 있다. 포러(Fohrer)는 위에서 참조한 논문에서 야곱의 열두 아들의 목록을, 이스라엘이 자신을 가나안 정복 초기부터 한 조상에서 유래한 피로 맺어진 "백성"('암')으로 생각한 증거로 삼고 있다.[60] 스파이저 (Speiser)는 "백성"과 "민족"으로서의 이스라엘에 관한 글[61]에서 '암'과 '고이'는 아주 분명하게 구별됨을 보여주었다. 그에 따르면 '고이'는, 혈족(clan)적 색채가 짙은 '암'에 반해 어느 정도 비인격적 색채가 짙은 용어라고 한다. 그는 아카드어 (Akkadian)의 사회관계 용어들에 반영되어 있는 두드러지게 도시적인 사회와 [gôy 와 'ādām보다 'am과 'îsh를 선호하는 데에서 알 수 있는 대로] 혈연관계에 대한 이스라엘의 강조를 대조시키고 있다. 그리고 이러한 강조는 초기 유목민적 시기로 부터 이어받은 것으로 본다.

창세기 12:2의 약속은 하나님께서 이스라엘을 "민족"('고이')으로 만드실 것이

---

⁵⁸ Ibid., p. 807.

⁵⁹ H. M. Orlinsky, "The Tribal System of Israel and Related Groups in the Period of the Judges," *Essays in Honour of A. A. Neumann* (Leiden: E. J. Brill, 1962), p. 379.

⁶⁰ G. Fohrer, ibid., pp. 812 이하. A. Malamat, 인용한 논문, *JAOS* 88 (1968), p. 165. "외적 증거는 창세기에 수록된 족보기록들이 당시 민족들 사이에 실제로 널리 믿어지고 있던 내용을 반영하고 있으며…… 이스라엘 서기관들의 상상이나 민족적 긍지에서 나온 산물이 아니라는 가정을 지지한 다." 그러나 포러나 말라마트도 이러한 이스라엘의 자기 이해가 생물학적으로 정확하다고 주장하지 는 않는다.

⁶¹ E. A. Speiser, *JBL* 79 (1960), pp. 157-63.

라는 것이었으나 그 최초 상태는 가족적이었다는 사실을 스파이저는 상기시키고 있다. 사실 바로 구약 언어 자체에서 끌어낸 이러한 용어들은 이스라엘 기원에 관한 구약의 기록을 지지한 데에 도움이 되고 있다.[62]

D. 시내 산 전승

성경기록이 전하는 대로의 단회(單回)적 출애굽설과는 반대로 연대에 근거하여 여러 경로를 통한 가나안 정착설을 지지하는 이론을 앞에서 살펴보았다. 이제 시내 산 사건을, 홍해를 거쳐 가나안에 들어오지 않은 어떤 이스라엘 지파만이 체험한 사건이라고 하는 설에 대해 살펴보기로 하자. 물론 이 설은 필연적으로 이 지파들이 여러 경로로 가나안에 도착하기 전까지는 하나로 연합되지 못했다는 설을 전제로 하고 있다.

시내 산 사건의 기록을 출애굽 이야기 속에 삽입된 요소라고 하며 이를 분리하려는 것은 반대 의견에도 불구하고[63] 구약 비평의 오래된 특징 중 하나이다. 벨하우젠(Wellhausen)은 다음과 같은 독특한 근거에서 이 설을 지지하였다. 즉 시내 산으로 가는 도중에 "시험"('맛사')과 "다툼"('므리바', 출 17:7)의 장소에서 첫 번째로 바위를 친 사건은 가데스 부근에 있는 제2의 "다툼"의 장소(제2의 므리바)에서 바위를 친 사건(민 20장)의 이중(二重) 보도라고 생각한다. 이 사건은 이스라엘이 홍해에서부터 직행한 가데스에서 있었던 사건이라고 벨하우젠은 주장한다. 따라서 시내 산은 별개의 사건 기록이며, 맨 처음 편리한 지점에서 하나의 우회로로서 이야기 속에 삽입되었다고 한다. 이 모든 이론은 두 개의 유사한 사건이 사막의 두 장소에서 일어났을 가능성은 너무 희박해서 고려할 가치도 없다는 가정에-기록들은 사막 여행에서 항상 염두에 두어야 하는 물 공급에 거듭거듭 관심을 밝히고 있음에도 불구하고 -근거하고 있다.

---

62 강의 후 토론에서 킷친(K. A. Kitchen)은 이런 맥락에서 메렌프타 (Merenptha)의 "이스라엘"비석의 관련성을 지적하였다. 이 비석을 보면 주위 문맥에서 "이스라엘"만이 유일하게 백성을 지칭하는 말로 나타난다 (*ANET*, p. 378 n. 18 참조).

63 예를 들면 최근의 W. Beyerlin, *Herkunft und Geschichte der ältesten Sinaitraditionen* (Tübingen, 1961; 영역판 *Origins and History of the Oldest Sinaitic Traditions*, Oxford: Blackwell, 1965); A. S. Kaperlud, "Some Recent Points of View on the Time and Origin of the Decalogue," *ST* 18 (1964): 88f.

다른 각도에서 그레쓰만(Gressmann)[64]은 1913년에 마라, 맛사와 므리바 사건에 대한 근원 설화적 연구로써 이 이론을 새로이 지지하고 나섰다. 그는 마라, 맛사, 므리바 이야기 모두가 가데스에서 기원한 것으로 보았는데, 가데스에 있는 여러 샘들이 이러한 여러 장소 설화들을 생겨나게 했다고 본다. 그러나 그의 결론은 가데스의 샘들 자체만큼이나 경이적인 것으로 보인다. 왜냐하면 그의 결론들은 도저히 그런 결론들을 끌어내기에 부적합한 자료들에서 나온 것이기 때문이다. 그는 "마라"(출 15:22~26) 이야기를, "율례와 법도"(출 15:25)라고 한 단편적 표현과 하나님께서 이스라엘을 "시험"하셨다는 표현(출 15:22)을 근거로, 가데스에 돌리고 있다. 또한 그가 "시험"이란 말은 "맛사"(Massah)를 연상하게 하기 때문이라고 하나, 이것은 맛사에서는 이스라엘이 하나님을 시험한 반면 마라에서는 하나님께서 이스라엘을 시험하셨다는 사실을 무시하는 주장이다. 그가 "마라"(mārâ, "쓴")와 "마라"(mārâ, "반역하다") 사이의 언어유희 가능성까지(민 20:10, "패역한 자들": hammōrîm) 동원하고 있는 것은 전체 이론이 단편들에서, 심지어 부분적으로는 본문이 침묵하고 있는 것에서 추측해낸 것이기 때문이다. 그레쓰만은 후자의 예를, 모세가 어떤 바위에서 하나님을 기다리라고 명령을 받고 있는(J 편집자의) 므리바 이야기를 재구성하는 데에서 발견할 수 있다고 한다. 그레쓰만은 이어 말하기를, "이제 여호와께서 나타나셔서 친히 바위를 쳐서 물을 내셨음이 분명하다. 그러나 이 부분은 없어졌다"(dies Stück fehlt)[65]고 한다.

그러나 내 생각에는 벨하우젠과 그레쓰만 둘 다 그들의 주장을 증명하는 데에 실패한 것으로 보인다. 하지만 1938년에[66] 폰 라드(Von Rad)는, 칠칠절에 길갈에서 고백하였던 정착 전승(Settlement Tradition)을 세겜의 초막절의 제의 전설이었던 시내 산 전승(Sinai Tradition)으로부터 분리시킴으로써, 주요 결론에 이르는 다른 길을 개척하였다.

여기서 우리의 관심을 끄는 것은, 족장 시대로부터 출애굽까지 그리고 가나안 정복에 이르기까지의 이스라엘 역사에서 두드러진 사실들을 열거하면서도 시내

---

64 Gressmann, *Mose und seine Zeit* (Göttingen: Vandenhoeck and Ruprecht, 1913), pp. 121 이하.

65 Ibid., p. 148.

66 *Das formgeschichte Problem des Hexateuchs*, BWANT IV 26 (1938); 영역판 *The Problem of the Hexateuch* (Oliver and Boyd, 1966), pp. 1f.

산에 대해서는 전혀 언급을 하지 않은 정착 전승에서, 폰 라드가 주요 역할을
한 것으로 생각한 소위 **신앙고백**(credo)이다. 그는 이 신앙고백의 가장 오래된
원형을, 신명기 26:5b~9에 나타난, 곡식의 맏물을 드리면서 하는 고백이라고
생각했으며, 그 주요 부분은 육경(六經)의 축소판으로서 변하지 않은 채 남아있다
고 보았다. 그러나 어떤 요소들이 덧붙여지든지 간에 시내 산 사건은 여전히 생략되
었다. 포로 이후 시대의 기도인 느헤미야 9장과 시편 106편과 같은 후대의 작품에
이르러서야 시내 산 전승은 나타난다. 이런 사실을 보고 그가 결론을 내리기를,
시내 산은 애굽으로부터 홍해를 거쳐 약속의 땅에 이르기까지의 일련의 사건들
속에서 아무런 역할도 하지 못한다고 한다. 폰 라드는 시내 산 사건의 기록을
출애굽 후의 광야 여행 과정 속에 삽입한 것은 J기자(Yahwist)의 작품이며 율법으로
써 구원을 잘 조절한 것이라고 생각한다.[67]

  그러나 "신앙고백"에 근거한 이러한 이론은 좀 더 주의 깊게 살펴 볼 필요가
있다. 폰 라드는, 족장시대의 이야기에서 출발하지만 시내 산 사건들에 대해서는
전혀 알지 못하는 일련의 작품을 언급하는데, 이것들이 신명기 26:5 이하, 여호수아
24:2 이하, 사무엘상 12:8, 시편 105편[68]이라고 어떤 각주에서 밝히고 있다. 이에
대해 나는 다음과 같이 비판하고자 한다.

(i) 그의 책에서 자주 사용하고 있는 **신앙고백**이라는 용어에 의문의 여지가 있다.[69]
왜냐하면 그가 인용하는 네 구절은 각각 a) 약속의 땅에 들어가서 개인이 곡식의
맏물을 바치는 경우를 위해 만들어진 형식, b) 여호수아의 고별사, c) 사무엘의
고별사, 그리고 d) 구체적인 관련 상황을 알 수 없는 시편이기 때문이다. 이런
상황들에서는, 신조(creed)에서와 같이 규범적 신앙을 요약하여 제시해야 할 의무는
없다.

---

[67] Ibid., p. 54.

[68] Ibid., p. 55. 이 앞서(pp. 9-12) 그는 다른 네 구절, 출 15, 시 78편 그리고 시136편을 언급하였다.
그러나 지면관계로 그가 맨 처음 선택한 구절들만을 다루기로 한다.

[69] R. E. Clements, *God's Chosen People* (London: SCM, 1968), pp. 55f. 참조. J. A. Thompson, "The
Cultic Credo and the Sinai Traditon," *RTR* 27 (1968): 53-64.

(ii) 네 구절 중 세 구절이 홍해 사건을 언급하지 않으며 그 중 첫째 구절은 모세에 관한 언급을 생략하고 있는 것을 볼 때, 더욱이 이 두 가지는 정착 전승의 구성요소라고 한다면 폰 라드의 분석은 지나치다고 할 수 있다.

(iii) 강조점과 주요 관심이 구절마다 다르다. 그리고 이것들이야말로 사건들의 취사선택을 결정하는 주된 요인들이다. 즉,

a) 신명기 26장에서 주제는 "가난함에서 풍요함에로"이다. 따라서 시내 산 사건은 이 주제에서 벗어난다고 할 수 있다.

b) 여호수아 24장에서 강조하는 것은 다른 민족들과 그리고 다른 우상들과 대조되는 무비(無比)의 존재이신 여호와이시다. 시내 산 사건이 이 문맥에 전혀 맞지 않는다고 할 수는 없겠으나 그 대신 이 장은 이스라엘의 전적인 충성에 대한 하나님이 호소를 강화하기 위해 우상들과 민족들에 대한 여호와의 승리들로 가득 채워져 있다. 따라서 이 장의 클라이맥스는 시내 산 십계명에 대한 암시를 하면서도 여호와께서 불순종은 용서하지 않으시는 질투의 신이심을 상기시키는 것에 국한시키고 있다(수 24:19).

c) 사무엘상 12장에서 주제는 도움을 요청하는 부르짖음에 대한 응답으로서 구원자를 일으키시는 것이다. 여기에서 시내 산 사건은 구원자들과 왕들 간의 대조를 서술하는 이 장의 문맥과 전혀 무관하게 보인다.

d) 시편 105편의 주제는 하나님의 "놀라우신 사역들"이다. 사실 이 시편은 이스라엘로 하여금 이 놀라운 구원을 누리게 하신 것이 그들로 하여금 여호와의 "규례를 지키며 그 법을 좇게 하려 하심이로다"(45절)라는 사실을 상기시키는 것으로 끝난다. 만약 여기에서 시내 산 사건의 흔적을 발견할 수 없다면 우리는 전혀 만족할 수 없는 것이다.

덧붙여 말한다면, 시내 산 사건을 포함하는 소위 "후대의 구절들"도 마찬가지로 그 주요 관심사들에 대한 배려에서 언급하고 있다. 시편 106편은 이스라엘의 죄에 대해 생각하며 따라서 시내 산을 암시하는 유일한 언급은 율법이나 언약이 아니라

금송아지 사건이다. 폰 라드가 제시하는 또 다른 "늦은 시기의 구절"인 느헤미야 9장은 하나님의 땅과 하나님의 율법이라는 두 개의 중심을 가지고 있기 때문에 이에 따라 자료들을 취사선택하고 있다. 따라서 언약에 관한 언급은 시내 산 언약이 아니라 땅을 주기로 맹세하신 아브라함 언약이다. 시내 산은 오히려 이스라엘이 범함으로써 땅과 자유를 상실하게 된 율법 때문에 언급되고 있다.

이 모든 예들에서 이런저런 요소가 나타나지 않는 것은 전승 속에 그러한 요소가 없기 때문이 아니라 다만 주요 관심사와의 관련성이 분명하지 않기 때문이다.

(iv) 신약에서 그리스도인들의 증언들을 비교해보면, 우리는 그들의 다소 유사한 침묵에 놀라게 될 것이다. 그들의 증언들은 (시내 산과 율법과 어느 정도 유사한) 예수님의 가르치신 사역뿐만 아니라 성만찬과 새 언약을 세우신 사실들을 생략한다. 복음서의 사건들을 언급하는 신약의 서신들도 구약과 마찬가지로 그들이 택한 강조점을 고수하고 있기 때문이다. 따라서 빌립보 2:5~11은 그리스도의 낮아지심과 관계된 점들만을 택하며, 고린도전서 15:34 이하는 그의 부활에 관계된 점들만, 디모데전서 3:16은 그의 나타나심과 관련된 점들만을 택한다. 반면에 사도행전에 기록된 설교들은 주로 전혀 기대 밖에 그리고 의미심장하게 그들이 기억하고 있는 그리스도의 사역의 절정을 이룬 그의 죽으심, 부활과 승귀(昇貴)에 관심을 모으고 있다.

III. 이 주제의 함축적 의미

마지막으로 이스라엘 기원에 대해 입장이 다른 견해들이 성경 여타 부분과 어떤 연관이 있는지 살펴볼 필요가 있다.

이 문제는 결코 지엽적인 문제라고 할 수 없다. 아브라함에게 허락하신 아들 즉 양자가 아니라 "몸에서 날 친 아들"에 대한 약속이, 이 아들의 탄생으로 선택과 갈등이라는 다음 단계가 생길 때까지, 창세기를 지배한다. 또한 그 약속은 언제나 세계의 축복을 위한 한 백성의 창조를 시야에 두고 있다, 이 시점에서 아브라함은 하나님을 믿어 의롭다함을 얻는다. "성령을 따라 난"(갈 4:29) 이 아들을 통해 하나님의 백성이 정한 때에 생겨나게 된다. 그 다음 세대에서 하나님은 차자인 야곱을 택하시어 하나님의 선택의 목적을 계속되게 하신다(롬 9:11). 이렇게 해서 후손들이 "죽은 자와 방불한 한 사람으로 말미암아 하늘에 허다한 별과 또 해변의 무수한 모래와 같이 많이 생육하였다"(히 11:12). 무엇보다 "육신으로 하면 그리스도가 저희에게서 나셨다"(롬 9:5). 이런 내용들이 창세기 아니 성경 전체를 구성하는 날줄과 씨줄이다. 만일 이것들이 없으면 성경은 한낱 넝마에 불과하게 될 것이다.

이스라엘이 어쨌든 존재하게 되었고 그리스도께서 이스라엘을 통해 나셨다고 말하는 한, 그것이 어떻게 일어났는가는 중요하지 않다고 생각하는 사람이 있을지 모른다. 그러나 성경에서, 창세기에서부터 신약 서신들에 이르기까지 **중요한 것은 중요하게** 모두 받아들이는 것이 현명할 것이다. 또한 "아브라함의 자취를 따라 행하는" 우리에게 어떠한 종류의 비범한 실천적 신앙이 요구되든지 간에, 성경은 적어도 우리를 다음과 같은 가설- 즉, 씨족과 씨족이 접촉하는 즉시 연합하고, 부족들이 다른 부족의 과거 역사를 자기 것으로 소화하며, 무엇보다 서로 무관했던 제의 창시자들이 부자의 혈연관계로 재배열되었을 뿐만 아니라 너무나 극단적으로 재창조된 결과 그들의 이야기 전체가 있지도 않았던 출생과 선택, 그리고 경건한 공상(空想)에 불과한 상황을 중심으로 인간적이거나 신학적인 긴장과 클라이맥스를 형성하게 되었다는 가설 ─ 이 요구하는, 공중에 매달려야 하는 불신(不信)의 곡예(曲藝)를 하지 않게 한다는 사실에 대해 우리는 더욱 감사해야 할 것이다.(*)

28

구약성경 본문에서도 그리스도를 설교해야 할 필요성[1]

시드니 그레이다너스
(Sidney Greidanus)

크래독(Craddock)은 이 시대의 설교를 가리켜 다음과 같이 지적한다.

> 오늘 강단 앞에 앉아 있는 많은 사람들은 앞뒤 신학적 문맥도 고려함이 없는 예수 그리스도를 이해하려는 식의 강요를 받고 있다. 이로써 설교를 듣는 청중은 잘못된 인식을 갖게 되는데, 그것은 그리스도에 대한 믿음이 마치 전에 믿었던 하나님에 대한 신앙을 대치하는 것으로나 혹은 하나님을 믿는 믿음에 새로이 그리스도에 대한 신앙을 첨가하는 것으로 잘못 이해하게 한다는 것이다. 이는 마치 사람이 자신의 신앙에 무엇을 하나 더 보태어 구원의 효과를 증대하는 것으로 오해를 하게 한다.[2]

이러한 설교들이 난무하여 신앙 공동체들(교회) 안에는 그리스도 일원론적 설교(Christomonistic preaching), 곧 하나님과 분리 고립된 예수가 전파될 위험에 노출되어 있는 상태다.

스타임레(Steimle)는 이 위험성을 자신이 속한 루터 교단을 향해 다음과 같이 경고한 바 있다.

> 루터교의 설교에서 그리스도 중심의 강조는…… 비록 그것이 고의는 아닐지라도 처음의 전제에서 심히 뒤틀려, 복음의 본질 곧 그리스도 안에 있는 하나님의 계시와 구원역사에 대한 바른 이해를 거의 교회의 성도들에게서 빼앗아가고 있다.[3]

---

[1] 이 소 논문은 1998년 12월 5일에 Academy of Homiletics에서 발표된 것인데 약간 수정하여 여기에 게재한다. 처음에 발표한 논문은 Q구약으로 설교함Þ(Preaching from the Old Testament)에 초점을 맞추었다.

[2] F. Craddock, "The Gospel of God," in *Preaching as Theological Task; World, Gospel, Scripture,* Thomas G. Long and Edward Farley ed. (Louisville: Westminster/ John Knox, 1996), p. 74.

[3] E. Steimle, "Preaching as the Word Made Relevant," *LQ* 6 (1954): 14. 참조. p. 13. 이 논문에서 그는 말하기를 Q그리스도 중심의 설교에 대한 강조는 하나님 중심의 설교를 간과할 우려가 있다. 다시 말하면, 그리스도를 적절하고 필요할 만큼 강조한다고 하고서 너무 지나치게 부각시키면 결과적으로 하나님을 강조하지 못하는 부적절한 면이 나타난다Þ라고 했다.

이 루터파 학자가 던진 그리스도 일원론에 대한 경고는, 더 이상 시편을 노래하지 않고 다만 설교나 복음성가에서 예수 그리스도에게만 초점을 맞추는 다른 기독교 공동체에도 똑같이 적용된다.

그러나 오늘날 구약으로 설교할 때 다른 극단적 양상이 훨씬 많이 나타나는 현실이다. 즉 구약 본문으로 설교한 메시지가 예수 그리스도 안에 있는 하나님 자신의 궁극적 계시와는 전혀 상관이 없는 유형의 설교라는 것이다. 이런 흐름 자체는 두 가지 방식으로 나타난다. 첫째는, 대체로 구약으로 설교할 때 인물 중심의 설교를 한다는 것이다. 이는 성경의 인물을 중심으로 그들이 무엇을 했는지 혹은 무엇을 안 했는지를 빗대어 현대 성도들에게 신앙적 도덕적 모범을 제시하는 것이다. 이러한 인간적 "인물 모방의 설교"는 거의 하나님 자신의 계시 본질에 도달하기 어렵다.

둘째는, 이보다 조금 나은 방식으로서 하나님과 그의 구속적 행위에 초점을 맞추는 것이다. 그러나 유감스럽게도 이 하나님 중심적 설교 역시 자주 예수 그리스도 안에 있는 하나님의 궁극적 계시를 도출하지 못하고 있다. 일반적으로 하나님 중심적 설교(그리스도를 제외한)는 오히려 기독교 밖의 다른 신들을 믿는 종교인들과 차이가 나지 않는 종교 다원적 성향을 조성할 수 있다. 이 점에 대하여 레이먼드 브라운(Raymond Brown)이 옳게 지적하였다.

> 우리 그리스도인들은 단순히 하나님에 대하여 고백하는 것으로 규정되지 않고 예수를 누구라고 말하느냐로 규정되는 사람들이다. 그 이유는, 누구든지 예수가 누구시며 어떤 사역을 하셨는지 모른다면 하나님을 바로 이해할 수 없기 때문이다.[4]

더욱 중요한 것은 예수님 자신이 주장하시기를 "나로 말미암지 않고는 아무도 아버지께로 올 자가 없느니라. …… 나를 본 자는 아버지를 보았거늘"(요 14:6,9)이라고 하셨기 때문이다. 하나님의 구원 행위와 자기 계시는 그의 독생하신 성자이신 예수 그리스도의 사심과 죽으심과 부활하심에서 그 절정을 이루고 있다. "하나님께서 자신을 드러내심이 어느 것, 어느 때보다도 탁월하게, 또 최고로 선명하게

---

[4] R. Brown, *Biblical Exegesis and Church Doctrine* (NY: Paulist, 1985), p. 140.

나타난 바는 바로 예수 그리스도로 말미암음이다."5

I. 구약 본문에서도 그리스도를 설교하는 것을 옹호하는 자들

기독교의 전통적인 설교학 교과서들은 대체로 그리스도를 설교하는 것에 지지를 보내고 있다. 예를 들면, 로마가톨릭의 저술자인 그라쏘(Grasso)는 "설교의 대상과 내용은 그리스도 곧 그분 안에서 성부 하나님이 자신을 표출하시고 자신의 뜻을 사람에게 전달하시는 그 말씀이다"6 라고 진술하였다.

동방정교의 플로로브스키(Florovsky)도 다음과 같이 단언한다. "교회의 사역자들이 성직에 위임되고 또 임무가 부여되는 것은 오직 하나님의 말씀을 바르게 설교하기 위함이다. 그들에게는 고정된 텍스트 곧 예수 그리스도의 복음이 주어지며, 바로 이 유일하고 영원한 메시지를 바르게 전하기 위해 헌신된 자들이다."7

루터교 설교학자인 류(Reu)도 다음과 같이 말하였다.

"설교가 그리스도 중심일 필요가 있으며, 그리스도 예수 이외의 어느 사람이나 대상도 설교의 중심이나 내용이 되어서는 안 된다."8

개혁주의 설교학자인 획스트라(Hoekstra)는 이렇게 주장하였다.

회중을 위해서 성경 강해를 할 때, 설교자는 반드시…… 그 중심으로 들어가는 한 길이 있다는 것을 보여주어야 하며, 이는 비록 그 중심에서 가장 먼 주변의 지점일지라도 그렇게 해야 한다. 왜냐하면 그리스도가 없는 설교는 설교가 아니기 때문이다.9

---

5 R. Bounce, *The Essential Nature of New Testamental Preaching* (Grand Rapids: Eerdmans, 1960), p. 152.

6 D. Grasso, *Proclaiming God's Message: A Study in the Theology of Preaching* (Notre Dame: Univ. of Notre Dame Press, 1965), p. 6.

7 G. Florovsky, *Bible, Church, Tradition: An Eastern Orthodox View* (Belmont, Miss.: Nordland, 1972), p. 9.

8 M. Reu, *Homiletics: A Manual of the Theory and Practice of Preaching* (Grand Rapids: Baker, 1967), p. 57.

9 H. Hoekstra, *Geereformeerde Homiletiek* (Wageningen: Zomer & Keuning, 1926), p. 172. 이

그리고 침례교 설교자인 스펄전(Spurgeon)은 이렇게 말했다.

> 그리스도를 설교하라! 언제든지 끊임없이 그리스도를 설교하라. 그리스도는 복음의 전부이시다. 그분의 위격, 신분, 사역은 반드시 우리들의 위대하고도 당면한 주제이어야 한다.[10]

이와 같이 여러 교파의 전통들을 통해 드러나는 스펙트럼도 우리가 그리스도를 전해야 할 필요성에 대하여 널리 일치하는 것을 발견할 수 있다.[11]

그러나 실제로 구약에서 그리스도를 전하는 설교가 불행하게도 설교학 교과서가 말하는 이상적인 것과는 크게 차이가 난다. 그리고 이 실패의 원인을 추적하면 여러 가지가 나타난다. 구약에서 그리스도에 대하여 설교하는 것 자체가 어렵고, 구약을 전공하는 학자들로부터 얻을 수 있는 도움도 부족하며, 설교 본문 안에 구체적 지시도 부족하고, 신약에 계시된 예수 그리스도를 다시 구약 본문에서 읽는 것도 두려우며(두려운 해석), 기타 기독교 교리나 또는 기독교적 삶 혹은 사회 정의에 대한 관심은 등한시하면서 그리스도를 전해야 한다는 염려가 있고, 또 놀랍게도 "그리스도를 설교함"이 무엇이냐 하는 의미도 서로 일치하지 않기 때문이다.

II. "그리스도를 설교함"이라는 말의 의미

"그리스도를 설교함"이라는 표현은 사람들에 따라 다른 의미를 지닌다. 비록 그 의미가 표면상으로는 단순하게 보여도 몇 가지 요인으로 말미암아 꽤 복합적으로 나타난다. 그 중에 중요한 것 하나는 그리스도께서 영원하신 하나님이시면서 동시

내용은 필자가 번역하였다.

[10] C. Spurgeon, *Lectures to My Students*. 이 내용은 H. Thielicke, *Encounter with Spurgeon* (Grand Rapids: Baker, 1975), p. 194에서 인용함.

[11] 다음의 내용도 함께 참조하라. 예를 들면, 스튜어트(J. Stuwart)의 *Heralds of God* (London: Hodder & Staughton, 1946), p. 54: "만일 우리가 하는 모든 강설에서 그리스도에 대하여 설교하는 것을 생각하지 않으려 하면 차라리 그 즉시 우리가 받은 기독교 설교자로서의 직임을 사퇴하고 다른 직업을 구하는 것이 훨씬 나을 것이다." 클라우니(E. Clowney)의 *Preaching and Biblical Theology* (Grand Rapids: Eerdmans, 1946), p. 74: "하나님의 말씀을 설교하는 자들은 반드시 그리스도를 설교해야만 한다." 라르슨(D. Larsen)의 *The Anatomy of Preaching: Identifying The Issues in Preaching Today* (Grand Rapids: Baker, 1989), p. 163: "기독교의 설교자는 구약이든 신약이든 어느 본문에서 설교하든지 간에 반드시 그리스도를 말씀의 궁극적인 준거로 제시해야 한다."

에 유한한 세상의 인간으로 성육신 하셨다는 사실이다. 이 복합성으로 인해 "그리스도를 설교함"이라는 표현은 여러 가지로 이해되었다.

어떤 이에게는 "그리스도를 설교함"이란 "십자가에 죽으신 그리스도"를 전하는 것을 뜻하는데 이는 성경의 모든 본문을 갈보리 십자가에서 행하신 그리스도의 구속 행위와 연결시키는 것이다.

다른 이들은 그 의미를 "그리스도의 죽으심과 부활"로 해석한다. 또 다른 사람들은 그리스도의 신성을 강조하여 성경 본문을 영원하신 로고스(Logos)의 사역에 맞추어, 태초부터 나타나셨으며(요 1:1), 구약에서 여호와의 사자, 여호와의 군대장관, 하나님의 지혜로서 활동하신 그분을 드러내는 것이라고 한다.

또 다른 이들은 그 의미를 하나님 중심의 강설(講說)로 확대 해석하는데, 그들의 주장에 의하면 그리스도가 영원하신 하나님이시기 때문이라는 것이다. 또 다른 이들의 주장은 "주 예수 그리스도가 여호와로 인식된다"고 하며, 그렇기 때문에 구약에 나타난 "여호와"라는 이름 대신에 그리스도를 대치해도 된다는 것이다.[12]

그러나 신약에서 "그리스도를 설교함"이라는 표현을 면밀히 조사하면, 그 의미는 그리스도의 이름이 결코 여호와의 이름을 대신하지 않는다는 것을 알게 된다. 그것은 일반적으로 불리는 하나님을 설교하는 것이 아니다. 그것은 구약에 나타난 영원한 로고스를 계시하는 것도 아니다. 소위 이와 같은 명칭을 대신하는 식의 설명은 오히려 구약 본문에서 "그리스도를 설교함"이라는 문제를 회피하는 것이다.

신약에 따르면, "그리스도를 설교함"이란 하나님의 자기 계시의 절정으로서 나사렛 예수를 설교하는 것이다. 구약에서 그리스도를 설교하는 것은 곧 신약에 계시된 예수 그리스도의 위격, 사역, 교훈 가운데 담긴 하나님 계시의 절정과 구약의 메시지를 참되게 통합하여 완성한 강설이다. 이러한 정의는 설교자들의 딜레마를 폭로한다. 우리는 어떻게 나사렛 예수보다 수세기 전에 기록된 책을 가지고 그분을 설교할 수 있겠는가?

---

12 W. Robinson, "Jesus Christ Is Jehovah," *EQ* 5 (1933): 145. 참조. T. W. Calloway, *Christ in the Old Testament* (NY: Loizeaux, 1950), e.g., chapter 1, "Jehovah of the Old Testament the Christ of the New." 역시 H. A. Hanke, *Christ and the Church in the Old Testament* (Grand Rapids: Zondervan, 1957), e.g., p. 173: Q구약에서 우리 주님은 그리스도(여호와)라는 이름으로 사람에게 계시되었고, 신약에서 동일하신 우리 주님은 그 자신이 예수 혹은 그리스도라는 이름으로 자신을 계시하셨다."

III. 구약성경에서 "그리스도를 설교함"에 대한 교회의 고민

기독교회는 초기부터 구약 본문에서 예수 그리스도를 설교하는 문제에 대해서 고민해왔다. 그러나 불행하게도 설교자들은 자주 풍유적 방법(allegorical method)에서 그 도움을 찾았다. 이 방법으로 그들은 연대(年代)와 연관된 문제는 모면할 수 있었으나, 구약 본문을 잘못 해석하는 대가를 지불해야 했다.

예컨대, 순교자 저스틴(Justin Martyr, 주후 약 100-165년)은 구약을 가지고 "그리스도를 설교하는 일"에 아주 열성이어서 구약에 언급된 나무토막이면 무엇이든 다 그리스도의 십자가와 연결시켰다. 그는 "에덴동산에 있던 생명나무, 모세의 지팡이, 마라의 쓴 물을 달게 한 나무토막, 야곱의 지팡이와 사닥다리, 아론의 지팡이, 마므레의 상수리나무, 출애굽기 15:27의 칠십 주의 종려나무, 엘리사의 막대기 그리고 유다의 지팡이"13 를 모두 그리스도와 연관시켰다.

이 풍유적 방법이 종교개혁 시대까지 유행하였지만, 종교개혁 당시에는 성경해석학자인 루터(Luther)나 특히 칼빈(Calvin)은 문법적 역사적 해석을 선호하기에 그 방법을 강력히 거부하였다. 그러나 후대에도 풍유적 방법은 여전히 스펄전(Spurgeon)이나 비셔(Visher)와 같이 구약에서 그리스도를 설교하기를 추구하는 설교자들이 즐겨 사용하였다. 따라서 우리 앞에 놓인 도전은 풍유적 방법의 함정에 빠지지 않고 구약 본문에서 그리스도를 설교할 수 있는 방법을 개발하는 일이다.

IV. 구약성경과 신약성경의 관계

구약 본문에서 그리스도를 설교하는 데 있어서 핵심 문제는 설교자가 구약을 어떻게 인식하느냐 하는 점이다. 간단히 말하면, 많은 설교자들이 구약과 신약을 별개의 것으로 보고 때로는 구약을 정경이 아닌 것처럼 여기는 경우도 있었다. 따라서 그들은 처음부터 어떤 종류의 "기독론적 해석"이든 반대해 왔다.

예를 들면, 화이브레이(Whybray) 같은 학자는 "구약은 독립적으로 (신약과

---

13 R. A. Greer, "The Christian Bible and Its Interpretation," in *Early Biblical Interpretation*, ed. J. Kangel and R. A Greer (Phila.: Westminster, 1986), p. 148.

별도로) 연구될 때에만 바르게 해석될 수 있다"[14] 고 주장한다. 그리고 그는, "전통적인 기독론적 해석의 원칙을 벗어날 필요가 있는데, 이는 이 원칙에 의해 구약이 이미 예견된 선입관으로 해석되기 때문이다. 이런 식으로 신약의 기자들이 구약을 해석했는데…… 이는 적절하지 못한 것"으로 여긴다. 그는 우리에게 "구약에 대한 신약의 해석이 현대 학문에서는 결코 용납될 수 없다고 솔직히 시인하라"[15] 는 식으로 설득하고 있다. 또한 화이브레이는 구약을 비기독교적인 책으로 이해하라고 주장한다. 하지만 그와 같이 신약을 구약과 분리하고, 또한 기껏해야 원래 이스라엘에게 주어진 메시지에만 초점을 맞추는 엄격한 역사 비평적 방법을 채택하게 되면, 결국 구약 본문에서 그리스도를 설교하는 일에는 실패하고 말 것이다.

그러나 구약은 결코 비기독교적인 책이 아니다. 그것은 예수 그리스도 자신의 성경이다. 그것은 또 바울과 다른 사도들의 성경이기도 했다. 바울은 구약을 염두에 두고 "모든 성경은 하나님의 감동으로 된 것으로 교훈과 책망과 바르게 함과 의로 교육하기에 유익하니"(딤후 3:16)라고 하였다. 구약은 신약을 기록한 기자들에게 전혀 오류가 없는 성경이었다. 물론 당시 (유대인) 기독교회가 당연히 구약을 성경으로 인정했기 때문이다. 구약은 언제나 그들의 것이었다. 말시온(Marcion, 주후 약 85~160년)이 나타나기 전에는 구약이 그리스도인의 성경의 일부라는 사실을 결코 의심하지 않았다.[16]

그리고 후기 기독교회는 구약을 공식 정경(The Canon)으로 채택하였으며(주후 382년), 교회의 신경(信經)들은 이 입장을 천명하였다. 예를 들어, 종교개혁의 한 신경을 보면 다음과 같다.

성경에 구약과 신약의 두 책을 포함시킨다. …… 우리는 이 모든 (66권의) 책들을

---

14 R. N. Whybray, "Old Testament Theology - A Non-existent Beast," in *Scripture: Meaning and Method*, ed. B. P. Thompson (Hull: Hull University, 1987), p. 172. 참조. A. H. J. Gunneweg, *Understanding the Old Testament* (London: SCM, 1978), p. 172: "그리스도적이 아닌 것을 그리스도적으로 해석하는 것은 불가능하다. 그리스도적이 아닌 것을 그리스도적이라고 해석하는 것은 거짓 해석이다. 적절한 해석은 차라리 솔직하게 구약 그 자체가 스스로 말하도록 하여서, 그것을 현재의 견지에서 이해하는 것이다."

15 Ibid., pp. 170,171.

16 참조. O. Cullmann, *Christ and Time: The Primitive Christian Conception of Time and History* (London: SCM, 1962), p. 132. 여기에서 그는 바나바의 서신(*Epistle of Barnabas*)에 대하여 언급하면서 지적하기를 "초기의 기독교인들은 예배를 드리는 가운데 구약을 읽고 그것을 기독교 공동체의 정경으로 간주하였다. 따라서 그들은 구약을 그들의 삶 속에서 그리스도인의 책으로 간직하였다."

받아들이며, 이것들만 거룩한 정경의 책으로 인정한다. 이 책들은 우리의 신앙을
규정하고, 기초를 쌓고, 세워나가는 데에 절대 필요하다고 믿는다.[17]

제2 바티칸공의회는 다음과 같이 선언하고 있다.

신성한 성경 저자들에 의하여 예언되고, 또 다시 언급되며 설명된 구원 계획은 구약의
책들 속에서 참되고 진실한 하나님의 말씀으로 발견된다. 그러므로 신적 영감하에 기록된
이러한 구약의 책들은 영속적으로 가치가 있다.[18]

결론적으로, "비기독교적 서적"(저들이 말하는 구약)에서 어떻게 기독교적인 메시
지를 얻을 수 있을까 하는 딜레마는 우리 스스로 만든 곤경에 빠진 것이다. 왜냐하면
그런 일은 성경 자체에서는 결코 일어나지 않기 때문이다. 물론 우리가 구약에서
신약으로 나아가는 과정에서 구원역사뿐 아니라 계시의 발전도 보게 된다. 그러나
그런 발전이 결코 구약을 비기독교적인 것으로 만들지는 않는다. 어떤 강의 원류(源
流)라고 해서 그것이 "강이 아닌 것"(nonriver)은 아니다. 왜냐하면 그것은 점차
하류로 흘러 내려가면서 강을 형성하는 주류가 되기 때문이다.

V. 신약성경의 문맥에서 구약 본문을 이해하기

크리소스톰(Chrysostom)에게서 한 단서를 얻음으로써[19] 우리는 구약을 하나의
그림에 비유할 수 있는데, 그 그림은 하나님께서 역사의 캔버스에 친히 스케치하신
그림이다. 이 그림이 미완성일 때는, 언제든지 여러 가지 방향으로 발전될 가능성이
있으며, 이는 다양한 해석들이 열려있음을 뜻하였다. 하지만 이 그림이 신약에

---

17 벨직 신앙고백, 4항과 5항. 참조. G. C. Berkouwer, *The Person of Christ*, trans. J. Vriend (Grand
Rapids: Eerdmans, 1952), p. 117. Q우리는 성경에 관한 교회의 신조를 다음의 한마디로 축약할 수 있는데,
곧 구약이 기독교적이라는 것은 결코 시대착오적인 말이 아니다."

18 *Constitution on Divine Revelation*, 4.14, 이 내용은 F. F. Bruce, *The New Testament Development
of Old Testament Themes* (Grand Rapids: Eerdmans, 1968), p. 12에 인용되었다.

19 Chrysostom, *Sermons in the Epistle to the Philippians*, no. 10, MPG 62.257. 이 내용은 바나드의
책에서 인용되었다: L. W. Barnard, *ST* 36 (1982), p. 2: Q그림에서도 이와 유사하다. 어떤 화가가 왕을
그리고 있다. 그러나 그 그림은 거기에 색을 칠하기 전까지는 결코 그는 왕이라고 불리지 않을 것이다.
그리고 색을 칠해서 모형이 가려지고 실상이 나타날 때, 그때에야 비로소 우리는 †보라 왕이시다!‡라고
말하게 되는 것이다."

의해 완성되고 그리스도에 대한 가르침이 종결되었을 때, 구약에 내재했던 모호성은 깨끗이 사라지게 되었다. 따라서 이제 구약의 각 부분은 완전한 그림과 연관해서 보아야 한다. 구약의 모든 부분은 반드시 예수 그리스도께서 주신 신약 계시와 연관해서 보아야 한다.

신약의 문맥에서 구약 본문을 이해해야 한다는 요건은 구원역사의 발전 에서 생긴 것이다. "때가 차매" 그리스도께서 오셨고, 그분 안에 하나님의 최종 계시가 있으므로, 우리가 구약을 읽을 때 이 최종 계시의 관점에서 읽어야만 한다. 스텍(Stek)은 이에 대하여 다음과 같이 말하고 있다.

> 구원역사에 발전 과정이 있다는 사실은 구원역사의 더 이른 시기에 말씀하신 주님의 말씀을 항상 **새롭게** (발전 과정에 따라) 청취할 것을 요구한다. 이 청취가 새로울 수밖에 없음은, 구원역사에서 더 나중 시기의 사건과 상황이라는 맥락에서 듣는 것이며, 구원역사의 더 나중 시기에 말씀하신 주님의 말씀의 빛에 비추어서 듣는 것이기 때문이다.[20]

바울은 바로 이 사실을 고린도후서 3:15~16에서 인정하고 있는데, 개종하지 않은 유대인에 대하여 바울이 언급하기를 "오늘까지 모세의 글을 읽을 때에 수건이 그 마음을 덮었도다. 그러나 언제든지 주께로 돌아가면 그 수건이 벗어지리라"라고 했다. 그러기에 신약에 기록된 하나님의 계시를 통하여 예수를 메시아로 알게 된 그리스도인은 구약을 이해하는 "새로운 독해능력"[21] 을 가지게 된다.

우리는 또한 신약의 문맥 속에서 구약 본문을 이해할 수 있는 요건으로서, 문학적 관점에서 구약 본문을 보라고 주장한다. 구약의 각 본문들은 기독교 정경의 한 부분이기에, 성경의 모든 본문은 그 문학적 문맥에서 이해해야 한다는 것은 당연히 해석의 기준이 되는 원리이다.[22] 이것은 또한 일종의 순환적 해석 방법으로

---

20 J. Stek, "The Message of the Book Jonah," *CTJ* 4/1 (1969): 47-48.

21 R. B. Hays, *Echoes of Scripture in the Letters of Paul* (New Haven: Yale University, 1989), p. 124.

22 각기 다른 신학적 전통을 따르는 학자들도 이와 같은 해석 원리에 동의하고 있다. 예를 들면, 툼스(L. E. Toombs)는 *The Old Testament in Christian Preaching* (Phila.: Westminster, 1961), p. 26에서 다음과 같이 말하고 있다. '설교자들은 반드시 신약에서 자신의 신앙적 입장을 분명하게 취할 수 있어야만 한다. 그래서 혹시 그가 구약으로부터 설교를 할지라도, 그는 결코 구약을 설교하는 것이 아니라 그 자신의 독특한 크리스천 복음을 설교하는 것이다. 참조. 클라우니(E. Clowney)는, 그의 책 *Preaching and Biblical Theology*, p. 75에서 다음과 같이 말하고 있다. '구약본문을 기독교적으로 선포한다는 것은 구약적인 설교를

서, 누구든지 전체를 완전히 알기 전에는 그것의 일부를 완전하게 이해할 수 없고, 마찬가지로 부분들을 다 알기 전에는 결코 전체를 완전히 이해할 수 없기에 필요한 해석 방법이다. 따라서 기독교 정경 두 부분(구약과 신약)의 통일성을 이해할 때에 비로소 이러한 순환적 해석 방법이 우리에게, 오직 신약에 비추어서 또 예수 그리스도에 대한 신약 증거에 비추어서만 구약을 실제로 이해할 수 있는 지식을 제공해준다. 그러나 그 역(逆) 논리도 맞다. 왜냐하면 구약을 바로 알지 않고서는 누구도 신약과 예수 그리스도를 참되게 이해할 수 없기 때문이다.

VI. 구약을 설교해야 할 이유

오늘날 우리는 구약을 설교해야 할 이유로 다음과 같이 여러 가지를 거론할 수 있다.

(1) 구약은 기독교 정경의 일부이다.

(2) 구약은 예수님에게로 인도하는 구원역사를 드러내 준다.

(3) 구약은 신약에서 발견되지 않는 진리를 선포한다.

(4) 구약은 신약을 잘못 이해하지 않도록 지켜준다.

그러나 나는 "그리스도를 설교함"이라는 주제와 관련하여 다음 세 가지 이유를 강조하려고 한다.

첫째로, 구약 설교는 설교자와 청중으로 하여금 신약과 예수 그리스도에 대한 신약의 증거를 더욱 잘 이해할 수 있게 해준다. 브라이트(Bright)는 다음과 같이 진술했다.

신약은 예수를 메시아와 인자로 높이며 고난 받는 종으로 설명한다. 그러나 정작

그대로 설교하는 것이 아니다. 참조. 그래써(Grasser)는, 그의 "Preaching from the Old Testament," *CTM* 38 (1967): 529에서 이렇게 언급한다. "구약은 하나님 나라의 도래라는 목표를 학수고대하고 있었다. 그러나 그 나라가 이미 예수 그리스도 안에서 도래하였기 때문에, 구약은, 신약에서 예수 그리스도의 언약이 성취되고 완성되었다는 사실에 비추어서만 설교할 수 있다."

그 어디에도 이런 용어들이 무슨 뜻인지 설명해 주는 곳은 없다. …… 따라서 만일 구약을 제외한다면 신약의 기록자들이 보았던 우리 주님께서 행하신 사역의 참된 의미를 이해한다는 것은 참으로 불가능하다.[23]

둘째로, 설교자와 청중은 그리스도의 인격과 사역을 이해하려면 반드시 구약을 알아야 한다. 벌카우워(Berkouwer)는 주장하기를, 구약이 없다면 "인간의 비참함과 하나님의 구원활동이라는 큰 배경, 즉 하나님의 공의와 진노, 그분의 사랑과 거룩하심이라는 배경으로부터 단절된 그리스도를 만들고 말 것이다"[24] 라고 하였다. 폰 라드(von Rad)도 다음과 같이 주장한다.

그리스도에 대한 우리의 지식은 구약의 증거 없이는 불완전하다. 그리스도는, 그분이 오시기를 기다리는 자들과 그를 기억하는 자들, 이 두 그룹의 합창이라는 이중적 증거를 통해서만 비로소 우리에게 주어진 것이다.[25]

셋째로, 설교자와 청중이 예수 그리스도의 가르침을 이해하려면 역시 구약을 알아야 한다. 예를 들면, 예수님의 가르침의 핵심은 하나님의 나라이었다. 이것은 예수님께서 그의 공생애 사역의 시작부터 끝까지 가르치신 말씀의 주제였다. 그는 "때가 찼고 하나님의 나라가 가까이 왔으니 회개하고 복음을 믿으라"라고 하셨다(막 1:15). 그러나 구약의 조명 없이는 하나님의 나라가 무엇인지를 알지 못할 것이다. 크리스토퍼 라이트(Wright)는 주장하기를, "구약을 더욱 잘 이해할수록, 당신은 그리스도의 중심에 더욱 더 가까이 다가가게 될 것이다"[26] 라고 하였다.

---

23 J. Bright, *The Authority of the Old Testament* (London: SCM, 1967), p. 204. 참조. B. C. Birch, *What Does the Lord Require? The Old Testament Call to Social Witness* (Phila.: Westminster, 1985), p. 110: "구약의 증거가 없다면, 우리는 신약의 초대 교회가 예수에 대하여 무엇이라고 말하고 있는지 전혀 알 수 없을 것이다."

24 G. C. Berkouwer, *The Person of Christ*, 152. 브리젠(Th. G. Vriezen)은 그의 책 *An Outline of Old Testament Theology* (Oxford: Basil Blackwell, 1970), p. 9에서 "그리스도의 메시아 직분은 구약 없이는 결코 고백되거나 유지될 수 없다"고 주장했다.

25 G. von Rad, "Typological Interpretation of the Old Testament," in *Essays on Old Testament Hermeneutics*, ed. C. Westermann (Richmond: John Knox, 1963), p. 39.

26 C. J. H. Wright, *Knowing Jesus Through the Old Testament: Rediscovering the Roots of Our Faith* (Downers Grove: Inter-Varsity, 1992), p. 108. 참조. J. I. McKenzie, "The Significance of the Old Testament for Christian Faith in Roman Catholicism," in *The Old Testament and Christian Faith: A Theological Discussion*, ed. B. W. Anderson (NY: Harper & Row, 1963), p. 108.

VII. 구약 본문에서도 그리스도를 설교해야 할 이유

우리가 만일 정기적으로 구약을 설교해야 할 필요를 느낀다고 할지라도, "구약 설교에서 어째서 반드시 그리스도를 설교해야 하는가?"라는 질문을 제기할 것이다. 이 질문에 대하여 본인은, 구약 본문에서도 그리스도를 설교해야 할 이유 여섯 가지를 제안하고자 한다.

첫째로, 구약은 여러 가지로 그리스도에 대하여 증거하고 있기 때문이다. 예수님 자신께서 유대인에게 말씀하시기를 "너희가 성경(구약)에서 영생을 얻는 줄 생각하고 성경을 연구하거니와 이 성경이 곧 내게 대하여 증언하는 것이로다"(요 5:39)라고 친히 말씀하셨다. 또한 부활하신 후에 예수님께서는 제자들에게 말씀하시기를 "…… 내가 너희와 함께 있을 때에 너희에게 말한바 곧 모세의 율법과 선지자의 글과 시편에 나를 가리켜 기록된 모든 것이 이루어져야 하리라 한 말이 이것이라"(눅 24:44, 24:27 참조)라고 하셨다. 만일 구약의 세 부분(율법, 선지서, 성문서)이 모두 그리스도를 증언하고 있다면, 우리의 설교에서 그리스도에 대한 이 증언들을 제시하지 않는 것은 구약을 부당하게 취급하는 것이다.

둘째로, 예수님께서 제자들에게 **자신의** 이름을 모든 민족에게 전파하라고 명령하셨기 때문이다. "그러므로 너희는 가서 모든 민족을 제자로 삼아 아버지와 아들과 성령의 이름으로 세례를 베풀고 내가 너희에게 분부한 모든 것을 가르쳐 지키게 하라. 볼지어다! 내가 세상 끝날까지 너희와 항상 함께 있으리라"(마 28:19~20). 비록 여기서 세례의 공식으로서 삼위일체를 말씀하긴 하지만, "(예수의) 제자"를 삼고 "내가 너희에게 분부한 모든 것을 가르쳐 지키게 하라"는 명령과 "내가 항상 함께 있으리라"라는 약속은 모두 특별히 예수 그리스도에게 초점이 맞추어져 있다.

　　이 사실에 대하여 사도 베드로는 후에 회상하기를 "우리에게 명하사 백성에게 전도하되 하나님이 살아있는 자와 죽은 자의 재판장으로 정하신 자가 곧 이 사람인 것을 증언하게 하셨고"(행 10:42)라고 하였다. 또한 예수님으로부터 직접 위에 언급된 본래의 명령을 받지 않았던 사도 바울까지도, 나중에 예수 그리스도를 전파해야 한다는 특별한 명령을 받았을 것이다. 이는, 바울이 그리스도인들을 박해하려고 다메섹으로 가던 길에 살아 계신 주님께서 그를 막으시고 다음과 같이 말씀하셨기 때문이다. "…… 나는 네가 박해하는 예수라. 너는 일어나 시내로 들어가라. 네가 행할 것을 네게 이를 자가 있느니라." 그러고 나서 예수님은 아나니아에게 말씀하시기를, "…… 이 사람(바울)은 내 이름을 이방인과 임금들과 이스라엘 자손들에게 전하기 위하여 택한 나의 그릇이라"(행 9:5~6,15). 사도들은 모두 부활하신 주님으로부터 그의 "이름"(예수님에 관한 계시)을 민족들 가운데에 전파하라고 명령을 받았으며, 그들은 구약 본문을 인용하여 예수 그리스도를 전파함으로써 그 명령에 순종하였다.

오늘날 기독교 설교자들도 마찬가지로 예수 그리스도의 "이름"을 전파하라는 명령 하에 살고 있는 것이다. 왜냐하면 이 명령은 처음 사도들을 훨씬 뛰어 넘어 "마지막 때까지" 유효한 것이기 때문이다.

셋째로, 그리스도의 오심은 구원역사에서 매우 중대한 사건이기에, 비록 구원역사의 더 이른 시기의 내용에 근거한 설교 즉 구약 설교라고 할지라도, 이 사건을 무시할 수 없기 때문이다. 이 구원 드라마의 앞 장면은 반드시 클라이맥스에 비추어서 해석하고 설교해야만 한다. 하나님께서 약속하신 메시아를 수세기 동안 기다린 후에, 기대가 수없이 부풀었다가 가라앉고 소망이 끊어진 세월이 지난 후에, 마침내 그분께서 오셨다. 따라서 구약에서 하나님의 구원 사역들을 설교할 때에 우리는 이 구원역사의 절정을 결코 무시해서는 안 된다. 왜냐하면 하나님께서 자신의 약속들을 이루셨고, 그분의 구원이 실재(實在)가 되었기 때문이다. 하나님의 나라가 놀라운 새로운 방식으로 이 세상 속에 들어왔으며, 그 왕께서 오셨기 때문이다!

넷째로, 그리스도를 설교해야 할 이유는 생명을 구원하는 메시지가 그분이시기 때문이다. 1970년대에 브리티시 콜롬비아(British Columbia)에서 소아마비가 막 퍼지게 되자 주(州)정부는 재빨리 모든 자녀들에게 예방 접종하라는 메시지를 부모들에게 전하였다. 이것은 즉시 알려야 할 중대한 메시지였다. 이 메시지를 알릴 필요성은, 그 질병의 위험과 그 치료제를 쉽게 얻을 수 있다는 사실에 비추어보면 명백하게 드러난다. 이와 마찬가지로 인간은 죄로 말미암아 타락하여서 하나님에게서 멀리 떨어지게 되었고 따라서 죽음의 형벌 아래 놓이게 되었다. 분별력이 있는 사람이라면 누구든지 이 죽음에 이르는 질병을 볼 수 있지만, 모두가 그 치료제를 아는 것은 아니다. 그래서 사람들은 그 치료제에 대해 들어야 할 필요가 있는 것이다. 그러기에 빌립보 감옥의 간수가 "…… 내가 어떻게 하여야 구원을 얻으리이까?"라고 부르짖자, 바울이 대답하기를 "이르되 주 예수를 믿으라. 그리하면 너와 네 집이 구원을 받으리라"(행 16:30~31)라고 한 것이다.

바울은 이 사실을 몇 년 후에 이렇게 말했다. "네가 만일 네 입으로 예수를 주로 시인하며 또 하나님께서 그를 죽은 자 가운데서 살리신 것을 네 마음에 믿으면 구원을 받으리라"(롬 10:9). 이처럼 예수 그리스도를 믿는 믿음이 영원한 죽음의 치료제이다. 죄 가운데서 죽었고, 하나님과 멀어졌고, 죽음을 향해 가고 있는 이 세상에서, 생명을 주시는 예수 그리스도의 메시지는 매우 절박하므로 이유를 불문하고 선포되어야만 한다. 왜냐하면 그것은 희망의 메시지요 화해의 메시지이며, 하나님과의 화평, 치유, 회복, 구원, 영생의 메시지이기 때문이다.

다섯째로, 그리스도를 설교해야 할 더 절실한 이유는 오직 그리스도만이 구원의 유일한 길이시기 때문이다. 베드로는 말하기를 "다른 이로써는 구원을 받을 수 없나니 천하사람 중에 구원을 받을 만한 다른 이름을 우리에게 주신 일이 없음이니라"(행 4:12)라고 했다. 베드로의 희망찬 그러면서도 배타적인 이 설교는 사실상 "내가 곧 길이요 진리요 생명이니 나로 말미암지 않고는 아버지께로 올 자가 없느니라"[27] 라고 하신 예수님 자신의 메시지를 그대로 반향(反響)시킨 것이다. 이처럼 영생은 오직 예수 그리스도 안에만 있다.

여섯째로, 구약 본문에서도 예수 그리스도를 설교해야 할 마지막 이유는, 오늘날 우리들의 청중은 후기 기독교 문화 속에서 살고 있기 때문이다. 초대 교회는 그 상황의 성격상 비기독교 문화 속에서 살고 있던 사람들에게 복음을 전하였다. 그 시대의 사람들은 그리스도와 또 그분의 차이점에 대하여 들을 필요가 있었다.

---

[27] 요 14:6; 참조. 요 15:5; 17장; 마 11:27; 고후 5:20~21; 딤후 2:5.

따라서 당시의 설교자들도 마찬가지로 비기독교 문화 속에서 사는 사람들에게 그렇게 설교하면 되었다.

하지만 후기 기독교 문화 속에서 설교하는 설교자들에게는 그리스도를 분명하고, 믿을 만하고, 이해할 수 있게 설교해야 하는 엄청난 책임이 주어진다. 이 시대의 설교자들은, 그리스도와 관련된 정도의 메시지로는 이미 기독교에 익숙해진 풍토 속에서, 심지어 기독교 예배에서도 더 이상 그리스도가 잘 드러나지 않으리라고 생각한다. 그래서 의도적으로라도 메시지에서 예수 그리스도를 부각시켜서 모든 사람들이 볼 수 있도록 설교할 필요가 있다고 생각한다. 따라서 존 스토트(John Stott)는 이 시대 설교자들의 설교 목표를 다음과 같이 강조한다.

> 설교의 주된 목표는 성경을 신실하고도 적절하게 해석하여, 예수 그리스도께서 인간의 모든 필요를 채우시기에 충분한 능력을 가진 분이심을 알게 하는 것이다.[28]

그리고 훌(Hull)은 여기에 다음과 같이 건전한 조언을 덧붙였다.

> 우리부터 강단에 올라가 신변잡기(身邊雜記)의 주제들을 논하거나 호기심을 자극하는 난해한 것들에 대해 설교하지 않도록 하자. …… 우리는 오직 예수 그리스도께서 주님이심을 설교하려고 강단에 서는 것이다. …… 이것이야말로 우리의 두려운 사명이다. 그것은, 곧 말씀을 들은 우리 청중이 실천할 수 있도록, 예수 그리스도 우리 주님 안에서 우리가 누리는 새 시대를 설교하는 것이다![29]

이처럼 구약 본문에서도 예수 그리스도를 설교해야 할 이유는 많다. 그리고 우리에게 주어진 도전은 그렇게 설교할 수 있도록 건전한 해석 방법을 개발하는 것이다.[30]

(*)

---

28 J. R. W. Stott, *Between Two Worlds: The Art of Preaching in the Twentieth Century* (Grand Rapids: Eerdmans, 1982), p. 325.

29 W. E. Hull, "Called to Preach," in *Heralds to a New Age*, ed. D. M. Aycock (Elgin, Ill.: Brethren, 1985), pp. 47-48.

30 본인은 본인의 다음 책 *Preaching Christ from the Old Testament* (Grand Rapids: Eerdmans, 1999)에서 이 도전에 대해 답하려고 노력하였다.

29

구약성경 본문 설교에서 적용 문제

시드니 그레이다누스
(Sidney Greidanus)[1]

"당면 문제와 연관시키는 설교가 위대한 설교이다." 이것이 『20세기에 걸친 위대한 설교』(*Twenty Centuries of Great Preaching*)의 편집자들이 내린 결론이다. 그들은 다음과 같이 설명한다.

> 수많은 설교자들의 삶을 연구하고, 또 무수한 설교 원고들을 읽고 나서 우리가 내린 결론은, 세계적으로 위대한 감화력을 끼친 설교자들이란 그들 당대의 문제점과 필요를 설교한 인물들이었다는 것이다.[2]

당면한 문제점과 필요를 말하는 것이 적용의 핵심이다. 비록 이 용어의 정의에 대한 의견은 각기 다를 수 있어도 골자는 모두 공통적이다. 부로두스(Broadus)가 평판 높은 1870년도 저서에서 내린 정의는 지금까지 정설로 통한다.

> 엄격히 말해서 적용이란, 우리가 제공하는 주제가 설교를 듣는 사람들에게 어떻게 적용되는가, 어떤 실제적 교훈들을 제시하는가, 어떤 실제적 요구를 하도록 하는가를 말하는 강설(講說)의 한 부분이다.[3]

구약 텍스트의 메시지는 구약의 이스라엘과 현대 교회간의 엄청난 역사적-문화적

---

1 존 스텍(J. H. Stek)에게 기념논문집을 헌정하는 차제에 나는 공적으로 그의 저술들에 나타난 소중한 통찰력과, 친히 나의 *The Modern Preacher and the Ancient Text* (Grand Rapids: Eerdmans, 1988)를 훌륭히 교정해 주신 것과 출판예정으로 있는 나의 *Preaching Christ from the Old Testament*도 교정해 주시겠다고 하신 약속에 감사를 표하는 바이다.

2 C. E. Fant, Jr., and William M. Pinson, Jr., *Twenty Centuries of Great Preaching*, Vol. 1 (Waco: Word Books. 1971).

3 J. Broadus, *On the Preparation and Delivery of Sermons*, rev. ed. (NY: Harper, 1944), p. 211.

간격을 뛰어넘어 전달되어야 하기 때문에 적용이 심하게 힘들다. 아마도 이 사실이 많은 목회자들이 신약을 집중적으로 설교하고 대체적으로 구약을 설교하는 것을 포기하는 이유일 것이다. 몇몇 교단들에서 받은 보고에 의하면, 추측하건대 일반교인이 신약설교를 열 번 들을 경우 구약설교는 많아야 두 번 정도 듣는 듯하다.

하지만, 바울은 구약이 교회에게 "유익하다"고 선포했다.

[16]모든 성경은 하나님의 감동으로 된 것으로 교훈과 책망과 바르게 함과 의로 교육하기에 유익하니 [17]이는 하나님의 사람으로 온전하게 하며 모든 선한 일을 행할 능력을 갖추게 하려 함이라(딤후 3:16~17).

바울은 디모데와 모든 설교자들에게 "말씀을 설교하라"고 명령하였는데, 그 말씀은 구약에서 발견되는 하나님의 말씀이다.

구약을 설교하는 것은 오늘에도 여전히 "유익하다." 왜냐하면 신약에서 발견되지는 않지만 신약에서 그렇다고 여기는 진리들을 구약이 선포하기 때문이다. 창조 기사, 인류의 타락, 하나님과 그의 백성 이스라엘간의 긴 언약 역사, 하나님의 약속들, 언약의 열 계명, 하나님이 요구하시는 제사의식, 사회정의를 위한 하나님의 관심, 시편 등을 생각해 보라. 교인들은 구약과 신약으로 선포하는 건전한 설교를 들을 때에만 균형 잡힌 음식을 먹을 수 있다.

이 글은 구약본문 설교의 적용 문제에 초점을 맞출 것이다. 먼저 구약 적용을 그렇게도 어렵게 만드는 역사적-문화적 간격을 살펴보도록 하겠다. 그 다음으로 그 간격을 메우는 데에 자주 사용하는 몇몇 다리를 점검할 것이다. 그러나 그 다리들은 구약 메시지의 중량을 견디기에는 너무나 약한 것으로 드러날 것이다. 그래서 우리는 역사적-문화적 간격을 메울, 유일하게 견고한 다리의 기초들을 검토하고 나서, 건전한 적용을 위해 이 다리를 사용할 수 있는 방법을 제안할 것이다.

1. 역사적-문화적 간격

구약의 메시지를 현대 교회에 적용하려고 노력할 때에 설교자들은 반드시 역사적-

문화적 간격을 메워야 한다. 렛싱(Lessing)은 이 간격을 "난처한 도랑"(the ugly ditch)이라고 칭함으로써 많은 설교자들의 좌절을 대변하였다. 더 도움이 되는 것은 크래독(Craddock)의 묘사인데, 이 묘사는 그 간격의 여러 다른 측면들을 드러내준다. 그는 다음과 같이 그것을 파악했다.

> 고대 근동과 현대 미국 간의 지리적, 언어적, 심리적, 우주적, 연대적 간격은 두려울 정도로 무척 크다.[4]

이제 간략하게나마 역사적, 문화적이라는 두 개의 주된 측면을 살펴보도록 하자.

문화적 간격

구약 저자들은 원래 동양적 농경사회, 족장사회에 속한 청중들에게 메시지를 전했으나, 오늘의 설교자들은 서양적인 도시, 탈공업화한 민주주의적 사회에 속한 청중들에게 전한다. 이런 문화적 차이점이 메시지의 직접 적용에 장애를 일으킨다.

예를 들면, 구약은 일부다처제도와 노예제도를 수용하고 규제하였다. 오늘날 일부일처 제도를 국법으로 제정하고 노예제도를 폐지한 문화 속에서 설교자들은 일부다처 제도와 노예제도에 관한 메시지를 어떻게 적용할 것인가? 그리고 성전(聖戰)에 관한 규정들은 또 어떻게 적용할 것인가? 정하고 부정한 동물들? 안식년과 희년? 많은 문화적 간격들이 현대에 적용하기에는 불가능한 "난처한 도랑"처럼 보일지 모른다.

역사적 간격.

직접 적용하기에 더 장애거리가 되는 것은 역사적 간격이다. 우리는 특히 구속적-역사적 간격, 즉 구약 저자들은 예수님이 오시기 이전의 이스라엘에게 말씀을 전했으나 오늘의 설교자들은 구약과 신약을 정경으로 주장하는, 그리스도가 오신 이후의 교회에게 전해야 하는 간격이 있다.

예를 들면, 기독교 설교자들은 성전 예배, 동물 제사 혹은 정결과 불결에 관한

---

4 F. Craddock, *As One Without Authority* (Nashville: Abingdon, 1971), p. 117.

규례들을 어떻게 설교할 것인가? 이처럼 구속적-역사적 간격은 문화적 간격을 한 층 더 벌어지게 한다.

기독교 설교자들은 역사적-문화적 간격을 현대에 적용하는 것을 불가능하게 하는 "난처한 도랑"으로 보지 않고 긍정적 견지에서 볼 수 있다. 구약의 메시지가 과거에 이스라엘에게 적절했던 것처럼 오늘의 교회에게도 적절하도록 설교해야 하는 것이 우리가 받는 도전이다.

역사적-문화적 간격을 어떻게 뛰어넘을 수 있는지를 논하기 전에, 구약 메시지의 무게를 지탱하지 못하기 때문에 피해야할 몇몇 다리들을 먼저 확인해야 한다.

2. 역사적-문화적 간격을 메우는 데에 부적절한 방법들

직접 대입

어떤 설교자들은 간격을 무시하고 구약 메시지를 현대 교회에 직접 적용하려고 시도한다. 그러나 윌리먼(Willimon)은 이렇게 진술한다.

> 우리 시대, 우리 개념 그리고 우리 생활이 성경 시대의 생활과 차이가 없다고 가정하고 직접 대입하는 것은 대개 성경을 잘못 이해하는 것이다.[5]

직접 대입이라는 다리는 두 가지 이유로 실패한다. 첫째로, 이런 대입은 텍스트가 전한 원래의 역사적-문화적 맥락을 무시하는 경향이 있다. 둘째로, 그것은 그리스도 께서 오신 이후의 현대 사회에 있는 기독교 교회의 역사적-문화적 맥락을 무시한다. 피트-왓슨(Pitt-Watson)은 다음과 같이 진술한다.

> 모든 설교는 한편으로 성경의 텍스트를, 다른 한편으로 인간의 삶 문제를 활시위처럼 잡아 당겨 늘어나게 만든다. 만약 줄이 양쪽에 단단히 묶여있지 않으면 그 활은 쓸모가 없다.[6]

직접 대입하기는 대개 활 양끝에 줄을 단단히 묶지 못하기 때문에 원래의 말씀을

---

5 W. H. Willimon, *Preaching and Leading Worship* (Phila.: Westminster, 1984), p. 70.

6 I. Pitt-Watson, *Preaching: A Kind of Folly* (Edinburgh: St. Andrews, 1976), p. 57.

오해하여 현대에 잘못 적용하는 경향이 있다.

일반화

역사적-문화적 간격을 뛰어넘는 또 다른 유행하는 다리는 보편화이다. 어네스트 베스트(E. Best)는 이 일반화를 다음과 같이 묘사한다.

> 본래 한 가지 상황에 한해서…… 선택한 텍스트를 이제는 광범위한 상황들과 환경들에 적용되도록 해석한다.[7]

예를 들면, 하나님께서 이스라엘에게 약속의 땅을 주셨다. 그러므로 오늘도 하나님께서 자기 백성에게 "약속의 땅"(미합중국, 남아프리카)을 주신다고 일반화하는 것이다. 하나님께서 다윗에게 적과 싸우라고 명령하셨다. 그러므로 왕, 대통령, 수상 그리고 일반 시민도 지금 적과 싸워야 한다는 것이다.

일반화라는 다리는 텍스트가 전달하는 독특한 역사적-문화적 맥락을 오해한 것이다. 이 일반화는 윌리몬(Willimon)이 언급한 바와 같이, "성경(본문)이 특정한 상황에서 신앙 공동체의 구체적 필요에 의해 나왔다"[8] 는 사실을 무시한다. 일반화는 구약 텍스트가 전달하는 역사적 상황의 독특성을 간과하는 경향이 있다.

개별화

또 다른 부적절한 다리는 개별화로서 이것은 개인주의적 문화권에서 일반적으로 이루어진다. 구약의 대부분은 이스라엘이 공동으로 받았다. 베일리(Bailey)는 이렇게 진술한다.

> 본래 이스라엘 전체에게 전달된 텍스트를 개별화해서는 안 된다. 텍스트에서 개개인을 위한 의미를 살피기 전에 현재의 공동체를 위해 그 텍스트와 당면문제의 관련성을 찾으라.[9]

---

[7] E. Best, *From Text to Sermon: Responsible Use of the New Testament in Preaching* (Atlanta: John Knox, 1978), p. 86.

[8] W. H. Willimon, *Preaching and Leading Worship*, p. 71.

[9] L. R. Bailey, *The Pentateuch* (Nashville: Abingdon, 1981), p. 92.

영해 (Spiritualizing)

영해는 종종 설교자들이 구약에 나타난 현세적, 육적, 역사적 사실을 적용할 수 없다고 느낄 때에 사용한다. 예를 들어, 요셉을 웅덩이에 던졌다는 이야기를 어떻게 적용해야 하는가 하는 문제를 생각해 보자. 그 사건을 오늘의 우리와 연관할 설교자는 거의 없을 것이다. *Interpreter's Bible*은 그 간격을 메우려고 노력하는 중에, 요셉을 웅덩이에 던졌다는 내용을 "인간의 영"이 "도덕적으로 그리고 영적으로" 웅덩이에 있는 것으로 끌어갔다. 이런 해석을 영해라고 한다.

불행하게도 영해라는 이 일반적인 다리는 구약 메시지의 무게를 견딜 수 없다. 텍스트가 육적, 현세적 현실을 언급하고 있는데, 현대의 설교자들이 적용을 위해 저자의 의도를 왜곡하여 그것을 영적 사실로 만들어 버릴 권리는 없다. 끊임없이 계속되는 또 다른 영해의 불행한 결과는 창조계의 구원과 육체의 부활에 관한 성경적 메시지를 영지주의적 방법으로 손상시킨다. 구약의 현세적 성격 바로 이것이 구원의 성경적 개념을 이 땅과 우리 현세적 존재와 연결한다. 류(Reu)가 다음과 같이 옳게 주장한다.

> 설교자가 자신이 택한 텍스트를 왜곡하여 저자가 상상조차 하지 않은 말을 하는 재치를 발휘한 것도 모르는 채, 사람들의 칭찬을 받는다는 것은 낯 뜨거운 명성에 지나지 않는다. …… 텍스트에 나타난 주된 사상이 반드시 적용에 있어서도 주된 사상이 되어야 한다. 텍스트에서 부차적인 것은 적용에 있어서도 부차적이어야 한다. 텍스트에서 발견하지 못한 것은 적용에 있어서도 고려의 여지가 없다. 텍스트에서 그 독특한 성격이 나타나는 것은 결코 적용에서 제외해서는 안 된다.[10]

도덕화

또 설교자들은 텍스트에서 도덕적 교훈을 슬쩍 끄집어내어 역사적-문화적 간격을 메운다. 도덕화 하는 설교자들은 텍스트에서 부차적 요소에 불과한 것을 도덕화 하는 바람에 텍스트의 메시지와 그 윤리적 함축성을 놓치곤 한다. 예를 들어, 도덕화 하는 설교자들은 하나님께서 아브라함에게 아들을 제물로 바치라고 명령하신 텍스트에 관해 설교하면서, 재빨리 우리도 가장 귀한 것을 하나님께 바쳐야

---

[10] M. Reu, *Homiletics: A Manual of the Theory and Practice of Preaching* (Grand Rapids: Baker, 1967), p. 362.

한다고 적용하는 쪽으로 기운다. 비록 이 적용이 비성경적인 것은 아니라 할지라도, 그것이 창세기 22장의 요점은 아니다. 도덕화는 종종 "모방 설교"의 형식을 취하거나 성경의 인물들을 교인들을 위한 긍정적 혹은 부정적 "모형들"의 예로 제시한다. 예를 들면, 설교자들 중에서도 드 브란드(De Brand)는 텍스트의 적용에서 성경의 인물들을 모방하는 전기(傳記)적 설교를 하기를 주장한다.

> 전기적 설교는…… 자동적으로 예화라는 보너스를 가져다준다. …… 우리는 다른 이들에게 배운다. 교훈들이 어떤 경우에는 긍정적이어서 우리가 열심히 모방하게 된다. 또 다른 경우에는 다른 이들의 예로부터 우리가 무엇을 하지 말아야 하는지, 무엇을 생각해야 하는지 그리고 무엇을 말해야 하는지를 배운다. 이처럼 동일한 성경 인물에게서 종종 긍정적 그리고 부정적 교훈을 모두 배울 수 있다.[11]

전기적인 모방 설교는 적용을 쉽게 하도록 해준다. 룻기를 설교할 때, 설교자는 다음과 같은 적용을 할 수 있을 것이다. 룻처럼 우리는 하나님을 믿는 가정과 결합하도록 결정해야 하고, 그렇게 고백해야 하고 거기에 속해야 한다(세 가지 모방적용을 하는 세 가지 요점 설교). 혹은 나오미처럼 우리는 신실하지 못한 오르바를 단념시켜야 한다. 혹은 우리는 오르바처럼 우리의 옛 신들에게로 돌아가서는 안 된다. 다시 말하지만, 이런 적용들이 비성경적인 것은 아니지만 텍스트의 권위에 못 미치는 적용들이다. 그것들은 성경 저자의 묘사(description)를 오늘의 청중을 위해 처방(prescription)하는 것이 된다. 모방 설교는 저자의 메시지를 실제적으로 하라는 것과 하지 말라는 것으로 곡해하며, 그 과정에서 하나님-중심적 구약의 텍스트를 인간-중심적 설교로 바꾸어 버린다.[12]

도덕화가 실제적인 것처럼 보일지 모른다. 그러나 도덕화 적용이라는 계속되는 음식은 복음과 교회에게 엄청난 해를 끼친다. 켁크(Keck)는 단도직입적으로 이렇게 말한다.

---

[11] R. E. De Brand, *Guide to Biographical Preaching* (Nashville: Broadman, 1988), p. 23.

[12] 나의 글 *Sola Scriptura: Problems and Principles in Preaching Historical Texts* (Toronto: Wedge, 1970)를 더 참조하라. 한 예로서 베일리(Bailey)는 이렇게 충고한다. "우리가 발견할 수만 있다면, 우리는 이야기에 등장하는 인물들의 도덕성을 초월하여 공동체가 그 이야기를 보존한 포괄적 이유를 보도록 익혀야 한다. 그 이야기는 아브라함이 영웅이라거나 천민이라는 것보다는 오히려 영웅으로서의 하나님에 관한 이야기이다. 아브라함을 보존하시고 그의 미래를 마련해주시는 분은 하나님이시다." *The Pentateuch*, pp. 91-92.

지금까지 간략하게 설명한 바와 같이, 텍스트에서 오늘을 위한 교훈들을 끌어내는, 널리 행해지는 패턴보다 청중에게 더 치명적이거나 성경 자체에게 더 적대적인 설교 형태를 상상하기는 힘들다.[13]

직접 대입, 일반화, 개별화, 영해, 도덕화는 모두 역사적-문화적 간격을 확실하게 메우기에는 부족하다. 성경적으로 설교하는 이들에게는 더 나은 다리가 필요하다.

3. 역사적-문화적 간격을 메우기 위한 기초들

역사적-문화적 간격을 메우기 위한 효과적 방편들을 살펴보기 전에, 기초를 먼저 놓아야 한다. 그렇지 않으면 적용을 위한 다리가 무너질 것이다. 건전한 적용을 가능하게 하는 네 가지 불가결한 원리들을 간략하게 거론해보자.

1) 구약을 이스라엘의 당면문제와 연관된 선포라고 생각하라.

때때로 설교자들은 구약을 객관적 계시나 객관적 역사로 보기에, 반드시 하나 또는 그 이상의 적용들을 덧붙여서 당면문제와 관련되도록 만들어야 한다고 생각한다. 그러나 구약은 모두가 케리그마이기 때문에 즉 이스라엘의 당면 문제와 연관된 선포이기 때문에, 현대 설교자들이 자신들이 선택한 텍스트를 굳이 당면 문제와 연관되도록 만들 필요가 없다. 다만 그 텍스트가 그때의 당면문제와 어떻게 연관되었는지를 발견하고, 그 연관성을 오늘날 어떻게 적용해야 하는지를 결정하면 된다. 그래서 설교자들은 저자의 목적과 동시에 텍스트의 주제를 찾아보고 발견하는 것이 중요하다. 저자의 목적을 알면, 설교자가 그 텍스트와 청중의 구체적 연관성, 즉 저자가 그때의 청중에게 그 메시지를 듣고 어떤 결과를 보이기를 기대했는지를 파악하는데 도움이 되기 때문이다.

---

13 L. Keck, *The Bible in the Pulpit: The Renewal of Biblical Preaching* (Nashville: Abingdon, 1978), p. 100. 참조. J. Daniel Baumann, *An Introduction to Contemporary Preaching* (Grand Rapids: Baker, 1972), p. 255, "그들은 즉시 거슬리고 유치한 설교에 약간의 '설교조의' 첨가내용들을 덧붙인다." 참조. Willimon, *Peculiar Speech*, p. 72, "도덕주의는 의도적은 아니라 할지라도 불경스럽게 우리를 성경에서 하나님의 위치에 두고, 사람들의 악행들을 하나님의 역사하심보다 더 역설하고 그리고 하나님께서 무엇을 하고 계시는지에 대해서보다는 우리가 무엇을 해야 하는지에 대해 말한다."

2) 텍스트를 하나님 중심적으로 해석하는데 초점을 맞추라.

설교자들은 자주 성경의 인물에게 지나치게 매혹되어서 그 등장인물을 넘어 하나님을 보는데 실패한다. 그러나 성경은 하나님의 자기계시이다. 구약은 하나님과 그의 창조, 하나님과 그의 도래할 왕국 그리고 하나님과 그의 언약백성의 이야기이다.

따라서 만일 우리가 택한 텍스트에서 하나님을 발견하지 못하면 구약이 기록된 바로 그 목적을 놓치고 마는 격이 된다. 그리고 아래에서 분명히 제시하겠지만, 그렇게 하지 못하면 올바른 적용을 할 수 있도록 도와주는 핵심적인 구성요소도 놓치고 말 것이다. 그러기에 설교자는 매번 자신이 선택한 텍스트가 하나님과 그의 백성에 대해 무엇을 밝혀주는지를 질문할 필요가 있다. 즉 그 텍스트가 하나님의 구속의 사역, 은혜의 언약, 약속들, 섭리, 심판 그리고 자기 백성 이스라엘에 관한 그의 뜻에 대해 무엇이라고 말하는지 등을 질문해야 한다.

3) 텍스트를 구원역사적인 맥락에서 해석하라.

구원역사적 해석이란 텍스트의 메시지를 구원역사의 전체 맥락에서 보는 것이다. 첫째, 이것은 설교자가 선택한 텍스트가 구원역사의 어느 단계에서 이스라엘에게 선포된 메시지인지를 살핀다(역사적 해석). 둘째, 이 해석은 이렇게 역사적 해석을 통해 이해한 메시지를, 여자의 후손(창 3:15)을 통해 이 땅에 하나님 나라가 완전하게 임할 때(계 22장)까지, 하나님께서 자신의 창조계를 회복하시며 진행하시는 사역과 연관시킨다. 그러면 창조에서 새 창조에 이르는 이 구원역사의 맥락이 그 메시지에 성경적 깊이와 범위를 제공해 준다. 더욱이 텍스트를 구원역사의 맥락에서 보면 역사적-문화적 간격을 메우는 견고한 다리를 마련해주어 설교자로 하여금 하나님이 과거에 이스라엘을 위해 또한 오늘의 교회를 위해 사역하시는 연속성을 발견하도록 해 준다. 즉 과거에 이스라엘에게 하신 약속과 또 오늘의 교회에게 하시는 하나님의 약속들의 연속성과, 과거에 이스라엘에게 하셨고 또 오늘의 교회에게 하시는 하나님의 요구사항들의 연속성을 발견하도록 해 준다. "왜냐하면 하나님은 그의 본성상 과거나 현재나 동일하시기 때문이다."14

또한 구원역사적인 해석은, 하나님 편의 연속성과 더불어, 인간의 상태와 인간의 필요라는 연속성을 인정한다.

> 인간의 마음은 필요, 희로애락 그리고 어리석음과 죄에 있어서 늘 똑같이 계속되며, 하나님에 대한 꺼질 수 없는 갈망에 있어서도 그렇게 똑같이 계속된다.[15]

요컨대 구원역사적인 해석은 설교자로 하여금, 하나님께서 과거에 이스라엘에게 선포하신 그 말씀이 하나님 나라의 역사의 계속성 때문에 오늘의 교회에게도 선포된다는 것을 보게 한다. 이스라엘이 구약시대에 이 세상에서 하나님의 백성이요 대행기관이었던 것처럼, 교회도 신약시대에 똑같은 하나님 나라의 역사에서 하나님의 백성이고 대행기관이다.

4) 텍스트를 신약에 비추어 이해하라.

구원역사의 맥락에서 이해하면 설교자가 연속성뿐 아니라 불연속성도 동시에 발견하게 된다. 구원역사는 정지 상태에 있지 않다. 그것은 큰 강과 같아서 물이 끊임없이 흘러가면서, 그 물이 앞으로 흐르는 가하면 어떤 때는 급류가 되어 방향을 뒤로 틀기도 하는 것과 같다. 그러나 점차적으로 그 강물은 도착지점인 하나님의 완전한 나라에 이르게 된다.[16] 구원역사의 강(江)에서 주요 전환점 중의 하나는 그리스도의 오심이었다. 이 그리스도의 오심은 하나님 나라의 역사를 "주전"(before Christ)과 "주후"(after Christ)로 나누었다. 구약은 그리스도의 오심 이전에 이스라엘에게 선포되었고, 오늘의 설교자는 그리스도의 오심 이후에 교회에게 말씀을 선포하기 때문에 적용에서는 연속성 못지않게 불연속성도 감안해야 한다.

교회사를 보면, 구약시대에서 신약시대에 이르기까지 무엇이 연속되었는지, 무엇이 연속되지 않았는지를 가려내는 것이 복잡한 것임을 알 수 있다. 하지만 설교자가 이 힘든 판단을 할 때에 도움이 되는 결정적 안내서가 있다. 신약은 그리스도께서 오신 이후에 기록되었기 때문에, 메시지의 불연속성은 구약 메시지를

---

14 M. Reu, *Homiletics*, p. 361.

15 Ibid.

16 강에 관한 생생한 비유는 짐멀리(Zimmerli)가 나에게 처음으로 제안하였다. W. Zimmerli, "Promise and Fulfillment," *Essays on Old Testament Hermeneutics*, ed. Claus Westermann (Richmond: John Knox, 1964), p. 112.

신약에 비추어 이해할 때에 가장 잘 입증된다. 예를 들면, 이스라엘에게 주신 창세기 17장의 메시지는 사내아이에게 할례를 팔일 만에 행하라는 것이었다. 그렇게 하지 않으면 하나님의 언약을 파기하는 것이 되었다. 그렇지만 사도행전 15장은 그리스도의 오심 이후에는 할례를 더 이상 요구하지 않고 세례가 점차적으로 하나님의 언약에 들어가는 표로서 할례를 대신하게 된 것을 보여준다. 또 출애굽기 20:8~11의 예를 들어보자. 하나님께서는 이 본문에서 이스라엘에게 일곱째 날에 안식할 것을 요구하셨다. 그렇지만 신약은 그 일곱째 날이 주님께서 부활하신 날인 한 주간(週間)의 첫째 날로 점차적으로 옮겨졌음을 분명히 밝히고 있다.

그러므로 구약의 텍스트를 적용할 때에 설교자는 연속성과 동시에 불연속성도 알아야 한다. 역사적-문화적 간격을 메워서 이 양쪽 면을 모두 정당화할 수 있는 다리는 구원역사이다. 구원역사는 하나라는 이 단일성 때문에, 하나님께서 이스라엘과 그리고 신약교회와 관계를 맺으시는 일에 연속성이 있는 것이다. 또 다른 면을 말하자면, 구원역사의 점진성 때문에 불연속성이 생기는 것이다. 이처럼 구원역사를 잘 이해하는 것이, 내가 생각하기로는 역사적-문화적 간격을 메우는 유일하고 견고한 다리이다. 그러나 이 유일한 다리에는, 간격을 메우기 위해 자주 묶어서 사용할 수 있는 작은 길들이 많이 있다. 그래서 이제 우리는 그 간격을 메울 수 있는, 공인(公認)된 온전한 여러 작은 길들을 살펴볼 것이다.

4. 역사적-문화적 간격을 메우는 타당한 방법들

1) 저자의 목적에 초점을 맞추라.

리처드(Richard)는 아래와 같이 옳게 주장했다.

> 일반적으로 성경의 적용을 찾는 첫 단계는 저자가 원래의 청중에게서 어떤 적용을 기대하였는지를 알아내는 것이다.[17]

이 첫 단계에서 우리는 현재의 적용이란 과거의 적용에 고정되어 있는 것임을 알 수 있다. 저자의 기록 목적, 저자의 목표 그리고 저자가 이스라엘에게 기대한

---

17 R. P. Richard, "Methodological Proposals for Scripture Relevance," *BibSac* 143 (1986): 207.

반응은 무엇이었는가?[18]

저자의 목표를 알아보는 것은 중요하다. 왜냐하면 그렇게 하면 텍스트 본래의 연관성을 알 수 있고, 따라서 이것이 현재의 적용 방법을 보여주기 때문이다. 예를 들면, 출애굽기 20장을 기록한 저자의 목표는 이스라엘로 하여금 십계명의 말씀에 순종하도록 촉구하는 것이다. 그리고 이사야 40장을 기록한 저자의 목표는 포로가 된 이스라엘 백성을 위로하는 것이다. 그리고 아모스서의 목표는 이스라엘 백성의 불법과 우상숭배를 책망하는 것이다. 오늘날의 설교자는 원래의 저자가 텍스트를 기록한 목표와 똑같은 것을 자신의 설교에서 목표로 세울 수는 없을 것이다. 그러나 설교자의 목표는 적어도 그 원래의 목표와 조화를 이루어야 한다. 환언하면, 만일 원래 저자의 목표가 이스라엘을 위로하는 것이었다면, 우리는 오늘날 이 텍스트로 교회를 위로하거나 격려할 수 있다. 그러나 이 텍스트를 책망하거나 경고하기 위해 사용해서는 안 된다. 만일 그렇게 한다면 영감된 저자와 어긋나는 말을 하게 되기 때문이다.

2) 오늘날의 삶에서 유사한 상황을 찾아라.

구원역사의 연속성 때문에 구약시대의 이스라엘과 현대의 설교자가 선포하는 교회 사이에는 유사한 상황들이 있다. 그러한 유사성을 찾아보면 설교에 있어서 텍스트와 당면 문제의 연관성을 이끌어낼 수 있다. 그래서 켁크(Keck)가 다음과 같이 진술한 것이다.

> 설교자는 오늘의 청중이 저자의 원래 청중과 공감대를 이루도록 일치시켜서 그 텍스트를 양쪽 모두에게 확인해야 한다.

그는 계속해서 이렇게 진술한다.

> 이런 연속성들을 인식하고서 하는 설교는 그 텍스트를 오늘날의 삶에 '적용하지'는 않을

---

18 리펠드(W. Liefeld)는 설교자들이 신약에서 설교할 때에 다음과 같이 질문하라고 제안한다. "본문의 목적이 무엇인가? …… 나는 그 가르침이 **무엇인가**라는 것만 묻지 않고 또한 **왜** 그 가르침을 주셨는지도 묻는다. …… 저자는 어떤 즉각적인 결과를 얻으려하는가? …… 이제 우리는 의도된 결과를 생각하는 것이다." *New Testament Exposition: From Text to Sermon* (Grand Rapids: Zondervan, 1984), p. 97.

것이다. 오히려 그 설교는 설교자가 찾은 그 텍스트의 연관성을 전할 것이다. 왜냐하면 오늘의 교회에게도 이미 원래의 독자들과 함께 그 말씀이 선포된 것이기 때문이다.[19]

로빈슨(Robinson)도 동일하게 충고한다.

우리가 본문을 정확하게 적용하려면 본래 그 계시가 주어진 상황을 명확히 밝혀야 한다. 그리고 난 다음에, 현대의 사람들이 원래의 청중과 공유하는 것과 하지 않는 것이 무엇인지를 결정해야 한다. 그리고 현대인과 성경시대의 사람들 사이의 관계가 가까우면 가까울수록 적용은 더 직접적이 된다.[20]

물론 설교자는 이스라엘과 현 세대 사이의 유사성을 무리하게 이끌어내지 않도록 조심해야 한다. 이스라엘의 독특한 상황과 오늘의 교회와의 차이점을 무시하면서까지 유사성을 찾아서는 안 될 것이다.[21]

3) 토대가 되는 원리를 밝혀내라.

때때로 저자의 목표가 너무나 문화적으로 특이하여서 오늘 우리가 그와 유사한 상황을 발견하지 못할 수 있다. 불연속성이 너무나 크기 때문에 그 메시지를 그대로 전하면 역사적-문화적 간격을 전혀 메울 수 없을 때가 있다. 이런 경우에 설교자들은 메시지 배후에 있는 원리, 즉 그 메시지가 구체적으로 표현해 낸 그 원리를 찾도록 노력해야 한다. 요더(Yoder)는 다음과 같이 진술한다.

본문의 의미에서 적용으로 나아갈 때, 현실에 적용하는 데에 가장 좋은 길잡이는 본문에 내포된 원리이다.[22]

---

[19] L. Keck, *The Bible in the Pulpit*, p. 116.

[20] H. W. Robinson, *Biblical Preaching: The Development and Delivery of Expository Messages* (Grand Rapids: Baker, 1980), p. 90.

[21] 베스트(E. Best)는 그가 "역사화한 석의"(historicizing exegesis)라고 부른 해석에 대해 주의할 것을 부탁한다. "고대 이스라엘의 역사에 나타난 이야기들이 우리에게 발생하고 있는 일을 위한 메시지인 것으로 받아드리는데, 이러한 석의는 전쟁 시에나 국가적 긴장 혹은 경사가 있을 때에 쉽게 이루어진다." *From Text to Sermon*, p. 70.

[22] P. A. Yoder, *From Word to Life: A Guide to the Art of Bible Study* (Scottdale, Penn.: Herald, 1982), p. 223.

그는 계속해서 이렇게 설명한다.

> 원리들은 더 일반적이고, 어떤 특정한 것에 덜 얽매이기 때문에 폭넓게 적용할 수 있다. 이는 동일한 원리들이 서로 다른 문화에서도 다양한 형태를 취할 수 있음을 의미하므로 우리가 문화적 연관성을 뛰어넘는데 도움이 된다.[23]

4) 저자가 이스라엘을 성경의 등장인물과 동일시하려는 의도를 가졌는지 판단하라.

이야기체 설교(narrative preaching)를 지지하는 이들은 성경의 등장인물들과 교인들을 동일시하는 것이 역사적-문화적 간격을 메우는 방법이라고 주장한다. 만일 설교자가 교인들로 하여금 등장인물들 중 한 사람과 자신을 동일시하게 할 수 있다면 그 간격은 메워진 셈이라는 것이다. 크래독(Craddock)은 이렇게 진술한다.

> 우리의 공통적 운명에 대한 인식이라는 이 요소가 없다면, 설교자는 텍스트와 청중 사이에 충분한 다리들을 놓을 수 없다. 그러나 이러한 인식이라는 요소가 있으면 그러한 구조물은 불필요하다.[24]

그러나 불행하게도 성경의 등장인물과 교인을 동일시하는 방법은 위험을 내포하고 있다. 명백한 위험은 하나님 중심적인 성경 이야기가 인간중심적인 설교로 바뀐다는 점이다. 또 다른 위험은, 성경 이야기가 정경 안에서 감당하는 역할과 구원역사에서 분리된 설교를 하게 된다는 점이다. 역시 또 다른 위험은, 성경의 등장인물과 교인을 동일시한다는 것은 궤변 같은 도덕화 설교로 변질된다는 점이다. 그러면 교인들이 성경의 등장인물이 배운 "교훈"을 배워야만 하는데도, 우리는 성경의 인물을 도덕적 본보기로 사용하여 [그를 본받자고 하는 - 역자 주] 모방 설교에서 겨우 한 걸음만 물러난 설교를 하게 된다.[25]

다음과 같은 여러 다른 질문들도 제기할 수 있을 것이다. 성경의 장면에는

---

23 Ibid., p. 40. 참조, J. E. Adams, *Truth Applied: Application in Preaching* (Grand Rapids: Zondervan, 1990), pp. 47-55.

24 F. Craddock, *Preaching* (Nashville: Abingdon, 1985), pp. 134-35.

25 S. Greidanus, *The Modern Preacher and the Ancient Text: Interpreting and Preaching Biblical Literature*, pp. 175-81을 더 참조하라.

항상 한 인물 이상이 등장하는데 청중을 어느 인물과 동일시해야 할 것인가? 누가 이것을 결정하는가? 묘사된 인물들과 이스라엘을 동일시하는 것이 저자의 의도이었는가? 어네스트 베스트(Best)는 다음과 같이 단호하게 말한다.

그래서 나는 우리가 습관적으로 동일시하는 그런 방법보다는 다른 차원에서 동일시하기를 시작해보자고 제안한다. 설교자들은 통상적으로 교인들로 하여금 특정한 성경인물과 그들을 동일시하게 하려고 노력한다. 그러나 더 나은 방법은 교인들이 자기들을 그 성경 이야기를 처음 들은 이스라엘과 동일시하도록 돕는 것이다. 그 이야기를 이스라엘이 들은 방식으로 들어라. 이것이 그 이야기와 원래 당면문제의 연관성을 듣는 시도이다. 그렇게 되면 이런 질문이 제기될 것이다: 이스라엘이 자기들을 텍스트에 나타난 인물들 중 한 사람과 동일시했는가? 만일 이스라엘이 그렇게 했다면, 교회는 이스라엘을 통해 그 인물과 자기를 동일시할 수 있다. 그러나 만일 저자가 이스라엘을 특정 인물과 동일시하려고 의도하지 않았다면, 우리는 교회를 그 특정 인물과 동일시할 권리가 없다.

예를 들면, 이스라엘이 족장 아브라함, 이삭, 야곱(이스라엘)과 동일시된다는 데에는 추호도 의심이 없다. 폰 라드(Von Rad)는 아브라함에 관해 다음과 같이 진술한다.

스텍(Stek)은 이스라엘과 동일시하기에는 덜 분명한 몇몇 인물들을 드러내기 위해 빈틈없는 탐색작업을 한 바 있다. 예를 들면, 스텍은 삼손 이야기를 "이스라엘이

---

26 E. Best, *From Text to Sermon*, p. 92.
27 G. von Rad, *Biblical Interpretations in Preaching* (Nashville: Abingdon, 1977), p. 27.

거울에 비친 자신의 모습으로 여겼다"는 실례로 제시한다.

> 삼손이 여호와의 특별하신 사역으로 (어머니가 임신을 못하는 가운데에서) 태어난 것처럼,
> 이스라엘 자체도 역사 속에서 여호와의 특별 개입으로 태동하였다(이삭, 야곱 그리고 출애굽
> 을 기억하라). 삼손이 태어날 때부터 여호와께 (나실인으로서) 바쳐진 것처럼, 역시 이스라엘
> 도 여호와께 바쳐졌다(할례). 삼손이 끊임없이 블레셋 여인들의 꾐에 빠져든 것처럼, 역시
> 이스라엘도 주변 백성들의 꾐에 빠져들었다(그들은 선지자들이 비난한 것처럼 주변 백성들
> 의 신들과 '음행 했다'). 삼손이 다만 생명의 위협을 받을 때에만 여호와께 부르짖은 것처럼,
> 역시 이스라엘도……심각한 위기에 처했을 때에만 여호와께 부르짖었다.[28]

5) 구약성경의 메시지를 신약에 비추어 보라.

삼십여 년 전에 스텍(Stek)은, 구원역사에서 점진성을 보려면 이전에 주어진
계시를 새롭게 경청해야 한다는 사실을 나에게 처음으로 깨우쳐주었다.
그는 이렇게 진술한다.

> 구원역사의 점진성이라는 사실 때문에, 우리는 구원역사의 더 이른 시점에서 주님께서
> 주신 말씀을 계속 새롭게 경청해야만 한다. 이 경청이 새로울 수밖에 없는 까닭은, 구원역사
> 에서 더 나중에 일어난 사건과 상황이라는 맥락에서 듣는 경청이며, 그리고 구원역사에서
> 더 나중에 하신 주님의 말씀에 비추어 보는 것이기 때문이다.[29]

예를 들어, 스텍은 이렇게 제안한다. 요나서의 메시지를 포로 중에 있는 이스라엘이
들은 방식과 남은 자들이 귀환했을 때 들은 방식은 다소 달랐을 것이고, 안티오쿠스
(Antiochus)의 압제 하에 살고 있는 자들 또한 다르게 들었을 것이다. 이와 같은
새로운 경청이 필요한 이유는 이스라엘이 구원역사에서 더 나중 단계에 살고
있었고, 그리고 요나서를 그러한 나중 사건들과 상황들이라는 맥락에서 읽고 있었
기 때문이다. 마찬가지로 오늘날 우리는 구원역사에서 우리가 차지한 위치로 인하
여 구약을 새롭게 경청해야만 한다. 이는 우리가 그리스도의 오심 이후에 살고
있기 때문이다. 그러므로 우리는 요나서를 이스라엘이 읽었던 것처럼 읽을 뿐만

---

[28] J. H. Stek, *The Former Prophets: A Syllabus* (Unpublished. Grand Rapids: Calvin Theological Seminary, 1985), p. 32.

[29] J. H. Stek, "The Message of the Book of Jonah," *CTJ* 4/1 (1969): 47-48.

아니라 또한 신약에 계시된 대로 예수 그리스도의 복음의 렌즈를 통해 읽어야 한다. 스텍이 다음과 같이 진술한 바 있다.

> 비록 이스라엘은 불성실하여 전 세계를 향한 구원의 대행기관으로서 역할을 감당하는 데 실패했으나, 참 이스라엘이요 요나의 대형(對型)이신 예수 그리스도 안에서 하나님은 구원이 모든 민족들에게 가깝게 다가오게 하셨다. 혹 새 시대의 '선택된 자들'이 실패한다 할지라도, 그리스도는 여전히 역사의 주인이시다.[30]

요나서는 오늘도 여전히 교회가 민족들의 구원을 위한 대행기관으로서 세상에서 관여하여 영향을 미쳐야 함을 역설한다. 더군다나 그리스도가 부활하시고 성령을 넘치도록 부어주신 이후에는 더더욱 절박하게 교회에게 역설한다.

일반적으로 인정하듯이 새로운 경청은 원래의 의미와 적용이라는 안전한 항구를 떠나가는 것이기 때문에 적용에 이르는 길에 위험이 도사리고 있는 것이 사실이다. 하지만 새로운 경청이 반드시, 독자-반응비평(reader-response criticism)에서처럼 독자 각자가 원 저자의 의도는 아랑곳하지 않고 텍스트에 자신의 해석을 가하는 식의 주관주의와 독단주의의 대양(大洋)에서 표류한다는 의미는 아니다. 여기에서 우리가 마음에 둔 새로운 경청이란, 원래의 경청이나 원 저자의 의도 (우리가 위에서 제시한 적용의 첫 단계인 4. 1) 저자의 목적에 **초점을 맞추라.**)를 무시하는 것이 아니고, 오히려 신약에 비추어서 이 원래의 의미와 적용을 하나님 나라의 역사 안에 있는 우리의 현 상황으로 **확대해** 줄 것이기 때문이다. 새로운 경청은 그래야만 한다. 왜냐하면 텍스트는 반드시 문학적 맥락에서 해석해야 하고, 기독교 교회를 위한 구약의 맥락은 신약이며, 따라서 기독교의 설교자는 구약 텍스트의 메시지를 신약에 계시된 바와 같이 예수 그리스도의 복음의 관점에서 적용해야 하기 때문이다.

결어

우리는 구약을 설교할 때 적용의 주된 장애물은 역사적-문화적 간격이라는 사실을

---

30 Stek, "The Message of the Book of Jonah," pp. 48-49.

살펴보았다. 일반화, 개별화, 영해 그리고 도덕화 등의 설교의 다리들은 그 간격을 메우지 못한다는 사실, 그리고 그것들은 손쉬운 적용을 하려다가 저자가 의도한 의미를 왜곡한다는 사실을 우리는 알게 되었다. 따라서 그 간격을 메울 유일하게 확고한 교량은 연속성과 불연속성이라는 이 두 가지 특징을 지닌 구원역사이다. 구원역사의 이러한 두 특징은, 설교자가 새로운 상황에 성경적 원리들을 적용하는 정당한 방법들뿐만 아니라, 무엇이 참으로 유사한 상황이며 무엇을 동일시해야 할지를 분별하게 해 준다. 이처럼 구원역사적인 이해는 적용에 있어서, 원래 이스라엘에게 말씀한 텍스트와 오늘날 이 메시지를 듣는 교회라는 달라진 상황, 이 양쪽 모두를 공정하게 대할 수 있을 만한 접근방법을 제공하는 것이다.(*)